北京大学图书馆 ／ 组织编写　　张红扬 ／ 主编

北京大学图书馆藏
西文汉学珍本提要

Western Rare Books on China in Peking University Library

A Descriptive Catalogue

GUANGXI NORMAL UNIVERSITY PRESS
广西师范大学出版社
·桂林·

图书在版编目（CIP）数据

北京大学图书馆藏西文汉学珍本提要 / 北京大学图书馆组织编写；张红扬主编. —桂林：广西师范大学出版社，2009.3
ISBN 978-7-5633-8396-2

Ⅰ. 北… Ⅱ. ①北…②张… Ⅲ. 外文—汉学—内容提要—中国 Ⅳ. Z89:K207.8

中国版本图书馆 CIP 数据核字（2009）第 053141 号

广西师范大学出版社出版发行
（广西桂林市中华路 22 号 邮政编码：541001
网址：http://www.bbtpress.com）
出版人：何林夏
全国新华书店经销
广西师范大学印刷厂印刷
（广西桂林市临桂县金山路 168 号 邮政编码：541100）
开本：787 mm ×1 092 mm 1/16
印张：30 字数：200 千字
2009 年 3 月第 1 版 2009 年 3 月第 1 次印刷
印数：0 001~1 500 册 定价：158.00 元

特邀顾问及序言作者：张广达

顾问： 戴龙基　朱　强

主编： 张红扬

审稿委员会（按姓氏笔画排序）：

王立新　王　军　龙　云　沈正华　李昌珂　张　雄　张红扬　孟　华

查晓燕　穆　风

撰稿委员会（按姓氏笔画排序）：

于玲玲　王　浩　王新青　李声凤　吴天岳　吴允兵　闵雪飞　张明明

张丽静　张红扬　范　鸿　杨　莉　邹新明　郑心闲　徐龙飞　郭　晖

蒋刚苗　霍　英

序言

《北京大学图书馆藏西文汉学珍本提要》的问世，是对当今学术界相关研究领域的莫大贡献。这一解题目录对北京大学百年来的西学积淀作了颇有深度的揭示，其中包含的信息和资料对于西方汉学研究及中西文化交流的研究有着重要的学术价值。

北京大学图书馆的西文藏书有诸多特点。例如，入藏年代早，一些特藏始自1902年成立的京师大学堂藏书楼和后来的老北大，入藏的年头已过百年。又如，融入北大的西文藏书源出多头，因而内涵丰富，兹举其荦荦大端：1928年之后与美国哈佛大学的哈佛燕京图书馆同步形成的燕京大学“西文东方学”特藏，1945年二战结束后到50年代初，被相继接收的德国人福克司（Walter Fuchs, 1902—1979）、瑞士学者王克私（Philipe de Vargas,1888—1956）等私人精品，之后又纳入原德国公使馆、原中德学会、原中法大学、原美国新闻处等机构藏书。此外，我们还可以举出北大的西文藏书之语种多，涵盖面广等诸般特色。

今天，就珍本善本收藏而言，人们首先想到的是北京的国家图书馆和上海图书馆。国家图书馆是中国最大的图书馆，收藏中自然不乏外文珍本善本。据顾犇主编《中国国家图书馆外文善本书目》（北京：北京图书馆出版社，2001年），该馆收藏西文善本1234种、日文善本299种、俄文善本420种。上海为中国最早开放的通商口岸之一，因其地理位置而受西方文化浸润较早，一些西方人士和宗教机构长期以上海为活动基地,并在上海建立图书馆，这些图书馆也相应收藏了相当数量的西文典籍。1992年出版的《上海图书馆西文珍本目录》（上海：上海社会科学院出版社，1992年）收录了1515年至19世纪初出版的西文图书1831种。但是，这两本目录旨在将各自所有的西文珍本收藏做总体性描述，而非研究性专题特藏的揭示。

在北大图书馆收藏的西文图书中，最值得人们重视的，是其中20世纪初以前出版的有关中国的西文图书多达两万册，而图书的收藏往往因其专题性质而具有特殊的学术价值。长期以来，如此珍贵的专题特藏由于缺少必要的介绍，即便是从事中国研究的学者也难窥其全貌。此次北大图书馆从两万余种图籍之中选录了大多出版于1850年以前的300余种珍本善本，重揭其面影，并写出详细的提要，再现这座难得一见的宝藏的一角。其版本不乏珍贵的首版本；其语种涉及拉丁文、意大利文、西班牙文、葡萄牙文、荷兰文、法文、英文、德文、俄文等多种文字；其内容涉及蒙元以来早期中国游记、明末以来耶稣会士和新教传教士来华传教记录、汉满蒙藏维等语言语法早期课本与研究、中国传统经典和名著翻译、亲历中国重大历史事件的记录、以及关于中国的总体和区域考察以及专题研究。翻阅一下目录，可以看到，从蒙元以来各种行纪，特别是17世纪中叶以后耶稣会士东来直到今天，反映早期从内陆和沿海来到中国的珍贵典籍各个阶段情况的代表性的西文典籍于焉大体具备。换言之，在国内，北京大学图书馆的西文藏书既富于珍本善本，又切合今天的西方汉学及中西文化交流研究之用途。

本目录所附题名页上的各种藏书章，形象地再现了这一特藏的收集流程，在其背后，则是袁同礼、严文郁、毛子水、洪业、陈鸿舜、向达、梁思庄等几代北大和燕大图书馆人为此付出的毕生智慧和心血，他们的作用与哈佛大学的哈佛燕京图书馆的裘开明、吴文津相若。哈佛大学为了庆祝哈佛燕京图书馆七十五周年大庆而举办的特藏展并在2003年出版的一部展览目录《燕京宝藏》（*Treasures of the Yenching*，香港：香港中文大学出版社，2003年），北大图书馆的这部解题目录与之相映生辉。

本目录的编纂体现了今天北大图书馆人强烈的使命感和责任心，负责此项工作的北京大学图书馆特藏部主任张红扬女史及其同仁与北大各院系师生精诚合作，克服语种、版本等诸多困难，使本书得以完成，值得人们衷心赞美。在提要编写过程中，编者对所收录的图书在作者、版本方面进行了精心的核实和考证，厘清了一些原来编目中存在的问题，对于一种图书的不同版本和译本，以及原收藏者、印章、题签等重要信息都有较好的揭示，在提要编写方面也不乏独到之处。本目录的体例使人们想到John Lust为英国伦敦大学的东方与非洲研究院图书馆编写的《馆藏1850年前刊行的西方论述中国的注记书目》（*John Lust, comp., Western Books on China published up to 1850 in the library of the School of Oriental and African Studies, University of London: a descriptive catalogue*, London: Bamboo Publishing, 1987, 1992年再版）。Lust做了统计，伦敦大学的东方与非洲研究院图书馆所藏的这批图书大约相当于Henri Cordier的《中国学书志》（*Bibliotheca Sinica*）著录的典籍的三分之一。北京大学图书馆的这批珍贵的有关中国的西文特藏或许数量上赶不上世界顶尖的专门研究中国的机构，但质量上绝不逊色于世界上绝大多数的研究性大学图书馆。这份文化遗产珍贵而沉重，它既见证光荣的过去，也昭示辉煌的未来。

如上所述，北大图书馆收藏20世纪初以前出版的有关中国的西文图籍约达两万册，本目录不可能面面俱到。另外，北大图书馆除西文珍本图书，还藏有西文珍贵期刊和报纸，如《中国丛报》（*The Chinese Repository*）等。如能继续开掘，将有关馆藏悉数揭示，将为读者提供更大的参考空间。由此可见，北大图书馆的这一解题目录旨在创始，衷心希望它成为我国这一领域工作之嚆矢。

張廣達謹序
二〇〇九年二月二日

前 言

红楼其神 燕园其魂 兼收并蓄 洋粹为鉴

——北大图书馆西文汉学珍本的收藏及研究

张红扬

《北京大学图书馆藏西文汉学珍本提要》中收录的330种珍本是馆藏2万册西文汉学收藏的精华版。这个珍贵的西文汉学收藏既融合了京师大学堂、红楼时期的北京大学以及燕京大学“西文东方学文库”中的汉学收藏，又吸纳了中德学会、中法大学等机构的相关旧藏，其中尤以燕京大学的汉学藏书数量为最多，收藏为最完备。经过一个多世纪的辛勤搜求、反复研读和精心守护，已成为嘉惠学林的珍贵历史文化遗产。

来源及发展

北京大学图书馆在其109年的辉煌而又艰辛的历史过程中，百年搜寻，几代求索，形成了如今40万册西文图书的规模。京师大学堂的前身之一——京师同文馆是最早的西文图书收藏机构。同文馆建于1862年，是我国新式学校之始源。当时的洋务派首领恭亲王奕䜣在1860年的《奏请创设京师同文馆疏》中，就有“饬广东、上海各督抚等分派通解外国语言文字之人，携带各国书籍来京”之请，以备同文馆之需（《中国近代出版史料初编》，北京：中华书局，1957年）。在1887年的《同文馆题名录》中已有记载，同文馆的“图书馆”——同文馆书阁时有“汉文经籍等书三百本，洋文一千七百本，各种功课之书、汉文算学等书一千本”（《同文馆题名录》第四次，光绪十三年[1887]刊。见《中国古代藏书与近代图书馆史料》，北京：中华书局，1982年）。1902年同文馆归并到京师大学堂，同文馆书阁藏书也归并于北大图书馆的前身——京师大学堂藏书楼。京师大学堂藏书楼同样自成立之日起就注意广为搜集西文书籍，曾通过请各国驻华公使馆购书、派人出洋购书、请大学堂洋教习购书及请国外书商购买等方法采购西学图书（北京大学档案馆藏：《京师大学堂档案》第38卷、100卷、135卷）。其后，经历了辛亥革命、五四新文化运动洗礼的老北大图书馆更是注意收藏西学图书。据1948年北京大学图书馆的统计显示，当时书刊总量达到724894册（其中中文藏书达到530104册，西文藏书达到128104册），名列中国高校藏书量之榜首（北京大学编：《北京大学五十周年纪念·北京大学图书馆善本书录》，1948年）。

1952年院系调整后，燕京大学归并于北京大学，燕大图书馆的58万册书刊也归并北大图书馆，其中西文藏书约为12万册。在燕大的西文收藏中，有个著名的特藏——“西文东方学文库”。1933年编定的《燕京大学图书馆概况》中指出，这个收藏是“关于研究中国及东方文化的西文书籍”。至1933年，共有4279册。概况中还特别指出，“这个特藏中多为孤刻珍本，为燕大特藏之始源。1928年春，哈佛燕京学社成立，对于该类书籍，特加注意，数量与质量，都有一定增加。”燕大的工作统计表也把“东方学书”单辟一栏，以示区别，并将其中善本存放于特别图书室，此特藏为燕大图书馆的一大骄傲。在编目中，还特别在索书号上标注“O”，意即“Oriental Studies”。

燕大的这个特藏是以其完备性而著称的，而其中尤以有关中国的书籍为最丰富和完备。1938年，美国学术团体协会中国研究委员会（Committee on Chinese Studies, American Council of Learned Societies）出版了《西籍文献中之中国精选联合目录》（*A Union List of Selected Western Books on China in American Libraries, Second Edition*）。它从美国的75个学术图书馆和公共图书馆中遴选出329种核心图书和21种期刊，由哈佛大学的中国史学史专家Charles S. Gardner编辑而成。这个研究会将此目录赠予燕大图书馆，燕大馆收到后即进行查重，发现仅缺4种。承担查重工作的图书馆员在每一条目后还特别用清晰工整的黑色墨水笔添加了燕京大学图书馆的索书号，以方便读者在本馆查找。

1952年新北大组成之后，继承和发展了燕大的这个特藏。它把老北大原有的12.8万册西文书中的东方学文献与老燕大东方学书籍合并，并不断添加新收藏，这个工作因“文革”等政治运动的干扰时断时续，80年代时，已计有1.1万多种，2万余册。“文革”中，这个特藏被打散进入大库，取消了其特藏的地位。2005年，北大馆将其一一从大库中提出，恢复了这个传统特藏并提供便利的对外服务，受到了校内外读者的欢迎。这个特藏除融合了北大和燕大馆藏外，还融入了中法大学和中德学会等机构的相关藏书及周慕西、方志彤、侯思孟等私人捐赠中的相关藏书。

有关西文珍本馆藏的相关人物及研究传统

饮水思源。北大图书馆西文汉学珍本收藏，凝聚着百余年来的赠书人及图书馆人的心血和智慧，它的意义和价值远远超出了珍本图书本身。

贝公赠书是“西文东方学文库”的源头之一。1933年编定的《燕京大学图书馆概况》中指出，西文东方学图书中最早收藏中的一部分“为前贝主教所赠”。今天，我们在北京大学图书馆的西文东方学的特藏中，还能找到165册有贝氏亲笔签名的书籍。

贝施福（James Whitford Bashford，1849—1919），是美国美以美教会（Methodist Episcopal Church， U.S.A.）1904年至1919年间派驻中国的驻区会督 (Resident Bishop)。昔日燕大及今天北大的校长办公楼——贝公楼（Bashford Hall）就是以他的名字而命名。贝施福在他14年的中国生涯中积极倡导在华基督教各教派的联合办学，为燕京大学的诞生及中国近代基督教会大学的水平的提升作出了贡献。为此，为燕京大学建设作出杰出贡献的司徒雷登校长特别同意以贝施福的名字命名校园的标志性建筑——校长办公楼。1998年，基督教亚洲高等教育基金会出版的一部介绍中国13所著名基督教会大学的画册介绍文字中，也再次肯定了“贝施福促成了教派合并学校的谈判，而谈判的成功直接促成了燕京大学的诞生。”(Deke Erh & Tess Johnston. *Hollowed Halls: Protestant Colleges in Old China.* Hong Kong: Old China Hand Press.p. 1998)

贝施福也是一位著述颇丰的传教士汉学家。他写过200多种手册或文章，6本著作，《中国述论》（James W. Bashford. *China —An Interpretation.* The Abingdon Press， 1916）是他关于中国最重要的著述。该书全面介绍了中国的社会生活、宗教、法律、历史、习俗、观念、信仰、迷信、自然、商业、教育，清末民初的政治、中日关系、中美关系等。与大多数传教士一样，贝施福有文化优越感，并认为治疗中国积弱的主要药方是基督教，但作为一个自由派传教士，他认为中国的传统文化有一定的优势，中国文明是极其强韧的(同上，43—72页)。他关于中国民族性的分析曾为中外著名学者所引用（见大谷孝太郎，《现代支那人精神构造の研究》，上海：东亚同文书院，日本昭和十年 [1935]。沙莲香，《中国国民性》，北京：中国人民大学出版社，1989年）。在《中国述论》一书的前言中他写道：他著述的目的在于“向西方阐释中国，也希望中国作家向中国阐释西方，相信这样一种交流能为和平、贸易进步和民族文明作出贡献。”贝施福在他的书中还提到，他来华之后，读过的有关中国的西文书就有500种之多。贝施福在美国逝世后，在华的个人藏书遗赠燕京大学图书馆。贝氏赠书不仅标志着北大西文汉学图书的源头，而且，他的关于“向西方阐释中国，向中国阐释西方”的观点也是体现了这一收藏的初衷。如今，这一收藏见证了欧风美雨洗礼之下汉学西渐的过程，从一个特殊的角度展示了西方文化对中华文明吸纳和存取的历史。

言及“西文东方学文库”的管理和保存，梁思庄（1908—1981）女士是一位不可或缺的人物。梁思庄女士是梁启超先生之女，1930年获得麦基尔大学的文学学士学位。次年入美国哥伦比亚大学图书馆学院学习，获得图书馆学硕士学位。1931年学成归国，曾先后在北平图书馆、燕京大学图书馆、广州中山图书馆从事西文编目工作。1936年，梁思庄重返燕京大学，历任燕京大学图书馆西文编目组长、主任、图书馆副主任。1952年，燕大馆归并北大馆以后，梁思庄任北京大学图书馆副馆长。

梁思庄除了精通英语之外，还通晓法、德、俄等语言，擅长西文编目，被公认为我国图书馆西文编目方面首屈一指的专家，无论是对燕大图书馆还是院系合并后的北大图书馆的西文图书编目都作出了巨大的贡献。对于“西文东方学文库”特藏，她亲自参与编目工作，倾注了大量心血。“文革”期间，梁思庄还因此受到冲击。她的女儿吴荔明在《梁启超和他的儿女们》一书中回忆道：“为了使图书数据能很好地为读者服务，妈妈不怕压力，坚持她认为正确的东西。她一贯坚持和保留使用‘东方学目录’（Oriental Books，简称O字书）和‘标题目录’（Subject Catalog）就是非常鲜明的例子。由于妈妈坚持保留使用‘东方学目录’和‘标题目录’，很长一段时间被视为‘北大图书馆里顽固的守旧派’、‘前进路上的绊脚石’，甚至有人骂她是‘帝国主义的看家狗’等等。”如今，尘埃落定，玉宇澄清，览百年馆史，燕大和北大正因为有像梁思庄女士这样兢兢业业的图书馆员，百年来的珍藏才得以传承和发扬，成为滋养无数莘莘学子的丰厚人文积淀。

在西文汉学文献的收藏和管理之外，燕大馆人和北大馆人在西方汉学的研究领域也颇有心得及成就。曾任燕京大学图书馆馆长的洪业先生、曾任北大馆馆长的袁同礼先生和向达先生，就是其中的杰出者。

洪业(1893—1980)，号煨莲（畏怜，William），字鹿岑，福建侯官人。1910—1915年在鹤龄英华书院读书。1915年赴美留学，1917年毕业于俄亥俄州韦斯良大学，获文学士。1919年毕业于哥伦比亚大学，获文硕士。1920年毕业于哥伦比亚大学协和神学院，获神学士。1923年回国后任教于燕京大学并担任管理工作，先后担任燕京大学历史系教授、系主任、教务长、图书馆馆长、哈佛燕京学社引得编纂处主任、研究院历史学部主任。1946年春赴美讲学。1948—1968年，兼任哈佛大学东亚语文系研究员。1980年在美国去世。

洪业先生曾在燕京大学开设“远东史”，将鸦片战争以来的中国近代史纳入世界历史之中研究。授课时从清初耶稣会来华活动一直叙述到晚清英国政局的变化等等，并用英文讲授。先生一生极为重视学术工具的利用。哈佛燕京学社成立于1928年，是由哈佛大学和燕京大学联合组成的以研究“东方学”、“亚洲学”和“汉学”为宗旨的学术机构。1930 年，哈佛燕京学社设立了“引得编纂处”(Sinological Index Series)，专门为研究中国文化提供便利而编印索引工具书，洪业任主任。此后的20年间，引得编纂处共编出经、史、子、集各种引得64种81册，成绩斐然。文献的考证也是洪先生所长。1935年，洪业多方考证了《方舆胜略》所附利马窦的《山海舆地全图》刊刻者及时间，撰成《考利马窦的世界地图》，引起了当时学术界的重视。留居美国之后，所著《中国最伟大的诗人——杜甫》被推为世界汉学界诠释杜甫的权威之作，所著《蒙古秘史源流考》成为目前世界各国大学讲授蒙古史的重要参考教材之一。为世界汉学界作出了重要的贡献。

曾任职于北大馆而又对西方汉学文献研究有较大贡献者，当属袁同礼和向达。

袁同礼（1895—1965），字守和，河北徐水人，是我国图书馆界第一代具有现代图书馆知识和技能的专门人才。袁同礼1913年考入北大预科英文甲班，与傅斯年和沈雁冰同班。1916年毕业后进入清华学校图书馆参考部工作。1920年经蔡元培先生推荐负笈美国，插班哥伦比亚大学历史系，后又在纽约州立图书馆专科学校学习图书馆学。袁同礼曾三度与北大图书馆结缘。一是1923—1926年被聘为北京大学目录学教授兼图书馆主任；二是1937—1946年抗战期间，曾以北平图书馆馆长身份兼任北大、清华和南开三校组成的西南联大图书馆馆长；三是抗战结束后，又以民国政府代表身份暂领馆长之职。袁同礼在中国现代图书馆管理学中的重要地位主要是在国立北平图书馆主持工作的22年中奠定的，流传后世的主要著述则是1949年以后在美国完成的。而在北大担任目录学教授和图书馆主任的3年是他自美学成归国后重新踏上图书馆征途的起点，他的管理特色和学术兴趣，则在北大图书馆时期就显现了。

袁同礼首度结缘北大图书馆之时，正遭遇历史上最为艰苦的时期，政局动荡，经费紧张，甚至连个人薪俸也久欠不发。但他仍兢兢业业，勉力维持，不仅力图采用西方新式的管理方法，而且清理了积压的大量西文书刊，编出了政府出版物目录一册、西文书目三册，显示了他对目录学和西文文献的兴趣。这一兴趣一直延续到他生命的尽头。

综观其一生，袁同礼始终对世界范围内中国文献的保存及研究极为关注，并从两个方面来开展他的工作。一是查录散佚海外的珍贵典籍和艺术瑰宝。早在1924年就曾利用去欧洲考察的机会，探访《永乐大典》散佚欧洲的情形，后曾撰写《永乐大典现存卷目表》等。他并托人多方查录英、法等国收藏的为斯坦因和伯希和掠去的敦煌资料。1935年，王重民在欧洲发现法国和普鲁士藏有国内缺失的太平天国资料。袁同礼得知后即电请王重民拍摄，后由北大和北图共同辑成《太平天国资料》，以利国内相关领域的研究。二是关注西方汉学研究状况，编著西方文献中有关中国的学术性书目。在美国国会图书馆工作的几十年中，由他个人编著并出版的主要书目有：《西方文献中之中国》（*China in Western Literature: a Continuation of Cordier's Bililiotheca Sinica.* New Haven，Far Eastern Publications，Yale University，1958）、《俄文文献中之中国》(*Russian Works on China，1918—1960:in American Libraries.* Washington，1961)、《中国留美同学博士论文目录》(*A Guide to Doctoral Dissertations by Chinese Students in America，1905—1960.* Washington，1961)、《中国留欧大陆各国博士论文目录》(*Guide to Doctoral Dissertations by Chinese Students in Continental Europe，1907—1962.* Washington，1964)、《胡适先生西文著作目录》、《新疆研究丛刊》等，其中在西方汉学界影响最大的堪称《西文文献中之中国》。

袁同礼书目的副题名为"续考狄书目"（*A Continuation of Cordier's Bibliotheca Sinica*）。法国汉学家亨利·考狄（Henri Cordier，1849—1925）曾于1878年出版《中国书目》，1924年又出版补编本。考狄1869年来华，两年以后担任皇家亚洲学会华北分会图书馆名誉馆长（Honorary Librarian of the North China Branch of the Royal Asiatic Society）。考狄书目是西方汉学史上首部完整的有关中国的书目，它系统地汇编了16世纪以来直至1924年几乎所有的以西方文字出版的有关中国的著述。原书加补编共有4500栏，鸿篇巨制，前后共花费了24年心血。袁同礼所编《西方文献中之中国》中的文献收录，正是始于1921年，与考狄书目首尾相接。

《西方文献中之中国》历时5年方告完成。它收录了1921—1957年以英、法、德文出版的18000种有关中国著述，以其完整性和准确性受到西方汉学界的一致好评，成为西方汉学研究必备的重要参考书。美国汉学家、后任国会图书馆东方部首任主任的恒慕义（Arthur Mummel，1844—1975）在其前言中说道："书目中所有条目都一一亲自考订其准确性，而非录自其他数据。为了防止缺失，美国和欧洲的重要亚洲图书馆他大都一一访问到了。因此他的续编无论在语种还是年代的覆盖面上，都比任何一家图书馆要全面。"

如果说袁同礼的著述标志着20世纪初以来中西文化交流及西方汉学发展的兴盛，那么，解放后的北大图书馆第一任馆长向达对中西交通史的研究则将中西文化交流和西方汉学发展一直追溯至它的源头。

向达（1900—1966），字觉明、觉民，笔名觉明居士、方回、佛陀耶舍，土家族，湖南溆浦人。著名的历史学家、中西交通史和敦煌学专家。1924年毕业于东南大学历史系。曾任上海商务印书馆编辑、北平图书馆编纂委员会委员。1934

年到北京大学任讲师。1935年起，先后在英国、德国和法国巴黎的图书馆中，对散佚国外的敦煌莫高窟史料和其他珍贵历史文献进行收集和研究。1938年回国，在浙江大学任教。1939年起任北京大学文科研究所西域史专任导师，兼任西南联大历史系教授。抗日战争胜利后，任北大历史系教授。1941年和1943年，曾两次去敦煌莫高窟考察。向达教授毕生治学严谨，著述甚丰。对中西交通史、少数民族史、特别是对敦煌学的研究作出了重要的贡献。主要著作有《中西交通史》、《唐代长安与西域文明》、《敦煌艺术概论》等。

1949年解放后向达担任了8年的北大图书馆馆长，直到1957年。在任期间，他主持完成了北大图书馆与燕京大学图书馆的合并工作。在这一合并过程中，以向达为馆长的北大图书馆采用了原燕大图书馆的管理办法，在西文图书的编目方法上沿用了燕大的杜威分类法，而废止了北大原有的方法；在前燕大图书馆代理主任、合并后的北大图书馆副馆长梁思庄的通力合作下，不仅将原燕大的特藏“西文东方学文库”作为新北大图书馆的重要特藏，而且将老北大的同类图书合并归一，并加以发展，这一工作一直延续至“文革”前夕。从而大大扩充了该特藏的品种和数量。

向达对“西文东方学文库”这一收藏的重视源于副馆长、老燕大人梁思庄的影响，同时也是基于向达本人对东方学和西方汉学文献重要性的认识。他对敦煌学和中西交通史研究等始终是在两个方向上进行的：不仅对“东方中的西方”即中文文献中关于西方的记录进行整理、分析及利用，而且对“西方中的东方”即西方文献中关于东方的记载及散佚于西方的中文文献广为收集、爬梳及借鉴。他曾翻译《斯坦因西域考古记》（*Sir Aurel Stein: On Ancient Central—asian Tracks*），《鞑靼千年史》（*E. H. Parker: Thousand Years of the Tartars*），校注艾儒略著《大西西泰利先生行迹》，《甘地自传》（*C. F. Andrew: Mahatma Gandhi his own story*），著有《元代马可波罗诸外国人所见之杭州》、《汤若望进呈图像残存考》及《马可波罗与马可波罗游记》等。向达著述甚丰，研究中中西（外）文献相互参见，力图在世界文化的坐标中诠释东方和中国，从而眼界较为开阔，正如他所说，他做研究志在“为中国中古史、交通史以及域外史之研究，另奠一合理的基础，进而与欧洲学者在中亚之历史考古研究取得联系，以提高吾国历史考古学者在国际学术上之水平与地位。”(向达：《敦煌考古通信》第十八封)。老北大、老燕大图书馆西方汉学文献收集和研究的传统，通过向达馆长在新北大得到了延续和光大。

* * *

北大图书馆西文汉学珍本收藏是优良的图书馆管理和完善的专题藏书建设的结合，它在形成中经过了人为的筛选、过滤、发掘和整理，体现了图书馆员的智慧。燕大、北大图书馆人对它的研究促进了藏书建设的完备的发展，读者的反复使用和精心研读又使这个收藏的人文价值不断增值。

上个世纪80年代以来，中国学术界开始关注海外汉学尤其是西方汉学的发生发展，原因在于不少西方汉学家们的研究成果和方法对中国学术界发挥着越来越大的影响。北大馆藏西方汉学珍本也因此越来越为学术界所瞩目。为更好地揭示这个历史珍藏，《北京大学图书馆藏西文汉学珍本提要》一书择入330种珍本，一一撰写提要，并详细说明包括版本、藏书章、馆藏复本、中译本和其他语言的译本、作者中译名、书名中译、作者简介、插图、北大图书馆索书号等信息。故而，本书是对西文汉学珍本收藏的回顾、总结和揭示，也是对北大图书馆百年以来西方汉学收藏和研究传统的继承和发展。

期待本书的出版能带给人们更多的启示。

编撰说明

1. 收录范围

本书收录了北京大学图书馆藏330种以西方文字出版的汉学著述，其中1800年及以前出版的珍本共93种，其余收录珍本的出版年代也多在20世纪初以前。“西方汉学”一词在本书中是一个较为宽泛的概念，它指称西方研究中国的学问和有关中国的著述。本书收录的西文珍本涉及英文、法文、德文、拉丁文、意大利文、俄文、西班牙文、葡萄牙文、荷兰文共9种文字，其中英文182种、法文92种、德文23种、拉丁文13种、意大利文8种、俄文6种、西班牙文3种、葡萄牙文3种、荷兰文1种。择入珍本的主要依据为出版年代，但内容、版本和图片价值等也是考虑因素。

2. 编排体例

本书正文按照著者姓名排序，同一著者的不同书籍按照出版年代排序，同一书籍的不同版本也按照出版年代排序；原本和译本同一出版年代的，原本在前，译本在后。著者不详的按照题名（有同一题名的译著则按照统一题名）排序。书后附题名索引和主题索引，均按字母顺序排序（首冠词除外），并指向顺序号，其中题名索引包括正题名和统一题名，题名较长时在可区分不同题名的情况下适当省略。全书内容可分为以下三部分：

1) 书目信息。详见下面图示。

2) 书影。书名页，部分增加插图一幅。

3) 版本情况、内容提要及其他。此部分内容包括版本、藏书章、馆藏复本、中译本和其他语言的译本、著者中译名、书名中译、著者简介、内容提要、插图、北大图书馆索书号等信息。著者名和书名的中译，参照《在华耶稣会士列传及书目》（费赖之著、冯承钧译，北京：中华书局，1995年）、《在华耶稣会士列传及书目补编》（荣振华著、耿昇译，北京：中华书局，1995年）、《近代来华人名辞典》（中国社会科学院近代史研究所翻译室编，北京：中国社会科学出版社，1981年）、《国家图书馆西文善本本书目》（顾犇主编，北京：北京图书馆出版社，2001年）等书译出，无现成中译的著者名参照《世界人名翻译大辞典》（新华通讯社译名室编，北京：中国对外翻译公司，1993年）采用音译；无现成中译的珍本书名由撰稿者译出、审稿人审校。同一著者有多部不同著作的，仅在其第一部著作内容提要中列出著者介绍。同一书籍有不同版本的，内容提要附于最后一个版本后。提要中提及的机构或个人藏书章如“‘北京大学图书馆藏书’章”表示该珍本盖有此章；提要中提及的机构或个人藏书票如“燕京大学藏书票”表示该珍本附有此藏书票。

3. 著录样例

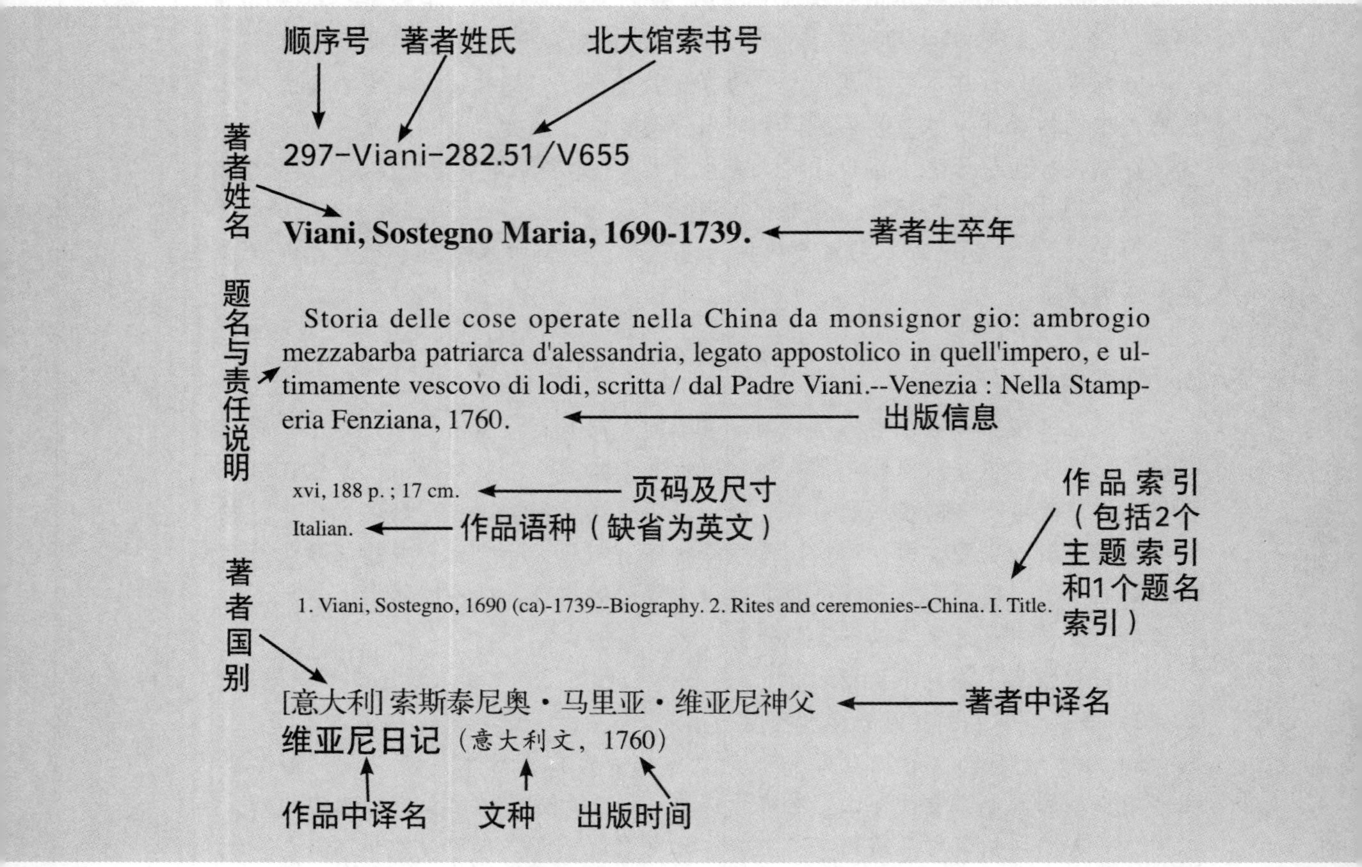

4. 本书的分工

策划和组织、标准和体例、全书统稿：张红扬

英文提要撰写：张红扬　蒋刚苗　张丽静　于玲玲　王浩　郑心闲　郭晖　邹新明

审稿：王立新　张红扬

法文提要撰写：邹新明　吴天岳　郭晖

审稿：孟　华　龙　云
德文提要撰写：霍　英　徐龙飞　范　鸿
审稿：李昌珂
拉丁文提要撰写：徐龙飞
审稿：穆　风
意大利文提要撰写：杨　莉
审稿：张　雄
俄文提要撰写：王新青　吴允兵
审稿：查晓燕
西班牙文和葡萄牙文提要撰写：闵雪飞
审稿：王　军
荷兰文提要撰写：徐龙飞
审稿：李昌珂
编目数据录入及书后索引编制：张丽静
指导和审核：沈正华
图片扫描：邹新明　张丽静　吴政同
珍本书籍保护：殷　莉　陈秀玲

目　录

A

001-Abeel-915.13/Ab33

Abeel, David, 1804-1846.

Journal of a residence in China, and the neighbouring countries, from 1830 to 1833 / by David Abeel.--Rev. and reprinted from the American ed. with an introductory essay by The Hon. and Rev. Baptist Wriothesley Noel.--London : James Nisbet and Co., 1835.

xxxi, 366 p. : 1 col. fold. front. map ; 19 cm.

1. Missions--East Asia. 2. East Asia--Description and travel. I. Noel, Wriothesley, Baptist. II. Title.

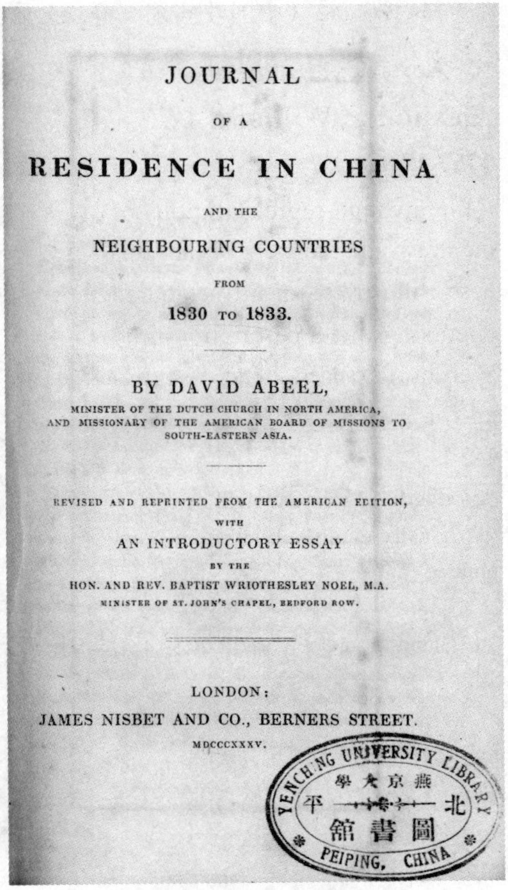
JOURNAL
OF A
RESIDENCE IN CHINA
AND THE
NEIGHBOURING COUNTRIES
FROM
1830 TO 1833.
BY DAVID ABEEL,
MINISTER OF THE DUTCH CHURCH IN NORTH AMERICA,
AND MISSIONARY OF THE AMERICAN BOARD OF MISSIONS TO
SOUTH-EASTERN ASIA.
REVISED AND REPRINTED FROM THE AMERICAN EDITION,
WITH
AN INTRODUCTORY ESSAY
BY THE
HON. AND REV. BAPTIST WRIOTHESLEY NOEL, M.A.
MINISTER OF ST. JOHN'S CHAPEL, BEDFORD ROW.
LONDON:
JAMES NISBET AND CO., BERNERS STREET.
MDCCCXXXV.

001-Abeel-915.13/Ab33

[美国] 雅裨理

1830—1833年居留中国和邻近国家日记（英文，1835）

1835年纽约英文版，“燕京大学图书馆”藏书章，“燕京大学图书馆”藏书票。

雅裨理为美国传教士。1829年作为海员之友会的牧师来华，为广州的外籍海员担任牧师。1831年转为公理会传教士，去南洋一带传教。1834年因病返美。其后在美组织远东及中国妇女教育促进会，募捐筹款，并学习医术，为再度来华作准备。1839年春作为归正会传教士赴华，因鸦片战争行程受阻，便先去南洋学中文。1842年到厦门时已能用流利闽南话传教。不久，不顾中国官员的反对，擅去不属开放城市的漳州城活动。1844年曾见到当时任福建布政使的徐继畬，向他介绍世界地理概况，还赠以一些地图及新约圣经等，对徐继畬影响很大。1845年因病重返美，1846年在纽约去世。

本书记述了雅裨理在中国的广东、澳门和东南亚的雅加达、新加坡、马六甲、曼谷等地的所见所闻。全书共分20章，其中的第二章至第六章是对中国的介绍，描述了途经台湾、澳门、广东、海南等地的见闻及中国历史、社会和习俗概况。由于作者的目的是为基督教世界展示异教徒的情形，因此对中国宗教及西方传教使团在中国的传教情况介绍得比较详细。

本书附1幅《中国及其东部群岛》彩图。

002-Alexander-915.1/AL27

Alexander, William, 1767-1816.

Picturesque representations of the dress and manners of the Chinese : illustrated in fifty coloured engravings, with descriptions / by William Alexander.--London : Printed for J. Goodwin by W. Lewis, 1814.

50 leaves, 50 plates : col. ill. ; 26 cm.

Originally published with title: Costume of China.

1. China--Social life and customs. I. Title.

[英国] 威廉・亚历山大

中国人的服饰和习俗图鉴

（英文，1814）

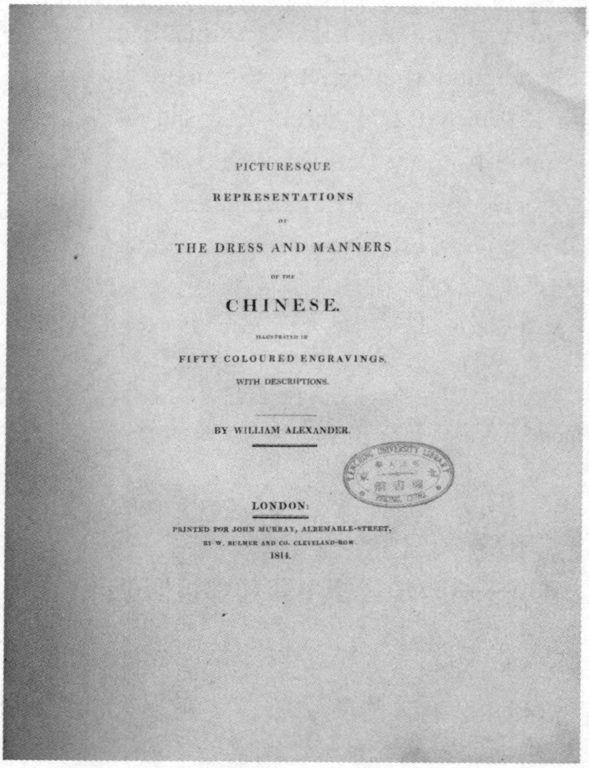

002-Alexander-915.1/AL27

1814年伦敦英文版，“燕京大学图书馆”藏书章。本书中文版题名为《1793：英国使团画家笔下的乾隆盛世——中国人的服饰和习俗图鉴》，浙江古籍出版社，2006年。

威廉・亚历山大是英国画家，曾是皇家艺术院的学生，1793年随马噶尔尼（George Macartney Earl）使团来到中国，访华回国后专注于中国题材的绘画创作。

威廉・亚历山大在从澳门到北京的往返旅行中，根据一路见闻，创作了大量

002T-Alexander-951.1/AL27　清兵图

反映当时中国世态风情的画作，向我们展示了欧洲人眼中那个久远而又多姿多彩的乾隆盛世，尤其对乾隆时代服饰和民俗风情刻画详尽，本书即是这一主题下的画册，共集有50幅精美的彩色版画，除了第1幅的兵器陈列架和第42幅的大运河景色外，其余48幅都是人物画，描绘了皇帝、官员、兵勇、仕女、商贩、轿夫、戏子、儿童、车夫等人物及其服饰。

003-Alexandre-282.51/Ap44

Alexandre, Noël, 1639-1724.

Apologie des dominicains missionnaires de la Chine : ou réponse au livre du Père Le Tellier Jésuite, intitulé, Défense des nouveau Chrétiens, et à l'éclaircissement du P. Le Gobien de la même compagnie, sur les honneurs que les Chinois rendent à Confucius & aux morts / par un religieux docteur & professeur en théologie de l'ordre de S. Dominique.--Cologne : Chez les héritiers de C. d'Egmond, 1700.

2 v. ; 17 cm.

French.

1. Le Tellier, Michel, 1643-1719. Défense des nouveaux chréstiens. 2. Le Gobien, Charles, 1653-1708. Eclaircissements sur les honneurs que les Chinois rendent à Confucius et aux morts. 3. Chinese rites. 4. Dominicans--China. 5. Missions--China. 6. Confucius and Confucianism. 7. Ancestor worship. I. Dominique, S. II. Title.

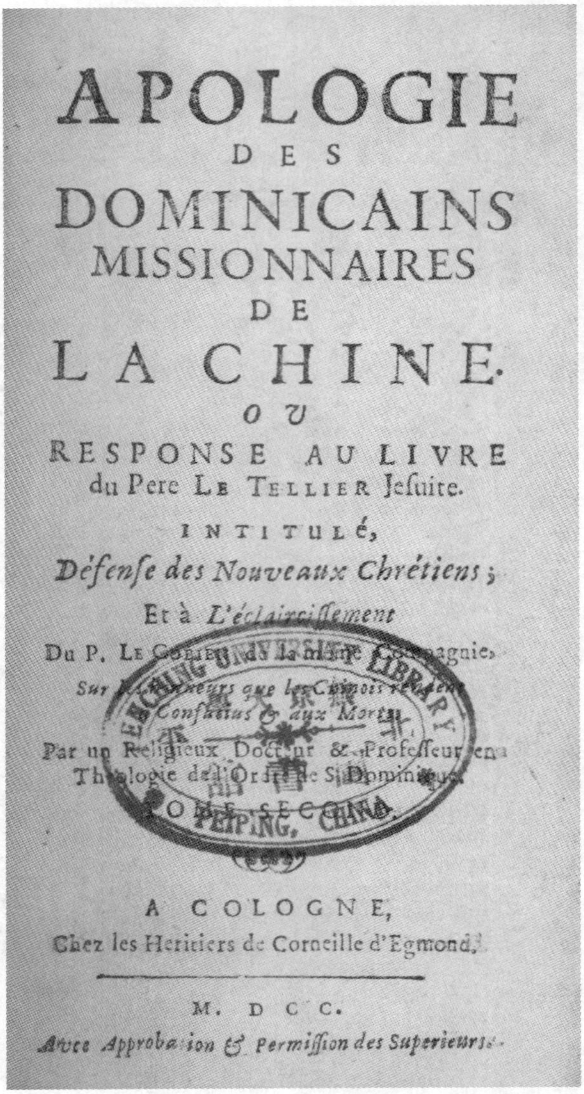

003-Alexandre-282.51/Ap44

[法国] 诺埃尔·亚历山大

在华多明我会传教士辩护书（法文，1700）

1700年科隆法文版的第二卷（共2卷），“燕京大学图书馆”藏书章。1699年初版于科隆。

诺埃尔·亚历山大是法国有争议的神学家和教会史学家，因主张限制教皇权利而与罗马冲突，同时积极捍卫冉森主义（Jansenism）。诺埃尔·亚历山大1655年在法国鲁昂加入多明我会，1675年获索邦大学神学博士学位。其主要著作有24卷本的《神学史选篇》（*Selecta historiae ecclesiasticae capita*，1676—1686）遭到教皇的谴责，1699年修改为8卷本的《新旧约教会史》（*Historia ecclesiastica veteris et novi testamenti*）仍被禁行，直到1734年解禁。

礼仪之争是在华传教士之间关于如何对待中国祭祖祀孔等礼仪习俗而发生的争论，争论最初发生于耶稣会士内部，后扩大到耶稣会与多明我会及方济各会之间。耶稣会士一般对中国教徒的祭祖祀孔敬天等行为采取适应宽容态度，而多明我会则将这些行为视为异端。本书是多明我会关于礼仪之争的资料汇编，第二卷收录了一些多明我会在华传教士、大学神学家等对祭祖祀孔仪式的看法，以及相关书信，认为祭祖祀孔仪式属于迷信。本书还收录有福建主教颜当（Charles Maigrot）发布的关于谴责中国天主教徒行祭祖仪式命令、颜当的有关书信、江西副本堂神父巴塞（Jean Basset）发布的执行颜当命令的指令，以及方济各会和多明我会传教士、教皇因诺森特十二世（Pope Innocent XII）写给颜当的有关中国教徒祭祖等问题信。

004-Allom-915.1/AL57

Allom, Thomas, 1804-1872.

China : in a series of views, displaying the scenery, architecture, and social habits of that ancient empire / drawn, from original and authentic sketches, by Thomas Allom ; with historical and descriptive notices by G.N. Wright.--London : Fisher, [pref. 1843]

4 v. in 2 : ill. ; 29 cm.

Includes index.

Added title-pages, engraved: China, its scenery, architecture, social habits, &c., illustrated.

1. China--Pictorial works. I. Wright, G. N. (George Newenham), 1790?-1877. II. Title.

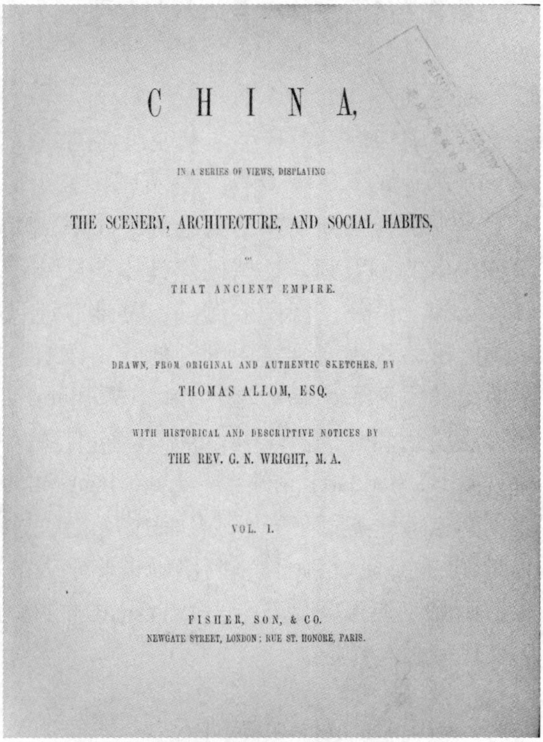

CHINA,

IN A SERIES OF VIEWS, DISPLAYING

THE SCENERY, ARCHITECTURE, AND SOCIAL HABITS,

OF

THAT ANCIENT EMPIRE.

DRAWN, FROM ORIGINAL AND AUTHENTIC SKETCHES, BY

THOMAS ALLOM, ESQ.

WITH HISTORICAL AND DESCRIPTIVE NOTICES BY

THE REV. G. N. WRIGHT, M. A.

VOL. I.

FISHER, SON, & CO.

NEWGATE STREET, LONDON; RUE ST. HONORE, PARIS.

004-Allom-915.1/AL57

[英国] 托马斯・阿洛姆

中国：那个古代帝国的风景、建筑和社会习俗（英文，1843）

004T-Allom-915.1/AL57 南京城

1843年伦敦英文版，2册4卷，扉页有“燕京大学图书馆”藏书章和“J.W. Bashford”签章。另有1个复本，“国立北京大学图书馆”藏书章。本书中译本《大清帝国城市印象：19世纪英国铜板画》，李天纲编著，上海古籍出版社，2002年。

托马斯·阿洛姆是英国19世纪中叶维多利亚风格的建筑师和画家。G. N. 赖特（George Newenham Wright, 1790—1877）是英国传教士历史学家。

本书由托马斯·阿洛姆绘画，G. N. 赖特注释。本书共辑有128幅描绘中国风景和民俗的铜版画，这些画作具体地反映了北京、南京、苏州、杭州、宁波、镇江、天津、广州、澳门、厦门、香港等地风景、建筑、节日和文化等。目前研究认为，阿洛姆没有到过中国，他的画作借鉴了以下画家的中国画稿：英国马噶尔尼使团随团画师威廉·亚历山大（William Alexander）关于中国人服饰与举止的画作、法国画家博絮埃（Auguste Borget）的中国风景和风俗画、英国海军画师司达特（R. N. Stoddart）和怀特（Lieutennat White）关于香港、厦门、宁波、乍浦、镇江、南京等地英军在华作战的画作及尼霍夫（Johannes Nieuhof）随东印度公司访华时作的中国风俗画作。阿洛姆借鉴别人的画稿，重新描绘中国，获得了“中国风俗画家”的声誉，在17—19世纪欧洲的中国热中，再一次唤起了欧洲公众对中国文化的极大兴趣。

005-Amiot 1-915.1/M519

Amiot, Joseph Marie, 1718-1793.

Mémoires concernant l'histoire, les sciences, les arts, les moeurs, les usages, &c.

des Chinois / par les missionnaires de Pékin.--Paris : Nyon, 1776-1791.

15 v. : ill. (partly fold.), ports., maps ; 26 cm.

French.

1. Confucius. 2. Bible. O.T. Esther--Criticism, interpretation, etc. 3. Music--China. 4. China. I. Bourgeois, Francois, 1723-1792. II. Cibot, Pierre Martial, 1727-1780. III. Kao, Aloys, 1733-1780. IV. Batteux, Charles, 1713-1780. V. Brequigny, M. de (Louis-Georges-Oudard Feudrix), 1714-1794. VI. Title.

[法国] 钱德明等

中国杂纂（北京传教士关于中国历史、科学、艺术、风俗、习惯录）（法文，1776—1791）

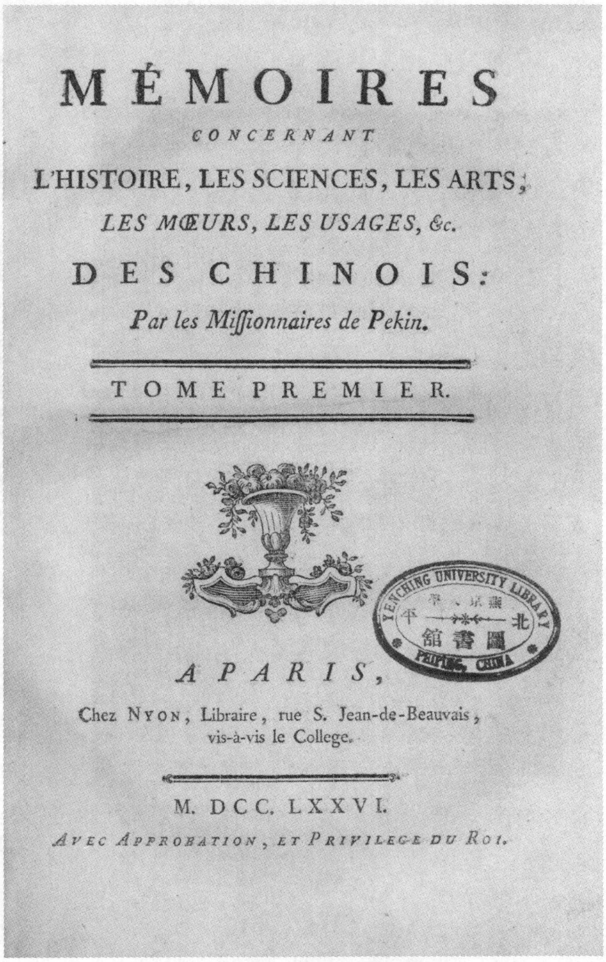

MÉMOIRES

CONCERNANT

L'HISTOIRE, LES SCIENCES, LES ARTS,

LES MŒURS, LES USAGES, &c.

DES CHINOIS:

Par les Miſſionnaires de Pekin.

TOME PREMIER.

YENCHING UNIVERSITY LIBRARY 燕京大學圖書館 PEIPING, CHINA

A PARIS,

Chez NYON, Libraire, rue S. Jean-de-Beauvais, vis-à-vis le College.

M. DCC. LXXVI.

AVEC APPROBATION, ET PRIVILEGE DU ROI.

005-Amiot 1-915.1/M519

1776—1791年巴黎法文首版，15卷，“燕京大学图书馆”藏书章，“燕京大学图书馆哈佛燕京学社”藏书票。另藏有2个复本。其一存12卷，“德国驻北京公使馆”章，“德意志公使馆”章。缺第6、13—15卷。其二仅存第十一卷，“福克司”章，“雨读斋藏”章，“北京大学图书馆藏印”。1814年又出版第十六卷。

钱德明是法国赴华最著名的耶稣会士。1749年奉派来华，1750年抵达澳门，1751年转赴北京。在北京居住42年，从事满、汉语言等学术研究，在对中国情况的介绍和研究方面取得不少成就。本书是他的最重要著作，其他的主要著译作有：《中国古今音乐考》（*De la musique des Chinois tant anciens que modernes*,1776）、《鞑靼满语语法》（参见006-Amiot 2-494.2/Am55g）、《孔子传》(*Vie de Confucius*, 1784)、《梵—藏—满—蒙—汉多语字典》（*Dictionnaire polyglotte Sanskrit-Tibéain-Mantchou-Mongol-Chinois*）和《鞑靼满法字典》（参见007-Amiot 3-494.2/Am35）等。

本书为在北京的法国传教士关于中国的著述和书信。主要内容可分为3部分：一为关于中国的概述性介绍，包括远古历史、语言文字、古代文化、哲学、天文、宗教、教育、音乐、军事、人口、气象、矿产、名人小传、花草植物、动物、货币、功夫、中医和中草药、酿造工艺、染织工艺、花园、实用技术、边疆藩属等；二为专门的研究或介绍，包括孔子传记和家谱、儒家大师传略、道家思想介绍、历代帝王传略、盛唐简史、鞑靼满语语法、《大学》全译、《中庸》全译、《洗冤录》介绍、《孙子》、《吴子》、《司马法》、《六韬》等兵法译介、孝道、名言箴言选译等；三为以乾隆朝为主的清代史实史料，包括乾隆撰写的平定准噶尔碑文、土尔扈特部东归、平定大小金川、雍正的十条军事主张、传教士广州到北京之旅见闻、《圣宗仁皇帝圣训》译文、乾隆帝写给达赖喇嘛的信、乾隆帝严厉惩治官员、台湾水灾、陕西灞州宗教叛乱、对基督教徒迫害、议立皇储、修《四库全书》、乾隆五十年（1785）禁教圣谕等。本书中关于中国的内容丰富，与杜赫德《中华帝国全志》（参见067-Du Halde 1.1-951.1/D88a）相比，对汉学研究的专业性和科学性迈进了一步。其珍贵之处在于全部出自在华传教士第一手资料，且涉及不少清代历史事件和文献。

005T-Amiot 1-915.1/M519 钱德明像

本书附约157 幅地图、人物、乐器、军事、城市等插图。另有1幅《钱德明像》。

006-Amiot 2-494.2/Am55g

Amiot, Joseph Marie, 1718-1793.

Grammaire Tartare-Mantchou / par M. Amiot.--Paris : Chez Nyon, 1787.

39 p. ; 27 cm.

French.

1. Manchu language--Grammar. I. Title.

[法国] 钱德明

鞑靼满语语法（法文，1787）

1787年巴黎法文版，“北京大学图书馆”藏书章。

本书摘自上述《中国杂纂（北京传教士关于中国历史、科学、艺术、风俗、习惯录）》一书第十三卷（参见005-Amiot 1-915.1/M519），共39页。书中介绍了满文的12类单音节，发音规则，名词、数字、比较级、格、代词、动词、及物动词、被动动词、辅助动词、句法、名词句法、动词句法等语法内容。

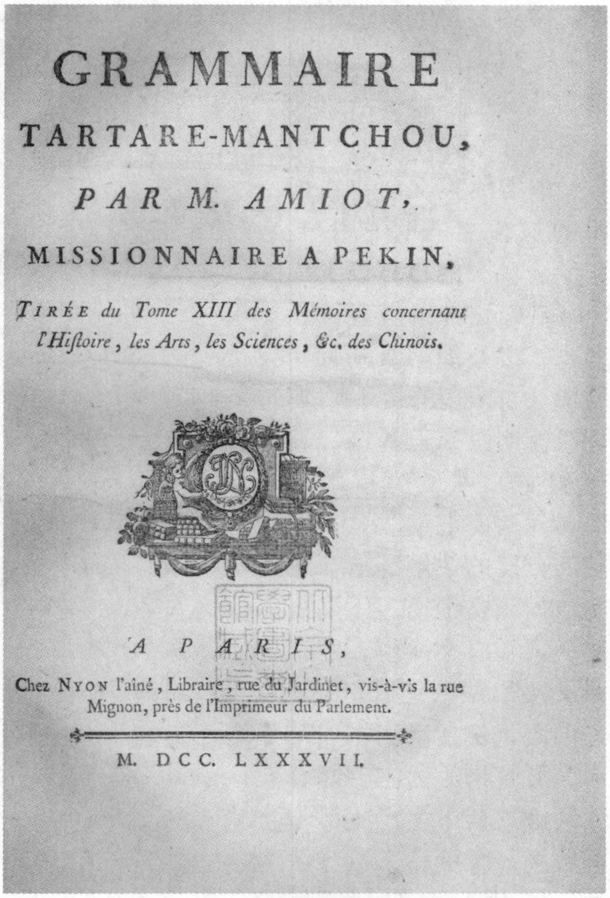

GRAMMAIRE

TARTARE-MANTCHOU,

PAR M. AMIOT,

MISSIONNAIRE A PEKIN,

TIRÉE du Tome XIII des Mémoires concernant l'Hiſtoire, les Arts, les Sciences, &c. des Chinois.

A PARIS,

Chez NYON l'aîné, Libraire, rue du Jardinet, vis-à-vis la rue Mignon, près de l'Imprimeur du Parlement.

M. DCC. LXXXVII.

006-Amiot 2-494.2/Am55g

007-Amiot 3-494.2/Am35

Amiot, Joseph Marie, 1718-1793.

Dictionnaire tartare-mantchou françois : composé d'après un dictionnaire mantchou-chinois / par M. Amyot ; rédigé et publié avec des additions et l'alphabet de cette langue, par L. Langlès.--Paris : Imprimé par F.A. Didot l'Aîné, 1789-1790.

3 v. ; 25 cm.

Title vignette.

French.

1. Manchu language--Dictionaries--French--Early works to 1800. I. Langlès, L. (Louis), 1763-1824. II. Title.

[法国] 钱德明

鞑靼满法字典（法文，1789—1790）

1789—1790年巴黎法文版，3卷，“燕京大学图书馆”藏书章，“燕京大学图书馆”藏书票。

本字典正文前有钱德明的《作者告读者书》和编者L.·朗格莱斯（L. Langlès）《编者告读者书》，以及朗格莱斯编写的满文字母表。本字典是钱德明以李延基撰12卷《清文汇书》为祖本所作。《清文汇书》是一部满汉合璧的注解辞典，正文首列满文词语，下列汉文译词和汉文注解，解释词义及用法。约收20000条词语，包括以名词、动词、形容词等为主的综合性词语，其中生产生活用语居多，政治、军事、法律、文化方面的词语较少。该辞典是清代满汉文翻译最重要的工具书。

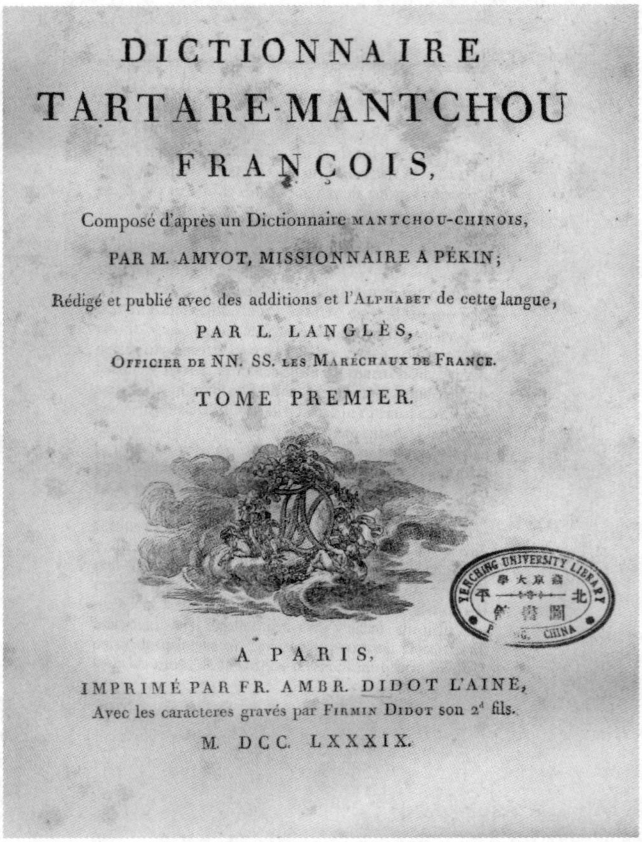
DICTIONNAIRE
TARTARE-MANTCHOU
FRANÇOIS,
Composé d'après un Dictionnaire MANTCHOU-CHINOIS,
PAR M. AMYOT, MISSIONNAIRE A PÉKIN;
Rédigé et publié avec des additions et l'ALPHABET de cette langue,
PAR L. LANGLÈS,
OFFICIER DE NN. SS. LES MARÉCHAUX DE FRANCE.
TOME PREMIER.
A PARIS,
IMPRIMÉ PAR FR. AMBR. DIDOT L'AINE,
Avec les caracteres gravés par FIRMIN DIDOT son 2d fils.
M. DCC. LXXXIX.

007-Amiot 3-494.2/Am35

008-Anderson-915.1/An23

Anderson, Aeneas.

A narrative of the British embassy to China in the years 1792, 1793, and 1794 : containing the various circumstances of the embassy, with accounts of customs and manners of the Chinese and a description of the country, towns, cities & c. &c. / by Aeneas Anderson.--2nd ed.--London : J. Debrett, 1795.

xxxi, 455 p. ; 22 cm.

1. Macartney, George Macartney, Earl, 1737-1806. 2. Great Britain--Foreign relations--China. 3. China--Foreign relations--Great Britain. 4. China--Description and travel. I. Title.

[英国] 爱尼斯·安德森

英使访华录（英文，1795）

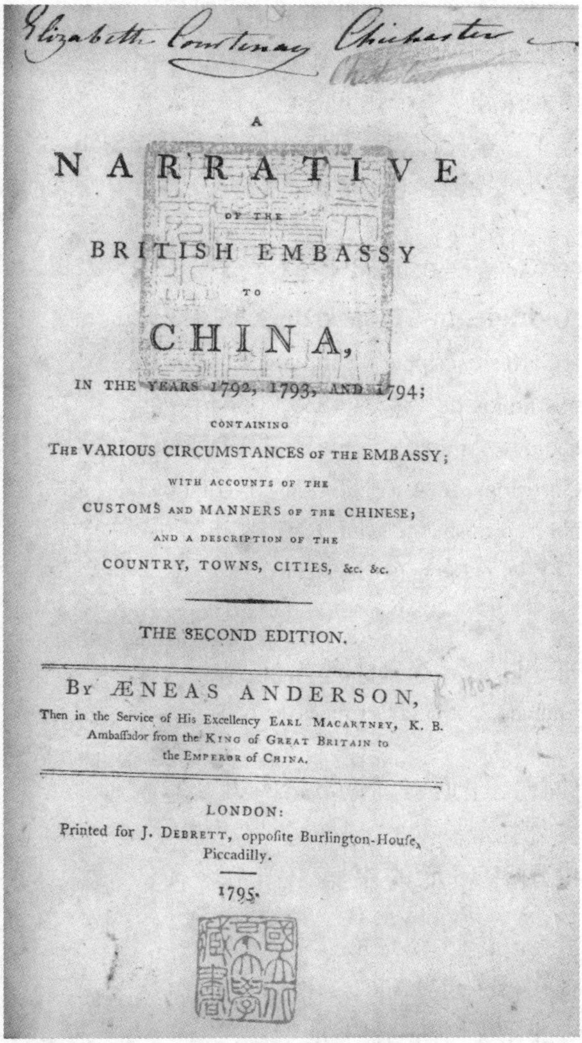

008-Anderson-915.1/An23

1795年伦敦英文版，“国立北京大学藏书”章，“国立北京大学农学院中国农村经济研究所藏书”章，另有1个复本。作者在该版序言中说明曾对首版的文字做了些许修改。英文首版在1795年初出版。中译本《英使访华录》，费振东译，商务印书馆，1963年。

爱尼斯·安德森是1792年英国政府所派马噶尔尼访华使团总管马噶尔尼勋爵所乘“狮子”号船上的第一大副。 关于马噶尔尼使团的访华西文记录还有：使团副使乔治·斯当东的《英使谒见乾隆记实》（参见275-Staunton G L 1.1-915.1/St29）、使团总管约翰·巴罗的《中国游记》（参见020-Barrow 1.1-915.1/B279t）、特使马噶尔尼的《马噶尔尼关于中国之行的日记及观察记》（Macartney：*An Embassy to China. Being the Journal Kept by Lord Macartney during his embassy to the Emperor Ch’ien-lung1793—1794 & Lord Macartney’s Observations on China*.1962.）等。

1792年，英国政府派马噶尔尼勋爵率使团访问中国，参加乾隆皇帝八十三寿辰的典礼，并与清政府商谈对华贸易。使团由英国出发经巴达维亚，1793年5月到达中国海域，然后沿中国东南海岸到达天津，再经通州到北京，最后到驻地安顿好即去热河觐见乾隆皇帝。由于在觐见皇帝的礼仪上与中方相持不下，最后中英双方不欢而散，未能达成任何贸易协议。自热河返回北京1个月后离京，由运河经山东、江苏、浙江、江西、广东到澳门，年底返回英国。在华共204天。

本书是最早出版的使团游记，根据署名作者安德森的日记整理而成，书中将作者1792年9月26日从英国启程开始到中国往返途中所见所闻所做逐日做了描述。其中对清朝政府、山川景色、风土人情等有细致的描绘。但也有许多谬误。书后附录了马金托计船长（Captain Mackintosh）等人从杭州到舟山途中的见闻、“狮子”号战舰和它的舰队的航行日记、中国语词录。

009-Andrade-950/An25

Andrade, José Ignacio de, 1780-1863.

Cartas escriptas da India e da China : nos annos de 1815 a 1835 / por José Ignacio de Andrade ; a sua mulher D. Maria Gertrudes de Andrade.--2a ed.--Lisboa : Na Imprensa Nacional, 1847.

2 v. in 1 : front., ports. ; 24 cm.
Portuguese.

1. China--Civilization. 2. India--History. I. Andrade, D. Maria Gertrudes de. II. Title.

[葡萄牙] 何塞·伊格纳西奥·德·安德拉德

中国和印度的书信（葡萄牙文，1847）

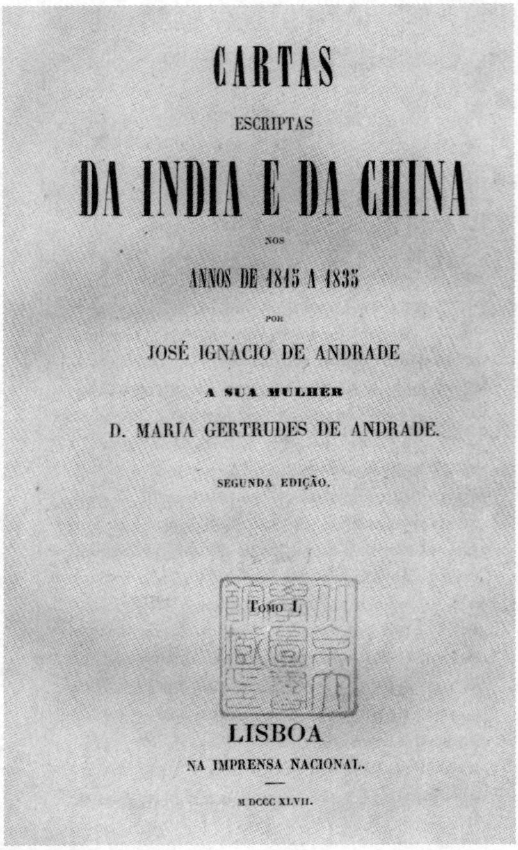

CARTAS
ESCRIPTAS
DA INDIA E DA CHINA
NOS
ANNOS DE 1815 A 1835
POR
JOSÉ IGNACIO DE ANDRADE
A SUA MULHER
D. MARIA GERTRUDES DE ANDRADE.
SEGUNDA EDIÇÃO.
TOMO I.
LISBOA
NA IMPRENSA NACIONAL.
M DCCC XLVII.

009-Andrade-950/An25

1847年里斯本葡萄牙语版，“北京大学图书馆”藏书章。

何塞·伊格纳西奥·德·安德拉德，1780年出生于葡萄牙亚速尔群岛，是葡萄牙远东殖民管理体系中的重要官员。曾任里斯本市政厅参议员，后担任里斯本银行行长。结过两次婚，玛丽亚·赫尔特鲁德斯·德·安德拉德（*Maria Gertrudes de Andrade*）是他的结发妻子，本书的大部分书信是作者在中国和印度的旅途中写给她的。

根据信件记载，何塞·伊格纳西奥·德·安德拉德1815年离开里斯本前往印度，之后来到中国澳门及内地，最后返回里斯本，前后历时20年。本书有370页，共有100封书信。在这些信件中，他以西方的观点观察中国，通过西方与东方的比较，阐发了他对中国及中华文化的理解。本书分成两部分，前50封信为第一部分，从他的印度之行开始，记载了对印度文化的印象；后50封信为第二部分，谈到了他在澳门和中国内地的旅行，以及他对中国历史文化的印象。

009T-Andrade-950/An25 孔子像

值得注意的是，安德拉德在中国的旅行和生活受到另一位葡萄牙冒险家平托（Fernao Mendes Pinto, 1510—1583）的影响。他沿着平托《游记》（参见222-Pinto-915/P658v）中记载的路线首先到达澳门，然后来到内陆。他在信中详细描绘了所到城市的地理位置、防御工事的建造情况、政府的组成、人民及管理机构。最为重要的是，他提出了处理和中国政府之间关系的原则：一、葡萄牙人必须正确理解中国传统文化。这样才不至于做出激怒中国和中国人的行为。二、葡萄牙人必须对澳门人持容忍态度。因为对于澳门人来说，葡萄牙人是外国人，而中国人在自己的土地上容忍了外国人的存在。三、葡萄牙人必须有少量但是精良的军队。澳门面积较小，大部队所需费用较高，而且大规模的部队必将让中国政府不安，因此大规模的部队并不适合澳门。这些未必是安德拉德首创的观点，但至少可以让读者了解当时葡萄牙政府高层人士对待中国问题的态度。

本书详细记载了东方，尤其是印度和中国的风土人情，不但是研究游记文学的重要资料，同时还对英国插手亚洲事物后葡萄牙与英国在东方的争夺进行了深入的分析和评价，因此本书是一部有关19世纪葡萄牙对远东，尤其是对中国政策的重要书籍，也为读者提供了19世纪国际政治和殖民主义的珍贵史料。

本书附12幅人物肖像插图，有作者、孔子、孟子、道光、乾隆等人物肖像。

010-Andreae-016.951/An25

Andreae, V.

Bibliotheca sinologica : Uebersichtliche zusammenstellungen als wegweiser durch das gebiet der sinologischen literatur / von V. Andreae und John Geiger.--Frankfurt a.M. : K.T. Volcker, 1864.

x, 108, 31, [1], 16 p. ; 23 cm.

Preceded by Chinese title: 汉字文法书广总目.

Als anhang ist beigefügt: Verzeichniss einer grossen anzahl ächt chinesischer bücher nebst mittheilung der titel in chinesischen schriftzeichen.

With an appendix, Chinese title, 16 p. autolithographed.

German.

1. Chinese language--Bibliography. 2. Bibliography--Bibliography--Chinese language. I. Geiger, John. II. Title.

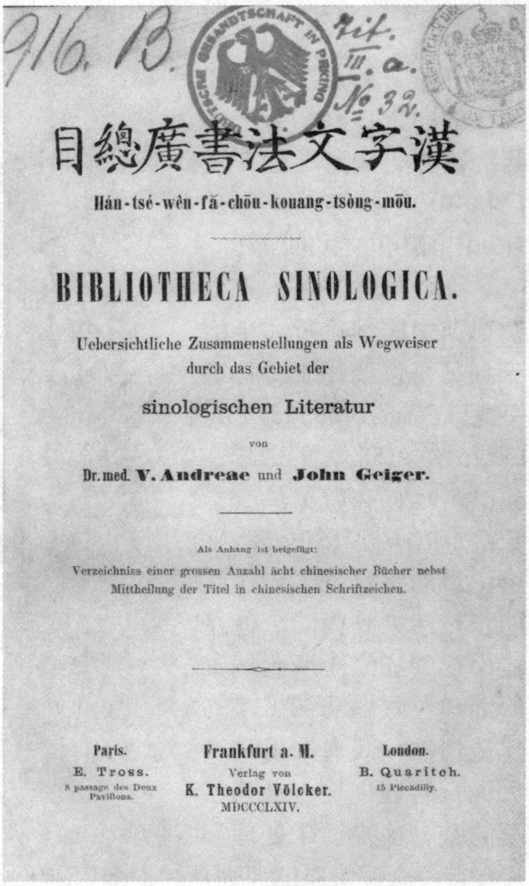
916. B.

漢字文法書廣總目

Hán-tsé-wên-fă-chōu-kouang-tsòng-mōu.

BIBLIOTHECA SINOLOGICA.

Uebersichtliche Zusammenstellungen als Wegweiser durch das Gebiet der sinologischen Literatur

von

Dr. med. V. Andreae und John Geiger.

Als Anhang ist beigefügt:
Verzeichniss einer grossen Anzahl ächt chinesischer Bücher nebst Mittheilung der Titel in chinesischen Schriftzeichen.

Paris. E. Tross. 8 passage des Deux Pavillons.

Frankfurt a. M. Verlag von K. Theodor Völcker. MDCCCLXIV.

London. B. Quaritch. 15 Piccadilly.

010-Andreae-016.951/An25

[德国] 冯・安德烈埃

汉字文法书广总目（德文，1864）

1864年法兰克福德文首版，“德意志帝国驻北京公使馆”章，“德国驻北京公使馆”章。

本书书名为拉丁文，前言和分类标题则以德文写成，所列书目则有英文、法文、德文、西班牙文、葡萄牙文、拉丁文、荷兰文、俄文等文种。因此，本书为多种语言写成的汉语学习参考工具书目汇编，其主要目的是为计划前往中国的外交人士、商人、自然科学家、医生、军人和基督教的传教士学习中文提供参考书目。

本书分A、B两部分，以及附录部分。A部分是“语言学部分”，该部分又可分为11个部分：1. 字典、辞典等有关中国语言文字的工具书，包括拉汉、汉拉、英汉、汉英、法汉、汉法、葡汉、荷汉字典及辞典，以及英文、荷兰文释义的汉韩日字汇、英文释义的标准中文及广东方言发音字汇，有英文、马来文释义并附有广东、福建方言发音法的中文字典，有根据《康熙字典》编著的汉英、汉荷字典等。每条书目之下都有简明扼要的解释，说明收录词条书目中是否有偏旁部首、发音规则等。条目按照年代排序，收录最早的字典是1633年出版于罗马的由拉丁和西班牙文释义的《中文字典》（*Dictionarium linguae sinensis*），最晚的是1855年出版于香港的、英文释义的《广东方言发音字汇》(*Phonetic Vocabulary; Containing All the Most Common Characters with Their Sounds in the Canton Dialect*)，另有尚未出版的汉法、法汉字典手稿两册著录于后。2．以西班牙文、法文、英文、拉丁文、俄文写成的关于中文语法的书籍。收录最早的是1682年出版于福建的由方济各会士编纂的西班牙文《中文语法》(*chinoise et espagnole*)，最晚的是1857年以德文写成出版于柏林的《汉语教学》(*Chinesische Sprachlehre*)。3．以英文、法文、德文等主要欧洲语言写成的，研究中文、中文语法、诗歌艺术的专著和博士论文。上限为1669年S.Webb以英文写成的论文《论中华帝国的语言是原始语言的可能性》》（*Historical Essay on the Probability that the Language of the Empire of China is th Primitive Language*），下限为1862年Dr. J.H. Plath以德文写成的《古代中国的音乐》(*Die Tonsprache der alten Chinesen*)。4．以英文、法文、德文等主要欧洲语言写成的学习中文对话的实用性、辅助性书籍。收录上限未注明，下限为1854年出版于广东的英文释义的《关于广东方言的词汇和短语》（*A Vocalulary with Colloquial Phrases of the Cnton Dialect*）。5．以英文、法文、德文等主要欧洲语言写成的关于中文文字的教科书、研究专著。收录上限为1680年出版于柏林的德文的《中文单字教科书》(*Besserer Unterricht von der Chineser Schrift und Druck*)，下限为1856年出版于法国的南锡的法文同类著作。6．有关学习中文的各种分类检索表格。收录上限为1685年，下限为1859年。7．《三字经》、《千字文》等儿童启蒙读物及包括老子、孔子、孟子、管子等在内的先秦诸子经典的多种西文译文。收录上限为1667年出版于果阿的拉丁文本《中国政治—伦理认知》(*Sinarum scientia politico-moralis*)，下限为1861—1862年在上海出版的英文版《中国经典》（*The Chinese Classics*）。8．欧洲人编辑出版的无西文译文的中文原著。例如上限所收的1805年广东初版、1828年伦敦再版的《关于牛痘接种》（*Chinese Tract on the Vaccine*）、在彼得堡出版的《论语》、未著出版年的小说《玉娇梨》。9．欧洲传教士的中文著述和译著。例如上限1815至1822年之间出版的中文《圣经》，以及下限1852年出版于上海的中文《新约圣经》。10．中国文学历史等研究著述及西方汉学家的生平传略等。如1804年出版于伦敦的《与〈环球杂志〉编辑关于中国文学的通信》（*Letters to the Editor of the Uni-*

versal Magazine on Chinese Literature）、1859年出版于巴黎的《雷慕沙生平传略与著述》（*Notice historique sur la vie et les ouvrages de M. Abel-Rémusat*）。11．著作总集和期刊。收录有关中国的历史、文学、艺术、科学等领域的研究著作、文章。研究主题十分广泛，包括中国传教史、神话、语言、哲学等。上限所收研究论著1762年在伦敦刊行，下限所收关于中国和日本的研究期刊于1863年在伦敦创刊。在A部分的最后是对各部分的补遗。

B部分为“辅助部分”。这部分按字母顺序排列著者名，其著述领域、主题与A部分相同，但收录的著作与A部分并不重复，涉及颇为广泛。最后还有分类索引及A、B两部分的勘误表。

附录部分收录卡尔·特奥多·福克勒（Karl Theodor Vökler）所著《原本汉书宝汇》，为中文书名与德文译名的对照。共分为17个部分：1．儒家经典。2．佛、道教典籍。3．中文原文工具书。4．有关中国的信函。5．文学、文学作品选。6．蒙学读物。7．小说。8．典制、地理、泉货学、山水画论。9．历史学、人物传记。10．叙事诗。11．戏剧。12．内容轻松的书籍。13．占卜。14．医书。15．数学。16．杂类。17．基督宗教传教士在中国出版的中文书籍。

011-Anson-910.4/W171b

Anson, George.
1697-1762.

A voyage round the world : in the years MDCCXL, I, II, III, IV / by George Anson ; compiled from papers and other materials of the right Honourable George Lord Anson, and published under his direction, by Richard Walter, M.A. ; Illustrated with forty-two copper-plates.--London : Printed for the author, by J. and P. Knapton, 1748.

17, 417 p., 43 plates : fold. ill., fold. maps ; 26 cm.

011-Anson-910.4/W171b

1. Voyages around the world--Early works to 1800. I. Robins, Benjamin, 1707-1751. II. Walter, Richard, 1716?-1785. III. Title.

[英国] 乔治·安森

乔治·安森1740—1744年世界旅行记（英文，1748）

1748年伦敦英文版，“燕京大学图书馆”藏书章。

乔治·安森，英国海军上将，以环球航行而闻名。

本书是英国作家理查德·瓦特（Richard Walter）经安森准许后将其环球航行日志编辑出版的。一般认为，可能理查德·瓦特和另一名英国学者本杰明·罗宾(Benjamin Robins)曾修改和编辑过原著。这部环球航行的日志曾在欧美世界广为流传。

本书记述了乔治·安森率领7艘船1900人花了4年的时间，绕过合恩角，经太平洋，最后到达中国澳门和广东的经历。最后回国时仅剩496人和名为“百夫长”的主舰。他的船队在澳门和广东呆了约10个月。本书中有不少关于中国的负面描述，例如：他认为中国人的生活混乱不堪、中国人卖给他的船舰补给品都是假货、中国的书写文字根本就不存在等。安森本人只是一个海军军官，并且在未经中方许可的情况下在广州强行抛锚，因此他和中国人之间是相互敌对的，他关于中国的负面描写是真实和虚幻相混杂的，但这些有关于中国的负面描述曾在欧美有着广泛的影响。

本书附42幅铜版插图，包括安森船队进入各重要港口和岛屿的航行图、航海图、途经地区的地图、风土人情的绘画等。

012-Anville-910.51/D237

Anville, Jean Baptiste Bourguignon d', 1697-1782.

Nouvel atlas de la Chine, de la Tartarie Chinoise et du Thibet : contenant les cartes générales & particulières de ces pays, ainsi que la carte du royaume de Corée; la plupart levées sur les lieux par ordre de l'empereur Cang-Hi avec toute l'exactitude imaginable, soit par les PP. Jésuites Missionaires à la Chine, soit par des Tartares du tribunal des mathématiques, & toutes revûës par les mêmes pères : rédigées / par Mr. d'Anville ... Précedé d’une description de la Boucharie par un officier suédois qui a fait quelque séjour dans ce pays.--La Haye : H. Scheurleer, 1737.

1 atlas (12 p., 42 leaves of plates) : maps (some folded) ; 54 cm.

This atlas was prepared to accompany J. B. Du Halde's Description géographique, historique, chronologique, politique, et physique de l'empire de la Chine ... La Haye, 1736. cf. Avertissement.

French.

1. China--Maps--Early works to 1800. 2. Tibet (China)--Maps--Early works to 1800. 3. Korea--Maps--Early works to 1800. I. Title.

[法国] 让·巴蒂斯特·布吉尼翁·德安维尔

中华鞑靼及西藏新图

（法文，1737）

1737年海牙法文首版，“燕京大学图书馆”藏书章，“燕京大学图书馆”藏书票。另有1个复本，“福克司”印章，“雨读斋藏”印章和“北京大学图书馆”藏书章。

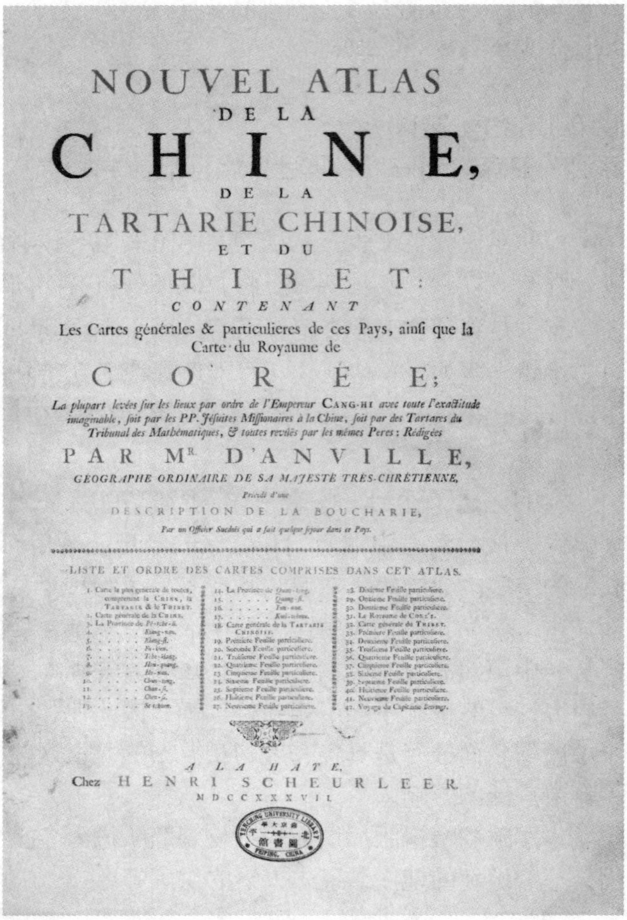

012-Anville-910.51/D237

德安维尔是法国著名的地理学家、地图绘制家和杰出的经典学者，出版了很多关于古代和中世纪地理的著作和地图。他的第一幅重要地图是根据耶稣会士调查测量绘制的中国地图，于1735年印行，后于1737年以《中华鞑靼及西藏新图》结集出版。他于1743年绘制的意大利地图纠正了许多错误。此外还绘有非洲、亚洲、印度和世界地图。1718年被任命为国王地理学家，1754年入选法兰西铭文与美文学院，1773年入选法兰西科学院。

本书《告读者》介绍了本书地图的来源和编排，地图测绘方法，比较详细地介绍了康熙帝命白晋（Joachim Bouvet）、雷孝思（Jean Baptiste Réiges）等法国耶稣会士测绘中国各省及鞑靼地图的经过。本地图集共收录42幅地图，依次为：中国、鞑靼、中国西藏全图、中国全图、直隶省、江南省、江西省、福建省、浙江省、湖广、河南省、山东省、山西省、陕西省、四川省、广东省、广西省、云南省、贵州省、鞑靼全图、鞑靼局部图（12幅）、朝鲜全图、中国西藏全图、中国西藏局部图（9幅）、比灵（Beerings）上尉旅行地图。其中多数全图是根据法国在华耶稣会士绘制的地图和回忆录绘制而成的。

013-Argens-844.5/Ar37Lc

Argens, Jean-Baptiste de Boyer, marquis d', 1704-1771.

Lettres chinoises, ou, Correspondance philosophique, historique & critique : entre un Chinois voyageur & ses correspondans à la Chine, en Moscovie, en Perse & au Japon.--Nouvelle édition / augmentée de nouvelles lettres & de quantité de remarques.--A Paris : Chez Pierre Paupie, 1755.

6 v. ; 15 cm.

By Jean-Baptiste de Boyer, marquis d'Argens. Cf. NUC pre-1956.

Vol. 6 includes "Songes philosophiques, par l'auteur des Lettres juives. A Berlin, Suivant la copie originale, M.DCC.XLVI" with separate t.p. and pagination.

French.

1. Europe--Civilization--18th century. I. Argens, Jean-Baptiste de Boyer, marquis d', 1704-1771. Songes philosophiques. 1755. II. Title. III. Title : Correspondance philosophique...

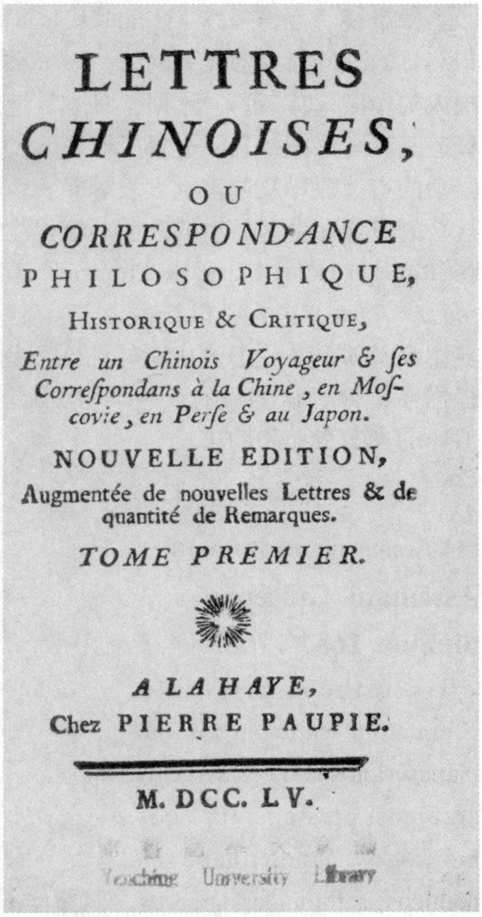

LETTRES
CHINOISES,
OU
CORRESPONDANCE
PHILOSOPHIQUE,
HISTORIQUE & CRITIQUE,
Entre un Chinois Voyageur & ſes Correſpondans à la Chine, en Moſcovie, en Perſe & au Japon.
NOUVELLE EDITION,
Augmentée de nouvelles Lettres & de quantité de Remarques.
TOME PREMIER.
A LA HAYE,
Chez PIERRE PAUPIE.
M. DCC. LV.

013-Argens-844.5/Ar37Lc

[法国] 阿尔让斯侯爵

中国人信札：一位中国旅行者与中国、莫斯科、波斯、日本等地关于哲学、历史和评论的往来书信（法文，1755）

1755年巴黎法文版，"Nicholas Dobree of Guernsey"藏书票和签名，"燕京大学图书馆"藏书章，"燕京大学图书馆哈佛燕京学社"藏书票。本书1739—1742年首版于海牙，1755年版较初版增加了一些新的书信和评论。

阿尔让斯侯爵是法国启蒙时代的自由思想家，曾与伏尔泰、培尔、孟德斯鸠这些参与当时“中国热”风潮的一代哲学名家有交往。他通过自己关于哲学、宗教和历史的著作传播启蒙运动和怀疑一切的思想。曾任腓特烈大帝的宫廷大臣25年。共撰写有关哲学书信18卷。

作者模仿孟德斯鸠（Charles de Secondat, Baron de Montesquieu，1689—1755）的《波斯人信札》（*Lettres Persanes*）形式撰写了本书，假托在法国的中国人与中国、莫斯科、波斯、日本等地通信，共6卷150封。书信中他将中国的儒释道三教与法国诸教派进行了比较，批判了法国及西方宗教中的有害教义、西方社会的道德败坏及迫害犹太教等罪恶，赞扬了中国宗教和儒家哲学的智慧、中国社会的道德和中国君主的开明。值得注意的是，阿尔让斯在第23封信中提到马若瑟（Joseph Henri Marie de Prémare）节译的《赵氏孤儿》（*L'Orphelin de la Maison de Tchao*）剧本，以新古典主义为准绳对马氏的译本提出了批评，认为没有反映原作的真实意义和韵味。

014-Assemani-016.091/As73

Assemani, Giuseppe Simone, 1687-1768.

Bibliotheca orientalis Clementino-vaticana : in qua manuscriptos codices syriacos, arabicos, persicos, turcicos, hebraicos, samaritanos, armenicos, aethiopicos, graecos, aegyptiacos, ibericos, & malabaricos, jussu et munificentia Clementis XI, pontificis maximi, ex Oriente conquisitos, comparatos, avectos, et Bibliothecae Vaticanae addictos / recenfuit, digessit, et genuina scripta a spuriis secrevit, addita singulorum auctorum vita

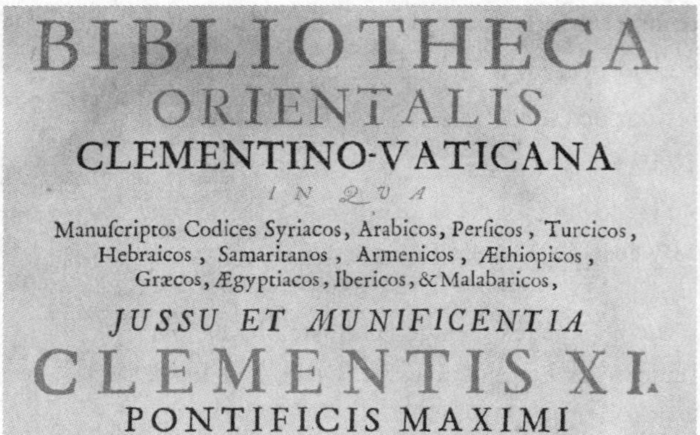
BIBLIOTHECA
ORIENTALIS
CLEMENTINO-VATICANA
IN QUA
Manuſcriptos Codices Syriacos, Arabicos, Perſicos, Turcicos, Hebraicos, Samaritanos, Armenicos, Æthiopicos, Græcos, Ægyptiacos, Ibericos, & Malabaricos,
JUSSU ET MUNIFICENTIA
CLEMENTIS XI.
PONTIFICIS MAXIMI
Ex Oriente conquiſitos, comparatos, avectos, & Bibliothecæ Vaticanæ addictos
Recenſuit, digeſſit, & genuina ſcripta à ſpuriis ſecrevit,
ADDITA SINGULORUM AUCTORUM VITA,
JOSEPH SIMONIUS ASSEMANUS
SYRUS MARONITA
Sacræ Theologiæ Doctor, atque in eadem Bibliotheca Vaticana linguarum Syriacæ & Arabicæ Scriptor.
TOMUS PRIMUS
De Scriptoribus Syris Orthodoxis.
ROMÆ, MDCCXIX. Typis Sacræ Congregationis de Propaganda Fide.
SUPERIORUM FACULTATE.

014-Assemani-016.091/As73

Joseph Simonius Assemanus.--Romae : Typis Sacrae Congregationis de Propaganda Fide, 1719-1728.

3 v. in 4 ; 36 cm.

Subtitle varies.

Imprint date appears before publisher on title pages.

No more published.

Title pages printed in red and black.

Includes indexes.

t. 1. De scriptoribus syris orthodoxis -- t. 2. De scriptoribus syris monophysitis -- t. 3., pars prima. De scriptoribus syris Nestorianis -- t. 3., pars secunda. De syris Nestorianis.

Latin.

1. Manuscripts,Syriac--Catalogs. 2. Manuscripts--Italy--Catalogs. 3. Syriac literature--Biobibliography. 4. Nestorians. 5. Syrian Church. I. Clement XI, Pope, 1649-1721. II. Innocent XIII, Pope, 1655-1724. III. Biblioteca apostolica vaticana. IV. Catholic Church. Congregatio de Propaganda Fide. V. Title.

[黎巴嫩] 库塞・西莫内・阿塞马尼

梵蒂冈东方文献（拉丁文，1719—1728）

1719—1728年在罗马陆续出版的拉丁文首版，3卷，“燕京大学图书馆”藏书章，“哈佛燕京学社”藏书票。

阿塞马尼是黎巴嫩东方学家、马龙派（黎巴嫩等地区的一种天主教教派）教徒。1717年和1735年，他曾两度被派往埃及和叙利亚等地搜集重要手稿，返回罗马后致力于编辑和出版梵帝冈重要手稿文献。

本书第一卷《关于叙利亚正信文献》（*Bibliothecae orientalis Clementino-Vaticanae tomus primus de scriptoribus Syris orthodoxis*）出版于1719年，第二卷《叙利亚一性论派文献》（*Bibliothecae orientalis Clementino-Vaticanae tomus secondus de scriptoribus Syris Monophysitis*）出版于1721年，第三卷《叙利亚聂斯托里派文献》分为两册，《叙利亚聂斯托里派文献上册》（*Bibliothecae orientalis Clementino-Vaticanae tomi tertii pars prima de scriptoribus Syris Nestorianis*）出版于1725年，《叙利亚聂斯托里派文献下册》（*Bibliothecae orientalis Clementino-Vaticanae tomi tertii pars seconda de scriptoribus Syris Nestorianis*）出版于1728年。

本书是梵蒂冈馆藏东方教会，特别是叙利亚教会神学及教会资料汇编，第一次将各种文字的手稿汇集并翻译成拉丁文对照成书。全书既有原文，也有拉丁文译文。这些手稿涉及的文字包括叙利亚文、阿拉伯文、波斯文、希伯来文、撒玛丽亚文、亚美尼亚文、埃塞俄比亚文、希腊文、埃及文等。有些手稿原文是希伯来文等，在当时就已经被翻译为叙利亚文流行。手稿的作者基本是东方教会、叙利亚教会六品以上的神职人员，包括主教、神父、护教学者等。另外也有俗世作者，如当地国王等，他们都是东方教会和叙利亚教会史上十分重要的人物。手稿的形式有神学论著、书信、布道稿、会议（特别是主教会议）文献、论战性文章和书信及编年史等，内容涉及面十分广泛，包括教会在东方各地区的兴起和发展，修会的建立与发展，主教的传承谱系，与异教在神学和哲学上的论战，教会内部神学、教义学、基督论（基督一性论、两性论）、三位一体论、圣神论、信经及马利亚学的争论。许多文献涉及尼开亚大公会议、加尔克东大公会议、以弗所大公会议等在教会史和神学史上极具意义并且至今都有影响的重大事件。甚至有《圣经新约》的片断，如《马可福音》第三章的片断，对于研究新约和新约诠释学意义重大。

本书第一卷收录至约5世纪中期为止的资料，第二卷收录自450年至1494年之间的资料，第三卷上册收录下限为1693年，下册收录不注年。其中收录有聂斯托里本人的著作，内容涉及基督论、马利亚论等。这些手稿具有极高的神学、哲学、教会史和俗世史的价值，第一部教会史的作者埃乌斯比尤斯（Eusebius, 约263—340）、哲罗姆（Jerome, 约340—420）及翻译《圣经》的哲罗姆当年都曾参考了其中很多资料。第三卷对于研究中国基督宗教、特别是早期中国基督宗教及早期中国基督教会史有着极为重要的意义。因为基督宗教最早来华传教的就是聂斯托里派，在中国被称为景教。他们的神学和中国文化、宗教相遇后在中国产生重大影响，留下十分重要的文献。第一卷、第二卷末有附录，是该卷各种文字手稿的索引，第三卷在卷前有该卷按字母顺序的索引。第三卷末还有一个总的索引。

本书附1幅插图，内容为神职人员和教皇探讨梵蒂冈文献编纂。

015-Avril 1.1-915/Av84

Avril, Philippe, 1654-1698.

Voyage en divers états d'Europe et d'Asie : entrepris pour d'écouvrir un nouveau chemin à la Chine : contenant plusieurs remarques curieuses de physique, de géographie, d'hydrographie & d'histoire : avec une description de la grande Tartarie, & des differens peuples qui l'habitent.--Paris : J. Boudot, 1693.

[24], 342 p., [8] leaves of plates : ill. ; 16 cm.

French.

1. Alexander VIII, Pope, 1610-1691. 2. Europe--Description and travel. 3. Middle East Description

and travel. I. Title.

[法国] 菲利普・阿弗里尔
欧亚旅行：探寻通往中国的新路
（法文，1693）

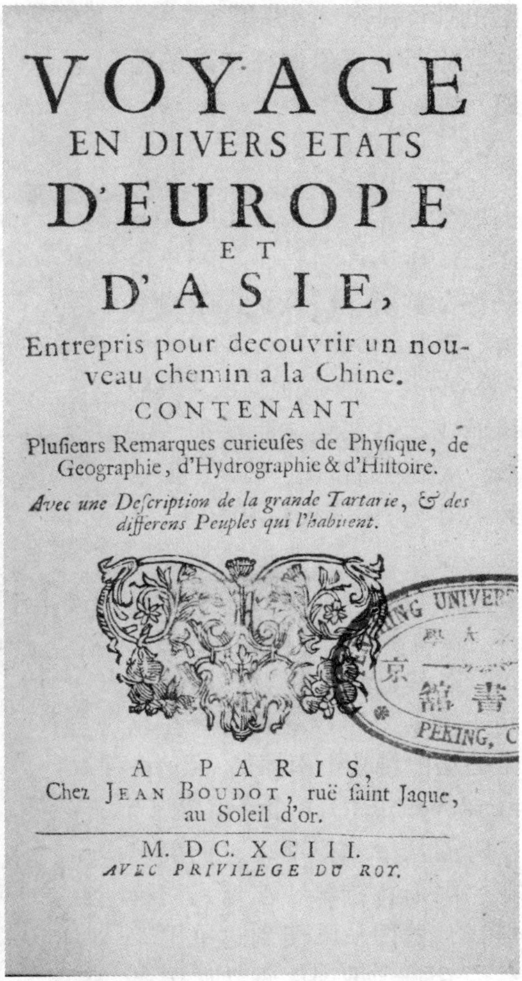
VOYAGE
EN DIVERS ETATS
D'EUROPE
ET
D'ASIE,
Entrepris pour decouvrir un nouveau chemin a la Chine.
CONTENANT
Plusieurs Remarques curieuses de Physique, de Geographie, d'Hydrographie & d'Histoire.
Avec une Description de la grande Tartarie, & des differens Peuples qui l'habitent.
A PARIS,
Chez JEAN BOUDOT, ruë saint Jaque, au Soleil d'or.
M. DC. XCIII.
AVEC PRIVILEGE DU ROY.

015-Avril 1.1-915/Av84

016-Avril 1.2-915/Av84E

Avril, Philippe, 1654-1698.

[Voyage en divers etats d'Europe et d'Asie. English]

Travels into divers parts of Europe and Asia, undertaken by the French king's order to discover a new way by land into China : containing many curious remarks in natural philosophy, geography, hydrography, and history, together with a description of great Tartary, and of the different people who inhabit there / by Father Avril ; done out of French ; to which is added, a supplement extracted from Hakluyt and Purchas ; giving an account of several journeys over land from Russia, Persia, and the Moguls country to China ; together with the roads and distances of the places.--London : T. Goodwin, 1693.

191, 178 p. ; 17 cm.

1. Middle East--Description and travel--Early works to 1800. 2. Europe--Description and travel--Early works to 1800. I. Title.

[法国] 菲利普·阿弗里尔

欧亚旅行：探寻通往中国的新路（英文，1693）

1693年巴黎法文版，“燕京大学图书馆”藏书章（015-Avril-1.1-915/Av84）。1693年伦敦英文首版，“燕京大学图书馆”藏书章（016-Avril-1.2-915/Av84E）。英文版根据法文版翻译而成，并在英文版后加了附录：从陆路自俄国、波斯、蒙古到中国（并附路线和距离）。

菲利普·阿弗里尔是法国耶稣会士、来华传教士，同时也是一位博学的哲学和数学教授。

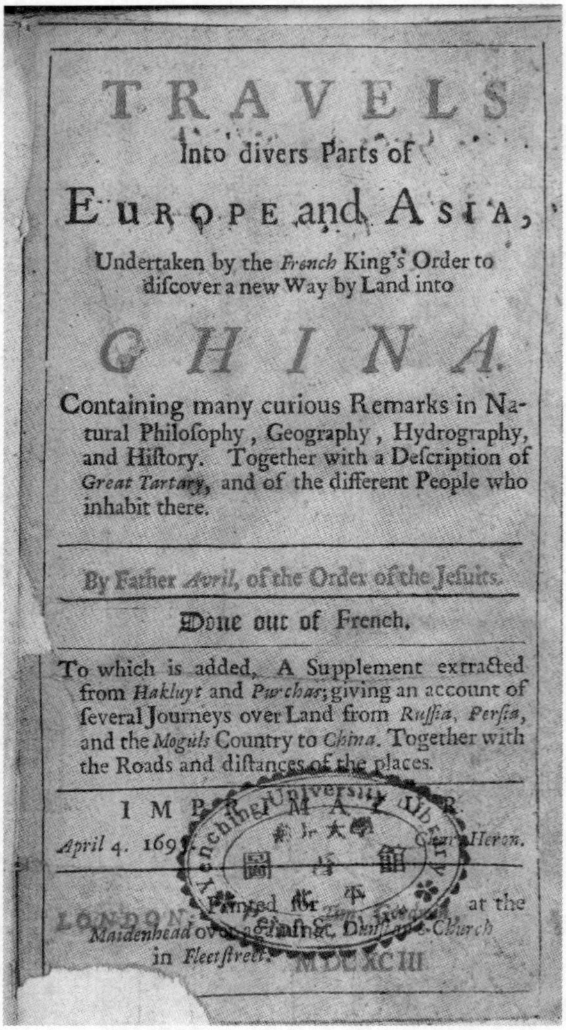
TRAVELS
Into divers Parts of
EUROPE and ASIA,
Undertaken by the *French* King's Order to
discover a new Way by Land into
CHINA.
Containing many curious Remarks in Natural Philosophy, Geography, Hydrography, and History. Together with a Description of *Great Tartary*, and of the different People who inhabit there.

By Father *Avril*, of the Order of the Jesuits.

Done out of French.

To which is added, A Supplement extracted from *Hakluyt* and *Purchas*; giving an account of several Journeys over Land from *Russia*, *Persia*, and the *Moguls* Country to *China*. Together with the Roads and distances of the places.

IMPRIMATUR.
April 4. 169[3] *Char. Heron.*

LONDON, Printed for *Tim. Goodwin*, at the *Maidenhead* over against St. *Dunstan's Church* in *Fleetstreet*. MDCXCIII

016-Avril 1.2-915/Av84E

本书记叙了作者及同伴奉法王路易十四旨意及当时在北京的法国传教士南怀仁（Ferdnand Verbiest）的指示，花了6年时间从库尔德斯坦、亚美尼亚、阿斯特拉罕、波斯到达莫斯科，试图从陆路到达中国。后因受阻于俄国而辗转回国。但从地理学的角度探索了多条从陆路到中国的线路，介绍了作者所经国家的情况，首次向西方世界介绍了西伯利亚的居民和地理。

B

017-Baddeley-327.47/B14

Baddeley, John F. (John Frederick), 1854-1940.

Russia, Mongolia, China : being some record of the relations between them from the beginning of the XVIIth century to the death of the Tsar Alexei Mikhailovich, A.D. 1602-1676; rendered mainly in the form of narratives dictated or written by the envoys sent by the Russian tsars, or their voevodas in Siberia, to the Kalmuk and Mongol khans & princes, and to the emperors of China; with introductions, historical and geographical; also a series of maps showing the progress of geographical knowledge in regard to northern Asia during the XVIth, XVIIth & early XVIIIth centuries. The texts taken more especially from manuscripts in the Moscow Foreign Office Archives / the whole by John F. Baddeley.--London : Macmillan, 1919.

2 v. (ccclxv, xi, 445 p.) : ill., maps (part col.) ; 35 cm.--(Burt Franklin research and source works series ; 60)

Part of illustrative matter in pocket.

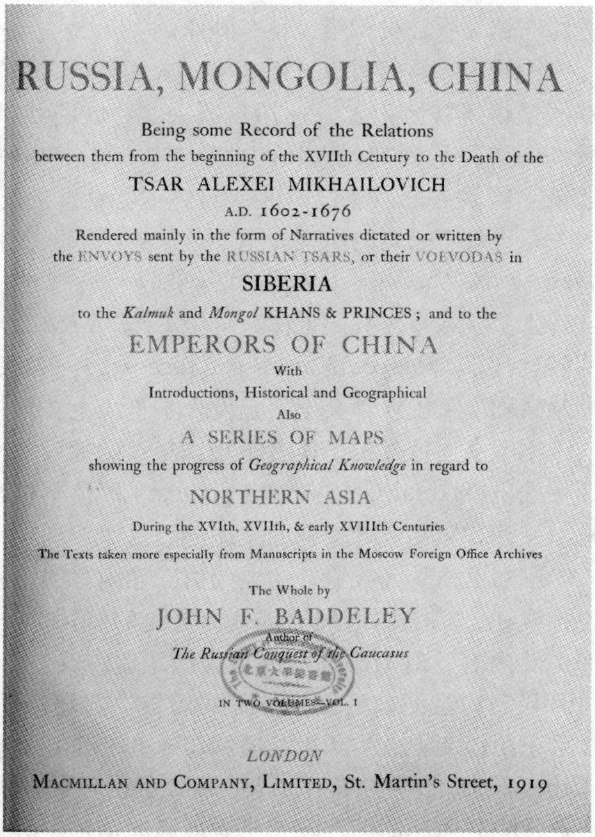

RUSSIA, MONGOLIA, CHINA

Being some Record of the Relations between them from the beginning of the XVIIth Century to the Death of the

TSAR ALEXEI MIKHAILOVICH

A.D. 1602-1676

Rendered mainly in the form of Narratives dictated or written by the ENVOYS sent by the RUSSIAN TSARS, or their VOEVODAS in

SIBERIA

to the *Kalmuk* and *Mongol* KHANS & PRINCES; and to the

EMPERORS OF CHINA

With

Introductions, Historical and Geographical

Also

A SERIES OF MAPS

showing the progress of *Geographical Knowledge* in regard to

NORTHERN ASIA

During the XVIth, XVIIth, & early XVIIIth Centuries

The Texts taken more especially from Manuscripts in the Moscow Foreign Office Archives

The Whole by

JOHN F. BADDELEY

Author of

The Russian Conquest of the Caucasus

IN TWO VOLUMES—VOL. I

LONDON

MACMILLAN AND COMPANY, LIMITED, St. Martin's Street, 1919

017-Baddeley-327.47/B14

1. Cartography--Soviet Union. 2. Soviet Union--History. 3. Soviet Union--Foreign relations--Asia. 4. Asia--Foreign relations--Soviet Union. I. Moskovskīĭ glavnyĭ arkhiv. II. Title. III. Ser.

[英国] 约翰·弗雷德里克·巴德利

俄国·蒙古·中国（英文，1919）

1919年伦敦英文首版，2卷，限量250套珍藏版，本馆所藏为第228套，“北京大学图书馆”藏书章，“国立北京大学藏书”章。本书中译4卷本1981年由商务印书馆出版，吴持哲、吴有刚译。

约翰·弗雷德里克·巴德利，曾任英国《伦敦旗帜》报（*London Standard*）驻圣彼得堡特派记者，1879年第一次到俄国并居住10年，此后多次到俄国。旅俄期间曾先后到高加索和西伯利亚等地。1900—1920年间，4次经西伯利亚到已被沙俄侵占的黑龙江地区。对高加索地区的历史、地理、考古，以及早期中俄关系史都有一定的研究。主要著作：《俄国征服高加索》（*The Russian Conquest of the Caucasus*. 1908）、《俄国·蒙古·中国》（*Russia, Mongolia*, *China*. 1919）、《八十年代的俄国》（*Russia in the eighties*. 1921）、《高加索的崎岖两麓》（*The Rugged Flanks of Caucasus*. 1940）。此外，巴德利还在英国皇家地理学会和皇家中亚学会学报上发表了不少论文。

据本书前言介绍，作者于1912年开始编译本书，首先编译的是第二卷最后的斯帕法里(Nikolai Gavrilovich Spathary)的使华报告，然后采取倒叙的编写方式，最后于1919年完成导论中的概述部分。

本书第一卷为导论，主要为第二卷内容的述评和相关历史、地理背景介绍，包括概述、历史、地理三部分。导论的概述部分主要介绍了第二卷所收录资料的主要内容，对斯帕法里的报告做了重点介绍；历史部分主要叙述俄罗斯从远古时代到17世纪前后发展扩张的历史，其间穿插介绍蒙古入侵及统治，元代灭亡后东西部蒙古族的历史及他们与中央王朝的关系，赫贝尔斯坦(Sigismund von Herberstein)、平托（Fernao Mendes Pinto）、詹金森(Anthony Jenkinson)三位著名旅行家的著作和地图，叶尔马克征服西伯尔，喇嘛教从创立到18世纪初的历史及其影响，1600年前后的俄罗斯周边北亚各民族形势等内容；地理部分首先介绍了从托勒密到17世纪后半叶欧洲关于中亚和北亚地图的发展，其次概述了阿涅斯地图、詹金森1562年地图，戈都诺夫1667年地图、北亚民族志地图、施莱辛1693年地图、维特森1687年地图和施特拉伦贝格1730年地图、列麦佐夫各种地图、雷纳特的两幅地图等。此外，第一卷还附有部分俄国档案原文，包括原稿、非俄文书刊、俄文书刊三部分的参考书目，索引，以及蒙古和喀尔木克王公世系表。

本书第二卷主要内容来自俄国外交部档案馆所藏的手稿，前半部主要为1602

年到17世纪70年代间沙皇或西伯利亚总督使节多次出使喀尔木克、阿勒坦汗、中国的口头或书面报告、相关记载，以及这一时期喀尔木克人与俄罗斯的关系、俄罗斯与车臣汗的最初接触等内容；第二卷后半部分主要内容包括斯帕法里传略，作者对斯帕法里《中国介绍》》（*Description of China*）和地图的考证，以及斯帕法里经由中国边境到达北京并在北京停留的出使报告。此外，作者还介绍了斯帕法里1675年出使中国之前俄罗斯所了解的中国周边情况，斯帕法里《中国介绍》还介绍了通往中国之路的第四、第五章内容，斯帕法里关于阿穆尔河（黑龙江）的介绍。第二卷最后的补注补充介绍了康熙致沙皇伊凡(Tsar Ivan)和彼得(Tsar Peter)的信、北京的教堂、来华传教士南怀仁等人、中国的国家管理机构六部等内容。

本书附75幅插图，其中整页6幅，包括阿列克塞·米哈伊洛维奇像、使节所携国书抄本残页等；69幅章节首尾装饰插图，内容包括双头鹰、沙皇钻石宝座条饰、鹰及其捕猎物、紫貂、鹿等。此外，本书附5幅整页地图，21幅整幅地图，正文2幅插图，反映了16—18世纪初期关于北亚地理知识的进展。

018-Ball-633.72/B21

Ball, Samuel, 1781?-1874.

An account of the cultivation and manufacture of tea in China : derived from personal observation during an official residence in that country from 1804 to 1826 : and illustrated by the best authorities, Chinese as well as European : with remarks on the experiments now making for the introduction of the culture of the tea tree in other parts of the world / by Samuel Ball.--London : Longman, Brown, Green, and Longmans, 1848.

xix, 382 p., [3] leaves of plates : ill. ; 22 cm.
Publisher's advertisement (24 p. (at end))

1. Tea. I. Title.

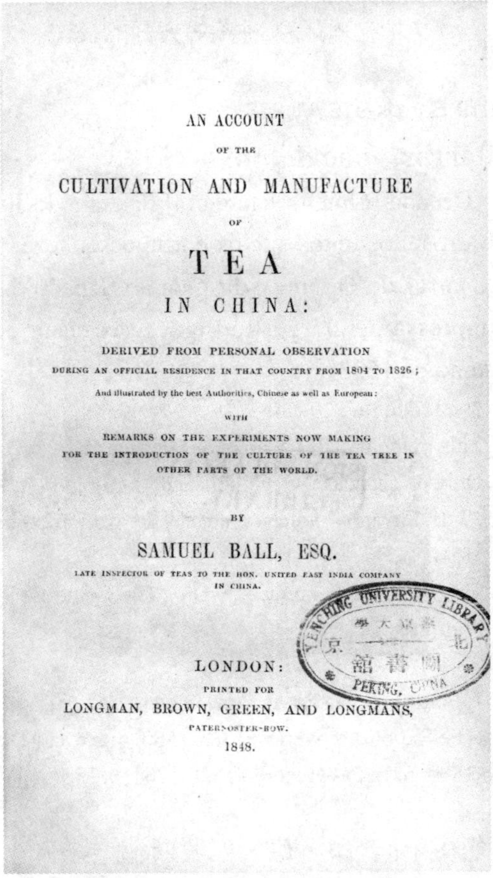

AN ACCOUNT
OF THE
CULTIVATION AND MANUFACTURE
OF
TEA
IN CHINA:
DERIVED FROM PERSONAL OBSERVATION
DURING AN OFFICIAL RESIDENCE IN THAT COUNTRY FROM 1804 TO 1826;
And illustrated by the best Authorities, Chinese as well as European:
WITH
REMARKS ON THE EXPERIMENTS NOW MAKING
FOR THE INTRODUCTION OF THE CULTURE OF THE TEA TREE IN OTHER PARTS OF THE WORLD.
BY
SAMUEL BALL, ESQ.
LATE INSPECTOR OF TEAS TO THE HON. UNITED EAST INDIA COMPANY IN CHINA.
LONDON:
PRINTED FOR
LONGMAN, BROWN, GREEN, AND LONGMANS,
PATERNOSTER-ROW.
1848.

018-Ball-633.72/B21

[英国] 塞缪尔·鲍尔

中国茶叶种植和加工实录（英文，1848）

1848年伦敦英文版，“燕京大学图书馆”藏书章。

塞缪尔·鲍尔是英国人，曾任东印度公司茶叶检查员而派驻中国广州。

本书是有关广州郊外河南地区种茶的记载，主要介绍了我国茶树史，茶叶生长的土壤、气候等种植条件，叙述了红茶、绿茶等我国传统茶叶的情况，描述了茶叶加工工序、过程和技术方法，以及茶叶运输和贸易等方面内容。

本书附3幅有关种茶等方面的插图。

018T-Ball-633.72/B21 种茶图

019-Barros-915.4/B278

Barros, João de, 1496-1570.

Decada primeira [-terceira] da Asia de João de Barros, dos feitos que os portugueses fezerão no descobrimento & conquista dos mares & terras do Oriente : dirigida ao Senado da Camara desta cidade Lisboa.--Em Lisboa: Impressa per Jorge Rodriguez, aa custa de Antonio Gonçalues, mercador de livros, Anno de 1628.

3 v. : fold. ill. ; 29 cm.

Title vignettes (Royal arms of Portugal)

Only 3 "decadas" were published in this edition. The fourth "decada", written by Barros and revised by J. B. Lavanha, which completes the work by Barros, is often supplied from the first edition (Madrid, 1615)

The work was continued by Diogo do Couto.

Portuguese.

1. Portuguese--India--Early works to 1800. 2. Discoveries in geography--Portuguese. 3. Portugal--History--Period of discoveries, 1385-1580. 4. Africa--Discovery and exploration--Portuguese--Early works to 1800. 5. India--History--1526-1765. 6. East Asia--History. I. Title.

[葡萄牙] 若昂·德·巴罗斯

亚洲十年史（葡萄牙文，1628）

DECADA TERCEIRA
DA ASIA DE
IOÃO DE BARROS
DOS FEITOS QVE OS POR-
TVGVESES FEZERÃO NO DESCOBRI-
mento & conquista dos mares & terras
do Oriente.

DIRIGIDA AO SENADO DA CAMA-
ra desta cidade de Lisboa.

EM LISBOA
Com todas as licenças necessarias.

Impressa per Iorge Rodriguez. Anno de 1628.
A a custa de Antonio Gonçaluez mercador de liuros.

1628年里斯本葡萄牙文版，应为3卷本，本馆藏有2、3两卷，“燕京大学图书馆”藏书章。本书原名《若昂·德·巴罗斯亚洲见闻录：葡萄牙人在东方发现和征服海洋和土地的功业》。本书之所以又命名为《亚洲十年史》是因为作者以十年为分期，系统总结了葡萄牙人在亚洲的作为。第一卷（即第一个十年，迄于1538年）于1552年出版，第二、三卷分别于1553年、1563年出版。巴罗斯生前没有完成第四卷，由若昂·巴蒂斯塔·拉瓦尼亚（João Baptista Lavanha）续写而成，并于1615年在马德里出版。后来历史学家迪奥古·德·科托（Diogo de Couto）继承了巴罗斯的事业，又加以续写。1777—1788年在里斯本出版的新版本题为《若昂·德·巴罗斯和迪奥古·德·科托亚洲见闻录》（*Da Asia de João de Barros e de Diogo de Couto*），24卷。

若昂·德·巴罗斯是贵族私生子，在国王曼努埃尔一世（Manuel I,1469—1521）的宫廷中为王子胡安（Juan）当侍衣童，接受了良好的教育。他是葡萄牙第一位历史学家、葡萄牙语语法学奠基人、东方学先驱及杰出的文职官员，历任财务长官、印度事务府总管和米纳商馆总管等要职。巴罗斯青年时代便对历史和写作感兴趣，20岁时就创作了骑士小说《贤帝年代记》（*Las crónicas del Emperador Clarimundo, de donde proceden los reyes de Portugal*. 1516）。

若昂·德·巴罗斯1540年开始撰写《亚洲十年史》。他获得的波斯、阿拉伯、印度及中国的手稿甚多，延聘这些国家的学者进行翻译以研究和利用这些文献。本书采用细腻的写作手法，记录了葡萄牙人在16世纪上半叶曾经涉足的所有东方国家和地区，尤其是亚洲沿海地区的地理情况和当地居民的风俗人情，描写了他们的探险性旅行、经商、海战、出使、征收赋税和远征异国等活动，颂扬了葡萄牙人在亚洲的丰功伟业。若昂·德·巴罗斯特别重视有关中国的文献编纂，书中关于中国的描述随处可见，尤其是第三卷对中国的叙述最为详尽，具体描述了明朝的15个省份、官僚组织机构、民俗等。文风流畅、内容丰富。该书不但对西方汉学研究具有很重大的意义，也是葡萄牙文学的奠基之作。

020-Barrow 1.1-915.1/B279t

Barrow, John, Sir, 1764-1848.

Travels in China : containing descriptions, observations, and comparisons, made and collected in the course of a short residence at the imperial palace of Yuen-Min-Yuen, and on a subsequent journey through the country from Pekin to Canton / by John Barrow.--London : T. Cadell and W. Davies, 1804.

ix, 632 p., [10] leaves of plates : ill. (some col.), ports. ; 27 cm.

Includes index.

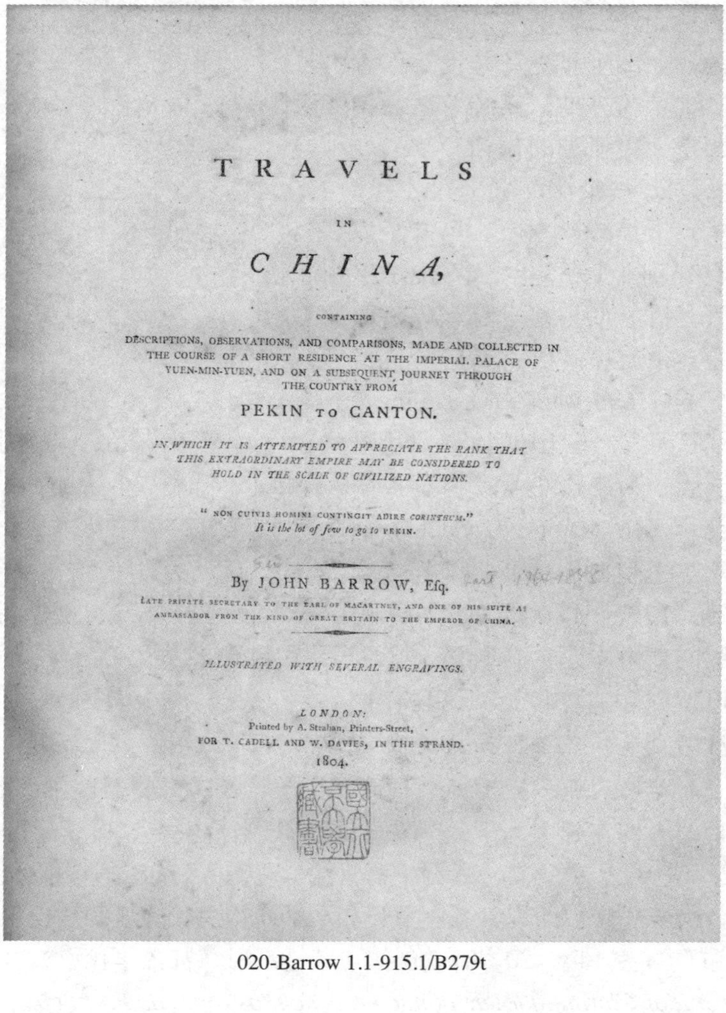

TRAVELS

IN

CHINA,

CONTAINING

DESCRIPTIONS, OBSERVATIONS, AND COMPARISONS, MADE AND COLLECTED IN THE COURSE OF A SHORT RESIDENCE AT THE IMPERIAL PALACE OF YUEN-MIN-YUEN, AND ON A SUBSEQUENT JOURNEY THROUGH THE COUNTRY FROM

PEKIN TO CANTON.

IN WHICH IT IS ATTEMPTED TO APPRECIATE THE RANK THAT THIS EXTRAORDINARY EMPIRE MAY BE CONSIDERED TO HOLD IN THE SCALE OF CIVILIZED NATIONS.

"NON CUIVIS HOMINI CONTINGIT ADIRE CORINTHUM."
It is the lot of few to go to PEKIN.

By JOHN BARROW, Esq.

LATE PRIVATE SECRETARY TO THE EARL OF MACARTNEY, AND ONE OF HIS SUITE AS AMBASSADOR FROM THE KING OF GREAT BRITAIN TO THE EMPEROR OF CHINA.

ILLUSTRATED WITH SEVERAL ENGRAVINGS.

LONDON:
Printed by A. Strahan, Printers-Street,
FOR T. CADELL AND W. DAVIES, IN THE STRAND.
1804.

020-Barrow 1.1-915.1/B279t

1. China--Description and travel. I. Title.

[英国] 约翰·巴罗

中国游记：从北京到广州（英文，1804）

021-Barrow 1.2-915.1/B279

Barrow, John, Sir, 1764-1848.

[Travels in China. French]

Voyage en Chine : formant le complément du voyage de Lord Macartney / contenant des observations et des descriptions faites pendant le séjour de l'auteur dans le palais impérial de Yuen-Min-Yuen, et en traversant l'empire chinois, de Peking à Canton: par John Barrow ; tr. de l'anglais, avec des notes, par J. Castéra.--Paris : F. Buisson, 1805.

3 v. ; 20 cm. + atlas of 22 pl. (32 cm.)

French.

1. China--Description and travel. 2. China--Social life and customs. I. Castéra, Jean-Henri, 1749-1838. II. Title. III. Title: Voyage en Chine.

[英国] 约翰·巴罗

中国游记：从北京到广州

（法文，1805）

020T-Barrow 1.1-915.1/B279t 热河行宫西部图景

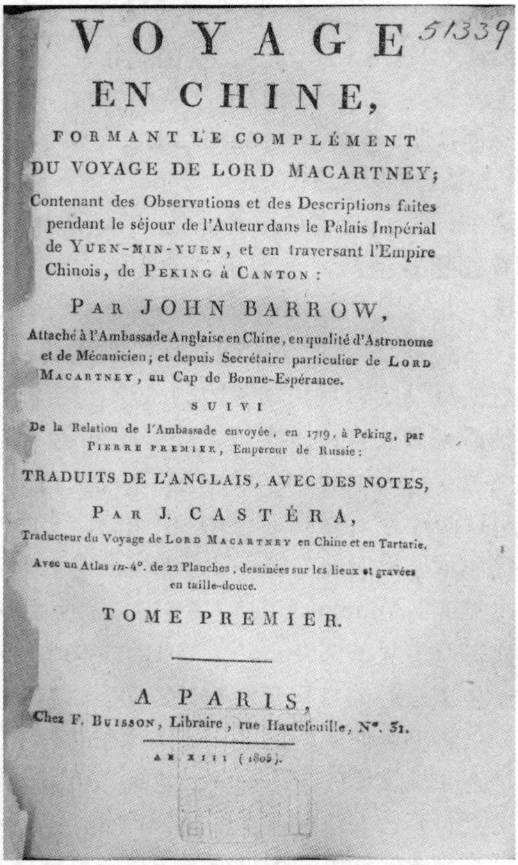

VOYAGE 51339

EN CHINE,

FORMANT LE COMPLÉMENT

DU VOYAGE DE LORD MACARTNEY;

Contenant des Observations et des Descriptions faites pendant le séjour de l'Auteur dans le Palais Impérial de YUEN-MIN-YUEN, et en traversant l'Empire Chinois, de PEKING à CANTON :

PAR JOHN BARROW,

Attaché à l'Ambassade Anglaise en Chine, en qualité d'Astronome et de Mécanicien; et depuis Secrétaire particulier de LORD MACARTNEY, au Cap de Bonne-Espérance.

SUIVI

De la Relation de l'Ambassade envoyée, en 1719, à Peking, par PIERRE PREMIER, Empereur de Russie:

TRADUITS DE L'ANGLAIS, AVEC DES NOTES,

PAR J. CASTÉRA,

Traducteur du Voyage de LORD MACARTNEY en Chine et en Tartarie.

Avec un Atlas *in*-4°. de 22 Planches, dessinées sur les lieux et gravées en taille-douce.

TOME PREMIER.

A PARIS,

Chez F. BUISSON, Libraire, rue Hautefeuille, N°. 31.

AN XIII (1805).

021-Barrow 1.2-915.1/B279

022-Barrow 1.3-K928.9/B279F

Barrow, John, Sir, 1764-1848.

[Travels in China. French]

Voyage en Chine : à la suite de l'Ambassade de Lord Macartney / par John Barrow ; traduit de l'Anglais par J.B.J. Breton.--Paris : Lepetit, 1807.

6 v. ; 14 cm.

French.

1. Macartney, George Macartney Earl, 1737-1806. 2. China--Description and travel. I. Breton, M. (Jean Baptiste Joseph) II. Title. III. Title: Voyage en Chine.

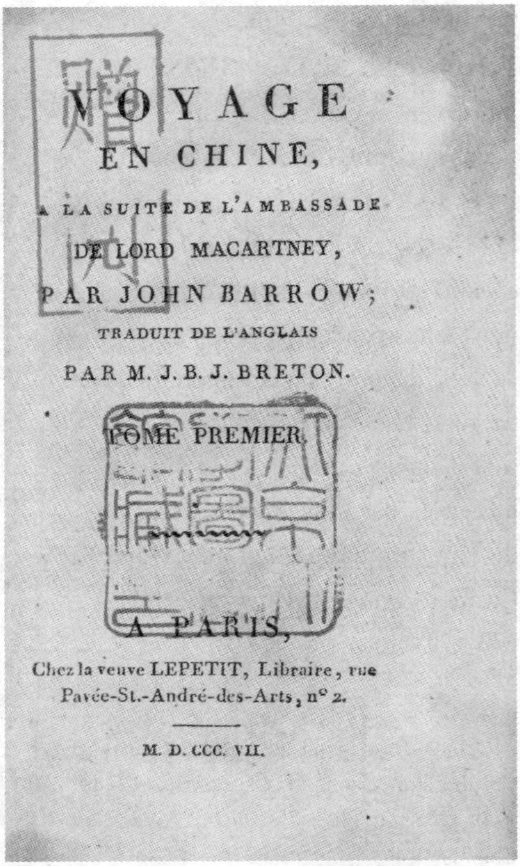

022-Barrow 1.3-K928.9/B279F

[英国] 约翰・巴罗

中国游记：从北京到广州

（法文，1807）

1804年伦敦英文首版（020-Barrow 1.1-915.1/B279t），“国立北京大学藏书”章。另有1个复本。1805年巴黎法文版3卷本（021-Barrow 1.2-915.1/B279），“国立北京大学藏书“章。1807年巴黎法文袖珍便携版6卷本（14cm; 022-Barrow 1.3-K928.9/B279F），“北京大学藏书印”。此书的中译本名为《我看乾隆盛世》，李国庆、欧阳少春译，北京图书馆出版社，2007年。

约翰・巴罗是1792年英国政府所派马噶尔尼访华使团的总管、英国外交官、作家。1792年随英使马噶尔尼伯爵来到北京，任参赞，并借此机会学习汉语并研究中国文学与科学。著作有《关于马噶尔尼伯爵的一些故事及未刊文稿选》（参见023-Barrow 2- K835.617/M118b）等。关于马噶尔尼使团的访华西文记录还有：马噶尔尼访华使团总管马噶尔尼勋爵所乘“狮子”号船上的第一大副爱尼斯・安德逊的《英使访华录》（参见008-Anderson-915.1/An23）、使团副使乔治・斯当东的《英使谒见乾隆记实》（参见275-Staunton G L 1.1-915.1/St29）、特使马噶尔尼的《马噶尔尼关于中国之行的日记及观察记》等。

本书是使团游记之一。作者在书中不仅试图全面记录其所见所闻，而且意在评述中国文明的方方面面：建筑、语言文字、艺术、科学、宗教、妇女、家庭、乃至行政、司法等。本书共分十章：第一章介绍英使来华的背景；第二章记录从黄海到北运河沿途所见所闻；第三章记录从北京到热河再返回北京，以及参观避暑山庄、紫禁城、圆明园等的见闻感想；第四章对中国社会形态、风俗、习惯、情感、道德等的看法；第五章记叙乾隆的招待和皇帝的私人生活；第六章对中国语言、文字、艺术、科技、医学的认识；第七章对中国政治、法律、赋税、市政和官阶的见解；第八章对中国宗教、教派、教义、仪式等的介绍；第九章从通州到北京一路所见的记录；第十章为此次访问的总结。由于巴罗本人丰富的知识和很强的观察力及对游记体裁的较强驾驭能力，从而使本书在英、美等国产生了广泛的影响。总的说来，巴罗对中国的固步自封、愚昧落后、狂妄自大等多有批评，对中国人民却有好感和敬意。

1804年英文版附6幅人工着色的人物风景画和3幅铜版画。

1807年法文版由让·巴蒂斯特·约瑟夫·布勒东（Jean-Baptiste Joseph Breton）从英文版译出。布雷东为法国著名司法速记人，《判决公报》（*La Gazette des tribunaux*）的创办人之一。该法文版较忠实地再现了原作一些内容，译者也提到由于该书属于袖珍系列而对原作做了一些删减，尤其删掉了原作中那些表现不同民族文化间激烈冲突的文字，如第一卷中保留了原作第一章中的大部分内容，但是也删掉了该章中“外国传教阴谋”、“中国朝廷的傲慢与自大”和“肮脏的中国人”等小节的内容。但有些删减或略译的内容可能是令读者更感兴趣的文字，如原文对中国陶瓷和丝织品的描述。该书的结论基本忠实地传达了作者期待今后与中国人进一步沟通的愿望。

Barrow, John, Sir, 1764-1848.

Some account of the public life, and a selection from the unpublished writings, of the Earl of Macartney / by John Barrow.--London : T. Cadell and W. Davies, 1807.

2 v., [1] leaf of plates : port. ; 28 cm.

v. 1. Narrative of the public life of Lord Macartney, and appendix of correspondence, etc. -- v. 2. Extracts from

SOME ACCOUNT OF THE PUBLIC LIFE, AND A SELECTION FROM THE UNPUBLISHED WRITINGS, OF THE EARL OF MACARTNEY.

THE LATTER CONSISTING OF EXTRACTS FROM AN ACCOUNT OF THE RUSSIAN EMPIRE: A SKETCH OF THE POLITICAL HISTORY OF IRELAND: AND A JOURNAL OF AN EMBASSY FROM THE KING OF GREAT BRITAIN TO THE EMPEROR OF CHINA:

WITH AN APPENDIX TO EACH VOLUME.

BY JOHN BARROW, F.R.S.
AUTHOR OF "TRAVELS IN CHINA" AND "SOUTHERN AFRICA," AND OF "A VOYAGE TO COCHINCHINA."

IN TWO VOLUMES.
VOL. I.

LONDON:
PRINTED FOR T. CADELL AND W. DAVIES IN THE STRAND.
1807.

023-Barrow 2- K835.617/M118b

an account of the Russian empire. A short sketch of the political history of Ireland. Journal of an embassy from the King of Great Britain to the Emperor of China. Appendix to the Journal.

1. Macartney, George Macartney, Earl, 1737-1806. 2. Ireland--History. 3. China--Description and travel. 4. Soviet Union--Description and travel. I. Macartney, George Macartney, Earl, 1737-1806. II. Title.

023T-Barrow 2-k835.617/M118b 马噶尔尼伯爵

[英国] 约翰·巴罗

关于马噶尔尼伯爵的一些故事及未刊文稿选（英文，1807）

1807年伦敦英文版，“燕京大学图书馆”藏书章。

本书2卷。第一卷根据马噶尔尼伯爵生前许多未公开的资料记述了他不同时期的政治生涯，包括爱尔兰总督、英国驻印度马德拉斯殖民总督、英国驻好望角殖民总督、出使俄国及1792、1793、1794年出使中国的政治生涯；第二卷主要汇集了马噶尔尼生前的一些著述，包括《俄国述要选编》》（*Extracts from an Account of the Russian Empire*）、《爱尔兰政治简史》》(*A Short Sketch of the Political History of Ireland*)、《使华日记》(*Embassy to the Court of Pekin*)。附录是马噶尔尼有关中国的记录，包括风俗、特征、宗教、政府、人口、财政、军队建制、航海、语言和商贸等11个方面的内容，还有关于马噶尔尼伯爵政治生涯的信件和参加会议的记录。

本书附1幅《马噶尔尼伯爵像》。

024-Belcher-910.4/B41

Belcher, Edward, Sir, 1799-1877.

Narrative of a voyage round the world : performed in Her Majesty's ship Sulphur, during the years 1836-1842, including details of the naval operations in China, from Dec. 1840, to Nov. 1841 /published under the authority of the lords commissioners of the Admiralty, by Captain Sir Edward Belcher ... commander of the expedition.--London : H. Colburn, 1843.

2 v. : fronts., ill., fold. maps ; 23 cm.

Includes index.

"The regions of vegetation; being an analysis of the distribution of vegetable forms over the surface of the globe in connexion with climate and physical agents. By Richard Brinsley Hinds": v. 2, 1 p. l., p. [325]-460.

1. Sulphur (Ship) 2. Voyages around the world. 3. Phytogeography. 4. China--History--Opium War, 1840-1842. I. Hinds, Richard Brinsley. II. Great Britain. Admiralty. III. Title.

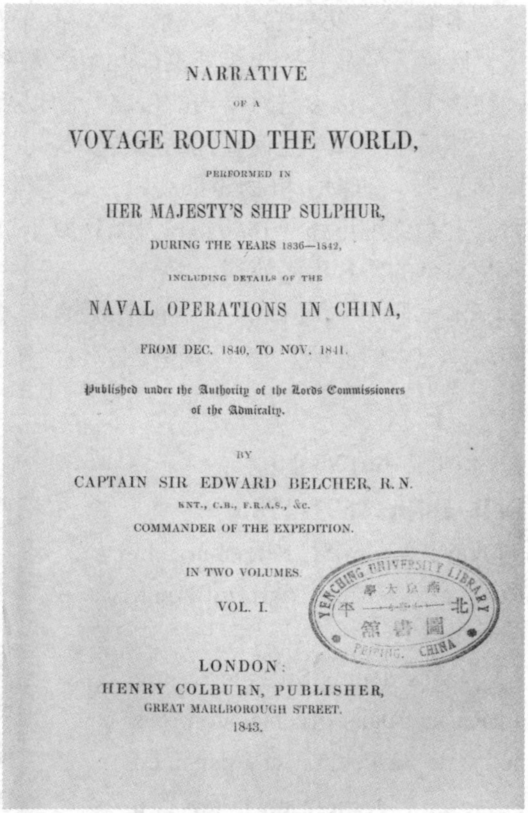

NARRATIVE

OF A

VOYAGE ROUND THE WORLD,

PERFORMED IN

HER MAJESTY'S SHIP SULPHUR,

DURING THE YEARS 1836—1842,

INCLUDING DETAILS OF THE

NAVAL OPERATIONS IN CHINA,

FROM DEC. 1840, TO NOV. 1841.

Published under the Authority of the Lords Commissioners of the Admiralty.

BY

CAPTAIN SIR EDWARD BELCHER, R.N.

KNT., C.B., F.R.A.S., &c.

COMMANDER OF THE EXPEDITION.

IN TWO VOLUMES.

VOL. I.

LONDON:

HENRY COLBURN, PUBLISHER,

GREAT MARLBOROUGH STREET.

1843.

024-Belcher-910.4/B41

[英国] 爱德华·贝尔彻

1836—1842年“硫磺”号环游世界记（英文，1843）

1843年伦敦英文版，2卷，“燕京大学图书馆”藏书章，“燕京大学图书馆哈佛燕京学社”藏书票。

爱德华·贝尔彻（又译卑路乍），英国海军军官，同时也是探险家、科学家。1812年加入英国皇家海军。曾在“硫磺”号上参与泛太平洋航程，途中观察了很多岛屿，为1840—1841年中英鸦片战争提供了重要的地理资料。1841年 1 月 2 5 日，贝尔彻作为“硫磺”号的舰长，奉英军总司令官伯麦（G.Bremer）准将之命，将该舰驶往香港岛进行“勘察”，并在今上环水坑口街附近的大笪地登陆，擅自将此地命名为“占领角”（Possession Point）。次日，大批海军陆战队随即登陆，伯麦宣布正式占领了香港岛。此后，贝尔彻负责测量香港各地之地势，策划防守各项军事设施，建立了东西两座炮台：东炮台是鲤鱼门炮台，西炮台是卑路乍炮台。后来炮台下的一条街道也以卑路乍命名，称为“卑路乍街”，至今犹存。贝尔彻是皇家地理学会最早的会员之一，他的著作《论海上考察》（*A Treatise on Nautical Surveying*.1835），在19世纪中叶作为经典的地理教材而闻名于世。他还在杂志上发表了许多科学论文。

本书2卷，第一卷14章，第二卷8章。有序言、附录。全书按照时间顺序记述了“硫磺”号从1836年离开英国开始泛太平洋航程，1840年于途中接到命令立即驶往中国，积极参与对中国的侵略行动包括英国军队占领广州和香港的详细情形等，然后于1842年返回英国的航行及其间的活动，对沿途所经之地的天文气象、地理形势、动物、植物等都观察、记述得非常详细。其中第二卷的第四、五、六、七章详细记述了1840年12月到1841年11月间英国海军在中国的行动，是研究鸦片战争的重要参考资料。

本书附39幅插图，与中国有关的有《英国舰队在珠江开火》、《中国士兵》、《中国商船》等。3幅地图，包括作者《旅行线路图》和《珠江图》等。

025-Bell 1.1-K919/B413

Bell, John, 1691-1780.

[Travels from St. Petersburg, in Russia, to various parts of Asia. French]

Voyages depuis St. Petersbourg en Russie, dans diverses contrées de l'Asie : à Pékin ... à Ispahan en Perse ... à Derbent en Perse ... à Constantinople ... ou y a joint une description de la Sibérie, & une carte des deux routes de l'auteur entre Moscow & Pékin / par Jean Bell ; traduits de l'anglois par M.***.--Paris : Robin, 1766.

3 v. : 1 fold. map ; 17 cm.

Translated by M.A. Eidous.

With privilege of the king.

"Journal de la résidence de M. Lange" [agent of Russia at the court of Pékin, 1721-22] (v. 2, p. [125]-362)

French.

1. Voyages and travels--Early works to 1800. 2. Asia--Description and travel. 3.

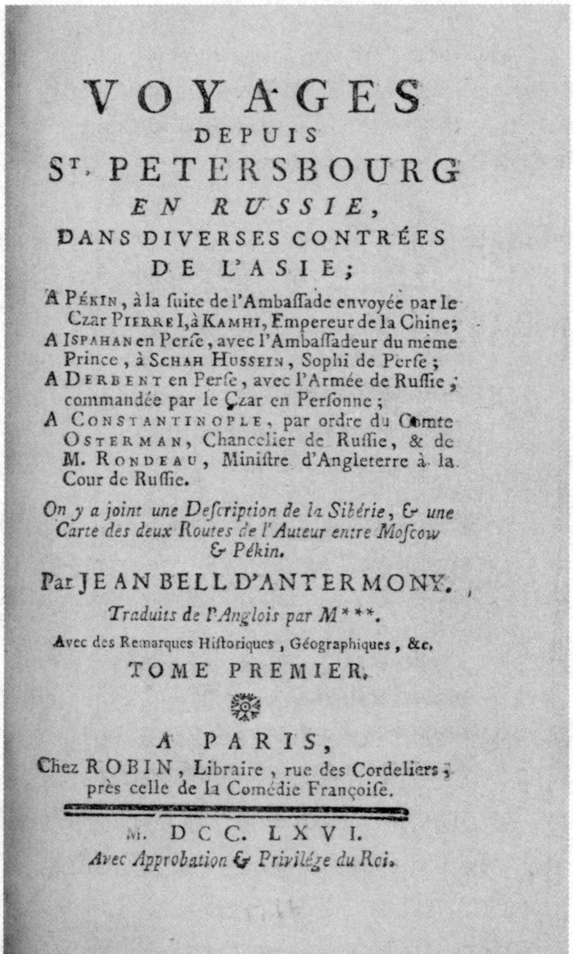
VOYAGES
DEPUIS
ST. PETERSBOURG
EN RUSSIE,
DANS DIVERSES CONTRÉES
DE L'ASIE;
A PÉKIN, à la ſuite de l'Ambaſſade envoyée par le Czar PIERRE I, à KAMHI, Empereur de la Chine;
A ISPAHAN en Perſe, avec l'Ambaſſadeur du même Prince, à SCHAH HUSSEIN, Sophi de Perſe;
A DERBENT en Perſe, avec l'Armée de Ruſſie, commandée par le Czar en Perſonne;
A CONSTANTINOPLE, par ordre du Comte OSTERMAN, Chancelier de Ruſſie, & de M. RONDEAU, Miniſtre d'Angleterre à la Cour de Ruſſie.
On y a joint une Deſcription de la Sibérie, & une Carte des deux Routes de l'Auteur entre Moſcow & Pékin.
Par JEAN BELL D'ANTERMONY.
*Traduits de l'Anglois par M***.*
Avec des Remarques Hiſtoriques, Géographiques, &c.
TOME PREMIER.
A PARIS,
Chez ROBIN, Libraire, rue des Cordeliers; près celle de la Comédie Françoiſe.
M. DCC. LXVI.
Avec Approbation & Privilége du Roi.

025-Bell 1.1-K919/B413

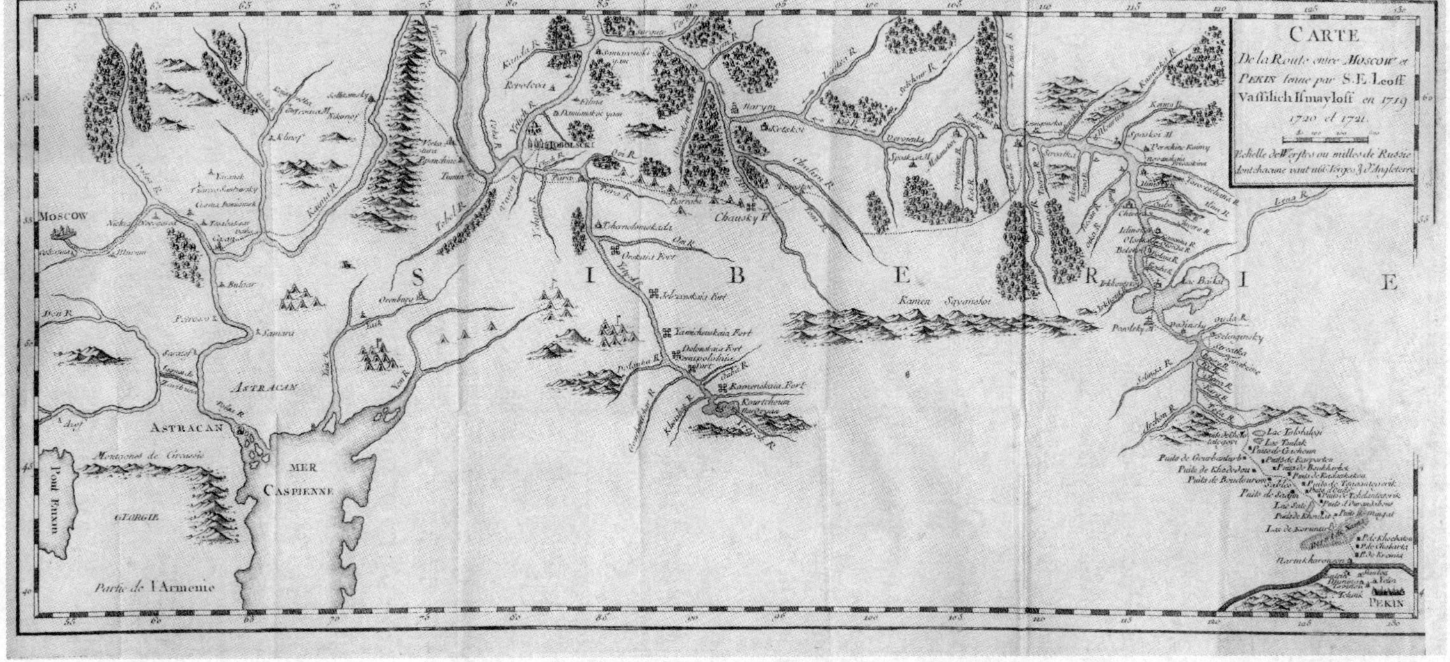

025T-Bell 1.1-k919/B413-Ismayloff 莫斯科到北京路线图

Russia--Desc--ription and travel. 4. China--Foreign relations--Russia. 5. Russia--Foreign relations--China. I. Lange, Lorenz. II. Title. III. Title: Voyages depuis…

[英国] 约翰・贝尔
从圣彼得堡到亚洲各地旅行记（法文，1766）

026-Bell 1.2-915/B413

Bell, John, 1691-1780.

Travels from St. Petersburgh in Russia, to various parts of Asia / illustrated with maps ; by John Bell.--Edinburgh : Printed for W. Creech, 1788.

2 v., [2] leaves of plates : fold. maps ; 22 cm.

1. Asia--Description and travel. 2. Soviet Union--Description and travel. 3. China--Foreign relations--Soviet Union. 4. Soviet Union--Foreign relations--China. I. Lange, Lorenz. II. Title.

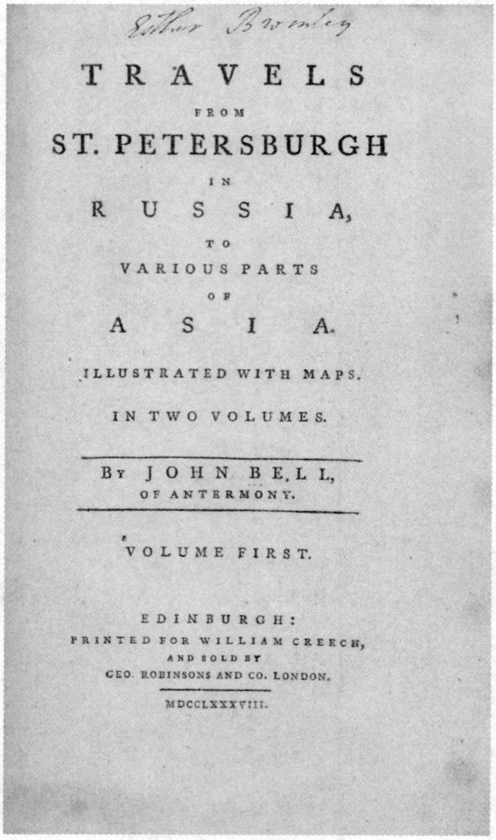

026-Bell 1.2-915/B413

[英国] 约翰・贝尔
从圣彼得堡到亚洲各地旅行记
（英文，1788）

1766年巴黎版法文译本，3卷，本馆仅存第一卷，有“北京大学图书馆藏印”章（钢印）（025-Bell 1.1-K919/B413）。1788年的爱丁堡版英文2卷本（026-Bell 1.2-915/B413），书侧有“燕京大学图书馆”藏书章。本书1763年英文首版于格拉斯哥。

约翰・贝尔是苏格兰医师、旅行家。1714年到圣彼得堡，次年随俄国使节到波斯，1718年返回圣彼得堡。同年随俄使伊斯曼罗夫（Ismayloff）从圣彼得堡出发，穿越西伯利亚和蒙古，于1722年到中国觐见康熙皇帝，在北京居留4个月。同年随彼得大帝到杰尔宾特。1737年被派出使伊斯坦布尔，1747年返回苏格兰。贝尔根据他人建议，以《格列佛游记》（*Gulliver's Travels*）的形式将旅行见闻编撰为本书。

本书英文版第一卷记叙作者从1715—1718年间从俄国的圣彼得堡到波斯的伊斯法罕的旅程，及在1719—1721年间经西伯利亚到北京的旅程的一部分。第二卷记叙1719—1721年间随伊斯曼罗夫使团从莫斯科经西伯利亚到北京觐见康熙帝，4个月后返回莫斯科的整个旅程，还有对俄国特使和驻京贸易代表朗格（Mr. de Lange）1721—1722年间驻北京朝廷日记的翻译，以及作者在1722年从莫斯科到波斯、在1737—1739年间从彼得堡到君士坦丁堡的旅程记录。

英文版附2幅地图：《从彼得堡到伊斯法罕及彼得堡到君士坦丁堡路线图》、《从莫斯科到北京路线图》。

027-Benjamin 1.1-915/B438

Benjamin, of Tudela, 12th cent.

Travels of Rabbi Benjamin, son of Jonah, of Tudela : through Europe, Asia, and Africa ; from the ancient kingdom of Navarre, to the frontiers of China ; faithfully translated from the original Hebrew ; and enriched with a dissertation, and notes, critical, historical, and geographical / by the Rev. B. Gerrans.--London : Printed for the translator, and sold by Messrs, Robson, 1783.

xiii, 171 p. ; 17 cm.

1. Voyages and travels--Early works to 1800. 2. Jews. I. Gerans, B. II. Title.

[西班牙] 便雅悯
图德拉的便雅悯旅行记
（英文，1783）

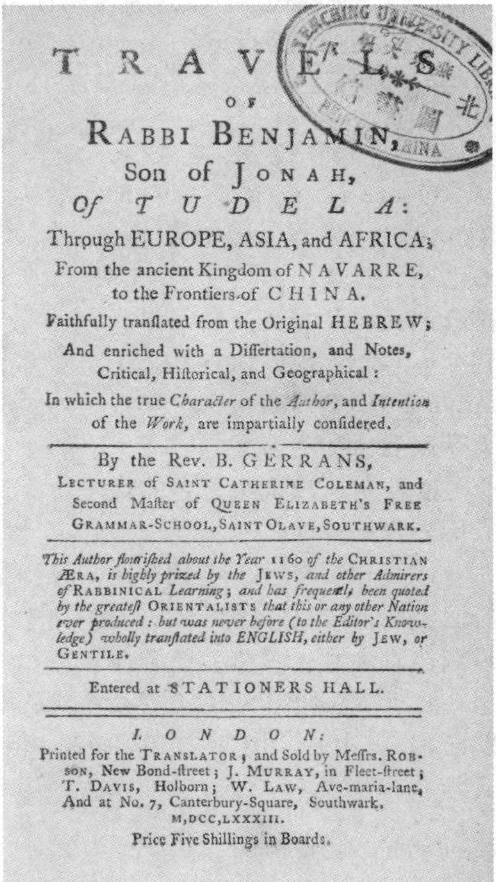
TRAVELS
OF
RABBI BENJAMIN,
Son of JONAH,
Of TUDELA:
Through EUROPE, ASIA, and AFRICA;
From the ancient Kingdom of NAVARRE,
to the Frontiers of CHINA.
Faithfully tranflated from the Original HEBREW;
And enriched with a Differtation, and Notes,
Critical, Hiftorical, and Geographical:
In which the true *Character* of the *Author*, and *Intention* of the *Work*, are impartially confidered.

By the Rev. B. GERRANS,
LECTURER of SAINT CATHERINE COLEMAN, and
Second Mafter of QUEEN ELIZABETH'S FREE
GRAMMAR-SCHOOL, SAINT OLAVE, SOUTHWARK.

This Author flourifhed about the Year 1160 *of the* CHRISTIAN ÆRA, *is highly prized by the* JEWS, *and other Admirers of* RABBINICAL *Learning; and has frequently been quoted by the greateft* ORIENTALISTS *that this or any other Nation ever produced: but was never before (to the Editor's Knowledge) wholly tranflated into ENGLISH, either by* JEW, *or* GENTILE.

Entered at STATIONERS HALL.

LONDON:
Printed for the TRANSLATOR; and Sold by Meffrs. ROBSON, New Bond-ftreet; J. MURRAY, in Fleet-ftreet; T. DAVIS, Holborn; W. LAW, Ave-maria-lane, And at No. 7, Canterbury-Square, Southwark.
M,DCC,LXXXIII.
Price Five Shillings in Boards.

027-Benjamin 1.1-915/B438

028-Benjamin 1.2-915/B438a

Benjamin, of Tudela, 12th cent.

The itinerary of Benjamin of Tudela / critical text, translation and commentary, by Marcus Nathan Adler.--London : H. Frowde, 1907.

2 v. in 1 (xvi, 94, 89 p., [4] leaves of plates) : facsims, fold. col. map ; 22 cm.

Hebrew section has t. p. in Hebrew.

"The text ... is that of the British museum ms., which, as well as the other mss. used for the collation, are described in the English introduction, p. xiv."--Prefatory note to Hebrew part.

1. Voyages and travels. 2. Jews--Social life and customs. I. Adler, Marcus N. (Marcus Nathan), 1837-1911. II. Title.

[西班牙] 便雅悯
图德拉的便雅悯旅行记
（英文，1907）

1783年伦敦英文版（027-Benjamin 1.1-915/B438），“燕京大学图书馆”藏书章。该版由西伯文的原著翻译而成，并加了注释文字。1907年伦敦英文版（028-Benjamin 1.2-915/B438a），“燕京大学图书馆”藏书章。

便雅悯是12世纪著名的犹太历史学家。

1159—1173年约13年间，便雅悯从西班牙的图德拉出发，先后到达意大利、希腊、巴勒斯坦、波斯和中国西部边境，然后经埃及和西西里返回。本书是其行程和所见所闻的记录。其中关于中国的描述很模糊，但他是第一个到达中国边境的欧洲人。

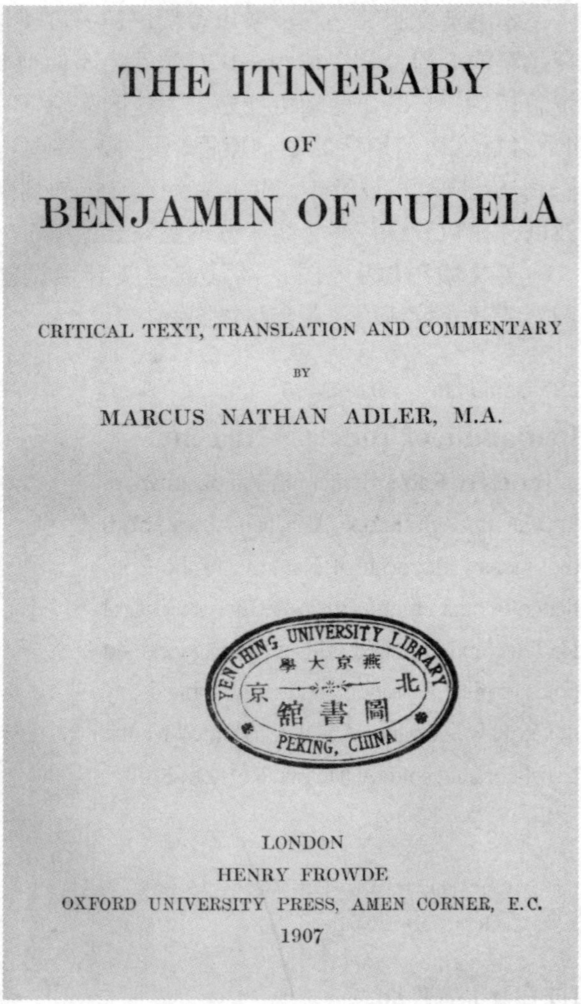
THE ITINERARY
OF
BENJAMIN OF TUDELA

CRITICAL TEXT, TRANSLATION AND COMMENTARY
BY
MARCUS NATHAN ADLER, M.A.

LONDON
HENRY FROWDE
OXFORD UNIVERSITY PRESS, AMEN CORNER, E.C.
1907

028-Benjamin 1.2-915/B438a

029-Bernard.A-912/B456

Bernard, Augustin.

La Mappemonde Ricci : du musée historique de Pékin / par Augustin Bernard S.J.--Pékin : Politique de Pékin, 1828.

13 p. : ill., maps, port. ; 22 cm. -- (Collection de la "Politique de Pékin")

French.

1. Ricci, Mappemonde, 1552-1610. I. Title. II. Ser.

[法国] 奥古斯丁・贝尔纳
中国历史博物馆的利玛窦世界地图（法文，1828）

1828年北京法文版，“燕京大学图书馆”藏书章。

本书为“《北京政闻报》文库”之一，主要介绍利玛窦（Matteo Ricci ,1552—1610）的中国地图。该地图首先刻成木版，印在纸和绢上，手工着色，地图上绘有珍稀动物、帆船等。书中还介绍了该地图的12种版本、利玛窦绘制第一版世界地图的起因和经过、利玛窦对世界地图的修订再版的情况、万历皇帝要求利玛窦印制12幅丝绢世界地图等内容。

029-Bernard.A-912/B456

030-Bernard.W-951.4151/H149

Bernard, W. D. (William Dallas)

Narrative of the voyages and services of the Nemesis from 1840 to 1843 : and of the combined naval and military operations in China : comprising a complete account of the colony of Hong-Kong, and remarks on the character & habits of the Chinese / from notes of W.H. Hall ; with personal observations by W.D. Bernard.--2nd ed.--London : H. Colburn, 1845.

xvi, 488 p., [8] leaves of plates : ill., fold. maps, port. ; 23 cm.

1. Nemesis (Steamer) 2. China--History--Opium War, 1840-1842. 3. Hong Kong (China) I. Hall, W. H. (William Hutcheon), Sir, 1797?-1878. II. Title.

[英国] 伯纳德

1840—1843“复仇女神”号轮船航行及作战记（英文，1845）

1845年伦敦英文第二版，“燕京大学图书馆”藏书章，“燕京大学图书馆”藏书票。本书1844年首次出版，2卷本，很快销售一罄。第二版大幅压缩内容，从2卷变为1卷，另外还加入1幅中国东海岸图。

伯纳德是英国海军军官。1840年，他随“复仇女神”号舰长荷尔（W.H.Hall）侵华，因此他在书中所记载的都是第一手资料。

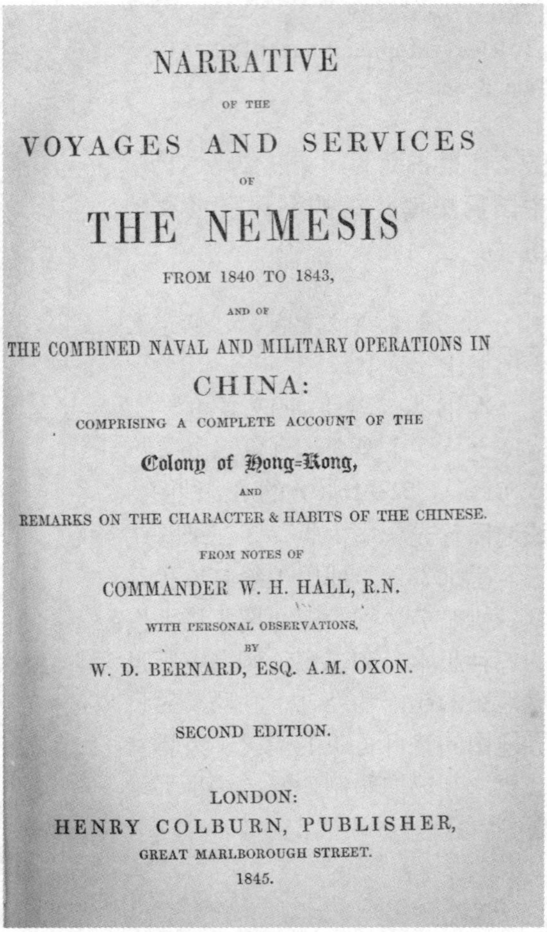

NARRATIVE
OF THE
VOYAGES AND SERVICES
OF
THE NEMESIS
FROM 1840 TO 1843,
AND OF
THE COMBINED NAVAL AND MILITARY OPERATIONS IN
CHINA:
COMPRISING A COMPLETE ACCOUNT OF THE
Colony of Hong-Kong,
AND
REMARKS ON THE CHARACTER & HABITS OF THE CHINESE.
FROM NOTES OF
COMMANDER W. H. HALL, R.N.
WITH PERSONAL OBSERVATIONS,
BY
W. D. BERNARD, ESQ. A.M. OXON.
SECOND EDITION.
LONDON:
HENRY COLBURN, PUBLISHER,
GREAT MARLBOROUGH STREET.
1845.

030-Bernard.W-951.4151/H149

本书共38章，书前有第一、二版序言，书后附3个附录。“复仇女神”号是一艘英国当时的新式战舰，曾沿长江长驱直入抵达南京，准备作战。书中详细地描述了从战争爆发、“复仇女神”号起航到战争结束、签订南京条约、“复仇女神”号返回英国的完整过程，且对香港、海南岛有特别的关注，认为随着中英关系的推进，海南岛将引起更多的注意。另外，书中还记录了大量的史实值得研究，例如关于当时英国侵略者在南京参观和损坏大报恩寺塔的记录。本书第三十六章详尽地记载他们抵达南京江面后，等待签订《南京条约》时，英国侵略军上岸“游览”南京的名胜古迹情形。伯纳德在书中承认，英国军队在参观这座闻名已久的宝塔时，不顾一切地剥取塔面的琉璃砖和塔内的金佛作纪念品，以致这座有名的艺术建筑物受到了很大的损害。即“基于一种并非不自然的欲望，要

030T-Bernard.W-951.4151/H149 南京明孝陵

想攫取一些样品或是纪念品，用来纪念这第一次可能也是最后一次莅临这个帝国的古都，遂使发生了不少剥取、损坏这座建筑物的外部某些部分，以及内部大量金佛的事实。”此记录作为英国侵略者的亲供，已成为我们不可多得的历史教材。

本书附15幅插图，包括《吴淞战役》、《中国东海岸图》、《香港地图》等，其中的《香港地图》是香港岛的最早地图。

031-Bingham-951.036/B513

Bingham, John Elliot.

Narrative of the expedition to China : from the commencement of the war to the present period ; with sketches of the manners and customs of that singular and hitherto almost unknown country / by Commander J. Elliot Bingham.--London : H. Colburn, 1842.

2 v. : fronts. ill. ; 20 cm.

1. China--History--Opium War, 1840-1842. I. Title.

[英国] 约翰·埃利奥特·宾厄姆
远征中国纪实
（英文，1842）

1842年伦敦英文首版，2卷，“国立北京大学藏书”章，“North China Union Language School Library”藏书章。中译本由寿纪瑜、齐思和据1843年再版增订本翻译，以《英军在华作战记》为名收入齐思和等编辑的《中国近

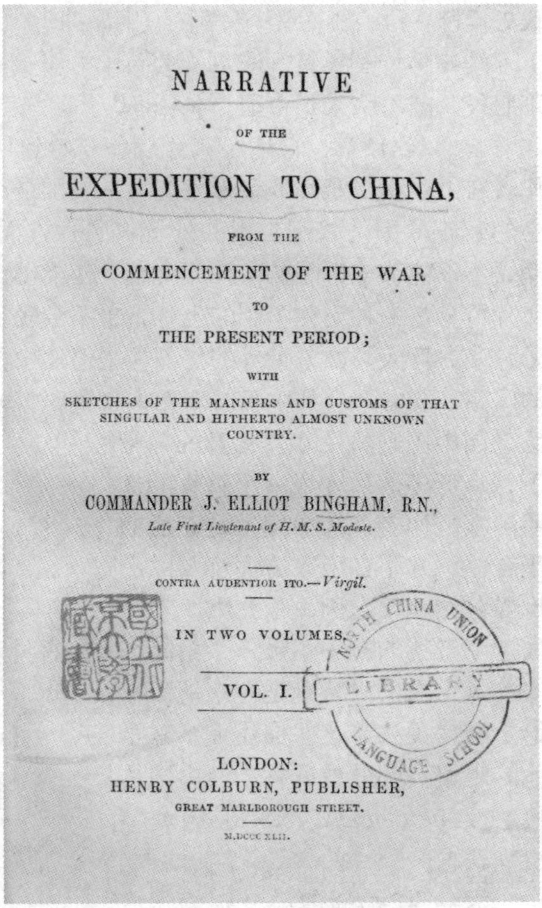

NARRATIVE

OF THE

EXPEDITION TO CHINA,

FROM THE

COMMENCEMENT OF THE WAR

TO

THE PRESENT PERIOD;

WITH

SKETCHES OF THE MANNERS AND CUSTOMS OF THAT SINGULAR AND HITHERTO ALMOST UNKNOWN COUNTRY.

BY

COMMANDER J. ELLIOT BINGHAM, R.N.,

Late First Lieutenant of H. M. S. Modeste.

CONTRA AUDENTIOR ITO.—*Virgil.*

IN TWO VOLUMES.

VOL. I.

LONDON:

HENRY COLBURN, PUBLISHER,

GREAT MARLBOROUGH STREET.

M.DCCC XLII.

031-Bingham-951.036/B513

031T-Bingham-951.036/B513 白河口

代史资料丛刊》之《鸦片战争》（上海神州国光社，1954年）的第五册。

约翰·埃利奥特·宾厄姆为英国海军上尉。鸦片战争爆发时，他正在英国海军服役，随军队来到中国，本书即基于他的亲历亲闻而成。

本书2卷15章，记述了鸦片战争开始到1842年间的战况及中国的风土人情。作者在书中指出鸦片战争爆发的根本原因是经济利益。一方面，中国严禁鸦片贸易的真正原因是限制白银的外流；另一方面，对英国来说，鸦片贸易的巨额利润，不仅能够支付收购茶叶的资金，还能够为大英帝国统治印度提供财政支持，鸦片贸易是一种无往不利的生意，也不会轻易放弃。1840年将是一个新时代的开始，东方巨人与西方世界的猛烈撞击迫使中国打开大门，与西方各国建立更紧密的联系，双方都会从中受益对西方来说，打开了占全世界三分之一人口的劳工市场，而中国则将在基督福音的辉耀下，从低等落后变成一个真正的文明国家。作者认为中国人是矛盾的集合体，几乎在所有方面都与欧洲世界截然相反，因此他在书中对中国这个奇特的几乎不被人了解的国家的风土人情（特别是岭南地区）给予高度关注，这些描述大多基于他的观察，部分也取材于《中国丛报》（*The Chinese Repository*）等报刊杂志。

本书附2幅插图，分别为《白河口》和《澳门妈祖庙》。另有1幅中国东部沿海地图。

Biot, Edouard, 1803-1850.

Essai sur l'histoire de l'instruction publique en Chine, et de las corporation des lettrés, depuis les anciens temps jusqu'à nos jours : ouvrage entièrement rédigé d'après les documents chinois / par Edouard Biot.--

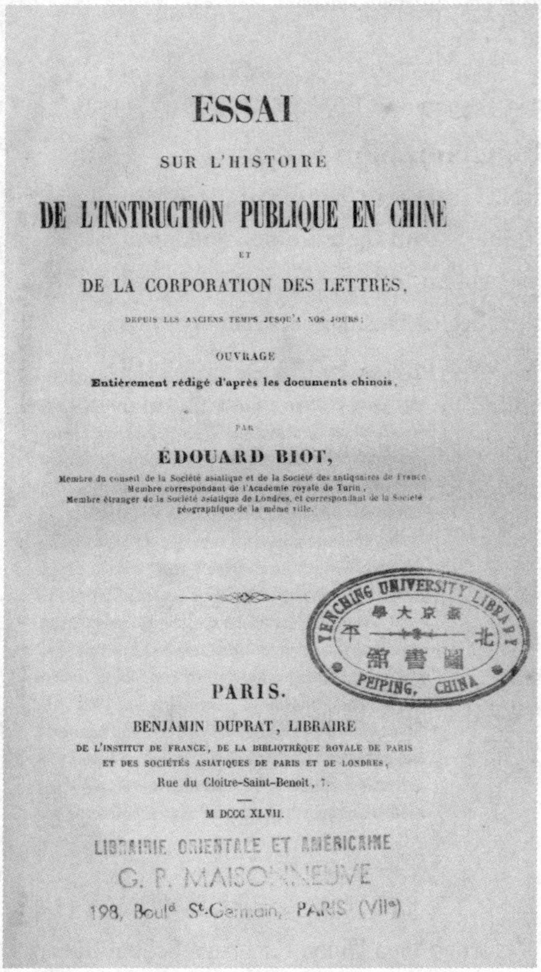
ESSAI
SUR L'HISTOIRE
DE L'INSTRUCTION PUBLIQUE EN CHINE
ET
DE LA CORPORATION DES LETTRES,
DEPUIS LES ANCIENS TEMPS JUSQU'A NOS JOURS;
OUVRAGE
Entièrement rédigé d'après les documents chinois,
PAR
ÉDOUARD BIOT,
Membre du conseil de la Société asiatique et de la Société des antiquaires de France,
Membre correspondant de l'Académie royale de Turin,
Membre étranger de la Société asiatique de Londres, et correspondant de la Société géographique de la même ville.

PARIS.
BENJAMIN DUPRAT, LIBRAIRE
DE L'INSTITUT DE FRANCE, DE LA BIBLIOTHÈQUE ROYALE DE PARIS
ET DES SOCIÉTÉS ASIATIQUES DE PARIS ET DE LONDRES,
Rue du Cloître-Saint-Benoît, 7.
M DCCC XLVII.

032-Biot-370.951/B524

Paris : B. Duprat, 1847.
xii, 618 p. ; 22 cm.
French.

1. Education--China. I. Title.

[法国] 毕欧

论中国公共教育史和儒生之社（法文，1847）

1847年法文首版，“燕京大学图书馆”藏书章，“巴黎G.P. Maisonneuve东方与美洲图书馆”藏书章。

毕欧原为工程师，自30岁起专心研究汉学，成为儒莲（Julien, Stanislas）的得意弟子。毕欧课题的重心在于中国古代的科学，包括数学、天文学、地质学、气候学、气象学和地震测报术。除本书外，毕欧译有2卷本《周礼》（参见323-Zhou-394.4/C457a），此为至今仅有的《周礼》西文译本，获誉甚高，曾于1940年在北京被盗印；《中国古今府县地名字典》(*Dictionaire des Noms Anciens et Modernes des Villes et Arrondissements de Premier, Deuxiéme et Troisiéme Ordre Compris dans l' Empire Chinois*.1842)；《中国学校铨选史》(*Esaai sur l' histoire de l' Instruction Publique, en Chine, et de la Corporation des Lettres, Depuis les Anciens Temps Jusque' à nos Jours*.1847)等。

毕欧虽未曾到过中国，但他试图突破传教士们对中国教育和文化的浮光掠影的经验性描述，在可获取的原始史料如《玉海》和《文献通考》的基础上系统地考察中国古代以来的教育机构和借以产生的社会组织的进化历程，初步探讨了家族组织和绅士阶层在社会中的地位及其对中国社会政治的影响。全书分为两篇相继的长文，依编年顺序分别讨论东汉前后的中国公共教育史。第一篇文章首先追溯夏商周时期中国教育机制的雏形，尤其是辟雍学宫的设立，在百家争鸣中强调了孔子及其学派的出现，随后着力描述了秦始皇焚书坑儒之后汉代独尊儒术构建儒生之社的政治行为，既考查了汉朝都城的明堂、辟雍、灵台等学宫的设立和中央政府考试制度的确立，同时也描述了地方教育机构的确立和发展。第二篇文章则从汉末儒生与宦党之争出发，重点讲述了唐朝教育的复兴和科举制度的确立，尤其突出了律学、算学、书学、医学、军事等学科和学校的建设，随后的论述则强调了宋元明清对唐朝确立的基本制度的继承和发展，分析了异族统治对于中国教育建制的影响。值得注意的是，文末还提及了清朝时期买卖官职、舞弊和制造假文凭的现象。本书在欧美汉学界颇获好评，被誉为欧洲19世纪对中国历史中的长时段现象及中国社会固有特征的专门研究的先锋之作。

033-Blakiston-915.12/B587

Blakiston, Thomas Wright, 1832-1891.

Five months on the Yang-Tsze : with a narrative of the explorations of its upper waters, and notices of the present rebellions in China / by Thomas W. Blakiston ; illustrated from sketches by Alfred Barton, with maps by Arrowsmith.-- London : J. Murray, 1862.

xiv p., 380 p., [18] leaves of plates : ill., maps ; 23 cm.

1. Voyages and travels. 2. China--Description and travel. 3. China--History--Taiping Rebellion, 1850-1864. I. Barton, Alfred. II. Title.

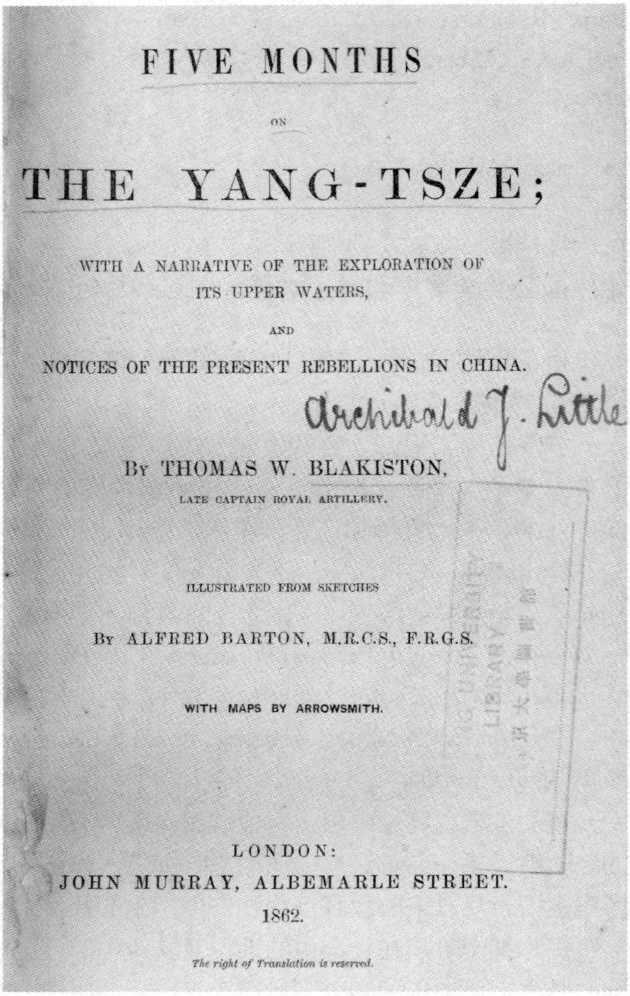

FIVE MONTHS

ON

THE YANG-TSZE;

WITH A NARRATIVE OF THE EXPLORATION OF ITS UPPER WATERS,

AND

NOTICES OF THE PRESENT REBELLIONS IN CHINA.

Archibald J. Little

BY THOMAS W. BLAKISTON,

LATE CAPTAIN ROYAL ARTILLERY.

ILLUSTRATED FROM SKETCHES

BY ALFRED BARTON, M.R.C.S., F.R.G.S.

WITH MAPS BY ARROWSMITH.

LONDON:

JOHN MURRAY, ALBEMARLE STREET.

1862.

The right of Translation is reserved.

033-Blakiston-915.12/B587

[英国] 白拉克斯顿

长江沿岸五月：长江上游考察纪事和中国目前叛乱介绍（英文，1862）

1862年伦敦英文版，“燕京大学图书馆”藏书章，“Archibald J. Little”签章。

白拉克斯顿是英国皇家炮兵队少校。

本书描述了作者1859年来华参加第二次鸦片战争时的经历。1861年作者随英国海军来中国调查长江上游的军事和自然情况。在中国岳州休假期间，私自组织探险队计划到西藏，然后翻越喜玛拉雅山后到达印度西北。后来此计划并未实施，却在岳州测量了上游九百英里后返回。书中还介绍了义和团战争的情况及上海、南京、芜湖、安庆、九江、岳州、汉口、宜昌、重庆等地和三峡的风光和观感。

本书附25幅长江自然景色及沿岸城镇的插图。

034-Bonnetain-915/B643

Bonnetain, Paul, 1858-1899.

L'extrême orient / par Paul Bonnetain ; ouvrage illustre de nombreux dessins d'après nature et accompagné de trois cartes, dressées d'après les documents les plus récents.--Paris : Maison Quantin, [1887?]

613 p. : ill., 1 fold. map ; 30 cm.-- (Le Monde pittoresque et monumental)

French.

1. East Asia--Description and travel. I. Title. II. Ser.

[法国] 保罗・博纳坦

泰东（法文，1887）

1887年巴黎法文首版，“燕京大学图书馆”藏书章，“Ph. de Vargas”签名。

保罗・博纳坦是19世纪法国小说家、记者，左拉的追随者，自然主义运动的代表人物。年轻时曾在法国海军陆战队服役7年，游历各国。1885年受法国《费加罗报》（*Le Figaro*）委派，作为战地记者随法军远征越南北圻，写成战地报道一卷《在北圻》（*Au Tonkin*.1885），后又被委任为老挝法国政府特派员，死于任职期间。除本书外，另著有小说《鸦片》（*L'*

033T-Blakiston-915.12/B587 巫山峡

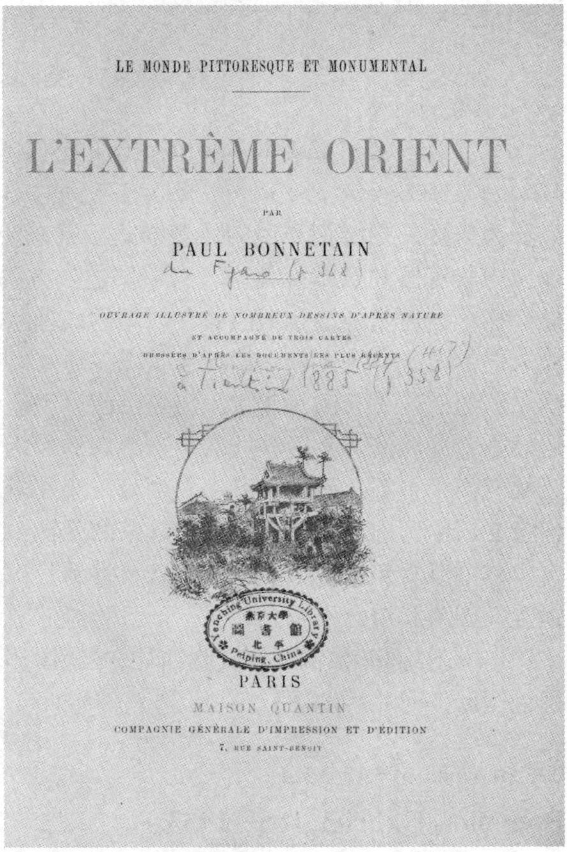
LE MONDE PITTORESQUE ET MONUMENTAL

L'EXTRÊME ORIENT

PAR

PAUL BONNETAIN

OUVRAGE ILLUSTRÉ DE NOMBREUX DESSINS D'APRÈS NATURE
ET ACCOMPAGNÉ DE TROIS CARTES
DRESSÉES D'APRÈS LES DOCUMENTS LES PLUS RÉCENTS

Yenching University Library 燕京大學圖書館 北平 Peiping, China

PARIS
MAISON QUANTIN
COMPAGNIE GÉNÉRALE D'IMPRESSION ET D'ÉDITION
7, RUE SAINT-BENOIT

034-Bonnetain-915/B643

034T-Bonnetain-915/B643 北京前门

opium.1886）。

本书为巴黎Maison Quantin出版社《风景如画与名胜古迹的世界》（*Le Monde pittoresque et monumental*）系列的一种，作者以其在东南亚多年的任职经历为依托，用游记小说的体裁描述了远东的风土人情。全书分3卷，即印度支那、中华帝国和日本。其中，“中国卷”分为9章，略述了中国与欧洲的交往历史，详尽描述了各地包括西藏和新疆的地理状况，并开辟专章（第三章）介绍汉族人群的传统、风俗和政治社会状况。作者以虚构的从渤海湾到广东的旅行为线索，着力讲述了天津、北京、山东、江苏、浙江、上海、福建、广东等南北各地迥异的市井风情，其中穿插的与李鸿章的对话尤为有趣。本卷后半部分还以较大篇幅介绍了香港、澳门、海南、台湾，尤其对后两地原住民的生活有生动描述。作者在“中国卷”末断言，组织起来的四亿中国人将成为世界的主宰。如作者所言，本书以青年读者为受众，以普及性为目标，胜在文字生动流畅，大量精致的铜版插图为其增色不少。

本书附约400幅铜版写真素描和3幅地图，包括《远东地图》、《法属交趾支那地图》、《北圻地图》。

035-Bonvalot-915.15/B644

Bonvalot, Gabriel, 1853-1933.

Across Thibet : being a translation of "De Paris au Tonkin a travers le Tibet inconnu" / by Gabriel Bonvalot ; with illustrations from photographs taken by Prince Henry of

Orleans, and a map of route ; translated by C.B. Pitman.--London : Cassell, 1891.

2 v. : ill., col. map ; 24 cm.

Includes index.

1. Voyages and travels. 2. Asia, Central--Description and travel. 3. China--Description and travel. 4. Tibet (China)--Description and travel. I. Title. II. Across Tibet.

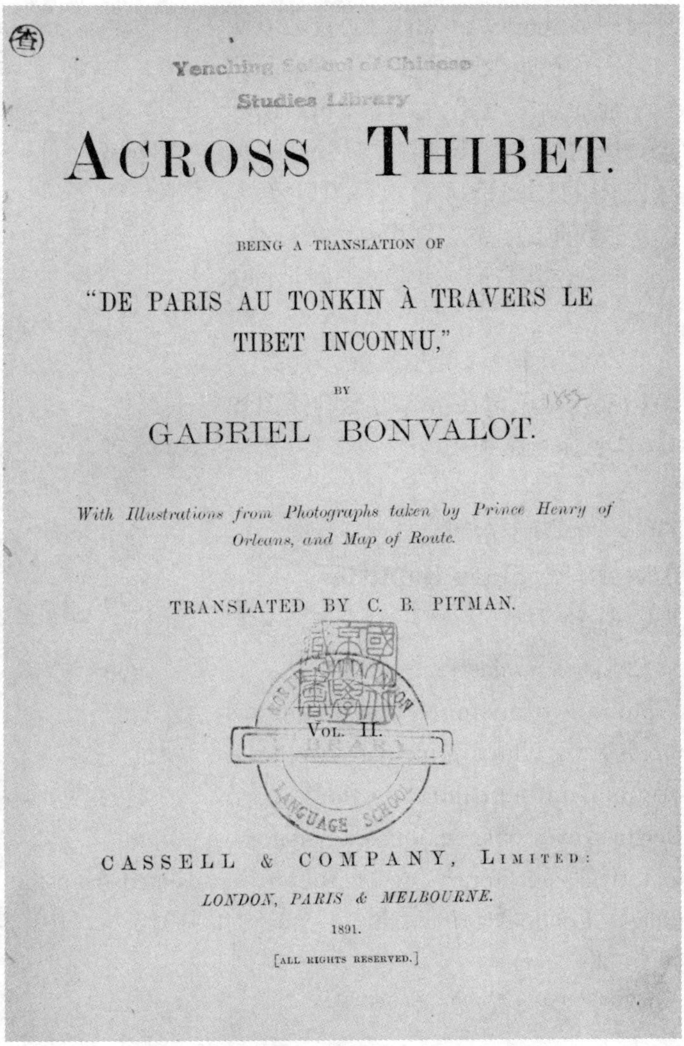

ACROSS THIBET.

BEING A TRANSLATION OF

"DE PARIS AU TONKIN À TRAVERS LE TIBET INCONNU,"

BY

GABRIEL BONVALOT.

With Illustrations from Photographs taken by Prince Henry of Orleans, and Map of Route.

TRANSLATED BY C. B. PITMAN.

VOL. II.

CASSELL & COMPANY, LIMITED:

LONDON, PARIS & MELBOURNE.

1891.

[ALL RIGHTS RESERVED.]

[法国]加布里埃尔·邦瓦洛特

穿越西藏

（英文，1891）

1891年伦敦英文版，2卷，“国立北京大学图书馆藏书”章，“North China Union Language School”章，“Yenching School of China Studies Library”章。本书根据法文原版译出，原书名为《从巴黎到东京湾》，1892年在巴黎出版。中译本《勇闯无人区》2001年由新疆人民出版社出版。

邦瓦洛特是法国探险家。

本书记述了1889—1890年间邦瓦洛特和赞助人法国莎托尔公爵（the Duc de Chartres）之子奥林斯亨利王子（Prince Henry of Orleans）为首的6人探险队沿中国新疆—青藏高原—云贵高原—越南北部疆域这一艰难线路的探险之旅。探险路途中，邦瓦洛特经过了罗布泊、川藏交界的巴塘，又从西藏进入四川，再入云南，最后到达越南东京湾。书中除了对探险自然环境描写外，还详细地记录了所经途中各地的风土人情，尤其是对藏民习俗和喇嘛教着墨较多。书中还记叙了他成功穿越羌塘，即冈底斯山—念青唐古拉山山脉以北，以及昆仑山脉以南的广阔地区，也称藏北无人区。该区地势高亢，平均海拔4500米以上，邦瓦洛特是最早纵穿羌塘南北的欧洲人。

本书附109幅关于人物、建筑、景物及西藏风情民俗等方面的插图和1幅作者旅行路线图。

035T-Bonvalot-915.15/B644 喇嘛庙

036-Breton-915.1/B756

Breton, M. (Jean Baptiste Joseph)

[Chine en miniature. English]

China : its costume, arts, manufactures, &c. / edited principally from the originals in the cabinet of the late M. Bertin ; with observations explanatory, historical and literary, by M. Breton ; translated from the French. Embellished with plates.--London : Printed for J.J. Stockdale, 1812.

4 v. : ill. ; 22 cm.

Translation of: La Chine en miniature.

1. Bertin, Henri Leonard Jean Baptiste, 1719-1792. 2. Costume--China. 3. China--Social life and customs. I. Bretin, M. II.Title. III. Title: China.

[法国] M. · 布雷东

中国的服饰、文化艺术及产品（英文，1812）

1812年伦敦英文版，“燕京大学图书馆”藏书章。1811年在巴黎出版法文原版，4卷，书名为*La Chine en miniature*。本馆藏即由1811年的法文4卷本译出。

M. · 布雷东是19世纪法国作家和翻译家，一生创作和翻译了许多关于历史题材的作品。

本书主要介绍了清代乾隆年间中国社会生活的各个方面。作者对中国社会的观察比较细致深入，尤其可贵的是注意到了中华民族内部不同民族生活习惯之间的差异性，而没有简单地把中国人视为一个单一体进行考察。书中全面描述了汉族、鞑靼人、藏族、回族的衣着、文化教育、社会生活习惯、社会职业、工艺器具、武器装备等方面异同。作者认为当时欧洲业已存在的大量关于中国的书籍都不够全面深入，只局限于和贸易有关的茶叶、丝绸等方面。本书中作者利用大量的关于中国的第一手资料意在对中国社会内部的差异性和复杂性作一分析。本书资料的收集工作得到了两个信奉天主教的中国人的帮助，因而作者认为是比较可靠的。作者对资料进行了详尽的注解，引用了很多在欧洲出版的关于中国的书籍。

本书附59幅社会生活场景插图。

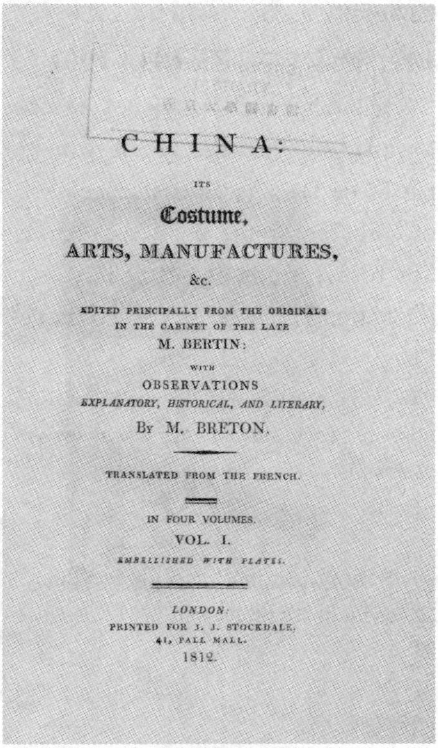
CHINA:
ITS
Costume,
ARTS, MANUFACTURES,
&c.
EDITED PRINCIPALLY FROM THE ORIGINALS
IN THE CABINET OF THE LATE
M. BERTIN:
WITH
OBSERVATIONS
EXPLANATORY, HISTORICAL, AND LITERARY,
BY M. BRETON.

TRANSLATED FROM THE FRENCH.

IN FOUR VOLUMES.
VOL. I.
EMBELLISHED WITH PLATES.

LONDON:
PRINTED FOR J. J. STOCKDALE,
41, PALL MALL.
1812.

036-Breton-915.1/B756

036T-Breton-915.1/B756 清兵

037-Bretschneider 1-915.111/B756

Bretschneider, E., 1833-1901.

Recherches archéologiques et historiques sur Pékin et ses environs / par M. le Docteur E. Bretschneider ; ouvrage couronne par L'Académie des inscriptions et belles-lettres ; traduction Française par V. Collin de Plancy.--Paris : E. Leroux, 1879.

133 p., 6 plates : ill. ; 28 cm. -- (Publications de l'école des langues orientales vivantes ; 12)

French.

1. Beijing (China) I. Collin de Plancy, Victor Emile Marie Joseph, 1853-. II. Title. III. Ser.

[俄国] 贝勒

北京及其周边地区的考古历史研究（法文，1879）

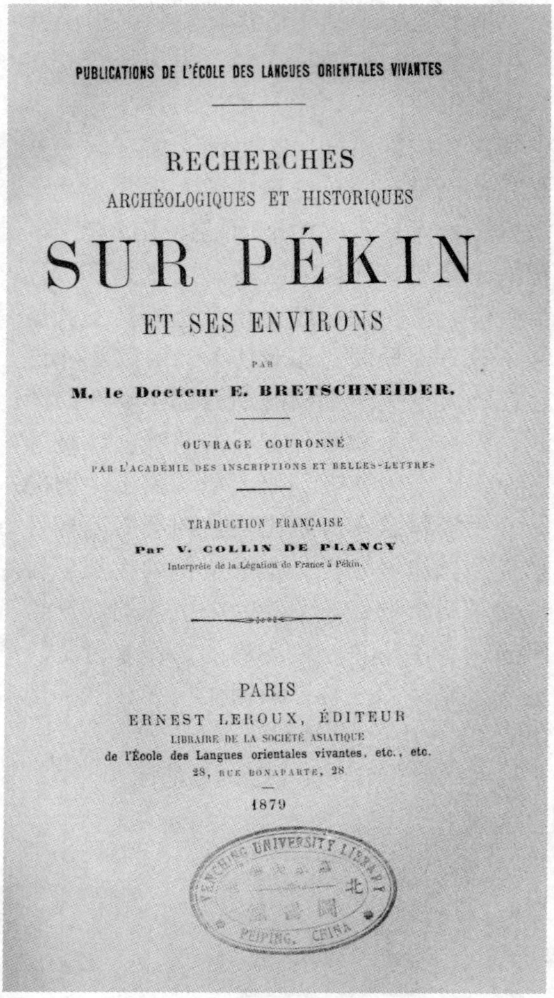

037-Bretschneider 1-915.111/B756

1879年巴黎法文版，“燕京大学图书馆”藏书章，“哈佛燕京学社”藏书票。本书法文版属于法国东方语言学院亚细亚学会出版丛书系列，曾获法兰西铭文与美文学院的奖项。

本书由贝勒著，维克多·科兰·德普朗西（Victor Collin de Plancy, b.1853）译。贝勒，1833年生于里加（Riga），1866年至1884年担任俄国驻北京公使馆医生，通晓中文，是一位植物学家和地理学家，主要用英文写作。1901年逝世于圣彼得堡。他的东亚学研究主要集中在两个方面：中世纪时中西亚的历史地理和中国植物学。除本书外，还著有《中国植物考》（*Botanicon Sinicum; Notes on Chinese Botany from Native and Western Sources*. 1882）、《西人在华植物发现史》（*History of European Botanical Discoveries in China*.1898）、《中国植物学文献评论》（*On the Study and Value of Chinese Botanical Works, with Notes on the History*

037T-Bretschneider 1-915.111/B756 *卢沟桥*

of Plants and geographical botany from Chinese sources. 1870）、《元明人西域史地丛考》（参见038- Bretschneider 2-915/B756）等。维克多·科兰·德普朗西是法国职业外交家。早年入东方语言学校学习汉语，1876年毕业。曾在北京任法国驻北京公使馆翻译，1884年任法国驻上海领事，1887年出任法国驻朝鲜首任领事，后曾任法国驻日本领事，1896年至1906年在汉城担任外交官。

本书正文分为6个部分，主要讲述了北京城的历史及历代的不同名称、旧北京城的位置及遗址、紫禁城及其周边的山丘和湖泊、将北京城与中国的水系联系起来的河道等内容。

本书附5幅北京地图。图一标注了北京城的城墙位置、各城门、紫禁城的位置，以及秦代遗留的城墙。图二是《紫禁城图》，标注了前三殿、后三宫、东西六宫以及中轴线上各城门。图三是拟想的元代宫殿的布局。图四是《北京周边地区地图》，标注了山川河流的位置。图五是《北京城与忽必烈离宫旧址的相互位置关系图》。另有1幅《卢沟桥》插图。

038-Bretschneider 2-915/B756

Bretschneider, E., 1833-1901.

Mediaeval researches from eastern Asiatic sources : fragments towards the knowledge of the geography and history of central and western Asia from the 13th to the 17th century / by E. Bretschneider.--London : Kegan Paul, Trench, Trubner & Co., Ltd., 1910.

2 v. : fronts. (fold. maps) ; 22 cm. -- (Trubner's Oriental series)

Includes index.

"A carefully revised and improved edition of three ... essays [pub. 1875-77] gathered into one collection."

v. 1. pt. 1. Notes on Chinese mediaeval travellers to the west. pt. 2. Notices of the mediaeval geography and history of central and western Asia -- v. 2. pt. 3. Explanation of a Mongol-Chinese mediaeval map of central and western Asia. pt. 4 Chinese intercourse with the countries of central and western Asia during the fifteenth and sixteenth centuries.

1. Early maps. 2. Discoveries in geography--Chinese. 3. Asia--Historical geography. 4. Asia--Discovery and exploration. I. Title. II. Ser.

[俄国] 贝勒

元明人西域史地丛考

（英文，1910）

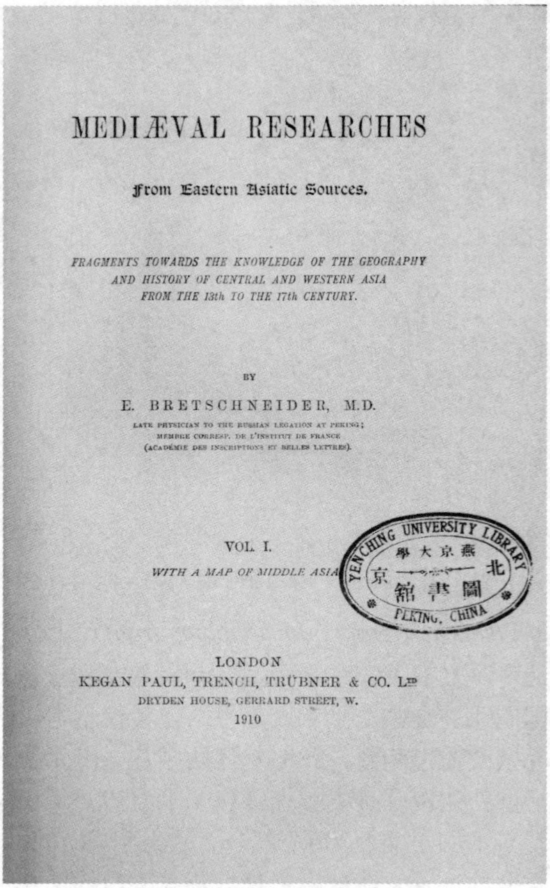

MEDIÆVAL RESEARCHES

From Eastern Asiatic Sources.

FRAGMENTS TOWARDS THE KNOWLEDGE OF THE GEOGRAPHY AND HISTORY OF CENTRAL AND WESTERN ASIA FROM THE 13th TO THE 17th CENTURY.

BY

E. BRETSCHNEIDER, M.D.

LATE PHYSICIAN TO THE RUSSIAN LEGATION AT PEKING; MEMBRE CORRESP. DE L'INSTITUT DE FRANCE (ACADÉMIE DES INSCRIPTIONS ET BELLES LETTRES).

VOL. I.

WITH A MAP OF MIDDLE ASIA.

LONDON
KEGAN PAUL, TRENCH, TRÜBNER & CO. L^TD
DRYDEN HOUSE, GERRARD STREET, W.
1910

038-Bretschneider 2-915/B756

1910年伦敦英文版，“燕京大学图书馆”藏书章，“燕京大学藏书票”。另有1个复本。

本书2卷，主要汇集了13世纪至17世纪间东亚和西亚地区的历史和地理的资料。第一卷分两部分，第一部分为中世纪中国的西域旅行文献的英译汇编，包括耶律楚材《西游录》、李志常《长春真人西游记》、常德《西使记》、《耶律希亮之中亚行程》（摘自宋濂撰《元史·耶律希亮传》）。第二部分介绍了中、西亚两地的中世纪历史和地理，附有《亚洲中部地区地图》，图中标有北京、黄河、长城、中国以西的地区和帕米尔高原等主要地名。第二卷也分两部分即第三和第四部分，第三部分是对所附《中、西亚和蒙古地图》的解说，下分五小节分别介绍了中国西藏等地，更多笔墨介绍的是中国周边的国家，涉及俄罗斯、印度、埃及和波斯等国。第四部分是讲述15、16世纪时中国与中亚、西亚国家（包括葡萄牙等欧洲六国）的外交活动。附录中有明朝万历时期赴西亚的旅行的概况。

C

039-Callery-951.4161/C132

Callery, J.-M. (Joseph-Marie), 1810-1862.

[Insurrection en Chine. English]

History of the insurrection in China : with notices of the Christianity, creed, and proclamations of the insurgents / by Callery and Yvan ; translated from the French, with a supplementary chapter narrating the most recent events, by John Oxenford.--London : Smith, Elder, 1853.

viii, 328 p., [2] leaves of plates : fold. map, port. ; 21 cm.

Translation of: L'insurrection en Chine.

1. China--History--Taiping Rebellion, 1850-1864. I. Yvan, Melchior, 1803-1873. II. Oxenford, John, 1812-1877. III. Title. IV.Title: History of...

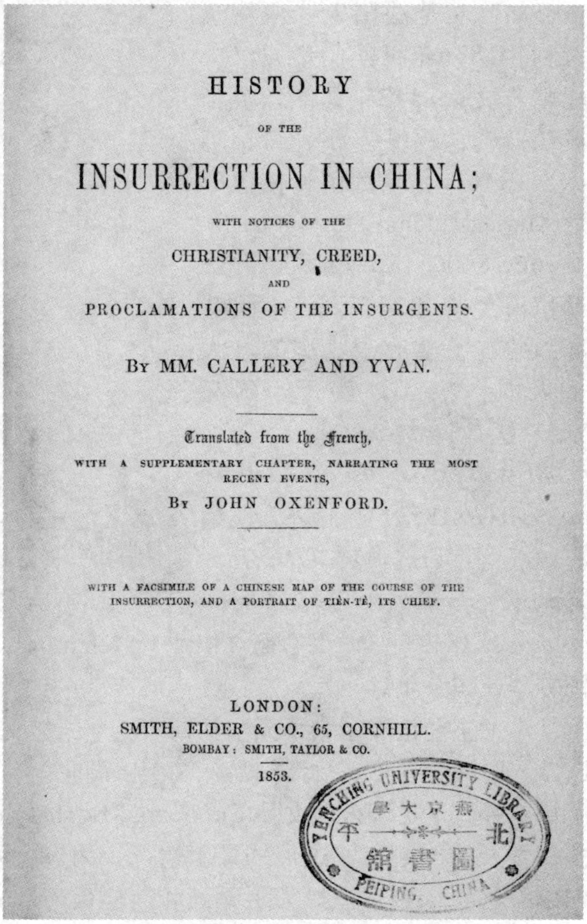

HISTORY

OF THE

INSURRECTION IN CHINA;

WITH NOTICES OF THE

CHRISTIANITY, CREED,

AND

PROCLAMATIONS OF THE INSURGENTS.

BY MM. CALLERY AND YVAN.

Translated from the French,

WITH A SUPPLEMENTARY CHAPTER, NARRATING THE MOST RECENT EVENTS,

BY JOHN OXENFORD.

WITH A FACSIMILE OF A CHINESE MAP OF THE COURSE OF THE INSURRECTION, AND A PORTRAIT OF TIÈN-TÈ, ITS CHIEF.

LONDON:

SMITH, ELDER & CO., 65, CORNHILL.

BOMBAY: SMITH, TAYLOR & CO.

1853.

039-Callery-951.4161/C132

[法国] 加略利

1853年中国叛乱史（英文，1853）

1853年的伦敦英文首版，“燕京大学图书馆”藏书章。本书原版为法文，

1853年上半年在巴黎出版。同年8月由英国人、文学批评家、翻译家约·鄂克森佛（John Oxenford，1812—1877）译补为英文，于伦敦出版。该书中译本《太平天国初期纪事》，徐健竹译，上海古籍出版社，1982年。

加略利是法国人，原籍意大利，1836年抵澳门学习汉文和朝鲜文。1842年返法，翌年被任命为法国驻广州领事馆翻译。1844年充当法国特使拉萼尼(Marie Melchior Joseph deLagrené,1800—1862)翻译，并协助拉萼尼与耆英签订《中法黄埔条约》。著有《中国的（太平天国）叛乱，从开始到南京》（*L' insurrection en Chine depuis son orgine jusqu' à laprise de Nankin*.1853）。此外，还编有《汉语百科辞典》（*Dictionaire encyclopédigue de la langue chinoise*. 1842）。本书合著者伊凡（Melchior Yvan, 1803—1873）是法国人，法国驻华使馆医生。

039T-Callery-951.4161/C132 义军领袖天德像

本书主要记载了太平天国初期即从金田起义到太平军攻克南京这一段历史，以及当时发生在广东、海南岛、湖南、湖北、台湾、福建等地的反清起义情况。英译本补充了英国公使文翰(Sir George Bonham,1803—1863)亲赴南京刺探太平天国军情及当时起义军进展的最新情况等内容。同时，本书还提供了清政府如何勾结外国帝国主义镇压太平天国和其他反清起义的史料。如清政府向美国商人租船、雇佣葡萄牙人进攻太平军、美国公使马沙利(Humphrey Marshall, 1853—1854)等亲赴南京刺探太平天国军情等，对于研究近代中外关系具有一定参考价值。书中所录的一些文件对于研究太平天国运动也有史料价值。

本书附1幅《天德王（天地会首领）画像》及1幅《中国地图》（图中标有当时中国发生起义地点）。

040-Catholic-282.51/C286

Catholic Church. Pope (1700-1721 : Clement XI)

Sanctissimi D.N. Domini Clementis divina providentia papae XI Praeceptum super omnimoda, absoluta, integra, & inviolabili observatione eorum, quae alias a sanctitate sua in causa rituum, seu ceremoniarum sinensium decreta fuerunt : cum rejectione quarumcumque rationum, seu excusationum ad ejusmodi decretorum executionem declinandam allatarum, ac praescriptione formulae juramenti per missionarios illarum partium praesentes, & futuros hac in re praestandi.--Romae : Typis Reverendae Camerae Apostolicae, 1715.

1 v. : fold. ill. ; 30 cm.

Latin.

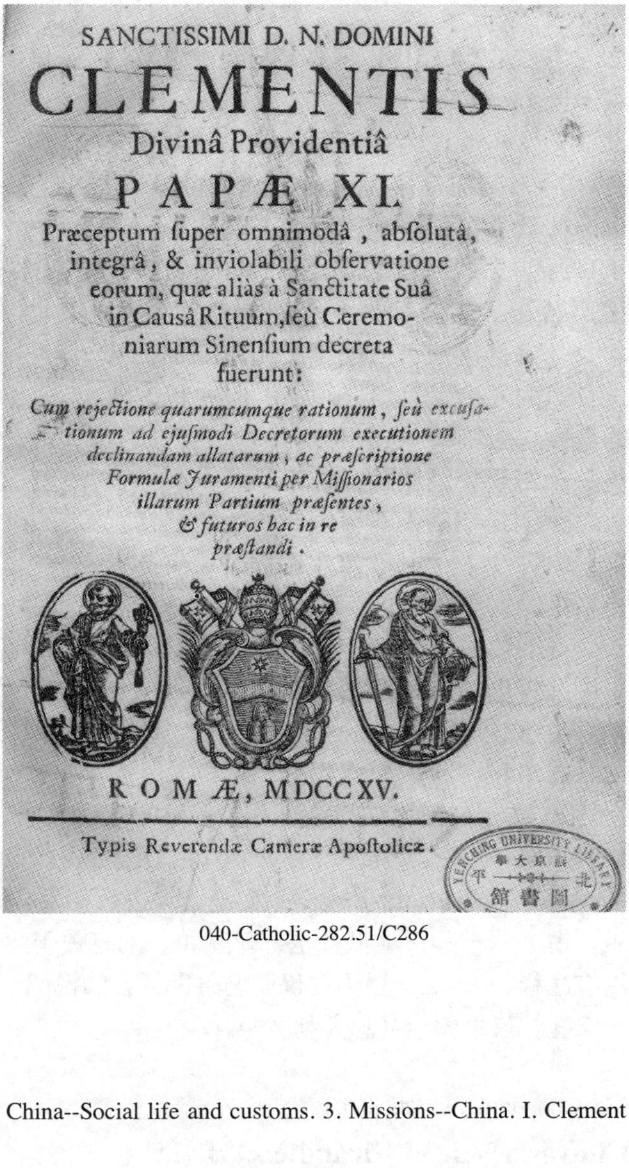

SANCTISSIMI D. N. DOMINI
CLEMENTIS
Divinâ Providentiâ
PAPÆ XI.
Præceptum ſuper omnimodâ , abſolutâ, integrâ , & inviolabili obſervatione eorum, quæ aliàs à Sanctitate Suâ in Causâ Rituum, ſeù Ceremoniarum Sinenſium decreta fuerunt:
Cum rejectione quarumcumque rationum , ſeù excuſationum ad ejuſmodi Decretorum executionem declinandam allatarum ; ac præſcriptione Formulæ Juramenti per Miſſionarios illarum Partium præſentes , & futuros hac in re præſtandi .
ROMÆ, MDCCXV.
Typis Reverendæ Cameræ Apoſtolicæ.

040-Catholic-282.51/C286

1. Rites and ceremonies--China. 2. China--Social life and customs. 3. Missions--China. I. Clement XI, Pope, 1700-1721. II. Title.

[意大利] 教宗克雷芒十一世

教宗克雷芒关于中国礼仪的通谕（拉丁文，1715）

本书并非正式出版物，而是一些文件的硬皮合订本，这些文件于1715年在罗马辑成，“燕京大学图书馆”藏书章。

教宗克雷芒十一世原名Lorenzo Corsini，1700年11月23日—1721年3月19日在位。

1645年9月12日，罗马教廷经教皇英诺森十世(Innocent X，在位时间1644—1655)批准，发布通谕禁止天主教徒参加祭祖祭孔。后来的教宗克雷芒十一世同样认为中国儒教及祖先崇拜违反天主教义。1704年11月20日，教宗克雷芒十一世又发出禁约，禁止天主教徒参加祭祖祭孔；1715年，教宗克雷芒十一世再次颁布“自登基之日”的通谕，重申必须绝对遵守1704年的禁令，否则将受逐出教会的处罚，所有传教士必须宣誓服从。教廷的一系列通谕引发清朝廷反制，严厉限制传教士活动。直到1939年，罗马教廷才撤消禁止中国教徒祭祖的禁令。

040T-Catholic-282.51/C286 祭祀孔子图

本书为教宗克雷芒十一世发布的关于中国礼仪的通谕及其他相关文献。包括：1．教宗克雷芒十一世于1715年3月15日颁布的《自登基之日》（*Ex illa die*）通谕，重申1704年的决议，禁止以“天”或“上帝”称呼天主，禁止信徒祭孔拜祖。2．关于中国礼仪的论辩（意大利文手写）。3．关于中国礼仪之决议（1710年9月25日于罗马发布）。4．1707年2月7日，教宗特使铎罗（Charles Thomas Maillard de Tournon）在南京向全国天主教徒发布的公函，称教宗已禁止敬孔祭祖，占卜、祭拜天地鬼神也一律禁止。附有关于此公函的注释。5．同上，只是没有注释。6．关于中国礼仪问题给耶稣会的说明（1711年发布于罗马）。7．关于祭孔礼仪之图示（意大利文）。

041-Chavannes-951/C397c

Chavannes de la Giraudière, H. de.

Les Chinois pendant une période de 4458 années : histoire, gouvernement, sciences, arts, commerce, industrie, navigation, moeurs et usages / par H. de Chavannes de La Giraudière.--Tours, [France] : A. Mame et Cie, 1845.

398 p., [4] leaves of plates : ill. ; 22 cm.-- (Bibliothèque de la jeunesse chrétienne)

Added engraved t.p.

Series half-title.

Pages [305-306] misnumbered 385-386.

French.

1. China--History. 2. Jesuits--China. 3. Missions--China. I. Title. II. Ser.

[法国] H. 沙瓦纳·德拉吉罗迪埃

4458年里的中国人：历史、政府、科学、艺术、商贸、工业、航海与习俗

（法文，1845）

1845年法国图尔法文首版，“燕京大学图书馆”章，“燕京大学图书馆哈佛燕京学社”藏书票。

本书前言中讲述了中国在被欧洲各国强行打开国门前后的变化，指出要理解今天必须懂得过去，因而以冯秉正(Joseph-Anne-Marie de Moyriac de Mailla）所著12卷《中国通史》（参见170-Mailla-951/M282）中的材料为基础，对中国的历史进行再回顾，并写成此书。

全书分为两部分。第一部分包括中国的历史和地理概述，以及天主教在中国传教的历史简述。附有中国自黄帝以来的历代帝王年表。第二部分讲述了法律与政府、建筑、城市、饮食娱乐、节日、农业、科技、艺术、商业、航海、语言文学等方面的概况。附有包括老子、孔子等人的名人录。最后讲述了中国与欧洲的关系、鸦片战争，包括军事行动及条约协定。

本书附4幅插图，分别为《南京的琉璃塔》、《北京的西门》、《酷刑场面》及《康熙拜访北京的耶稣会教堂》。

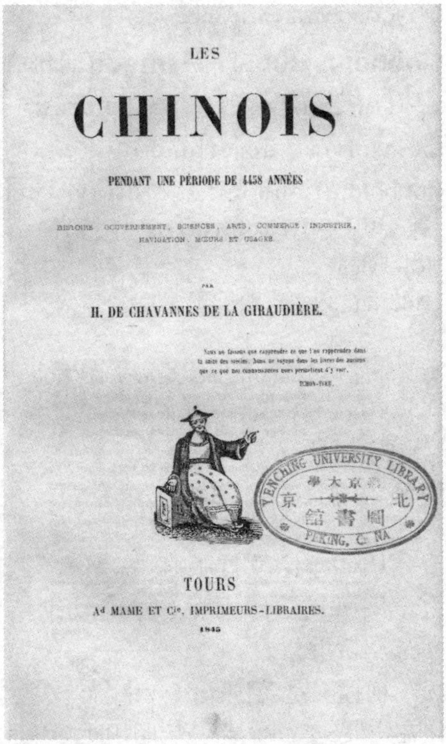

041-Chavannes-951/C397c

041T-Chavannes-951/C397c

南京琉璃塔

042-Cobbold-915.1/C637

Cobbold, Robert Henry, d. 1893.

Pictures of the Chinese : drawn by themselves / described by Rev. R.H. Cobbold.--London : J. Murray, 1860.

vi, 219 p., 30 (i.e. 34) plates : ill. ; 19 cm.

Title vignette.

Added t.-p., illus.

1. China--Social life and customs. I. Title.

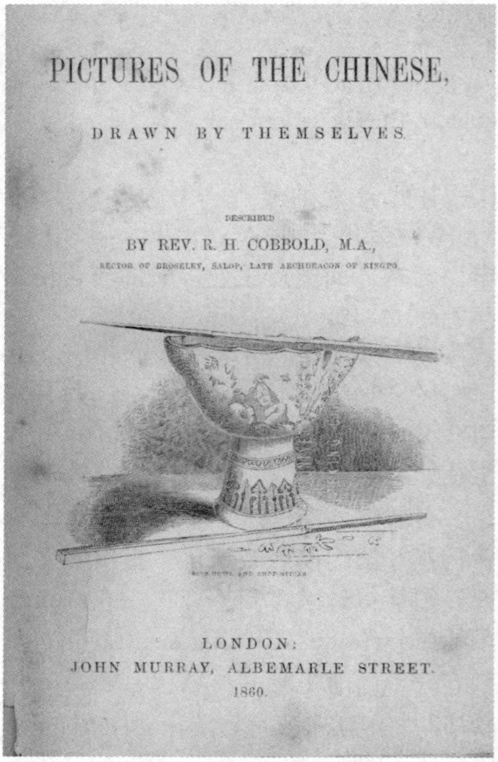

042-Cobbold-915.1/C637

[英国] 柯播义

图画中国（英文，1860）

1860年伦敦首版，"书口有"燕京大学图书馆"藏书章，"奇切斯特图书馆"藏书票。

柯播义是英国圣公会来华传教士，住在宁波8年，生活在当地中国人中间。同时多次在浙江省游历，对中国沿海地区的社会生活、风土人情较为熟悉。

042T-Cobbold-915.1/C637 针匠

本书主要是通过解释铜版画上的内容来揭示中国人的生活习惯和社会风俗，其中大部分内容是作者根据自身经历进行的描述。书中借助图画向读者介绍了中国的牙医、卦师、街头卖艺者、卖糖小贩、医生、佛教僧侣、收集头发者、回收废纸者、挑酒者、卖灯笼小贩、道士、算命先生、针匠、卖花者、吸食鸦片者、石匠、剃头匠、挑水者、看相者、裁缝、挑粪工、街头乞丐、测字者、送娘、卖题名录者、鞋匠、卖小吃的小贩、卖家禽者、铜匠等，揭示了他们的职业特征和具体的经营操作过程。作者在书中还提及中国的商业规则、货币制度、宗教与社会文化。本书文字简约，可读性强，但对中国社会的行业分类稍显零乱。难能可贵的是，作者在很多章节的开篇对比介绍英国的风俗，使得英国读者更容易理解。

本书附77幅有关中国风俗和民情的插图。

043-Colquhoun-915.13/C719a

Colquhoun, Archibald R. (Archibald Ross), 1848-1914.

Across Chrysê: being the narrative of a journey of exploration through the south China border lands from Canton to Mandalay / by Archibald R. Colquhoun, executive engineer, Indian Public Works ; with 3 specially prepare maps, 30 facsimiles of native drawings, and 300 illustrations, chiefly from original photographs and sketches.--New York : Scribner, Welford, 1883.

2 v. : ill. (some fold.), ports., fold. maps, facsims. ; 23 cm.

Includes index.

1. Colquhoun, Archibald R. (Archibald Ross), 1848-1914. 2. China--Description and travel. 3. China--History--19th century. 4. Burma--Description and travel. 5. Burma--History--19th century. I. Title.

[英国] 柯乐洪

通过华南边疆从广州到曼德勒旅行纪事

（英文，1883）

1883年纽约英文首版，“国立北京大学藏书”章，“德国公使馆”章。另有1个复本。本书1972年由台北成文出版社重印。

柯乐洪是英国新闻记者，1871年进印度英国政府服务。1881—1882年从中国广州到缅甸八莫，探测中国到缅甸边境的铁路线。他在任伦敦《泰晤士报》（*The Times*）驻远东记者时，曾到中国各地旅行，并为英国政府做情报工作。辜鸿铭曾做过他的翻译。著有《转变中的中国》(*China in Transformation*. 1898)、《由陆路去中国》(*The Overland to China*. 1900)、《在掸人当中》(*Amongst the Shans*. 1885)、《俄国反对(英属)印度——

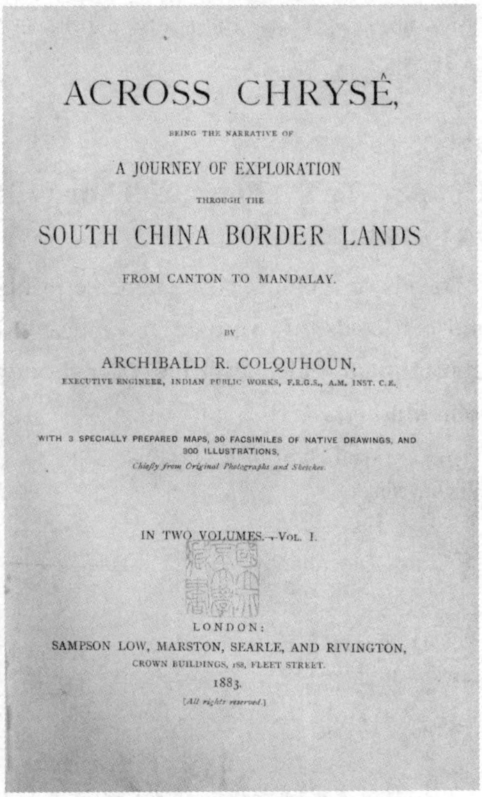

ACROSS CHRYSÊ,

BEING THE NARRATIVE OF

A JOURNEY OF EXPLORATION

THROUGH THE

SOUTH CHINA BORDER LANDS

FROM CANTON TO MANDALAY.

BY

ARCHIBALD R. COLQUHOUN,

EXECUTIVE ENGINEER, INDIAN PUBLIC WORKS, F.R.G.S., A.M. INST. C.E.

WITH 3 SPECIALLY PREPARED MAPS, 30 FACSIMILES OF NATIVE DRAWINGS, AND 300 ILLUSTRATIONS,

Chiefly from Original Photographs and Sketches.

IN TWO VOLUMES.—VOL. I.

LONDON:

SAMPSON LOW, MARSTON, SEARLE, AND RIVINGTON,

CROWN BUILDINGS, 188, FLEET STREET.

1883.

[*All rights reserved.*]

043-Colquhoun-915.13/C719a

争夺亚洲的斗争》(*Russia against India, the Struggle for Asia*. 1900)、《征服太平洋》(*The Mastery of the Pacific*. 1902)等。

柯乐洪是英国在亚洲扩张政策的有力鼓吹者。1882年柯乐洪提出一个计划，要点是修筑一条铁路直通云南，用以连接英属缅甸与中国的西南部，其实这是一个经缅甸入侵中国的计划。

本书分2卷，主要记述了1881—1882年作者游历中国，自中国广州经广西、云南旅行到缅甸，探测中国到缅甸边境铁路线的经历。这本书在英国出版后，引起了很多人的重视，柯乐洪也因此名声大震。

本书附330幅有关人物、生活场景、风景等方面的插图，1幅《南亚地图》，1幅《印度支那地图》，1幅《英国缅甸铁路线规划图》。

043T-Colquhoun-915.13/C719a 中国南方妇女

044-Cooper-915.1/C787

Cooper, T. T. (Thomas Thornville), 1839-1878.

Travels of a pioneer of commerce in pigtail and petticoats, or, An overland journey from China towards India / by T.T. Cooper.--London : John Murray, 1871.

xiv, 475 p. : ill., fold. map ; 23 cm.
Includes index.

1. China--Description and travel. I. Title.

[英国] 库珀

一个商业探险家在辫子和裙子国度的旅行记

（英文，1871）

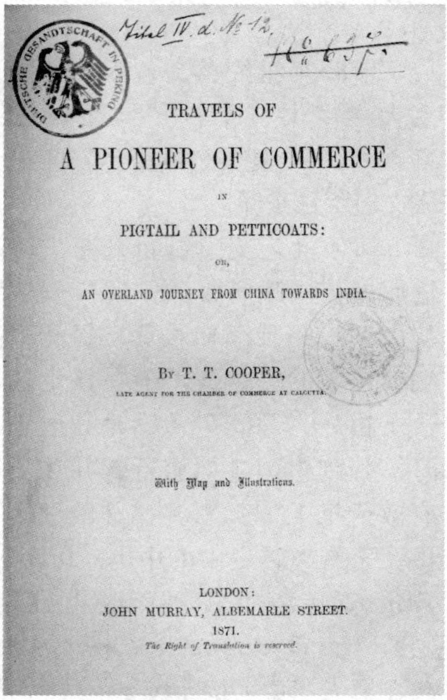
DEUTSCHE GESANDTSCHAFT IN PEKING

TRAVELS OF
A PIONEER OF COMMERCE
IN
PIGTAIL AND PETTICOATS:
OR,
AN OVERLAND JOURNEY FROM CHINA TOWARDS INDIA.

BY T. T. COOPER,
LATE AGENT FOR THE CHAMBER OF COMMERCE AT CALCUTTA.

With Map and Illustrations.

LONDON:
JOHN MURRAY, ALBEMARLE STREET.
1871.
The Right of Translation is reserved.

044-Cooper-915.1/C787

1871年伦敦英文版，“德意志帝国驻北京公使馆”章，“德国驻北京公使馆”藏书章。

库珀是一位英国旅行家，1859年至1861年在印度的港口城市马德拉斯担任一家贸易公司的办事员，力主开辟中印之间的贸易通道服务于英国的利益。

本书认为虽然中英之间的贸易额大幅增加，但当时英国的对华贸易只局限于中国沿海的几个港口地区。同时，一些已经出版的关于中国的书籍也只是局限于介绍沿海地区的风土人情而没有深入到中国的内地，对中国的介绍也只能算是浮光掠影。作者旅行的目的就是使英国人更加深入地了解中国，开拓一条新的贸易途径，探寻一条更短、更直接的中、印之间交流的通道。作者从湖北沿长江而上，从宜昌到重庆，从重庆到成都，再由川西进入西藏东部，自澜沧江顺流而下，结合自身经历介绍了沿途各地的风土人情、物产贸易、社会文化。作者对中国西南内陆地区进行了一次有目的性的考察，对英国人了解这一地区有很大帮助。当时印度已经成为英国的殖民地，英国也开始觊觎中国西藏地区。作者的这次考察客观上为英国后来向中国西南地区渗透提供了丰富的资料。

本书附13幅插图，包括《澜沧江峡谷和索桥》、《万县舟》、《打箭炉客栈》、《西藏颂经石》、《西藏士兵》等及《中国到印度路线图》。

044T-Cooper-915.1/C787 澜沧江峡谷

045-Corner-915.1/C815

Corner, Miss (Julia), 1798-1875.

China pictorial, descriptive, and historical : with some account of Ava and the Burmese, Sian and Anam / [Julia Corner].--London : H.G. Bohn, 1853.

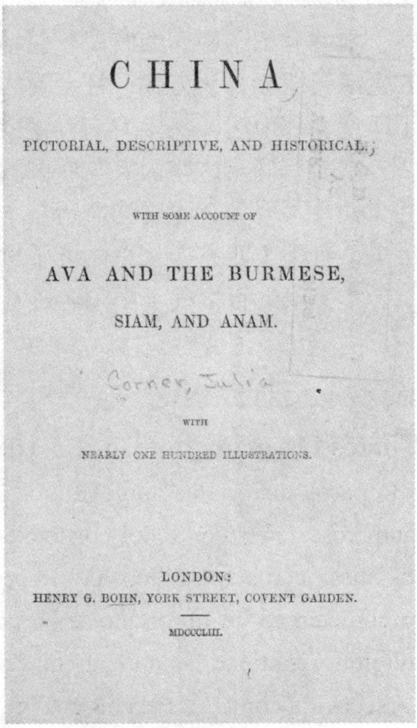

CHINA

PICTORIAL, DESCRIPTIVE, AND HISTORICAL,

WITH SOME ACCOUNT OF

AVA AND THE BURMESE,

SIAM, AND ANAM.

Corner, Julia

WITH

NEARLY ONE HUNDRED ILLUSTRATIONS.

LONDON:
HENRY G. BOHN, YORK STREET, COVENT GARDEN.

MDCCCLIII.

045-Corner-915.1/C815

xx, 521, [1] p. : ill., map ; 18 cm. --(Bohn illustrated library)
Includes index.

1. China. 2. Indochina. I. Title. II. Ser.

045T-Corner-915.1/C815 寺庙

[法国] 朱莉娅・科纳
中国及其周边国家
（英文，1853）

1853年伦敦英文首版，“燕京大学图书馆”藏书章。本书最新版本为2005年版。

朱莉娅・科纳是一位著名的儿童文学作家。书中前265页是关于中国的介绍，由科纳女士撰写。其余部分由一位对中国和印度支那国家有深入了解的人士写成。朱莉娅・科纳还著有一本有关中国的书籍即《中国和印度的历史》（*The history of China & India: Pictorial & descriptive*. 1847）。

本书介绍了中国的概况，包括地理气候条件、物产资源、历史脉络、中国人的生活习惯和行为方式、社会习俗、艺术、手工制品等。书中后一部分重点介绍了印度支那地区，包括安南、暹罗、缅甸等地的风土人情、文化、历史、社会生活、宗教信仰及这些国家与中国的关系。书中还有一些篇幅讨论古代中国与西方的交往及基督教在中国的命运。本书脉络清楚，用西方的历史分期法来解释中国历史，有助于西方人从总体上了解中国的历史、文化与对外关系。

本书附近百幅关于中国各种社会生活场景的插图。

046-Cortes-282.51/C818

Cortés Ossorio, Juan, 1623-1688.

Reparos historiales apologéticos : dirigidos al excelentíssimo señor Conde de Villaumbrosa , presidente del consejo supremo de Castilla, & c., propuestos de parte de los missioneros apostólicos del Imperio de la China : representando los descuidos, que se cometen en un libro, que se ha publicado en Madrid, en grave perjuizio de aquella missión : contiene las noticias más puntuales, y hasta aora no publicadas de la última persecución contra la Fè, con una breue chronología de aquel Imperio ... hasta el año de 1677.--En Pamplona [España?] : Por Tomás Baztan, [1677]

172 leaves ; 21 cm.

First published under title: Memorial apologetico al ... Conde de Villa-Uombrosa. ... De parte de los missioneros apostolicos de el Imperio de la China ... [Pamplona?], 1676. Cf. Streit, v. 5, no. 2446, 2441.

Attributed to Juan Cortes Ossorio, S.J. Cf. Ms. note on leaf 160v; Streit; NUC pre-1956.

A refutation of Domingo Fernandez Navarrete's Tratados historicos, politicos, ethicos, y religiosos de la monarquia de China. En Madrid, 1676, the first work to include the issues known as the Chinese Rites controversy.

Spanish.

1. Fernandez Navarrete, Domingo, d. 1689. Tratados historicos. 2. Jesuits--China. 3. Missions--China. 4. Chinese rites. I. Memorial apologetico. II. Title.

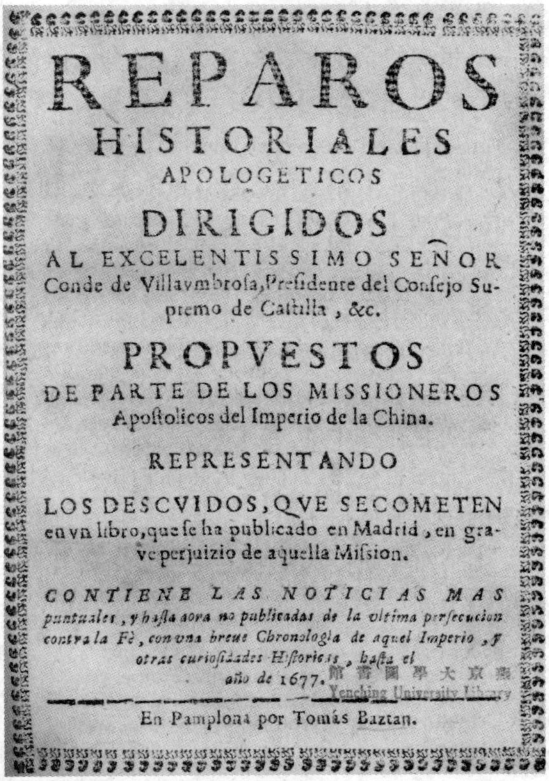

REPAROS
HISTORIALES
APOLOGETICOS
DIRIGIDOS
AL EXCELENTISSIMO SEÑOR
Conde de Villaumbrosa, Presidente del Consejo Supremo de Castilla, &c.
PROPVESTOS
DE PARTE DE LOS MISSIONEROS
Apostolicos del Imperio de la China.
REPRESENTANDO
LOS DESCVIDOS, QVE SECOMETEN
en vn libro, que se ha publicado en Madrid, en grave perjuizio de aquella Mission.
CONTIENE LAS NOTICIAS MAS
puntuales, y hasta aora no publicadas de la vltima persecucion contra la Fè, con vna breue Chronologia de aquel Imperio, y otras curiosidades Historicas, hasta el año de 1677.

En Pamplona por Tomás Baztan.

046-Cortes-282.51/C818

[西班牙] 胡安・科尔特斯・奥索里奥

护教史更正录（西班牙文，1677）

1677年西班牙文版，“燕京大学图书馆”藏书章。

本书的问世与康熙时期发生的“礼仪之争”有关。1669年，因“历狱”而被羁押在广州的多明我会教士闵明我（Domingo Fernández Navarrete，d.1689）获释。返回欧洲后于1676年在马德里出版了《中华君主国的历史、政治、伦理和宗教专论》（*Tratados históricos, políticos, éthicos, y religiosos de la monarchia de China*）一书第一卷（参见082-Fernandez-915.1/N227），3年后又出版第二卷，抨击在华耶稣会士的传教方式。罗马耶稣会总会于是紧急将该书寄至中国，要求各地的传教士传阅并提供驳斥此书的论据。本书便是驳斥闵明我的重要论据。

奥索里奥认为闵明我无论在身份和自我评价，还是书籍内容等方面都有不少失实之处，因此他必须出来指正。另外，既然闵明我的著作内容是不真实的，那么该书的结论也令人怀疑。

本书从20个角度驳斥了闵明我的说法，主要内容如下：闵明我自称是菲律宾圣罗萨里奥修会会省总监察，这个身份值得怀疑。因为根据其他传教士的书函及闵明我的自述，闵明我是1658年与其他三位神父一起来到中国，长期居留在福建和浙江，直到1664年被中国朝廷传唤入京。1665年被押解前往广东，并于1669年12月9日前往澳门，所以他不可能在这段时间前往菲律宾并担任该职务。闵明我与其他传教士的所谓“历狱”经历是不真实的。闵明我整部作品中的思想和方法不符合基督教义，必须做出很大的调整。闵明我对教皇和国王等没有表示出应有的尊重，对西班牙和葡萄牙这两个在东方拥有护教权的天主教国家也不尊重，涉嫌在书中污蔑和诽谤葡萄牙和西班牙。闵明我作品中表现出志得意满，过于夸大自己的功绩。闵明我作品中的消息不够真实，他应该辟谣，而读者也应该认真分辨。闵明我在书中的评判琐屑而且唐突，有嘲弄读者之嫌。闵明我的书是没有结论的，即便有结论，那也与他所提供的论据相互矛盾。作者还认为闵明我在书中涉嫌诽谤其他传教士，他在与中国的其他传教士辩论的时候有炫耀智慧之嫌。

本书对于研究闵明我的生平、著作及西方天主教会各教派对于“礼仪之争”所持的不同思想和意见具有重要的参考价值。

047-Crawfurd-915.9/C859

Crawfurd, John, 1783-1868.

Journal of an embassy from the Governor-General of India to the courts of Siam and Cochin-China : exhibiting a view of the actual state of those kingdoms / by John Crawfurd.--London : H. Colburn, 1828.

vii, [1], 598 p., [15] leaves of plates : ill., maps (1 fold.) ; 29 cm.

1. Cochin China--Description and travel. 2. Thailand--Description and travel. 3. Malay Peninsula--Description and travel. I. Title.

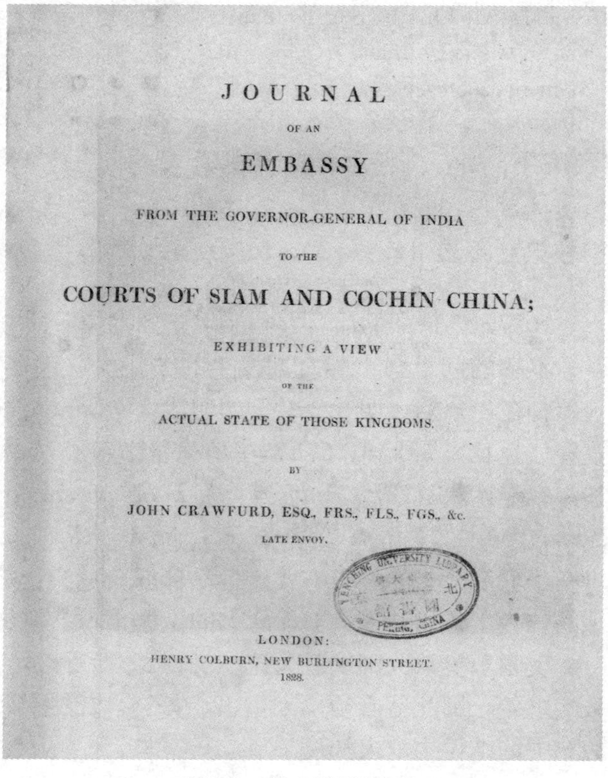
JOURNAL
OF AN
EMBASSY
FROM THE GOVERNOR-GENERAL OF INDIA
TO THE
COURTS OF SIAM AND COCHIN CHINA;
EXHIBITING A VIEW
OF THE
ACTUAL STATE OF THOSE KINGDOMS.
BY
JOHN CRAWFURD, ESQ. FRS., FLS., FGS., &c.
LATE ENVOY.

LONDON:
HENRY COLBURN, NEW BURLINGTON STREET.
1828.

047-Crawfurd-915.9/C859

[英国] 约翰・克劳弗德

印度总督派往暹罗和交趾支那大使日志

（英文，1828）

047T-Crawfurd-915.9/C859 交趾支那妇女和官员

1828年伦敦英文版，“燕京大学图书馆”藏书章。

约翰・克劳弗德是苏格兰东方学家。1821年作为外交使节出使暹罗和交趾支那。1823年成为新加坡政府官员。1861年被选为民族学会会长。著作有《印度群岛史》(*History of the Indian Archipelago*.1820)、《马来语语法和字典》(*Malay grammar and dictionary*. 1852)等。

1821年，作者奉印度总督之命出使暹罗、交趾支那，目的是重新开通英国和印度与两国已经停止70多年的贸易。本书记录了作者出使暹罗和交趾支那的经历，以及对这两个国家各方面的考察。全书共19章。前11章主要介绍作者的出使途经地区和在暹罗、交趾支那首都的活动和见闻，主要行程为：从印度加尔各答出发，途经马来西亚槟榔屿、马六甲、新加坡等地到达暹罗，在曼谷完成外交使命后离开，经西昌岛、西贡等地到达交趾支那首都顺化，完成访问交涉后离开，经会安、新加坡等地回到加尔各答。12—18章主要介绍暹罗和交趾支那的风俗习惯、宗教、政治、军事、贸易、历史、地理及人种特征等方方面面。最后一章介绍新加坡的地理、物产、气候、农业、贸易、历史等情况。

本书附录部分包括给作者出使的指令、印度总督给暹罗和交趾支那国王的公函，以及英语与泰语、老挝语、柬埔寨语、巴利文、中文等的词汇对照表。

本书关于中国的内容主要包括：作者出使途中与福建商船水手的交往，水手的饮食，中国帆船的规模和建造方式，以及简单的导航工具——指南针，关于暹罗与中国的贸易，暹罗帆船到中国广东、福建、江南等地的贸易，广州海南等地商船与暹罗的贸易，中国商船的用料、造价，配备水手的数量、运载货物和旅客的收费标准等。

本书附24幅有关人物、风景、建筑等方面的插图和1幅《暹罗与交趾支那地图》、1幅《新加坡图》。

048-Cunynghame 1.1-951.4151/C919

Cunynghame, Arthur Augustus Thurlow, Sir, 1812-1884.

The Opium War : being recollections of service in China / by Captain Arthur Cunyngame. --Philadelphia : G.B. Zieber & Co., 1845.

271 p. ; 17 cm.

1. China--History--War of 1840-1842. I. Title.

[英国] 阿瑟·坎宁安

鸦片战争：中国服役回忆（英文，1845）

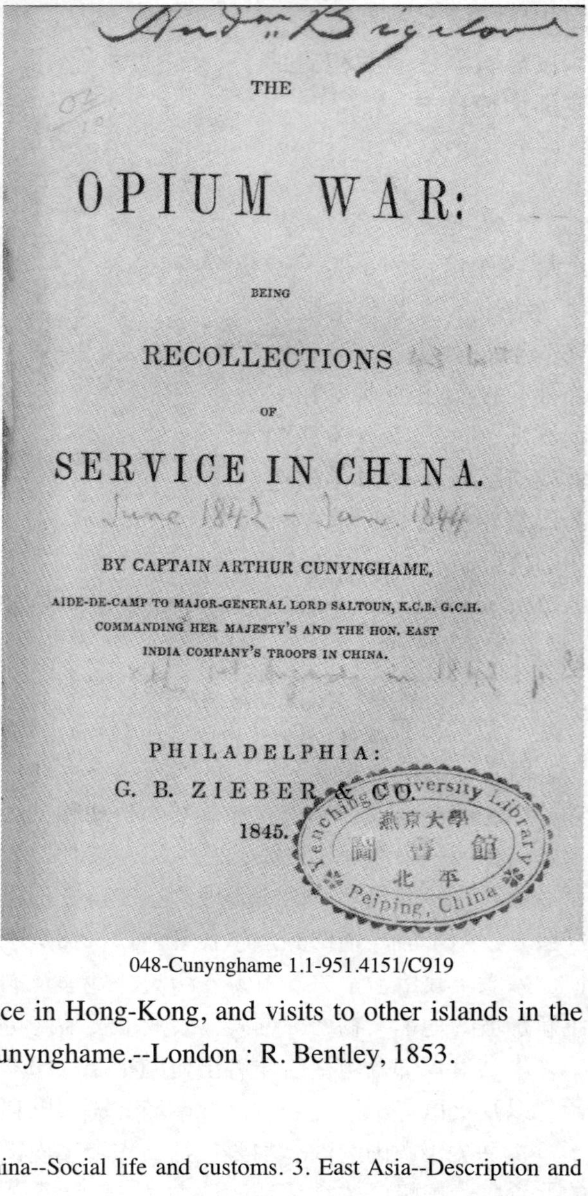

048-Cunynghame 1.1-951.4151/C919

049-Cunynghame 1.2-951.4151/C919a

Cunynghame, Arthur Augustus Thurlow, Sir, 1812-1884.

An aide-de-camp's recollections of service in China, a residence in Hong-Kong, and visits to other islands in the Chinese seas / by Colonel Arthur Cunynghame.--London : R. Bentley, 1853.

x, 374 p. : ill. ; 19 cm.

1. China--Description and travel. 2. China--Social life and customs. 3. East Asia--Description and travel. I. Title.

[英国] 阿瑟·坎宁安

鸦片战争：中国服役回忆（英文，1853）

1845年费城英文版（048-Cunynghame 1.1-951.4151/C919），“燕京大学图书馆”藏书章，“燕京大学图书馆”藏书票，“Wilson S. Howell”藏书票。本书

的主要内容后来以《一个副官的回忆录》（049-Cunyghame1.2-951.4151/C919a）再版。

阿瑟·坎宁安于1842—1844年时在英国海军服役，随舰队来华。除了本书外，尚著有《我在南非指挥》(*My command in South Africa, 1874—1878: Comprising experiences of travel in the colonies of South Africa and the independent states by Arthur Augustus Thurlow Cunynghame*.1880)等。

AN

AIDE-DE-CAMP'S RECOLLECTIONS

OF

SERVICE IN CHINA,

A RESIDENCE IN HONG-KONG,

AND VISITS TO OTHER ISLANDS IN

THE CHINESE SEAS.

BY

COLONEL ARTHUR CUNYNGHAME,

AUTHOR OF "A GLIMPSE AT THE GREAT WESTERN REPUBLIC."

LONDON:

RICHARD BENTLEY, NEW BURLINGTON STREET,

Publisher in Ordinary to Her Majesty.

1853.

049-Cunynghame 1.2-951.4151/C919a

本书是作者从中国回到纽约后写的回忆录，作者本来打算概述从战争开始到他们加入军队指挥部期间中国的状况，但在他回到英国后，发现在这之前出版的许多著作已经做了这一工作，因此作者转而只描述那些自己亲眼见到的事情。全书共19章，按照英国海军舰队的航程依次记述了从1842年6月进入中国海，历经新加坡、中国香港、舟山、吴淞、上海、崇明、南京、福州、广东等地，直到回到新加坡，于1844年1月返回英国的亲身经历。1842年已是鸦片战争的尾声，因此本书中关于战争的记述很少，对签约过程也只是稍有涉及，对鸦片战争史的研究意义不大。相反，作者花了大量的笔墨描述所经之地的风土人情，如渔船、房屋建筑、寺庙、茶园、中国的神与崇拜、中国的法律、葬礼等，并带有作者的观感评论。正如作者所说，这些记述不仅在细节上非常准确，而且语言也非常生动流畅，有助于增进对19世纪中国的了解。

D

050-Da-349.51/St29

Da Qing lü li (大清律例). English.

Ta Tsing Leu Lee : being the fundamental laws, and a selection from the supplementary statutes, of the Penal code of China ; originally printed and published in Pekin, in various succesive editions, under the sanction, and by the authority, of the several emperors of the Ta Tsing, or present dynasty / translated from the Chinese ; and accompanied with an appendix, consisting of authentic documents, and a few occasional notes, illustrative of the subject of the work, by Sir George Thomas Staunton, bart.--London : T. Cadell and W. Davies, 1810.

xxvi (i.e. lxxvi), 581 p. : facsim. ; 31 cm.

Includes index.

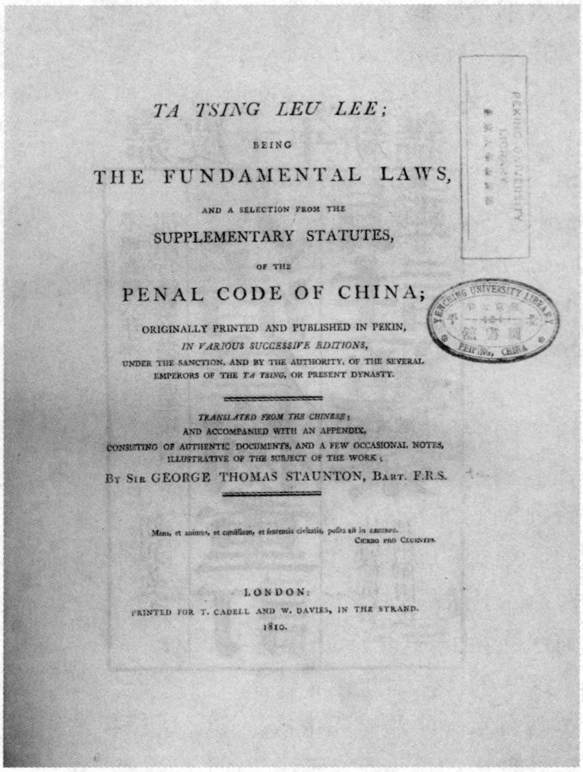

TA TSING LEU LEE;

BEING

THE FUNDAMENTAL LAWS,

AND A SELECTION FROM THE

SUPPLEMENTARY STATUTES,

OF THE

PENAL CODE OF CHINA;

ORIGINALLY PRINTED AND PUBLISHED IN PEKIN,

IN VARIOUS SUCCESSIVE EDITIONS,

UNDER THE SANCTION, AND BY THE AUTHORITY, OF THE SEVERAL EMPERORS OF THE *TA TSING*, OR PRESENT DYNASTY.

TRANSLATED FROM THE CHINESE;

AND ACCOMPANIED WITH AN APPENDIX,

CONSISTING OF AUTHENTIC DOCUMENTS, AND A FEW OCCASIONAL NOTES,

ILLUSTRATIVE OF THE SUBJECT OF THE WORK;

BY SIR GEORGE THOMAS STAUNTON, BART. F.R.S.

Mens, et animus, et consilium, et sententia civitatis, posita est in legibus.

CICERO PRO CLUENTIO.

LONDON:

PRINTED FOR T. CADELL AND W. DAVIES, IN THE STRAND.

1810.

050-Da-349.51/St29

1. Criminal law--China. I. Staunton, George Thomas, Sir, 1781-1859. I. Tiltle: Ta Tsing...

大清律例（英文，1810）

1810年伦敦英文版，“燕京大学图书馆”藏书章。

译者乔治· 多马· 斯当东(Sir George Thomas Staunton,1781—1859)，参见282-Staunton G T 1-382.0951/St29。

《大清律例》是中国传统封建法典的集大成者，汉唐以来确立的封建法律的基本精神和主要制度都在其中得以充分体现，是中国历史上最后一部封建成文法典。《大清律例》采用律文和附例合编结构，共分名例律、吏律、户律、礼律、兵律、刑律、工律七部分，律文436条，书后附公文和注释。在前言中，译者写道，《大清律例》自颁布以来，曾屡有修订，译者翻译所依据的底本是发行于清嘉庆四年（1805）和嘉庆十年（1799）的两个版本。译者虽然把律文的436条全部翻译成英文并把它作为译作的正文，但关于例文却只翻译了其中的一部分。作者在此书导言中盛赞《大清律例》是人类智慧的杰作。此书是欧洲人第一次较完整翻译的中国法律，是第一部传入西方的中国古代法典，在西方汉学界，特别是在西方中国法研究领域具有重要意义。

051-Dabry-297.51/D481

Dabry de Thiersant, Claude Philibert, 1826-1898.

Le Mahométisme en Chine et dans le Turkestan Oriental / par P. Dabry de Thiersant.--Paris : E. Leroux, 1878.

2 v. : ill., 1 fold. map, facsim. ; 23 cm.

French.

1. Islam--China. I. Title.

[法国] 达伯理

中国内地和新疆地区的伊斯兰教

（法文，1878）

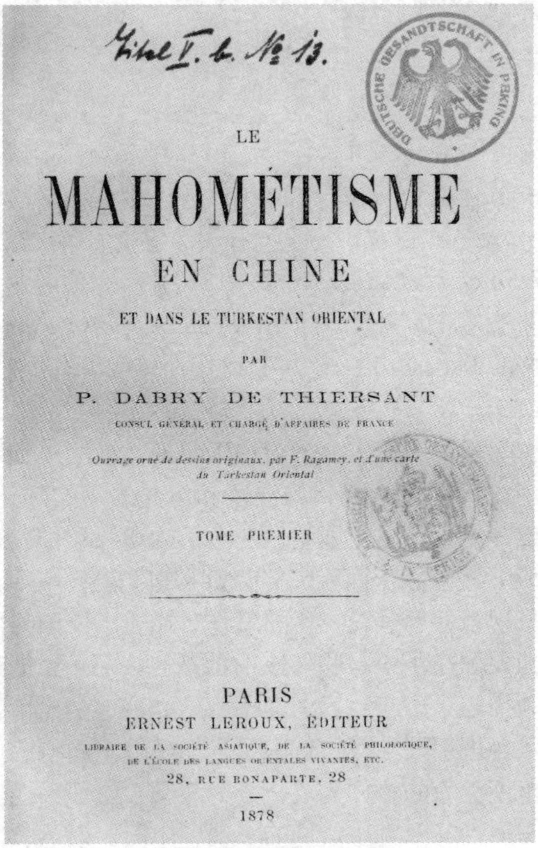

051-Dabry-297.51/D481

1878年首版于巴黎的法文版，2卷，“德意志驻北京公使馆”章，“德国驻北京公使馆”藏书章。

达伯理，法国东方学家，外交家，在中国居留多年，1862—1865年任法国驻汉口领事、1869年任上海总领事，1870年任法国驻广州领事。除本书外，还著有《中国人的医药》（*La médecine chez les Chi-*

051T-Dabry-297.51/D481 广东的墓

nois.1863），《8世纪的中国天主教》（*Le Catholicisme en Chine au VIII siècle de notre ère*.1877）等。编有《法语拉丁语汉语词典》三卷（*Dictionnaire français-latin-chinois, Paris*. 1865—1870）。达伯理业余爱好研究鱼类，发表有《中华淡水鱼类笔记》一文（*"Notes sur les poissons des eaux douces de la Chine"*. Ann. Sci. Nat., Paris, v. 1 (art. 5): 1-18），《中华渔业志》一书（*La pisciculture et la pêche en Chine*. 1872）等。

本书为西方学界对中国伊斯兰教的早期研究中的重要著作。第一卷主要为对中国伊斯兰教现状的评述和对其未来的展望。作者首先探讨了汉语对伊斯兰教的命名，以及伊斯兰教在中国的起源和传入，作者推断穆罕默德（Muhammad, 570—632）于西元628年曾遣其母舅Wahb-Abi-Kabcha由海路至中国，向唐皇宣扬回教并晋呈礼物。随后作者描述了中国的伊斯兰教人口、种族和风俗特征，并扼要评述了中国和阿拉伯世界的关系。凭借其在中国多年的外交经历，作者详细地描述了广东、云南、陕西、甘肃、中原诸省、新疆等地伊斯兰教的历史，阐明了各地伊斯兰教信仰因历史而来的不同特色。在第二卷中，作者详细叙述了中国伊斯兰教的信仰构成，分为教义、伦理、礼仪三部分。第一部分涉及真主的存在与属性、对真主信仰的实现、中国伊斯兰教的哲学意义、伊斯兰宗教的起源、伊斯兰教中死亡与复活、天堂和地狱等内容；第二部分介绍了伊斯兰教中规定的不同人群的自然义务（父母、子女、夫妻、兄弟等等）、信教者在日常生活中的义务、教育、婚姻等；第三部分则是对伊斯兰具体礼仪的描述，包括不同类型的祈祷、斋戒等。

本书附6幅写真素描，1幅作者自绘的《新疆地图》。

052-Daniell-915/D227

Daniell, Thomas, 1749-1840.

A picturesque voyage to India by the way of China / by Thomas Daniell, and William Daniell.--London : Printed for Longman, Hurst, Rees, and Orme, and William Daniell by Thomas Davison, 1810.

ii, [50] leaves, [50] leaves of plates : chiefly col. ill. ; 36 cm.

Bound at the head of the t.p. as guard book.

1. India--Pictorial works. 2. China--Pictorial works. I. Daniell, William, 1769-1837. II. Title.

[英国] 托马斯·丹尼尔

取道中国的印度之旅图景

（英文，1810）

1810年伦敦英文版，“燕京大学图书馆”藏书章。本书为托马斯·丹尼尔和他的侄子威廉·丹尼尔（William Daniell）的共同作品。

托马斯·丹尼尔为英国著名的风景画家，其侄子威廉·丹尼尔也深受其影响，成为风景画家。

本书共辑录50幅彩色风景

A PICTURESQUE VOYAGE TO INDIA; BY THE WAY OF CHINA.

BY THOMAS DANIELL, R.A. AND WILLIAM DANIELL, A.R.A.

LONDON:

PRINTED FOR LONGMAN, HURST, REES, AND ORME, PATERNOSTER-ROW; AND WILLIAM DANIELL, NO. 9, CLEVELAND-STREET, FITZROY-SQUARE.

BY THOMAS DAVISON, WHITEFRIARS.

1810.

052-Daniell-915/D227

052T-Daniell-915/D227 中国绅士

画，描画了马六甲、交趾支那、爪哇、中国等地的风景民俗。关于中国的有23幅，分别为：塔2幅，商船、货船及帆船等4幅，景色等4幅，澳门景色2幅，妇女2幅，广州水道、农民、坟墓、绅士、货郎、官员、祭天、亭子、花园、军官等各1幅。

053-Davis 1-915.1/D294s

Davis, John Francis, Sir, 1795-1890.

Sketches of China : partly during an inland journey of four months, between Peking, Nanking, and Canton ; with notices and observations relative to the present war / by John Francis Davis.--London : C. Knight & Co., 1841.

2 v., [1] fold. leaf of plates : fold. map ; 20 cm.

Publisher's advertisements (v. 2, [2] p.), at end.

1. Davis, John Francis, Sir, 1795-1890--Travel--China. 2. China--Description and travel. 3. Beijing (China)--Description and travel. 4. Nanjing (Jiangsu Sheng, China)--Description and travel. 5. Guangzhou (China)--Description and travel. 6.China--History--Qing Dynasty, 1644-1912--Sources. I. Title.

053-Davis 1-915.1/D294s

[英国] 德庇时

中国见闻录（英文，1841）

1841年伦敦英文首版，“燕京大学图书馆”藏书章。

德庇时，英国外交官、汉学家，皇家亚洲文会、东方翻译协会成员。是一位不折不扣的中国通。1816年随阿美士德勋爵（Lord Amherst，1773—1857）使团到北京，充汉文正使。后回东印度公司任职。1833年英国成立驻华商务监督署，被派为第三商务监督，后升为第二商务监督。1835年退职。1844年被英国外务部任命为驻华公使、商务正监督，同时殖民部任命他为香港总督兼总司令，1848年去职。晚年集中精力潜心研究中国历史与文化，并有很高的造诣。

德庇时著有很多关于中国的书籍，以本书及《中国：中华帝国及其居民概述》（参见054-Davis 2.1-915.1/D294b）等为代表；还曾将《好逑传》、《汉宫秋》等中文名著译成英文（参见183-Ming-chiao-chung-jen 1.3-893.1/Hl99d、参见165-Ma-892.1/M11）；另有《中国诗歌论》（*Poeseos Sinensis Commentarii, On the Poetry of Chinese*.1829）、《交战时期及媾和以来的中国》（*China, during the War and since the Peace*. 1852）、《中国杂记》（*Chinese Miscellanies: A Collection of Essays and Notes*.1865）等。

1816年英国派遣阿美士德使团来华，使团成员归国后出版了一些有关中国的著作。德庇时当时为使团的汉文正使，他在书中记录了在北京、南京和广州等地为期4个月的旅行见闻，并附与第一次鸦片战争有关的评论。由于阿美士德出使中国失败激起英国一阵反华舆论，使团成员对中国亦多采取批评与贬斥的态度。作者认为中国军队不堪一击,主张在中国的沿海地区维持英国的海军力量，控制京杭大运河切断北京的命脉以迫使清政府屈从，保护英国的贸易利益。德庇时对中国的观察和研究客观上为英国政府制定对华政策提供了重要参考。

本书附1幅《中国地图》。

054-Davis 2.1-915.1/D294b

Davis, John Francis, Sir, 1795-1890.

The Chinese : a general description of China and its inhabitants / by John Francis Davis.--A new ed., enl. and rev.--London : Charles Knight and Co., 1845-46.

4 v. in 2 : ill. ; 15 cm.

Vol. 4, called supplementary volume, was originally published in 1841 as Sketches of China.

1. China--Description and travel. 2. China--History. I. Title.

[英国] 德庇时

中国：中华帝国及其居民概述

(英文, 1845-46)

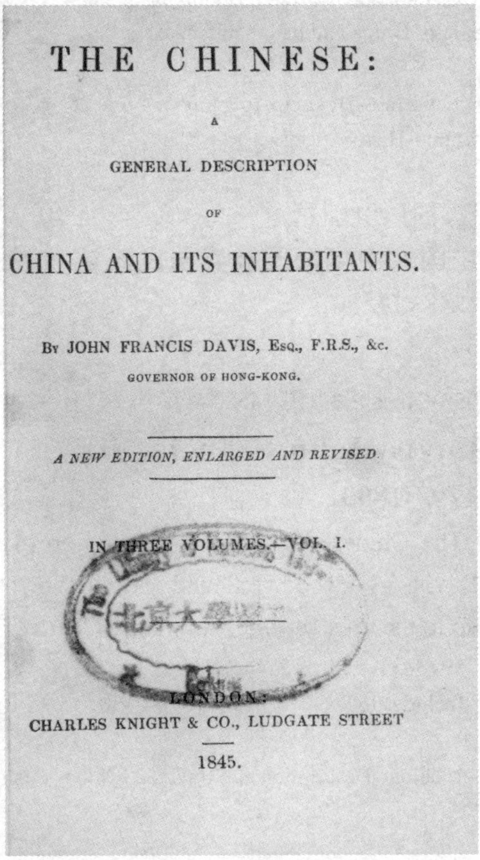

THE CHINESE:

A

GENERAL DESCRIPTION

OF

CHINA AND ITS INHABITANTS.

BY JOHN FRANCIS DAVIS, ESQ., F.R.S., &c.

GOVERNOR OF HONG-KONG.

A NEW EDITION, ENLARGED AND REVISED.

IN THREE VOLUMES.—VOL. I.

LONDON:

CHARLES KNIGHT & CO., LUDGATE STREET

1845.

054-Davis 2.1-915.1/D294b

Davis, John Francis, Sir, 1795-1890.

China : a general description of that empire and its inhabitants; with the history of foreign intercourse down to the events which produced the dissolution of 1857 / by Sir John Francis Davis.--New ed., rev. and enl.--London : John Murray, 1857.

2 v. : ill. ; 20 cm.

Includes index.

First edition published under title: The Chinese : a general description of the empire of China and its inhabitants.

1. China--Description and travel. 2. China--History. I. Title.

[英国] 德庇时

中国：中华帝国及其居民概述

(英文, 1857)

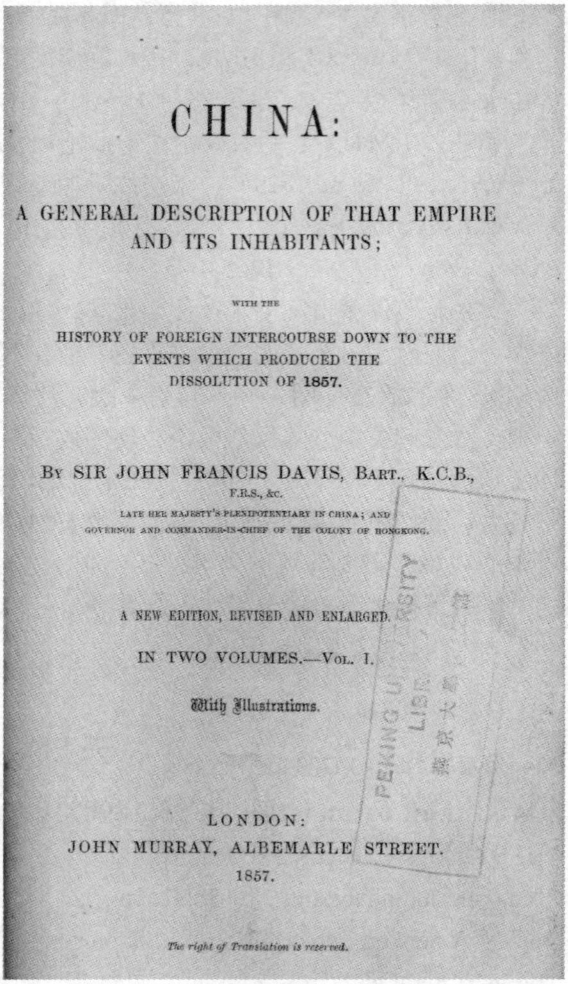

CHINA:

A GENERAL DESCRIPTION OF THAT EMPIRE AND ITS INHABITANTS;

WITH THE

HISTORY OF FOREIGN INTERCOURSE DOWN TO THE EVENTS WHICH PRODUCED THE DISSOLUTION OF 1857.

BY SIR JOHN FRANCIS DAVIS, BART., K.C.B., F.R.S., &C.

LATE HER MAJESTY'S PLENIPOTENTIARY IN CHINA; AND GOVERNOR AND COMMANDER-IN-CHIEF OF THE COLONY OF HONGKONG.

A NEW EDITION, REVISED AND ENLARGED.

IN TWO VOLUMES.—VOL. I.

With Illustrations.

LONDON:
JOHN MURRAY, ALBEMARLE STREET.
1857.

The right of Translation is reserved.

055-Davis 2.2-915.1/D294c

Davis, John Francis, Sir, 1795-1890.

The Chinese : a general description of China and its inhabitants / by John Francis Davis.--A new ed., enl. and rev. / in which the History of English intercourse is brought up to the present time.--London : Charles Knight & Co., 1860.

xii, 383 p. : ill. ; 15 cm.

Includes index.

1.China--Description and travel. 2. China--History. I. Title.

[英国] 德庇时

中国：中华帝国及其居民概述

(英文,1860)

1845—1846年的伦敦英文4卷修订增补本（054-Davis 2.1-915.1/294b），“北京大学图书部”藏书章；1857年的伦敦英文2卷本（055-Davis 2.2-915.1/D294c），“燕京大学图书馆”藏书章，扉页有“J.W.Bashford, Peking, China”题签；1860年的伦敦英文单卷本（056-Davis 1.3-915.1/D294），“燕京大学图书馆”藏书章，扉页有“J.W.Bashford, Peking, China”题签。本书英文本于1840年在英国伦敦首版。

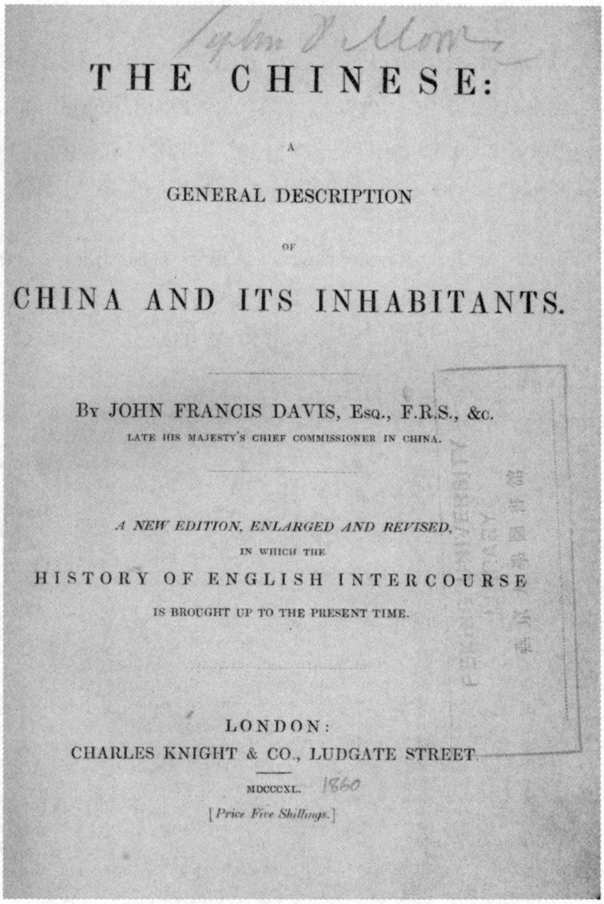

056-Davis 2.3-915.1/D294

本书中的记述基本上来自作者在中国定居时的见闻，作者首先回顾了欧洲国家特别是英国与中国进行接触、交往的早期历史，其中特别提到中英之间的贸易往来。随后，作者介绍了中国的领土面积、地质地貌、自然地理、气候、邻国等，阐述了中国的历史发展脉络、政治结构、政府模式和法律、中国人的体貌特征和性格、社会规范、行为方式、习俗。作者还介绍了北京、南京和广州等重要城市，中国的宗教信仰（儒、释、道）、语言、文学、艺术、四大发明、科学研究（医学、化学实践、地理等）、自然历史、生物和物产、农业和人口统计、商业贸易等方面的情况。作者在前言中对此前西方学者有关中国的著述进行了简要的介绍，是西方比较早的对中国进行总体介绍和系统研究的著作。

1857年的英文2卷本书中附58幅关于中国社会生活各个场景和日常用品的插图。

De Fonblanque, Edward Barrington, 1821-1895.

Niphon and Pe-che-li, or, Two years in Japan and northern China / by Edward Barrington de Fonblanque.--London : Saunders, Otley and Co., 1862.

286 p., [13] leaves of plates : ill. (part. col., part. fold.), fold. map ; 22 cm.

1. Japan--Description and travel. 2. China--Description and travel. I. Title.

[英国] 爱德华·巴林顿·德·方布兰克

日本和北直隶

（英文，1862）

1862年伦敦英文首版，“燕京大学图书馆”藏书章，“燕京大学图书馆哈佛大学燕京学社”藏书票。

爱德华·巴林顿德·方布兰克，移民英国的法国贵族后代，著名记者阿尔伯尼·威廉·德·方布兰克（Albany William Fonblanque）的侄子，曾作为英国外交使团成员之一于1860年到1861年先后访问日本和中国。除本书外，还著有《从将军、政治家和戏剧家约翰·伯戈因爵士生活和通信中所见的19世纪下半叶的政治和军事事件》（*Political and Military Episodes in the Latter Half of the Eighteenth Century Derived from the Life and Correspondence of*

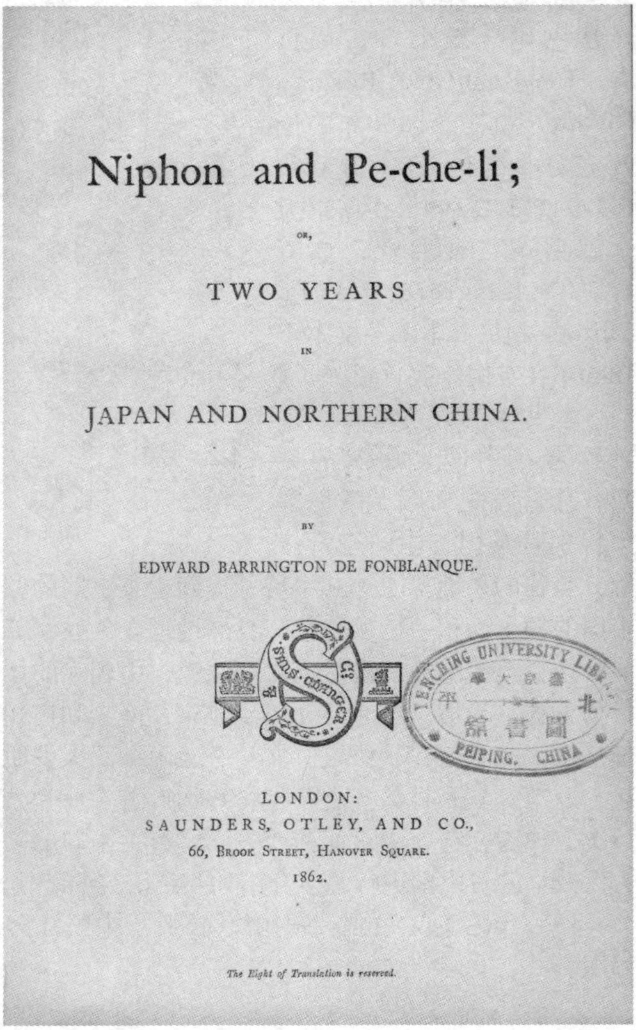
Niphon and Pe-che-li;

OR,

TWO YEARS

IN

JAPAN AND NORTHERN CHINA.

BY

EDWARD BARRINGTON DE FONBLANQUE.

LONDON:

SAUNDERS, OTLEY, AND CO.,

66, BROOK STREET, HANOVER SQUARE.

1862.

The Right of Translation is reserved.

057-De-915/D362

the Right Hon. John Burgoyne, General, Statesman, Dramatist. 1876）、《波西家族年鉴：从诺曼征服到19世纪初》（*Annals of the House of Percy, From the Conquest to the Opening of the Nineteenth Century*. 1887）等。

该书在篇幅上大致平均分配了日本和中国的部分。按时间顺序记录，虽无目录，但各节小标题明确概括主题。在日本，作者记录了阿礼国爵士（Rutherford Alcock，1809—1897）公使的活动，主要涉及生麦事件前的几个行刺事件及其外交交涉。作者在旅行中接触到了从外交官到普通百姓的各个阶层，游记为了解德川幕府后期日本社会、风俗和地理提供了较翔实和生动的视角。作者与阿礼国一起登富士山，是登上该山的首位欧洲人。在中国，作者游历了包括今北京、天津、河北省大部和河南、山东小部的北直隶地区，描述了该地区的风土人情、人文景观和清朝宫廷、法俄等国的活动和仪式。

本书内有1幅《日本全图》，并含有包括《富士山》、《金泽英国领事馆》、《江户夜晚街景》、《浮世绘彩色木刻》等在内的其他11幅全页插图，以及6幅正文插图（主要是富士山的插图）。

Dennys, N. B. (Nicholas Belfield)

Notes for tourists in the north of China / by N.B. Dennys.--Hongkong : printed by A. Shortrede & Co., 1866.

61, v p., [4] fold. leaves of plates : maps ; 22 cm.

1. China--Guidebooks. I. Title.

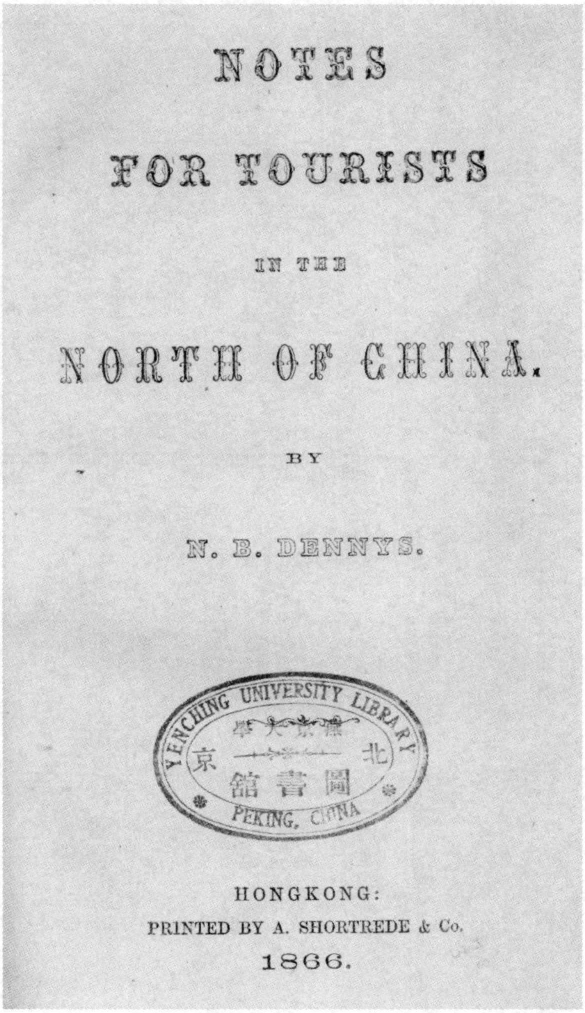
NOTES
FOR TOURISTS
IN THE
NORTH OF CHINA.
BY
N. B. DENNYS.
HONGKONG:
PRINTED BY A. SHORTREDE & Co.
1866.

058-Dennys-915.11/D429

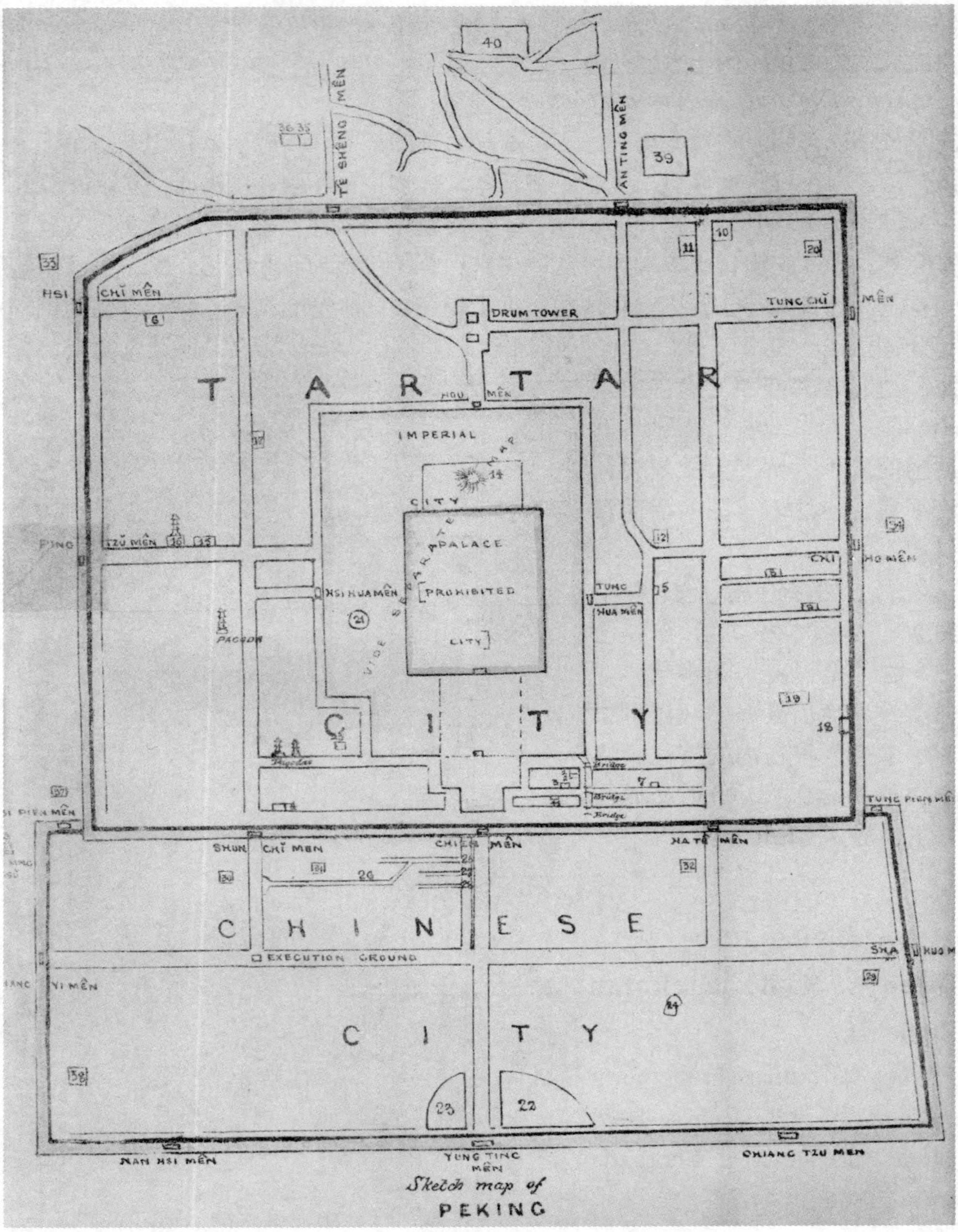

058T-Dennys-915.11/D429 北京城图

[英国] 尼古拉斯·贝尔菲尔德·丹尼斯

京津旅行指南（英文，1866）

1866年香港英文版，“燕京大学图书馆”藏书章。

尼古拉斯·贝尔菲尔德·丹尼斯（又译德呢克、邓尼斯、但尼士等），英国领事官，新闻记者。1863年来华，任驻天津领事。后为香港《德臣报》（*The China Mail*）社长兼主笔。1872年《中国评论》（*The China Review*）在香港创办，丹尼斯为第一任主笔。其著作除本书外，还有《中国的民间传说》（*the Folklore of China*.1876）、《中日商埠志》（*the Treaty Ports of China and Japan*，与梅辉立等合著，1867），此外还编有《粤语方言手册》（*Handbook of the Canton Vernacular*）。

本书中的文章原本发表在《德臣报》，作者将其扩充，使之成为一本旅行指南。全书共67页，不分章，记述了从大沽出发，经天津、通州到北京，沿途旅游的各种知识，并特别介绍了北京的城市建筑、卫生环境，和北京的旅店、庙宇、戏院、商铺及圆明园等游览场所。书中的地名以及其他专有名词都附有中文名称，是研究19世纪北京城市和社会的重要参考资料，由于作者对中国的历史和现实都很熟悉，其参考价值自不待言。

本书附4幅插图，分别是：《亲王僧格林沁天津水陆防守地舆形势总图》、《通州至北京图》、《北京略图》、《紫禁城略图》。

059-Desgodins-282.515/D459

Desgodins, C. H., b.1814.

La mission du Thibet de 1855 à 1870 : comprenant l'exposé des affaires religieuses, et divers documents sur ce pays, accompagnée d'une carte du

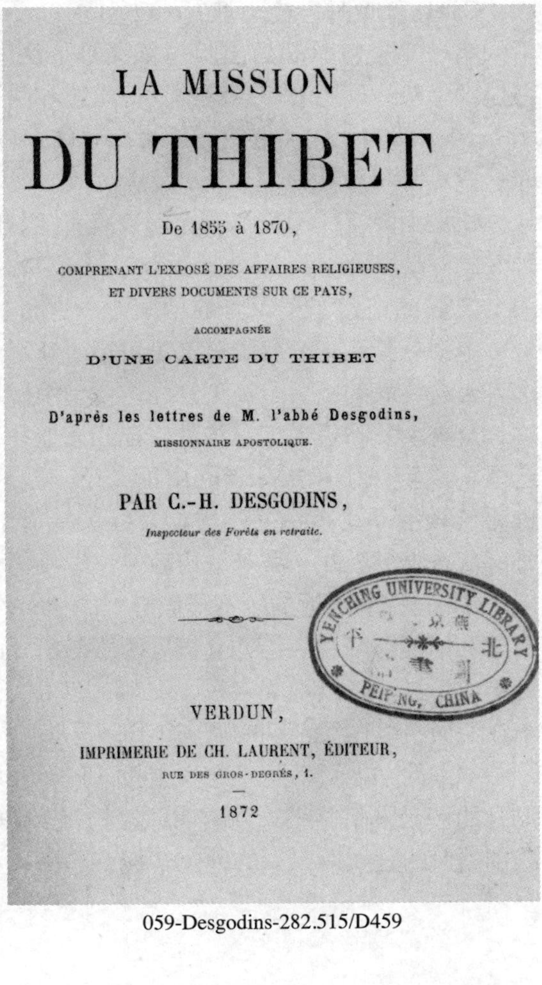
LA MISSION
DU THIBET
De 1855 à 1870,
COMPRENANT L'EXPOSÉ DES AFFAIRES RELIGIEUSES,
ET DIVERS DOCUMENTS SUR CE PAYS,
ACCOMPAGNÉE
D'UNE CARTE DU THIBET
D'après les lettres de M. l'abbé Desgodins,
MISSIONNAIRE APOSTOLIQUE.
PAR C.-H. DESGODINS,
Inspecteur des Forêts en retraite.

VERDUN,
IMPRIMERIE DE CH. LAURENT, ÉDITEUR,
RUE DES GROS-DEGRÉS, 1.
1872

059-Desgodins-282.515/D459

Thibet ; d'après les lettres de m. l'abbé Desgodins / par C.H. Desgodins.--Verdun : C. Laurent, 1872.

iv, 419 p., [1] fold. leaf of plates : fold. map ; 23 cm.
French.

1. Missions--China--Tibet. 2. Tibet (China) I. Desgodins, Auguste, 1826-1913. II. Title.

[法国] 德戈丹神父
从1855年到1870年在西藏的传教（法文，1872）

1872年凡尔登法文版，“燕京大学图书馆”藏书章。该书于1885年改版，书名改成《教士们在西藏的书信集》（*Le Thibet, d’ après la correspondance des missionnaires*）。

C. H. 德戈丹，德戈丹（Auguste Desgodins）的弟弟，他将兄长在中国记录下的第一手资料整理后出版。德戈丹是法国巴黎外方传教会的教士。除了为本书提供资料外，还著有《藏语、拉丁语和法语词典》（*Dictionnaire Tibétain-latin-français.* 1899）、《论藏语语法：附口语必备的字母与发音》（*Essai de grammaire Thibétaine : pour le langage parlé avec alphabet et pronunciation*. 1899）。盖斯顿·格拉图泽（Gaston Gratuze）著有《赴西藏传教的先驱者奥古斯特·德戈丹神父》（*Un Pionnier de la mission tibétaine, le père Auguste Desgodins*. 1969）一书，详细记述了德戈丹的中国传教之行。

本书分为两部分，第一部分讲述了1855年德戈丹启程赴华的经过以及他试图进入西藏传教的经历。德戈丹经印度、槟榔屿（Pinang，马来半岛西部）和新加坡，至香港登陆进入广东传教。在广东他乔装打扮以掩盖他的传教身份，但仍遭遇他称之为强盗和叛乱者的中国人及一些清军，所幸逃离，又到湖南长沙等地进行传教活动，在岳阳州被俘，经关押审讯后押送到香港，令其回国。但德戈丹又从香港潜入川、藏等地传教。1862年德戈丹和罗启祯（Charles René Alexis Reuno）在拉萨附近的拉贡传教时（La-gong）再次被当局逮捕。第二部分概述了西藏的地理环境，介绍并分析了西藏与清廷的政治体制及关系，调查了西藏人口的构成，详述了当地的宗教、文学、艺术、工业和商业等方方面面。为西方传教士在西藏传教做了前期的调查工作。

本书的书名页后附丁德安主教（Joseph Marie Chauveau）写给奥古斯特·德戈丹的一封书信。书末附有1幅德戈丹绘制的《西藏东部及其周边地区地图》，该图绘制的是拉萨以东的地区，标有巴塘、左贡、和喜马拉雅山等主要地名。

060-Deveria-915.111/D493

Deveria, Gabriel，1844-1899

Pékin et le nord de la Chine / par M.T. Choutze.--Paris : Hachette, 1876.

p. 305-368, 193-435 : ill. ; 30 cm. -- (Le tour du monde ; 31-32)

Caption title.

French

1. China--Description & travel. I. Title. II. Ser.

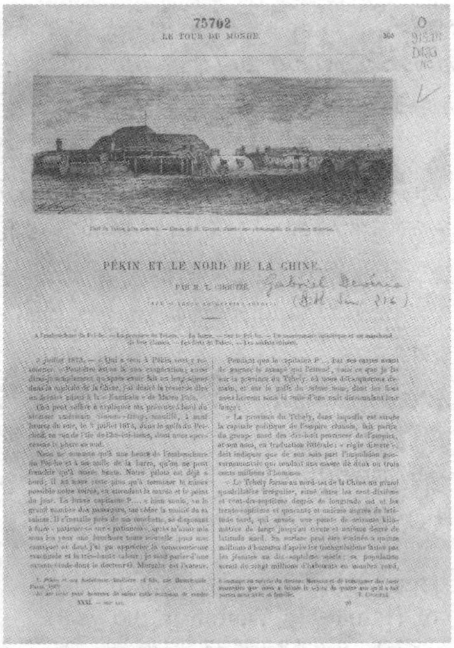

75702
LE TOUR DU MONDE

PÉKIN ET LE NORD DE LA CHINE
PAR M. T. CHOUTZE

060-Deveria-915.111/D493

[法国] 加布里埃尔·德韦里亚

北京与中国北方（法文，1876）

报刊连载文章的合订本。由法国巴黎著名旅行期刊《环游世界》（*Tour du monde*）1876年上半年总801期至总804期，以及1876年下半年总820期至总823期组成。作者在本书中署的是笔名楚泽（M. T. Choutzé）。“燕京大学图书馆”章，“哈佛燕京学社”藏书票。

加布里埃尔·德韦里亚，1860年进入法国外交部，同年作为外交部翻译学生来华，后相继在天津、福州法国领事馆任职。1873—1880年任法国驻华公使馆首席翻译。1880年返回法国，仍在法国外交部任职。1882年任外交部汉语翻译和秘书。1888年担任总领事。1889年起主持巴黎现代东方语言学校汉语讲座。著名汉学家沙畹（Emmanuel-Édouard Chavannes）就是他的学生之一。另著有《中国和安南-越南关系史，从十一世纪到十九世纪》（*Histoire de relation de la Chine avec l’Annam-Viêtnam du XIe au XIXe siècles*.1880）、《中

060T-Deveria-915.111/D493 戏剧表演

越边境，汉文文献中的地理和民族志资料》（*Frontière sino-annamite, description géographique et ethnographique*.1886）、《中国的一次皇家婚礼》（*Un mariage impérial chinois*.1887）等。

本书主要记述作者在北京及中国北方的所见所闻，主要内容包括：北京及周边的历史地理情况，如白河口及白河两岸、直隶省、通州和天津等地的介绍；同治朝廷的情况，如同治皇帝的童年和青少年、同治大婚、总理衙门和辛酉政变等；中国的风物和民俗情况如宝塔、城门介绍等。

书中配近200幅根据照片绘制而成的版画。内容涉及各阶层人物，如车夫、乞丐、农民、官员、王爷、吸鸦片者、士兵等；旗人及汉人生活场景等；北方的建筑，如北京的城门、北方的街道、法国公使馆等。

061-Diary-915.132/R733

Diary of a journey overland, through the Maritime Provinces of China from Manchao, on the south coast of Hainan, to Canton in the years 1819 and 1820.--London : Sir R.Phillips, 1822.

116 p. ; 24 cm.

Caption title: Journal of a voyage from Macao, towards Tenon, in Cochin-China, &c, &c.

"Advertisement" signed: J. R., supercargo.

1.Guangdong Sheng (China)--Description and travel. I. R., J., supercargo. II. Journal of a voyage from Macao, towards Tenon, in Cochin-China.

从澳门到广州（英文，1822）

1822年伦敦英文版。“燕京大学图书馆”藏书章。

作者不详，书中仅有J.R.,Supercargo署名。本书为作者的旅行日记，记述的是1819—

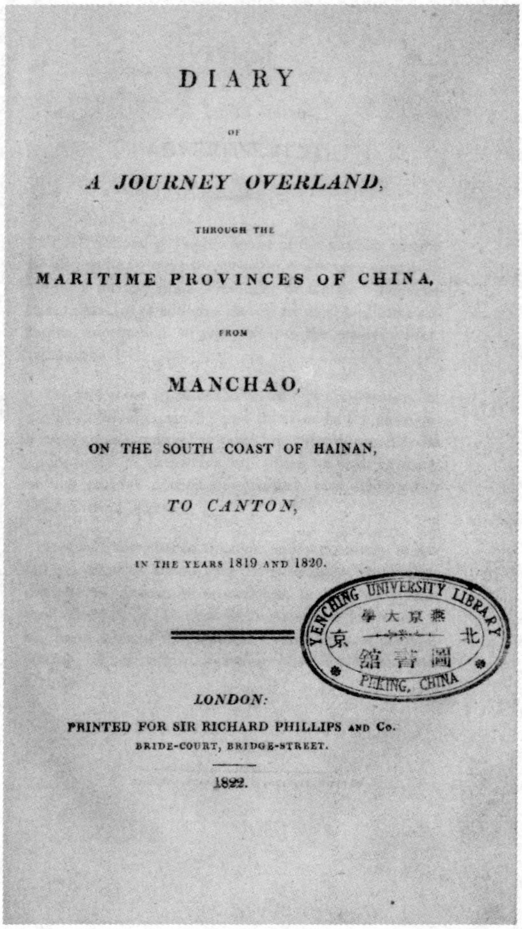

061-Diary-915.132/R733

1820年作者沿中国沿海地区，从澳门到广州的旅行经历，另附有关于中国、印度教育和宗教状况及发展的述评、中国刑法法典摘要、1820年广州政府关于鸦片问题的官方文件、中国民族和宗教的特点概略以及中国印刷方法的介绍等。

062-Donovan 1.1-595.751/D719

Donovan, E. (Edward), 1768-1837.

An epitome of the natural history of the insects of China : comprising figures and descriptions of upwards of one hundred new, singular, and beautiful species ; together with some that are of importance in medicine, domestic economy, & c. ; the figures are accurately drawn, engraved, and coloured, from specimens of the insects ; the descriptions are arranged according to the system of linnaeus ; with references to the writings of fabricius, and other systematic authors / by E. Donovan.--London : T. Bensley, 1798.

1 v. : col. ill. ; 31 cm.

Includes index.

1. Insects--China. I. Title.

[英国] 爱德华・多诺万

中国昆虫概述（英文，1798）

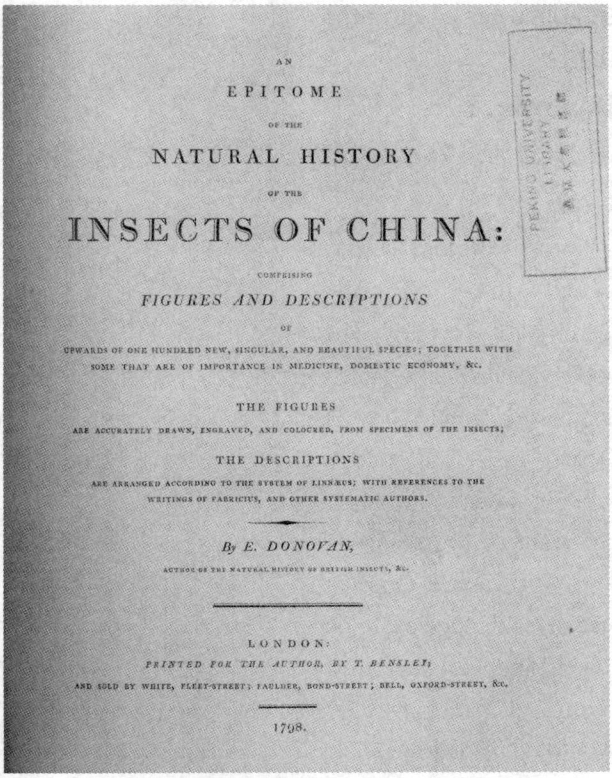

AN
EPITOME
OF THE
NATURAL HISTORY
OF THE
INSECTS OF CHINA:
COMPRISING
FIGURES AND DESCRIPTIONS
OF
UPWARDS OF ONE HUNDRED NEW, SINGULAR, AND BEAUTIFUL SPECIES; TOGETHER WITH SOME THAT ARE OF IMPORTANCE IN MEDICINE, DOMESTIC ECONOMY, &c.

THE FIGURES
ARE ACCURATELY DRAWN, ENGRAVED, AND COLOURED, FROM SPECIMENS OF THE INSECTS;

THE DESCRIPTIONS
ARE ARRANGED ACCORDING TO THE SYSTEM OF LINNÆUS; WITH REFERENCES TO THE WRITINGS OF FABRICIUS, AND OTHER SYSTEMATIC AUTHORS.

By E. DONOVAN,
AUTHOR OF THE NATURAL HISTORY OF BRITISH INSECTS, &c.

LONDON:
PRINTED FOR THE AUTHOR, BY T. BENSLEY;
AND SOLD BY WHITE, FLEET-STREET; FAULDER, BOND-STREET; BELL, OXFORD-STREET, &c.
1798.

062-Donovan 1.1-595.751/D719

062T-Donovan 1.1-595.751/D719
中国昆虫

063-Donovan 1.2-591.951/
D719

Donovan, E. (Edward), 1768-1837.

Natural history of the insects of China : containing upwards of two hundred and twenty figures and descriptions / by E. Donovan.--A new ed. / brought down to the present state of the science, with systematic characters of each species, synonyms, indexes, and other additional matter, by J.O. Westwood.--London : H.G. Bohn, 1842.

96 p., [50] col. leaves of plates : col. ill. ; 31 cm.

Includes indexes.

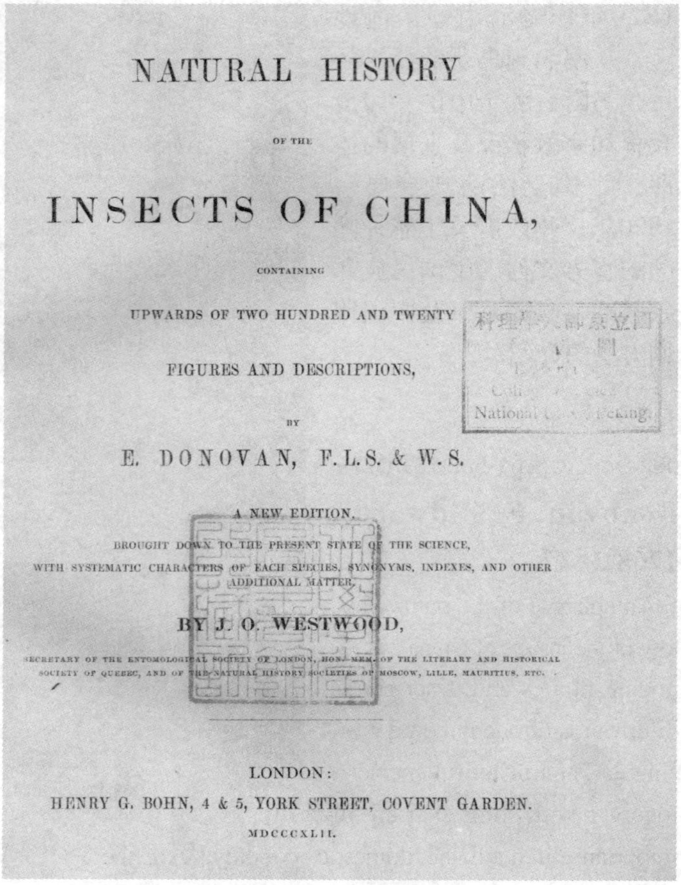

NATURAL HISTORY

OF THE

INSECTS OF CHINA,

CONTAINING

UPWARDS OF TWO HUNDRED AND TWENTY

FIGURES AND DESCRIPTIONS,

BY

E. DONOVAN, F.L.S. & W.S.

A NEW EDITION,

BROUGHT DOWN TO THE PRESENT STATE OF THE SCIENCE,

WITH SYSTEMATIC CHARACTERS OF EACH SPECIES, SYNONYMS, INDEXES, AND OTHER ADDITIONAL MATTER,

BY J. O. WESTWOOD,

SECRETARY OF THE ENTOMOLOGICAL SOCIETY OF LONDON, HON. MEM. OF THE LITERARY AND HISTORICAL SOCIETY OF QUEBEC, AND OF THE NATURAL HISTORY SOCIETIES OF MOSCOW, LILLE, MAURITIUS, ETC.

LONDON:

HENRY G. BOHN, 4 & 5, YORK STREET, COVENT GARDEN.

MDCCCXLII.

063-Donovan 1.2-591.951-D719

1. Insects--China. I. Westwood, J. O. (John Obadiah), 1805-1893. II. Title.

[英国] 爱德华·多诺万

中国昆虫概述（英文，1842）

1798年的伦敦英文首版本（062-Donovan 1.1-595.751/D719），“燕京大学图书馆”藏书章。另有1个复本。1842年伦敦英文增补校订本（063-Donovan 1.2-591.951/D719），“大学堂图书馆收藏记”，“国立京师大学理科图书馆”藏书章。

多诺万，英国作家、旅行家，同时从事动物学研究。本书是他最著名的作品，其他著述还有：《印度昆虫博物学概要》（*An Epitome of the Natural History of the Insects of India*.1800）、《不列颠鸟类博物学》（*Natural History of British*

Birds. 1792—1997）、《不列颠昆虫博物学》（*Natural History of British Insects*. 1792—1813）、《不列颠鱼类博物学》（*Natural History of British Fishes*. 1802—1808）。

本书是昆虫学史上的重要著作。有50幅精美准确、彩色的昆虫标铜板画，并配说明文字和相关参考资料，对100多种新发现的、独特的中国昆虫（主要是蝴蝶和甲虫）以及一些在医药和当地经济中起重要作用的昆虫种类作了描述。本书根据林奈分类法排序，并提供与昆虫分类学家法布尔的相互参见。该书还收录了乔治·斯当东作为使团随员在我国旅行，归国后发表的少量经济昆虫资料。

1842年的增补校订本中，英国著名博物学家John Obadiah Westwood根据当时科学的发展，对多诺万40年前的原作进行了校正，使其分类更加准确、描述更为详细，对昆虫的描述也增加到220种。

064-Doolittle-915.1/D72

Doolittle, Justus, 1824-1880

Social life of the Chinese : with some account of their religious, governmental, educational, and business customs and opinions, with special but not exclusive reference to Fuchchau / by Rev. Justus Doolittle ; with over one hundred and fifty illustrations.--New York : Harper & Brothers, 1867.

2 v. : front., ill., plates ; 20 cm.

Includes index.

1. China--Social life and customs. I. Title.

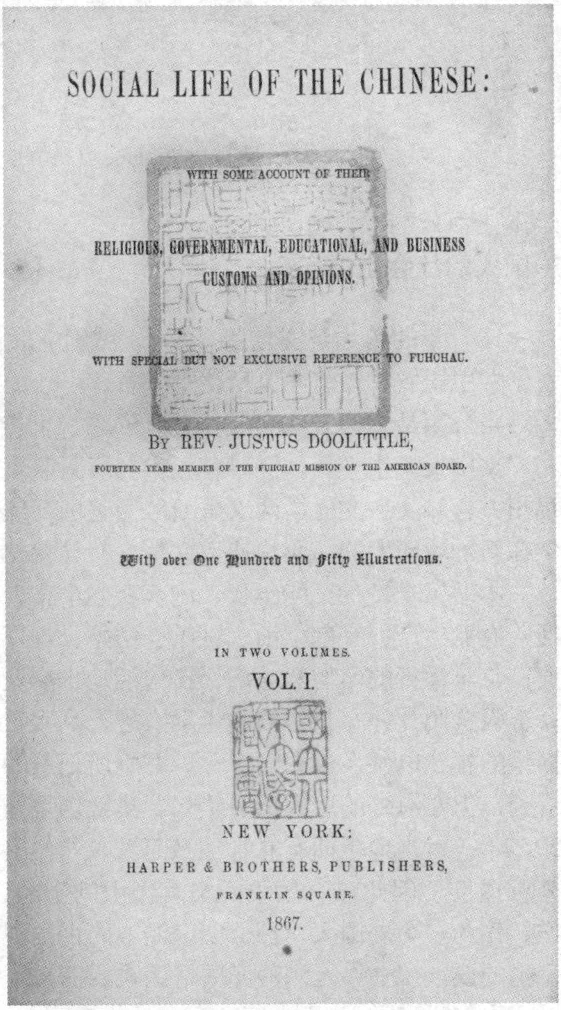
SOCIAL LIFE OF THE CHINESE:

WITH SOME ACCOUNT OF THEIR

RELIGIOUS, GOVERNMENTAL, EDUCATIONAL, AND BUSINESS CUSTOMS AND OPINIONS.

WITH SPECIAL BUT NOT EXCLUSIVE REFERENCE TO FUHCHAU.

By REV. JUSTUS DOOLITTLE,

FOURTEEN YEARS MEMBER OF THE FUHCHAU MISSION OF THE AMERICAN BOARD.

With over One Hundred and Fifty Illustrations.

IN TWO VOLUMES.

VOL. I.

NEW YORK:

HARPER & BROTHERS, PUBLISHERS,

FRANKLIN SQUARE.

1867.

064-Doolittle-915.1/D72

064T-Doolittle-915.1/D72 迎亲图

[美国] 卢公明

中国人的社会生活（英文，1867）

1867年的纽约英文首版，2卷，“国立北京大学藏书”章，“国立北京大学农学院中国农村经济研究所藏书”章。

卢公明是美国公理会派往福州的第二批传教士，在榕创办“榕城格致书院”和“文山女子中学”，同时积极参与反对吸食鸦片的宣传活动。1853和1855年用福州方言和文言文先后两次重新编写美国公理会传教士杜里时（Ira Tracy）1835年在新加坡印发的《鸦片速戒文》，劝导福州民众戒除鸦片。

本书写于19世纪60年代，内容相当丰富，涉及中国社会生活的各个方面，包括：农业生产、家庭生活、订婚、结婚、治疗疾病、民间供奉的神灵、刑罚、庆典、每年举行的习俗和欢庆、迷信活动、商业税率、慈善活动、素食主义者、算命、吸食鸦片等，很多描述生动有趣，真实再现了中国人的生活画面。卢公明所描绘的福建以侨乡遍布而著称，书中所记载的诸多风土人情虽然现在大陆已很难看到，但在海外的唐人街等华人聚集地仍可寻到蛛丝马迹。卢公明在闽办学传教20多年，对当地生活有非常细微而深入的体察，不仅内容可靠，而且观察准确，分析透彻，因此该书属于同类著作中的上品，被认为是那个时代优秀的汉学著作。作为一个外国人，卢公明以西方的视角观察中国，既有精当的评价，也有文化上的误读，书中充满着异国情调式的描写。

本书附150幅关于中国社会生活的插图。

065-Downing 1.1-915.1/D759f

Downing, C. Toogood (Charles Toogood)

The Fan-Qui in China, in 1836-7 / by C. Toogood Downing.--London : H. Colburn, 1838.

3 v. : ill. ; 21 cm.

1. China--Description and travel. I. Title.

[英国] 唐宁

1836—1837年番鬼在中国

（英文，1838）

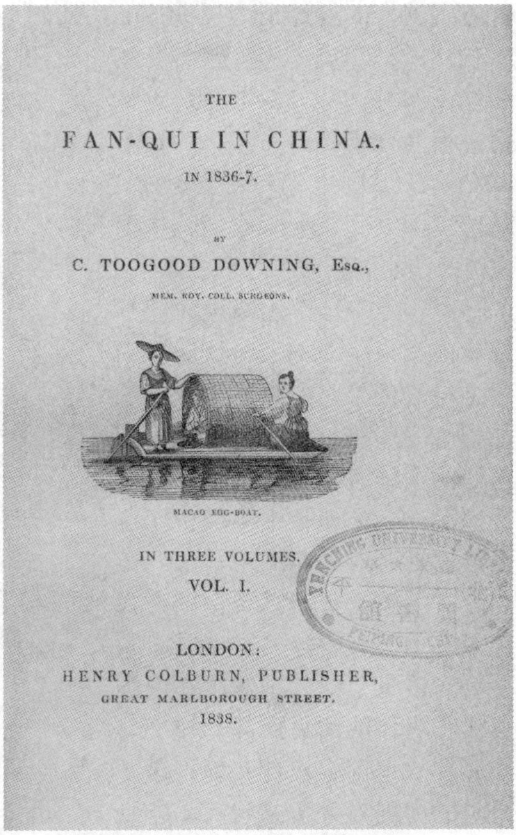
THE
FAN-QUI IN CHINA.
IN 1836-7.
BY
C. TOOGOOD DOWNING, Esq.,
MEM. ROY. COLL. SURGEONS.
MACAO EGG-BOAT.
IN THREE VOLUMES.
VOL. I.
LONDON:
HENRY COLBURN, PUBLISHER,
GREAT MARLBOROUGH STREET.
1838.

065-Downing 1.1-915.1/D759f

066-Downing 1.2-915.1/D759

Downing, C. Toogood (Charles Toogood)

Fan-Kuei, oder, Der fremdling in China : Uebersicht der Sitten, Gebräuche, Meinungen, Geseze, der Religion, des Handels und der Politik des Chinesischen Volkes / von Charles T. Downing ; nach der zweiten Auflage des Originales, mit Bezugnahme auf die neuesten Ereignisse umgearbeitet und mit Anmerkungen versehen, von C. Richard.--Aachen ; Leipzig : Jacob Anton Mayer, 1841-

3 v. ; 22 cm.
German

1. China--Social life and customs. I. Richard, C. II. Title.

[英国] 唐宁

1836—1837年番鬼在中国

（德文，1841）

1838年英国伦敦英文

065T-Downing 1.1-915.1/D759f 澳门全景

首版（065-Downing 1.1-915.1/D759f），3卷，“燕京大学图书馆”藏书章。1841年莱比锡德文版（066-Downing1.2-915.1/D759），“国立北京大学藏书”章，“国立北京大学农学院中国农村经济研究所藏书”章。

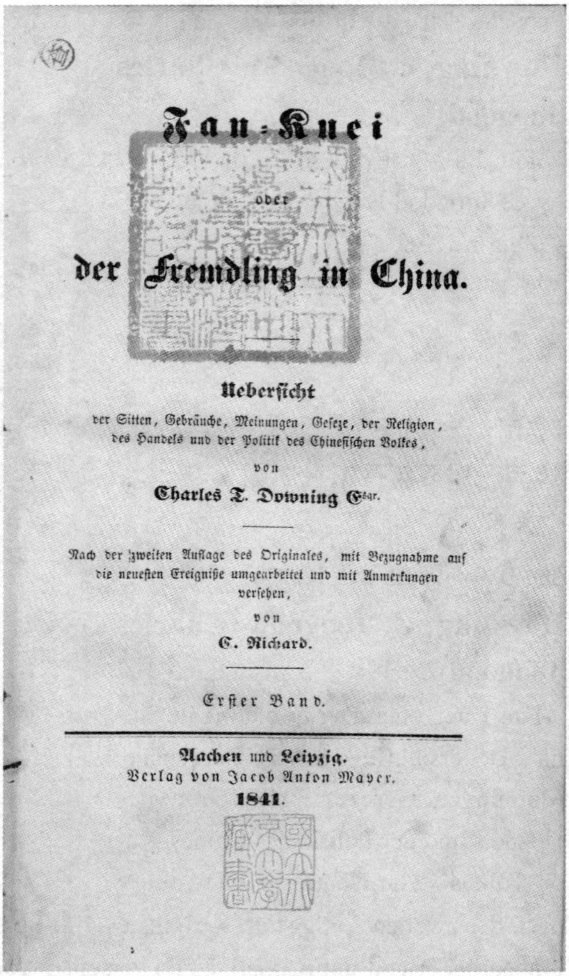
Fan-Kuei
oder
der Fremdling in China.

Uebersicht
der Sitten, Gebräuche, Meinungen, Gesetze, der Religion, des Handels und der Politik des Chinesischen Volkes,
von
Charles T. Downing Esqr.

Nach der zweiten Auflage des Originales, mit Bezugnahme auf die neuesten Ereigniße umgearbeitet und mit Anmerkungen versehen,
von
C. Richard.

Erster Band.

Aachen und Leipzig.
Verlag von Jacob Anton Mayer.
1841.

066-Downing 1.2-915.1/D759

唐宁是一位英国医生，鸦片战争前夕来华，本书是他此次中国之行的成果之一。值得注意的是，唐宁作为一位医生，在所到之处的当地医院直接接触到大量普通民众，使他在书中提供了很多珍贵的第一手资料。

本书英文首版以游记的形式记录了作者这样一个被中国人称为“番鬼”的外国医生在中国工作和居住的所见所闻。该书写于鸦片战争前夕，翔实地记录了当时的中国对外贸易状况，特别是鸦片走私贸易的日益猖獗及清廷的应对措施。作者在书中叙说了当时在华诸多外国人的生活场景，同时大篇幅地记载了他在广东所观察到的中国社会的各个方面，譬如政府官员及社会上层的生活场景、中国人与外国人的交往及对外国人的态度、广州洋行及内地贸易、戏剧、绘画、手工艺、宗教、医疗状况、吸食鸦片、赛龙舟等当地习俗。书中对当时中国的社会矛盾及军事装备和训练的情况也有描述和评论。

本书附3幅插图，分别是《农民》、《澳门全景》和《宴会图》。

067-Du Halde 1.1-951.1/D88a

Du Halde, J. B. (Jean-Baptiste), 1674-1743.

Description géographique, historique, chronologique, politique, et physique de l'empire de la Chine et de la Tartarie chinoise : enrichie des cartes générales et particulières de ces pays, de la carte générale et des cartes particulières du Thibet, & de la Corée; & ornée d'un grand nombre de figures & de vignettes gravées en taille-douce / par le P. J.B. Du Halde ; avec un avertissement préliminaire, ou l'on rend compte des principales améliorations qui ont été faites dans cette nouv. ed..--Paris, P. G. Lemercier, 1735.

4 v. : ill. (part fold.), fold. ports., maps (part fold.) ; 26 cm.

Includes index.

Title vignette.

The maps to accompany this work are to be found in J. B. B. d'Anville's Nouvel atlas de la Chine, de la Tartarie chinoise et du Thibet, La Haye, 1737. cf. Henri Cordier, Dict. bibl. des ouvrages relatifs a l'Empire chinois, 1881, t. 1. p. 31.

French.

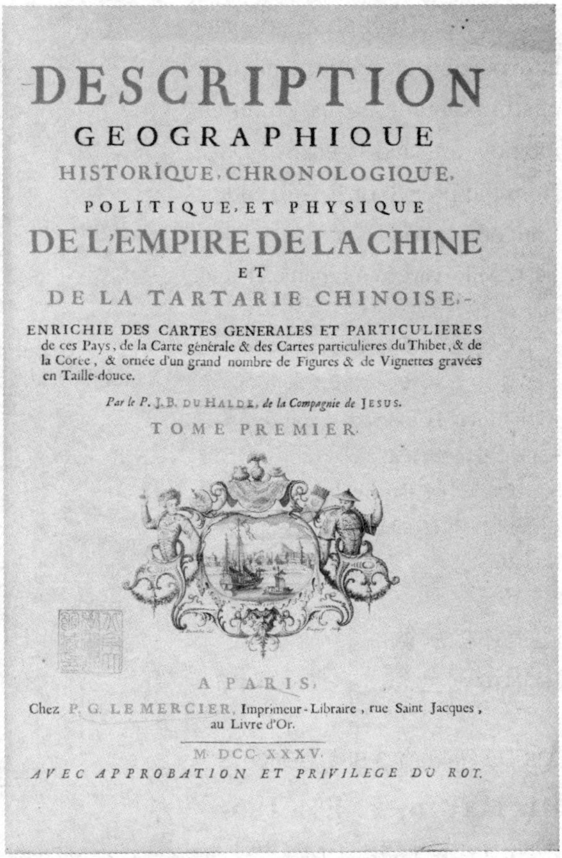

067-Du Halde 1.1-915.1/D88a

1. China--Historical geography. 2. Korea--Historical geography. 3. Tibet (China)--Historical geography. I. Title.

[法国] 杜赫德
中华帝国全志（法文，1735）

068-Du Halde 1.2-951.1/D88b

Du Halde, J. B. (Jean-Baptiste), 1674-1743.

The general history of China : containing a geographical, historical, chronological, political and physical description of the empire of China, Chinese-Tartary, Corea and Thibet : including an exact and particular account of their customs, manners, ceremonies, religion, arts and sciences / Done from the French of P. Du Halde.–London : J. Watts, 1736.

4 v. : ill. (part fold.), ports., 4 fold. maps ; 20 cm.

Tr. by Richard Brookes.

1. China--Historical geography. 2. Korea--Historical geography. 3. Tibet (China)--Historical geography. I. Brookes, R. (Richard), fl. 1721-1763. II. Title.

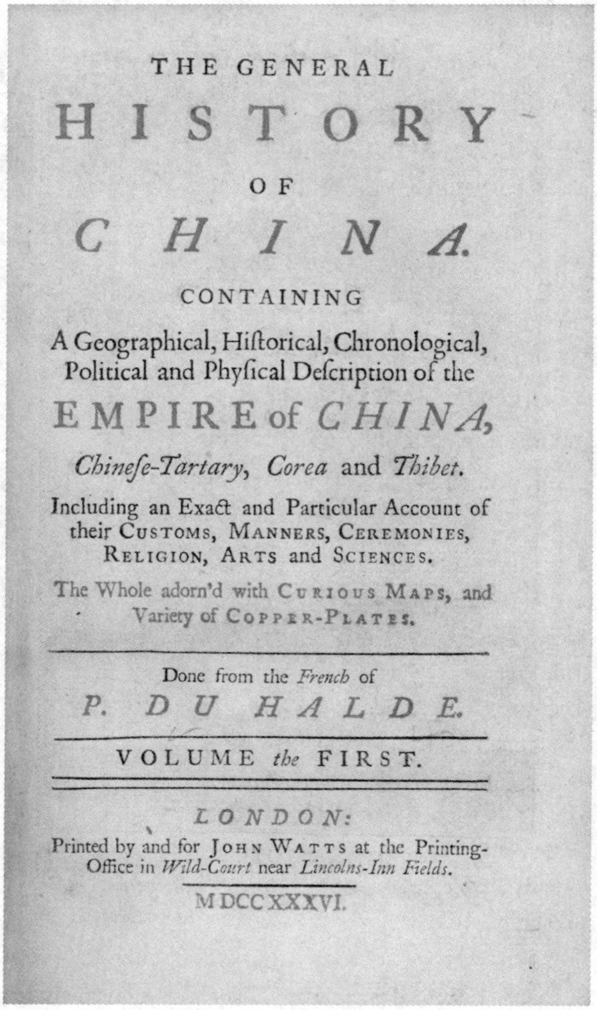

THE GENERAL

HISTORY

OF

CHINA.

CONTAINING

A Geographical, Hiſtorical, Chronological, Political and Phyſical Deſcription of the

EMPIRE of *CHINA*,

Chineſe-Tartary, *Corea* and *Thibet*.

Including an Exact and Particular Account of their CUSTOMS, MANNERS, CEREMONIES, RELIGION, ARTS and SCIENCES.

The Whole adorn'd with CURIOUS MAPS, and Variety of COPPER-PLATES.

Done from the *French* of

P. DU HALDE.

VOLUME *the* FIRST.

LONDON:

Printed by and for JOHN WATTS at the Printing-Office in *Wild-Court* near *Lincolns-Inn Fields*.

MDCCXXXVI.

068-Du Halde 1.2-915.1/D88b.

[法国] 杜赫德

中华帝国全志（英文，1736）

069-Du Halde 1.3-951.1/D88e

Du Halde, J. B. (Jean-Baptiste), 1674-1743.

A description of the empire of China and Chinese-Tartary, together with the kingdoms of Korea, and Tibet: containing the geography and history (natural as well as civil) of those countries / from the French of P.J.B. Du Halde, with notes geographical, historical, and critical ; and other improvements, particulary in the maps by the translator.--London : printed by T. Gardner for E. Cave, [1738-1741]

2 v. : ill., maps, music, plans, ports. ; 41 cm.

Translation of: Description geographique, historique, chronologique, politique, et physique de l'empire de la Chine et de la tartarie Chinoise.

1. China--Historical geography. 2. Korea--Historical geography. 3. Tibet (China)--Historical geography. I. Bowen, Emanuel, d. 1767. I. Title.

[法国] 杜赫德

中华帝国全志（英文，1738—1741）

1735年出版于巴黎的法文首版本（067-Du Halde 1.1-951.1/D88），4卷，“北京大学图书馆藏印”章，“ERNESTT PAGNONT MEDTO LA NENSTS”藏书票，另有2个复本。1736年Richard Brookes自法文原本翻译编辑而成的伦敦英文简本，（068-Du Halde 1.2-951.1/D88b），扉页有“国立北京大学图书馆”藏书章，另有1个复本。1738—1741年的伦敦英文首版，2卷（069-Du Halde 1.3-951.1/D88e），“国立北京大学图书馆藏印”，另有1个复本。

杜赫德，法国耶稣会神父，1674年生于巴黎，1692年入耶稣会，1708年任教于巴黎书院，主持编写了《耶稣会士书简集》（*Lettres édifiantes et curieuses écrites des missions étrangeres*, 1702—1776）的第九至二十六卷。他的《中华帝国全志》是18世纪最全面论述中国的史料，是法国乃至全欧洲汉学的奠基工程之一。

杜赫德没有到过中国，但他由于编辑《耶稣会士书简集》而掌握着来自中国的大量资料，并与在华的传教士们保持着联系，该书即以这些资料为基础编写。法文原版共4卷。第一卷是中国历史的总述、中国历代王朝和当时行政区域15个省的介绍。本卷正文前有作者写给法国国王路易十五的献辞、前言和告读者书，卷末附有本卷中的中文和鞑靼词汇解释。第二卷是关于中国皇权和官府、中国人格、法制、军事、农业、商业和货币、语言文字、风俗习惯和文化等的描述，四书五经的介绍，中国经典的节译，中国伦理道德礼仪行为规范的介绍和范例；第三卷是关于中国宗教、道德哲学、逻辑、音乐、几何、数学、修辞、天文的介绍，中国人对诗歌、历史和戏曲欣赏趣味，《今古奇观》中三篇的译文，元曲《赵氏孤儿》节译，中医介绍，《本草纲目》、《本草》及其他医药图书的节译，一些中医处方的介绍。第四卷刊载了传教士张诚对满洲、蒙古和西藏及其他少数民族地区的旅行考察记录，以及耶稣会士根据康熙帝的命令为绘制大清地图而测量的各地经纬度目录，最后附本卷内容索引。

1735年法文首版附关于植物和人物的石版画和插图及地图等63幅。

1736年的英文2卷本中，第一卷介绍的是中国概况，各省的自然地理及中国历代王朝的沿袭和更替，中国政府的组织、风俗习惯、科举制度及教育、宗教。第二卷是关于、道德、哲学、科技、语言、文学和戏剧、医药等情况以及边疆和测绘地图的说明，传教士对满洲、蒙古和西藏及其他少数民族地区的观察等。书中有大量的对中国经典的介绍和翻译。如对四书、五经、《脉经》、《本草纲目》的介绍和节译。最著名的是收录了马若瑟翻译的中国元曲《赵氏孤儿》

全本，这是欧洲人首次译出的中国戏剧译本，伏尔泰在读了马若瑟的法译本《赵氏孤儿》之后，创作了一部悲剧，题为《中国孤儿》，1755年出版，并在同年搬上舞台。该版附22幅人物、器物、风景的铜版画和20幅地图，包括中国地图，中国省、市图和城市规划图。

1736年的英文简本中，保留了原本的基本内容，删节了大量的中国经典文献的介绍和翻译。共4卷。第一卷是中国历史的总述，中国历代王朝和当时行政区域15个省的介绍。第二卷是关于中国皇权和官府、中国人个性、法制、军事、农业、商业和货币、语言文字、风俗习惯和文化等的描述；第三卷关于科举制度和宗教、科学、逻辑、文学、诗歌、建筑、几何、数学、天文的介绍。其中有关于孔子生平的介绍和《赵氏孤儿》全本、《脉经》节选、《本草纲目》节选等中国经典的翻译。第四卷除对中国养生和长寿的经典的翻译外，还记录了传教士对满洲、蒙古、朝鲜和西藏及其他少数民族地区的观察等。该版附22幅人物、器物、风景的铜版画和北京、广州、西藏和西伯利亚的4幅地图。

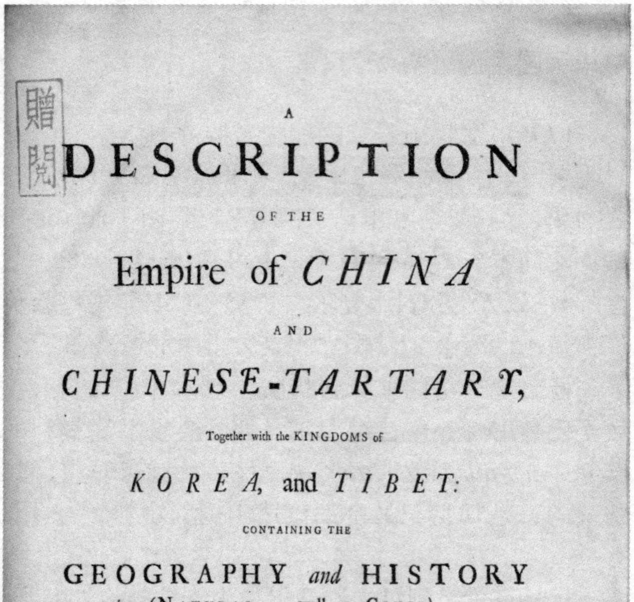

069-Du Halde 1.3-915.1/D88e

E

Edkins, Joseph, 1823-1905.

A grammar of the Chinese colloquial language commonly called the Mandarin dialect / by Joseph Edkins.--2nd ed.--Shanghai : Presbyterian Mission Press, 1864.

viii, 279 p. ; 24 cm.

1. Chinese language--Grammar. 2. Chinese language--Dialects--Mandarin. I. Title.

[英国] 艾约瑟

官话口语语法（英文，1864）

1864年上海美华书馆（Presbyterian Missionary Mission）英文再版，“燕京大学图书馆”藏书章。本书首版于1857年由伦敦会印刷处（London Mission Press）出版。

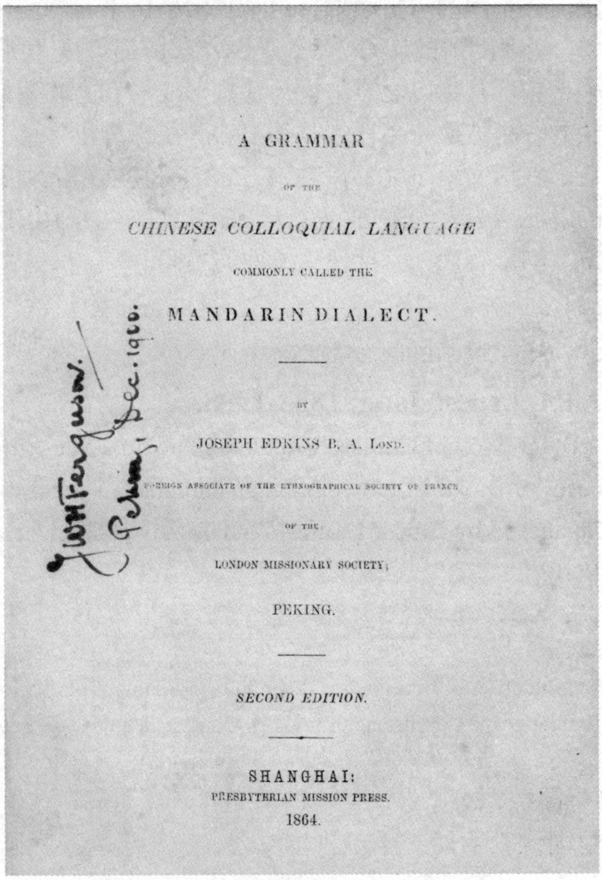

A GRAMMAR

OF THE

CHINESE COLLOQUIAL LANGUAGE

COMMONLY CALLED THE

MANDARIN DIALECT.

BY

JOSEPH EDKINS B. A. LOND.

FOREIGN ASSOCIATE OF THE ETHNOGRAPHICAL SOCIETY OF FRANCE

OF THE

LONDON MISSIONARY SOCIETY;

PEKING.

SECOND EDITION.

SHANGHAI:

PRESBYTERIAN MISSION PRESS.

1864.

J W H Ferguson. Peking, Dec. 1900.

070-Edkins-457/Ed49

艾约瑟，英国教士、著名汉学家。1848年来华，任伦敦会驻上海代理人，1861年在天津设立教会，曾赴太平天国起义军中谈论宗教问题，1863年到北京传教。1880年被中国海关总税务司赫德（Sir. Robert Hart）聘为海关翻译，后逝于上海。除本书外，著作还有《上海口语语法》（*A Grammar of Colloquial Chinese, as Exhibited in the Shanghai Dialec*t. 1853）、《中国的宗教》(*Religion in*

China. 1878)、《鸦片史或中国的罂粟》(*Opium: Historical Note, or the Poppy in China*.1898)、《中国在语言学上的位置》(*China' s Place in Philology*.1817)、《北京记》(*Description of Peking*.1898)、《中国的通货》(*Chinese Currency*. 1901)、《中国的金融和价格》(*Banking and Price in China*.1905)、《中国佛教》(*Chinese Buddhism*.1893)等。

官话旧指官方普遍使用的共同语言，历史上还称为雅言、通语、凡语等。它不仅比方言土语使用广泛，而且还含有比较文雅的意思在内。中国是个多方言国家。在不同的历史时期，由于政治经济中心的变化和迁移，多个地区的方言如长安、洛阳、南京、北京等地的方言，都曾成为那个时代官话的基础。而明清以来，官话是指以北京方言为基础形成的官方普遍使用的共同语。本书参照英文文法的分析方法，用语音、词汇和句法来分析官话。书后列出了近代的哲学研究书籍、官话文学研究书籍和南方官话研究书籍三种附录。书中不仅分析其明清以来的以北京方言为基础的官话，而且试图分析中国南部、中部和西部等地区由于受方言的影响而在官话使用方面的不同。

071-Eitel-294.7/Ei92h2a

Eitel, Ernest John, 1838-1908.

Hand-book of Chinese Buddhism : being a Sanskrit-Chinese dictionary, with vocabularies of Buddhist terms in Pali, Singhalese, Siamese, Burmesi, Tibetan, Mongolian and Japanese / by Ernest J. Eitel.--2nd ed. rev and enl.--Hongkong : Lane, Crawford & Co., 1888.

231 p. ; 21 cm.

1. Buddhism--Terminology. 2. Buddhism--China. 3. Polyglot glossaries, phrase books, etc. 4. Sanskrit language--Terms and phrases. 5. Chinese language--Terms and phrases. I. Title.

[德国] 艾德

中国佛教手册（英文，1888）

1888年香港英文第二版，“燕京大学图书馆”藏书章。另有1个复本。本书英文首版1870年出版。

艾德（又译欧德礼），德国教士。1862年被巴色会派来中国，在广州传教，1865年进伦敦会。1879任香港政府学校视察，并兼香港总督轩尼诗爵士（Sir John Pope Hennessy）的私人秘书。曾任《中国评论》编辑多年，写过许多关于中国的文章。除本书外，还著有：《佛教演讲录》(*Three Lectures on Buddhism*. 1871)、《风水——中国自然科学的萌芽》(*Feng-shui: or the Rudiments of Natural Science in China*. 1873)、《在中国的欧洲——香港史》(*Europe in China: the History of Hongkong from the Beginning Toe the Year 1882*. 1895)、《中国佛教手册》(*Handbook of Chinese Buddhism*. 1904)、《广州方言汉英辞典》(*A Chinese Dictionary in the Cantonese Dialect*. 1877；增订版改名：*A Chinese—English Dictionary in the Cantonese Dialect*. 1910—1912)等。

本书是一部梵汉语对照词典，并有英文释义，书后附巴利语、僧伽罗语、暹罗语、缅甸语、中国西藏语、蒙古语和日本语等佛教词汇索引表。

HAND-BOOK

OF

CHINESE BUDDHISM

BEING

A SANSKRIT-CHINESE DICTIONARY

WITH

VOCABULARIES OF BUDDHIST TERMS

in Pali, Singhalese, Siamese, Burmese, Tibetan, Mongolian and Japanese

BY

ERNEST J. EITEL, M. A., PH. D. (TUBING.)

Inspector of Schools, Hongkong

SECOND EDITION

REVISED AND ENLARGED

LONDON:

TRÜBNER & CO.

1888

071-Eitel-294.7/Ei92h2a

072-Ellis-915/EL59a

Ellis, Henry, Sir, 1777-1869.

Journal of the proceedings of the late embassy to China : comprising a correct narrative of the public transactions of the embassy, of the voyage to and from China, and of the journey from the mouth of the Pei-Ho to the return to Canton. Interspersed with observations upon the face of the country, the polity, moral character, and manners of the Chinese nation / by Henry Ellis.--London : Printed for J. Murray, 1817.

vii, [1], 526, [2] p. : front (port.), col. pl., maps (1 fold.) ; 28 cm.

Includes index.

1. China--Description and travel. 2. Great Britain--Foreign relations--China. 3. China--Foreign

relations--Great Britain. I. Title.

[英国] 伊里斯

新近出使中国记事（英文，1817）

1817年伦敦英文首版，“燕京大学图书馆”藏书章。另有1个复本。

伊里斯（又译伊礼士），英国外交官，1816年随阿美士德勋爵来华，充使团三席。

本书2卷9章，以日志的形式记述了阿美尔士德勋爵使团来华的过程。内容涉及使团在中国海域的航行及到达北京同政府交涉的具体情况，也记述了使团从北京出发经由内河河道返回广州途中的具体见闻。内容涉及往返途中与地方政府的交涉、中国的政治制度、民间习俗、生活习惯等。作者认为中国文明既不能与西方文明相提并论，亦不应该视为东方的半野蛮主义，而是介于两者之间。伊里斯谈到这次出使中国的印象时，表示：“关于中国及其居民的印象占据着我的记忆。如果除去对公务的考虑，我真应该认为这次旅行是浪费时间，一无所获。我既没有体会到文明生活的优雅和舒适，也没有那种对绝大多数半野蛮国家的狂热的兴趣，只是感到自己的情绪心神受到周围沉闷、压抑气氛的影响。”

本书附1幅《阿美士德勋爵画像》插图和1幅《英国使团路线图》。

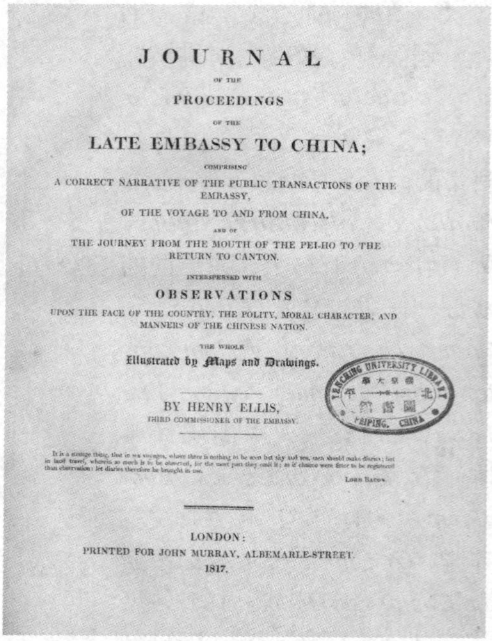
JOURNAL
OF THE
PROCEEDINGS
OF THE
LATE EMBASSY TO CHINA;
COMPRISING
A CORRECT NARRATIVE OF THE PUBLIC TRANSACTIONS OF THE EMBASSY,
OF THE VOYAGE TO AND FROM CHINA,
AND OF
THE JOURNEY FROM THE MOUTH OF THE PEI-HO TO THE RETURN TO CANTON.
INTERSPERSED WITH
OBSERVATIONS
UPON THE FACE OF THE COUNTRY, THE POLITY, MORAL CHARACTER, AND MANNERS OF THE CHINESE NATION.
THE WHOLE
Illustrated by Maps and Drawings.

BY HENRY ELLIS,
THIRD COMMISSIONER OF THE EMBASSY.

It is a strange thing, that in sea voyages, where there is nothing to be seen but sky and sea, men should make diaries; but in land travel, wherein so much is to be observed, for the most part they omit it; as if chance were fitter to be registered than observation: let diaries therefore be brought in use.

LORD BACON.

LONDON:
PRINTED FOR JOHN MURRAY, ALBEMARLE-STREET.
1817.

072-Ellis-915/El59a

072T-Ellis-915/EL59a 阿美士德勋爵像

073-Endlicher-457/En24

Endlicher, Stephan Friedrich Ladislaus, 1804-1849.

Anfangsgründe der chinesischen Grammatik / von Stephan Endlicher.--Wien : C. Gerold, 1845.

xxiv, 376 p. ; 22 cm.

German.

1. Chinese language--Grammar. I. Title.

073-Endlicher-457/En24

[奥地利] 恩德利歇尔

汉语基础语法（德文，1845）

1845年维也纳德文首版，“燕京大学图书馆”藏书章。

恩德利歇尔，植物学家、古币学者、汉学家，大学学习植物学和东方语言学，曾是维也纳植物园负责人。出版了多部植物学书籍，《汉语基础语法》是作者经长时间编撰而成。

本书是3卷合订本，从字形、语音、语法等方面详尽介绍了汉语的基础知识尤其是语法知识。第一卷分为五个部分，分别为：汉字最初的象形及变换、汉字的语音和表意、汉字的构成（内有214个部首及其注解）、汉字的演变、字体及汉字书写规范。第二卷分为三个部分，分别为字音（区分了官方话、广东话和漳州话）；36声母及发音的唇齿部位和45个韵母及四声；声母和韵母拼读规则。第三卷从实词和虚词两个方面讲解汉语的词。实词中分别介绍了合成词、专有名词、名词中的性别表示、量词、成分词、谓词、助词语、修饰词、区别词、数词、代词、表达时间的词。虚词部分介绍了副词、关系词、连词、感叹词和表达结果的小品词。

074-English-915.1/En36

The Englishman in China.--London : Saunders, Otley, and Co., 1860.

x, 272 p. : ill. ; 19 cm.

1. China--Description and travel. 2. China--Social life and customs.

英国人在中国（英文，1860）

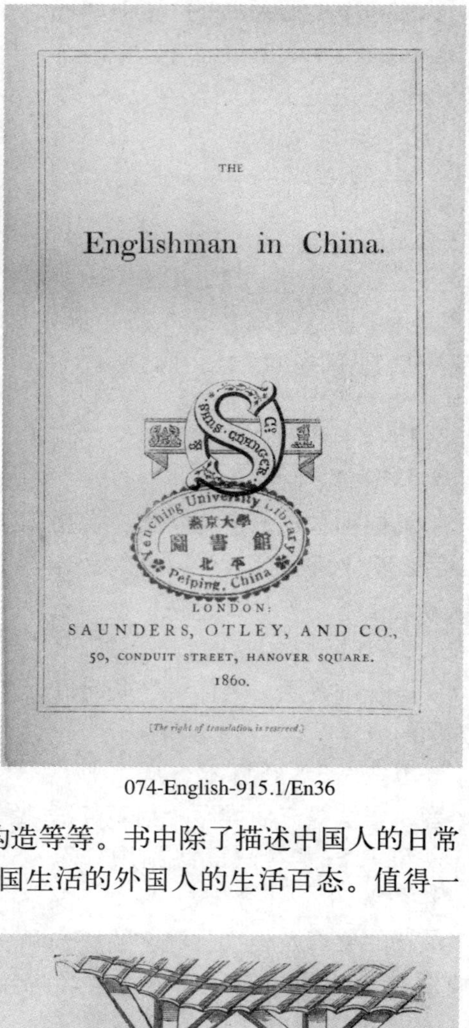
THE

Englishman in China.

Yenching University Library 燕京大學圖書館 北平 Peiping, China

LONDON:

SAUNDERS, OTLEY, AND CO.,

50, CONDUIT STREET, HANOVER SQUARE.

1860.

[The right of translation is reserved.]

074-English-915.1/En36

1860年伦敦英文本首版。“燕京大学图书馆”藏书章。

本书是编者根据一位在华工作近四年之久的通讯记者的来信编写而成的精选集。为了更好地说明书中所描述的内容，编者从这位佚名作者在中国所创作的诸多素描中挑选一部分编辑在书中，从而使得该书类似于图画书，浅显易懂、简单明了。

本书以佚名作者的在华行程为线索，以信函的方式，将其所见所闻以文字及素描的形式娓娓道来。作者描写的对象包括：床架、用来洗澡的瓷缸、轿子及轿夫、各种各样的洋泾浜英语、中国人的头饰、捕鱼的鸬鹚、构造各异的门框窗饰、凉亭、新年贺卡、杂货商、冥钱、鸦片及烟枪、太师椅、睡衣、乌篷船、锯木、刑具、寺庙、行刑、生猪市场、形式各异的烟管、各式各样的桥的构造等等。书中除了描述中国人的日常生活场景及风俗习惯，还着重介绍了在中国生活的外国人的生活百态。值得一提的是，据作者统计，在所有来华外国人当中，英美两国占据73%以上，成为绝对的多数，这些数据无疑具有重要的史料价值。

本书附58幅关于宁波、上海、苏州、广州等南方地区的风俗、风景等插图。

074T-English-915.1/En36 苏州猪市

075-Escayrac-915.1/Es15

Escayrac de Lauture, [Stanislas], comte d', 1826-1868.

Mémoires sur la Chine / par le comte D'Escayrac de Lauture.--Paris : Librairie du Magazin Pittoresque, 1865.

[545] p. : ill., maps (some fold.) ; 32 cm.

Title vignette.

Various pagings.

French.

1. China. I. Title.

MÉMOIRES

SUR LA CHINE

PAR

LE COMTE D'ESCAYRAC DE LAUTURE

INTRODUCTION

PRÉFACE; CAMPAGNE DE PÉKIN; SOUVENIRS PERSONNELS; QUESTION CHINOISE.

HISTOIRE

ÉLÉMENTS HISTORIQUES; CHRONOLOGIE; TEMPS ANCIENS; TEMPS MOYENS; TEMPS MODERNES; MONNAIES ANCIENNES; HISTOIRE DU SOL; ADDITIONS RELATIVES AU COMMERCE.

RELIGION

MOUVEMENT RELIGIEUX; RELIGION DES CHINOIS; OLYMPE; BOUDDHISME; ENFERS; CULTE POPULAIRE; CULTES ÉTRANGERS; VOCABULAIRE RELIGIEUX.

GOUVERNEMENT

GOUVERNEMENT CENTRAL; FONCTIONNAIRES CIVILS; ADMINISTRATION; FINANCES; ÉTAT MILITAIRE; VOCABULAIRE ADMINISTRATIF.

COUTUMES

VIE SOCIALE; THÉATRE; CÉRÉMONIES; VIE PRIVÉE; INSTRUCTION PUBLIQUE; AGRICULTURE; TRANSPORTS; CALCUL ET MESURES; MONTS-DE-PIÉTÉ; COMMERCE EN 1863.

PARIS. — LIBRAIRIE DU MAGASIN PITTORESQUE

QUAI DES GRANDS-AUGUSTINS, 29

1865

075-Escayrac-915.1/Es15

[法国] 罗杜尔伯爵

关于中国的回忆

（法文，1865）

1865年巴黎法文首版，“燕京大学图书馆”藏书章（钢印），“燕京大学图书馆哈佛燕京学社”藏书票。书中各部分内容曾在1864年以分册的形式陆续出版。1877年以《中国与中国人》（*La Chine et les Chinois*）为题在巴黎再版。

艾斯凯拉克·德·罗杜尔伯爵，法国旅行家和探险家。1822年生于巴黎。1844年成为法国外交部专员，之后曾被派往埃及等地工作。他随同一些法国传教士来过中国，在第二次鸦片战争期间曾被清政府俘虏并监禁。1868年在枫丹白露去世。除本书外，作者还写过一本讨论太平天国运动的小册子，名为《关于中国过去和未来的思考：对当前叛乱的审视》（*Considération sur le passé et l' avenir de la Chine: examen de la rébellion actuelle*. 1862）。

全书包括导言、历史、宗教、政府、风俗五部分。导言中记录了作者亲历的第二次鸦片战争以及在战争中被俘和被释放的经过，讨论了欧洲与中国的关系问题等；历史部分包括中国地理概况和远古至清道光年间的历史介绍等；宗教部分包括了中国宗教史及外国宗教在中国传播情况的介绍等；政府部分包括专制制度、官员等级、行政区划、政府管理、军事管理等的介绍；风俗包括城市、礼仪、迷信、服饰、饮食、教育与科举等的介绍。

本书附160余幅关于上述内容的插图。

075T-Escayrac-915.1/Es15 南京某寺庙布局图

076-Examen-951/P288

Examen méthodique des faits qui concernent le Thian-Tchu ou l'Inde / traduit du Chinoispar M.G. Pauthier.--Paris : Imprimerie Royale, 1840.

144 p. ; 23 cm.

French.

1.India--Relations--China. 2.China--Relations--India. 3. India--Description and travel--Early works to 1800. I. Hsuan-tsang, ca. 596-664. II. Pauthier, G. (Guillaume), 1801-1873.

天竺部汇考（法文，1840）

1840年巴黎法文版，“国立北京大学藏书”章，“北洋大学堂图书馆”藏书票。

《天竺部汇考》原刊于《古今图书集成》的“方舆汇编”“边裔典”下，汇集了自西汉至明代有关古代印度概况及与中国的往来的典籍记载，其“天竺部总论”为《大唐西域记》卷二之“印度总论”。

本书为《天竺部汇考》的全译本，法国著名汉学家波蒂埃（Guillaume Pauthier, 1801—1873）译，附有注释。有些汉字音译在注释中注明原汉字，有的译句也注有汉语，此外还对一些内容作了解释。《大唐西域记》的“印度总论”原书分名称、疆域、赋税、物产等17类，《古今图书集成》将类目略去，译者根据内容添加类目19个，与原书略同。

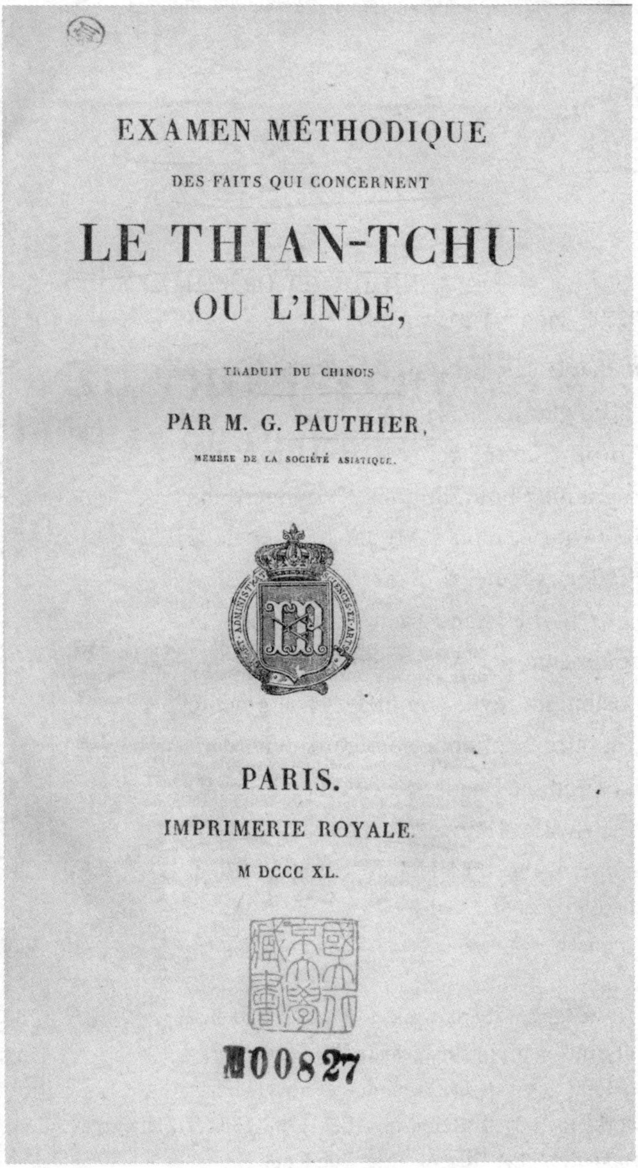
EXAMEN MÉTHODIQUE

DES FAITS QUI CONCERNENT

LE THIAN-TCHU

OU L'INDE,

TRADUIT DU CHINOIS

PAR M. G. PAUTHIER,

MEMBRE DE LA SOCIÉTÉ ASIATIQUE.

PARIS.

IMPRIMERIE ROYALE.

M DCCC XL.

076-Examen-951/P288

F

077-Faxian 1.1-915.4/F14r

Faxian (法显), ca. 337-ca. 422.

[Fo guo ji (佛国记). French]

Foĕ Kouĕ Ki, ou, Relation des royaumes bouddhiques : voyage dans la Tartarie, dans l'Afghanistan et dans l'Inde, exécuté, à la fin du IVe siècle / par Chỹ Fă Hian ; traduit du Chinois et commenté par Abel Rémusat ; ouvrage posthume, revu, complété, et augmenté d'éclaircissements nouveaux par MM. Klaproth et Landresse.--Paris : Imprimerie royale, 1836.

lxvi, 424 p., [5] fold. leaves of plates : fold. ill., fold. maps ; 32 cm.

French.

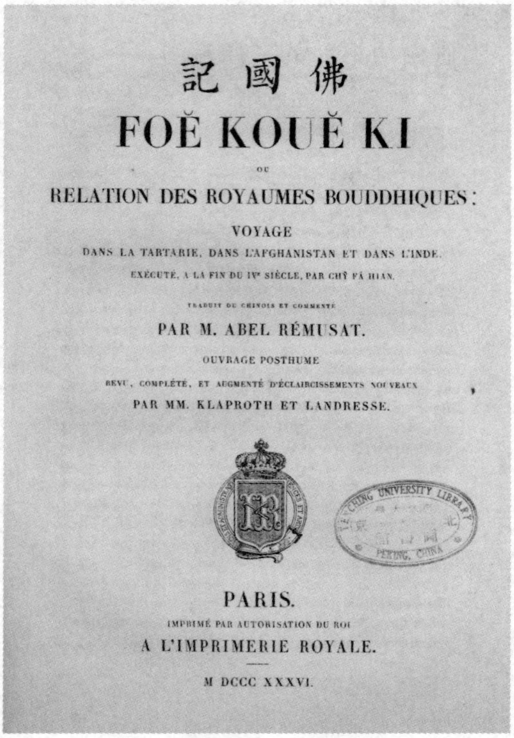
佛國記
FOĔ KOUĔ KI
OU
RELATION DES ROYAUMES BOUDDHIQUES:
VOYAGE
DANS LA TARTARIE, DANS L'AFGHANISTAN ET DANS L'INDE,
EXÉCUTÉ, A LA FIN DU IVe SIÈCLE, PAR CHỸ FĂ HIAN.
TRADUIT DU CHINOIS ET COMMENTÉ
PAR M. ABEL RÉMUSAT.
OUVRAGE POSTHUME
REVU, COMPLÉTÉ, ET AUGMENTÉ D'ÉCLAIRCISSEMENTS NOUVEAUX
PAR MM. KLAPROTH ET LANDRESSE.
PARIS.
IMPRIMÉ PAR AUTORISATION DU ROI
A L'IMPRIMERIE ROYALE.
M DCCC XXXVI.

077-Faxian 1.1-915.4/F14r

1. Buddhism--Early works to 1800. 2. Buddhist pilgrims and pilgrimages--India--Early works to 1800. 3. Asia--Description and travel--Early works to 1800. I. Rémusat, Abel, 1788-1832. II. Klaproth, Julius von, 1783-1835. III. Landresse, C., 1800-1862. IV. Title. V. Title: Foe Koue Ki.

[中国]法显

佛国记（法文，1836）

078-Faxian 1.2-915.4/F14Ln

Faxian (法显), ca. 337-ca. 422.

[Fo guo ji (佛国记). English]

The pilgrimage of Fa Hian / from the French edition of the 'Foe Koue Ki of MM. Remusat, Klaproth, and Landresse, with additional notes and illustrations.--Calcutta : Prined by J. Thomas, Baptist Mission Press, 1848.

vi, 373 p. : 1 fold. map ; 23 cm.

1. Buddhism--History. 2. Asia--Description and travel. I. Remusat, Jean Pierre Abel, 1788-1832. II. Klaproth, Julius von, 1783-1835. III. Landresse, Ernest Augustin Xavier Clerc de, 1800-1862. IV. Title. V. Title: Pilgrimage of...

[中国]法显

佛国记（英文，1848）

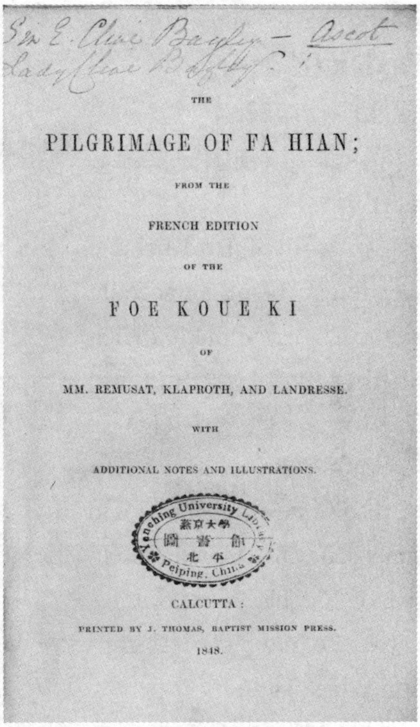

Sir E. Clive Bayley – Ascot
Lady Clive Bayley

THE

PILGRIMAGE OF FA HIAN;

FROM THE

FRENCH EDITION

OF THE

FOE KOUE KI

OF

MM. REMUSAT, KLAPROTH, AND LANDRESSE.

WITH

ADDITIONAL NOTES AND ILLUSTRATIONS.

CALCUTTA:

PRINTED BY J. THOMAS, BAPTIST MISSION PRESS.

1848.

078-Faxian 1.2-915.4-F14Ln

079-Faxian 1.3-915.4/F14b

Faxian (法显), ca. 337-ca. 422.

[Fo guo ji (佛国记). English]

Travels of Fah-Hian and Sung-Yun : Buddhist pilgrims, from China to India (400 A.D. and 518 A.D.) / translated from the Chinese by Samuel Beal.--London : Trubner, 1869.

lxxiii, 208 p., [1] fold. leaf of plates : map ; 19 cm.

1. Song, Yun, 6th century. 2. Hui-sheng, 6th century. 3. Buddhism--China. 4. India--Descript--ion and travel. I. Beal, Samuel, 1825-1889. II. Yang, Xuanzhi, d. 555? Mission of Hwui Seng and Song Yun. III. Title. IV. Title: Travels of...

[中国]法显

佛国记（英文，1869）

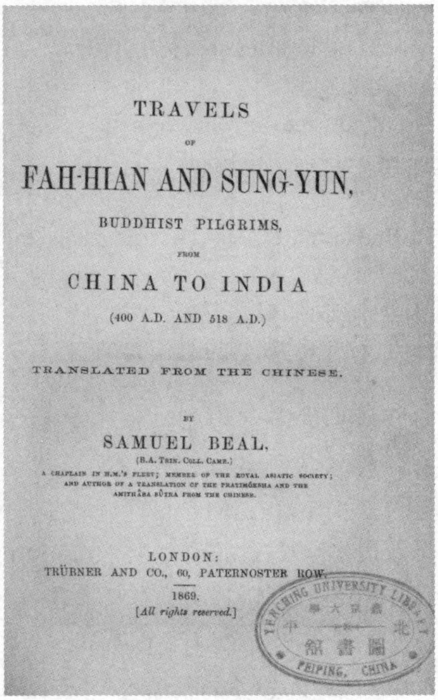

TRAVELS

OF

FAH-HIAN AND SUNG-YUN,

BUDDHIST PILGRIMS,

FROM

CHINA TO INDIA

(400 A.D. AND 518 A.D.)

TRANSLATED FROM THE CHINESE,

BY

SAMUEL BEAL,

(B.A. TRIN. COLL. CAMB.)

A CHAPLAIN IN H.M.'S FLEET; MEMBER OF THE ROYAL ASIATIC SOCIETY; AND AUTHOR OF A TRANSLATION OF THE PRATIMÔKSHA AND THE AMITÂBHA SÛTRA FROM THE CHINESE.

LONDON:

TRÜBNER AND CO., 60, PATERNOSTER ROW.

1869.

[All rights reserved.]

079-Faxian 1.3-915.4/F14b

080-Faxian 1.4-915.4/F14L

Faxian (法显),
ca. 337-ca. 422.

[Fo guo ji (佛国记). English]

A record of Buddhistic kingdoms : being an account by the Chinese monk Fâ-Hien of his travels in India and Ceylon (A.D. 399-414) in search of the Buddhist books of discipline / translated and annotated with a Corean recension of the Chinese text, by James Legge.--Oxford : The Clarendon Press, 1886.

xv, 123, 54 p. : ill. ; 22 cm.

Includes index.

Back title in Chinese: 沙门法显自记游天竺事.

The 2nd pages in Chinese numberred from back to front.

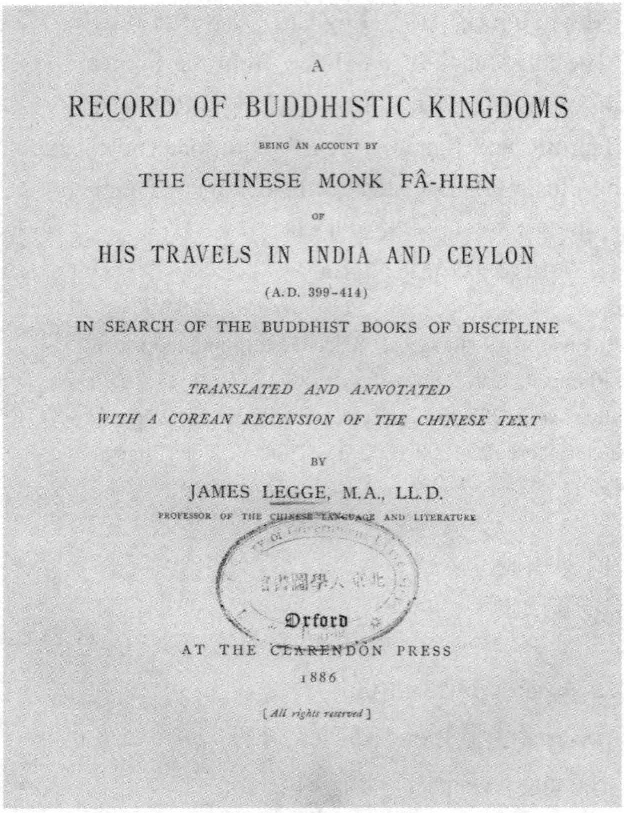

A

RECORD OF BUDDHISTIC KINGDOMS

BEING AN ACCOUNT BY

THE CHINESE MONK FÂ-HIEN

OF

HIS TRAVELS IN INDIA AND CEYLON

(A.D. 399-414)

IN SEARCH OF THE BUDDHIST BOOKS OF DISCIPLINE

TRANSLATED AND ANNOTATED

WITH A COREAN RECENSION OF THE CHINESE TEXT

BY

JAMES LEGGE, M.A., LL.D.

PROFESSOR OF THE CHINESE LANGUAGE AND LITERATURE

Oxford

AT THE CLARENDON PRESS

1886

[*All rights reserved*]

080-Faxian 1.4-915.4-F14L

1. Buddhism. 2. Asia--Description and travel. I. Legge, James, 1815-1897. II. Title.

[中国]法显

佛国记（英文，1886）

1836年雷慕沙译巴黎法文本（077-Faxian 1.1-915.4/F14r），“燕京大学图书馆”藏书章，另有1个复本。1848年自法文本译出的加尔各答英文本（078-Faxian 1.2-915.4/F14Ln），“燕京大学图书馆”藏书章。1869年Beal Samuel的伦敦英译本（079-Faxian 1.3-915.4/F14b），“燕京大学图书馆”藏书章。1886年牛津Clarendon出版社首版的理雅各英译本（080-Faxian 1.4-915.4/F14L），“燕京大学图书馆”章，另有2个复本。

雷慕沙（Jean Pierre Abel Rémusat，1788—1832），法国著名汉学家，青年

时自学汉语和满语，1813年获巴黎大学博士学位，1814年被任命为法兰西学院首任“汉、鞑靼、满语言文学教授”，此事被看作西方专业汉学诞生的标志。1816年当选法国铭文与美文学院院士，1822年与德国汉学家克拉普罗特（Julius von Klaproth, 1783—1835）发起亚细亚学会，1823年任法国皇家图书馆东方部主任，1829年任亚细亚学会会长，1832年死于霍乱。雷慕沙在汉语和中国佛学方面取得很高的成就，曾将《中庸》（*L' Invariable Milieu, Ouvrage morale de Tsèu-ssê*, 1817）、《玉娇梨》（*Yu Kiao Li, Les deux cousines*, 1826）等译成法文，除法显《佛国记》的译注外，还著有《汉语语法基础》（*Élémens de la grammaire chinoise*, 1822）等，主要论文收入《亚细亚论集》（*Mélanges Asiatiques*, 1825—1826）和《新亚细亚论集》（*Nouveaux Mélanges Asiatiques*, 1828）中。

克拉普罗特，1822年与雷慕沙成立亚细亚学会。兰德雷斯（Ernest Augustin Xavier Clerc de Landresse, 1800—1862），东方学家，亚细亚学会会员，法兰西科学院图书馆管事。曾从葡语翻译罗德里格斯神父的著作《日本大文典》。

《佛国记》是东晋僧侣法显记述其从长安出发，游历天竺，最后从海上返回经历的著作。本馆藏1836年的法文译本由雷慕沙译注，他去世后由汉学家克拉普罗特、东方学家兰德雷斯完成审校、增补。本书不仅是对《佛国记》的翻译，全书远远超过翻译正文的注释是雷慕沙研究中国佛教成就的集中体现。法国汉学家戴密微认为，《佛国记》是雷慕沙“最重要的也是最有生气”的译作，首次向西方提供了关于中国佛教的比较公正的看法。另一法国汉学家马伯乐则认为，雷慕沙的《佛国记》译注提出了一个“最重要”并且“不断地掀起”汉学家热情的问题，即“中国和西方世界古老的关系”和“往昔世界文化相互影响”的问题。

理雅各（James Legge，1815—1897），苏格兰汉学家，英国新教公理宗的伦敦会传教士，曾任香港英华书院第一位校长。1876年成为牛津大学第一位中国学教授。在华期间得到王韬帮助，翻译出版了包括四书五经在内的中国经典。

1886年牛津英文版的《佛国记》，是理雅各在担任牛津大学教授期间，根据日本学者南条文雄（Bunyiu Najio）提供的中文文本翻译的。全书分为三部分：法显原文的英译、注释的英译及中文原文。注释详尽是本书的特点。作者译介该书的目的是向西方学生解释原文，并促进自己对佛教历史和教义的理解。作者指出，释迦牟尼传说的历史最早追溯到法显的记录，因此探寻这一宝贵的佛学文本可以帮助西方学者寻找佛教和基督教教义的共通之处。作者还在翻译中对佛教的地位作了自己的判断。他认为，从实际信徒人数看，它只是世界上第五大宗教。

1836年雷慕沙译本正文前有兰德雷斯长达66页的介绍，书末附《佛国记》涉及主要地点概要，玄奘取经主要路线，以及本书索引。附法显游历路线图，释迦牟尼诞生图，迦毗罗王国、印度北部等4幅地图。

1848年的英文版附5幅插图，包括《法显游历路线图》、中文的《印度地图》、《释迦牟尼诞生图》等。1886年理雅各英译本附法显游历的路线图及9幅佛教历史有关图像。

Feng Menglong (冯梦龙)，1574-1646.

Wang Jiao luan bai nian chang hen (王娇鸾百年长恨). English.

Wang Keaou Lwan pĭh nëen chang hăn, or, The lasting resentment of miss keaou lwan wang : a Chinese tale : founded on fact / translated from the original by Sloth.--Canton : Printed at the Canton Press Office, 1839.

viii, 66 p., [1] leaf of plates : ill. ; 20 cm.

1. Chinese literature--Translations into English. I. Thom, Robert, 1807-1846. II. Title. III. Title: Wang keaou…

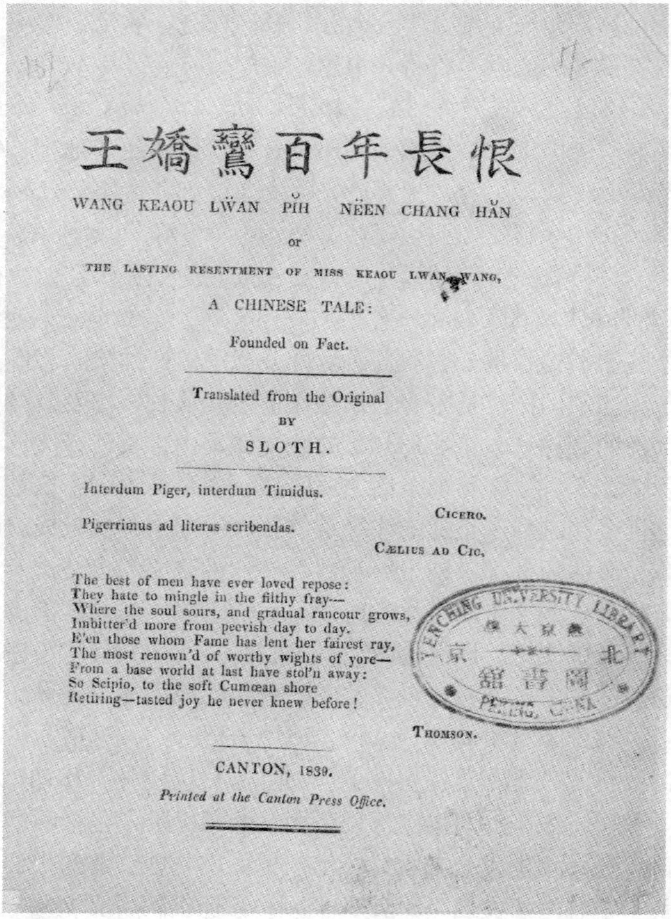

王嬌鸞百年長恨

WANG KEAOU LWĂN PĬH NËEN CHANG HĂN

or

THE LASTING RESENTMENT OF MISS KEAOU LWAN WANG,

A CHINESE TALE:

Founded on Fact.

Translated from the Original
BY
SLOTH.

Interdum Piger, interdum Timidus. — CICERO.

Pigerrimus ad literas scribendas. — CÆLIUS AD CIC.

The best of men have ever loved repose:
They hate to mingle in the filthy fray—
Where the soul sours, and gradual rancour grows,
Imbitter'd more from peevish day to day.
E'en those whom Fame has lent her fairest ray,
The most renown'd of worthy wights of yore—
From a base world at last have stol'n away:
So Scipio, to the soft Cumœan shore
Retiring—tasted joy he never knew before!

THOMSON.

CANTON, 1839.

Printed at the Canton Press Office.

081-Feng-893.1/W183

[中国]冯梦龙

王娇鸾百年长恨（英文，1839）

1839年广州英文首版，“燕京大学图书馆”藏书章，“Edward J. Sowerby”藏书票。

译者罗伯聃（Robert Thom, 1807—1846），英国人，出生于苏格兰的格拉斯哥，翻译家、外交官。1834年到广州，曾在广州怡和洋行工作。第一次鸦片战争中曾担任中英谈判翻译之一，并于1846年任镇海民政长官和驻宁波领事。他于1840年在广州译介《伊索寓言》，以《意拾喻言》为标题出版，共收寓言81则。

081T-Feng-893.1/W183 故事插图

1843年在广州编刊了《华英通用杂话》(*Chinese and English Vocabulary*)。1846年在宁波出版介绍北方官话语音的《正音撮要（上卷）》（*The Chinese speaker, or, Extracts from works written in the Mandarin language, as spoken at Peking*）。

《王娇鸾百年长恨》原文载《今古奇观》第十一卷，在《情史》第七卷中有以“周廷章”为标题的节录。该故事发生于明代天顺年间，临安司教之子周廷章倾慕千户王忠之女王娇鸾之美貌，两人以诗传情，私定终身。因婚姻未获家长支持，最终在王娇鸾姨母主持下，写下婚书，立誓结为夫妻。其后周廷章随父亲迁往苏州，听从家长安排另娶魏氏，而违誓抛弃了王氏。王娇鸾遂写下《绝命诗》和《长恨歌》自缢而亡，并将诗歌和婚书寄往苏州府吴江县县衙。周廷章最终在县衙被乱棒打死。在罗伯聃之前，这个短篇小说的翻译采取直译方式。罗伯聃认为直译本在原文语言风格保留、情节展开和诗歌翻译上都存在问题。因而他以Sloth（懒惰）为笔名，对原文进行了意译，并在译文中加入了大量注释。

本书附1幅故事插图。

082-Fernandez-915.1/N227

Fernandez Navarrete, Domingo, d. 1689.

Tratados históricos, políticos, éthicos, y religiosos de la monarchia de China : descripción breve de aquel imperio, y exemplos raros de emperadores, y magistrados del ; con narración difusa de varios sucessos, y cosas singulares de otros reynos, y diferentes navegaciones ; añadense los decretos pontificios, y proposiciones calificadas en Roma para la mission chinica ; y una bula de N.M.S.P. Clemente X. en favor de los missionarios / por el P. maestro Fr. Domingo Fernandez Navarrete.--Madrid : En la Imprenta real, por J. García Infancón, a costa de F. Anisson, 1676.

518, [25] p. ; 30 cm.
Includes index.
Title in red and black.
Spanish.

082-Fernandez-915.1/N227

1. Missions--China. 2. Voyages and travels. 3. China. 4. Philippines. I. Anisson, Fleury. II. Garcia

Infanzon, Juan. III. Imprenta Real (Madrid, Spain) IV. Title.

[西班牙] 闵明我

中华君主国的历史、政治、伦理和宗教专论（西班牙文，1676）

1676年6月18日在西班牙马德里出版的西班牙语版，"燕京大学图书馆"藏书章。3年后，本书第二卷出版。

闵明我，原名多明戈·费尔南德斯·德·纳瓦雷特，西班牙多明我会神父。1648年前往菲律宾，担任马尼拉圣托马斯大学教授。1658年到中国传教，取中文名字"闵明我"。他传教的区域主要在福建省。在华期间，他向当地人学习福建方言和官话，研读中国经典书籍，汉学水平进步很快。1664年闵明我被任命为多明我会驻中国使团团长，不久之后遭中国政府逮捕，被押解到北京。1665年9月清政府对闵明我及其他传教士判刑，发配广东。1669年9月闵明我逃出广东，1672年10月到达罗马。

1674年闵明我回到西班牙后写了此书。书中他反对耶稣会在中国的传教政策，攻击中国的礼仪为异端，再次挑起"礼仪之争"，但未得到梵蒂冈的支持。但在目睹了西班牙这个昔日的世界强国日益衰落的局势后，他也认为孔子的儒家学说作为立国之本对西班牙有借鉴作用，可以在中国的历史经验和发展模式中寻找有用之处。

本书由7个部分组成。第一部分：中华帝国的起源、地理位置、自然资源、民族特点和演变过程。第二部分：中国政府的构成和管理方式、社会阶层的划分、主要历史特征、历史事件。第三部分：孔子及其弟子们的政治和道德箴言（《论语》、《大学》、《书经》等，这是孔子学说首次翻译成西班牙语）。第四部分：中国人的伦理道德观（基本上是对《明心宝鉴》的翻译）。第五部分：对中国知识界的分析。第六部分：作者本人的中国游历，还记录了其他亚洲国家、美洲西班牙殖民地的情况。第七部分：关于基督教礼仪在中国教民中的问题、教皇颁布的有关谕旨、作者本人的立场。本书在中国与西班牙文化交流史上占有非常重要的地位。

083-Filippucci-282.51/P539

Filippucci, Alessandro Francesco Saverio, 1632-1692.

De Sinensium ritibus politicis acta / seu R.P. Francisci Xaverii Philipucci Missionarii Sinensis e Societate Jesu, praeludium ad plenam disquisitionem an bona vel mala fide impugnentur opiniones et praxes missionariorum Societatis Jesu in regno Sinarum ad cultum Confucii et defunctorum pertinentes.--Parisiis : Apud Nicolaum Pepie, 1700.

318 p. ; 18 cm.
Includes indexes.
Latin.

1. Chinese rites. I. Title.

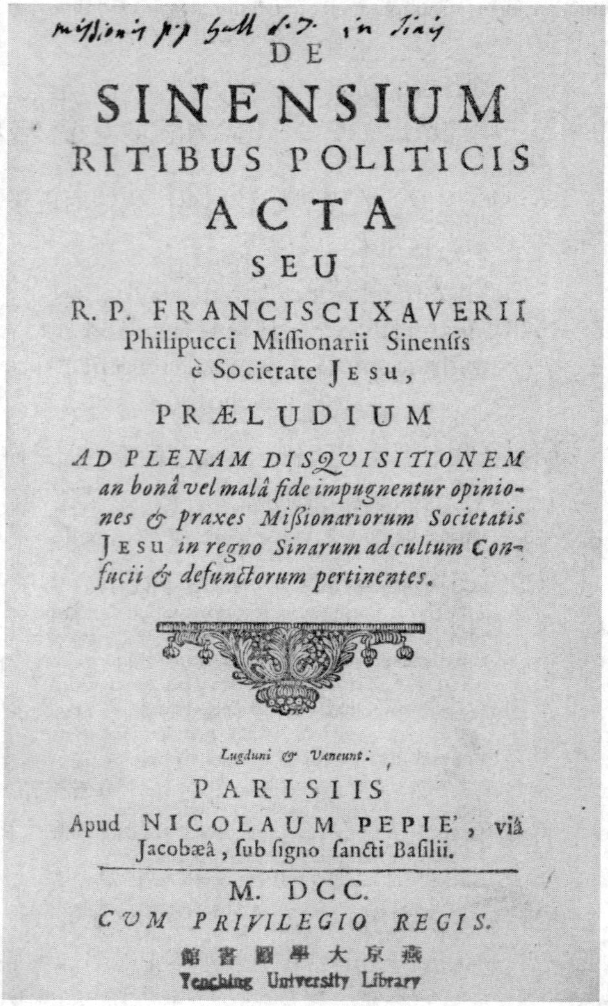
missionis ... in Sinis
DE
SINENSIUM
RITIBUS POLITICIS
ACTA
SEU
R. P. FRANCISCI XAVERII
Philipucci Missionarii Sinensis
è Societate JESU,
PRÆLUDIUM
AD PLENAM DISQUISITIONEM an bonâ vel malâ fide impugnentur opiniones & praxes Missionariorum Societatis JESU in regno Sinarum ad cultum Confucii & defunctorum pertinentes.
Lugduni & Væneunt:
PARISIIS
Apud NICOLAUM PEPIE', viâ Jacobæâ, sub signo sancti Basilii.
M. DCC.
CUM PRIVILEGIO REGIS.

083-Filippucci-282.51/P539

[意大利] 方济各
论中国礼仪（拉丁文，1700）

1700年巴黎拉丁文首版，“燕京大学图书馆”藏书章，“燕京大学图书馆哈佛燕京学社”藏书票。本书内容除方济各《论中国礼仪》外，另附殷铎泽（Intorcetta, Prospero, 1626—1696）的《论中国礼俗》（*De cultu sinensi*.1700）。

方济各，早期意大利来华耶稣会士。1671年始在广东传教，1688年为中国日本视察员，1692年为日本教区区长，后卒于澳门。

《论中国礼仪》一书共6章，著于1682年，出版于1700年。本馆藏为首版。第五章之后散佚，仅有4章。作者十分详尽地讨论中国儒家的礼仪，认为孔子是一位圣人，为中国奠定神圣的礼仪，因而中国祭孔和祭祖的典礼也是十分神圣的。中国人有对灵魂真实存在的信仰，因此对祭祖和祭奠已亡者的礼仪颇为重视。中国人敬畏上天，甚至被看作天子的皇帝的名字都十分神圣，不可轻易言说。在中国的庙宇中，在祭祀上天时，甚至悬挂皇帝的画像。先前来到中国的传教士们，没有对中国人提及被钉十字架而死的耶稣基督，没有为中国人讲述十字架。他们认为中国的教徒不能接受这样的事情。此书第二章中还讨论了1645年有关中国的通谕的翻译问题，指出其中翻译的错误。

意大利来华耶稣会士殷铎泽（参见128-Intorcetta-282.51/In8）的《论中国礼俗》撰述于1668年，出版于1700年。在华传教士、西班牙人、多明我会会士闵明我指责中国礼仪为异端，使“礼仪之争”激化，并攻击耶稣会士容忍中国礼仪的立场（参见082-Fernandez -915.1/N227）。本书是在这个背景中讨论中国的祭祀礼仪，并有对闵明我的回应。书中首先将闵明我的手稿分类整理，然后对其观点逐一加以分析。正文中8章的标题是同样的，即“赞同儒家礼仪而反对闵明我的叙述和论据”。本书还引用其他耶稣会士著作或书信中的观点支持自己的论说。本书大量讨论中国典籍、文字、人物，旁征博引经史子集中有关礼仪的段落。同时还分析汉字的构造规律，对于中国历史人物，则上溯至周文王，讨论礼俗的悠久历史及其文化内涵。书名用cultus，而不用ritus，显示出礼仪在广泛意义上的、而不仅仅是祭祀（祭孔、祭天）上的内涵。本书附按字母顺序排列的索引表及勘误表。

084-Finn-296/F497

Finn, James, d. 1872.

The Jews in China : their synagogue, their scriptures, their history, & c. / by James Finn.--London : B. Wertheim, 1843.

viii, 86 p. ; 19 cm.

Added title in Chinese charcters : "Taou-kin-kenou", i.e. The religion of cutting out the nerves or sinews (Israel's religion)

With appendix of Hebrew quotations and English comments (p. [81]-85)

1. Jews--China. I. Title.

[英国] 詹姆斯・芬恩

犹太人在中国（英文，1843）

1843年伦敦英文版，“燕京大学图书馆”藏书章（钢印）。本书1971年由台北成文出版社再版。

詹姆斯・芬恩，英国外交官，希伯来文学家，伦敦基督教和创建于1809年

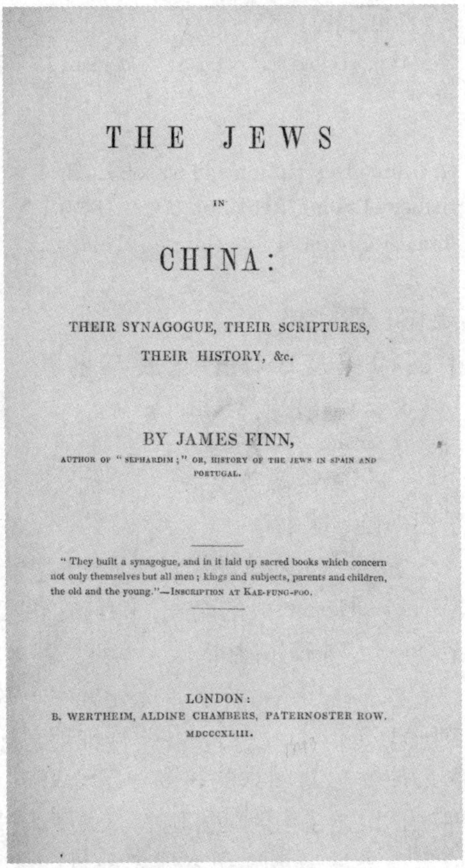
THE JEWS

IN

CHINA:

THEIR SYNAGOGUE, THEIR SCRIPTURES,

THEIR HISTORY, &c.

BY JAMES FINN,

AUTHOR OF "SEPHARDIM;" OR, HISTORY OF THE JEWS IN SPAIN AND PORTUGAL.

" They built a synagogue, and in it laid up sacred books which concern not only themselves but all men ; kings and subjects, parents and children, the old and the young."—INSCRIPTION AT KAE-FUNG-FOO.

LONDON:

B. WERTHEIM, ALDINE CHAMBERS, PATERNOSTER ROW.

MDCCCXLIII.

084-Finn-296/F497

的犹太教促进会积极分子。

本书是一部有关中国开封犹太人的论著，封面另有中文题名《刀筋教》，刀筋教是开封犹太教的汉语名称，是中国古代民间对犹太教的俗称。本书主要介绍了中国犹太人的发现、犹太教堂、犹太教经典、犹太人碑铭及历史等内容。

085-Fishbourne-951.4161/F529

Fishbourne, E. Gardiner (Edmund Gardiner), 1811-1887.

Impressions of China : and, The present revolution : its progress and prospects / by Capt. Fishbourne, commander of the Hermes, on her late visit to Nankin.--London : Seeley, Jackson, and Halliday, 1855.

xi, 441 p., [1] fold. leaf of plates : fold. map ; 19 cm.

1. China--Description and travel. 2. China--History--Taiping Rebellion, 1850-1864. 3. China--Religion--19th century. I. Title.

[英国] 费熙邦

中国印象及革命的进展与前景

（英文，1855）

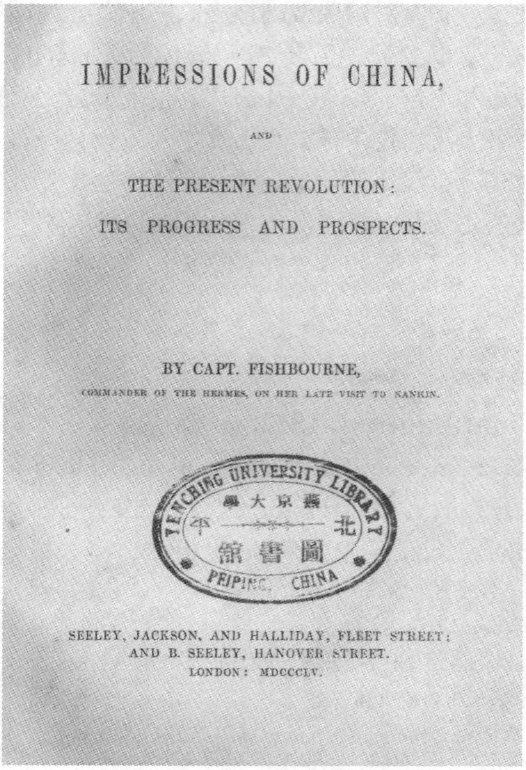

085-Fishbourne-951.4161/F529

1855年伦敦英文版，“燕京大学图书馆”藏书章。

费熙邦（又译费尔班、费煦班），英国海军军官。1853年时任英国战船赫尔墨斯号（Hermes）的船长，4月底英国公使乔治・文翰爵士（Sir George Bonham）下令赫尔墨斯号开往南京，本书记述的就是1853年费煦班在中国的所见所闻。

本书共10章，作者首先比较中英两国政府和人民，指出中国在各方面都是与英国截然不同。之后，非常详细地记述了洪秀全和太平天国的宗教活动，以及英国公使文翰对南京的访问。第六章利用各种资料（《泰晤士报》和当时人的信件），记述了当时的外国人对太平天国革命的看法。第七章记述了三合会的相关情形。最后一章，作者展望前景，认为清王朝的统治将失败，叛乱者将取得胜利，而不明智的干预不仅不利于英国及其商业利益，更可能在事实上延误中国更好地发展。

书中除了作者的见闻外，还引用了来自《中国革命》（*the Chinese Revolution*，一部翻译的太平天国资料集）、《北华捷报》（*North China Herald*）、《中国之友》（*Friend of China*）的一些资料。本书内容详细，虽不无错误，却是研究太平天国的重要著作，呤唎的《太平天国》（参见159-Lindley-951.0732/L644）中也引用过此书。

本书前附1幅《中国地图》。书后附注释。

086-Fisher-915.1/F533

Fisher, George Battye.

Personal narrative of three years service in China / by Lt.-Colonel Fisher.--London : Richard Bentley, 1863.

vi, 420 p. : incl. front., ill., fold. maps ; 23 cm.

Includes index.

1. China--History--Foreign intervention, 1857-1861. I. Fisher, Arthur A' Court. II. Title.

[英国] 费希尔

三年在华经历自述（英文，1863）

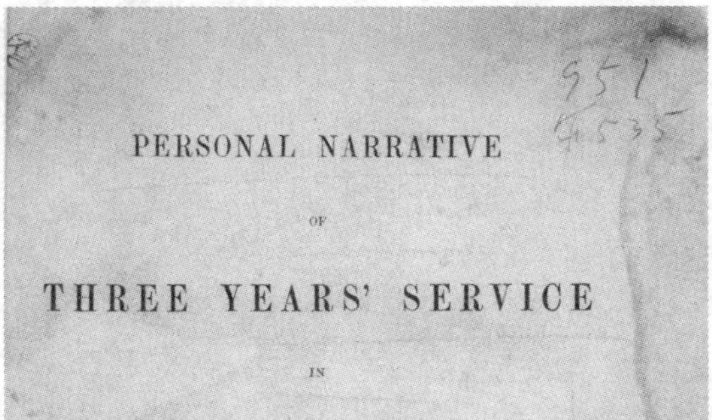

086-Fisher-915.1/F533

1863年伦敦英文首版，“国立北京大学藏书”章。另有1个复本，“燕京大学图书馆”藏书章。

费希尔，英国皇家工兵军团上校，参加过英法联军所发动的第二次鸦片战争。本书由他在1863年根据在战争期间所叙写的日记加以整理而成，带有个人回忆录的色彩。

本书记载了作者从1857年至1860年参与英法联军侵华战争期间的所见所闻，有关英法联军在中国的军事行动占据了最大的篇幅。不同于其他相关作品之处在于：由于作者个人经历独特，本书在记录联军在广州及周边地区的军事行动方面更具体。作者还零星地记载了被侵略地区的人文地貌和社会生活，诸如广州城内的娱乐活动、街道上的乞丐、乡下的鱼塘、白云山的和尚、福建的方言、捕鱼的鸬鹚、山东的饮食等。尤其值得注意的是，作者还将与被俘的两广总督叶名琛有关的一些档案文件翻译成英文存于本书中，并对战争中中国军队的防御状况及民众的漠然态度发表了自己的看法。由于出版时间与事件发生时间非常接近，作者又是事件的亲历者，因而书中大部分内容极具史料价值。

086T-Fisher-915.1/F533 芝罘

本书附10幅烟台、广州、闽江、白河口等的插图，有广州及近郊、珠江和西江、北直隶海岸等3幅地图。

087-Forbes-915.1/F742

Forbes, Frederick E. (Frederick Edwyn)

Five years in China : from 1842 to 1847 : with an account of the occupation of the islands of Labuan and Borneo by Her Majesty's forces / by Lieut. F.E. Forbes.--London : Richard Bentley, 1848.

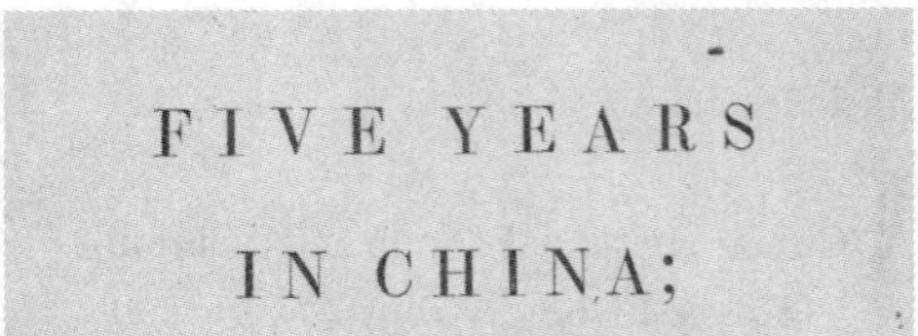

FIVE YEARS

IN CHINA;

FROM 1842 TO 1847.

WITH AN ACCOUNT OF THE OCCUPATION OF THE ISLANDS

OF

LABUAN AND BORNEO

BY HER MAJESTY'S FORCES.

BY LIEUT. F. E. FORBES, R.N.

COMMANDER OF H. M. ...

LONDON:

RICHARD BENTLEY, 8, NEW BURLINGTON STREET,

Publisher in Ordinary to Her Majesty;

1848.

087-Forbes-915.1/F742

ix, 405 p. : ill. (incl. front. col.) ; 22 cm.

1. China. 2. Borneo. 3. Labuan. I. Title.

[英国] 福布斯

中国五载（英文，1848）

1848年伦敦英文版，“燕京大学图书馆”藏书章，“燕京大学图书馆”藏书票。

福布斯，英国海军军官，1842—1847年在中国服役，本书基于他在中国的见闻而成。

本书写作的目的，不是提供一部旅行日记，而是着重于描述中国及其居民的风俗礼仪与不同寻常之处。20章，6个附录。

087T-Forbes-915.1/F742 道光皇后像

作者致力于对中国整体的把握，分别介绍了中国的农业、饮食、教育、宗教（道教、佛教、基督教）、儒家、军事等方面。作者在第二章特别介绍了上海的风土人情，因此本书在上海史的研究上具有重要意义。福布斯有收集硬币的爱好，为此他深入到乡村，接触了中国社会的各阶层人物，从总督到贫穷的农家小屋的出租者，这使他抛弃了许多先入之见。书中第三章对中国硬币的介绍在货币史的研究上也有一定的参考价值。另外，福布斯在宁波结识了一位中国绅士（Mr. Thom），从他那里获得许多关于中国的知识。可能受这位中国官员的影响，福布斯对中国的官僚制度有非常深入的了解，指出中国的统治体系在古代就已非常精致，同时他对官员任职的回避制度、职位的不可继承性以及满汉分野都有分析和描述。

本书附22幅插图，包括《道光皇后像》、耕种及收获水稻、滑竿、武将、普陀古庙、军事训练、新婚风俗等内容。

088-Forgues-915.1/F764

Forgues, E. D. (Emile Daurand), 1813-1883.

La Chine ouverte : aventures d'un Fan-Kouei dans le pays de Tsin / par Old Nick ; ouvrage illustré par Auguste Borget.--Paris : H. Fournier, Editeur, 1845.

vi, 396 p. : ill. ; 23 cm.
Includes index.
French.

1. China--Description and travel. I. Borget, Auguste, 1808-1877. II. Title.

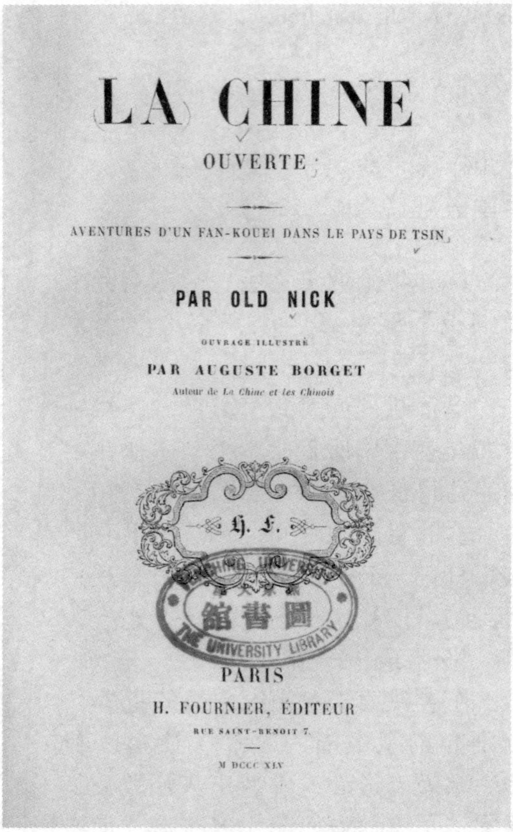
LA CHINE
OUVERTE
AVENTURES D'UN FAN-KOUEI DANS LE PAYS DE TSIN
PAR OLD NICK
OUVRAGE ILLUSTRÉ
PAR AUGUSTE BORGET
Auteur de *La Chine et les Chinois*
H. F.
PARIS
H. FOURNIER, ÉDITEUR
RUE SAINT-BENOIT 7.
M DCCC XLV

088-Forgues-915.1/F764

[法国] 保罗·埃米尔·多朗·福尔格
被打开的中国，一个番鬼的大清国历险记（法文，1845）

1845年巴黎法文首版，“燕京大学图书馆”藏书章，“哈佛燕京学社”藏书票，本书署作者笔名：Old Nick。

保罗·埃米尔·多朗·福尔格，记者、文学批评家和翻译家，笔名Old Nick或Tim。

本书为一部中国游记，主要记叙游记叙述人墨菲·德莫特（Murphy Dermot）在中国南方地区的见闻和经历，由4部分组成。第一部分是叙述人写给一位英国朋友巴特里克（Patrick）的一系列信件，讲述了他身患重病被一个医生所救，并随他来到

088T-Forgues-915.1/F764 士兵演练

广州后的所见所闻。信中写到，由于种种机缘，他得到了一位中国官员的信赖和关爱，被认作义子，并且打扮成一个中国人，随这位即将从广东卸任前往东南沿海巡查的官员深入中国并改名“平四”（音）。第二部分记载他随同官船途经澳门、福建、崇明、上海等地的见闻。后来他跟随的这位官员因蒙受冤屈而被施以酷刑，并押解到了南京。第三部分记述他由此了解到的关于中国的刑法、宗教、儒家经典、科举考试等方面的情况。后来这位官员被恩准释放，他对平四非常信任，于是委托他去处理一些事务。第四部分便是他独自游历中国的记录，最后写到《南京条约》的签订，他看到在英方的队伍中的朋友巴特里克，于是打算随他回国，并挥泪与他的中国义父话别。本书题名取自最后巴特里克在谈话中所说的一句话：“中国之门会被打开的，走着瞧。”

本书附约200幅插图，展现了中国的各种风土人情。插图作者奥古斯特·博尔热（Auguste Borget，1808—1877），1842年曾在巴黎出版画册《中国与中国人》（*La Chine et les Chinois*）。

089-Fortune 1-915.1/F779

Fortune, Robert, 1813-1880.

Three years' wanderings in the northern provinces of China : including a visit to the tea, silk, and cotton countries : with an account of the agriculture and horticulture of the Chinese, new plants, etc. / by Robert Fortune.--2nd ed.--London : John Murray, 1847.

xxiv, 420 p. : ill., map ; 23 cm.

1. China--Description and travel. I. Title.

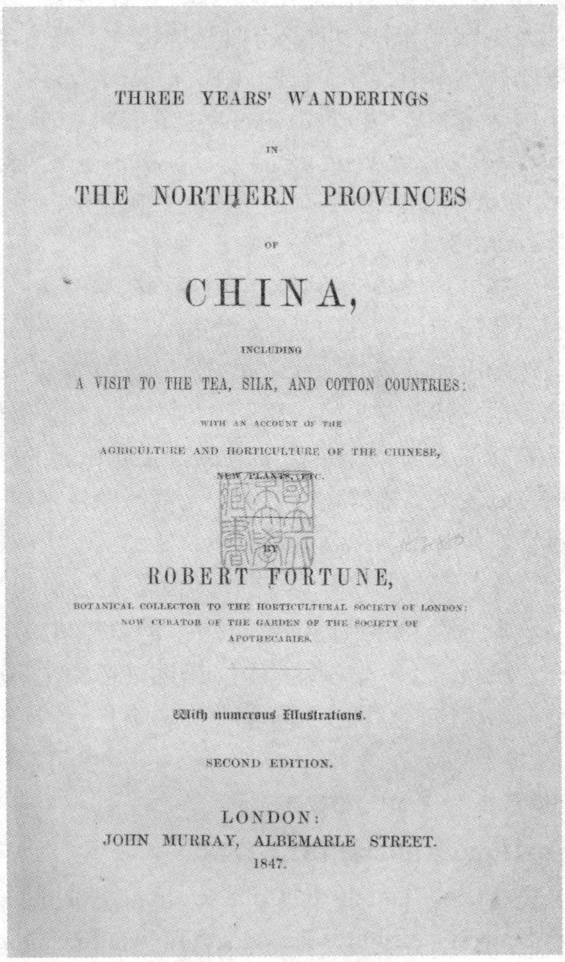
THREE YEARS' WANDERINGS
IN
THE NORTHERN PROVINCES
OF
CHINA,
INCLUDING
A VISIT TO THE TEA, SILK, AND COTTON COUNTRIES:
WITH AN ACCOUNT OF THE
AGRICULTURE AND HORTICULTURE OF THE CHINESE,
NEW PLANTS, ETC.
BY
ROBERT FORTUNE,
BOTANICAL COLLECTOR TO THE HORTICULTURAL SOCIETY OF LONDON:
NOW CURATOR OF THE GARDEN OF THE SOCIETY OF
APOTHECARIES.
With numerous Illustrations.
SECOND EDITION.
LONDON:
JOHN MURRAY, ALBEMARLE STREET.
1847.

089-Fortune 1-915.1/F779

089T-Fortune 1-915.1/F779 福州远眺

[英国] 福钧

华北诸省三年漫游记

（英文，1847）

1847年伦敦英文第二版，“国立北京大学藏书”章。本书英文首版也是1847年于伦敦出版的。

福钧，英国植物学家、旅行家。1843年首次奉派来华调查中国的产茶情况、茶树栽培和制茶方式等。他先后四次来华，采集了许多植物标本带回印度、英国，英国茶树种植及茶叶制作技术因此得以迅速提高。除本书外，福钧还著有几部颇有价值的著作：《中国茶乡之行》（*A Journey to the Tea Country of China*.1852）、《两访中国茶乡和喜马拉雅山麓的两座茶园》（*Two Visits to the Tea Countries of China and the British Plantations in the Himalaya*. 1853）、《居住在华人中间》（参见090-Fortune-915.1/F779r）、《江户和北京，中日两国首都旅行纪事》（*Yedo and Peking*. 1863）。

本书为1843—1845年期间福钧在华考察、旅行的记录。书名虽名为《华北诸省三年漫游记》（因当时的英国人站在广州的位置上来看中国，故将上海、江南等地均看作“华北”、“北方”），但所谓“华北”实际上是指福建、浙江、江苏等地。福钧在中国走访了厦门、宁波、上海等开放口岸及附近城镇，以及沿海岛屿，深入考察了中国地方风情和农作物的栽培、生长、茶叶种植、制作等情况。以较大篇幅详述作者在上海的活动及观感，阐述了上海港口和贸易超拔的优越性，将上海与广州进行对比，认为：“上海在中国海岸上占有对外贸易最重要的位置，在我们熟悉的城市中，没有一个拥有这样的优势。”

本书附18幅地图、雕版画，主要为当地中国人民的生活习俗（如葬礼、婚礼、坟墓、茶叶焙制锅等）、地图（福钧在华旅行图等）等。本书出版后，在欧洲广为流传，特别在英国商业界影响甚大。

090-Fortune 2-915.1/F779r

Fortune, Robert, 1813-1880.

A residence among the Chinese : inland, on the coast, and at sea : being a narrative of scenes and adventures during a third visit to China, from 1853 to 1856 / by Robert Fortune ; with illustrations.--London : J. Murray, 1857.

xv, 440, 32 p. : front., ill. ; 22 cm.

1. China--Description and travel. I. Title.

[英国] 福钧

居住在中国人中间（英文，1857）

1857年伦敦英文版，“燕京大学图书馆”藏书章。

本书22章，记述的是作者1853—1856年第三次来华在上海、浙江、福建、江西等地的游历。主要介绍了中国的一些天然产物、艺术品、丝绸文化及关于当时战争的建议等内容。书中对桑树的种植和桑蚕的饲养进行了描述，提到了包括茶在内的许多植物，并且还记录了作者将其采集物运往印度的整个过程。另外，本书还涉及了中国人、中国艺术、中国社会、中国习俗、中国经济和宗教等许多方面的内容。

本书附22幅插图：5幅植物图、9幅器物图、5幅人物图和3幅风景图。

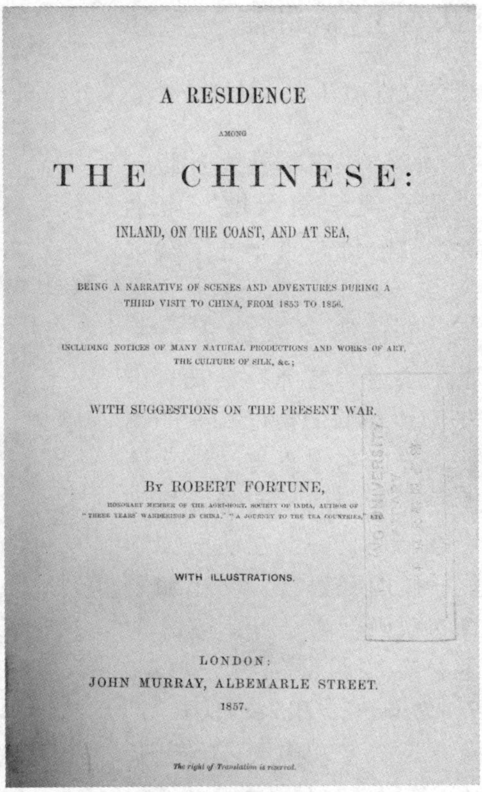

A RESIDENCE

AMONG

THE CHINESE:

INLAND, ON THE COAST, AND AT SEA.

BEING A NARRATIVE OF SCENES AND ADVENTURES DURING A THIRD VISIT TO CHINA, FROM 1853 TO 1856.

INCLUDING NOTICES OF MANY NATURAL PRODUCTIONS AND WORKS OF ART, THE CULTURE OF SILK, &c.;

WITH SUGGESTIONS ON THE PRESENT WAR.

BY ROBERT FORTUNE,

HONORARY MEMBER OF THE AGRI-HORT. SOCIETY OF INDIA, AUTHOR OF "THREE YEARS' WANDERINGS IN CHINA," "A JOURNEY TO THE TEA COUNTRIES," ETC.

WITH ILLUSTRATIONS.

LONDON:

JOHN MURRAY, ALBEMARLE STREET.

1857.

The right of Translation is reserved.

090-Fortune 2-915.1/F779r

091-Foucaux-495.4/F821

Foucaux, P. E. (Philippe Edouard), 1811-1894.

Grammaire de la langue tibétaine / par Ph. Éd. Foucaux.--Paris : Imprimerie impériale, 1858.

xxxii, 231 p. ; 21 cm.

Includes index.

French.

090T-Fortune 2-915.1/F779r 中国船只

1. Tibetan language--Grammar. I. Title.

[法国] 菲利浦·爱德华·佛库

藏文文法（法文，1858）

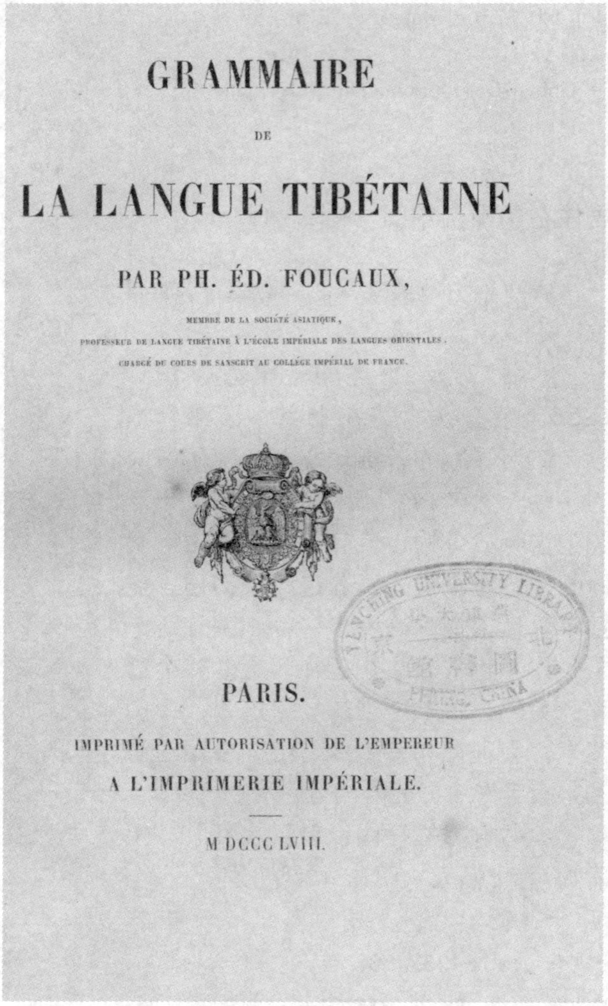

091-Foucaux-495.4/F821

1858年巴黎法文首版，“燕京大学图书馆”藏书章，“哈佛燕京学社”藏书票。

菲利浦·爱德华·佛库，法国著名佛教学家布诺夫（Eugene Burnouf）的弟子，曾任东方语言学校藏语教授，并在法兰西学院教授梵语，是第一个在法国大学里教授西藏语言、文化和宗教的欧洲学者。除本书外，还著有《西藏佛教》（*Le Boudhisme au Thibet*.1864），译有《智者和愚人：〈大藏经〉选译》（*Le sage et le fou. Extrait du Kanjur*. 1842），并刊行了大量梵文原典和藏文译本，其中包括从藏文译出的《普耀经》（*Lalita Vistara*.1847）。

本书为法国第一部（欧洲第二部）藏文文法，作者参考20年来西方藏学研究的进展，以简明扼要的方式描述藏文的语法特点。佛库强调梵文对藏文的决定性影响，认为通过佛经的翻译确立了藏文的规则的书写方式，但他并不因此就同当时某些比较语言学家一样否认藏文和中文的关系。本书前半部分介绍了藏文的字母、发音、前缀、后缀、小品词、冠词、名词、形容词、数词、代词（人称代词、代词所有格、关系代词等）、动词（时态、存在动词或是动词、分词）、副词（时间副词、地点副词、方式副词、数量副词、否定副词）、连词、感叹词。在词法之外，还对藏文的句法结构进行分析，主要强调藏文所独有的语法结构。本书的后半部分为9个附录，分别考察藏文中的不发音字母、动词的时态形式、敬称、缩写、时间的表达法、转写藏文中梵语词的罗马字母表、梵文介词的翻译、藏文拼读练习、诗律学。

092-Foucher-181.1/C76D1

Foucher , Simon, 1644-1696.

La morale de Confucius : philosophe de la Chine.--Amsterdam : P. Savouret, 1688.

[20], 100 p. ; 16 cm.

French.

1. Confucius. 2. Confucianism. I. Title.

[法国] 西蒙·福歇

中国哲学家孔子的道德观

（法文，1688）

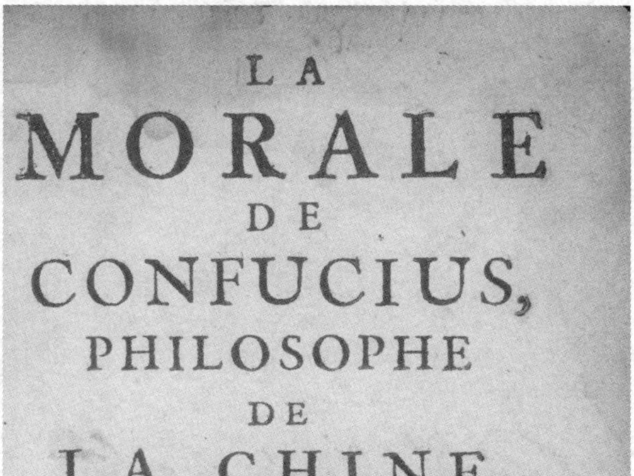

092-Foucher-181.1/C76D1

1688年阿姆斯特丹法文版，“北京大学图书”篆书章。

作者原署Simon Foucher，法国学者普遍对此持怀疑态度。法国国家图书馆网上联合目录对著者有两种推测，一说为J. de La Brune，另一说为Jean Cousin。

本书共两部分。第一部分：中国人的古代与哲学。介绍了中国传说中的伏羲到尧帝的历史，中国古代经典“五经”和“四书”，孔子的身世经历，孔子的门徒，孔子传授的技艺和学问，孔子的思想，孔子死后葬于曲阜，孔子弟子的守丧，中国各城市设有文庙等内容。第二部分：孔子著作汇编。主要介绍了《大学》、《中庸》、《论语》。关于《大学》，编者认为《大学》是通往更崇高智慧、更完美道德的大门。关于《论语》，编者认为该书与《大学》、《中庸》在措辞和表达上完全不同，但本质上包含着同样的道德思想。

本书附孔子道德格言选译，共80条。

G

Gao, Ming (高明), fl. 1345.

[Pi pa ji. French]

Le pi-pa-ki, ou, L'histoire du Luth: drame chinois de Kao-Tong-Kia représenté à Péking, en 1404 avec les changements de Mao-Tseu / traduit sur le texte original par M. Bazin Ainé.--Paris : Impr. Royale, 1841.

xx, 275 p. ; 23 cm.

Translation of P'i p'a chi.

French.

1. Chinese drama- - Ming dynasty, 1368-1644--Translations into French. I. Bazin, Antoine Pierre Louis, 1799-1863. II. Title. III.Title: Pi-pa-ki.

LE PI-PA-KI
OU
L'HISTOIRE DU LUTH
DRAME CHINOIS DE KAO-TONG-KIA
REPRÉSENTÉ À PÉKING, EN 1404
AVEC LES CHANGEMENTS DE MAO-TSEU
TRADUIT SUR LE TEXTE ORIGINAL
PAR M. BAZIN AINÉ
MEMBRE DU CONSEIL DE LA SOCIÉTÉ ASIATIQUE DE PARIS
TRADUCTEUR DU THÉÂTRE CHINOIS
PARIS
IMPRIMÉ PAR AUTORISATION DU ROI
A L'IMPRIMERIE ROYALE
M DCCC XLI

093-Gao-892.1/K14

[中国]高明

琵琶记（法文，1841）

1841年巴黎法文版，“燕京大学图书馆”藏书章。

本书译者法国汉学家巴赞（Antoine Pierre Louis Bazin，1799—1863），曾随儒莲学习中文，1843年任巴黎国立现代东方语言学校第一任汉语教授，著有《中国官话语法》（*Grammaire mandarine*）。对元曲兴趣浓厚，著有《元曲选解题》（*Théâtre chinois ou choix de pièces compoées sous les empereurs mongols*.1838），其中收录有《窦娥冤》、《合汗衫》等元曲剧本，另译有《梅香》（*Tchao-mei-hiang, ou les intrigues d' une soubrette*. 1835）等大量元曲剧本。与让·皮埃尔·纪尧姆·波蒂埃合著有

《现代中国》（*Chine Moderne*. 1853）。编有《元代：从蒙古皇帝即位到明代光复中国期间文学历史年表》（*Le siècle des Youen ou tableau historique des empereurs mongols jusqu' à la restauration des Ming*. 1845）。

本书为《琵琶记》法文全译本。译文前有译者前言，介绍了《琵琶记》的作者高东嘉（高明）以及明代毛伦对第七才子书的点评，说明翻译出版本书的意义。作者翻译的原书前言，为清代康熙年间吴侬所作《第七才子书序》，以问答形式介绍了其他六才子书所指，毛伦对《琵琶记》的评价，作者的评价等。剧本正文下有译者注。

094-Gemelli-910.4/G284

Gemelli Careri, Gio[vanni] Francesco, 1651-1725.

Giro del mondo del dottor D. Gio / Francesco Gemelli Careri.--Nuova ed. / accresciuta, ricorretta, e divisa in nove volumi, con un indice de'viaggiatori, e loro opere.--Venezia : Presso G. Malachin, a spese di G. Maffei, 1719.

9 v. in 3 : port., ill. (partly fold.) ; 17 cm.

Italian.

1. Voyages around the world--Early works to 1800. I. Title.

[意大利] 乔万尼·弗朗切斯科·杰梅利·卡雷里

环游世界（意大利文，1719）

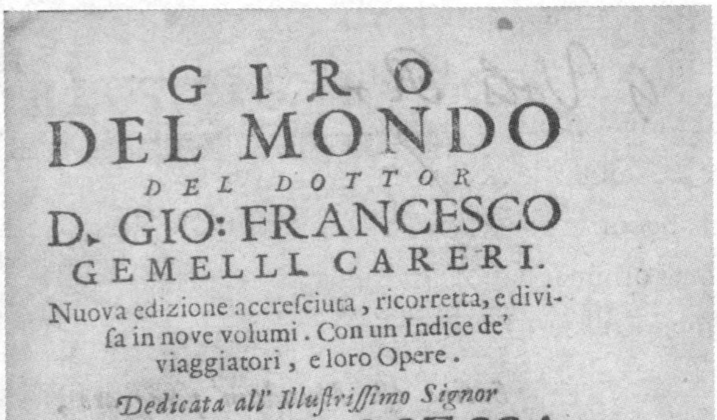
GIRO
DEL MONDO
DEL DOTTOR
D. GIO: FRANCESCO
GEMELLI CARERI.
Nuova edizione accresciuta, ricorretta, e divisa in nove volumi. Con un Indice de' viaggiatori, e loro Opere.
Dedicata all' Illustrissimo Signor
STEFANO MESSA
CAVALIERE DEL S.R.I.
E Comissario dell'Armata di S.M.C.C.
TOMO PRIMO
Contenente le cose più ragguardevoli vedute
NELLA TURCHIA.
VENEZIA, MDCCXIX.
Presso Giovanni Malachin.
A spese di GIULIO MAFFEI.
Con Licenza de' Superiori, e Privilegio.

094-Gemelli-910.4/G284

1719年威尼斯出版意大利文增订版，3册9卷，“燕京大学图书馆”藏书章。该书意大利文版于1699—1700年在拿波利（那不勒斯）初版，名《环游世界》（*Giro intorno al mondo*），6卷。1719

年，L.M.N.译为法文，在巴黎出版。

094T-Gemelli-910.4/G284 卡雷里像

杰梅利·卡雷里，17世纪后期意大利著名旅行家，乘坐公众交通工具环游世界的欧洲先驱人物之一。1685—1687年，在意大利、法国、德国、匈牙利旅行。1693年萌生环球旅行的想法，并在当年6月从拿波利出发，踏上旅途，来到埃及。随后，前往巴勒斯坦、君士坦丁堡、亚美尼亚、波斯、印度、中国、菲律宾等地。接着，穿越太平洋，来到墨西哥。最后，穿越大西洋到达西班牙、法国南部，1698年11月回到出发地拿波利。整个旅行历时5年。

卡氏是一个不怕艰险的专业旅游人士，惹得时人羡慕。他有撰写游记的习惯，对所游地区居民的风俗习惯记载之尤详。除了《环游世界》一书外，他还撰写有《匈牙利战役记事》（*Relazione delle campagne d' Ungheria, Napoli*. 1689）、《欧洲游记》（*Viaggi per l' Europa, Napoli*. 1693）。

本书第一册3卷。卷首有从16世纪到该书出版前欧洲旅行家及其游记列表，分别按照地域按照全球、欧洲、亚洲、巴勒斯坦、暹罗、中国、非洲、美洲的顺序——列出游记名称、作者、出版地、出版社、出版年等信息。第一卷为土耳其见闻录，第二卷为波斯见闻录，第三卷为印度斯坦见闻录。第二册包含第四至第六卷，分别为中国、菲律宾群岛和新西班牙见闻录。第三册3卷，为欧洲各国见闻录。值得注意的中国卷长达329页，分四部分，依时间和旅行顺序记录沿途所见。第一部分提到了中国的商业、工事，广州、京杭大运河、江西南昌等地，描写了北京城及皇宫；第二部分有单独一章专门叙述康熙帝之召见，中国新年诸仪式等，又以专章描写长城，皇帝出巡，中国宗教信仰和天主教教案等，还列表叙述中国历代皇帝及主要省份和城市数量、人口等，又描写了朝廷六部和汉字读音声调的意义；第三部分主要介绍帝国文化礼仪、风俗、葬礼、气候等，并分辟专章详细记述削藩之战，又单列一章赞扬康熙帝及其财富；最后一部分是旅途最后一段，记叙经陆路返南昌复至广州、澳门等地。中国卷卷末附有法国巴塞神父（Jean Basset）致作者的法文信件及全卷关键词索引目录。

第一册卷首附作者48岁时画像，另附24幅插图；第二册附20幅插图，其中与中国有关的6幅，包括：《南京瓷塔》、《中国皇帝出巡随行仪仗队图》、《中华王国广东省流行葬仪图》、《中国两广总督巡视仪仗队图》、《茶叶和柿子图》、《龙眼和荔枝图》；第三册附1幅《中国城池》插图。

Giorgi, Antonio Agostino, 1711-1797.

Alphabetum Tibetanum missionum apostolicarum commodo editum : praemissa est disquisitio qua de varo litterarum ac regionis nomine, gentis origine moribus, superstitione, ac Manichaeismo fuse disseritur. Beausobrii calumniae in Sanctum Augustinum, aliosque Ecclesiae Patres refutantur, studio et labore / Fr. Augustini Antonii Georgii, eremitae Augustiniani.--Romae : Typis Sacrae Congregationis de Propaganda Fide, 1762.

xciv, 3-820 p., [6] leaves of plates : ill. (some fold.) ; 32 cm.

Ecclesiastical approbations, p. 3-8, dated 1763.

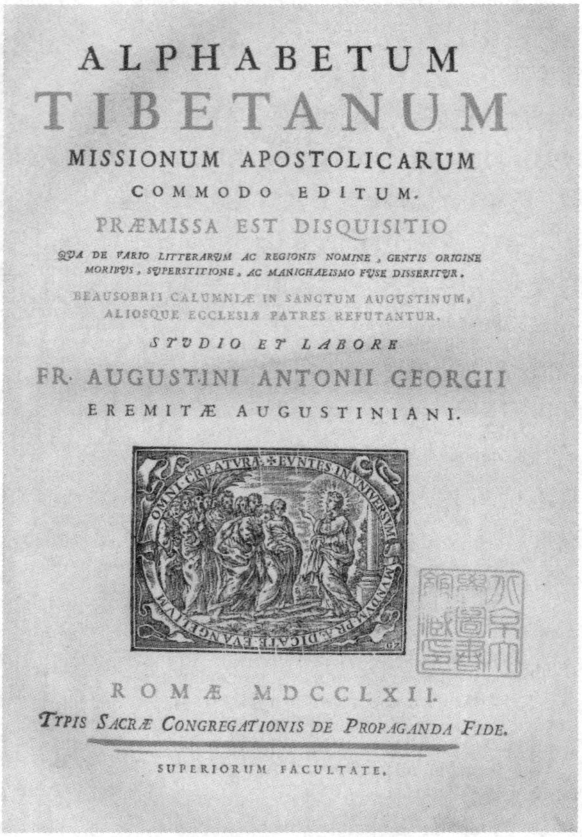
ALPHABETUM
TIBETANUM
MISSIONUM APOSTOLICARUM
COMMODO EDITUM.
PRÆMISSA EST DISQUISITIO
QUA DE VARIO LITTERARUM AC REGIONIS NOMINE, GENTIS ORIGINE MORIBUS, SUPERSTITIONE, AC MANICHAEISMO FUSE DISSERITUR.
BEAUSOBRII CALUMNIÆ IN SANCTUM AUGUSTINUM, ALIOSQUE ECCLESIÆ PATRES REFUTANTUR.
STUDIO ET LABORE
FR. AUGUSTINI ANTONII GEORGII
EREMITÆ AUGUSTINIANI.
ROMÆ MDCCLXII.
TYPIS SACRÆ CONGREGATIONIS DE PROPAGANDA FIDE.
SUPERIORUM FACULTATE.

095-Giorgi-457.91/G298

Alphabeti Tibetani pars secunda, p. [553]-765, is a new edition of the 208 p. Alphabetum Tibetanum published anonymously in 1759.

Title page printed in red and black; woodblock of the device of the Congregation as t.p. vignette.

Includes index.

Latin.

1. Tibetan language--Alphabet. 2. Tibetan language. 3. Manichaeism. 4. Tibet (China) I. Title.

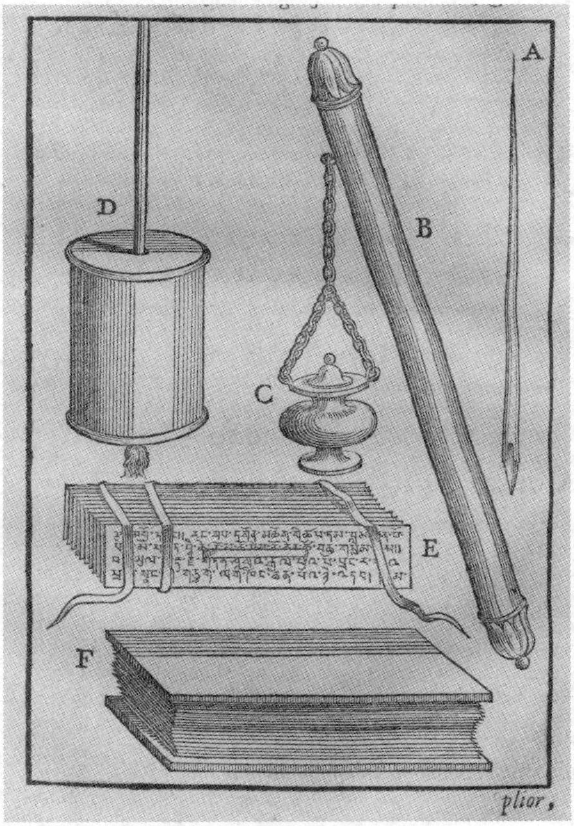

095T-Giorgi-457.91/G298 藏经

[意大利] 安东尼·奥古斯丁·乔治

宗徒传教用藏文字母（拉丁文，1762）

1762年罗马拉丁文首版，“北京大学图书馆藏印”章。

本书出版年限有误，很可能不是此书名页所印的1762年，因为介绍作者的前言签署日期为1763年5月29日，出版审查以及赞同出版的前言的签署日期都是1763年，故此书出版应当晚于1762年。

本书共分两大部分。第一部分154章。从书名来看，虽然是描述藏文拼写字母，但内容不止于此。本书借助希腊文、希伯来文等注释藏文发音及规则，描述藏文构词方法和句法。在讨论藏文的语言特点时，认为它不同于中文和蒙古文。因为本书是为传教士编写的，所以书中也重点介绍了西藏人的宗教生活内涵，并从文字入手，以比较的方式，通过引述作者所熟习的希伯来人、古希腊人、古巴比伦人、古埃及人和古罗马人等的宗教，比较西藏人和基督教等西方宗教在所持有的宇宙观、所信仰的神明和先知方面的异同。本书还从语源学上参照希伯来语、古波斯语、古埃及语等探讨一些基本概念的渊源和异同，例如Tchau-ca、Tachon、ta-kon、Saclam等涉及至高无上者的抽象概念。

第二部分实际上重印了作者1759年出版的《藏文字母》（*Alphabetum Tibetanum*）一书，共23章，另有三种附录。这是用拉丁文撰写的藏文语法初级读物，全书共23章，附录3章。前言中简述欧洲人开始研究藏文的经过，书中简要介绍了藏文的基本知识，比如藏文的“文言”和“俗体”（第三章）、字符的划分（第四章）、重音（第五章）、字母表（第七章）、藏文之起源（第八章）、如何将藏文转写成罗马字母（第十二章）等。在附录中收有拉丁文、藏文对照的《天主经》、《圣母经》和《天主十诫》，收有宗座关于派遣传教士前往西藏传教而致达赖喇嘛的若干信件等。

本书附11幅插图，包括《拉萨佛教寺院布局图》、《佛教教义画》、《法轮》、《宗教神灵》和《藏经》等。

096-Goncalves-457/G586

Gonçalves, J. A. (Joaquim Afonso), 1781-1841.

Arte china constante de alphabeto e grammatica : comprehendendo modelos das differentes composicoens / composta por J.A. Gonçalves.--Macao : Impressa com licenca regia no Real Collegio de S. José, Anno de 1829.

viii, 502, 46 p. ; 20 cm.

Portuguese-Chinese grammar and composition guide by Father Goncalves who was a teacher at the Collegio de S. Joseph de Macau, according to Silva.

Portuguese.

1. Chinese language--Grammar. 2. Chinese language--Composition and exercises. I. Lima, Oliveira, 1867-1928. II. Title.

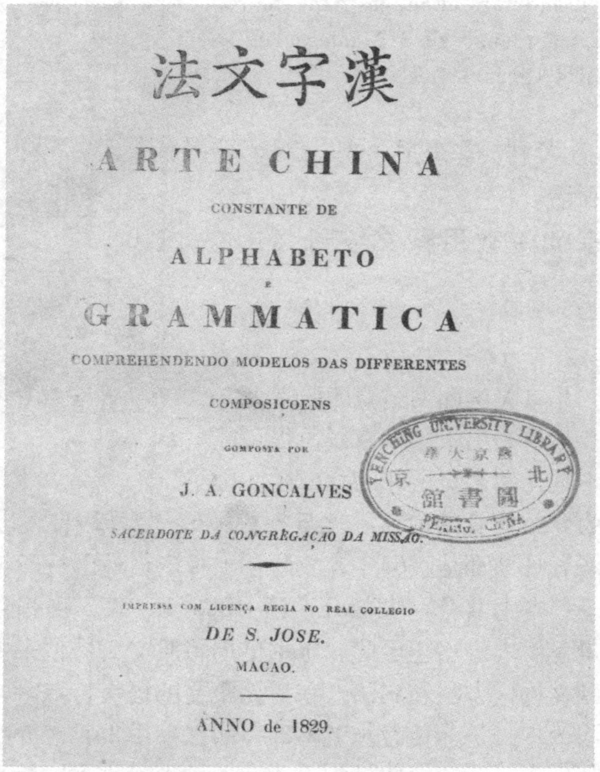

096-Goncalves-457/G586

[葡萄牙] 若阿金・阿方索・贡萨尔维斯

汉字文法（葡萄牙文，1829）

1829年澳门葡萄牙版，“燕京大学图书馆”藏书章。

若阿金·阿方索·贡萨尔维斯，生于1781年，遣使会会士。1813年6月28日抵达澳门。汉学造诣很深，编著了十余本语法、词汇和字典，还用清朝官话翻译了《新约圣经》，于1841年10月3日在澳门出版。

作者时任澳门圣约翰书院教师，《汉字文法》是他撰写的第一本专门用于中文学习的书。本书从实用的角度全面介绍了汉语的各个方面，特别是在习惯用语表达、词语用法、口语和书面语的语法和句法等方面，讲解较为详尽。

本书正文共8章，每章附练习，以便学生巩固学习。第一章为常用汉字表。贡萨尔维斯顾及到葡萄牙人学习语言时首先学习字母表的习惯，将常用的部首和汉字按照笔划顺序排列出来，同时标明该汉字的发音，并附葡文释义。第二章为日常用语和书面用语。作者按照句子首字的笔划多少进行排序，并附有葡文释义。作者认为这一章也适用于中国人学习葡语，并指出了中国人在进行葡语发音练习时应该遵守的规则。第三章为文法。作者认为文法是说和写的规则。通过比较中文与葡萄牙语，解释了中文造句的基本规则，侧重于代词、动词的用法。第四章继续教授文法知识，侧重于格、形容词、副词、前置词、连词、呼语的使用方法。第五章为口语问答，通过具体情景的设定，教授学生如何应对各种问题。第六章为俗语。汇总了汉语中常用的成语、谚语、歇后语等，例如：施恩不报非君子、巧妇难为无米之炊、阴天晒被褥——白搭等。第七章为历史和寓言。分成三小节。第一节：名人及其典故，用简短的语言概括了中国历史名人和他们的主要典故，例如武王伐纣、诸葛亮三气周瑜等；第二节：中国简史及神话和寓言。作者用葡语详细地介绍了伏羲、大禹、苏小小等人。他认为这些人名在汉语文章中经常出现，因此学生有必要了解；第三节：指代。作者对汉语文学作品中经常会出现的指代现象，例如河东狮子、弄璋、糟糠等用葡语作了简明的解释。第八章：作文笔法。在这一章作者首先介绍了中文写作的基本规则，比如起承转合等，之后以《郑庄公戒饬守臣》、《谏太宗十思疏》等古文为例，向读者介绍了古文的句子结构和章法。值得注意的是，本章出现了若干古文和古诗的翻译，对研究早期汉文的葡语翻译及中国文化在西方的传播具有重要意义。

097-Gonzalez-951/M523a

Gonzalez de Mendoza, Juan, 1545-1618.

[Historia de las cosas mas notables. English.]

The history of the great and mighty kingdom of China and the situation thereof / compiled by Juan Gonzalez de Mendoza and now reprinted from the early translation of R. Parke ; edited by Sir George T. Staunton, bart. ; with an introd. by R.H. Major.--London : Printed for the Hakluyt Society, 1853.

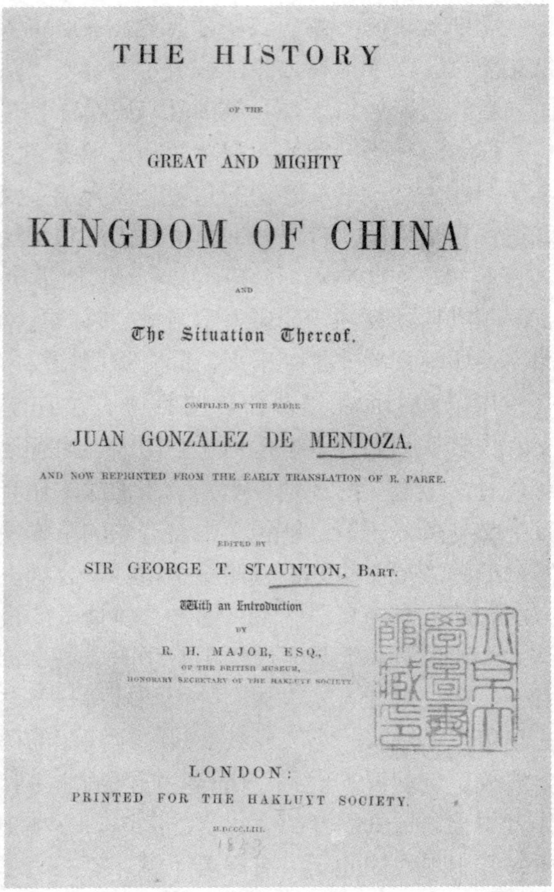
THE HISTORY

OF THE

GREAT AND MIGHTY

KINGDOM OF CHINA

AND

The Situation Thereof.

COMPILED BY THE PADRE

JUAN GONZALEZ DE MENDOZA.

AND NOW REPRINTED FROM THE EARLY TRANSLATION OF R. PARKE.

EDITED BY

SIR GEORGE T. STAUNTON, BART.

With an Introduction

BY

R. H. MAJOR, ESQ.,

OF THE BRITISH MUSEUM,

HONORARY SECRETARY OF THE HAKLUYT SOCIETY.

LONDON:

PRINTED FOR THE HAKLUYT SOCIETY.

M.DCCC.LIII.

1853

097-Gonzalez-951/M523a

2 v. in 1 ; 22 cm. -- (Works issued by the Hakluyt Society ; [no. 14-15])

Includes index.

1. China--Description and travel. 2. Philippines--Description and travel. 3. Latin America--Description and travel. I. Loyola, Martin Ignacio de, fl. 1585-1612. II. Staunton, George Thomas, Sir, 1781-1859. III. Parke, Robert, fl. 1588. IV. Major, R. H. V. Title. VI. Title: History of ... VII. Ser.

[西班牙]门多萨

中华大帝国史（英文，1853）

1853年伦敦英文版，“北京大学图书馆藏印”章。另有1个复本。

本书首版为西班牙文，1585年在罗马发行。法文版1588年出版，同年在伦敦发行了英译首版，中文版1998年由中华书局出版。到16世纪末，门多萨的这部著作以7种不同的欧洲文字(西班牙文、意大利文、德文、荷文、法文、英文、拉丁文)重印了46次。

门多萨，西班牙著名历史学家，奥古斯丁会教士。1580年西班牙国王菲力浦二世（Philip II，1555—1598）曾派出使团出使中国，门多萨就是成员之一。1581年，门多萨一行抵达墨西哥，准备横渡太平洋，经菲律宾前往中国，但不巧的是，由于西班牙和菲律宾岛的政治形势有变，他们赴华使命未能实现。

本书作者应罗马教皇格列高利十三世 (Gregory XIII，在位时间 1572—1585) 之命，用了两年时间收集整理前人的使华报告、文件、信札和著述，并付梓印行，取名为《中华大帝国史》。该书主要由两部分组成。第一部分3卷，名为《中华大帝国史》，全面介绍了中华帝国的政治、史地、宗教、文字、教育、科技、风俗、物产等；第二部分3卷，主要由游记组成，描述了西班牙传教士的中国行记及环球行记，包括第一卷《福建行记》，主要介绍菲律宾群岛圣奥古斯丁会主教拉达修士（Martin de Rada）及其同伴马丁修士(Hieronimo Martin)等在中国福建等地的见闻；第二卷《奥法罗中国行记》主要介绍圣方济各会奥法罗修士(Fryer Peter de Alfaro)等在中国的旅行；第三卷《环行世界纪》主要记叙依纳爵修士(Martin Ignatius)从西班牙到中国，然后又环行世界，最后返回西班牙的过程。由于门多萨本人没有到过中国，此书是根据许多材料编写的，在地名等方面有不少疏漏。但是瑕不掩瑜，本书是西方最有影响的关于中国历史的书籍，是16世纪欧洲关于中国的百科全书，也是研究中国明代社会的一份珍贵的域外史料，被誉为欧洲汉学研究第一部值得一看的作品，同时也是欧洲最早的汉学著作。

098-Gordon-915.1/G653c

Gordon, Charles Alexander, Sir, 1821-1899.

China from a medical point of view in 1860 and 1861, to which is added a chapter on Nagasaki as a sanitarium / by Charles Alexander Gordon.--London : J. Churchill, 1863.

x, 464 p., [3] leaves of plates : ill., map ; 24 cm.

Includes medical statistics for each month of the year.

1. Public health--China. 2. China--Description and travel. 3. China--Statistics, Medical. 4. Nagasaki-shi (Japan) I. Nagasaki as a sanitarium. II. Title.

[英国] 查尔斯·亚历山大·戈登

从医药卫生视角看1860—1861年的中国（英文，1863）

1863年伦敦英文版，“燕京大学图书馆”藏书章。另有1个复本。

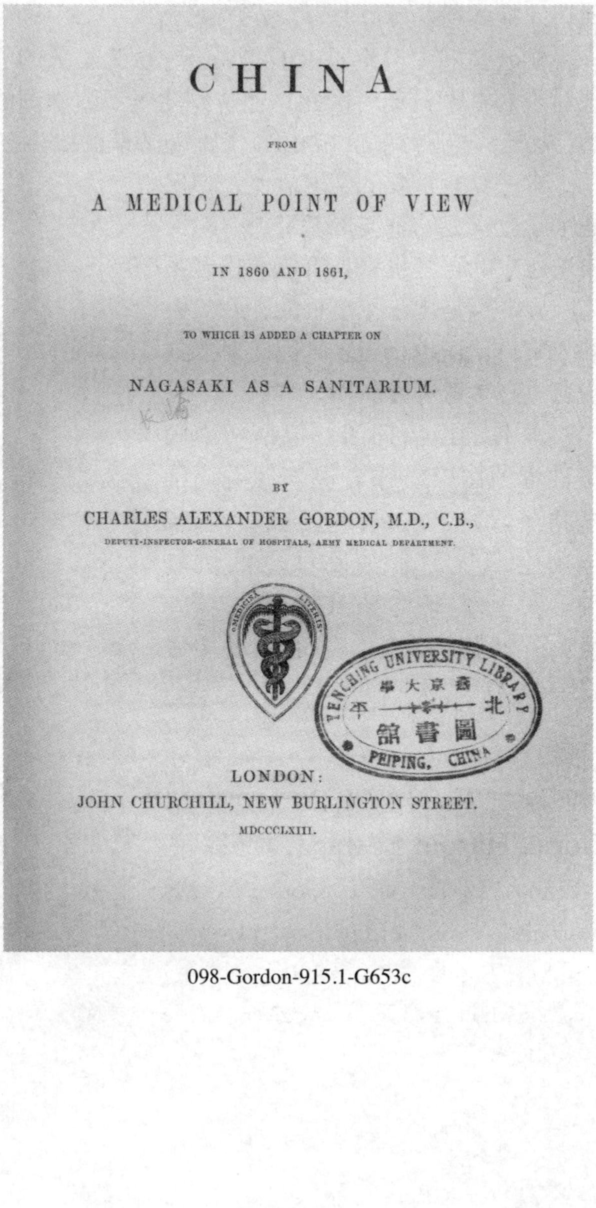
CHINA

FROM

A MEDICAL POINT OF VIEW

IN 1860 AND 1861,

TO WHICH IS ADDED A CHAPTER ON

NAGASAKI AS A SANITARIUM.

BY

CHARLES ALEXANDER GORDON, M.D., C.B.,

DEPUTY-INSPECTOR-GENERAL OF HOSPITALS, ARMY MEDICAL DEPARTMENT.

LONDON:

JOHN CHURCHILL, NEW BURLINGTON STREET.

MDCCCLXIII.

098-Gordon-915.1-G653c

查尔斯·亚历山大·戈登，英国医学博士，军医，1860年随军远征中国。其著作除本书外，还有《通往缅甸之路》（*Our Trip to Burmah with Notes on that Country*.1875）等。

本书共13章，记载了作者对中国的观察，包括气候、物产、疾病、战争创伤等各方面。第一章简要介绍了中国历史，并回顾了中国与英国的外交来往；第二、三章分别介绍了香港、广东的气候、人口、疾病及风俗习惯；第四章介绍从香港到白河沿途所见；第五章到第十一章是全书的主体部分，重点介绍了天津的方方面面，包括当时的天津社会、天津的地形、生态、气候、卫生、死亡率等；第十二章记述了中国的医院；最后一章介绍了日本长崎，当时是在中国的英国雇佣军的疗养所。

作者在书中讨论了中国的局势，认为不久的将来英国很有可能会对中国采取进一步的军事行动，因此，他特别注重观察中国的气候和医疗，并期望将来的军事行动能够与医疗制度相配套，以保证军队的战斗力。这也是本书写作的主要目的。

本书具有重要的学术价值，不仅是医学史研究的重要参考资料，对天津地方史的研究也极具价值。作者虽为医生，但是出于军事目的，对气候的观察、记述也相当多，因此对气象研究也有参考价值。

本书附11幅插图，包括《中国与日本地图》、作者像、《香港维多利亚湾》、《福州远眺》、《福州山上墓地》、《闽江上的帆船和小船》、《寺庙戏台》、《牌楼》、《菩萨像》、《北京城墙城门》、《颐和园》等。

099-Gorst-915.1/G687

099-Gorst-915.1/G687

Gorst, Harold Edward, 1868-

China / by Harold E. Gorst ; with a map and twenty-eight illustrations.-- London : Sands & Co., 1899.

xx, 300 p. : ill., fold. col. map ; 23 cm.-- (The

imperial interest library)
Includes index.

1. China. 2. China--Politics and government--1644-1912. 3. China--Description and travel. I. Title. II. Ser.

[英国] 哈罗德·爱德华·戈斯特
中国（英文，1899）

1899年伦敦英文版，“燕京大学图书馆”藏书章。

哈罗德·爱德华·戈斯特为英国作家、记者，英国政治家约翰·埃尔当·戈斯特（Sir John Eldon Gorst）之子，其兄J. 埃尔当·戈斯特（Sir. J. Eldon Gorst, b.1861），1898—1904年间作为英国外务大臣的助理任埃及政府经济顾问。

099T-Gorst-915.1/G687 乾隆皇帝像

作者在研究和援引了大量的中国研究论著和参考材料基础上，写成了这一远东问题研究论著，试图为英国的远东及中国政策的制定提供参考。鉴于以往英帝国一些对华政策制定者对中国情况不做具体研究分析就一厢情愿地作出决定的片面做法，作者认为了解和分析中国的情况，研究中国人的所思所想是首要的。因而，他在本书中首先简述了中国的资源情况，概述了中国历史，描述了中国当时的政治、商业和中国社会的情况、中国和外部世界的关系尤其是传教问题、中国军队、中国当时在学习西方工业化方面所取得的进步等。作者认为，为了西方自己的利益而使中国维持一种封建落后的状况是自私的，中国的开放应当首先是为了中国人自己的利益。

本书附28幅人物、建筑、风情民俗等方面的插图和1幅《中日地图》。

100-Gould-398.4/G731

Gould, Charles.

Mythical monsters / by Charles Gould ; with ninety-three illustrations.--London : W.H. Allen, 1886.

407 p. : ill. (1 col.) ; 25 cm.

1. Monsters. 2. Animals--Folklore. I. Title.

[英国] 查尔斯·古尔德

神话中的怪兽（英文，1886）

1886年伦敦英文首版，“燕京大学图书馆”藏书章。

查尔斯·古尔德，地质学家，1934年生于英国，毕业于伦敦大学。古尔德一生到过世界各大洲的许多地区进行地质考察，具有丰富的人生经历。从1880年开始在缅甸、新加坡、中国、日本、朝鲜等地旅行，主要从事矿业勘探，同时为《神话中的怪兽》一书收集大量的相关资料。

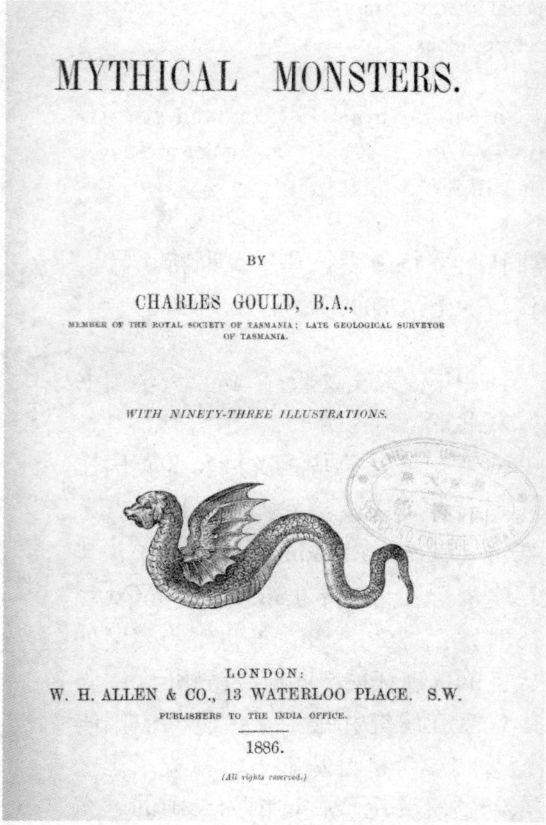

100-Gould-398.4/G731

100T-Gould-398.4/G731 海蛇吞船

本书成于达尔文发表《物种起源》25年之后。作者在书中试图揭示不同地区、不同文化、不同时代的神话传说中各种怪兽之间的联系，对这些神话动物做科学、理性的研究。作者通过自身的研究和实地考察搜集了大量相关资料和图片，翻阅、研读了很多本土学者的书籍，在生物进化论的基础上，借助文献学、地质学的一些理论及研究方法，认定一些传统意义上只在神话中存在的怪兽并不仅仅是出自人类丰富的想象力，在生物进化史中这些怪兽确实可能存在过。作者在本书第七章、第十一章中分别对中国的龙和凤凰进行了专题研究，在其他章节中还对麒麟等其他中国神话传说中的动物进行了比照研究。书中引用了中国古人的一些著作，如《山海经》，可见作者对中国文化的了解较为深入。但以今天的学术标准来看，书中引证的证据并不充分，缺乏生物考古发现的依据，一些结论有作者本人臆测的成分。因此，此书的观点和结论备受争议。

本书附93幅插图，以动物和怪兽图画为主。

101-Gray-915.1/G793

Gray, John Henry, 1828-1890.

China : a history of the laws, manners, and customs of the people / by John Henry Gray ; ed. by William Gow Gregor.--London : Macmillan and Co., 1878.

2 v. : ill. ; 22 cm.

Includes index.

1. China. I. Gregor, William Gow. II. Title.

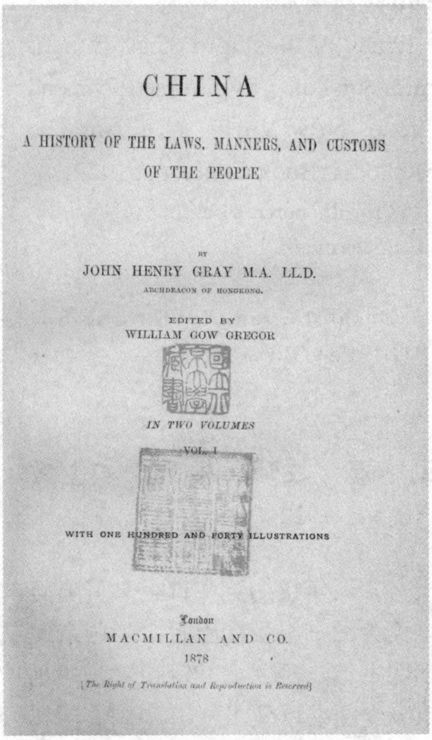

CHINA

A HISTORY OF THE LAWS, MANNERS, AND CUSTOMS OF THE PEOPLE

BY

JOHN HENRY GRAY M.A. LL.D.

ARCHDEACON OF HONGKONG.

EDITED BY

WILLIAM GOW GREGOR

IN TWO VOLUMES

VOL. I

WITH ONE HUNDRED AND FORTY ILLUSTRATIONS

London

MACMILLAN AND CO.

1878

[The Right of Translation and Reproduction is Reserved]

101-Gray-915.1-G793

[英国] 约翰·亨利·格雷

中国：法律、行为及习俗之历史

（英文，1878）

1878年伦敦英文首版，“国立北京大学藏书”章。另有2个复本。

约翰·亨利·格雷是英国人，曾任中国香港教会执事长。

本书2卷，内容涉及的范围相当广泛，包括政府、监狱和刑罚、宗教（儒学）、教育出版、婚姻家庭、民俗礼仪、体育娱乐、星象占卜、公路桥梁、农业茶业、丝绸器皿、渔船和渔业、身体特征等，意图对中国作一个全面的阐释。总体说来，

101T-Gray-915.1/G793 比武授官图

在19世纪关于中国的大量论著中，本书对司法程序及刑罚的描述较为出色。

本书附137幅黑白插图，以人物和建筑类图片居多。

102-Grose- B979.9712/B291g

Grose, George Richmond, 1869-

James W. Bashford : pastor, educator, bishop / by George Richmond Grose.--New York ; Cincinnati : Methodist Book Concern, c1922.

252 p. : ill., port. ; 21 cm.

Includes index.

1. Bashford, James Whitford, Bp., 1849-1919. I. Title.

[美国] 乔治·里士满·格罗斯

贝施福：牧师、教育家和主教

（英文，1922）

1922年纽约英文首版，美国美以美会图书出版社出版，“燕京大学图书馆”藏书章（钢印），“北京大学图书馆藏印”章。

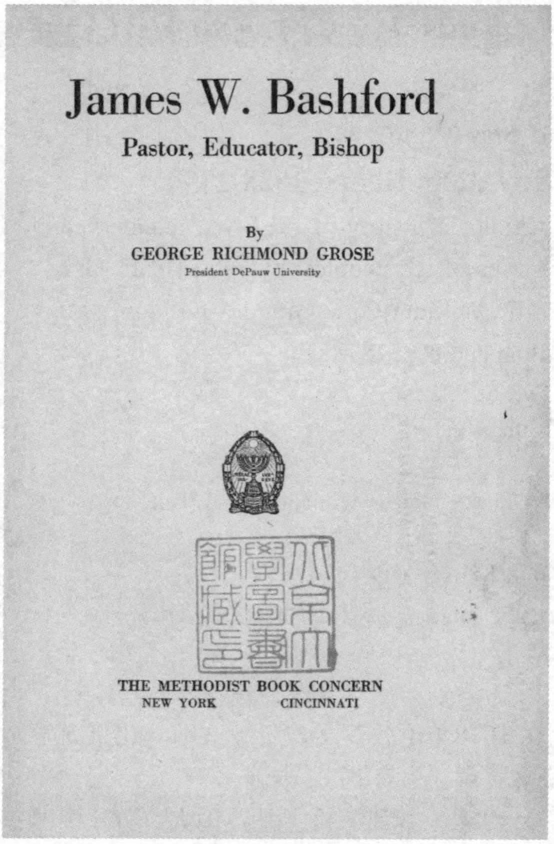

102-Grose-B979.9712-B291g

作者曾为美国美以美教会（也叫卫理公会）多个教堂的主持，曾担任美以美教会所创办的德堡大学（DePauw University）校长达11年之久。本书是作者受美国美以美教会和贝施福夫人的要求为派往中国教区的主教贝施福（中文译名又叫贝施德、柏赐福、贝福瑞）所写的传记。除本书外，著者与中国有关著述还有《中国的新灵魂》（*New Soul of China*），另著有数种宗教书籍。

本书介绍和评价了传主的一生，认为他是杰出的牧师、教育家和主教。贝施福1878年获得波士顿大学哲学博士学位，通晓拉丁文、希腊文和犹太文，最后选择以传教为终生目标。离开波士顿大学后，曾在数个教堂任传教士，业绩卓越。1889年起接受聘请任俄亥俄卫斯里大学校长达15年之久。1904年成为美以美教会派驻中国教区的主教，直到1918年因健康原因回美治疗，1919年在美国加州病逝。

贝施福在中国度过了14年。在中国期间，他行万里路，读万卷书，共旅行30万英里，通读了大量有关中国的书籍。对中国的政治、社会、公益、教育、政府、伦理道德等等都很关注，远远超出了宗教的范围。他较早提出了在北京建设一个基督教各教派统一的高等学校，尤其是现代化的高等医学教育学校的主张。洛克菲勒基金会下的美国中华医学基金会最后终于决定建设世界一流北京协和医学院，与他的努力是分不开的。

贝施福同时还是一位著述颇丰的作家。共有6种主要书籍，以及200多种小册子（或文章）。他最重要和最有影响的书籍是《中国——一种阐释》（*China—An Interpretation*.1916），书中全面介绍了中国的日常生活、历史、习俗、观念、信仰、迷信、自然等等。

关于贝施福,作者尚未提及的还有以下事迹：为纪念贝施福，1926年竣工的燕大办公楼就命名为施德楼，又称贝公楼，直至如今。另外，贝施福还遗赠给燕京大学图书馆大量有关中国和东方文化的西文书籍，后来燕京大学将这部分收藏加以发展，成为燕大图书馆的著名的"东方学文库"特藏。现由北京大学图书馆收藏。

本书附12幅贝施福的照片。

102T-Grose-B979.9712/B291g 贝施福像

103-Grosier 1.1-915.1/G913E

Grosier, J.-B. (Jean-Baptiste), 1743-1823.

[De la Chine. English]

A general description of China : containing the topography of the fifteen provinces which compose this vast empire, that of Tartary, the isles,

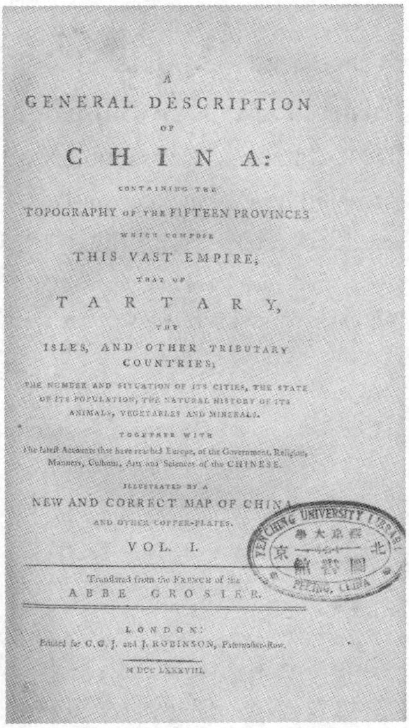

A
GENERAL DESCRIPTION
OF
CHINA:
CONTAINING THE
TOPOGRAPHY OF THE FIFTEEN PROVINCES
WHICH COMPOSE
THIS VAST EMPIRE;
THAT OF
TARTARY,
THE
ISLES, AND OTHER TRIBUTARY COUNTRIES;
THE NUMBER AND SITUATION OF ITS CITIES, THE STATE OF ITS POPULATION, THE NATURAL HISTORY OF ITS ANIMALS, VEGETABLES AND MINERALS.
TOGETHER WITH
The lateſt Accounts that have reached Europe, of the Government, Religion, Manners, Cuſtoms, Arts and Sciences of the CHINESE.
ILLUSTRATED BY A
NEW AND CORRECT MAP OF CHINA
AND OTHER COPPER-PLATES.
VOL. I.

Tranſlated from the FRENCH of the
ABBE GROSIER.

LONDON:
Printed for G. G. J. and J. ROBINSON, Paternoſter-Row.
M DCC LXXXVIII.

103-Grosier 1.1-915.1/G913e

and other tributary countries : the number and situation of its cities, the state of its population, the natural history of its animals, vegetables and minerals : together with the latest accounts that have reached Europe of the government, religion, manners, customs, arts and sciences of the Chinese : illustrated by a new and correct map of China, and other copper plates / translated from the French of Abbe Grosier.--London : G.G.J. and J. Robinson, 1788.

2 v. : ill. (1 folded), 1 folded col. map ; 22 cm.

1. China--Description and travel. I. Title. II. Title: General description…

[法国] 格鲁贤

中国概述（英文，1788）

103T-Grosier 1.1-915.1/G913e　战车

104-Grosier 1.2-915.1/G913

Grosier, J.-B. (Jean-Baptiste), 1743-1823.

De la Chine, ou, Description générale de cet empire, rédigée d'après les mémoires de la mission de Pé-kin / par m. l'abbé Grosier.--3e ed. / rev. et considérablement augm., avec deux cartes.--Paris : Pillet, 1818-1820.

7 v. : 1 fold. map ; 21 cm.

"Discours préliminaire" signed J. Klaproth (v. 1, p. i-lxxx)

French.

1. China. 2. China--Description and travel. I. Title.

[法国] 格鲁贤

中国概述（法文，1818—1820）

本馆藏英文和法文2个版本。

本书巴黎法文首版出版于1785年，题名为《中国概述》，1卷，是作为冯秉正12卷《中国通史》(参见170-Mailla-951/M282)的附录卷，列为第十三卷。1787年再版，开本缩小，改为2卷。1788年出版伦敦英译本首版，2卷，也称为

《中国及中国人的法律、风俗、习惯、科学和艺术全志》（参见103-Grosier 1.1-915.1/G913E），“燕京大学图书馆”藏书章。1789年出版德译本首版。据本书前言所述，也曾被译为意大利文。本馆所藏法文版为第三版，是对旧版作了大幅度增补后的版本，共7卷（参见104-Grosier 1.2-915.1/G913）。前6卷出版于1818年，第七卷出版于1820年，“燕京大学图书馆”藏书章，“哈佛燕京学社”藏书票；另有一复本6卷，缺第七卷，有“德国驻北京公使馆”章。

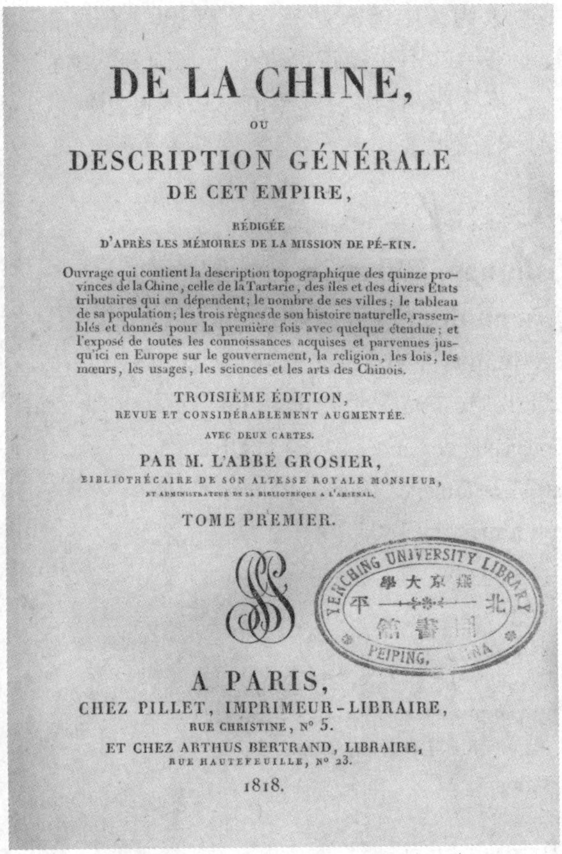
DE LA CHINE,
OU
DESCRIPTION GÉNÉRALE
DE CET EMPIRE,
RÉDIGÉE
D'APRÈS LES MÉMOIRES DE LA MISSION DE PÉ-KIN.
Ouvrage qui contient la description topographique des quinze provinces de la Chine, celle de la Tartarie, des îles et des divers États tributaires qui en dépendent; le nombre de ses villes; le tableau de sa population; les trois règnes de son histoire naturelle, rassemblés et donnés pour la première fois avec quelque étendue; et l'exposé de toutes les connoissances acquises et parvenues jusqu'ici en Europe sur le gouvernement, la religion, les lois, les mœurs, les usages, les sciences et les arts des Chinois.
TROISIÈME ÉDITION,
REVUE ET CONSIDÉRABLEMENT AUGMENTÉE.
AVEC DEUX CARTES.
PAR M. L'ABBÉ GROSIER,
BIBLIOTHÉCAIRE DE SON ALTESSE ROYALE MONSIEUR,
ET ADMINISTRATEUR DE SA BIBLIOTHÈQUE A L'ARSENAL.
TOME PREMIER.

A PARIS,
CHEZ PILLET, IMPRIMEUR-LIBRAIRE,
RUE CHRISTINE, N° 5.
ET CHEZ ARTHUS BERTRAND, LIBRAIRE,
RUE HAUTEFEUILLE, N° 23.
1818.

104-Grosier 1.2-915.1/G913

格鲁贤，法国批评家，1743年出生于圣奥梅尔，1761年进入耶稣会。1760年以一首仿贺拉斯颂歌的诗歌开始其文学创作生涯。之后多年都参与主持一些文学刊物。曾担任卢浮宫圣—路易的译事司铎，后又在珍宝库中任国王兄弟蒙西埃的图书馆馆长。1823年逝世于巴黎。

1777—1783年格鲁贤将18世纪来华传教士冯秉正的《中国通史》（此书系根据《通鉴纲目》等书编译而成）编辑为12卷，陆续出版之后，他认为有必要为法国读者提供一本全面概述中国情况的书，以帮助人们了解所有这些历史事件发生的舞台，于是以来华传教士的资料为依据编撰了本书。内容涵盖中国地理、民族、周边附属国，气候、矿产、动物、植物，宗教、政治体系，中国人的私人生活、个性特征、风俗道德，中国的文学、自然科学、艺术、手工业等许多方面的情况。

《中国概述》在体例上与杜赫德的《中华帝国详志》（参见067-Du Halde 1.1-951.1/D88a）颇为相似。它的一个较为明显的特点是，与格鲁贤负责出版的冯秉正的《中国通史》一样，对中国文化持明确的肯定态度，对中医和中国的教育制度都有明显的好感。针对当时流行于欧洲的认为汉民族起源于埃及的观点，书中认为，中国人是一个具有4000多年古老历史的独立的民族，并非起源于埃及。书中的不少论点都立足于中国人的材料甚至中国人的观点。

英文版附1幅1752年的《中国地图》，另有14幅描绘帝王和百姓生活及日常器具的铜版画。

Guignes, Chretien Louis Joseph de, 1759-1845.

Voyages à Peking, Manille et l'île de France : faits dans l'intervalle des années 1784 à1801 / par M. de Guignes.–Paris : Imprimerie impériale, 1808.

3 v. ; 21 cm.

French.

1. China--Description and travel. 2. Philippines--Description and travel. 3. Mauritius--Description and travel. I. Title.

[法国] 小德经

北京、马尼拉及法兰西岛旅行记（1784—1801）

（法文，1808）

1808年巴黎法文首版，“燕京大学图书馆”藏书章。

本书为作者1784年至1801年间在中国、马尼拉及法兰西岛等地的游记，3卷。意大利文首版1829至1830年在意大利米兰出版，1832年在意大利那不勒斯出版意大利文第二版。

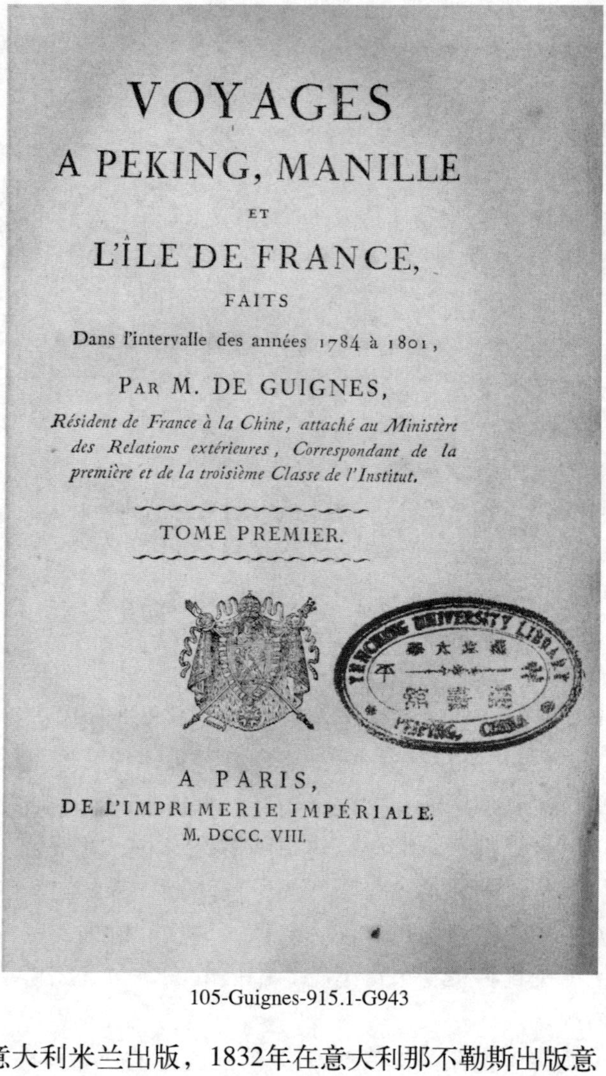

105-Guignes-915.1-G943

小德经，法国东方学家大德经（Joseph de Guignes，1720—1800）之子。1784年离法东来，在澳门居留约10年后，于1794年随荷兰特使德胜（Isaac Titzing）等自广州赴北京，次年南返。1796至1797年间，因经费问题辗转于广州与法兰西岛之间，后羁留该岛，于1801年返法。著有《关于汉语的思考》（*Réflexions sur la langue chinoise, Paris*. 1807）。后经皇帝拿破仑任命，于1808年起主持《汉语、法语、拉丁语词典》（*Dictionnaire chinois, français et latin, Paris*. 1813）的编纂工作。

105T-Guignes/915.1-G943 扬州府牌坊

本书第一卷为中国古史概要；第二卷为小德经北京之行往返途中的日记；第三卷为小德经在中国、马尼拉、法兰西岛等地的见闻录，其中以中国见闻为主，作者将之划分为不同主题，如习俗、宗教、语言、政府、民众等，并详细记述了中欧贸易的情况。在本书中，作者自称保持中立态度，不赞同美化或丑化中国的做法，所择录的中国古史以信史开端为上限，游记、见闻也为中国现状的实录。本书刊行后，格鲁贤曾予以负面评论。

106-Gützlaff 1.1-951/G989

Gützlaff, Karl Friedrich August, 1803-1851.

A sketch of Chinese history, ancient and modern : comprising a retrospect of the foreign intercourse and trade with China / by the Rev. Charles Gützlaff.--London : Smith, Elder & Co., 1834.

2 v. ; 22 cm. + 1 fold. map in pocket.

1. China--History. 2. China--Commerce--History. I. Title.

[德国] 郭实腊

中国古代及近代史略（英文，1834）

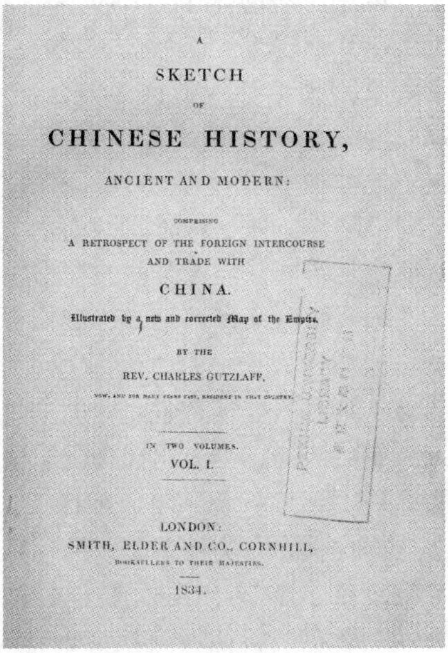

A
SKETCH
OF
CHINESE HISTORY,
ANCIENT AND MODERN:
COMPRISING
A RETROSPECT OF THE FOREIGN INTERCOURSE
AND TRADE WITH
CHINA.
Illustrated by a new and corrected Map of the Empire.
BY THE
REV. CHARLES GUTZLAFF,
IN TWO VOLUMES.
VOL. I.
LONDON:
SMITH, ELDER AND CO., CORNHILL,
BOOKSELLERS TO THEIR MAJESTIES.
1834.

106-Gützlaff 1.1-951/G989

107-Gützlaff 1.2-951/G989G

Gützlaff, Karl Friedrich August, 1803-1851.

Gutzlaff's Geschichte des chinesischen Reiches : von den ältesten Zeiten bis auf den Frieden von Nanking / herausgegeben von Karl Friedrich Neumann.--Stuttgart ; Tübingen : J.G. Cotta, 1847.

vi, 912 p. ; 21 cm.

German.

1.China--History. I. Neumann, Karl Friedrich, 1793?-1870. II. Title.

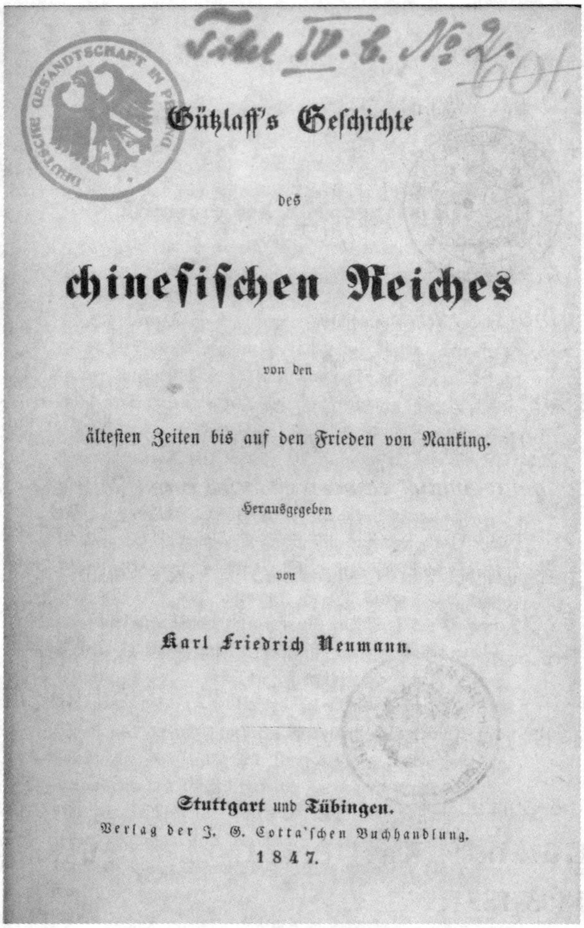
Gützlaff's Geschichte
des
chinesischen Reiches
von den
ältesten Zeiten bis auf den Frieden von Nanking.
Herausgegeben
von
Karl Friedrich Neumann.
Stuttgart und Tübingen.
Verlag der J. G. Cotta'schen Buchhandlung.
1847.

107-Gützlaff 1.2-951/G989G

[德国] 郭实腊

中国古代及近代史略

（德文，1847）

1834年伦敦英文版（106-Gützlaff 1.1-951/G989），2卷，“燕京大学图书馆”藏书章。另有1847年斯图加特和图宾根德文版单卷本，德文题名为《郭实腊的中华史：从远古时代到南京条约的签订》（107-Gützlaff 1.2 -951/G989G），“德意志帝国驻北京公使馆”藏书章，“德国驻北京使馆”藏书章。

郭实腊（又译郭士立、郭甲利、郭施拉、居茨拉夫等），德国（当时为普鲁士）新教传教士。1826年接受荷兰布道会的派遣到东方荷属殖民地爪哇传教。1828年到暹罗曼谷，学习中国文化和语言。1831年起多次到中国沿海进行散发圣经、侦察活动，力主用武力强迫清政府开放口岸。从1839年起参与英国侵略中国的第一次鸦片战争，担任翻译工作。1842年8月参与签订中英《南京条约》，后任港英政府的中文秘书。1847年在香港设立“福汉会”，雇用中国人至内地散发宗教传单，1849年回英国组织“中国协会”，1851年病逝于香港。郭实腊著作颇多，著有英、德、荷兰文著作70余种，除此书外，较著名的有：《1831,1832和1833年中国沿海三次航行记，及有关暹罗、朝鲜、琉球群岛的简介》（参见

108-Gützlaff 2.1-915.1/G989）、《开放了的中国－又题为有关中华帝国地形、历史、习俗、礼俗、艺术、物产、宗教、司法等的展示》(*Chinese Opened: or, a display of the topography, history, customs, manners, arts, manufactures, commerce, literature, religion, jurisprudence, etc. of the Chinese Empire.1838*)、《在华的传教》（*Die Mission China.1850*），《道光皇帝传》(参见110-Gützlaff 3-K827.49/D238g)、《东西洋考每月统计传》（4卷，1833-1837）（*Eastern Western Monthly Magazine*）等。

本书是有关中国历史的图书。第一卷详细介绍了中国的自然地理、政府与法律、民族特性、语言、文化与科学、宗教等方面情况，时间跨度从中国上古时代到明朝，第二卷卷先以80页篇幅传述清代的历史，然后专门辟一章（第19章）介绍“福音在中国的传播”（Propagation of the Gospel in China），叙述中国历史上景教、天主教和新教的传播。此外，郭实腊还以4章200多页的篇幅记述了当时中国沿海省份的商业情况和西方的对华贸易，还用11页附录、列表记录当时中英、中美贸易的一些情况。本书反映了19世纪初西方在华人士对中国历史、文化的一些基本认识，对于研究近代中外关系很有参考价值。

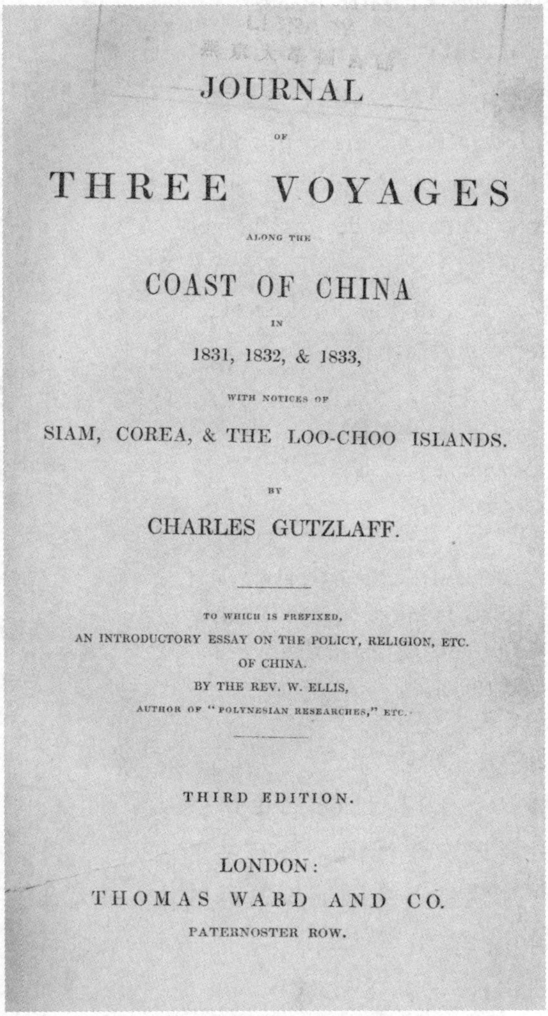

JOURNAL

OF

THREE VOYAGES

ALONG THE

COAST OF CHINA

IN

1831, 1832, & 1833,

WITH NOTICES OF

SIAM, COREA, & THE LOO-CHOO ISLANDS.

BY

CHARLES GUTZLAFF.

TO WHICH IS PREFIXED,

AN INTRODUCTORY ESSAY ON THE POLICY, RELIGION, ETC.

OF CHINA.

BY THE REV. W. ELLIS,

AUTHOR OF "POLYNESIAN RESEARCHES," ETC.

THIRD EDITION.

LONDON:

THOMAS WARD AND CO.

PATERNOSTER ROW.

108-Gützlaff 2.1-915.1/G989

108-Gützlaff 2.1-915.1/G989

Gützlaff, Karl Friedrich August, 1803-1851.

Journal of three voyages along the coast of China, in 1831, 1832, & 1833 : with notices of Siam, Corea, and the Loo-Choo islands / by Charles Gützlaff ; to which is prefixed, an introductory essay on the policy, religion, etc. of China, by

the Rev. W. Ellis.--3rd ed.--London : T. Ward, [1840]
iv, 312 p., [2] leaves of plates : port., fold. map ; 21 cm.
Binder's title: Voyages along the coast of China.

1. Missions--China. 2. China--Description and travel. I. Ellis, William, 1794-1872. II. Title.

[德国]郭实腊
1831，1832和1833年中国沿海三次航行记，及有关暹罗、朝鲜、琉球群岛的简介（英文，1840）

109-Gützlaff 2.2-915.1/G989r

Gützlaff, Karl Friedrich August, 1803-1851.

Gützlaff' s Reisen in China: Jahrbuch der Reisen : fur junge Freuude der Lander und Volker-Kunde / herausgegeben von E. Wendt und Th. Vockerode.--Leipzig : Carl Friedrich Dorf-fling, 1843-
1 v. : ill. (some fold.), maps ; 16 cm.
Maps on lining papers.
German.

1. China--Description and travel. I. Wendt, E. II. Vockerode, Th.. III. Title. IV. Gutzlaff's Reisen in China. V. Reisen in China.

109-Gützlaff 2.2-915.1/G989r

[德国]郭实腊
1831，1832和1833年中国沿海三次航行记，及有关暹罗、朝鲜、中国琉球群岛的简介（德文，1843）

1840年伦敦英文第三版(108-Gützlaff 2.1-915.1/G989)，“燕京大学图书馆

“藏书章。本馆亦有藏1843年莱比锡德文版（109-Gützlaff 2.2-915.1/G989r ），“北京大学图书馆藏印”章，“福克司印”。该书1834年于伦敦首版，共出版3次。下文所作提要依据本馆所藏1840年第三版而作。本书中内容还以《郭实腊的中国之行》（*Gützlaff' s Reisen in China*）为名被编入《青年旅行系列丛书》（*Jahrbuch der Reisen : fur junge Freuude der Landr und Volker-Kunde*. 1843.）。

本书为郭实腊在中国沿海三次传教、侦察航行活动的记录，即1831年6月至12月间，郭实腊搭乘中国商船自曼谷出发，经海南岛北上，经过厦门、台湾、宁波、上海，最后到达天津，然后沿原路线返回澳门。1832年2月至1833年4月底间，郭实腊受雇于英国东印度公司，陪同公司高级职员胡夏米（Huyh Hamilton Lindsay, 1802—1831）乘鸦片走私船“阿美士德”号进行中国沿海第二次侦察活动，从澳门出发，途经厦门、台湾、上海，然后北上，经朝鲜、日本折返中国澳门。1832年10月至1833年4 月间，大鸦片商查顿(William Jardine, 1784—1843)雇佣郭实腊乘鸦片走私船 “气仙号”再次到中国沿海进行间谍和走私活动，最远抵达辽宁沿海一带。在书的导言及附录中，郭实腊概述了基督教在华传教活动情况，攻击中国人根深蒂固的“异教徒”信仰，特别是所谓的“偶像崇拜”在成为基督教在华传播的障碍，鼓吹以战争来打开中国的大门。郭实腊在中国沿海的侦察活动，向英国政府和东印度公司提供的大量第一手有关中国沿海重要的军事、地理、政治和经济情报，成为日后英国发动侵华战争的重要依据。

本书附1幅《郭实腊身着清朝福建水手服肖像》及1幅《中国地图》。

110-Gützlaff 3-K827.49/D238g

Gützlaff, Karl Friedrich August, 1803-1851.

Leben des Kaisers Taokuang : Memoiren des Hofes zu Peking und Beiträge zu der Geschcihte Chinas während der letzten funfzigen Jahre / von Karl Gützlaff.--Leipzig : Verlagsbuchhandlung von Carl B. Lorck, 1852.

xvi, 17-190 p. ; 20 cm.

German.

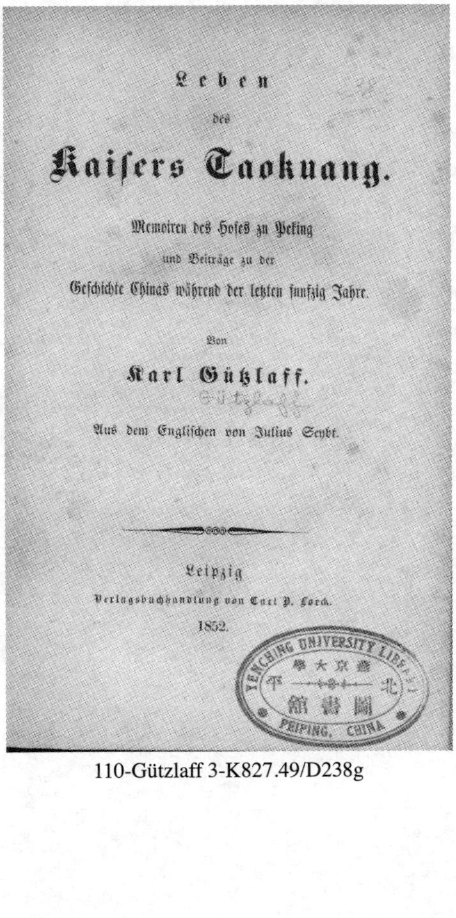

110-Gützlaff 3-K827.49/D238g

1. Daoguang, Emperor of China, 1782-1850. 2. China--History--Daoguang, 1820-1850. I. Title.

[德国] 郭实腊

道光皇帝传(德文，1852)

森普特（Julius Senbt）由英文版本译出的莱比锡德文版，于1852年在莱比锡出版。本书为德语施瓦本活字（Schwabacher）和哥特体活字混排印刷，“燕京大学图书馆”藏书章。另有1个复本。

本书共分12个章节，按时间顺序描述了道光皇帝的一生。其中详细叙述了道光的出生、童年及所受的教育、嘉庆皇帝时期的皇宫生活，道光的生活方式及举止、习惯和个性、立为储君及登基后的个人生活。本书也讲述了道光皇帝统治时期各个阶段的社会状况及发生的历史事件，如新疆叛乱、抗击海盗、英国人占领澳门、嘉庆和绵宁的中国政策、宫廷内崇俭抑奢、整顿吏治、贸易限制等。外交方面谈到了同英国战争的起因、中国对侵略的反抗和英军的占领、中美和中法条约的签定、清朝的陆军建设、海关和海军建设等。

H

111-Hager-495.1/H122

Hager, Giuseppe, 1757-1819.

An explanation of the elementary characters of the Chinese : with an analysis of their ancient symbols and hieroglyphics / by Joseph Hager, D.D.--London : Printed for Richard Phillips, 1801.

lxxvi, 43, [1] p. : fold. ill. ; 39 cm.

1. Chinese language--Writing. I. Title.

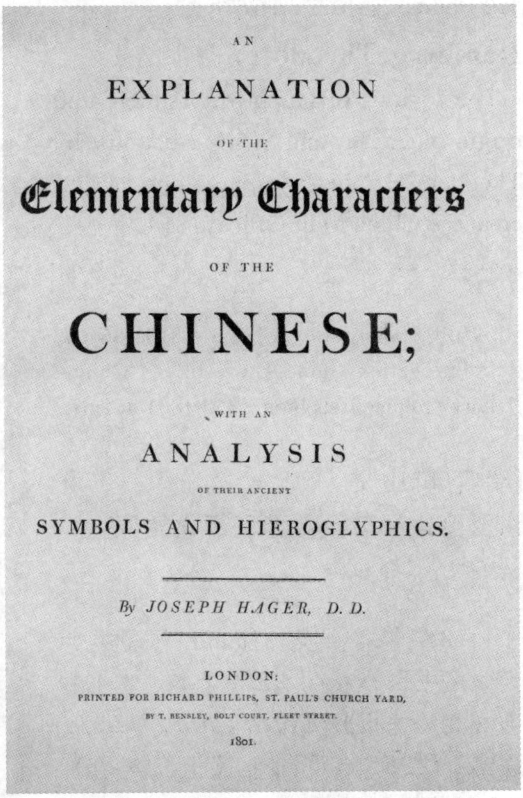

AN

EXPLANATION

OF THE

Elementary Characters

OF THE

CHINESE;

WITH AN

ANALYSIS

OF THEIR ANCIENT

SYMBOLS AND HIEROGLYPHICS.

By JOSEPH HAGER, D. D.

LONDON:

PRINTED FOR RICHARD PHILLIPS, ST. PAUL'S CHURCH YARD,

BY T. BENSLEY, BOLT COURT, FLEET STREET.

1801.

111-Hager-495.1/H122

[意大利] 朱塞佩·哈盖尔

基础汉字释义（英文，1801）

1801年伦敦英文版，“国立北京大学图书馆”藏书章（钢印）。

朱塞佩·哈盖尔，出生于米兰一个富庶的日尔曼家庭，早年是一位自由的历史语言学学者，周游访问过欧洲许多大图书馆后开始对中国问题进行研究。

18世纪末的欧洲学界，中国文化的影响可谓轰轰烈烈。但当时著名的德国汉学家贝尔（Theophilus Siegfried Bayer ）也指出欧洲汉学最迫切解决的是汉语学习方面的问题，欧洲人需要自己的语言学习工具。本书名又译作《边画译》，是哈盖尔的第一部汉学著作，也是打开欧洲19世纪汉语研究新局面的著作。哈盖尔在序言中指出，贝尔和傅尔蒙（Etienne Fourmont）以来还从未有人撰写过汉语方面的专门著作，而傅尔蒙的著述常人已难得一见，况且他们“用拉丁文写作暂且不论，其内容之过分繁琐也足以令人兴趣索然，至于贝尔的《中国大观》(*Museum Sinicum*)，其汉字刻印得十分不过关，着实没法给人们的学习带来多少益处”。本书即是关于中国文化的基本介绍，内容包括中国历史文化的初步描述、中国汉字形状和读音的基本介绍等。本书在其内容上不乏错谬，但在欧洲确实使人们对汉语言文字本身产生广泛的关注和研究的兴趣，对欧洲汉学的形成产生了实质影响。

112-Hamberg- K827.5/H757h

Hamberg, Theodore.

The visions of Hung-Siu-Tshuen, and origin of the Kwang-Si insurrection / by Theodore Hamberg.--Hong Kong : Printed at the China Mail Office, 1854.

v, 63 p. : 21 cm.

1. Hong, Xiuquan (洪秀全), 1814-1864. 2. Revolutionaries--China--Biography. 3. China--History--Taiping Rebellion, 1850-1864. I. Title.

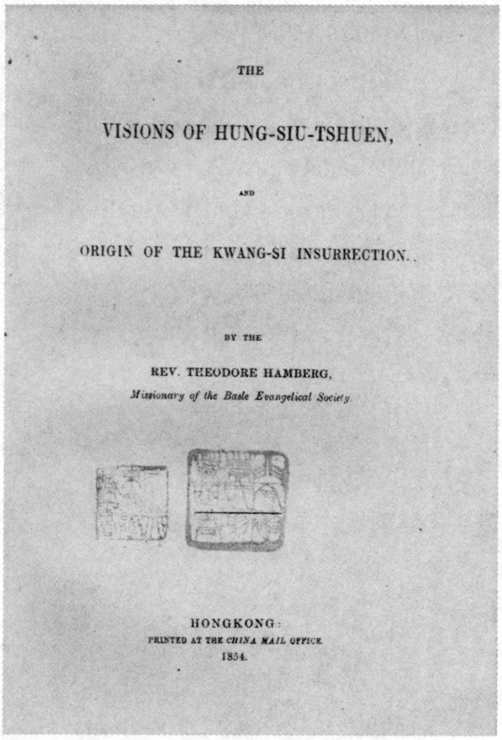

112-Hamberg-K827.5/H757h

[瑞典] 韩山文

洪秀全之异梦及广西乱事之始原

（英文，1854）

1854年香港英文版，“国立北京大学藏书”章。另有2个复本。本书曾被《北华捷报》(*North China Herald*)连载，1855年重印于《上海年鉴》(*Shanghai Almanac and Miscellany*)，1863年又重印于《中日丛报》（*The Chinese and Japanese Repository*）第一册中，1935年燕京大学图书馆以《太平天国起义记》名称出版中译本，收入1954年由神州国光社出版、中国史学会主编的《中国近代史资料丛刊·太平天国》第六册中。

韩山文1847年作为瑞士所设立的巴色会教士来到中国，传教于广东东部和南部客家人之间。1852年在香港结识洪秀全的弟弟洪仁玕，得其口述洪秀全事迹后用英文写成此书。

韩山文根据洪仁玕口述记载了洪秀全建立拜上帝会及其早期活动，介绍了洪秀全家族从宋代以来的谱系与变迁，尤其是详细记述了这位落第之子阅读《劝世良言》后，通过传教和创立拜上帝会的方式一步步走向暴力反清的道路。本书描述了洪秀全的异梦及他和洪仁玕赴广州学道，广西暴动的起因与过程，首领洪秀全、杨秀清、冯云山、萧朝贵等人之间的关系，暴动队伍与三合会党的聚散过程，洪仁玕本人的曲折经历等，以大量的事实说明了太平天国的酝酿和兴起的历史真相，是近代中国历史上中西学者合作完成的第一部口述回忆录，是关于太平天国唯一的一部口述史，也是研究太平天国早期历史的珍贵文献。

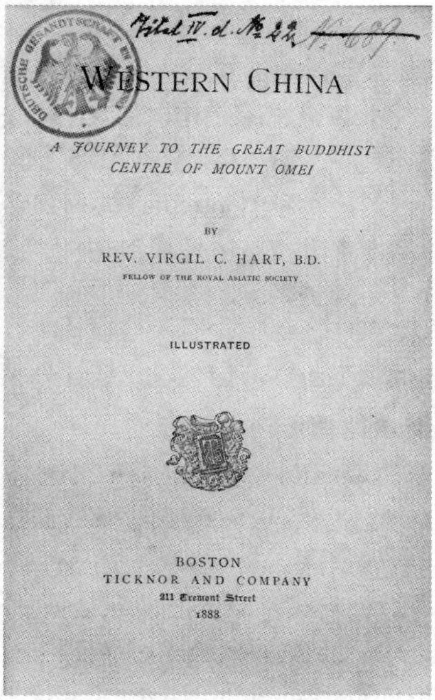

113-Hart-915.13/H251

113-Hart-915.13/H251

Hart, Virgil Chittenden, 1840-1904.

Western China : a journey to the great Buddhist centre of Mount Omei / by Rev. Virgil C. Hart.--Boston : Ticknor, 1888.

x, 306 p. : ill., 1 fold. map ; 20 cm.

Includes index.

1. Hart, Virgil Chittenden, 1840-1904. 2. China--Description and travel. I. Title.

[美国] 赫斐秋

华西：峨嵋旅行记（英文，1888）

1888年波士顿英文版，“德国驻京公使馆”藏书章。另有1个复本。

赫斐秋是美国传教士。1865年来华，在福州美以美会任职。1867年赴九江设立美以美会传教站，曾任美以美会华中负责人18年。他负责筹备创设了芜湖、南京和镇江等地的美以美教会。1885年与美以美会脱离关系回国。1891年应加拿大美以美

113T-Hart-915.13/H251 峨嵋铜塔图

会邀请率教士再度来华。1892年赫氏等赴成都设立教会。1895年他们的教堂和房屋被当地群众捣毁，他从清政府获得一笔赔款后又回到成都恢复活动。

本书记述的是作者在佛教圣地——峨嵋山的旅行经历。本书共13章，具体内容包括：汉口到宜昌的沿途风景、奇特的风俗、罂粟等植物、在重庆的见闻、大盐井和消防水井、乡村风景、成都及其历史、峨嵋山的情况。

本书附12幅风景插图和1幅《华西及作者旅行路线图》。

114-Hasan 1.1-915/R291

Hasan ibn Yazid, Abu Zaid, al-Sirafi. 10th cent.

[Silsilat al-tawarikh. English]

Ancient accounts of India and China / by two Mohammedan travellers, who went to those parts in the 9th century ; tr. from the Arabic, by the late learned Eusebius Renaudot ; with notes, illustrations and inquiries by the same hand.--London : Printed for S. Harding, 1733.

xxxvii, [1], 99, 260, [12] p. ; 21 cm.
Includes index.
Translation of Silsilat al-tawarikh.
Title vignette.

1. Travel, Medieval. 2. India--Description and travel--Early works to 1800. 3. China--Description and travel--Early works to 1800. I. Sulayman, al-Tajir, 10 cent. II. Renaudot, Eusebe, 1646-1720. III. Sulaiman, the merchant. IV. Title. V. Title: Ancient accounts...

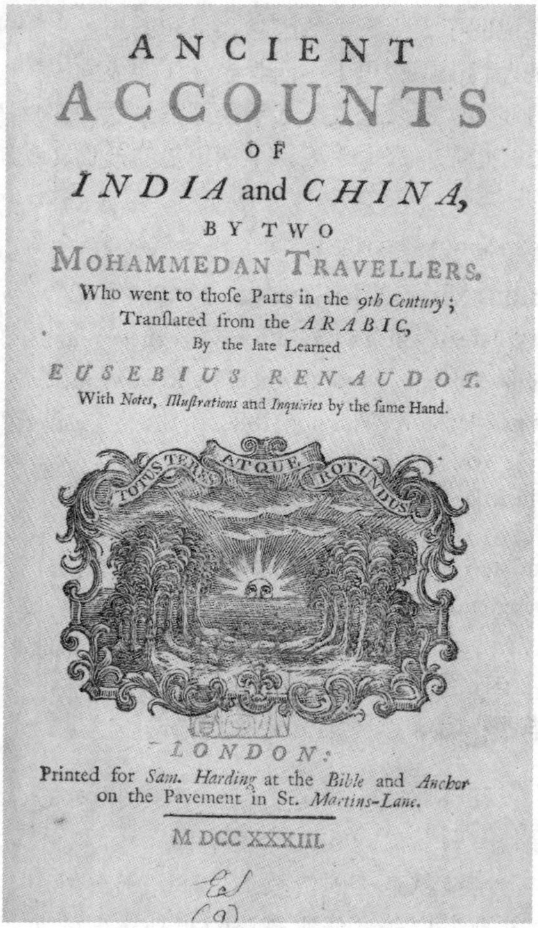

114-Hasan 1.1-915/R291

[阿拉伯] 哈桑·伊本·耶齐德、阿布·扎伊德、阿勒-希哈飞

公元九世纪阿拉伯人波斯人印度中国旅行记（英文，1733）

115-Hasan 1.2-915/H27r

Hasan ibn Yazid, Abu Zaid, al-Sirafi. 10th cent.

Relation des voyages faits par les Arabes et les Persans dans l'Inde et à la Chine dans le IXe siècle de l'ère chrétienne / texte arabe imprimé en 1811 par les soins de feu Langlès, pub. avec des corrections et additions et accompagné d'une traduction française et d'éclaircissements par M. Reinaud.--Paris : Imprimerie Royale, 1845.

2 v. ; 14 cm.

In two books, the first said to be taken down from statements made by a merchant named Sulaiman, the second a continuation of the first, by Hasan.

Appended to the Arabic text are extracts from the Maruj Al-dahab and the Kitab Al-tanbih by Masudi.

v. 1. Introduction et traduction -- v. 2. Notes de la traduction et texte Arabe.

French.

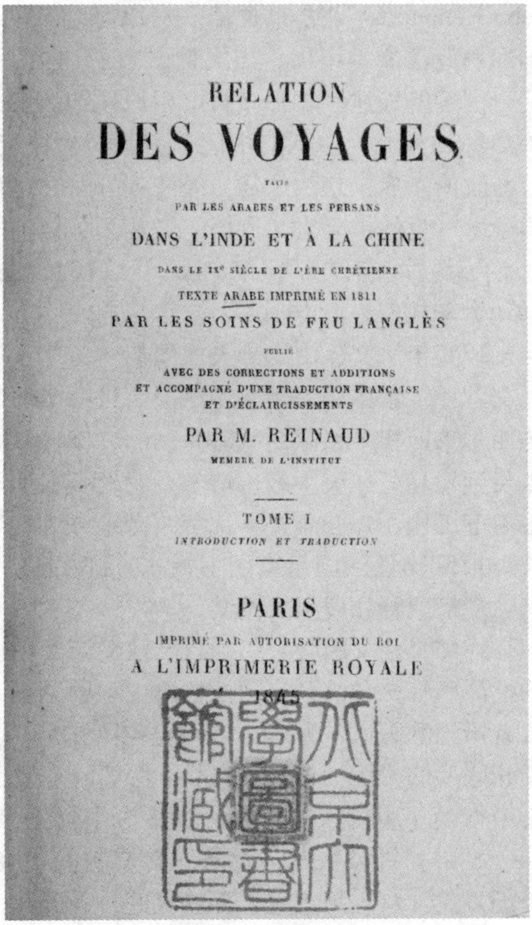

RELATION
DES VOYAGES
FAITS
PAR LES ARABES ET LES PERSANS
DANS L'INDE ET À LA CHINE
DANS LE IXe SIÈCLE DE L'ÈRE CHRÉTIENNE
TEXTE ARABE IMPRIMÉ EN 1811
PAR LES SOINS DE FEU LANGLÈS
PUBLIÉ
AVEC DES CORRECTIONS ET ADDITIONS
ET ACCOMPAGNÉ D'UNE TRADUCTION FRANÇAISE
ET D'ÉCLAIRCISSEMENTS
PAR M. REINAUD
MEMBRE DE L'INSTITUT

TOME I
INTRODUCTION ET TRADUCTION

PARIS
IMPRIMÉ PAR AUTORISATION DU ROI
A L'IMPRIMERIE ROYALE
1845

115-Hasan 1.2-915/H27r

1. India--Description and travel. 2. China--Description and travel. I. Sulaiman, the merchant. Relation des voyages faits par les Arabes et les Persans dans l'Inde et à la Chine dans le IXe siècle de l'ère chrétienne. II. Reinaud, Joseph Toussaint, 1795-1867. III. Title.

[阿拉伯]哈桑·伊本·耶齐德、阿布·扎伊德、阿勒-希哈飞

公元九世纪阿拉伯人波斯人印度中国旅行记（法文，1845）

1733年伦敦英文首版本（114-Hasan 1.1-915/R291），“国立北京大学藏书”章，另有4个复本。本书1718年在巴黎出版法文首版，本馆藏有1845年巴黎法文版（115-Hasan 1.2-915/H27r），2卷，“北京大学图书馆藏印”章，“向达藏书”章，另有1个复本。

1718年，当时法国最伟大的东方学家、耶稣会会士尤赛巴·瑞那多特（Eusebe Renaudot）将本书原稿——12世纪手写的阿拉伯文文献译成法文。本书英文本即由此法文本译出。该文献记录了9世纪时最初到中国和印度的阿拉伯人对这两个国度的描述。瑞那多特书中原稿约占全书的35%的篇幅，其他为译者对原稿的注释和补充，包括对中国基督教传播情况的记叙，对中国物产、人民衣食住行、政治制度、宗教信仰、经济等方面的记叙，关于中国犹太人的记叙，关于中国学术（哲学、天文、道德、仪式、文学、科学及语言等方面）的评介。

随着后来东方学研究的发展及1764年法国著名东方学家德经（Joseph Deguignes）在皇家图书馆发现了本书的阿拉伯原稿，出版新的译本的时机趋于成熟。1845年法文版由约瑟夫·图桑·雷诺（Joseph Toussaint Reinaud）自阿拉伯原文翻译。雷诺1795年生于法国朗贝斯克，1867年在巴黎去世。1815年到巴黎成为西尔韦斯特·德萨西（Silvestre de Sacy）的学生，1818—1819年作为法国公使专员到罗马，在天主教传信部马龙教派下学习。1824年进入法国皇家图书馆东方善本部工作，1838年接替德萨西在东方语言学校的讲席，1847年任亚细亚学会会长，1858年任法国皇家图书馆东方部主任。曾写过关于阿拉伯人入侵法国、萨瓦、皮德蒙特和瑞士的论文。

1845年法文新版包括前言、法文译文、法文注释、本书关于博物学有关页码的批注、补充和修订、阿拉伯原文和勘误表等内容。译文中按年代顺序介绍了旅行者所到的国家、海洋，见到的各种鱼类，以及城市概况、稀有动物等，还对中国和印度的习俗、自然、宗教、医药、行政区划进行了介绍比较。关于中国，译文中介绍了中国人的服饰、货币、主食、水果、头饰、溺器、陶罐、都城、葬礼、婚俗、钟鼓报时、贸易、官僚制度、旅行凭据、借贷方式、纳税和养老、极刑方式、麝香采集等方面的见闻。此外还记述了阿拉伯人伊本·瓦哈比（Ibn-Vahab）到中国觐见中国皇帝及与其交谈的经过，述及中国皇帝派往广州的宦官与阿拉伯商人发生的交易纠纷，以及阿拉伯商人如何向皇帝诉讼、事情如何得到最后解决等内容。

116-Hay-282.5/H334

Hay, John, 1546-1618?

De rebus Iaponicis, indicis, et pervanis epistolae recentiores / AIoanne Hayo.--Antverpiae : Ex officina Martini Nutij, 1605.

968, [50] p. ; 18 cm.

Includes index.

Latin.

1. Jesuits. 2. East Asia--Description and travel. I. Jesuits. Letters from Missions. II. Title.

[英国] 约翰·海

关于日本、印度和秘鲁事物的近期信函（拉丁文，1605）

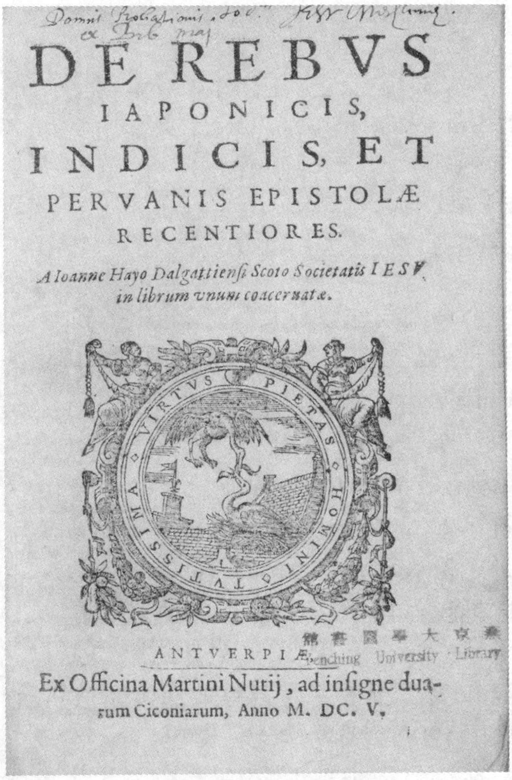

116-Hay-282.5/H334

安特卫普拉丁文1605年首版，“燕京大学图书馆”藏书章，“燕京大学图书馆哈佛燕京学社”藏书票。

约翰·海为派往日本的耶稣会士。

本书由派驻日本、印度及秘鲁的比利时籍及西班牙籍的耶稣会士与耶稣会总会长或红衣主教之间的往返通信整理编辑而成，这些写于1577—1601年间的55封信函内容均与该会在亚洲的传教活动有关。

第一封信寄自1577年6月1日，重点记述日本岛，提及岛上的统治者不被重视的情形。在随后寄自1585年3月23日给教宗格利高里13世的信函中，他们报道了日本的历史及日本人领洗的情况；在1596、1597年的信函中提及了一些会士殉道的事实；在1589年寄给耶稣会总会长的信中叙述了五位耶稣会士在印度殉道的事情；在1599年的信函中叙述了日本和东印度的历史关系；在1598年前后的三通信函中，耶稣会士们记述了他们对于中国的初步了解；排列在1598年之后未注明日期的一通信函以“关于秘鲁的传教”为标题；在1601年的信件中，耶稣会士们记载了他们对菲律宾群岛的了解。海幼斯本人也有若干信函，特别是1601年的信件中提及他的所有（近期）信函都是关于日本岛的。

本书后附索引。

117-Hedin 1-915/H358

Hedin, Sven Anders, 1865-1952.

Through Asia / by Sven Hedin ; with nearly three hundred illustrations from sketches and photographs by the author.--London : Methuen, 1898.

2 v. : ill., ports., maps (2 fold.) ; 25 cm.

Translated from the Swedish by J.T. Bealby.

Includes index.

1. Voyages and travels. 2. Asia, Central--Description and travel. I. Title.

[瑞典] 斯文·赫定
穿越亚洲（英文，1898）

1898年伦敦英文版，2卷，“国立北京大学藏书”章，“North China Union, Language School Library”章。

斯文·赫定是瑞典著名探险家。1885—1886年到波斯及中东进行了首次考察旅行，1886年入斯德哥尔摩大学攻读地质，1892年到德国地理学研究所学习，获哲学博士学位。1890—1930年先后5次到中亚和我国新疆、西藏等地探险，其中于1900年发现楼兰古国，1927年与徐炳旭率中瑞西北科学考察团到西北考察，历时8年，著有《亚洲腹地探险八年》（*History of the Expedition in Asia* 1927—1935. 1943—1945）记录经历。此外还著有《中亚和中国西藏》（参见118-Hedin 2-915/H358c）、《横越喜马拉雅山，在西藏的发现和冒险》（*Trans-Himalaya, Discoveries and Adventures in Tibet*. 1909）、《从北京到莫斯科》（*Von Peking nach Moskau*. 1924）、《穿越戈壁沙漠》（*Across the Gobi Desert*. 1931）、《我的探险生涯》（*My Life as an Explorer*. 1925）、《热河：帝王之都》（*Jehol: Kejsarstaden*. 1931）等。

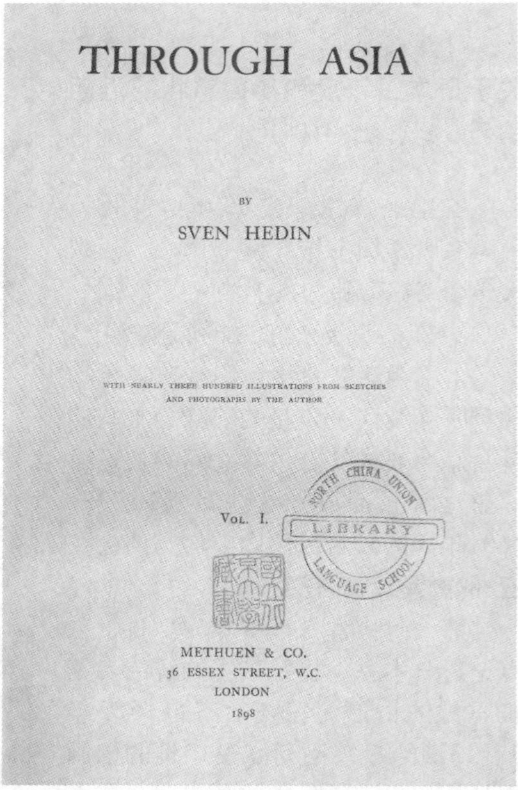
THROUGH ASIA

BY

SVEN HEDIN

WITH NEARLY THREE HUNDRED ILLUSTRATIONS FROM SKETCHES AND PHOTOGRAPHS BY THE AUTHOR

VOL. I.

METHUEN & CO.
36 ESSEX STREET, W.C.
LONDON
1898

117-Hedin 1-915/H358

SHANG, DAO TAI OF KASHGAR

117T-Hedin 1-915/H358 喀什噶尔道台和清兵等

本书叙述了作者1893年从斯德哥尔摩出发到1897年返回的亚洲探险旅行。序言中说，本书的读者对象是一般公众，因此主要记载作者的旅行和比较重要的经历。作者首先乘火车穿越俄罗斯到达中亚铁路终点奥伦堡，经咸海到达塔什干，经锡尔达里亚、穿越帕米尔高原，从穆尔加布到中国境内的布伦库尔，后尝试攀登慕士塔格山失败，抵达喀什噶尔，在那里拜会作者的朋友张道台，并被邀请与俄罗斯领事出席中国人的宴会。此后作者取道英吉沙等地，试图再次攀登慕士塔格峰，失败后返回喀什噶尔。1895年2月再次从喀什噶尔出发，向东穿越塔克拉玛干沙漠，因饮水用完陷入危境，后遇牧人得救，取道奥克苏返回喀什噶尔。同年7月，作者从喀什噶尔出发前往南帕米尔，不久返回喀什噶尔。同年12月，作者再次出发，取道莎车前往和阗，在和阗购得523件文物，之后进入塔克拉玛干沙漠，在被沙漠掩埋的城市发现佛教壁画等，沿克里雅河行进，到达塔里木河，取道库尔勒到达罗布泊，后返回和阗。之后穿越西藏北部和柴达木。随后从柴达木出发到北京。其间经过青海湖，在西宁访问了塔尔寺，记录了听说的当地回民暴动情况，然后从西宁到凉州，穿越阿拉善沙漠到达王爷府（又称驸马府、定远营），穿越鄂尔多斯，到达包头，经张家口、宣化、南口到达北京。在北京到俄国使馆拜会外交官员，又拜会其他国家使馆，居住了12天之后踏上归国之途，最后于1897年5月10日返回斯德哥尔摩，结束探险之旅。

本书附261张照片和插图，以照片为主，主要是作者拍摄、绘制的。内容为作者探险所到亚洲各处的地理风貌、建筑、人物、文物等。

118-Hedin 2-915/H358c

Hedin, Sven Anders, 1865-1952.

Central Asia and Tibet : toward the holy city of Lassa / by Sven Hedin.--London : Hurst and Blackett, 1903.

2 v. : ill., maps ; 24 cm.

Includes index.

1. Asia, Central--Description and travel. 2. Tibet (China)--Description and travel. I. Title.

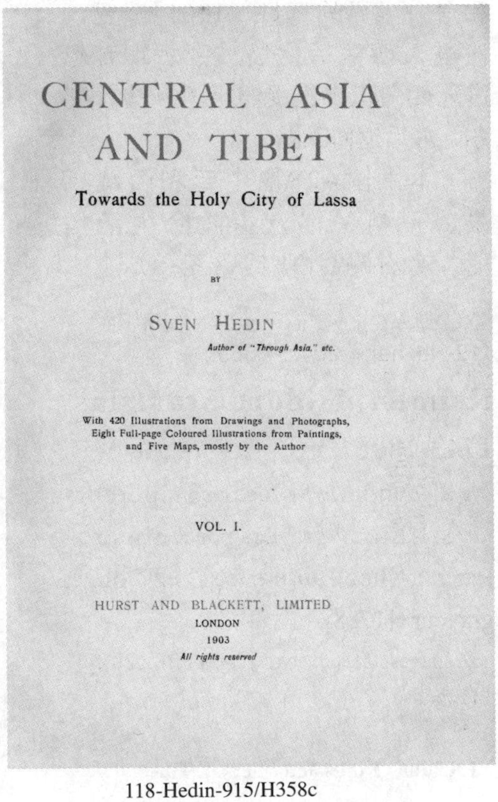

CENTRAL ASIA
AND TIBET

Towards the Holy City of Lassa

BY

SVEN HEDIN

Author of "Through Asia," etc.

With 420 Illustrations from Drawings and Photographs, Eight Full-page Coloured Illustrations from Paintings, and Five Maps, mostly by the Author

VOL. I.

HURST AND BLACKETT, LIMITED
LONDON
1903
All rights reserved

118-Hedin-915/H358c

[瑞典] 斯文·赫定

中亚和西藏（英文，1903）

1903年伦敦英文版，2卷，“燕京大学图书馆”钢印。另有2个复本。

本书为作者在中亚和中国西藏地区的探险经历记录。全书共分12章，依次为：引言、泛舟直下孤独的塔里木河、穿越塔克拉玛干沙漠、罗布泊及其姐妹湖、在藏北、穿越戈壁滩、楼兰古城、罗布泊沙漠地区状况、由北而南穿越西藏、突进拉萨、穿过西藏到拉达克、到达喀什噶尔、印度及返回欧洲。全书的主要内容为：1899年，在得到瑞典国王和工业家诺贝尔的资助下，作者又一次到中国西北探险。在俄国为他免费提供的运输、并派4名哥萨克人护送的条件下，先后测量了新疆的叶尔羌河和塔里木河；南进塔克拉玛干沙漠，经且末到喀拉木伦河和莫尔札河附近考察了遗址和佛塔、在库克河干河床两岸发现古物，又至六十泉附近发掘，发现有图案的丝织品及汉文文书、竹简、和佉卢文木牍。这些古物的发掘地就是后来著名的楼兰古城遗址，其发现引起了国际地理学界和考古学界的瞩目。1901年5月，他进入西藏后化装成蒙古喇嘛想进入西藏但多次受阻后返回喀什噶尔，最后返回欧洲。

本书附428幅中亚和西藏风景、风情民俗及探险队生活插图。另有5幅探险线路图。

119-Helman-K204.5/H369

Helman, Isidore Stanislas, 1743-1806?

Faits mémorables des empereurs de la Chine / gravées par Helman.-- Paris : Chez l'auteur et chez Ponce, graveur,c[1788]

26 leaves, 24 leaves of plates : ill. ; 29 cm.
French.

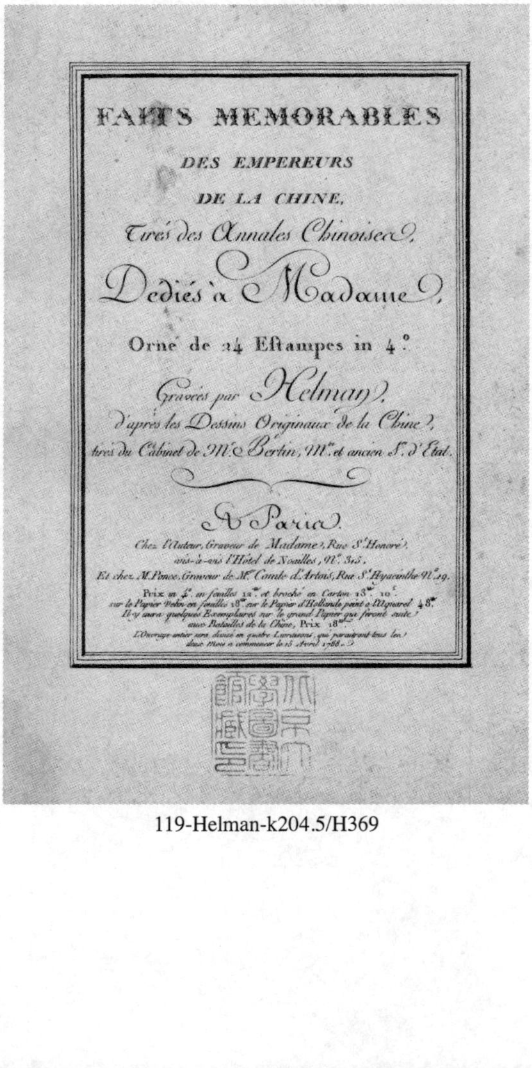
FAITS MEMORABLES
DES EMPEREURS
DE LA CHINE,
Tirés des Annales Chinoises,
Dediés à Madame,
Orné de 24 Estampes in 4°.
Gravées par Helman,
d'après les Dessins Originaux de la Chine,
tirés du Cabinet de M. Bertin, M.re et ancien S. d'Etat.
A Paris
Chez l'Auteur, Graveur de Madame, Rue S.t Honoré,
vis-à-vis l'Hôtel de Noailles, N.o 315.
Et chez M. Ponce, Graveur de M.r Comte d'Artois, Rue S.t Hyacinthe N.o 19.
Prix in 4°. en feuilles 12.# et broché en Carton 13.# 10.s
sur le Papier Velin en feuilles 18.# sur le Papier d'Hollande peint à l'Aquarel 48.#
Il y aura quelques Exemplaires sur le grand Papier qui feront suite
aux Batailles de la Chine, Prix 18.#
L'Ouvrage entier sera divisé en quatre Livraisons, qui paraitront tous les
deux Mois à commencer le 15 Avril 1788.

119-Helman-k204.5/H369

1. China--Kings and rulers. I. Title.

[法国] 伊斯多尔・斯坦尼斯拉斯・埃尔曼
中国古代帝王故事（法文，1788）

1788年巴黎法文版，“北京大学图书馆藏印”章。

伊斯多尔・斯坦尼斯拉斯・埃尔曼为法国铜版画家。

本书以左图右文的形式介绍了中国古代自尧帝至宋哲宗24位帝王的事迹。既有传说中的尧、禹、成汤的美德故事，也有夏桀酒池肉林、商纣炮烙之刑、秦始皇焚书坑儒等暴君虐政；此外还包括汉武帝、汉宣帝、汉成帝、光武帝、南朝宋文帝、梁武帝、陈武帝、陈后主，以及隋文帝、隋炀帝、唐高宗、唐太宗、唐玄宗、宋太宗等帝王言论故事。故事取自中国史书，由埃尔曼制成铜版画，精美入微。

119T-Helman-k204.5/H369 秦始皇焚书坑儒

120-Herbelot 1-950/H413a

Herbelot, Barthelemy d', 1625-1695.

Bibliothèque orientale, ou, Dictionnaire universel, contenant généralement tout ce qui regarde la connoissance des peuples de l'Orient. Leurs histoires et traditions veritables ou fabuleuses ; leurs religions, sectes et politique, leurs gouvernement, loix, coûtumes, moeurs, guerres, & les révolutions de leurs empires ; leurs sciences ; et leurs arts ... les vies et actions remarquables de tous leurs saints, docteurs, philosophes, historiens, poëtes, capitaines & de tous ceux qui se sont rendus illustres parmi eux, par leur vertu, ou par leur savoir ; des jugements critiques, et des extraits de tous leurs ouvrages ... / par Monsieur d'Herbelot.--Maestricht : J.E. Dufour & P. Roux, 1776.

xxj, 22-26, 954 p. ; 45 cm.
First edition, Paris, 1697.
French.

1. Islam--Dictionaries. 2. Oriental literature--History and criticism. 3. Arabic literature--History and criticism. 4. Persian literature--History and criticism. 5. Turkish literature--History and criticism. 6. Tatars. 7. Middle East. 8. East Asia. I. Cousin, Louis, 1627-1707. II. Galland, Antoine, 1646-1715. III. Title.

[法国] 巴泰勒米 · 德埃贝洛
关于东方人一般知识的百科辞典
（法文，1776）

1776年荷兰马斯特里赫特出版的法文版，“燕京大学图书馆”藏书章。本书1697年首版于巴黎。

巴泰勒米 · 德埃贝洛是法国语言学家、东方学者。精通希腊、拉丁、希伯来、迦勒底、古叙利亚、阿拉伯、土耳其、波斯等多种语言。除本书外，曾编写《土耳其语、波斯语与拉丁语词典》（*Arabic, Persian, Turkish and Latin Dictionary*），但未出版。

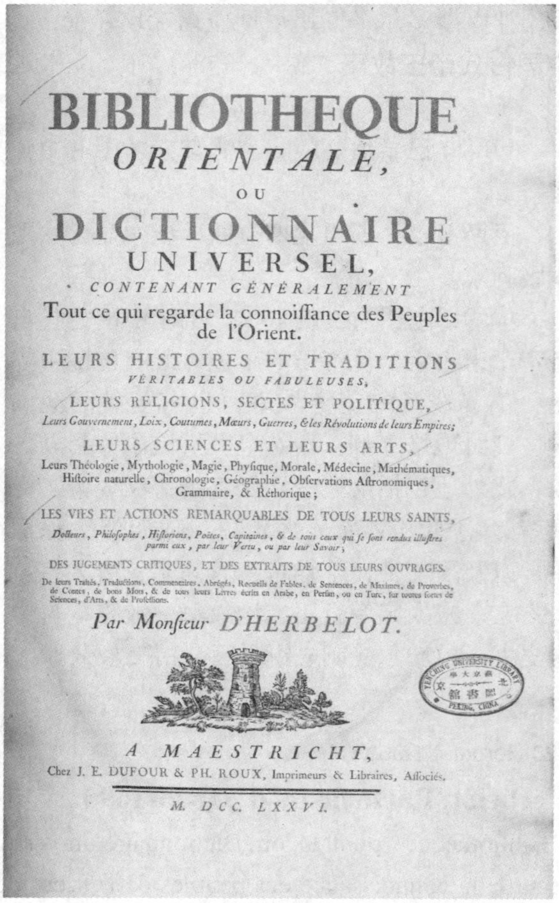
BIBLIOTHEQUE
ORIENTALE,
OU
DICTIONNAIRE
UNIVERSEL,
CONTENANT GÉNÉRALEMENT
Tout ce qui regarde la connoissance des Peuples de l'Orient.
LEURS HISTOIRES ET TRADITIONS
VÉRITABLES OU FABULEUSES,
LEURS RELIGIONS, SECTES ET POLITIQUE,
Leurs Gouvernement, Loix, Coutumes, Mœurs, Guerres, & les Révolutions de leurs Empires;
LEURS SCIENCES ET LEURS ARTS,
Leurs Théologie, Mythologie, Magie, Physique, Morale, Médecine, Mathématiques, Histoire naturelle, Chronologie, Géographie, Observations Astronomiques, Grammaire, & Réthorique;
LES VIES ET ACTIONS REMARQUABLES DE TOUS LEURS SAINTS,
Docteurs, Philosophes, Historiens, Poëtes, Capitaines, & de tous ceux qui se sont rendus illustres parmi eux, par leur Vertu, ou par leur Savoir;
DES JUGEMENTS CRITIQUES, ET DES EXTRAITS DE TOUS LEURS OUVRAGES.
De leurs Traités, Traductions, Commentaires, Abrégés, Recueils de Fables, de Sentences, de Maximes, de Proverbes, de Contes, de bons Mots, & de tous leurs Livres écrits en Arabe, en Persan, ou en Turc, sur toutes sortes de Sciences, d'Arts, & de Professions.
Par Monsieur D'HERBELOT.
A MAESTRICHT,
Chez J. E. DUFOUR & PH. ROUX, Imprimeurs & Libraires, Associés.
M. DCC. LXXVI.

作者为了解整理有关东方的资料，学习了波斯语、阿拉伯语和土耳其语，阅读了大量用这三种语言撰写的图书，包括法国皇家图书馆和意大利佛罗伦萨图书馆相关藏书、他个人所能找到的图书，以及大量关于东方语言的手稿。此后又收集了丰富的译为法语的关于东方的资料。在占有丰富资料的基础上，作者决定编写两种图书，一为东方文库，一为东方作品选。本书即东方文库以词典的形式编写而成，主要包括：传说和真实的历史与传统，宗教、派别和政治（政府、法律、风俗习惯、战争），科学和艺术（神学、神话、道德、编年学、物理学、数学、地理、自然史、天文观测、语法和修辞），东方贤者的经历和杰出行为（学者、哲学家、历史学家、诗人、军事家、他们的杰出道德、知识和行为），评判和东方书籍摘要（包括论著、翻译、注释、纲要，寓言、格言、箴言、谚语、故事等方面的书籍），用阿拉伯语、波斯语和土耳其语写成的关于各种科学、艺术和职业的书籍。本书正文前有作者给法国国王的献词、A. · 加兰(Antoine Galland，1646—1715)撰写的代序言、本书引用的东方作者和图书作者表，书末附本书的专有名词和内容索引。

121-Herbelot 2-950/H413

Herbelot, Barthelemy d', 1625-1695.

Bibliothèque orientale, ou, Dictionnaire universel : contenant tout ce qui fait connoître les peuples de l'Orient. Leurs histories et traditions tant fabuleuses que véritables. Leurs religions et leurs sectes. Leurs gouvernement, politique, loix, moeurs, coûtumes, et les révolutions de leurs empires. Les arts et les sciences ... Les vies de leurs saints, philosophes, docteurs, poëtes, historiens, capitaines, & de tous ceux qui se sont rendus illustres par leur vertu, leur sçavoir ou leurs actions. Des jugemens critiques et des extraits de leurs livres, écrits en arabe, persan ou turc sur toutes sortes de matières & de professions / par Mr. d'Herbelot.--La Haye : J. Neaulme & N. van Daalen, 1777-1779 [1782]

BIBLIOTHEQUE ORIENTALE, OU DICTIONNAIRE UNIVERSEL CONTENANT Tout ce qui fait connoître les Peuples de l'Orient. LEURS HISTOIRES ET TRADITIONS TANT FABULEUSES QUE VÉRITABLES. LEURS RELIGIONS ET LEURS SECTES. LEURS GOUVERNEMENS, POLITIQUE, LOIX, MOEURS, COÛTUMES, ET LES REVOLUTIONS DE LEURS EMPIRES. LES ARTS ET LES SCIENCES, LA THEOLOGIE, MÉDECINE, MYTHOLOGIE, MAGIE, PHYSIQUE, MORALE, MATHEMATIQUES, HISTOIRE NATURELLE, CHRONOLOGIE, GEOGRAPHIE, OBSERVATIONS ASTRONOMIQUES, GRAMMAIRE ET RÉTHORIQUE. LES VIES DE LEURS SAINTS, Philoſophes, Docteurs, Poëtes, Hiſtoriens, Capitaines, & de tous ceux qui ſe ſont rendus illuſtres par leur Vertu, leur Sçavoir ou leurs Actions. DES JUGEMENS CRITIQUES ET DES EXTRAITS DE LEURS LIVRES, Écrits en Arabe, Perſan ou Turc ſur toutes ſortes de Matieres & de Profeſſions. PAR Mr. D'HERBELOT. TOME PREMIER. A—E. A LA HAYE, AUX DEPENS DE J. NEAULME & N. VAN DAALEN, Libraires. MDCCLXXVII.

121-Herbelot 2-950/H413

4 v. : port. ; 28 cm.

French.

1. Islam--Dictionaries--French. 2. Oriental literature--History and criticism. 3. Arabic literature--History and criticism. 4. Turkish literature--History and criticism. 5. Persian literature--History and criticism. 6. Tatars. 7. Middle East. 8. East Asia. 9. Oriental literature --Dictionaries. I. Cousin, Louis, 1627-1707. II. Galland, Antoine, 1646-1715. III. Visdelou, Claude de, 1656-1737. IV. Reiske, Johann Jacob, 1716-1774. V. Schultens, Henrik Albert, 1749-1793. VI. P. D. B. VII. Haji Khalfah, d. 1658. Kashf al-zunun. VIII. Banco Paraguayo de Datos. IX. Title. X. Nestorian tablet of Sian-fu.

[法国] 巴泰勒米·德埃贝洛

东方文库 （法文，1777-1779 [1782]）

1777年出版于海牙的法文1—3卷及1782年出版于海牙的法文第四卷。前3卷为德埃贝洛最初版本的修订本，第四卷为该书的补充，“大学堂藏书楼之章”和“国立北京大学藏书”章。

本书前3卷为德埃贝洛最初版本的修订本，其内容参见《东方文库》介绍（120- Herbelot 1-950/H413a），本版所做的内容和编排上的修订包括：原书词条没有完全按照字母顺序排列，本版严格按照字母顺序排列；增加内容；修正了原书中的矛盾和错误；对于原书关于伊斯兰教历纪年与基督纪年转换的严重错误进行了订正；对原书末索引进行增补，并注重趣味性。本书第4卷为对《东方文库》的补充，具体内容参见《补编》（122-Herbelot3-950/H413/Suppl）。需要指出的是，本卷较《补编》多出41条刘应对《东方文库》与中国有关词条的评论解释。

122-Herbelot 3-950/H413/Suppl

Herbelot, Barthelemy d', 1625-1695.

Bibliothèque orientale, ou, Dictionnaire universel : contenant tout ce qui fait connoître les peuples de l'Orient. Leurs histories et traditions tant fabuleuses que véritables. Leurs religions et leurs sectes. Leurs gouvernement, politique, loix, moeurs, coûtumes, et les révolutions de leurs empires. Les arts et les sciences ... Les vies de leurs saints, philosophes, docteurs, poëtes, historiens, capitaines, & de tous ceux qui se sont rendus illustres par leur vertu, leur sçavoir ou leurs actions. Des jugemens critiques et des extraits de leurs livres, écrits en arabe, persan ou turc sur toutes sortes de matières & de professions / par messieurs C. Visdelou et A. Galand.

122-Herbelot 3-950/H413/Suppl

pour servir de supplement à celle de monsieur d'Herbelot. --[Mae--stricht : J.E. Dufour], 1780.

iv, 284 p., [2] fold. leaves of geneal. tab. ; 45 cm.

French.

1. Oriental literature--History and criticism. 2. Arabic literature--History and criticism. 3. Persian literature--History and criticism. 4. Turkish literature--History and criticism. 5. Tatars. 6. Islam. 7. Middle East. I. Cousin, Louis, 1627-1707. II. Galland, Antoine, 1646-1715. III. Visdelou, Claude de, 1656-1737. IV. Title. V. Nestorian tablet of Sian-fu.

[法国] 巴泰勒米・德埃贝洛

东方文库补编 (法文, 1780)

1780年荷兰马斯特里赫特法文首版，为1776年荷兰版《东方文库》的补编，两者开本版式一致，“燕京大学图书馆”藏书章。《东方文库》编者为巴泰勒米・德埃贝洛（Barthelemy d'Herbelot），实际上此册补编作者为刘应与加兰。

刘应（Claude de Visdelou, 1656—1737），法国耶稣会士，1685年与白晋（Joachim Bouvet,1650—1737）、李明（Louis Le Comte, 1655—1728)、张诚（Jean Fraçois Gerbillon, 1654—1707）等5位耶稣会士奉法国国王路易十四（Louis XIV）之命到中国，1688年朝见康熙皇帝，之后在中国传教。刘应在礼仪之争中不同意张诚等人的做法，支持教廷特使铎罗禁止中国天主教徒祭孔祀祖。1708年被教皇任命为贵州宗座代牧主教。1709年，因与张诚等人意见不合，离开中国到印度，1737年在当地去世。著有《鞑靼史》（Histoire de la Grande Tartarie. 1780），曾将1625年在西安发现的《大秦景教流行中国碑》译为法文。

安托万・加兰（Antoine Galland，1646—1715），东方学家、历史学家、古稿本及钱币专家、国王古物专家，法国王家学院教授。

本书为《东方文库》的补编，主要内容有：刘应撰写的针对《东方文库》与中国和鞑靼有关的阿拉伯和波斯历史的评论；《鞑靼史》包括鞑靼起源，其宗教、风俗习惯、战争、历代帝王更替，以及对《东方文库》中相关内容的评论；《大秦景教流行中国碑》的直译和意译及评论和解释；一位来自弗拉蒙的船长1728年关于中国书信节选；加兰编写的东方著名言论，东方格言，以及本部分索引；《东方文库》及本补编索引。

123-Hesse-915.113/H467

Hesse-Wartegg, Ernst von, 1854-1918.

Schantung und Deutsch-China: von Kiautschou ins Heilige Land von China und vom

Jangtsekiang nach Peking im jahre 1898 / von Ernst von Hesse-Wartegg ; Mit 145 in den Text gedruckten und 27 Tafeln Abbildungen, 6 Beilagen und 3 Karten.--Leipzig : J.J. Weber, 1898.

vi, 1 l., 294 p. : ill. (part fold.), maps (part fold.), fold. facsims. ; 27 cm.

German.

1. Shandong Sheng (China)--Description and travel. 2. Jiaozhou (China)--Description and travel. 3. China--Description and travel. I. Title.

[德国] 恩斯特・冯・黑塞-瓦尔泰戈

1898年的山东及德意志—中国：1898年从胶州到中国的圣地，以及从扬子江到北京（德文，1898）

Schantung und

Deutsch-China

Von Kiautschou ins Heilige Land von China und vom Jangtsekiang nach Peking im Jahre 1898

von

Ernst von Hesse-Wartegg

Mit 145 in den Text gedruckten und 27 Tafeln Abbildungen, 6 Beilagen und 3 Karten

Verlag von J. J. Weber in Leipzig

. . 1898 . .

1898年莱比锡德文首版，“国立北京大学藏书”章。另有1个复本。

恩斯特・冯・黑塞-瓦尔泰戈为19世纪著名的旅行家和旅行作家。其他有关中国的著述还有《中国和日本》（*China und Japan: Erlebnisse, Studien, Beobachtungen*.1900）等。

本书是作者对其1898年在中国旅行的报道。1897年德意志海军占据胶州湾之后，不仅在欧洲，而且在世界范围内都引起相当大的轰动。但是在欧洲特别是在德国，人们并不知道胶州究竟在世界的哪一个角落，这一名不见经传的海港究竟具有何种意义，特别是对于德国具有何种意义，以至于值得德意志海军远渡重洋而袭占之；由此而进入这一海港之后的陆路，占据这一海港对于德国的贸易、工业、海上交通及金融领域又具有何种之意义，能否使德国的国力有更进一步的增强等。作者带着这些问题来到山东，来到中国，并作了实地考察，写下了这部

123T-Hesse-915.113/H467 潍县集市

著作。

他从青岛登陆，途经崂山、威县来到山东省府济南。由此到达他所说的中国的圣地昂泰山。在他眼中泰安就是中国的麦加，他访问了孔庙、孔子的诞生地，之后还造访了孟子的诞生地邹县。他从济宁到达黄河岸，由此转入山东南部，访问了德国圣言会在山东的传教士和山东民间的秘密组织——大刀会。然后掉头北上，进入北部山东，沿运河进发到达北京。

本书描写了他沿途的见闻。特别描述了山东人的生活、劳作、风土人情，不但描绘了农民，而且也描绘了商人、手工业者的工作。他认为山东文化底蕴丰厚、民风淳朴，人民敬畏神明，好学尚武、耕读传家，兖州府是学术的城市。本书还着重阐明了青岛、胶州湾，以至于全部山东对德国的重要性，认为那里物产十分富饶，出产丰富的棉花、丝绸、煤炭，特别强调了在山东全境建设现代化铁路网的重要意义。同时，描述了改道以后的黄河，纠正了以往地图标示的错误，系统描述了山东境内的大运河。书中第一次向欧洲全面介绍了山东，特别是第一次系统、全面介绍了他所认为的中国的圣地泰山和孔府、孔庙。

本书附145幅山东风景、人物地方建筑、民俗等照片和插图，27幅护照、告示等文件复制图像，3幅山东、胶州湾等地图。

Holcombe, Chester, 1844-1912.

The real Chinaman / by Chester Holcombe ; with seventy-seven illustrations.--London : Hodder and Stoughton, 1895.

xx, 350 p. : ill., ports. ; 22 cm.

"华游志略"--cover.

1. China--Description and travel. I. Title. II. 华游志略

[美国] 何天爵

真正的中国佬（英文，1895）

THE

REAL CHINAMAN

BY

CHESTER HOLCOMBE

For many years Interpreter, Secretary of Legation, and Acting Minister of the United States at Peking

WITH SEVENTY-SEVEN ILLUSTRATIONS

London

HODDER AND STOUGHTON

27, PATERNOSTER ROW

MDCCCXCV

124-Holcombe-915.1/H699

1895年伦敦英文版，“燕京大学图书馆”藏书章。本书中文版分别于1998年由光明日报出版社和2006年由中华书局出版。

何天爵是美国教士、外交官。1869年来华，在北京负责公理会所办的学校。1871年任驻华使馆翻译。1876年任参赞，1875—1876年、1878—1879年和1881—1882年先后任代办。他还曾协助起草过1880年关于华人移居美国的条约(《续修条约》及《续约附款》)及1882年美国与朝鲜签订的条约。著作有《真正的中国问题》(*The real Chinese Question*. 1899)，此书1904年修订重印，改名为《中国的过去和未来》(*China’s Past and Future*. 1904)。

本书是关于近代中国社会的一幅全方位、大视角、内容较为生动丰富的画卷，大体勾勒出晚清中国社会的真实情况。作者从中国政府、语言、家庭生活、社会生活、宗教、迷信、辫子、法庭、官民及其关系、教育与文化、礼仪习俗、商人及其生意经、贫困阶层、财政金融制度等14个方面来观察中国人与西方人，主要是不同于美国人的特性。本书对中国人的叙述与评论较理性，如关于中国人的宗教信仰，作者认为：在中国除了少数皈依基督教者，绝大部分人都是儒教的信奉者。儒教是中国最原始的、信徒最庞大的中国本土宗教。佛教与道教都处于辅助和补充的地位。儒教体系的基本内容是对天地祖先的崇拜，之后又加上了对

124T-Holcombe-915.1/H699 北京鸟瞰

孔子的崇拜。中国人的民族性中，祖先崇拜是所有宗教形式中最源远流长、根深蒂固的内容。本书是近代西方人中国观的代表性著作。

本书附78幅有关人物、建筑、生活场景等方面的插图。

125-Huc 1-915.1/H864ea

Huc, Evariste Régis, 1813-1860.

The Chinese empire : forming a sequel to the work entitled "Recollections of a journey through Tartary and Thibet" / by M. Huc.--London : Longman, Brown, Green, and Longmans, 1855.

2v. : 1 fold. col. map ; 23 cm.

Includes index.

1. China. 2. China--Description and travel. I. Title.

[法国] 古伯察

中华帝国——“鞑靼、西藏游记” 续编（英文，1855）

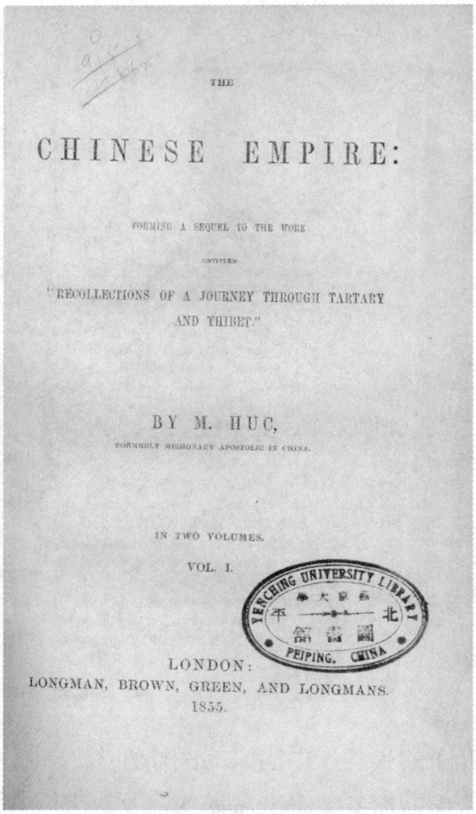
THE

CHINESE EMPIRE:

FORMING A SEQUEL TO THE WORK

ENTITLED

"RECOLLECTIONS OF A JOURNEY THROUGH TARTARY AND THIBET."

BY M. HUC,

FORMERLY MISSIONARY APOSTOLIC IN CHINA.

IN TWO VOLUMES.

VOL. I.

LONDON:

LONGMAN, BROWN, GREEN, AND LONGMANS.

1855.

125-Huc 1-915.1/H864ea

1855年伦敦英文版，“燕京大学图书馆”藏书章。另有1个复本。本书首版为法文版，1854年在巴黎出版。

古伯察是法国遣使会教士。1839年来华传教。1841年由澳门前往内蒙古的法国传教区。1843年到中国西藏和蒙古游历。1848年赴浙江传教。著作有《基督教在中国及中国鞑靼和西藏地区》（参见126-Huc 2-266.51/H864F）等。

古伯察是第一批进入西藏腹地的法国人，也是20世纪之前活着从那里出来的少数欧洲人之一，他还是西方最早对蒙藏地区各方面作详细记述的人。他们赴鞑靼、西藏旅行的目的是传播天主教，尤其是希望在拉萨布教。本书有2卷，第一卷共10章，第二卷共11章，主要记述了作者1846年6月初从拉萨到达四川的打箭炉，然后从打箭炉出发经过四川、湖北、江西，于1846年9月末到达广州，最后1846年10月中旬到达澳门这段行程的旅行经历，记录了旅行过程中耳闻目睹的主要事情，也介绍了沿途当地的风俗习惯、宗教信仰、社会生活、政府官员等方面的内容。

本书附1幅《中国地图》。

126-Huc 2-266.51/H864F

Huc, Evariste Régis, 1813-1860.

Le christianisme en Chine, en Tartarie et au Thibet / par M. Huc.--Paris : Gaume fréres, 1857-1858.

4 v. ; 22 cm.

Printer's error: title page of t. 3 has t. 1; title page of t. 4 has t. 2.

t. 1. Depuis l'apostolat de Saint Thomas jusqu'à la decouverte du Cap de Bonne-Espérance -- t.

2. Depuis le passage du Cap de Bonne Espérance jusqu'à l'établissement de la dynastie tartaremantchoue, en Chine -- t. 3. Depuis l'établissement de la dynastie tartaremantchoue, jusqu'à la mort de l'empereur Khang hi -- t. 4. Depuis la mort de l'empereur Khang-hi jusqu'au Traite de Tien-Tsing en 1858.

French.

1. Catholic Church--Missions. 2. Missions--China. 3. Missions--China--Tibet. I. Title.

[法国] 古伯察

基督教在中国及中国鞑靼和西藏地区（法文，1857—1858）

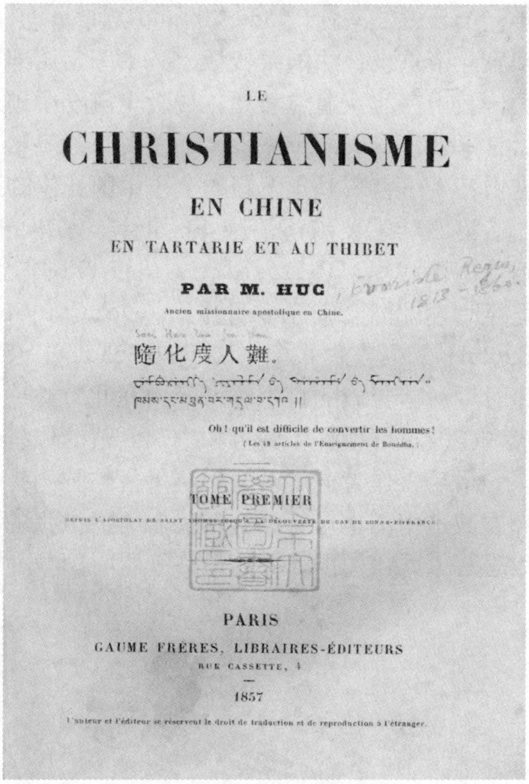

126-Huc 2-266.51/H864F

1857—1858年巴黎法文版，4卷，“北京大学图书馆藏印”章。另有1个复本，“燕京大学图书馆”藏书章。

本书主要叙述元明清时期基督教在中国及中国鞑靼和西藏地区的传播史，其中以清代传教史最为翔实。作者在叙述传教历程的同时注意当时历史文化背景的介绍。

第一卷主要内容包括：《大秦景教流行中国碑》译文及唐代传教士在中国的情况；成吉思汗的崛起与西征；罗马教廷多次派传教士出使蒙古诸汗国；旭烈兀西征，其所建伊儿汗国对基督教的亲近；忽必烈曾派人与教皇沟通；马可·波罗（Marco Polo，1254—1324）在中国的情况；元代基督教传播的进展。

第二卷主要叙述明代到清初顺治时期的传教历史。主要内容包括：耶稣会士方济各设法到达中国，利玛窦在广州、南京、北京的艰苦传教经历，格斯神父（P. Goès）自印度到中国，明末对基督徒的迫害，安德拉达神父（P. Andrada）1624年启程到西藏传教，汤若望（Johann Adam Schall von Bell）等传教士与明末宫廷的关系，清初卫匡国（Martino Martini）、安文思（Gabriel de Magalhaes）等传教士的活动，多尔衮、顺治帝对汤若望的重视等。

第三卷主要叙述康熙年间的传教历史，主要内容包括：多明我会到中国传教；与耶稣会的“礼仪之争”，教皇两次派特使到中国，并致信康熙帝；康熙初年，汤若望、南怀仁（Ferdinand Verbiest）等遭到迫害；南怀仁入掌钦天监，受到康熙帝重视；法国派传教士到中国，康熙帝向耶稣会士学习欧洲科学知识；法国传教士在北京建造教堂，传教士测绘中国地图等。本卷附有耶稣会中国副会长徐日昇（Thomas Pereira）所著关于教皇特使铎罗出使中国的备忘录，以及教皇克雷芒十一世1715年发布的关于中国礼仪的通谕。

第四卷主要叙述清雍正时期到第二次鸦片战争前夕传教历史，主要内容包括：德西代里（P. Désidéri）神父1716年到达拉萨；雍正帝对传教士的打击；乾隆时期耶稣会士巴多明神父（Dominique Parrenin）、宋君荣神父（Antoine Gaubil）、蒋友仁神父（Michel Benoist）及后来的钱德明神父在宫廷的活动；乾隆时期对基督教的打击；耶稣会在北京被遣使会所取代，嘉庆迫害基督信徒；嘉庆和乾隆时期朝鲜、蒙古和中国西藏的传教情况等。

最后，作者通过对当时英俄侵略势力扩张世界的分析，力图向其国人阐明亚洲尤其是中国也应是法国殖民者考虑扩张的沃土。作者明确地指出，只有用基督教思想来同化中国，才能最终征服中国。

I

127-Ides-915/Id2

Ides, Evert Ysbrants. 1657-1709

[Driejaarige reize naar China. English]

Three years travels from Moscow over-land to China: thro' Great Ustiga, Siriania, Permia, Sibiria, Daour, Great Tartary, &c. to Peking : containing an exact and particular description of the extent and limits of those countries, and the customs of the barbarous inhabitants ; with reference to their religion, government, marriages, daily employments, habits, habitations, diet, death, funerals, &c. / written by His Excellency E. Ysbrants Ides ; illustrated with a large map of the countries, drawn by the ambassador upon his journey, and many curious cuts ; to which is annex'd an accurate description of China, done originally by a Chinese author: with several remarks by way of commentary, alluding to what our Euopean authors have writ of that country ; printed in Dutch by the direction of Burgomaster Witzen, formerly ambassador in England ; and now faithfully done into English.--London : W. Freeman, 1706.

210 p., [29] leaves of plates : ill. (some fold.), fold. map ; 25 cm.

Three Years Travels FROM MOSCOW OVER-LAND TO CHINA: THRO' Great Ustiga, Siriania, Permia, Sibiria, Daour, Great Tartary, &c. to Peking.

CONTAINING, An exact and particular Description of the Extent and Limits of those Countries, and the Customs of the Barbarous Inhabitants; with reference to their Religion, Government, Marriages, daily Imployments, Habits, Habitations, Diet, Death, Funerals, &c.

Written by his Excellency E. YSBRANTS IDES, Ambassador from the Czar of Muscovy to the Emperor of China.

Illustrated with a large Map of the Countries, drawn by the Ambassador upon his Journey, and many curious Cuts.

To which is annex'd an accurate

Description of CHINA,

Done Originally by a Chinese Author: With several Remarks, by way of Commentary, alluding to what our European Authors have writ of that Country.

Printed in Dutch by the Direction of Burgomaster Witzen, formerly Ambassador in England; and now Faithfully done into English.

LONDON: Printed for W. Freeman, J. Walthoe, T. Newborough, J. Nicholson, and R. Parker. 1706.

127-Ides-915/Id2

127T-Ides-915/Id2 使团觐见康熙图

Added t.-p., engr.

"A short description of the vast empire of China. By Dionysius Kao, a native of that country" (p. [113]-208)

1. China--Description and travel--Early works to 1800. 2. Siberia (Russia)--Description and travel--Early works to 1800. I. Kao, Dionysius. II. Title. III. Title: Three years...

[荷兰] 雅布兰

从莫斯科经陆路到中国的三年旅行记（英文，1706）

1706年伦敦英文首版，“燕京大学图书馆”藏书章。本书以荷兰文首版于阿姆斯特丹。

雅布兰，1693—1695年受沙皇之命作为俄国公使出使中国。

本书记叙了作者受沙皇委派由莫斯科从陆路到中国旅程上所见国家和地区的政治、宗教、人民生活、物产、风俗等情况(有在戈壁地区发现猛犸遗骸的记录)，其中觐见康熙帝是全书的高潮。书后附一个皈依天主的高姓中国人对中国的描述。

本书附1幅《欧亚大陆地图》，另有30幅反映沿途国家和地区的风俗及觐见康熙皇帝场景的铜版画。

Intorcetta, Prospero, 1625-1696.

Compendiosa narratione : dello stato della missione cinese, cominciado dall'anno 1581 fino al 1669 offerta in Roma : alli eminentissimi signori Cardinali della sacra congregatione de propaganda fide / dal P. Prospero Intorcetta.--Roma : Francesco Tizzoni, 1672.

126 p. ; 16 cm.

Italian.

1. Jesuits--Missions. 2. Missions--China. I. Title.

COMPENDIOSA

NARRATIONE

Dello Stato della Misſione Cineſe, cominciãdo dall'Anno 1581. fino al 1669. Offerta in Roma.

Alli Eminentiſſimi Signori Cardinali della Sacra Congregatione de Propaganda Fide.

Dal P. Proſpero Intorcetta della Compagnia di Gieſù, Miſſionario, e Procuratore della Cina : con l'aggiunta de' Prodigij da Dio operati; e delle Lettere venute dalla Corte di PeKino con feliciſsime nuoue.

ÉCOLE SAINTE GENEVIEVE S.J.

IN ROMA Per Franceſco Tizzoni. MDCLXXII.

Con Licenza de' Superiori.

128-Intorcetta-282.51/In8

[意大利] 殷铎泽

1581—1669年中国传教状况报告（意大利文，1672）

1672年罗马意大利文首版，“燕京大学图书馆”藏书章，“ÉCOLE SAINTE GENEVIEVE B.D.J.”章。

意大利语版本扉页上注明“经上级核准”出版，应该是记载耶稣会早期在华活动的可靠的第一手资料。1664年，殷铎泽将孔子的《大学》和《论语》部分翻译成拉丁文，书名为《中国智慧》（*Sapientia sinica*），其中包含了一个简略的孔子传略。

殷铎泽，字觉斯，意大利人，生于现西西里大区。1642年入耶稣会，1659年抵澳门。始传教于江西。杨光先教案后，1670年赴罗马述职。后受命至杭州传教。他精通中国语言文字，康熙南巡时前往拜见。1696年殁于杭州，葬于大方井公墓。殷铎泽更有名的著作是他翻译成拉丁文的《中庸》一书，以《中国的道德政治学》（*Sinarum Scietia Politico moralis*）之名1667年刊行于广州，书后附有孔子传略（*Confucii Vita*）。2006年4月，西西里大区文化遗产、环境和公共教育厅在国家博物馆举办名为“西西里大陆：5000年历史”的珍贵文物展览中展出过该书。由于该书名气大，使人们忘记了《中国传教状况报告》一书。还著有《论中国礼俗》（参见128-Intorcetta-282.51/In8）等。

本书分3个部分。第一部分简述1581年罗明坚（Michele Ruggieri）、利玛窦入华传教以来，中国信徒人数增长情况。重点描述自清军入关以后，尤其顺治时期的突破性进展，统计了以中文刊印的131种各类教义书籍。最后详细叙述杨光先教案（1664—1669）始末。第二部分列举因杨光先教案受审的30名各修会神职人员名单：耶稣会25名、多明我会4名、方济各会1名。按照名、姓、国籍体例叙述。第三部分为上帝在中土显示之奇迹，据时间、地点和事件体例叙述。书后附录两封信件，一封是利类思（Ludovico Buglio）、南怀仁、安文思从北京致全体被逐往帝国边鄙之地——广东省神父的长信，落款时间1669年1月2日；另一封为恩理格（Christiano Herdtricht）神父从中国寄给作者的信件，写信日期是1670年11月23日。

Ivoi, Paul d'，1856-1915.

Cigale en Chine / Paul D'Ivoi ; ouvrage illustré de cent gravures dans le texte de douze grandes compositions hors texte gravées sur bois de huit compositions tirée en couleur d'après les dessins de Louis Bombled.--Paris : Ancienne Librairie Furne Combet & Cie, [18--?]

462 p. : ill. (1 col. fold.) ; 33 cm. -- (Collection des voyages excentriques ; 8)

French.

1. China--Description and travel. I. Bombled, Louis. II. Title. III. Ser.

[法国] 保罗·迪瓦

西加勒在中国（法文，18--?）

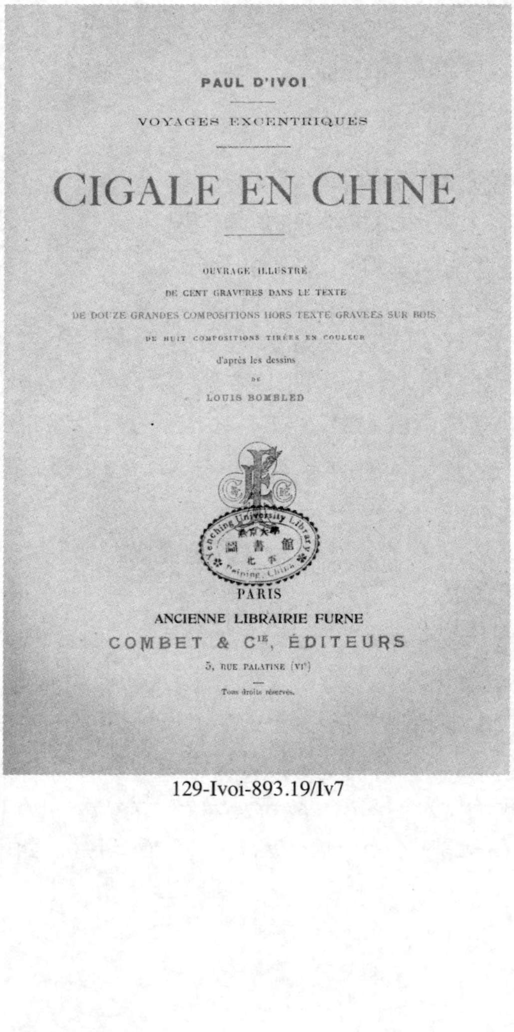
PAUL D'IVOI

VOYAGES EXCENTRIQUES

CIGALE EN CHINE

OUVRAGE ILLUSTRÉ
DE CENT GRAVURES DANS LE TEXTE
DE DOUZE GRANDES COMPOSITIONS HORS TEXTE GRAVÉES SUR BOIS
DE HUIT COMPOSITIONS TIRÉES EN COULEUR
d'après les dessins
DE
LOUIS BOMBLED

Yenching University Library
燕京大學圖書館
北平
Peiping, China

PARIS
ANCIENNE LIBRAIRIE FURNE
COMBET & CIE, ÉDITEURS
5, RUE PALATINE (VIe)
Tous droits réservés.

129-Ivoi-893.19/Iv7

巴黎法文版，出版年不详，约在

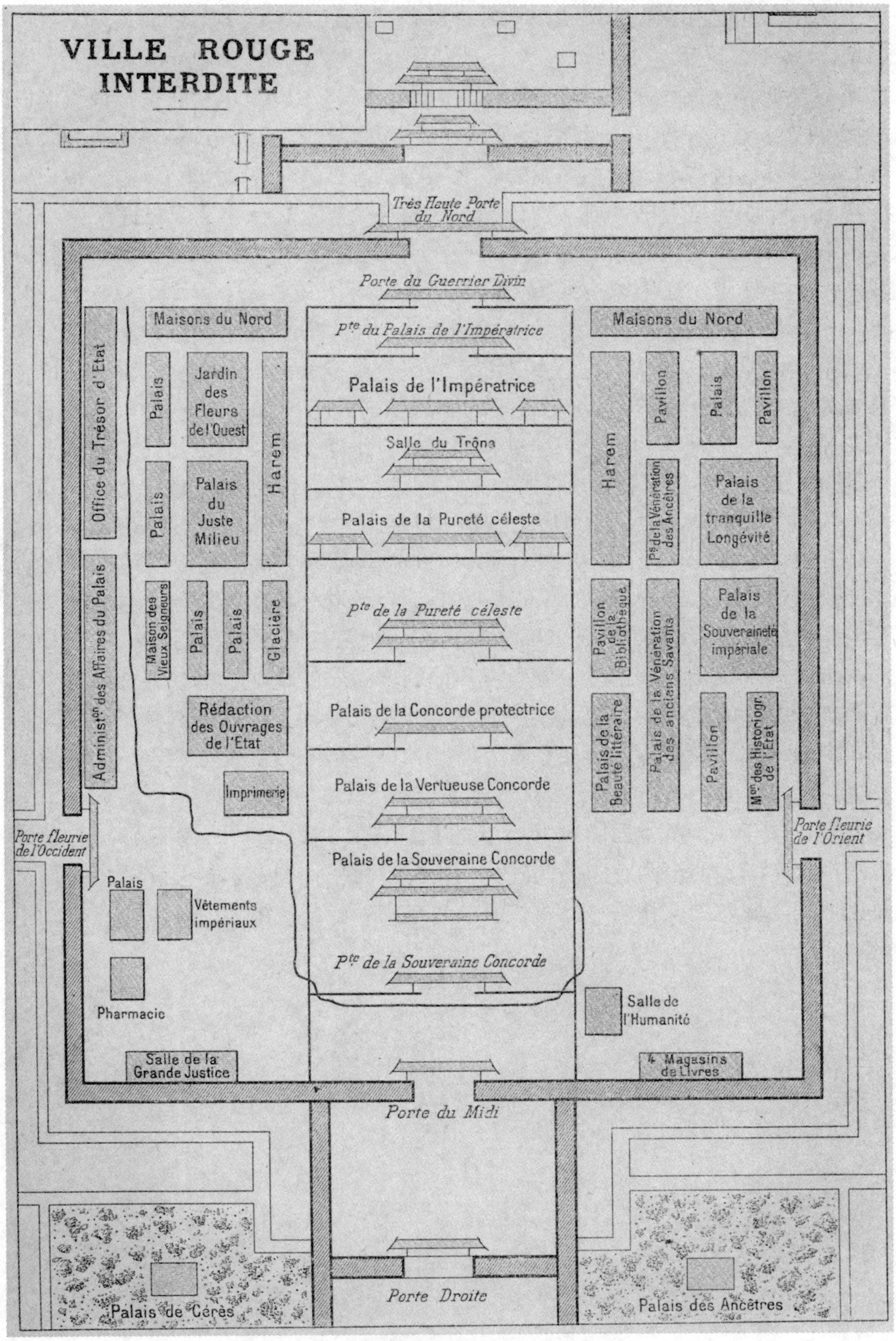

129T-Ivoi-893.19/Iv7 紫禁城图

19世纪末左右。“燕京大学图书馆”藏书章，“燕京大学图书馆哈佛燕京学社”藏书票。

保罗·迪瓦是儒勒·凡尔纳（Jules Verne,1828—1905）之后法国最著名的科幻探险小说家，著有《怪诞旅行记》（*Les Voyages Excentriques*.1894—1915）系列小说21部，这些小说最初多发表在《旅行杂志》（*Le Journal des Voyages*）上。在成为专职作家之前，迪瓦曾任职于《旅行杂志》，从事文学批评。

本书以庚子事变为背景，虚构了书中主要人物、法国人西加勒（Cigale）以俄罗斯沙皇密使身份在中国的经历，以及慈禧、芦花公主（La Princesse Roseau Fleuri）和法国人洛雷（Loret）等人物的故事。本书分为两个部分：第一部分为芦花公主和围攻公使馆。芦花公主是清宫中慈禧最宠爱的一名女官，会讲法语，帮慈禧处理一些涉外事务，以及一些重要的朝廷政务，如参与慈禧与义和团首脑的密谈等。西加勒等外国使节通过她与清政府沟通。根据小说的虚构，清末的中外冲突不仅是朝廷和民间与列强的矛盾，还与芦花公主和洛雷的爱情纠葛相关。小说生动地描写了西加勒所到之处（包括老北京、清宫、白河和天津小站等）的景物，还对故事的细节加以刻画，例如小说中交代说是俄国尼古拉二世（Николай II Александрович，1868—1918）在给其公使的亲笔信中首先明确提出要对清廷做出武力行动。第二部分描写了外国公使馆被包围后发生了武装冲突，八国联军乘机挑起侵华战争并与义和团展开激烈的战斗。第二部分中有一章是以西加勒亲历的战乱的日记，其中描述了芦花公主为了救助洛雷曾经与之同陷囹圄，患难与共，最终两人历尽千辛万苦结为良缘，与西加勒也结下了兄妹般的手足之情。

本书正文前附1幅套色印刷的《老北京地图》，以紫禁城为中心，北至地坛，南至永定门，西至西直门。此外，文中配有百幅插图，包括在100页后附的1幅套色《紫禁城地图》和396页后附的1幅《在京外国公使馆地图》。

J

130-James-915.18/J233

James, H. Evan M. (Henry Evan Murchison), Sir, 1846-1923.

The Long White Mountain, or, A journey in Manchuria : with some account of the history, people, administration and religion of that country / by H.E.M. James.--London : Longmans, Green, and Co., 1888.

xxiii, 502 p., [11] leaves of plates : ill. (some col.), 1 folded map ; 23 cm.

Includes index.

1. Ethnology--China--Manchuria. 2. Manchuria (China)--Description and travel. I. Title.

[英国] 亨利·詹姆斯

长白山（英文，1888）

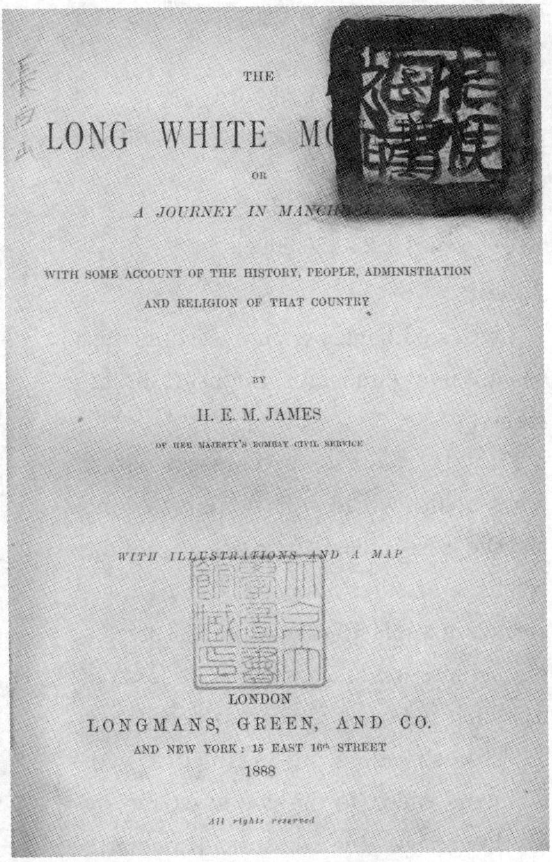

130-James-915.18/J233

1888年伦敦英文首版，“北京大学图书馆藏印”章。

亨利·詹姆斯是英国殖民地官员、收藏家。自1865年到1900年间在印度担任文官，并于1891—1900年担任信德省总督。

本书是作者1887年在东北地区旅行之后写成的游记。作者指出了长白山地区在历史上及19世纪中日俄三国争夺中的经济价值和战略重要性，向西方读者介绍了他们以往不甚了解的中国东北地区的历史地理情况，着重描述了该地区的历史、管理、经济、宗教、风俗和包括少数民族部落在内的地方日常生活。

在附录中作者介绍了鸦片及其使用和清朝防止官员腐化的律令。同时还介绍了包括德·拉·布鲁涅（De La Bruniere）和维努特（Venault）等早期旅行者在中国东北的考察情况。

130T-James-915.18/J233 奉天狐仙庙

本书附10幅东北地区风土民情的全页插图和28幅页内插图，书前附1幅《长白山顶天池》的彩色插图。

131-Jesuits 1.1-282.5/L569eL

Jesuits.

[Lettres édifiantes et curieuses : écrites des missions étrangères. English. Abridgments]

Travels of the Jesuits, into various parts of the world : particularly China and the East-Indies ... translated from the celebrated Lettres edifiantes & curieuses, ecrites des missions etrangeres, par les missionaires de la Compagnie de Jesus ... to which is now prefixed, an account of the Spanish settlements in America, with a general index to the whole work / by Mr. Lockman.--2nd ed., corr.--[London] : T. Piety, 1762.

2 v., [5] fold. leaves of plates : fold. maps ; 20 cm.

"A concise account of the Spanish dominions in America": 24 p. preceding main text in v.1.

Includes Picolo's Informe translated from the Spanish and entitled: An account of the state of

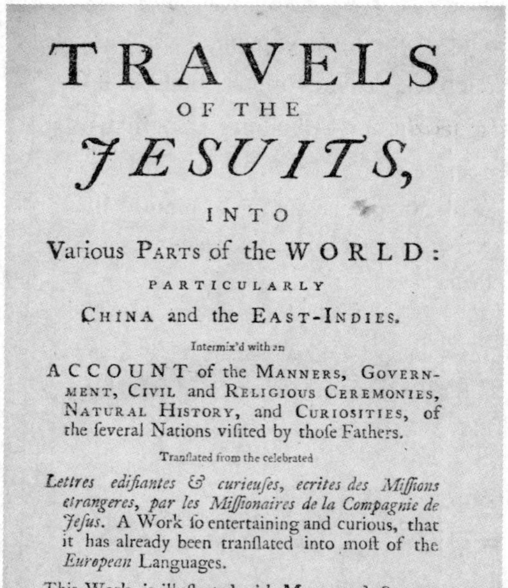

TRAVELS
OF THE
JESUITS,
INTO
Various PARTS of the WORLD:
PARTICULARLY
CHINA and the EAST-INDIES.
Intermix'd with an
ACCOUNT of the MANNERS, GOVERNMENT, CIVIL and RELIGIOUS CEREMONIES, NATURAL HISTORY, and CURIOSITIES, of the ſeveral Nations viſited by thoſe Fathers.
Tranſlated from the celebrated
Lettres edifiantes & curieuſes, ecrites des Miſſions etrangeres, par les Miſſionaires de la Compagnie de Jeſus. A Work ſo entertaining and curious, that it has already been tranſlated into moſt of the *European* Languages.
This Work is illuſtrated with MAPS and SCULPTURES, engraved by the beſt Maſters.
To which is now prefixed,
An Account of the SPANISH SETTLEMENTS, in *America*, with a general Index to the whole Work.
By Mr. LOCKMAN.
SECOND EDITION, corrected.
Printed for T. PIETY, at the *Roſe* and *Crown* in *Pater-noſter-Row*; and Sold by all the Bookſellers of *Great-Britain*, *Ireland*, and *New-England*. 1762.

131-Jesuits 1.1-282.5/l569el

the missions, newly settled by the Jesuits in California; presented to the Royal Council at Guadalaxara in Mexico, the 10th of Feb. 1702, by Father Francis M. Picolo, v.1, p. 395-408.

The General index, found at the end of v.2, is also included in the front of v.1.

1. China--Description and travel. 2. Indochina--Description and travel. 3. America--Description and travel. I. Picolo, Francesco Maria, 1658-1729. Account of the state of the missions. II. Piety, T. III. Jesuits. Letters from missions. IV. Title. V. Title: Travels of... VI. Lettres edifiantes et curieuses.

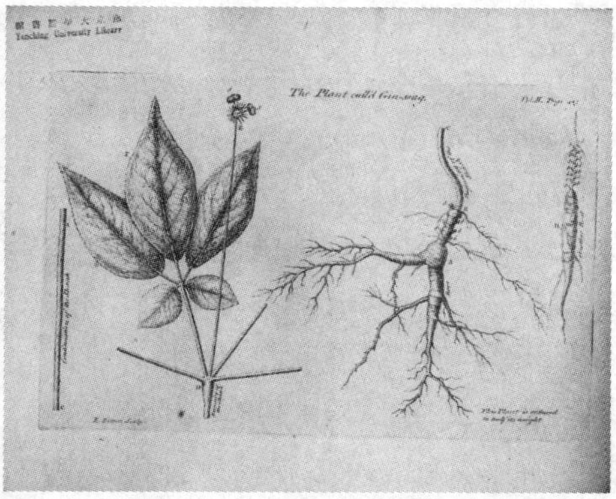

131T-Jesuits 1.1-282.5/L569el 中国人参

耶稣会

耶稣会士书简集（英文，1762）

132-Jesuits 1.2-282.5/L569

Jesuits.

Lettres édifiantes et curieuses : écrites des missions étrangères.--Nouvelle ed.--Paris : Chez J.G. Merigot, 1780-1783.

26 v. : ill. (part. fold.), ports., fold. maps ; 17 cm.

Rearrangement by De Querbeuf of letters from the Levant, America, China, and the Indies, ed. by Le Gobien, Du Halde and others, pub. 1702-76.

t. 1-5. Mémoires du Levant -- t. 6-9. Mémoires d'Amerique -- t. 10-15. Mémoires des Indes -- t. 16-24. Mémoires de la Chine, &c -- t. 25-26. Mémoires des Indes et de la Chine.

French.

1.Jesuits--Missions. 2. Jesuits. Letters from missions (The East). I. Le Gobien, Charles, 1653-1708. II. Querbeuf, Yves Mathurin Marie Treaudet de, 1726-1797. III. Title. IV. Title: Lettres édifiantes...

耶稣会

耶稣会士书简集（法文，1780—1783）

1762年伦敦英文节译本（131-Jesuits 1.1-282.5/L569eL），“燕京大学图书馆”藏书章。1780—1783年出版的巴黎法文译本（132-Jesuits 1.2-282.5/L569），“燕京大学图书馆”藏书章。

本书最早一卷是在1702年由在北京的法国神父郭弼恩（P. Le Gobien）编辑

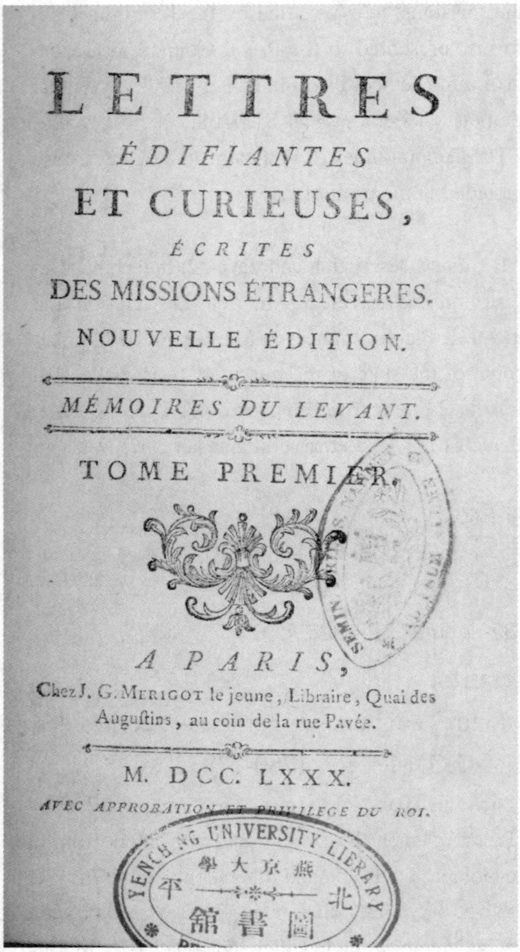

132-Jesuits 1.2-282.5/L569

的，书名为《耶稣会某些传教士写自中国和东印度的书简》（*Lettres de quelques missionnaires de la Compagnie de Jésus, écrites de la Chine et des Indes Orientales*），1703年郭弼恩编辑出版了第二卷，书名改为本书名《耶稣会士书简集》，此后编辑的各卷沿用此名，至1708年，在郭弼恩主持下共出版了8卷，后杜赫德神父（P. du Halde）主持出版了第九至二十六卷，第二十七卷至三十四卷由巴杜耶神父（P. Patouillet）等主持，到1776年全部出齐。此后在1780年至1843年间，法国先后出版了4种改编本，本书最早的改编本于1780年至1783年由凯伯夫神父（P. de Querbeuf）改编出版，共26卷。本馆所藏法文版即为此版（132-Jesuits 1.2--282.5/L569）。本馆还藏有英国作家约翰·劳克曼(John Lockman, 1698—1771) 1762年根据早期版本编译的的节译本《耶稣会士在世界各地尤其中国和东印度地区的旅行见闻录》（参见131-Jesuits1.1-282.5/L569eL），2卷。本书所辑来自中国的书信已由大象出版社于2001—2005年以《耶稣会士中国书简集·中国回忆录》为题翻译出版。

1780—1783年改编本的改编者凯伯夫（P. de Querbeuf，1726—1799），法国耶稣会士，曾在多所学校教授修辞学。法国大革命后，1792年流亡到德国。藏书甚丰，后全部收入法国国家图书馆。据馆藏法文版前言，1780—1783年法文版针对34卷本把来自中国、印度、美国等地的书信按照主题混排而造成的不便而按地区重新编辑，并删掉了每卷的术语解释和内容的开场白。此外，该版本还做了简短的注释。

1780—1783年法文版本具体卷数及内容如下：

第一至五卷为来自黎凡特地区书信，出版年为1780年。前言介绍了一些传教士在黎凡特地区的传教经历，称这些书信是法国传教的最古老记录，也是最值得保存的珍贵文献之一。

第六至九卷为来自美洲地区的书信，出版年为1781年。前言介绍了本部分的编排，以及传教士在美洲的探险和传教。

第十至十五卷为来自印度的书信，出版年为1781年。前言介绍了印度地理概况、种姓制度，欧洲人在印度的探险和传教等内容。

第十六至二十四卷为来自中国及附近地区的书信，出版年为1781年。前言介绍了这两个地区及中国元明清历史概况、自12世纪始西方人到中国探险及传教的历史，关于中国教育和政治制度，关于中国语言、康熙与传教士在自然科学方面的交流、对传教士的任用、在康熙的支持下传教事业的发展，以及康熙在畅春园去世、雍正继位等内容。

第二十五至二十六卷为来自中国及印度地区的书信，出版年为1783年。前言阐述了在编辑此书的过程中又有一些新出现的书信来不及按照发信地域编入相应的部分，于是决定编辑此补编。前言有关于利玛窦传教经历的介绍，以及清朝顺治、康熙两朝传教经历等内容。

1762年的英文节译本中对于河南、浙江（杭州、宁波）、北京、南京、广东等地都有描述。其中著名的有意大利耶稣会士骆保禄(Giampaolo Gozani)1704年的书简中关于在河南开封发现犹太人、犹太会堂的记叙。

本书附3幅地图，分别是：《印度及其东西海岸》、《加尼福尼亚湾和新墨西哥》、《南美最南部》。书中的3幅插图分别是：《日本长崎》、《中国人参》、《耶稣会士在秘鲁南部的传教图》。

133-Jesuits 2-282.51/L569n

Jesuits.

Nouvelles lettres édifiantes des missions de la Chine et des Indes orientales.--Paris : A. Le Clere, 1818-1823.

8 v. ; 18 cm.

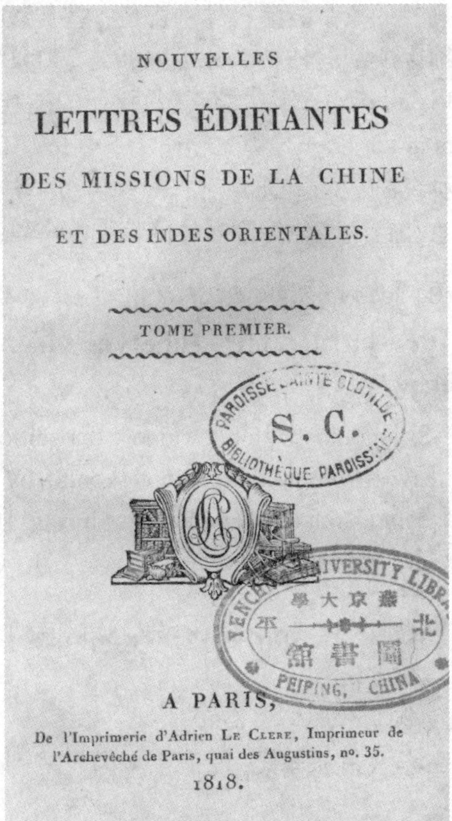

133-Jesuits 2-282.51/L569n

French.

1. Jesuits--Missions. 2. Catholic Church--Missions--East Asia. I. Title.

耶稣会

中国及东印度传教团新书简集（法文，1818—1823）

1818—1823年间巴黎出版的本书8卷中的第一和第八卷，“燕京大学图书馆”藏书章，“燕京大学图书馆”藏书票，“教堂区图书馆圣克洛蒂尔德教堂”（Sainte-Clotilde）章。

本书收录了自1767年以来传教士们到中国四川和藩属国越南及其北部东京地区、暹罗、马拉巴尔海岸和科罗曼德尔海岸传教的书信。第一卷里主要记述了传教士格莱奥（Gleyo）和圣·马丁（Saint-Martin）等神父从1769—1784年间在四川一带传教的经历及与信徒们的书信交流，包括他们先后遭到当地政府逮捕最终殉教的故事。第八卷主要是一些传教士在1798—1803年间在中国藩属国越南东京地区所拟的信稿，其中包括一个1800年越南王授予皮埃尔·皮尼厄神父（Pierre Pigneaux）的法文版传教执照的复制件，最后是关于埃马纽埃尔·特里尤（Emmanuel Trieu）神父和让·达（Jean Dat）神父殉教的事迹并附有一些传教士与在东京和越南其他地区居住的信徒的书信。

Jocelyn, Robert Jocelyn, viscount, 1816-1854.

Six months with the Chinese expedition, or, Leaves from a soldier's note-book / by Lord Jocelyn.--6th ed.--London : J. Murray, 1841.

xiii, 155 p., [2] leaves of folded plates : ill. ; 18 cm.

1. China--History--Opium War, 1840-1842. I. Title.

[英国]乔斯林

在华六月从军记（英文，1841）

1841年伦敦英文第六版，“燕京大学

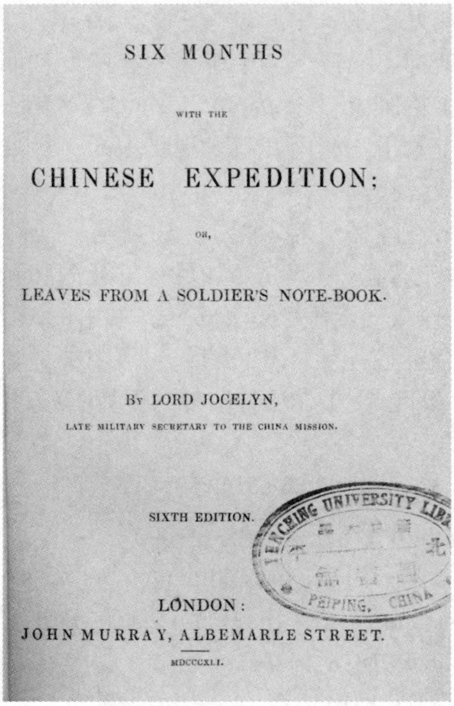
SIX MONTHS
WITH THE
CHINESE EXPEDITION;
OR,
LEAVES FROM A SOLDIER'S NOTE-BOOK.
BY LORD JOCELYN,
LATE MILITARY SECRETARY TO THE CHINA MISSION.
SIXTH EDITION.
LONDON:
JOHN MURRAY, ALBEMARLE STREET.
MDCCCXLI.

134-Jocelyn-951.4151/J582

图书馆”藏书章。

乔斯林（又译吉瑟林），英国军官，1840年作为英国侵华远征军司令部秘书自印度来华。

本书主要叙述了第一次鸦片战争初期作者随英军来华6个月期间的经历。作者于1840年5月8日自印度加尔各答来华，在中国共6个月，曾参加攻打舟山及白河递书之役。作者在书中透露，英军最初作战计划是想利用满汉间矛盾袭用英国征服印度之故计以达到分化中国的目的。书中详细地描述了上述对华作战和中国士兵的英勇抵抗。此外，对于与琦善的交涉也有详细叙述。

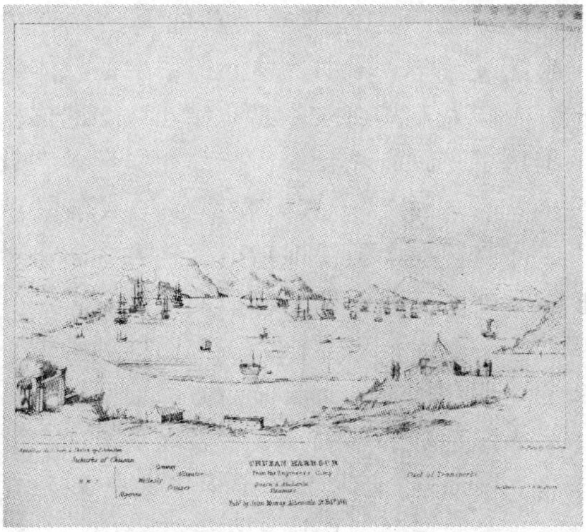

134T-Jocelyn-951.4151/J582 舟山港

本书附2幅插图，一为《舟山港及英军舰队停泊图》，一为《渤海湾、长城、山海关地图》。

135-Johnston-915.1/J644

Johnston, James, F.S.S.

China and its future : in the light of the antecedents of the empire, its people, and their institutions / by James Johnston.--London : Elliot Stock, 1899.

ix, 180 p. : front., ill. ; 20 cm.

Includes index.

1. China--History--19th century. 2. China--Social life and customs. I. Title.

[英国] 詹姆斯・约翰斯顿

中国及其未来（英文，1899）

1899年伦敦英文版，“燕京大学图书馆”藏书章。

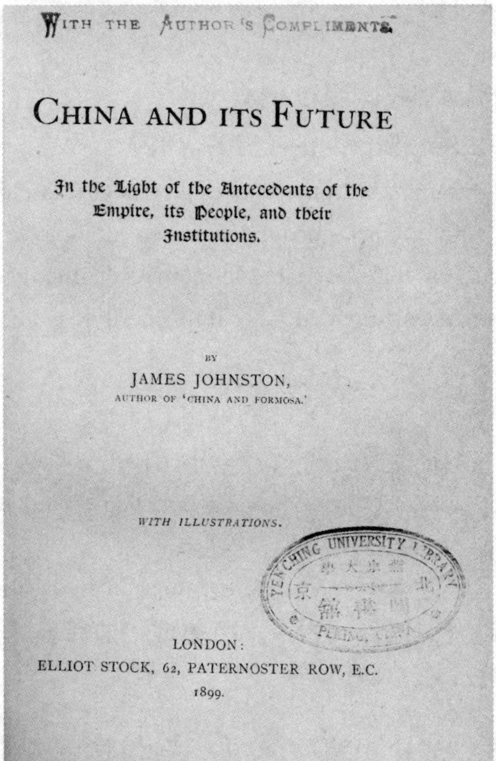

WITH THE AUTHOR'S COMPLIMENTS.

CHINA AND ITS FUTURE

In the Light of the Antecedents of the Empire, its People, and their Institutions.

BY

JAMES JOHNSTON,

AUTHOR OF 'CHINA AND FORMOSA.'

WITH ILLUSTRATIONS.

YENCHING UNIVERSITY LIBRARY

燕京大学图书馆

LONDON:

ELLIOT STOCK, 62, PATERNOSTER ROW, E.C.

1899.

135-Johnston-915.1/J644

詹姆斯·约翰斯顿为英国人，曾在中国生活过数年。本书具体介绍了中国总体情况、中国人及其追求、妇女和儿童的地位、中国历史、政府和管理、教育和文学、宗教等内容。本书写于八国联军侵华战争的前夕，作者在书中敏锐地指出了西方各国势力日益强烈地瓜分中国的愿望及中国社会内部所面临的巨大危机。作者一方面称颂中国悠久的文明和历史，对其他西方国家试图干涉中国表示强烈的不满；另一方面从英国利益出发，对于英俄联手插手中国事务表示期待。但他也承认，中国正在觉醒之中，其觉醒将对世界产生重要的影响。

本书附15幅有关风景、生活场景等内容的插图。

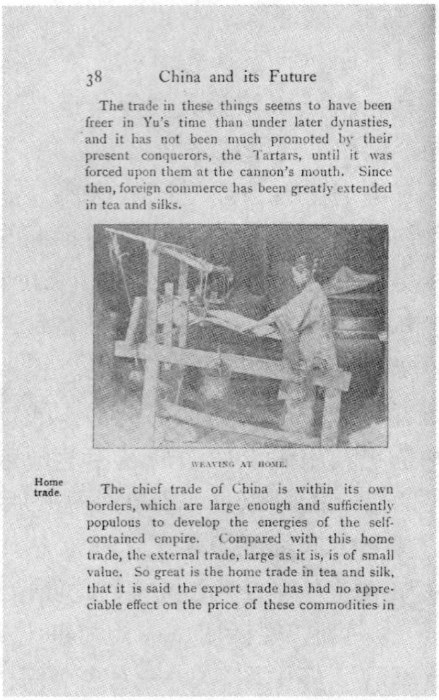
38 China and its Future

The trade in these things seems to have been freer in Yu's time than under later dynasties, and it has not been much promoted by their present conquerors, the Tartars, until it was forced upon them at the cannon's mouth. Since then, foreign commerce has been greatly extended in tea and silks.

WEAVING AT HOME.

Home trade.

The chief trade of China is within its own borders, which are large enough and sufficiently populous to develop the energies of the self-contained empire. Compared with this home trade, the external trade, large as it is, is of small value. So great is the home trade in tea and silk, that it is said the export trade has had no appreciable effect on the price of these commodities in

135T-Johnston-915.1/J644 织布

136-Julien 1-458.3/J944

Julien, Stanislas, 1797-1873.

Examen critique de quelques pages de chinois relatives à l'Inde / traduites par M.G. Pauthier ; accompagné de discussions grammaticales sur certaines règles de position, qui, en chinois, jouent le même rôle que les inflexions dans les autres langues ; par M. Stanislas Julien.--Paris : Imprimerie Royale, 1841.

156 p. ; 22 cm.
French.

1. Pauthier, G. (Guillaume), 1801-1873. Examen méthodique des faits qui concernent le Thien-tchu ou l'Inde. 2. Chinese language--Inflection. I. Pauthier, M. G. II. Title. III. Reponse a l'examen critique.

[法国] 儒莲

对波蒂埃译《古今图书集成·边裔典·天竺部汇考》的批评研究

（法文，1841）

1841年巴黎法文版，“北京大学图书馆藏印”章，“福克司”章。

儒莲是法国语言学家、汉学家。随著名汉学家雷慕沙学习汉文、满文。1821

年在法兰西学院讲授希腊文，1833年开始主持法兰西学院汉满鞑靼语言文学讲席。1854年开始担任法兰西学院学监。此外，曾任法国现代东方语言学校教授、法国国家图书馆副馆长。曾将满文版《孟子》（*Meng Tseu*, 1828）译为拉丁文。译有多种中国典籍，包括《大慈恩寺三藏法师传》（*Histoire de la vie de Hiouen Thsang et de ses voyages en Inde*. 1853）、《景德镇陶录（中国瓷器的制造与历史）》（参见149-Lan-666.3/J944）、《大唐西域记》（*Memoires sur les contrées occidentales de Hiouen Thsang*. 1858）、《平山冷燕》（*Les deux jeunes filles lettrées*.1860）、元曲《赵氏孤儿》（*Tchao-chi-kou-eul, ou l'orphelin de la Chine*. 1834）、《灰阑记》（*Hoei Lan Ki, ou l'histoire du cercle de craie*. 1832）、《西厢记》（*Si-siang-ki ou L'histoire du pavillon d'Occident*. 1872—1880）等。其所译《道德经》（*Lao-tseu Tao-te-king, Paris*.1842）参考多种中文注本，至今仍被众多汉学家视为最佳译本。除本书外，还著有《汉语句法与词素分析》（参见137-Julien 2-457/J944）、《汉文指南》（参见138-Julien 3-495.152/J944）、《亚洲地理和中国与印度哲学杂文汇编》（*Mélanges de géographie Asiatique et de philosophie Sino-Indienne*. 1864）等。儒莲还培养了一批汉学家，被戴密微(Paul Demiéville, 1894—1979)誉为“19世纪中叶欧洲汉学界无可争辩的大师”。

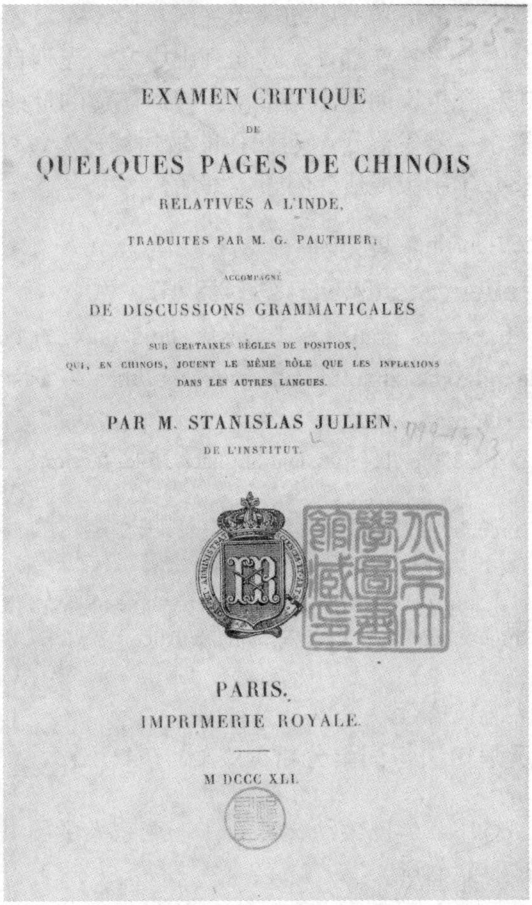
EXAMEN CRITIQUE
DE
QUELQUES PAGES DE CHINOIS
RELATIVES A L'INDE,
TRADUITES PAR M. G. PAUTHIER;
ACCOMPAGNÉ
DE DISCUSSIONS GRAMMATICALES
SUR CERTAINES RÈGLES DE POSITION,
QUI, EN CHINOIS, JOUENT LE MÊME RÔLE QUE LES INFLEXIONS
DANS LES AUTRES LANGUES.
PAR M. STANISLAS JULIEN,
DE L'INSTITUT.
PARIS.
IMPRIMERIE ROYALE.
M DCCC XLI.

136-Julien 1-458.3/J944

本书原发表于1839年12月的《亚细亚学报》，后单独成册。本书是针对波蒂埃翻译的《古今图书集成·边裔典·天竺部汇考》而作（参见076-Examen-951/P288）。儒莲和波蒂埃虽同为著名汉学家雷慕沙的弟子，但两人常发生争执。儒莲在前言中指出要精通汉语仅仅掌握一定数量的汉字是不够的。《古今图书集成》是现存最大的类书，成书于清代，内容多根据已有图书内容分类编纂而成。

《天竺部汇考》中的《天竺部总论》即《大唐西域记·印度总论》，儒莲对此部分进行了重新翻译，逐句列出中文，先列自己的译文，后列波蒂埃的译文，然后进行分析说明指出其错误。针对儒莲的批评，波蒂埃于1841年在《亚细亚学报》第十三卷发表了《对儒莲的最后回应》(参见216-Pauthier 2-915.1/P287)，后于1842年出版成册，附于本书后。

137-Julien 2-457/J944

Julien, Stanislas, 1797-1873.

Exercices pratiques d'analyse, de syntaxe et de lexigraphie chinoise / par Stanislas Julien.--Paris : B. Duprat, 1842.

xxiii, 270 p., [1] fold. leaf of plates : fold. facsim. ; 23 cm.

French.

1. Pauthier, M. G. 2. Chinese language--Syntax. 3. Chinese language--Lexicography. I. Title.

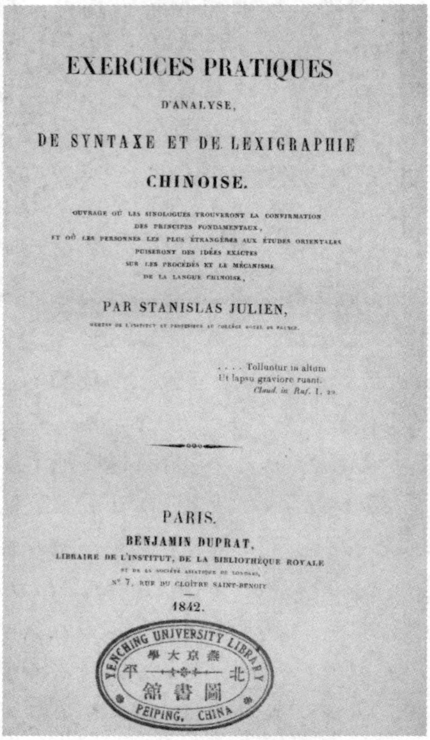
EXERCICES PRATIQUES
D'ANALYSE,
DE SYNTAXE ET DE LEXIGRAPHIE
CHINOISE.
OUVRAGE OÙ LES SINOLOGUES TROUVERONT LA CONFIRMATION
DES PRINCIPES FONDAMENTAUX,
ET OÙ LES PERSONNES LES PLUS ÉTRANGÈRES AUX ÉTUDES ORIENTALES
PUISERONT DES IDÉES EXACTES
SUR LES PROCÉDÉS ET LE MÉCANISME
DE LA LANGUE CHINOISE,
PAR STANISLAS JULIEN,
.... Tolluntur in altum
Ut lapsu graviore ruant.
Claud. in Ruf. I. 22
PARIS.
BENJAMIN DUPRAT,
LIBRAIRE DE L'INSTITUT, DE LA BIBLIOTHÈQUE ROYALE
N° 7, RUE DU CLOÎTRE SAINT-BENOIT
1842.

137-Julien 2-457/J944

[法国] 儒莲

汉语句法与词素分析（法文，1842）

1842年巴黎法文首版，“燕京大学图书馆”藏书章。

本书为作者1841年刊印的《对波蒂埃所译论及印度的几页中文作品的批评，兼论某些在中文里起到了其他语言中转调（变音）作用的位置规则》（*Examen critique de quelques pages de chinois relatives à l' inde, traduites par M.J.G. Pauthier, accompagné de discussions grammaticales sur certaines règles de position qui, en chinois, jouent le même rôle que les inflexions dans les autres langues,* Paris: Librairie de Benjamin Duprat. 1841）一书的补充。儒莲从其汉语教学经验出发，放弃了用系统方法来讲授汉语语法的做法，转而关注实际文献，特别是习语和固定表述方式中所体现的语法规则。与前作相似，儒莲在本书中直接针对其同事波蒂埃从中文译出的有关印度的言述，详尽分析其译文中所包含的167处讹误，以问答的形式讨论了诸如一个动词支配的宾语能否有两个属格、何谓阴历、阳历、阴阳历、“腊”的词源、“词”与“辞”的含义等一系列具体问题。其语法分析以论战的方式展开，独树一格。

138-Julien 3-495.152/J944

Julien, Stanislas, 1797-1873.

Syntaxe nouvelle de la langue chinoise = 汉文指南 : fondée sur la position des mots, suivie de deux traités sur les particules et les principaux termes de grammaire, d'une table des idiotismes, de fables, de légendes et d'apologues traduits mot à mot / par M. Stanislas Julien.--Paris : Librairie de Maisonneuve, 1869-1870.

2 v. ; 25 cm.

Vol. 2 has title: Syntaxe nouvelle de la langue chinoise fondée sur la position des mots, confirmée par l'analyse d'un texte ancien, suivie d'un petit dictionnaire du roman Des deux cousines, et de dialogues dramatiques traduits mot a mot.

French.

1. Chinese language--Syntax. I. Title.

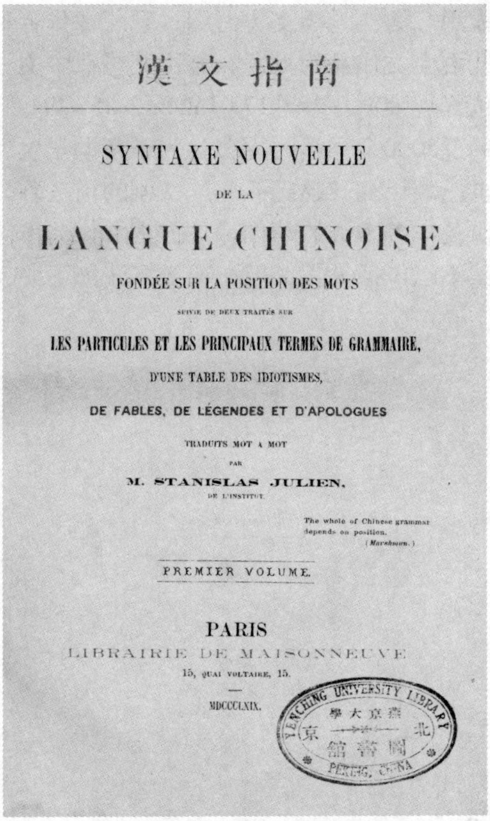
漢文指南

SYNTAXE NOUVELLE

DE LA

LANGUE CHINOISE

FONDÉE SUR LA POSITION DES MOTS

SUIVIE DE DEUX TRAITÉS SUR

LES PARTICULES ET LES PRINCIPAUX TERMES DE GRAMMAIRE,

D'UNE TABLE DES IDIOTISMES,

DE FABLES, DE LÉGENDES ET D'APOLOGUES

TRADUITS MOT A MOT

PAR

M. STANISLAS JULIEN,

DE L'INSTITUT.

The whole of Chinese grammar depends on position.
(Marshman.)

PREMIER VOLUME.

PARIS

LIBRAIRIE DE MAISONNEUVE

15, QUAI VOLTAIRE, 15.

MDCCCLXIX.

138-Julien 3-495.152/J944

[法国] 儒莲

汉文指南（法文，1869—1870）

1869—1870年巴黎法文首版，2卷，“燕京大学图书馆”藏书章，“哈佛燕京学社”藏书票。本书第一卷扉页有作者给英国著名汉学家伟烈亚力的题签：A Mr. Alexander Wylie, Hommage de l’auteur, Stanislas Julien, 6 Juillet 1869。另有1个仅存第一卷的复本。

本书法文名直译为《以汉字位置为基础的汉语句法结构新编》。作者延续了其早年著作《汉语句法与词素分析》所特有的风格，强调通过诠释文献，特别是词组习语来掌握汉语的语法结构。 第一卷首先讨论汉语中的实词，作者从印欧语的变格出发来分析汉语中的主格、属格、予格、受格、呼格、夺格、位置格、工具格等语法现象，随后将汉语动词划分为主动词、受动词、不及物动词、施动动词四类，逐一讨论其特点和变化。第一卷出众之处在于对“之、意、所、者、所以、为、以为、而、与、诸”等汉语虚词的专门研究。相关此专门研究的附录占了第一卷一半以上的篇幅。作者通过编撰虚词词典、习语列表、逐字翻译汉语语言等方式来实际印证其虚词理论，强调汉语词素的位置在汉语语法中的基础性作用。第二卷为文集汇编，重印了作者1841年刊印的《对波蒂埃所译论及印度的几页中文作品的批评，兼论某些在中文里起到了其他语言中转调（变音）作用的位置规则》（参见137-Julien 2-457/J944），包括一部收录小说《玉娇梨》中出现的近5000个词组的词典，为了帮助学生理解当时汉语口语的特点，还收录了作者自己翻译的《赵氏孤儿》一剧的前三幕，最后是当时的汉学家对本书第一卷的评价及作者本人的著作目录。本书作为作者最后一部重要的学术著作，其字词分析虽不以体系见长，但在很多方面仍不失为典范。

K

139-Kaeuffer-915/K11

Kaeuffer, Johann Ernst Rudolph.

Geschichte von Ost-Asien : fiir freunde der Geschichte der Menschheit dargestellt / von Johann Ernst Rudolph Kaeuffer.--Leipzig : F.A. Brockhaus, 1858-1860.

3 v. ; 22 cm.

German.

1. History, Ancient. 2. India--History. 3. China--History. I. Title.

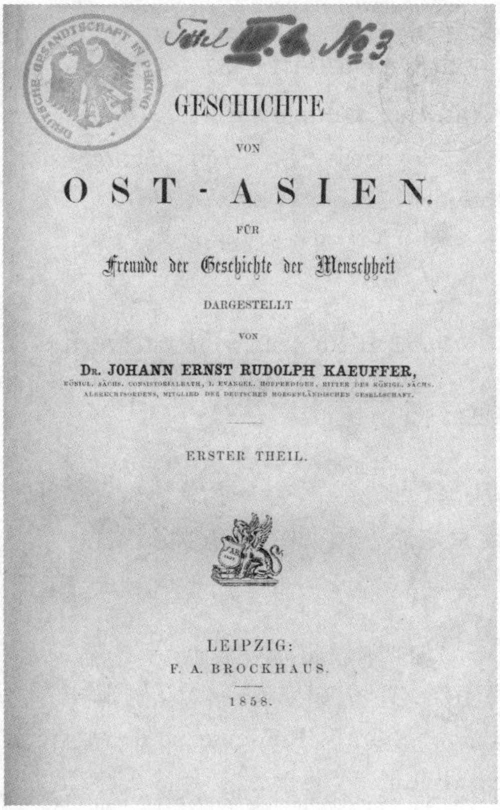

139-Kaeuffer-915/k11

[德国] 科伊费尔

东亚历史（德文，1858—1860）

1858—1860年莱比锡德文首版，3卷，“德意志帝国驻北京公使馆”藏书章，“德国驻北京公使馆”藏书章。

本书将东亚划分为南部、中部和北部三个区域分别描述。南部从喜马拉雅山脉和它的东部延伸区域开始，包括了印度的部分地区。中部，从喜马拉雅山北到阿尔泰山脉和它的东部延伸区域。北部包括了整个俄罗斯的亚洲区域和西伯利亚。在历史的分期上又将东亚国家分为古、中、新3个时期分别加以介绍，如将中国历史划分为3个时期8个阶段，古时期分为3个阶段，第一阶段：从传说时期到尧帝，公元前2200年；第二阶段：从尧到武王，公元前2200年至前1100年；第三阶段：从武王到儒家学说的出现，公元前1100至500年。中期也分为3个阶段，第一阶段：从儒家学说到引入佛教，公元65年；第二阶段：公元66

年至唐朝的建立；第三阶段：唐朝到第一个蒙古皇帝登基，924年。新时期分为2个阶段，第一阶段：从蒙古人统治时期直到1364年赶走蒙古人；第二阶段：从明朝创立到此书的编撰时期。

在历史介绍中关于中国的描述主要有地域、民族特性，各个时期的宗教、文化（如孔子的生活及儒家学说，老子与《道德经》和道教的生活观，语言文字和教育的发展），艺术、建筑（包括长城的建造），行会、商贸、货币、社会和家庭生活等。

140-Keroulee-915.111/K459

Keroulee, Georges de.

Un voyage à Pé-kin / par Georges de Kéroulée.--Paris : P. Brunet, 1861.

vii, 318 p. ; 19 cm.

French.

1. China--History--Foreign intervention, 1857-1861. 2. China--Description and travel. I. Title.

[法国] 克鲁雷

北京之旅，远征中国的回忆

（法文，1861）

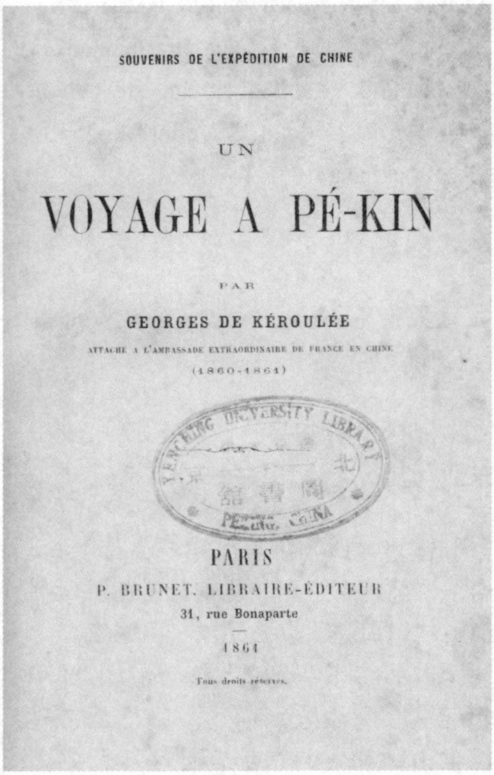
SOUVENIRS DE L'EXPÉDITION DE CHINE

UN

VOYAGE A PÉ-KIN

PAR

GEORGES DE KÉROULÉE

ATTACHÉ A L'AMBASSADE EXTRAORDINAIRE DE FRANCE EN CHINE

(1860-1861)

PARIS

P. BRUNET, LIBRAIRE-ÉDITEUR

31, rue Bonaparte

1861

Tous droits réservés.

140-Keroulee-915.111/K459

1861年巴黎法文首版，“燕京大学图书馆”藏书章，“哈佛燕京学社”藏书票，“Bibliothèque de M. Ch. Schefer”藏书票，上有“天津罗文彬”及“H. Lecours”字样。扉页上有“H. Lecours”的签名。

克鲁雷，1860—1861年曾任法国特别使节团专员。

本书记述了作者1860年随英法联军从天津登陆进军北京到最后返回天津的全部历程。主要内容包括：1860年英法联军攻占天津后，清政府派桂良等三位官员于9月4日至7日与联军议和。议和失败后，英法联军离开天津向通州进发，经南蔡庄、河西务等地，联军与怡亲王载垣在通州谈判。联军在张家湾、八里桥与清军激战后联军进入通州，之后继续向北京进发。进入北京后，签订了《北京条约》。本书还记叙了游历北京的经过，包括北京外城的街道、店铺、场屋、寺庙、刑场等处的见闻，此外作者还参观了观象台、介绍了南怀仁主持建造的经纬仪、1678年耶稣会士测绘的中国分省地图等。关于中国的玉器、景泰蓝，广州、福州、北京的漆器、铜器、乌银镶嵌、象牙制品等也有介绍。

141-Kidd 1-018.942/R812

Kidd, Samuel, 1804-1843.

Catalogue of the Chinese library of the Royal Asiatic Society / by The Rev. S. Kidd.--London : Printed by John W. Parker, 1838.

58 p. ; 18 cm.

Cover title.

1. Royal Asiatic Society of Great Britain and Ireland. China Branch--Catalogs. 2. China--Civilization--Catalogs. I. Royal Asiatic Society of Great Britain and Ireland. II. Title.

141-Kidd 1-018.942/R812

[英国] 塞缪尔·基德

皇家亚洲学会中国图书馆书目

（英文，1838）

1838年伦敦英文版，“燕京大学图书馆”藏书章。

基德是英国来华传教士兼汉学家，青年时在英国高斯坡神学院读书，与马礼逊为校友，并曾随马礼逊学习中文，1824年派至马六甲传教，任英华书院院长，出版了中文期刊《天下新闻》（*Universal Gazette*, 1828—1829），晚年回英国担任伦敦大学首任中文教授。除本书外，还著有《中国概况》（参见142-Kidd2-181/K537）。

本书介绍了英国皇家亚洲学会中国图书馆共239种中文藏书目录，此书目共分21类，具体为字典、历史、地理、传记、诗歌、自然科学、伦理学、玄学和普通科学及艺术、古文物研究、官方出版物、习俗礼仪、法学、医学、地图绘画、佛教、儒释道、西方神学著作的中文译本、小说、游记、幼学、杂记。每种书目有英文的简单提要并标注罗马拼音，不少书目还标有中文。

Kidd, Samuel, 1804-1843.

China, or, Illustrations of the symbols, philosophy, antiquities, customs, superstitions, laws, government, education, and literature of the Chinese : derived from original sources, and accompanied with drawings from native works / by Samuel Kidd.--London : Printed for Taylor & Walton, 1841.

xii, 403 p., 13 plates : ill. (1 fold.) ; 23 cm.

1. Chinese language. 2. China--Religion. I. Title.

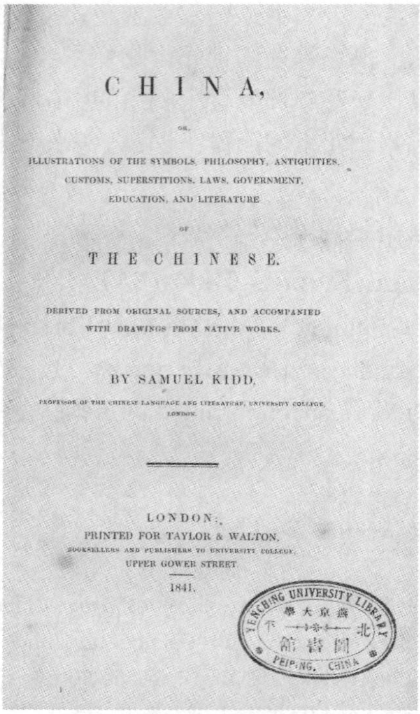
CHINA,

OR,

ILLUSTRATIONS OF THE SYMBOLS, PHILOSOPHY, ANTIQUITIES, CUSTOMS, SUPERSTITIONS, LAWS, GOVERNMENT, EDUCATION, AND LITERATURE

OF

THE CHINESE.

DERIVED FROM ORIGINAL SOURCES, AND ACCOMPANIED WITH DRAWINGS FROM NATIVE WORKS.

BY SAMUEL KIDD,

PROFESSOR OF THE CHINESE LANGUAGE AND LITERATURE, UNIVERSITY COLLEGE, LONDON.

LONDON:

PRINTED FOR TAYLOR & WALTON,

BOOKSELLERS AND PUBLISHERS TO UNIVERSITY COLLEGE,

UPPER GOWER STREET.

1841.

142-Kidd 2-181/K537

[英国] 塞缪尔·基德

中国概况（英文，1841）

1841年伦敦英文版，“燕京大学图书馆”藏书章。

本书主要目的是向西方介绍中国社会情况，让西方了解中国，为后来的访问中国者提供方便，正如本书的副题名所言是关于中国特征、哲学、风俗、习惯、迷信、法律、政府、教育和文学诸方面的概观，内容通俗易懂。作者在对中华文明的阐述中还表明了自己的一些观点，例如，他在谈“信”这个中国人的道德观念时说道：“但是，如果选择这个美德作为一种民族特质，不仅是为了在实践上蔑视它，而且也为了与现存的处世方式形成一种对比，那么，就没有比‘信’更合适的了。中国人在公开或私下场合的表现，与诚信如此背离，因而他们的敌人会抓住这一点，来讽刺他们的表里不一。虚情假意、表里不一、口是心非和奴颜婢膝，才是突出的民族特点。”作者的这一观点为国民性批判者广为引用。

本书附15幅有关人物、服饰、器物等方面的插图。

142T-Kidd 2-181/K537 皇帝马车

143-Kircher-915.1/K632

Kircher, Athanasius, 1602-1680.

Athanasii Kircheri e Soc. Jesu China monumentis : qva sacris qua profanis, nec non variis naturae & artis spectaculis, aliarumque rerum memorabilium argumentis illustrata, auspiciis Leopoldi Primi roman imper. semper augusti.--Amstelodami : apud Joannem Janssonium a Waesberge & Elizeum Weyerstraet, 1667.

237, [11] p., [23] leaves of plates : ill. (partly fold.), port., fold. maps ; 37 cm.

Includes index.

Monumenti syro-sinici interpretatio -- De variis itineribus in Chinam susceptis -- De idololatria ex Occidente primum in Persidem, Indiam ac deinde in ultimas Orientis, Tartari, Chin, Japponi regiones successiva propagatione introducta -- China curiosis natur & artis miraculis illustrata -- De architectonica cterisque mechanicis artibus Sinensium -- De Sinensium literatura.

Latin.

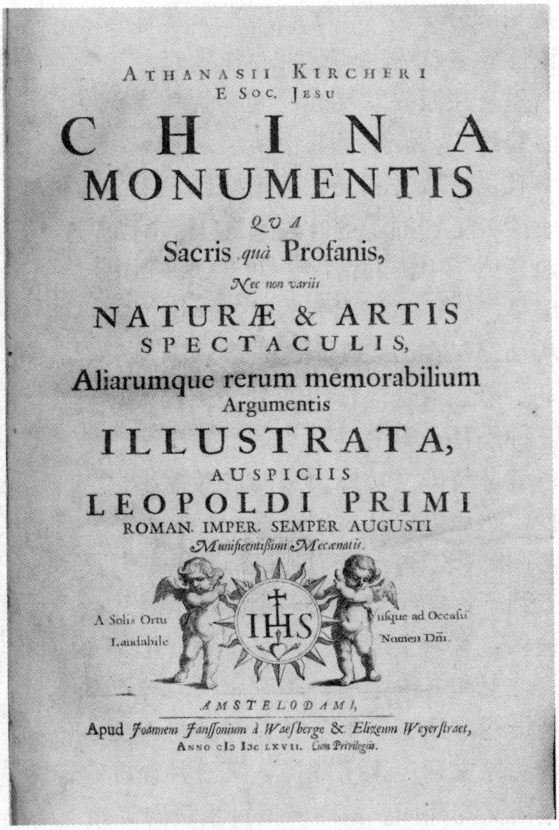
ATHANASII KIRCHERI
E SOC. JESU
CHINA
MONUMENTIS
QUA
Sacris *quà* Profanis,
Nec non variis
NATURÆ & ARTIS
SPECTACULIS,
Aliarumque rerum memorabilium
Argumentis
ILLUSTRATA,
AUSPICIIS
LEOPOLDI PRIMI
ROMAN. IMPER. SEMPER AUGUSTI
Munificentissimi Mecænatis.
A Solis Ortu usque ad Occasu
Laudabile Nomen Dñi.
IHS
AMSTELODAMI,
Apud *Joannem Janssonium à Waesberge* & *Elizeum Weyerstraet,*
ANNO CIϽ IϽC LXVII. *Cum Privilegiis.*

143-Kircher-915.1/K632

1. China--Description and travel--Early works to 1800. I. Title.

[德国] 基歇尔

中国图说（拉丁文，1667）

1667年阿姆斯特丹拉丁文首版，“国立北京大学藏书”章。另有1个复本。并有1987年版的英译本。

基歇尔是欧洲17世纪著名的学者、耶稣会士，在物理学、天文学、机械学、哲学、历史学、音乐学、东方学上都有建树，是一个百科全书式的人物，用拉丁语著书40多种，被称为“最后的一个文艺复兴人物”。

本书试图向欧洲人描绘中华帝国和其周边国家的图景。全书共分6个部分。

第一部分又分6个章节。第一章有总论性质。首先说明此书写作缘起，然后提及在西安发现的“大秦景教流行中国碑”，介绍了其中所包含的基督宗教正信教义和景教碑的诠释。为了使读者更好的了解此碑，这一章概要地介绍了中国的情况。第二章讲到中国早已有了基督宗教的痕迹，这可以从1625年在西安发现的景教碑得到求证。第三章是他作出的关于景教碑的三种诠释：第一种是形式上的诠释，也就是将碑文按照原来的格式缩小誊抄，然后纵向从右向左逐行编号，从0到29共30行，每一行又以1为开端从上到下逐字编号，每一个字依纵轴和横轴就有两个号码，确定了每一个字的位置和号码之后，基歇尔又以拉丁字母逐字注音；第二种诠释是将碑文按照原文顺序逐字翻译；第三种诠释是语义的翻译。第四章研讨景教碑碑额上所雕刻的十字架的象征意义。第五章研究在景教碑文中所体现出来的有关基督宗教教义、礼仪的内容。第六章研究在景教碑文中所出现的叙利亚文的僧侣的名字。所有叙利亚文的名字都被转写为拉丁文。

143T-Kircher-915.1/K632 利玛窦与徐光启

第二部分标题是“论在中国的不同的汲纳途径”。共分10章。第一章主要研究基督宗教在不同的时代在中国的不同接受路径。第二章讨论多默（St. Thomas）宗徒在东亚一带传布福音的情形。第三章介绍中国本地的特色。第四章介绍中国的若干民族、他们的各种习俗、伦理道德及所生活的区域。第五章重点介绍蒙古族及其生活的区域，介绍从印度和中国进入蒙古的道路。第六章介绍了马可·波罗和小亚美尼亚国王海屯一世（Hethum I，在位时间1224—1269）到达中国的路径，以及其他多条通往中国的路径。第七章介绍中国及鞑靼人中的基督宗教信仰。第八章则重点介绍在中国的基督宗教信仰，特别提及耶稣会士的传教工作及最早的来华传教士，例如方济各·沙勿略等。另对耶稣会士所建立的最早的教堂也有提及。第九章记述耶稣会士对于中国传统历法的修正和改革，提到汤若望、利玛窦、徐光启等。第十章介绍了中国人皈依基督宗教的方式。谈到利玛窦等传教士带到中国的各类书籍。

第三部分论述亚洲的宗教和偶像崇拜，这一部分共分7章，有一个比较长的前言。第一章记述中国和鞑靼人所信奉的宗教，第二章介绍鞑靼和日本的偶像崇拜。这两章相互参照，主要内容是介绍儒家的经典六经的思想大意，并且将儒家哲学和希腊哲学作比较。第三章介绍印度宗教，并与中国对比。第四章介绍婆罗门教，参照中国、印度和埃及等国的宗教。第五章介绍婆罗门教的根源。第六章介绍恒河两岸其他诸如神降生成人的宗教信仰。第七章介绍婆罗门教的典籍。

第四部分介绍中国的山川风貌和文化成就，共分11章。第一章介绍中国的政治美德。第二章介绍中国的官场规则。第三章介绍中国的城市和人民及各地所特有的风俗。第四章介绍中国的名山风貌、人对自然的追求及传教士们在其中所观察到的富饶丰裕。第五章介绍中国的沼泽、河流和著名的泉水。第六章介绍中国奇异的植物。第七章介绍中国特有的动物。第八、九两章分别介绍中国寓言和传说中的珍禽异兽及河鱼和海鱼。第十章介绍中国的爬行动物。第十一章介绍中国奇异的宝石和其他矿产。

第五部分重点介绍中国的建筑。这一部分虽然仅有1章，但是与只有一二页的章节来比较篇幅并不短小，共有逾20页，并且如同第三章一样有一个专属于本章的独立的前言。这一章涉及中国的桥梁、城墙、城门、运河等基础设施建设。

第六部分介绍中国的语言文字和文学，共分5个章。第一章介绍中国的象形文字，第二章介绍、并分析各种字体，第三章介绍伏羲八卦及其与文字、和中国哲学之关系，第四章介绍并比较研究中国象形文字和埃及象形文字。第五章是本章之小结。

本书在这六部分之外，还有独立成章的最后一部分，即“本书结论”部分。作者认为，他在书中所介绍的中华帝国情况是耶稣会士观察到的，在作者当时还是鲜为人知的，此前的文献并未报道过。此外，另有索引和跋语部分。

本书附约80幅人物、风景、动植物等插图、3幅中国和亚洲地图。

144-Klaproth 1-494.321/K664

Klaproth, Julius von, 1783-1835.

Abhandlung über die Sprache und schrift der Uiguren : Nebst einem wörterverzeichnisse und anderen uigurischen sprachproben, aus dem Kaiserlichen übersetzungshofe zu Peking / herausgegeben von Julius Klaproth.--Paris : In der Koniglichen Druckerey, 1820.

68 p. ; 39 cm.

Title vignette (royal coat of arms)

"Nachschrift", p. 61-68, attempts refutation of J. J. Schmidt's Einwürfe gegen die hypothesen des herrn Klaproth über die sprache und schrift der Uiguren published in vol. VI of "Fundgruben des Orients".

German.

1. Uighur (Turkic people) 2. Uighur language. I. Title

[德国] 克拉普罗特

维吾尔语言文字考辨（德文，1820）

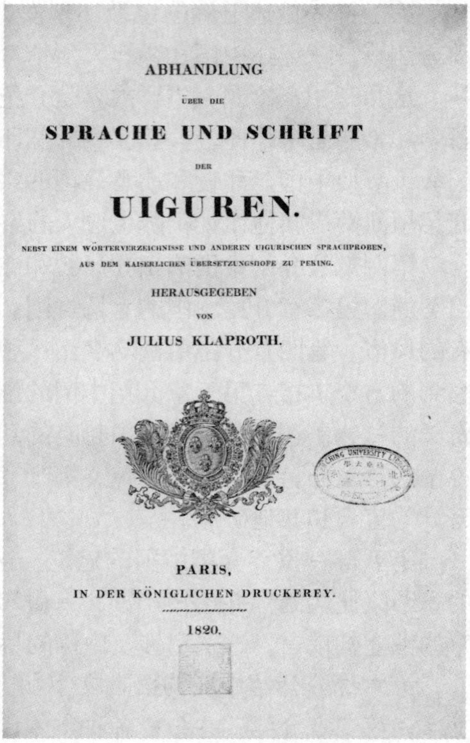

144-Klaproth 1-494.321/K664

1820年巴黎德文版，“燕京大学图书馆”藏书章。本书首先于1811年在《东方宝库》（*Fundgruben des Orients*）第二卷中出版，一年后作者将其完善补充作为其《高加索之行》（*Reise in den Kaukasus*）的附录再版，后作为单行本从《高加索之行》中抽出再版。

克拉普罗特是化学家马丁·亨利·克拉普罗特（Martin Heinrich Klaproth）之子，德国著名东方学家和旅行家。1783年生于柏林。15岁起开始学习中文。1802年他创办了《亚洲杂志》，在魏玛出版。1804年在让·波托斯基（Jean Potocki）伯爵的引荐下来到圣彼得堡为俄国皇室工作。后来陪同大使戈洛夫金（Golowkin）前往中国，于1806年进入中国国境。由于在礼仪问题上与蒙古总督产生分歧，使节队伍中途折回，但克拉普罗特通过此次旅行收集到了许多珍贵的满汉文书籍资料。1815年起定居巴黎。1816年接受柏林大学亚洲语言文学教授的职位并得到准许和优厚的待遇在巴黎生活并出版他的著作。1835年逝世于巴黎。著有许多关于东方的研究文章和专著，曾为柏林皇家图书馆编撰过《汉满图书手稿目录》（*Catalogue des livres et manuscrits chinois et mandchous*, Paris, 1822），另有《满文选集》（参见145-Klaproth 2-898.168/K664）。

作者用语言调查的实例结合理论分析，认为维吾尔语言是区别于芬兰和西伯利亚部族语言的一种独立语言，而当时的历史研究者将其与芬兰和西伯利亚民族的语言混为一谈。作者于1806年在去西伯利亚途中意外发现一个母语为维吾尔语的吐鲁番人，从他的口语表达中记录了大约90个维吾尔词，后在本书中整理了这些词汇，并与土耳其—鞑靼方言和其它亚洲语言相比较，其中还引用了写给中国皇帝的信件及巴黎皇家图书馆珍藏的手稿，意在论证维吾尔族及其文字的产生历史。

本书分3个部分。第一部分首先从地理位置和语言上区分了维吾尔族与乌拉尔山脉芬兰部族和西伯利亚部族，论证了维吾尔族属于土耳其种族的一支。在论证中引用了中国皇家翻译机构的维吾尔—中文对照词汇表并引用了《大清一统志》简要介绍了明朝“四译馆”的地理位置、设立及在清朝的发展，以及国子监培养8种语言的翻译人才，其中包括维吾尔语人才的情况。第二部分为注有中文翻译的维吾尔语与土耳其—鞑靼方言比较词汇表和写给明朝皇帝的维吾尔语信件。该词汇表分为17个部分，分别为天、地、时间、植物、动物、人、身体各部位、建筑、服装、家居用具、贵重物品、饮食、书籍文具、地理方位、颜色、数字、思想情感和生活。信件的内容多为使节觐见皇帝时的情景，带来的贡品及其对皇帝的愿望是否得到满足等。书中还引用了巴黎皇家图书馆有关土耳其部族的手稿及文献说明维吾尔族的根源和历史演变。除此之外，还详细介绍了维吾尔族在中国历史上各朝各代的政治、生活状况的变迁，包括聚居地的地理位置、山脉河流、气候和物产。第三部分同样也引用了巴黎皇家图书馆珍藏的手稿及用满文记录的元朝历史以论证维吾尔文字的由来，并与蒙古语和满语在语音和文字上做了比较。

Klaproth, Julius von, 1783-1835.

Chrestomathie mandchou : ou, Recueil de textes mandchou, destiné aux personnes qui veulent s'occuper de l'étude de cette langue / par J. Klaproth.--[Paris] : Imprimerie royale, 1828.

xi, 273 p. ; 23 cm.
French.

1. Manchu language--Texts. I. Title.

[德国] 克拉普罗特
满文选集（法文，1828）

1828年巴黎法文首版，“燕京大学图书馆”章，“哈佛燕京学社”藏书票。

本书分为2部分，第一部分是满文选，内容包括：《名贤集》、《太上感应篇》、《梓潼帝君感应阴骘文》、《俞公遇灶

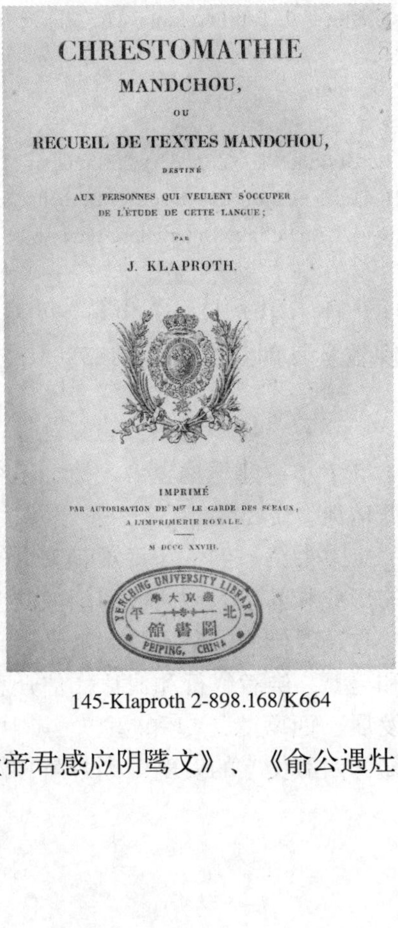

145-Klaproth 2-898.168/K664

神记》、《御制盛京赋》、1727及1728年中俄《恰克图条约》、《蒙古历史》；第二部分为其中《名贤集》、《太上感应篇》、《御制盛京赋》、《恰克图条约》四文的法文译文。

146-Koeppen-294/K819

Koeppen, Karl Friedrich, 1808-1863.

Die Religion des Buddha / von Carl Friedrich Koeppen.--Berlin : F. Schneider, 1857-1859.

2 v. ; 23 cm.

Vol. 2 has also special t.-p.

Vol. 1 issued the same year without volume designation and with title: Die Religion des Buddha und ihre Entstehung.

1. Bd. Die Religion des Buddha und ihre Entstehung -- 2. Bd. Die lamaische Hierarchie und Kirche.

German.

1. Buddha (The concept) 2. Lamaism. I. Title. II. Die Religion des Buddha und ihre Entstehung. III. Die lamaische Hierarchie und Kirche.

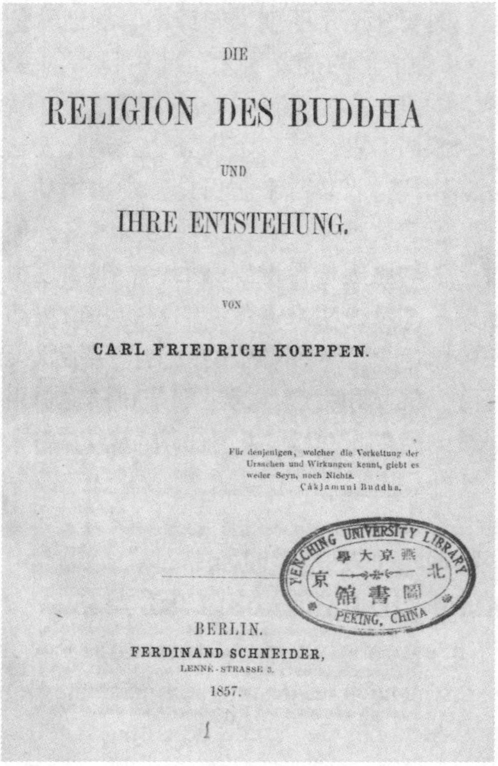
DIE

RELIGION DES BUDDHA

UND

IHRE ENTSTEHUNG.

VON

CARL FRIEDRICH KOEPPEN.

Für denjenigen, welcher die Verkettung der Ursachen und Wirkungen kennt, giebt es weder Seyn, noch Nichts.
Çâkjamuni Buddha.

BERLIN.
FERDINAND SCHNEIDER,
LENNE-STRASSE 3.
1857.

146-Koeppen-294/K819

[德国] 卡尔·弗里德里希·克彭

佛教及其创立（德文，1857—1859）

1857—1859年柏林德文首版，2卷，“燕京大学图书馆”藏书章。

卡尔·弗里德里希·克彭是德国19世纪新闻工作者、历史学家，青年黑格尔派信徒。

本书第一卷从印度雅利安人的神和他们的文化来阐述印度的宗教、社会等级的形成和其宗教观向婆罗门教转变的原因，介绍了释迦牟尼的生平及佛教史。第一卷还对佛教的基本思想和义理，包括对世界观、事物等级、世界的变化、轮回和涅槃、佛教修行和戒律、信众和其戒律等。第二卷介绍了佛教在西藏的传入和发展、西藏的历史和起源，其中包括藏人最早的居住地、西藏的信佛国王和信徒、西藏文字的发明、喇嘛教和佛教的关系。在蒙古人与喇嘛教这一章中讲述了成吉思汗和他的继任者的世界观、蒙古人的宗教及其与基督教、伊斯兰教和佛教的关系，元朝喇嘛教的盛行、达赖喇嘛与蒙古皇帝的关系和对西藏统治的争夺，满人统治中国后和喇嘛教的首次接触，顺治和康熙皇帝与五世、六世达赖喇嘛的接触，雍正和乾隆年间拉萨暴乱、达赖喇嘛转世灵童认定模式的改变等。

147-Kreitner-915/K877

Kreitner, Gustav, ritter von.

Im fernen Osten : Reisen des grafen Bela Szechenyi in Indien, Japan, China, Tibet und Birma in den jahren 1877-1880 / von Gustav Kreitner.--Wien : A. Holder, 1881.

vi, 1013 p., [3] fold. leaves of plates : ill., ports., fold. col. maps ; 24 cm.

German.

1. Szechenyi, Bela. 2. East Asia--Description and travel. I. Title.

[奥地利] 古斯塔夫・克莱特纳

远东游记（德文，1881）

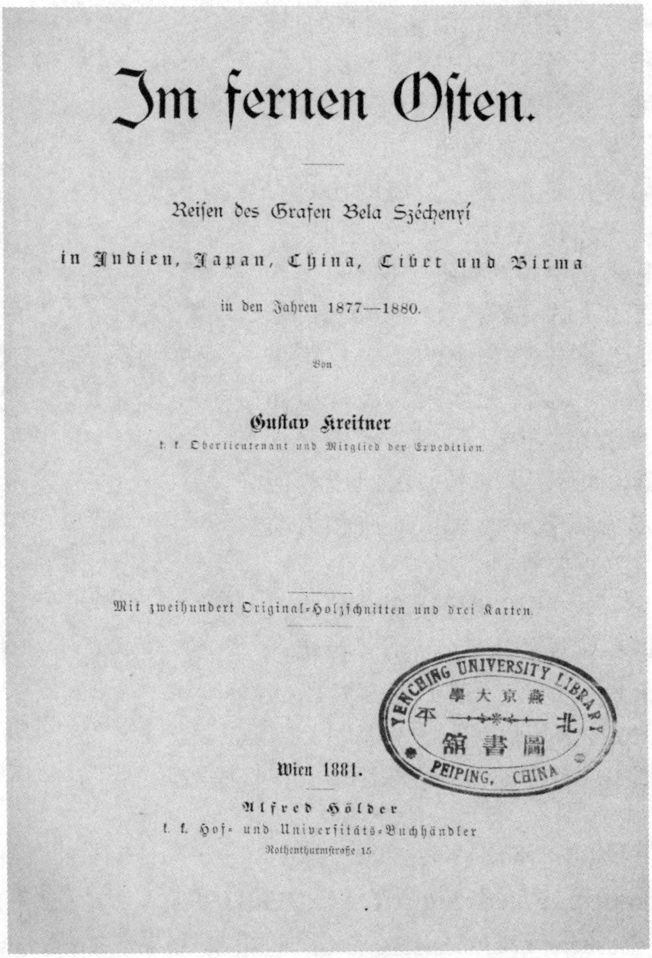

Im fernen Osten.

Reisen des Grafen Bela Széchenyí in Indien, Japan, China, Tibet und Birma in den Jahren 1877—1880.

Von

Gustav Kreitner

k. k. Oberlieutenant und Mitglied der Expedition.

Mit zweihundert Original-Holzschnitten und drei Karten.

Wien 1881.

Alfred Hölder

k. k. Hof- und Universitäts-Buchhändler

Rothenthurmstraße 15.

147-Kreitner-915/K877

1881年维也纳德文首版，“燕京大学图书馆”藏书章。1882年以匈牙利文再版。

古斯塔夫・克莱特纳是地理学家，于1877年陪同柏拉・塞钦伊伯爵（Bela Széchenyí）率领的匈牙利科考队赴印度、东南亚、中国、中亚和日本。科考队从意大利的的里雅思特（Triest）出发经孟买、加尔各答、新加坡、中国上海、北海道的函馆到达东京，然后返回上海、沿扬子江入汉口、经西安、兰州、凉州、肃州到达玉门。再从肃州返回西宁，经成都、深入西藏，从缅甸入孟加拉湾返回德国。本书不仅介绍了孟买、加尔各答、新加坡和日本长崎的社会状况、气候、地理特点、建筑、桥梁、铁路等，而且从中国沿海深入内地，对中国的社会状况和民情风俗做了详细的报道，如广州的花船、民族服装、上海的历史、中国人的澡堂、公堂和判罚、乞丐、中国的报纸、扬子江、在汉水上的行船、拉纤、中国的新年、西安府和它的历史及街道布局、沙漠和沙漠居民、凉州的风景、中国戏剧、佛像、沙暴和地震等，本书因此成为西方了解中亚地理、地质和人类学的重要资料。

本书附200幅展现各地方人物和风景的木版画，并附3幅地图，分别为《东中亚探险路线图》、《日本北海道地图》、《中国及中国西藏区东部地区探险详图》。

Von Lan-tschou-fu nach Liang-tschou. 593

Vorstellung stand in keinem Vergleiche zu den Productionen der Gymnastiker in Schanghai. Als das Stück geendet hatte, pferchte sich abermals ein reitender Chinese in die Menge. Der Reiter, welcher bald einsah, daß ihn das Glück im Sattel verlassen dürfte, stieg rechtzeitig ab. Er that wohl daran, denn dem armen Rosse erging es schlimm. Nach wenigen Minuten war es spurlos verschwunden, ich dachte schon, es hätte ausgelitten, da tauchte es wieder, von dem Eigenthümer an den Zügeln emporgerissen, auf, und erreichte endlich,

Theatervorstellung in Liang-tschou.

unterstützt von den zahllosen Püffen und Faustschlägen der Chinesen, das Asyl des zweiten Hofes.

Das zweite, für uns gänzlich unverständliche Stück enthielt wirklich eine Mädchenrolle. Auch in China geht die Verehrung für solche Rollen so weit, daß man dem Repräsentanten zwei Kränze zuwarf. Lorbeeren und Camelien genießen dortzulande keine Anerkennung, die Chinesen streben nur nach Klingendem, und so kam es, daß die Kränze nicht aus Blüthen und Blättern, sondern aus Münzen zusammengefügt waren. Der Regisseur

38

147T-Kreitner-915/K877 凉州看戏

148-Krupp-623.41/K944

Krupp, Friedrich Alfred, 1854-1902.

Besuch der chinesischen Militär-Studienkommission unter Führung Sr. Kaisserlichen Hoheit des Prinzen Tsai-Tao auf dem Schlessplatz Essen am 17. Juni 1910 / Fried. Krupp A.G.--[S.l. : s.n., 18--?]

14 leaves : chiefly mounted ill. ; 30 x 42 cm.

Cover title.

German.

1. Zhongguo jun shi kao cha tuan (1910)--?? I. Title.

[德国] 弗里德里希・阿尔弗雷德・克虏柏

以皇子载涛为首的中国军事考察团1910年6月17日参观埃森

（德文，18--?）

以皇子载涛为首的中国军事考察团1910年6月17日参观德国埃森克虏伯军工厂的照片集。封面有中文“德国克虏伯炮厂谨赠”字样，“燕京大学图书馆”藏书章，“哈佛燕京学社”藏书票。

弗里德里希・阿尔弗雷德・克虏柏是德国鲁尔工业领袖。

本照片集一共收入照片14幅，没有文字说明，最后一幅是考察团成员与德方接待人员合影，照片下部为重要人物标出姓名。中方有良弼、载涛等。照片摄影质量甚佳，人物场景清晰可辨，而且保存完好，除年代久远略微泛黄之外，毫无破损之处。

148T-Krupp-623.41/K944 载涛军事考察团合影

L

149-Lan-666.3/J944

Lan, Pu (蓝浦), d. 1795.

Histoire et fabrication de la porcelaine chinoise / ouvrage traduit du chinois par Stanislas Julien ; accompagné de notes et d'additions par Alphonse Salvétat et augmenté d'un Memoire sur la porcelaine du Japon, traduit du japonais par J. Hoffman.-- Paris : Mallet-Bachelier, 1856.

viii, cxxiii, 320 p., [15] leaves of plates : ill., fold. map ; 25 cm.

Translation of books 1 to 7 of the 10 books composing the Ching te chen tao lu.

French.

1. Porcelain--China--History. 2. Porcelain--Japan. 3. Porcelain--Marks. I. Zheng, Tinggui (郑廷桂), fl. 1815. II. Julien, Stanislas, 1797-1873. III. Kimura, Kenkado, 1736-1802. Sankai meisan zue. IV. Salvetat, Louis Alphonse, 1820-1882. V. Hoffman, Johann Joseph, 1805-1878. VI. Title.

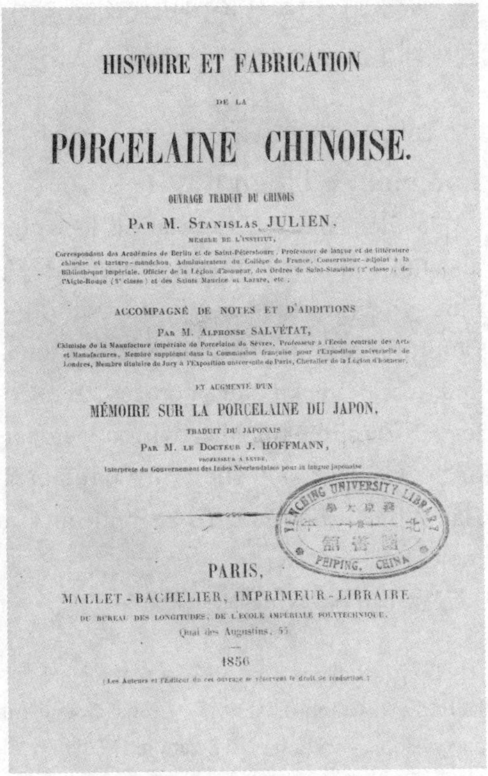

HISTOIRE ET FABRICATION

DE LA

PORCELAINE CHINOISE.

OUVRAGE TRADUIT DU CHINOIS

PAR M. STANISLAS JULIEN,

MEMBRE DE L'INSTITUT,

Correspondant des Académies de Berlin et de Saint-Pétersbourg, Professeur de langue et de littérature chinoise et tartare-mandchou, Administrateur du Collège de France, Conservateur-adjoint à la Bibliothèque impériale, Officier de la Légion d'honneur, des Ordres de Saint-Stanislas (2ᵉ classe), de l'Aigle-Rouge (3ᵉ classe) et des Saints Maurice et Lazare, etc.,

ACCOMPAGNÉ DE NOTES ET D'ADDITIONS

PAR M. ALPHONSE SALVÉTAT,

Chimiste de la Manufacture impériale de Porcelaine de Sèvres, Professeur à l'École centrale des Arts et Manufactures, Membre suppléant dans la Commission française pour l'Exposition universelle de Londres, Membre titulaire du Jury à l'Exposition universelle de Paris, Chevalier de la Légion d'honneur,

ET AUGMENTÉ D'UN

MÉMOIRE SUR LA PORCELAINE DU JAPON,

TRADUIT DU JAPONAIS

PAR M. LE DOCTEUR J. HOFFMANN,

PROFESSEUR A LEYDE,

Interprète du Gouvernement des Indes Néerlandaises pour la langue japonaise

PARIS,

MALLET-BACHELIER, IMPRIMEUR-LIBRAIRE

DU BUREAU DES LONGITUDES, DE L'ÉCOLE IMPÉRIALE POLYTECHNIQUE,

Quai des Augustins, 55.

1856

(Les Auteurs et l'Éditeur de cet ouvrage se réservent le droit de traduction.)

149-Lan-666.3/J944

[中国]蓝浦

景德镇陶录（法文，1856）

1856年巴黎法文首版，“燕京大学图书馆”章，“燕京大学图书馆哈佛燕京学社”藏书票。本书根据清代蓝浦所著《景德镇陶录》由法国著名汉学家儒莲译成，又名《中国瓷器的制造与历史》（*Histoire et fabrication de la porcelaine chinoise*）。

儒莲，参见Julien条（参见136-Julien 1-458.3/J944）。

本书的翻译出版得到了法国农商部的支持，当年主要目的是为法国塞夫勒皇家作坊的瓷器制造提供参考。中文原书共有10卷，介绍景德镇陶瓷业的分工分业、陶瓷的生产经营贸易等，对制瓷原料和瓷器烧成记载甚详。本书根据其实用需要只翻译了前7卷，其余部分的有用信息则被纳入译者所撰写的前言中。塞夫勒皇家作坊的瓷器专家萨勒维达（Salvétat）为译著作了注解。书后附霍夫曼（Hoffmann）博士译自日文的一篇论文，讲述日本瓷器制作的情况。

本书附1幅标注中国历代陶瓷生产重镇的地图，14幅陶瓷制作工艺各步骤图画（即中文原书所附《陶成图》）。

150-Langdon- K203/L259

Langdon, William B.

Ten thousand things relating to China and the Chinese : an epitome of the genius, government, history, literature, agriculture, arts, trade, manners, customs, and social life of the people of the Celestial Empire : together with a synopsis of the Chinese collection / by William B. Langdon.--London : To be had only at the collection, 1842.

273 p., [24] leaves of plates : ill. ; 24 cm.

1. Dunn, Nathan, 1782-1844--Ethnological collections. 2. China--History. 3. China--Social life and customs. 4. China--Civilization. I. Title.

[英国] 威廉・兰登

万唐人物（英文，1842）

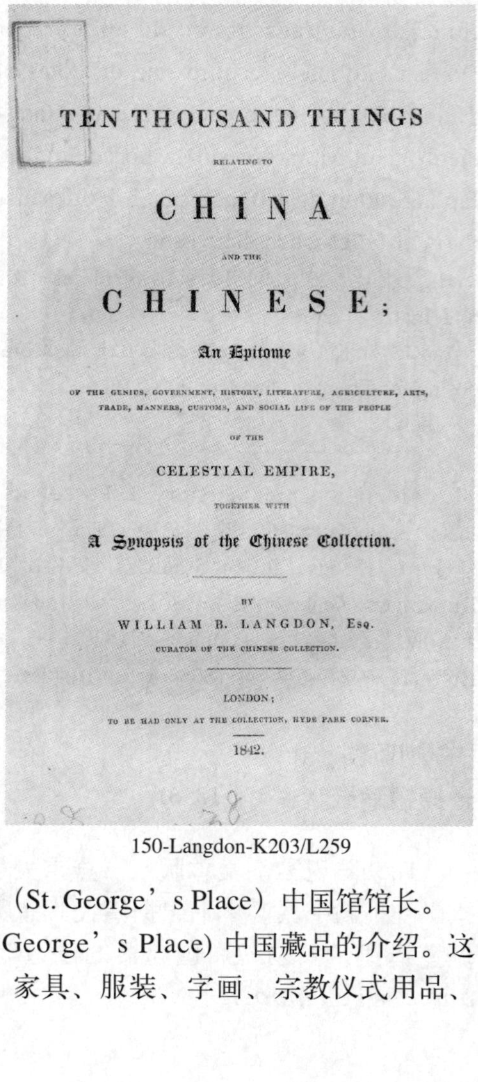
TEN THOUSAND THINGS
RELATING TO
CHINA
AND THE
CHINESE;
An Epitome
OF THE GENIUS, GOVERNMENT, HISTORY, LITERATURE, AGRICULTURE, ARTS, TRADE, MANNERS, CUSTOMS, AND SOCIAL LIFE OF THE PEOPLE
OF THE
CELESTIAL EMPIRE,
TOGETHER WITH
A Synopsis of the Chinese Collection.
BY
WILLIAM B. LANGDON, Esq.
CURATOR OF THE CHINESE COLLECTION.
LONDON;
TO BE HAD ONLY AT THE COLLECTION, HYDE PARK CORNER.
1842.

150-Langdon-K203/L259

1842年伦敦英文首版，“北京大学图书馆”藏书章（钢印）。

威廉・兰登是伦敦海德公园圣乔治街（St. George’s Place）中国馆馆长。

本书是对伦敦海德公园圣乔治街 (St. George’s Place) 中国藏品的介绍。这些藏品包括佛像、雕刻、瓷器等工艺品、家具、服装、字画、宗教仪式用品、日常生活用品等，反映了中国的政治、历史、文学、艺术、贸易、礼仪、习俗及社会生活等方面的情况。藏品的收集者是曾在中国居住十二年的费城商人纳桑·邓（Nathan Dunn）。他1831年回费城时将这些藏品带回美国。本书以物质文化为切入点，旨在向西方读者展示了中国人的精神和道德世界。由于此前向西方介绍中国的传教士和外交官多着眼于社会上层，该展览和该书都突破了这一局限向西方社会呈现了中国社会的各个方面。

本书附24幅插图，描绘了从佛像、道光皇帝、官员到士兵、文人、妇女的社会各个阶层，也展现了一些日常生活器物和交通工具。

150T-Langdon-K203/L259 帆船

151-Langles-451/L266

Langles, Louis Mathieu, 1763-1824.

Alphabet mantchou : rédigé d'après le syllabaire et le dictionnaire universel de cette langue / par L. Langlès.--3e ed. / augm. d'une notice sur l'origine, l'histoire, et les travaux litteraires des Mantchoux, actuellement maîtres de la Chine.--Paris : Imprimerie impériale, 1807.

xv, 208 p. ; 23 cm.
French.

1. Manchu language. I. Title.

[法国] 路易·马蒂厄·朗格莱斯

满洲语入门（法文，1807）

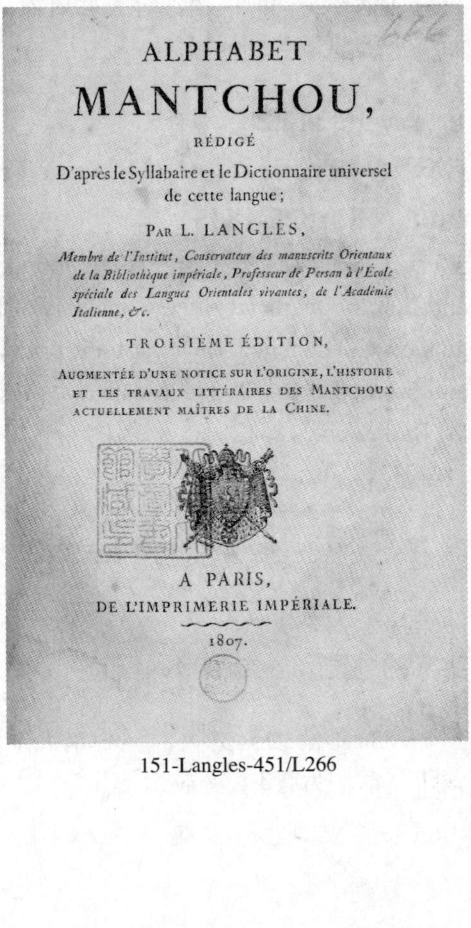

ALPHABET
MANTCHOU,
RÉDIGÉ
D'après le Syllabaire et le Dictionnaire universel de cette langue;
PAR L. LANGLÈS,
Membre de l'Institut, Conservateur des manuscrits Orientaux de la Bibliothèque impériale, Professeur de Persan à l'École spéciale des Langues Orientales vivantes, de l'Académie Italienne, &c.
TROISIÈME ÉDITION,
AUGMENTÉE D'UNE NOTICE SUR L'ORIGINE, L'HISTOIRE ET LES TRAVAUX LITTÉRAIRES DES MANTCHOUX ACTUELLEMENT MAÎTRES DE LA CHINE.
A PARIS,
DE L'IMPRIMERIE IMPÉRIALE.
1807.

151-Langles-451/L266

1807年在巴黎法文第三版，“北京

大学图书馆藏印”章，“福克司”印。另有1个复本，“燕京大学图书馆”藏书章。本书首版于1787年出版，只限于字母等章节，未编入满语原文，第二版加入了词典部分。

路易·马蒂厄·朗格莱斯是法国著名的东方学家、语言学家、翻译家和编辑，师从法国的东方学家西尔韦斯特·德萨西（Silvestre de Sacy），一生勤于著述。其师曾支持雷慕沙在法兰西学院开设“汉文与鞑靼文—满文语言学讲座”，也是最早创办中文讲座的人。这些都对朗格莱斯产生了重要的影响。除本书外，还著有《鞑靼族—满族礼仪；附祭祀主要用具图》（*Rituel des Tatars-mantchoux; avec les dessins des principaux ustensiles et instrumens du culte*. 1804）等。

本书是欧洲第一本系统研究满族语言的书，当时堪称欧美人学习满语不可或缺的教材。作者虽未到过中国，却收集了大量流于法国的关于满语的书籍和文献，历经20年不辍编成此书。全书分3章，另有6个附录。第一章介绍满语的用处及如何学满语，第二章追溯满语的起源，第三章满语发展的简明编年史。附录有：满语字词的起源与构成，鞑靼语和满语字母的12个类别，连接词，鞑靼语和满语备考，中华鞑靼和中华帝国地理描述摘要，本书题注和参考资料表。本书不只是从语音、词汇、语法等方面讲授满语，还提供了一些满语原文供西方读者全面、系统地了解、学习。

152-Lay-915.1/L451

Lay, G. Tradescant (George Tradescant)，fl. 1825-1845

The Chinese as they are : their moral, social, and literary character; a new analysis of the language; with succinct views of their principal arts and sciences / by G. Tradescant Lay.--London : W. Ball & co., 1841.

xii, 342 p. : ill. ; 21 cm.

1. China--Social life and customs. I. Title.

[英国] 李太郭
实际的中国人（英文，1841）

1841年伦敦英文版，“北京大学图书馆藏印”章。另有3个复本。

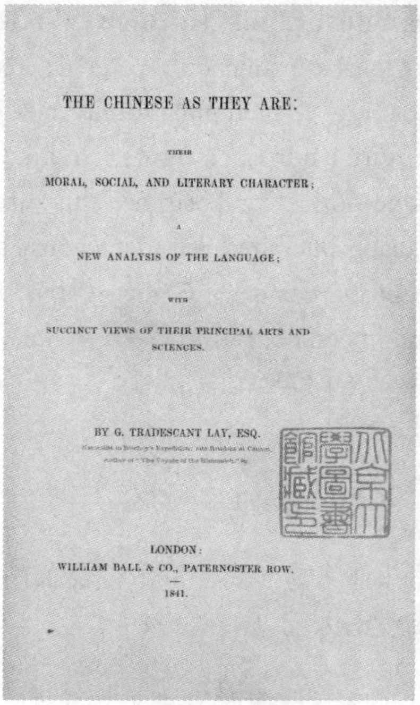
THE CHINESE AS THEY ARE:

THEIR

MORAL, SOCIAL, AND LITERARY CHARACTER;

A

NEW ANALYSIS OF THE LANGUAGE;

WITH

SUCCINCT VIEWS OF THEIR PRINCIPAL ARTS AND SCIENCES.

BY G. TRADESCANT LAY, ESQ.

LONDON:
WILLIAM BALL & CO., PATERNOSTER ROW.
1841.

152-Lay-915.1/L451

李太郭于1825年来华，在澳门及广州采集植物标本。1828年回国。1836年以英国圣书公会代理人身份再度来华，曾任英使璞鼎查（Sir Henry Pottinger, 1789—1856）的翻译。1843年被派为英国驻广州首任领事。1844年任福州领事。1845年调任厦门领事。曾在《中国丛报》上发表过许多关于中国的文章。

本书写在鸦片战争爆发之后，全面介绍了如下内容：中国的现状，包括鸦片战争的起因和可能的后果、鸦片癖好何其救治、中国人的特点、中国妇女、《圣经》的传播、在华传教使团的物质条件和困难、中国人的家庭关系、中国音乐、宗教、娱乐、军事、哲学、饮食、逻辑和玄学、语言等。作者试图在鸦片战争的背景之下探讨西方势力尤其是英国全面征服中国的可能性。他认为，凭借英国的武力打败中国是易如反掌的，但是要真正征服中国人使中国人信服新的秩序却需要付出更大的努力。本书全面分析中国社会和传统的意图是为西方势力全面征服中国提供参考和分析意见。

本书附1幅皇帝授予大臣官印的插图。

152T-Lay-915.1/L451 皇帝授予大臣官印图

153-Le Comte 1.1-915.1/L496n3

Le Comte, Louis, 1655-1728.

Nouveaux mémoires sur l'état present de la Chine / par le P. Louis le Comte de la compagnie de Jésus, Mathématicien du Roy.--Paris : J. Anisson, 1697-1698.

3 v., 22 plates : ill., ports. ; 17 cm.

Vol. 3: "Contenant l'Histoire de l'edit de l'empereur de la Chine, en faveur de la religion chréstienne. Avec Un éclaircissement sur les honneurs que les Chinois rendent à Confucius & aux morts [par Charles Le Gobien]"

French.

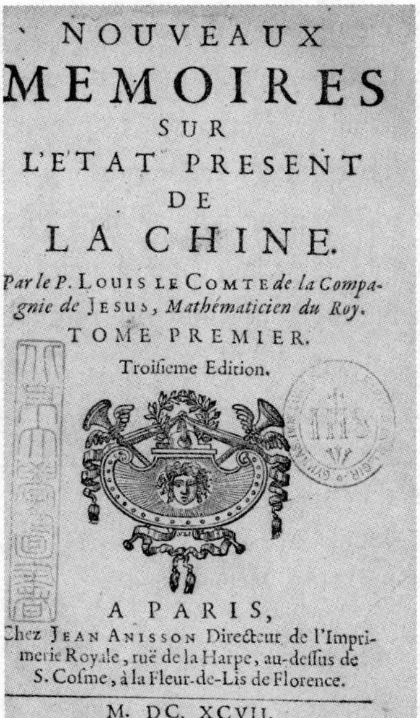

NOUVEAUX
MEMOIRES
SUR
L'ETAT PRESENT
DE
LA CHINE.
Par le P. LOUIS LE COMTE de la Compagnie de JESUS, Mathématicien du Roy.
TOME PREMIER.
Troisieme Edition.
A PARIS,
Chez JEAN ANISSON Directeur de l'Imprimerie Royale, ruë de la Harpe, au-dessus de S. Cosme, à la Fleur-de-Lis de Florence.
M. DC. XCVII.
Avec Privilege du Roy.

153-Le Comte 1.1-915.1/L496n3

1. Jesuits--Missions. 2. Missions--China. 3. China--Description and travel--Early works to 1800. I. Le Gobien, Charles, 1653-1708. Histoire de l'edit de l'empereur de la Chine. II. Le Gobien, Charles, 1653-1708. Éclaircissement sur les honneurs que les Chinois rendent à Confucius et aux morts. III. Title.

[法国] 李明

中国近事报道（有关地形学、物理学、数学、力学、博物学、世俗的和基督教会的回忆和评论）（法文，1697—1698）

153T-Le Comte 1.1-915.1/L496n3 康熙帝

154-Le Comte 1.2-915.1/L496

Le Comte, Louis, 1655-1728.

[Nouveaux mémoires sur l'état present de la Chine. English]

Memoirs and observations topographical, physical, mathematical, mechanical, natural, civil, and ecclesiastical : made in a late journey through the Empire of China, and published in several letters, particularly upon the Chinese pottery and varnishing ; the silk and other manufactures ; the pearl fishing ; the history of plants and animals ; description of their cities and publick works ; number of people, their language, manners and commerce ; their habits, oeconomy, and government ; the philosophy of Confucius ; the state of Christianity, with many other curious and useful remarks / by Louis Le Compte, Jesuit ; translated from the Paris edition, and illustrated with figures.--London : B. Tooke, 1697.

527 p., [3] leaves of plates : ill. (part fold.) ; 20 cm.

1. Jesuits--Missions. 2. Missions--China. 3. China--Description and travel--Early works to 1800. I. Title. II. Title : Memoirs and...

[法国] 李明

中国近事报道（有关地形学、物理学、数学、力学、博物学、世俗的和基督教会的回忆和评论）（英文，1697）

巴黎法文第三版3卷本（153-Le Comte 1.1-915.1/L496n3），前二卷1697年出版于巴黎，第三卷1698年出版于巴黎，“北京大学图书”章。本书1696年在巴黎出版法文首版。1697年在伦敦出版英文首版，1698年伦敦英文再版。另有1697年伦敦英文首版(154-Le Comte 1.2-915.1/L496)，“北京大学图书馆藏印”章。另有1个复本。有中译本《中国近事报道》，郭强、龙云译，大象出版社，2004年。

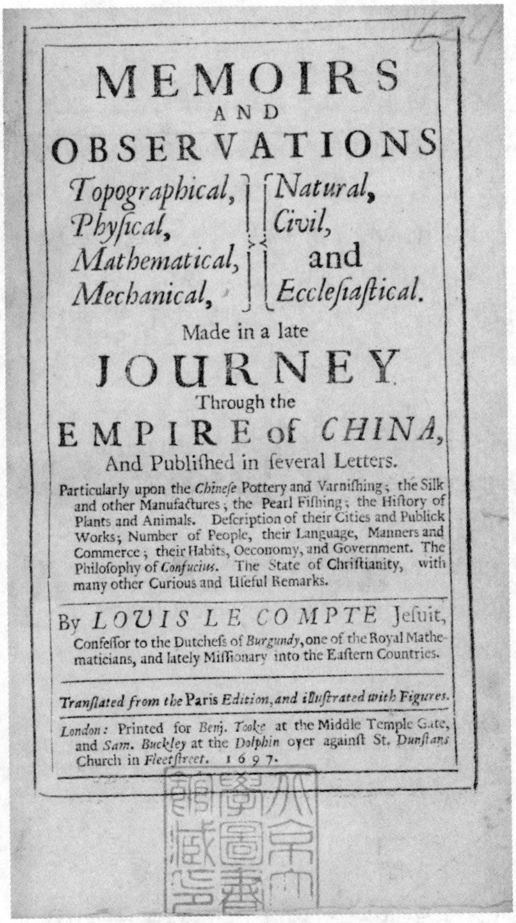
MEMOIRS
AND
OBSERVATIONS
Topographical, Physical, Mathematical, Mechanical, | *Natural, Civil,* and *Ecclesiastical.*
Made in a late
JOURNEY
Through the
EMPIRE of *CHINA*,
And Published in several Letters.
Particularly upon the *Chinese* Pottery and Varnishing; the Silk and other Manufactures; the Pearl Fishing; the History of Plants and Animals. Description of their Cities and Publick Works; Number of People, their Language, Manners and Commerce; their Habits, Oeconomy, and Government. The Philosophy of *Confucius*. The State of Christianity, with many other Curious and Useful Remarks.
By *LOUIS LE COMPTE* Jesuit,
Confessor to the Dutchess of *Burgundy*, one of the Royal Mathematicians, and lately Missionary into the Eastern Countries.
Translated from the Paris *Edition, and illustrated with Figures.*
London: Printed for *Benj. Tooke* at the Middle Temple Gate, and *Sam. Buckley* at the *Dolphin* over against St. *Dunstans* Church in *Fleetstreet*. 1697.

154-Le Comte 1.2-915.1/L496

李明，字复初，法国耶稣会士，是法国国王路易十四1685年派往中国的5位传教士之一，1687年到达宁波，1688年到达北京，受到康熙帝的接见，曾为康熙帝讲授天文学。后在山西绛州、陕西西安等地传教。1692年返回法国。1696年出版《中国近事报道》（*Nouveaux mémoires sur l'état présent de la Chine*.1696），介绍中国风土物产、民族性和孔子的伦理学说。1700年写成《中国礼仪论》（*Sur les rites chinois*），称赞中国儒学，遭到索邦大学和多明我会的传教士们的攻击。另著有《耶稣会李明神父致迈内公爵关于中国礼仪的书信》（参见155-Le Comte 2-282.51/L496)等。

法文版前二卷为李明关于中国的14封书信，主要内容包括：康熙皇帝接见；北京城的布局、街道、建筑、皇宫、观象台、城墙和城门、长城，南京的观象台、琉璃塔，杭州、苏州等城市和澳门、厦门、宁波等港口简介；中国的气候、土地、运河、河流和水果；中华民族的特点；中国人日常的清洁卫生和典雅奢华；中国的语言文字、书籍和道德，《五经》简介，孔子生平介绍和语录选译；中国人的算学、天文学、医学、中草药、茶叶、航海；中国的政治和政府；中国古代祭祀，道教和佛教；基督教在中国的传播，传教士在中国的传教方式，中国基督徒的信仰生活；康熙帝颁诏准许基督教在华传播；在印度和中国关于天体和动物的观察记录等。第三卷主要内容为中国皇帝关于宽容基督教的敕令，对中国人祭祖祀孔礼仪的阐释。

本书完成时正值礼仪之争比较激烈之时，李明赞扬孔子学说的思想不被基督教会所接受，本书被禁止发行，1702年被罗马教廷烧毁。但其关于中国的客观记述在各地受到称赞，被译成多种欧洲文字出版。本书是研究礼仪之争的重要参考书，此外，本书还对伏尔泰(Voltaire，1694—1778)、孟德斯鸠和赫尔德等人产生了很大的影响，成为启蒙运动思想家反对教会的武器。

法文版附18幅插图，包括《孔子》、《乾隆》、《官员》、《观象台和天象仪》等。1697年英文首版中有5幅插图：《康熙帝32岁时的画像》、《十五省地图》、《紫禁城金銮殿》、《观象台》、《梧桐树》，另有中国语音表等。

155-Le Comte 2-282.51/L496

Le Comte, Louis, 1655-1728.

Lettre du R. Père Louis le Comte, de la compagnie de Jésus : à monseigneur le duc du maine, sur les cérémonies de la Chine.-- Paris : [s.n.], 1700.

190 p. ; 15 cm.

French.

1. Le Comte, Louis, 1655-1728. I. Title.

[法国] 李明

耶稣会李明神父致迈内公爵关于中国礼仪的书信（法文，1700）

1700年巴黎法文首版，“燕京大学图书馆”藏书章，“燕京大学图书馆”藏书票。题名页前有原藏者剪报，介绍葡萄牙1700年译本，并点明此书非常稀少，曾遭法国政府禁毁。

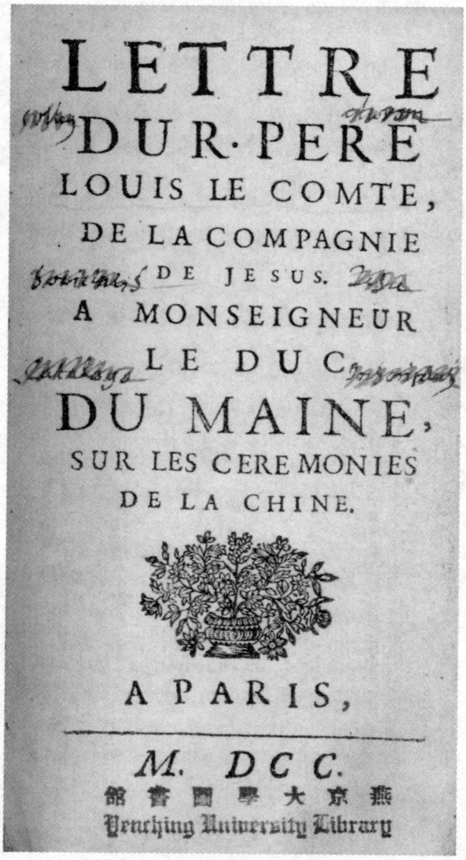

155-Le Comte 2-282.51/L496

此信与礼仪之争有关，信中说巴黎有些人著书撰文称耶稣会士为偶像崇拜者赞成中国迷信，准许新教徒公开向偶像献祭，然而尽管邪恶统治着现在，只要世上还存在一点儿常识，人们就不容易相信耶稣会士会手持香炉崇拜东方的虚假上帝。耶稣会的特定精神是在天主教徒中保持清楚的教义，外国人的习惯就像他们的语言一样，对于忽视它们的真正意义的人来说会觉得震惊和可笑。因此，当人们谴责中国礼仪的时候，我们必须特别小心，因为中国人的思想与我们很不同。中国人的鞠躬、叩头等，都是非常普通的尊敬的表现。中国人的祭祀礼仪对于中国人是非常自然的事，但对于欧洲人来说是很难理解的。信中对中国人的祭祀、丧葬、祀孔等仪式做了描述和解释。李明认为，祭祖等仪式以中国的精神来说是纯粹的本国仪式，如果不想在发展教徒方面制造障碍的话，就应该对这些仪式加以容忍。

156-Legge 1-220.5/L524

Legge, James, 1815-1897.

The notions of the Chinese concerning God and spirits : with an examination of the defense of an essay, on the proper rendering of the words Elohim and Theos, into the Chinese language, by William J. Boone / by the Rev. James Legge.--Hongkong : Printed at the "Hongkong Register" Office, 1852.

iv, iii, 166 p. ; 21 cm.

1. Boone, William Jones, Bp., 1811-1864. Essay on the proper rendering of the words Elohim and [theos] into the Chinese language. 2. Chinese language--Semantics. 3. China--Religion. I. Title.

[英国] 理雅各

中国人关于神鬼的概念

（英文，1852）

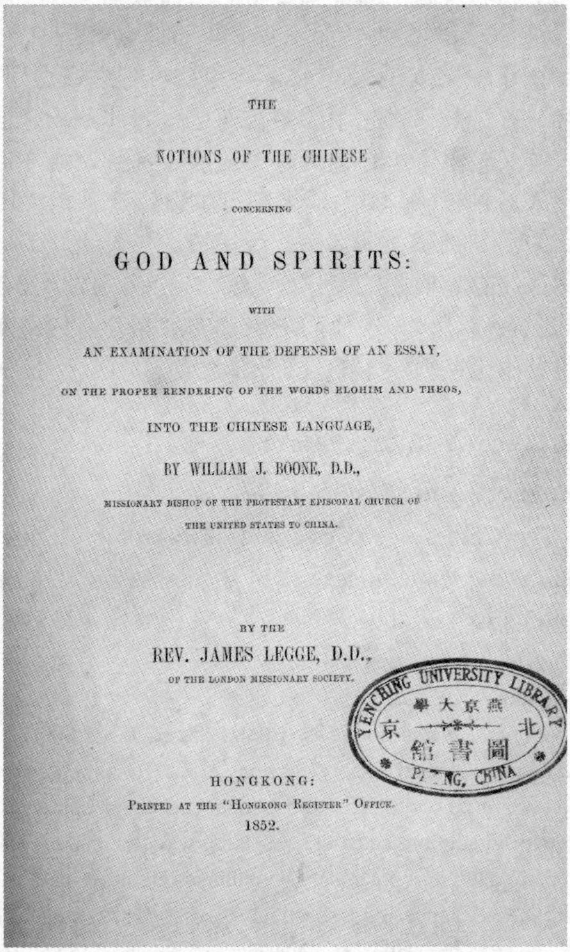
THE

NOTIONS OF THE CHINESE

CONCERNING

GOD AND SPIRITS:

WITH

AN EXAMINATION OF THE DEFENSE OF AN ESSAY,

ON THE PROPER RENDERING OF THE WORDS ELOHIM AND THEOS,

INTO THE CHINESE LANGUAGE,

BY WILLIAM J. BOONE, D.D.,

MISSIONARY BISHOP OF THE PROTESTANT EPISCOPAL CHURCH OF THE UNITED STATES TO CHINA.

BY THE

REV. JAMES LEGGE, D.D.,

OF THE LONDON MISSIONARY SOCIETY.

HONGKONG:

PRINTED AT THE "HONGKONG REGISTER" OFFICE.

1852.

156-Legge 1-220.5/L524

1852年香港英文版，“燕京大学图书馆”藏书章。

理雅各是英国著名的汉学家，1839年被伦敦布道会派往马六甲任英华书院院长，1843年随院迁往香港，1873年返英。他是第一个系统研究、翻译中国古代经典的人，曾把中国的“四书五经”译成英文。除本书外，还著有《孔子的生平和学说》(*The Life and Teaching of Confucius*. 1867)、《孟子的生平和学说》(*The Life and Teaching of Mencius*. 1875)、《中国的宗教，儒教和道教评述及其同基督教的比较》(*The Religions of China: Confucianism and Taoism Described and Compared with Christianity*. 1880)、《中国经典》(参见157- Legge 2-181.22/L524c2a)等。

本书主要内容为理雅各针对美国文惠廉（William Boone）关于Elohim/Theos/God正确中译的驳论，从而表达了自己的观点和主张。理雅各对中国宗教的兴趣源于新教传教士的译名之争。圣经中 Elohim/Theos/God之中译，理雅各起初主张“神”，1848 年转而主张“上帝”，美国文惠廉则反其道而行。二人论战的焦点在于中国人是否有最高神和唯一神之概念可利用。文惠廉认为中国人之“上帝”不过是诸神之中的主神而已，并非万物之创造者，而且道教崇拜多位上帝，宋儒又将上帝解释为天理，或流于多神，或亦近无神，不可采用。“神”作为中国人对神祇(gods)之通名则可加以改造利用，传达基督教的一神观念。理雅各则认为，“神”一词多义，兼指精神与灵魂，不可用来翻译 God 或god，中文里表达最高存有概念的是“帝”、“上帝”或“天帝”。理雅各提出中国人认识真正的上帝（God），他们所崇拜的最高存有就是基督教中的“God”。这是理雅各研究中国宗教学术的真正开始。

157-Legge 2-181.22/L524c2a

Legge, James, 1815-1897.

The Chinese classics : with a translation, critical and exegetical notes, prolegomena and copious indexes / by James Legge.--2nd ed., rev.--Oxford : Clarendon Press, 1893-1895.

5 v. in 8 : fold. maps ; 26 cm.

Includes indexes.

Vols. 1-2, 2nd edition revised, 1893-95, printed at the Clarendon press, Oxford; v. 3-5, printed at the London missionary society's printing office, Hongkong, are a reissue of the older edition with new t.-p. and imprint: London, H. Frowde [n.d.] (Errata not corrected)

As originally projected the collection was "to embrace all the books in 'The thirteen king'." The 6th and 7th and the supplementary volumes were never published. An English translation of the Yih king and the Li ki appeared respectively as v. 16 (1882) and v. 27-28 (1885) of the series "Sacred books of the East." A translation of the Hsiao king appeared in vol. III (1879) of the same series.

I. Confucian analects, the Great learning, and the Doctrine of the mean -- II. The works of Mencius -- III. The Shoo king, or the Book of historical documents: pt. I. The first parts of the Shoo-king, or the Books of T'ang; the Books of Yu; the Books of Hea; the Books of Shang; and the prolegomena. pt. II. The fifth part of the Shoo king, or the books of Chow; and the indexes -- IV. The She king, or the

Book of poetry: pt. I. The first part of the She-king, or the Lessons from the states; and the Prolegomena. pt. II. The second, third, and fourth parts of the She-king, or the Minor odes of the kingdom, the Greater odes of the kingdom, the Sacrificial odes and praise-songs; and the indexes -- V. The Ch'un ts'ew, with the Tso chuen: pt. I. Dukes Yin, Hwan, Chwang, Min, He, Wan, Seuen and Ch'ing; and the Prolegomena. pt. II. Dukes Seang, Ch'aou, Ting, and Gae, with Tso's appendix; and the indexes.

1. Chinese literature. 2. Chinese literature--Translations into English. 3. China--Literary collections. 4. China--Maps. 5. China--History. I. Title. II. Confucius. III. Mencius. IV. Confucius. Chun qiu. V. Zuoqiu, Ming. Zuo zhuan. VI. Si shu. VII. Wu jing. VIII. Shu jing. IX. Shi jing.

[英国] 理雅各

中国经典（英文，1893—1895）

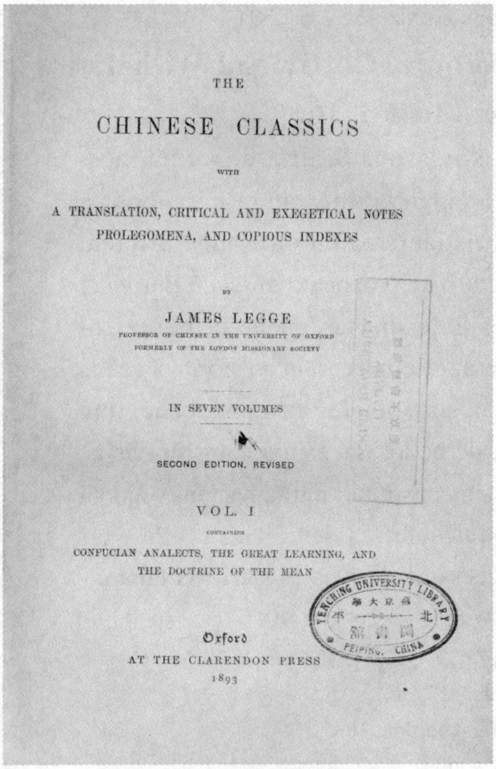
THE
CHINESE CLASSICS
WITH
A TRANSLATION, CRITICAL AND EXEGETICAL NOTES
PROLEGOMENA, AND COPIOUS INDEXES
BY
JAMES LEGGE
PROFESSOR OF CHINESE IN THE UNIVERSITY OF OXFORD
FORMERLY OF THE LONDON MISSIONARY SOCIETY
IN SEVEN VOLUMES
SECOND EDITION, REVISED
VOL. I
CONTAINING
CONFUCIAN ANALECTS, THE GREAT LEARNING, AND
THE DOCTRINE OF THE MEAN

Oxford
AT THE CLARENDON PRESS
1893

157-Legge 2-181.22/L524c2a

1893—1895年牛津英文版，5卷，“燕京大学图书馆”藏书章。

本书囊括了儒家经典的“四书五经”，共5卷8册9种，第一卷包括《论语》、《大学》、《中庸》，第二卷为《孟子》，第三卷包括《尚书》、《竹书纪年》，第四卷为《诗经》，第五卷包括《春秋》、《左传》。理雅各作为传播基督福音的传教士来到中国，最希望看到的是耶稣取代孔子，但传教工作遭到儒教思想的强烈抵制，理雅各选择的不是对抗与暴力，而是理解与调和，他认为儒家思想既不像佛教主张无神，也不像婆罗门教信奉多神，因此和基督教并不对立，可以利用而不可肆意诋毁。他认为只有透彻地掌握中国人的经书，亲自考察中国圣贤建立的作为中国人道德、社会和政治生活基石的整个思想领域，才能胜任他所担当的职责和正在从事的工作。因此，理雅各决定系统翻译儒家经籍。他对《中国经典》的翻译以忠实存真为第一要义，直译详加笺注并辅以导论索引，各卷体例自始至终保持不变，即由“学术绪论”、“正文翻译”和“附录索引”三部分组成。理雅各的中国儒经英译本至今仍被认为是标准的译本，这是他对西方汉学的重要贡献。

158-Leibniz-951.411/L531

Leibniz, Gottfriend Wilhelm von, 1646-1716.

Novissima Sinica, historiam nostri temporis illustratura in quibus de christianismo publica nunc primum autoritate propagato missa in Europam relatio exhibetur, deque favore scientiarum Europaearum ac moribus gentis & ipsius praefertim monarchae, tum & de bello Sinensium cum Moscis ac pace constituta, multa hactenus ignota explicantur / Edente G.G.L.--2a ed. / accessione partis posterioris aucta.--[Leipzig? : s.n.], 1699.

[28], 175, [11], 128 p., [1] leaf of plates : port. ; 17 cm.

First edition, 1697.

Latin.

1. Kangxi, Emperor of China, 1654-1722. 2. Verbiest, Ferdinand, 1623-1688 Astronomia Europaea. 3. Jesuits--China. 4. Christians--China. 5. Missions--China. 6. China--Church history. I. Soares, Jose, 1656-1736. Libertas evangelium Christi. II. Bouvet, Joachim, 1656-1730. Icon regia monarch Sinarvm nvnc regnantis.

NOVISSIMA
SINICA
HISTORIAM NOSTRI TEM-
PORIS ILLUSTRATURA
In quibus
DE CHRISTIANISMO
Publica nunc primum autorita-
te propagato missa in Europam rela-
tio exhibetur, deque favore scientiarum Europæarum ac
moribus gentis & ipsius præsertim Monarchæ, tum & de
bello Sinensium cum Moscis ac pace constituta,
multa hactenus ignota explicantur.
Edente G. G. L.
Indicem dabit pagina versa.
Secunda Editio.
Accessione partis posterioris aucta.
ANNO M DC XCIX.

158-Leibniz-951.411/L531

[德国] 莱布尼茨

中国新事萃编（拉丁文，1699）

莱布尼茨《中国新事萃编》的第二版，出版年代为1699年，未注明出版地和出版社，“燕京大学图书馆”藏书章。第一版出版于1697年。第二版补充了法国耶稣会神父白晋写的《中国当今皇帝传》。有中译本《中国近事》，梅谦立译，大象出版社，2005年。

莱布尼茨是德国历史上最重要的自然科学家、数学家、物理学家、历史学家和哲学家之一，是一个举世罕见的科学天才，和牛顿同为微积分的创建人。他博览群书，涉猎百科，对丰富人类的科学知识宝库做出了不可磨灭的贡献。

本书是莱布尼茨总括他所收集的传教士们的书信、报告和书籍而写成的。包括如下各部分：1．葡萄牙耶稣会士、北京教区会长苏霖神父（JosO Suarez）所写的关于清朝允许基督宗教在中国传播的报告。2．比利时耶稣会士南怀仁（Ferdinand Verbiest）在中国出版的关于天文学的著作摘录，内容主要涉及现任皇帝研习欧洲算学和天文学的情形。3．耶稣会士闵明我(Philippe Marie Grimaldi)神父于1693年12月6日发自于印度果阿致莱布尼茨的信。4．比利时神父安多(Antoine Thomas)于1695年11月12日从北京发出的一封信。5．俄罗斯使团于1693、1694、1695年出使中国所取路径的简要描绘。与第一版相比较，这一部分有修正和新的编辑。6．张诚神父于1689年9月3日从俄罗斯控制下的尼布楚发出的一封信的节录，此节录涉及中俄战争和尼布楚条约的签订。这一部分被称为“附录”。7．法国耶稣会士白晋神父所著关于中国当今皇帝的传记，从法文译为拉丁文。这一部分是第一版没有的而第二版所补充的。

Lindley, Augustus F.

Ti-ping tien-kwoh : the history of the Ti-ping Revolution, including a narrative of the author's personal adventures / by Lin-le.--London : Day & Son, 1866.

2 v. : ill. (some col.), facsim, maps, port. ; 27 cm.

1. Lindley, Augustus F. 2. China--History--Taiping Rebellion, 1850-1864--Personal narratives. I. Title.

[英国] 呤唎

太平天国（英文，1866）

1866年伦敦英文版，2卷，

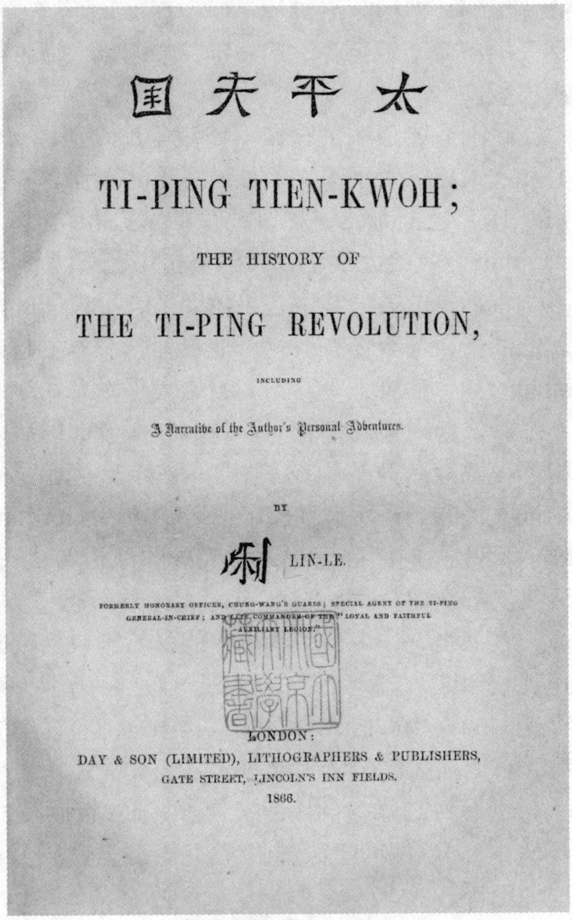

159T-Lindley-951.0732/L644 太平军战事图

“国立北京大学藏书”章。另有1个复本。还有1866年伦敦英文版单卷本。1915年商务印书馆出版孟宪承的节译本《太平天国外纪》。1961年中华书局出版王维周翻译的全译本《太平天国革命亲历记》。1985年、1997年上海古籍出版社、上海人民出版社分别再次出版。

呤唎是英国海军军官。1857年加入英国海军。1859年来中国，次年辞职，8月和友人投效太平军，参加教练军队工作，并率领炮队随太平军西征。1863年负伤，12月赴上海、宁波等地采购军火和轮船，夺取了一艘轮船“飞而复来”号（Firefly）献给太平军。1864年初秘密回国。1873年去世。

本书在前人记载中是少数同情太平天国的西文著作之一。作者对李秀成抱深切的同情，甚至怀有敬意。他自称：“本书是遵照伟大太平天国革命领袖的嘱托而写的”。扉页上写着：“献给太平军总司令忠王李秀成———如果他已去世，本书就作为对他的纪念”。1864年作者回国后，听到的都是英国人把干涉太平天国的侵略战争政策说成是 “一种对于中国前途显得非常有利的政策”；把屠杀中国人民的刽子手戈登(Charles George Gordon,1833—1885)奉为“民族英雄”。作者因此决定把自己在太平天国的经历写成一本书，告诉人们发生在东方的这段真实的历史，同时提醒英国人民重新思考英国的对华政策。1866年2月本书完成，在书中，作者援引了丰富的材料，包括英国的官方文件，并与作者的亲身经历互相印证，对太平军的作战、阵法、婚姻、税收、法庭等方面的实况，以及太平天国的人物群像，自首长至兵士，都有详细的记述，提供了第一手的资料。此外，书中所揭露的清军暴行也是为其他著作很少提及的。

本书附21幅彩色插图，7幅木刻锌版插图。内容包括香港船女、歌女、忠王头像、太症军战事图、忠王召开军事会议、卖女图、鸦片馆、清军攻打南京、中国地图等。

Lindsay, Hugh Hamilton, 1802-1881.

Report of proceedings on a voyage to the northern ports of China, in the ship Lord Amherst.--London : B. Fellowes, 1833.

296 p. ; 22 cm.

"Extracted from papers, printed by order of the House of Commons, relating to the trade with China."

"Report of proceedings on a voyage to the northern ports of China, by the Rev. Mr. Gutzlaff" (p. [269]-296)

1. Great Britain--Commerce--China. 2. China--Commerce--Great Britain. 3. China--Description and travel. I. Gützlaff, Karl Friedrich August, 1803-1851. II. Title.

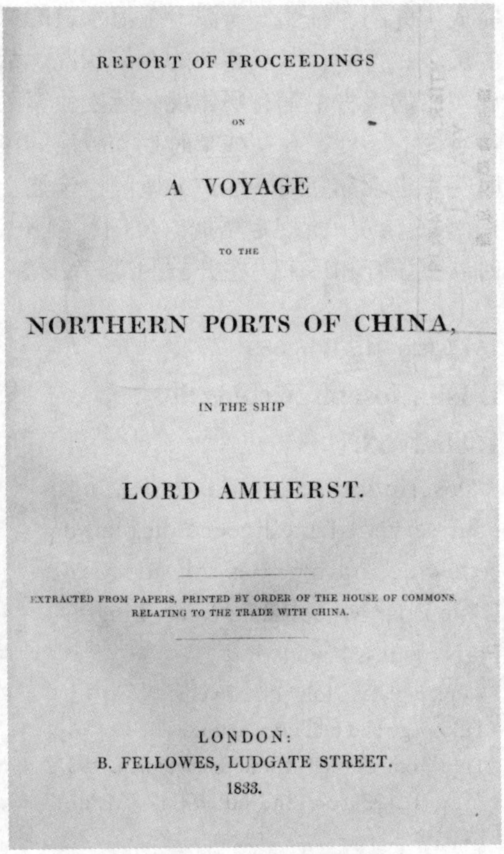

REPORT OF PROCEEDINGS

ON

A VOYAGE

TO THE

NORTHERN PORTS OF CHINA,

IN THE SHIP

LORD AMHERST.

EXTRACTED FROM PAPERS, PRINTED BY ORDER OF THE HOUSE OF COMMONS, RELATING TO THE TRADE WITH CHINA.

LONDON:
B. FELLOWES, LUDGATE STREET.
1833.

160-Lindsay-915.1/L645

[英国] 胡夏米

“阿美士德”号来华经过报告

（英文，1833）

1833年伦敦英文版，“燕京大学图书馆”藏书章，“燕京大学图书馆”藏书票。

胡夏米是英国人。1832年代表东印度公司偕德国传教士郭实腊乘“阿美士德”号（Lord Amherst）船到中国沿海航行，调查商业情况，侦察沿海防务。除本书外，还著有《与巴麦尊勋爵论中英关系书》（*Letter to the Rt. Hon. Viscount Palmerston on British Relations with China*. 1836）、《对华战争是正义战争吗？》（*Is the War with China a Just One?* 1840）、《1839年3月查禁鸦片以来中国诸事件述评》（*Remarks on Occurrences in China since the Opium Seizure in March 1839*. 1840）等。

1832年“阿美士德”号在中国沿海的航行历时六个多月，虽以发展东印度公司的业务、了解中国沿海重要港口的情况以便在将来建立中英之间的贸易关系为目的，但实际是英国侵略者一次有计划的侦查活动。在航行的过程中，他们不但完成了厦门、福州、宁波、上海水道的探测工作，而且对清朝政治的腐败、军备的废弛和落后，以及各地的经济状况，都有了十分深刻的认识，这些在胡夏米和郭实腊的报告中都有所体现。此次侦察活动，不仅影响英国政府在鸦片战争前对待中国的态度，并在战争时期和战后的谈判中，也起了一定的作用的。鸦片战争时英军进攻和登陆的地点如厦门、宁波、上海，都是此次航行所经历的地方，战后南京条约中所规定增辟的厦门、福州、宁波、上海等4个口岸，又正是他们当时着重调查和后来力主开放的港口。

161-L'Isle-915.111/L689

L'Isle, Joseph Nicolas de, 1688-1768.

Description de la ville de Peking : pour servir à l'intelligence du plan de cette ville, gravé par les soins de M. de L'Isle / par M. de L'Isle & M. Pingre.--Paris : [s.n.], 1765.

44 p., 6 plates : fold. ill. ; 26 cm.

Title-page and plate II wanting.

Title from Cordier, Bibliotheca sinica, 1881, v. 1, col. 123-124 (2nd ed. 1904, v. 1, col. 210-211)

French.

1. Beijing (China)--Description and travel. I. Pingré, Alexandre Guy, 1711-1796. II. Title.

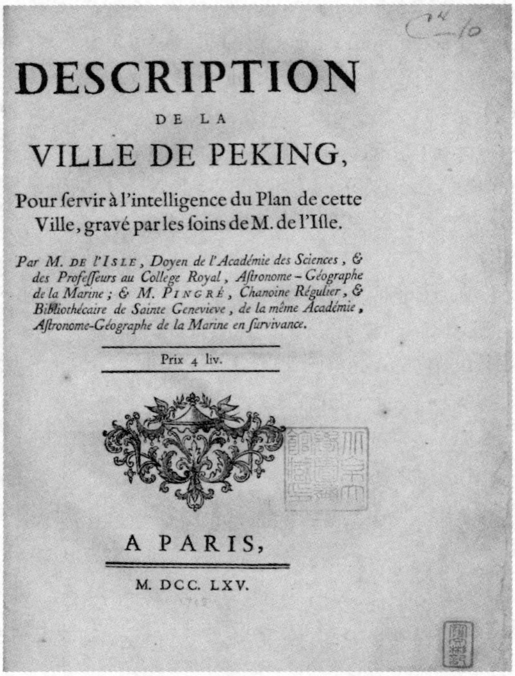

161-L'Isle-915.111/L689

[法国] 德利勒

1765年的北京城（英文，1765）

1765年巴黎法文首版，“北京大学图书馆藏印”章，“罗文彬记”藏书印。

德利勒是法国科学院院士、王家学院教授、法国海军天文学家和地理学家。父亲为地理学家和历史学家。其家族在18世纪初的法国地图绘制方面具有重要地位。本书合著者潘格雷（Alexandre Guy Pingré,1711—1796），自14岁起对天文学感兴趣，1753年到巴黎，擅长数学，曾任修会议事司铎、圣热纳维埃夫图书馆员、法国科学院图书馆员、法国海军天文学家和地理学家。1754年到1757年出版《天体分布》（*État du Ciel*），1783—1784年出版《彗星记录》（*Cometogra-*

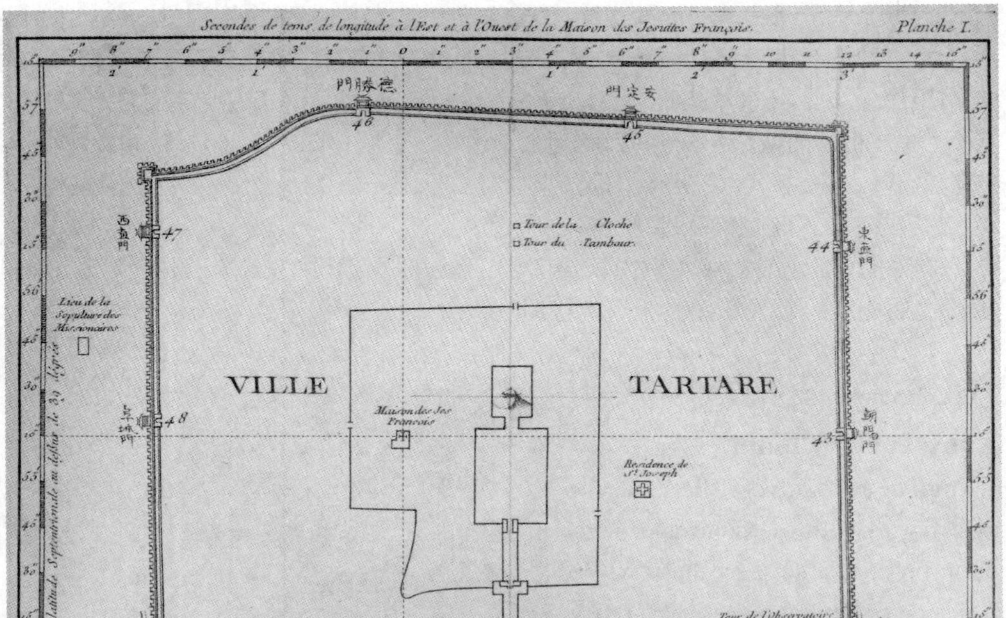

161T-L'Isle-915.111/L689 北京城图

phie）。

德利勒与在华耶稣会士有30年的书信往来，应一些耶稣会士要求根据传教士的回忆录绘制北京城图，并准备在《耶稣会士书简集》中出版。本书是德利勒和潘格雷为帮助人们理解此图而作。为编写此书，作者查阅了圣热纳维埃夫图书馆及德利勒个人有关藏书，同时引用了宋君荣神父1752年写给德利勒的信，信中关于北京城的详细资料被用作本书的第三部分。本书共分7部分：一、北京城建立的历史；二、北京城概况介绍，包括内外城、城门、人口、八旗、粮食供应等；三、 北京内城介绍，包括紫禁城、皇城、京城；四、关于外城和城门外的市镇；五、 番经厂、帝王庙、国子监文庙、天坛、地坛介绍；六、中国里程单位“里”；七、北京的经纬度。

本书附6幅地图：《北京内城详图》、《内外城图》、《帝王庙图》、《国子监文庙图》、《天坛图》、《地坛图》。

Lobscheid, William.

English and Chinese dictionary = 英华字典 : with the punti and mandarin pronunciation / by the Rev. W. Lobscheid.--Hongkong : The "Daily Press" Office, 1866-69.

4 v. ; 34 cm.

1. English language--Dictionaries--Chinese. I. Title.

[英国] 罗存德

英华字典（英文，1866—1869）

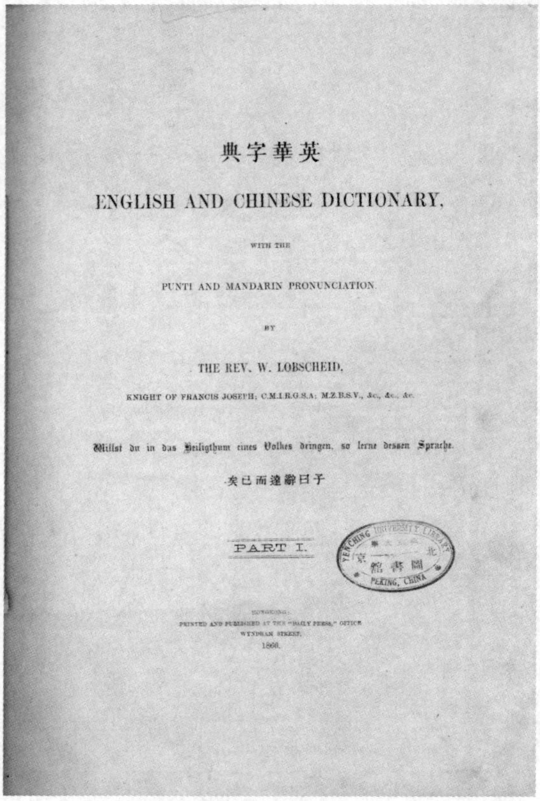

162-Lobscheid-423.51/L786a

1866—1869年香港英文版，4卷，“燕京大学图书馆”藏书章。

罗存德是英国人，德国礼贤会教士。1848年来华，初在香港。1853年成为香港的中国福音传道会的主要负责人，后在广州传教施医。编有《英华行箧便览》(*The Tourists' Guide and Merchant's Manual*.1864)等。

本字典于1866—1869年间相继出版，按照26个英文字母A—Z的先后顺序排列，是一部标注广州方言和标准普通话发音的英汉对照字典。这部字典可算是香港最早的双语字典，它在近代中国文化史上有重要的地位，对后来出版的一些字典具有一定的影响作用。

163-Loch-951.4151/L787

Loch, Granville G.

The Closing events of the campaign in China : the operations in the Yang-Tze-Kiang ; and treaty of Nanking / by Capt. Granville G. Loch.--London : John Murray, 1843.

xii, 227 p. : 1 fold. map ; 20 cm.

1. China--History--Opium War, 1840-1842. 2. China--Foreign relations--Great Britain. I. Title.

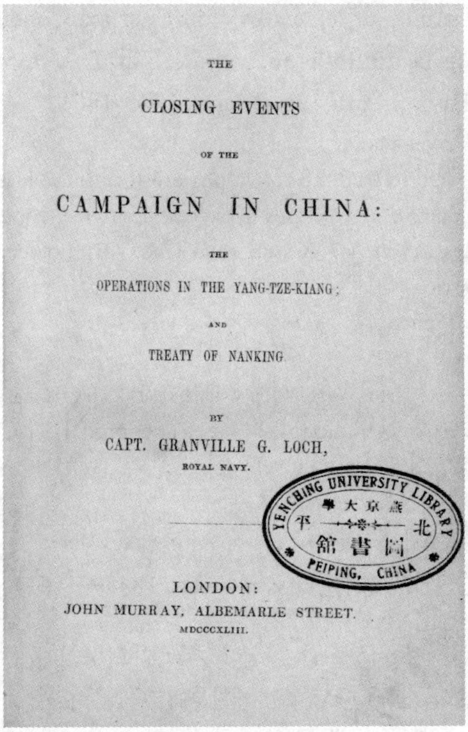
THE
CLOSING EVENTS
OF THE
CAMPAIGN IN CHINA:
THE
OPERATIONS IN THE YANG-TZE-KIANG;
AND
TREATY OF NANKING.
BY
CAPT. GRANVILLE G. LOCH,
ROYAL NAVY.

LONDON:
JOHN MURRAY, ALBEMARLE STREET.
MDCCCXLIII.

163-Loch-951.4151/L787

[英国] 格兰维尔·洛赫

中国战役的终结—长江的行动和南京条约（英文，1843）

1843年伦敦英文版，“燕京大学图书馆”藏书章。

格兰维尔·洛赫，即张喜《抚夷日志》提到的“利洛”，是一名参与鸦片战争的英国海军军官。他将自己在鸦片战争的经历以日记的形式（1842年4月26日—8月31日）记载下来，在此基础上形成了本书。

本书的史料价值在邓嗣禹的《张喜与〈南京条约〉》（Ssu-Yu Teng, *Chang Hsi and the Treaty of Nanking, Chicago*. 1944）一书中已经得到很高评价，后来齐思和编辑《中国近代史资料丛刊》之《鸦片战争》（上海神州国光社，1954年），更亲自将此书最后三章翻译为中文，以利洛《缔约日记》为名收录。本书不仅对缔约的过程记载甚详，并且对战争也有很详细的记述。由于在战争中清军自始至终一败涂地，实在无功可陈，所以中文的史料记载并不是很清晰，英方史料可补晚清史籍对此事的阙记。本书是研究鸦片战争与南京条约的基本史籍。

本书附1幅《南京到入海口扬子江地图》。

164-Luo-893.1/L78F

Luo, Guanzhong (罗贯中), ca. 1330-ca. 1400.

[San guo yan yi (三国演义). French]

San-koué-tchy ilan Kouroun-i pithé : histoire des trois royaumes, roman historique /

traduit sur les textes chinois et mandchou de la bibliothèque royale, par Theodore Pavie.--Paris : B. Duprat, 1845-1851.

2 v. ; 24 cm.

"Cette traduction n'a pas été terminée; elle comprend : vol.1. les trois premiers livres; vol.2. les Livres 4-7 du San kouo tche."--Bibliotheca sinica.

French.

1. China--History--Three kingdoms, 220-265--Fiction. I. Pavie, Theodore. II. Title. III. Title: San-koué-tchy ilan...

[中国]罗贯中

三国志通俗演义（法文，1845—1851）

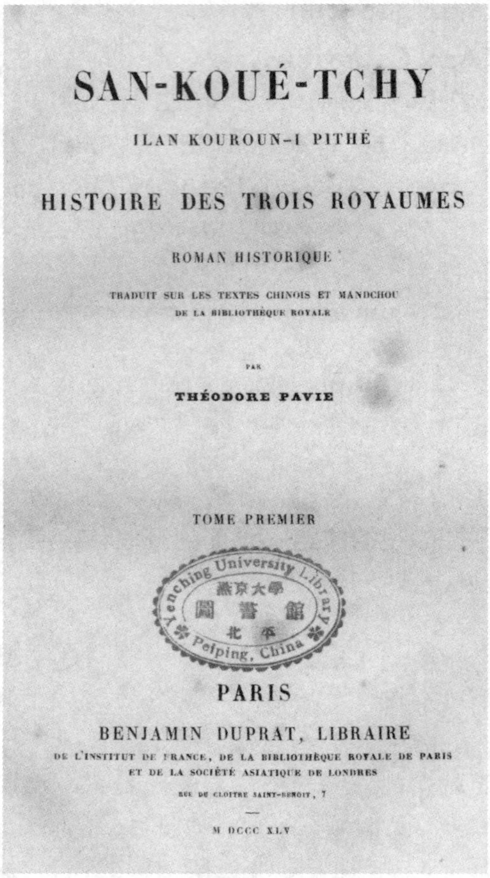

164-Luo-893.1/L78F

1845—1851年巴黎法译本首版，2卷，“燕京大学图书馆”藏书章，“燕京大学图书馆哈佛燕京学社”藏书票。

本书译者泰奥多尔·帕维（Théodore Pavie），曾将《西游记》第九、十、十一回译成法文，在《亚洲杂志》上发表，还曾翻译过《今古奇观》中的一些故事。

三国故事在民间流传很久，元末罗贯中将之整理编写为240回本《三国志通俗演义》，后经清代毛宗岗删增修订为“第一才子书”120回本《三国志演义》，此后《三国志演义》通行，罗本逐渐湮没无闻。通常所见《三国演义》即毛本《三国志演义》。帕维所译为罗本《三国志通俗演义》，本书第一册前言指出，所据中文本为8开本，8卷24册，每册10回。

本书第一册出版于1845年。导言分四部分，主要介绍了从大禹到东汉的历史；《三国志演义》的故事梗概；指出中国文人和百姓对历史的偏好是中国人的显著性格特征，说明道教在三国时期的主导地位，介绍了与本书有关的中国文化、中国战争特点，认为将冯秉正《中国通史》(参见170-Mailla-951/M282)中三国史事与《三国志通俗演义》比较，后者非常接近历史事实，强调对于封闭的中国，可以通过阅读有关文献了解其历史、组织和变革；最后说明翻译所据的两种版本即皇家图书馆的中文和满文译本各一种。

本书第一册包括240回的前30回，译者根据故事情节将章节重新编排，本册共分为3卷15章，每章之下注明所据中文本的对应卷册和章回数。正文后附有注释，多为相关历史文化的解释。

本书第二册出版于1851年。前言主要介绍本册主要故事梗概。本册的编排与第一册略有不同，注释改为页下，每章下不再注明所对应的中文本的卷册和章回数。本册所译内容自240回的第31回始，至70回 “玄德新野遇徐庶”止。因此本书不是完整的译本。本册同样打破原来的章回编排，根据内容重新划分了章节，共分为4卷29章。

M

Ma, Zhiyuan (马致远),
fl. 1251.

[Han gong qiu (汉宫秋). English]

Han koong tsew, or, The Sorrows of Han : a Chinese tragedy / translated from the original with notes by John Francis Davis.--London : Printed for the Oriental Translation Fund, 1829.

vii, 18 p. ; 33 cm.

1. Chinese literature--Translations into English. I. Davis, John Francis. II. Title. III. Title: Han koong tsew. IV. Sorrows of Han

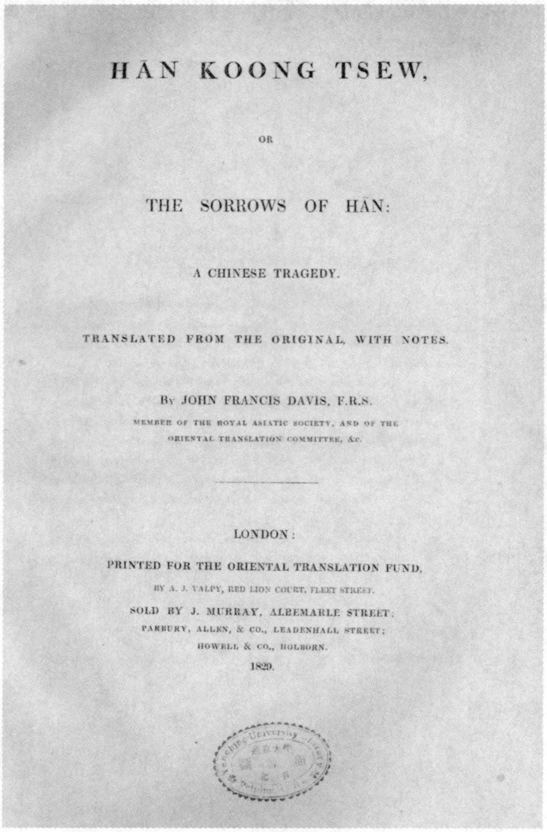
HĀN KOONG TSEW,

OR

THE SORROWS OF HĀN:

A CHINESE TRAGEDY.

TRANSLATED FROM THE ORIGINAL, WITH NOTES.

By JOHN FRANCIS DAVIS, F.R.S.

MEMBER OF THE ROYAL ASIATIC SOCIETY, AND OF THE ORIENTAL TRANSLATION COMMITTEE, &c.

LONDON:

PRINTED FOR THE ORIENTAL TRANSLATION FUND,

BY A. J. VALPY, RED LION COURT, FLEET STREET.

SOLD BY J. MURRAY, ALBEMARLE STREET;

PARBURY, ALLEN, & CO., LEADENHALL STREET;

HOWELL & CO., HOLBORN.

1829.

165-Ma-892.1/M11

[中国]马致远

汉宫秋：一个中国悲剧

（英文，1829）

1829年伦敦英文版，“燕京大学图书馆”藏书章，“燕京大学图书馆哈佛燕京学社”藏书票。

译者德庇时，参见053-Davis 1.1-915.1/D294b。

《汉宫秋》是元代杂剧家马致远的代表作，讲述王昭君出塞和亲的故事。本书由德庇时根据《元曲百种》本中文原文译出，并附有注释。在《汉宫秋》之前，《元曲百种》中已有两种杂剧被翻译介绍给欧洲，《赵氏孤儿》1731年由法国耶稣会士马若瑟译为法文，武汉臣的《散家财天赐老生儿》1817年由德庇时译为英文在伦敦出版。英译《汉宫秋》序言称德庇时之所以在众多剧作中选择了《汉宫秋》，是因为剧作本身非常符合欧洲对悲剧的定义，尽管《汉宫秋》的原产地中国对喜剧、悲剧没有清楚的界定。

166-Maclay-915.1/M223

Maclay, Robert Samuel, 1824-1907.

Life among the Chinese : with characteristic sketches and incidents of missionary operations and prospects in China / by Rev. R.S. Maclay.--New York : Carlton & Porter, 1861.

400 p. : ill. ; 19 cm.

1. Missions--China. 2. China--Description and travel. I. Title.

[美国] 麦利和

生活在中国人中间（英文，1861）

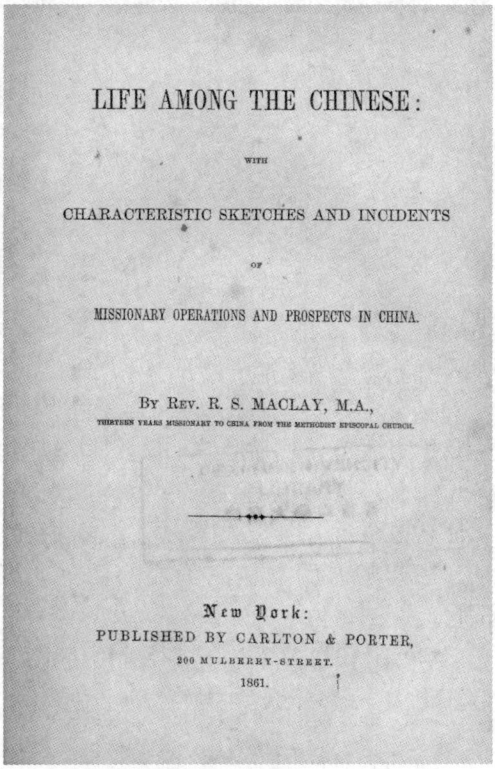

LIFE AMONG THE CHINESE:

WITH

CHARACTERISTIC SKETCHES AND INCIDENTS

OF

MISSIONARY OPERATIONS AND PROSPECTS IN CHINA.

BY REV. R. S. MACLAY, M.A.,

THIRTEEN YEARS MISSIONARY TO CHINA FROM THE METHODIST EPISCOPAL CHURCH.

New York:

PUBLISHED BY CARLTON & PORTER,

200 MULBERRY-STREET.

1861.

166-Maclay-915.1/M223

1861年纽约英文版，“燕京大学图书馆”藏书章。

麦利和是美国宾夕法尼亚州人，美以美会在华传教士。1848年来华，居住在福州。为了方便传教，开始潜心学习研究福州话，是把新约全书翻译成福州话的成员之一。1856年筹建了福州天安堂。1869—1871年任福州美华书局主理。著作有《福州方言拼音字典》(*The Alphabetic Dictionary in the Foochow Dialect*.1870)、《榕腔初学撮要》(*Manual of the Foochow Dialect*. 1871)、《榕腔注音字典》（*Alphabetic Dictionary of the Chinese Language in the Foochow Dialect*. 1874）等。

本书主要介绍了作者在华传教12年的所见所闻。全书共19章，内容涉及中国社会的各个方面，具体包括中国宗教信仰、历史、政府、法律、儒教、佛教、中国人特性、福州城市、建筑、土地所有制、乡村、学校等。书中对福州当地民俗的描绘尤为出色，如他对福州民居的记录——“福州的房子通常只有一层。木制结构，辅以板条和灰泥，屋顶覆盖瓦片。下层民众的住房以及商店、铺子等白天

166T-Maclay-915.1/M223 福州城图

直接开向街道，到晚上关闭起来。室内光线来自前面和后面的窗户，但更多时候这些窗户被窗板遮住，以阻挡风雨。这些房子既没有烟囱也没有天花板，只有泥土的地面。由于这样的构造，这些建筑低矮、昏暗、闷热、肮脏、不利于健康。在某些方面，较高阶层的住宅会好一些。但结构上仍很粗劣，昏暗，不舒适。”

本书附13幅关于建筑等方面的插图，为不可多得的19世纪中期福州的社会生活图景。

167-MacPherson-951.4151/M24

MacPherson, Duncan, d. 1867.

Two years in China : narrative of the Chinese expedition, from its formation in April, 1840, till April, 1842 ; with an appendix, containing the most important of the general orders & despatches published during the above period / by D. McPherson.--London : Saunders, 1842.

[vii]-xii, 391 p. ; 23 cm.

1. China--History--Opium War, 1840-1842. I. Title.

[英国]邓肯·麦克弗森

在华二年：1840年4月至1842年4月间远征中国记（英文，1842）

1842年伦敦英文版，“燕京大学图书馆”藏书章。

邓肯·麦克弗森，医学博士、英国陆军随军医生，曾在中国和印度的马德拉斯服役，1840—1842年在中国服役期间，其司令官为郭富（Sir Hugh Gough，又译卧乌古），本书即题献给他。

本书共22章，写作于英军行进于香港、马德拉斯港口间的6个星期，所依据的主要材料是作者在事件现场所做的详细记录，力图精简而又准确地描述鸦片战争中的史事，书中的某些部分曾经发表在《中国丛报》上。

本书末附有1840年4月—1842年4月间发布的主要命令和派遣，是研究鸦片战争史的重要参考资料。

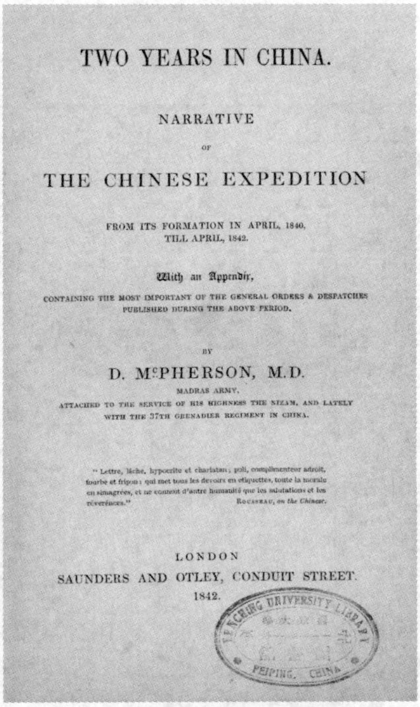
TWO YEARS IN CHINA.

NARRATIVE

OF

THE CHINESE EXPEDITION

FROM ITS FORMATION IN APRIL, 1840,
TILL APRIL, 1842.

With an Appendix,
CONTAINING THE MOST IMPORTANT OF THE GENERAL ORDERS & DESPATCHES
PUBLISHED DURING THE ABOVE PERIOD.

BY

D. McPHERSON, M.D.
MADRAS ARMY,
ATTACHED TO THE SERVICE OF HIS HIGHNESS THE NIZAM, AND LATELY
WITH THE 37TH GRENADIER REGIMENT IN CHINA.

LONDON
SAUNDERS AND OTLEY, CONDUIT STREET.
1842.

167-MacPherson-951.4151/M24

168-Magalhaes 1.1-915.1/M27

Magalhaes, Gabriel de, 1609-1677.

[Doze excellencias da China. English]

A new history of China : containing a description of the most considerable particulars of vast empire / written by Gabriel Magaillans ; done out of French.--London : Thomas Newborough, 1688.

352 [i.e. 308] p., [1] fold. leaf of plates : fold. ill. ; 19 cm.

"An aridgment [!] of the life ... of F. Gabriel Magaillans ... written by F. Lewis Buglio ..." (p. 340-352)

1. China--Description and travel. I. Buglio, Luigi. II. Title. III. Title. new history...

[葡萄牙] 安文思

中国新史（英文，1688）

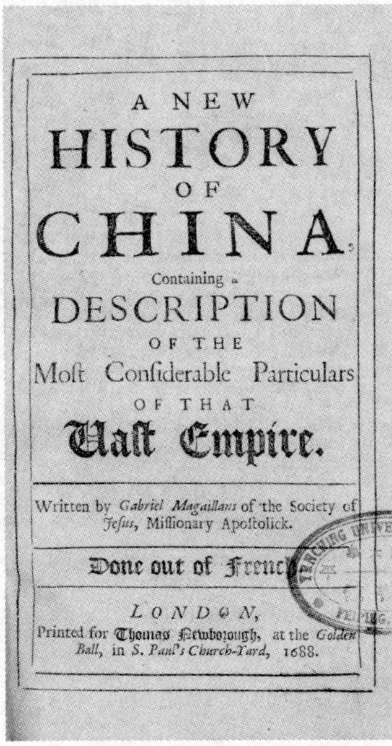
A NEW
HISTORY
OF
CHINA,
Containing a
DESCRIPTION
OF THE
Most Considerable Particulars
OF THAT
Vast Empire.

Written by Gabriel Magaillans of the Society of Jesus, Missionary Apostolick.

Done out of French.

LONDON,
Printed for Thomas Newborough, at the Golden Ball, in S. Paul's Church-Yard, 1688.

168-Magalhaes 1.1-915.1/M27

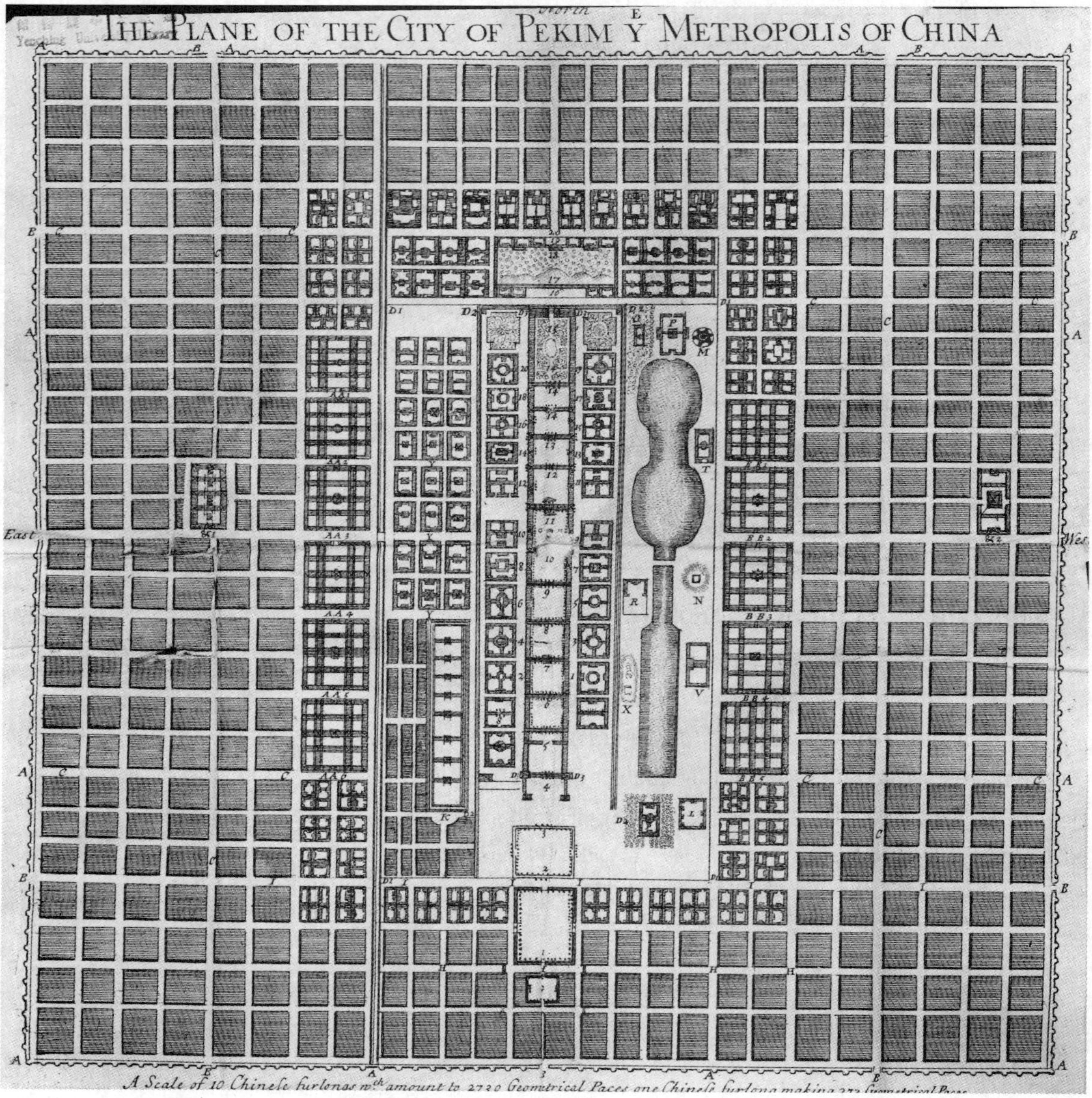

168T-Magalhaes 1.1-915.1/M27 北京城平面图

169-Magalhaes 1.2-915.1/M27f

Magalhaes, Gabriel de, 1609-1677.

[Doze excellencias da China. French]

Nouvelle relation de la Chine : contenant la description des particularitez les plus considérables de ce grand empire / composée en l'année 1668. par le R.P. Gabriël de Magaillans, de la Compagnie de Jésus, missionnaire apostolique ; et traduite du portugais en françois, par le Sr. B[ernou].--A Paris : Chez L. Lucas, 1690.

385, [11] p., [1] fold. leaf of plates : fold. ill. ; 26 cm.

Abrégé de la vie et de la mort du R. père Gabriël de Magaillans ... par le R. Père Louis Buglio. pp. 371-385.

French.

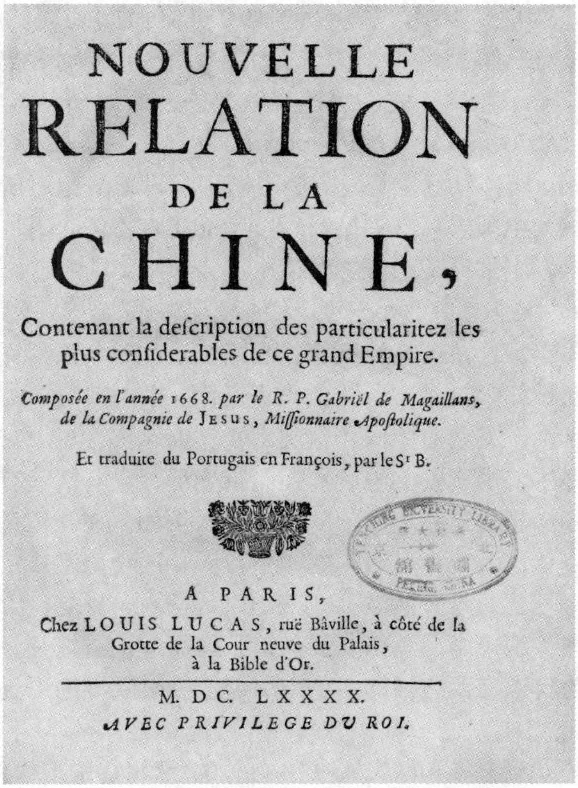

NOUVELLE
RELATION
DE LA
CHINE,
Contenant la description des particularitez les plus considerables de ce grand Empire.
Composée en l'année 1668. par le R. P. Gabriël de Magaillans, de la Compagnie de JESUS, Missionnaire Apostolique.
Et traduite du Portugais en François, par le Sr B.
A PARIS,
Chez LOUIS LUCAS, ruë Bâville, à côté de la Grotte de la Cour neuve du Palais, à la Bible d'Or.
M. DC. LXXXX.
AVEC PRIVILEGE DU ROI.

169-Magalhaes 1.2-915.1/M27f

1.China--Description and travel--Early works to 1800. I. Buglio, Luigi. II. Bernou. III. Title. IV.Title : Nouvelle relation...

[葡萄牙] 安文思

中国新史（法文，1690）

1688年伦敦英文译本首版（168-Magalhaes 1.1-915.1/M27），“燕京大学图书馆”藏书章。1690年巴黎法译本（169-Magalhaes 1.2-915.1/M27f），“燕京大学图书馆”藏书章和“燕京大学图书馆哈佛燕京学社”藏书票。该书是作者在中国期间写成，原稿本为葡萄牙文。1688年在法国巴黎出版法文译本首版，同年在英国伦敦出版英文译本首版。1957年澳门出版了自法文译出的葡萄牙文本。中译本《中国新史》，何高济、李申译，大象出版社，2004年。

安文思，字景明，16岁加入耶稣会，后被派往东方传教。到中国之前曾在印度及日本学习和传教。1640年经澳门到达杭州，开始在中国长达37年的传教生涯。他精通中国语言文字，曾在四川为张献忠部所俘，后效力清廷。1677年逝于于北京。安文思还有一部著名的《1651年中国闻名的大盗张献忠暴行记》（*RalaÇao das tyranias obradas por Chang Hien Chungo famoso ladrao da China, em anno*. 1651），其内容为卫匡国《鞑靼战纪》所采用。《鞑靼战纪》附于曾德昭《大中国志》（参见253-Semedo 1.1-951/Se53i）后。

本书原葡萄牙文的稿本名为《中国的十二个优点》(*Doze excellencias da China*)，这十二个优点可以概括为：中国疆域辽阔、历史悠久、语言文字优美、典籍丰富、富于礼仪教养、水路交通和公共工程完善、工艺制造精美、物产丰富、孔子伟大、君主圣贤、北京宏伟。全书共分21章，介绍了明末清初的历史和社会状况，尤其对中国语言文字、礼仪风俗、皇城宫室、政治官秩、城镇特点等描述详尽。由于安文思长期在北京生活，又与清廷有来往，所以对京城和清宫的介绍和描写要远胜于此前同类著作。例如，在介绍皇家宫殿时，他不仅介绍了皇城的形状、大小，皇城内的20个宫殿，还把皇家庙宇一一列出，包括天坛、地坛、北天坛、日坛、月坛、帝王庙、城隍庙；在介绍北京城时，甚至对王府街、白塔街、铁狮街、鱼街（鲜鱼口）等街道也有提及。书中有关北京和皇城的描写，多为首次向西方披露，所以引起了当时欧洲的广泛兴趣。为西方汉学史上的重要著作之一。

英文版和法文版书中均附1幅《北京城市的平面图》。

170-Mailla-951/M282

Mailla, Joseph-Anne-Marie de Moyriac de, 1669-1748.

Histoire générale de la Chine, ou, Annales de cet empire / traduites du Tong-kien-kang-mou, par le feu Père Joseph-Anne-Marie de Moyriac de Mailla ; publiées par M. l'abbé Grosier, et dirigées par M. Le Roux Des Hautesrayes ; ouvrage enrichi de figures & de nouvelles cartes géographiques de la Chine ancienne & moderne, levées par ordre du feu empereur Kang-Hi, & gravées pour la première fois.--Paris : P.-D. Pierres, 1777-1785.

13 v. : ill. (partly fold.), fold. maps ; 27 cm.

Covers the period from B.C. 2953 to A.D. 1780.

"Lettres du P. de Mailla a M. Fréret, [au P. d'Anthon, etc.] pour servir d'introduction à l'Histoire générale de la Chine" (v. 1, p. [lxxv]-cc)

Vol. 11 has slight change in title.

Vol. 12 has title: Histoire générale de la Chine, t. 12, contenant la table alphabétique de cet ouvrage, précédée des Nien-has; ou noms que les empereurs ont donne aux années de leurs regnes; d'une nomenclature géographique; & de trois Memoires ou Notices historiques sur la Cochinchine, sur le Tong-king, & sur les premières entreprises contre les Chinois. Par M. Le Roux Des Hautesrayes ... The "Notice historique sur la Cochinchine" and the "Memoire historique sur le Tong-king" "ont été extraits des livres chinois par le feu P. Gaubil."

Vol. 13 has title: Histoire générale de la Chine ... t. 13 et dernier. Contenant ... la description topographique des quinze provinces qui forment cet empire, celle de la Tartaire, des isles, & autres pays tributaires qui en dépendent ... Volume de supplément, redigé par M. l'abbé Grosier.

The 2nd ed. of this vol. was published Paris, 1786, 2 v. ; 3rd ed., Paris, 1818-20, 7 v.

French.

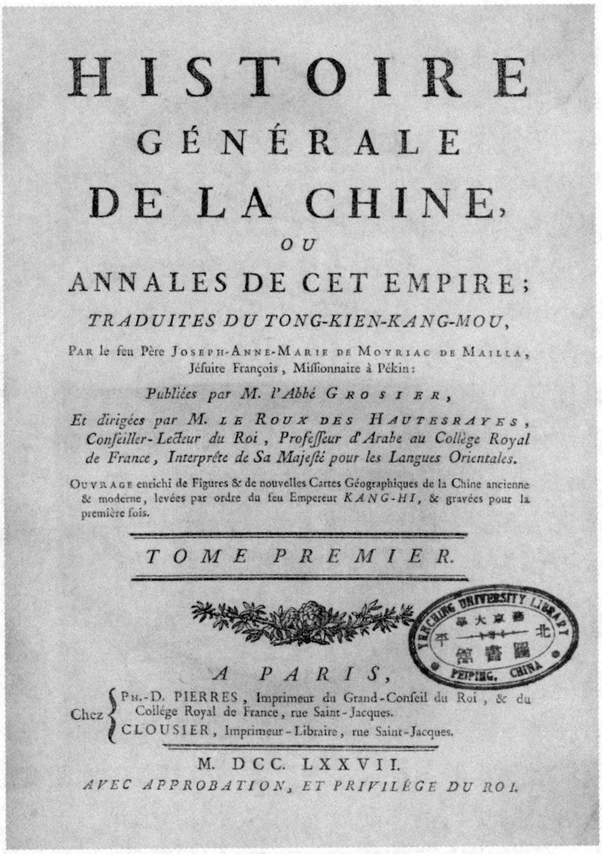

HISTOIRE GÉNÉRALE DE LA CHINE, OU ANNALES DE CET EMPIRE; TRADUITES DU TONG-KIEN-KANG-MOU, Par le feu Père JOSEPH-ANNE-MARIE DE MOYRIAC DE MAILLA, Jésuite François, Missionnaire à Pékin: Publiées par M. l'Abbé GROSIER, Et dirigées par M. LE ROUX DES HAUTESRAYES, Conseiller-Lecteur du Roi, Professeur d'Arabe au Collège Royal de France, Interprète de Sa Majesté pour les Langues Orientales.

OUVRAGE enrichi de Figures & de nouvelles Cartes Géographiques de la Chine ancienne & moderne, levées par ordre du feu Empereur KANG-HI, & gravées pour la première fois.

TOME PREMIER.

A PARIS,

Chez PH.-D. PIERRES, Imprimeur du Grand-Conseil du Roi, & du Collège Royal de France, rue Saint-Jacques. CLOUSIER, Imprimeur-Libraire, rue Saint-Jacques.

M. DCC. LXXVII.

AVEC APPROBATION, ET PRIVILÉGE DU ROI.

170-Mailla-951/M282

1. China--History. 2. China--Description and travel--Early works to 1800. I. Grosier, Jean Baptiste Gabriel Alexandre, 1743-1823. II. Deshauterayes, Michel Ange Andre le Roux, 1724-1795. III. Title.

[法国] 冯秉正

中国通史（法文，1777—1785）

1777—1785年巴黎法文首版，13卷，“燕京大学图书馆”藏书章，“燕京大学哈佛燕京学社”藏书票，“Ex Musaeo A. J. Porchon de Bonval”藏书票。

冯秉正是法国耶稣会士，1686年加入耶稣会，1703年到中国，先在广州学习中文并传教。1710年奉康熙皇帝之命协助雷孝思（Jean-Baptiste Régis）等人测绘中国地图。1717年在北京宫廷任职。主要著述是根据《通鉴纲目》翻译补充而成的《中国通史》。

本书为作者花费6年时间将朱熹的《通鉴纲目》和明代商辂的《续通鉴纲

目》翻译补充而成。作者精通满文，翻译时参照了康熙帝命人编成的满文版《通鉴纲目》，同时对明代至清初的历史做了补充。附地图、年表、插图。本书在欧洲影响很大，被誉为“西方唯一最全的以中国史料为基础的中国通史”。法国汉学家戴遂良（Léon Wieger）、高第（Henri Cordier）、勒内·格鲁塞(Rene Grousset)从事著述和研究时都从这部著作中获益匪浅。

170T-Mailla-951/M282 帝王出行

作者在前言中介绍了中国历代史书、上古史等；正文前有作者针对法国铭文与美文学院会员弗雷莱（Freret）关于中国编年学可靠性问题的论述，以及介绍中国历史概况的13封书信。第一卷至第十一卷为本书关于中国历史的主体部分，叙述从传说中的有巢氏、燧金氏、伏羲到清乾隆四十五年（1780）的历史。第十二卷主要内容为：中国人的道德、科学与艺术，历代帝王庙号，清代行政地名，宋君荣神父从中文图书中摘要翻译的交趾支那、北圻简史，俄罗斯与中国有关简史，本书前12卷内容索引。第十三卷为格鲁贤（Jean-Baptiste Grosier）编写的关于中国的介绍，主要内容为：中国十五省、岛屿、藩属的地理描述，城市的位置和人口状况，各种作物土产，中国博物学，欧洲人新近了解的关于中国政府、宗教、风俗习惯、文学、艺术和科学的知识（参见103-Grosier 1.1-915.1/G913E）。

本书附16幅阴阳八卦、兵器、乐器、帝王出行等插图和表格。

171-Mairan-915.1/M286

Mairan, Dortous de, 1678-1771.

Lettres au R.P. Parrenin, Jésuite, missionnaire à Pékin : contenant diverses questions sur la Chine / par M. Dortous de Mairan.--Nouv. ed. / rev., cor. & augm. de divers opuscules sur differentes matières.--Paris : Imprimerie royale, 1770.

xi, 368 p. : ill. ; 20 cm.

Lettres, remarques, etc. Extrait ... sur l'origine de la fable de l'Olympe. Extrait ... sur la Balance des peintres de M. de Piles. Extrait ... sur les monstres. Extrait ... L'horoscope d'Auguste. Extraits ... sur la roue d'Aristate.

French.

1. Chronology. 2. Painting. 3. China. I. Title.

[法国] 多尔图·德梅朗

致北京耶稣会传教士巴多明神父关于中国各种问题的通信（法文，1770）

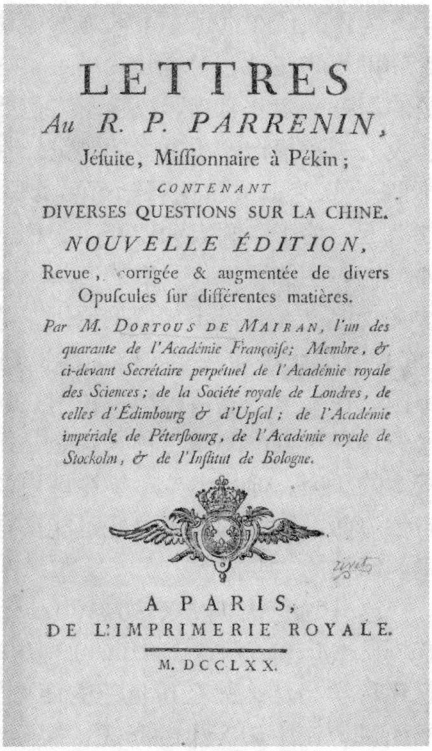

LETTRES
Au R. P. PARRENIN,
Jésuite, Miſſionnaire à Pékin;
CONTENANT
DIVERSES QUESTIONS SUR LA CHINE.
NOUVELLE ÉDITION,
Revue, corrigée & augmentée de divers
Opuſcules ſur différentes matières.
Par M. DORTOUS DE MAIRAN, l'un des quarante de l'Académie Françoiſe; Membre, & ci-devant Secrétaire perpétuel de l'Académie royale des Sciences; de la Société royale de Londres, de celles d'Édimbourg & d'Upſal; de l'Académie impériale de Péterſbourg, de l'Académie royale de Stockolm, & de l'Inſtitut de Bologne.
A PARIS,
DE L'IMPRIMERIE ROYALE.
M. DCCLXX.

171-Mairan-915.1/M286

1770年巴黎法文新版，“燕京大学图书馆”藏书章（钢印），“燕京大学图书馆哈佛燕京学社”藏书票。本书1759年首版于巴黎。

多尔图·德梅朗，生于法国南部的贝兹耶，先后在图卢兹和巴黎求学。他对自然科学兴趣广泛，主要科学贡献为热学理论、气象观察、月球轨道运行和自转理论研究。1718年入法国科学院，曾任常任秘书长。1743年入选法兰西学士院，不久被聘为著名的《博学杂志》主编。德梅朗还是伦敦、爱丁堡等科学院的成员。为表彰他对科学的贡献，月球上一座环形山以他的名字命名。

18世纪，欧洲知识界曾发生过一场关于中国人起源的争论，一方以中国与埃及两个民族习俗相近、中国有些象形文字近似腓尼基文字为由，认为中国人是埃及人之后，这个阵营中包括本书的作者；另一方坚持认为中国人是一个独立发展起来的人种，与埃及人无关，此派代表人物包括启蒙思想家伏尔泰，以及德梅朗书信的收信人巴多明神父（Dominique Parrenin）。本书书信内容实际上与当时关于中国人种起源的争论有关。

巴多明神父为法国早期来华传教士，1698年随白晋到中国，先后在宫廷为康熙、雍正、乾隆服务，对中国有较深入的了解。他经常给法兰西科学院院士写信介绍中国历史、文化。德梅朗1743年入选法兰西科学院院士，虽然认为中国人是埃及人之后，但出于科学家的谨慎，也因为对中国情有独钟，他经常写信向巴多明神父请教，并与他探讨有关中国的问题。

本书主要内容为德梅朗写给巴多明神甫的三封信。在德梅朗的第一封信中，他对中国君主政体的悠久、政府的构成、君王的睿智和公正、人民的热爱劳动和服从等表达了崇敬之情，但他也提出了自己的疑惑：中国4000年前就开始涉及科学，为什么现在远远不及西方？他认为原因是中国人对政府的顺从、对于国家荣耀和幸福的在意、对现状的满足，这使他们缺乏洞察力和好奇心。他还认为，中国的语言文字非常难，以至于人们要为之耗费大量的精力，影响了对科学的兴趣和投入。在德梅朗给巴多明的第二封信中，他指出中国的天文学和解剖学都停滞不前， 认为造成中国科学落后的原因在于中国人与生俱来的对抽象和思辨能力的缺乏。关于中国人和埃及人，德梅朗认为两者在生活习俗方面有惊人的相似之处，在对法律和古代习俗的遵从、对秩序的热爱，以及在科学艺术修养方面也有很多相似之处。对于相似的原因，德梅朗根据古埃及国王塞索斯特里斯（Sesostris）曾征服恒河流域，势力渗透到东方海洋的古史记载，推测埃及人曾经到过中国，在那里建立殖民地。在第三封信中，德梅朗根据巴多明对中国科学不能发展的解释对自己的观点稍有修正，但是仍坚持认为中国人缺乏抽象思辨能力是最根本的原因。他用大量笔墨论证埃及人有可能武力征服过中国，以及中国在文化习俗方面与埃及的相似之处可能来自埃及。书中每封信后都有德梅朗的解释和巴多明回信的主要内容。

这些通信表明，李约瑟(Joseph Terence Montgomery Needham)提出的近代科学为什么只在17世纪的西方发展而没有在中国产生的问题，实际上早在18世纪前半叶已经为德梅朗和巴多明的通信所涉及。

此外，本书还附论六百年天文阴阳历；埃及天文系统；中国的美术与建筑，中国建筑与古希腊、埃及的关系；中国人对规则和习俗的眷恋；德梅朗关于一块古刻石的通信；关于奥古斯都占星术的书信；关于亚里斯多德的轮子诡论的书信等内容。

172-Markham-915.163/B634a

172-Markham-915.163/B634a

Markham, Clements R. (Clements Robert), Sir, 1830-1916.

Narratives of the mission of George

Bogle to Tibet and of the journey of Thomas Manning to Lhasa / edited, with notes, an introduction, and lives of Mr. Bogle and Mr. Manning, by Clements R. Markham.--London : Trubner and Co., 1876.

clxi, 354 p., [13] leaves of plates : ill., port., fold. maps, fold. facsim. ; 22 cm.

1. Physical geography--China--Tibet. 2. Tibet (China)--Description and travel. 3. Tibet (China)--History. I. Bogle, George, 1746-1781. II. Manning, Thomas, 1772-1840. III. Title.

[英国] 克莱门茨・罗伯特・马卡姆

乔治・波格尔西藏见闻及托马斯・曼宁拉萨之行记事（英文，1876）

172T-Markham-915.163/B634a 宗教建筑

1876年伦敦英文首版，“德国驻京公使馆”藏书章。另有1879年英文第二版。此书中文版题名为《叩响雪域高原的门扉：乔治・波格尔西藏见闻及托马斯・曼宁拉萨之行纪实》，四川民族出版社，2002年。

克莱门茨・罗伯特・马卡姆是英国地理学家、作家、北极探险家，曾任皇家地理学会主席，曾先后任哈克路特学会秘书和主席，50多部作品中大部分为探险和旅行之作。

本书记述了英国东印度公司派往西藏的乔治・波格尔（George Bogle），以及另一位最早访问西藏的英国人托马斯・曼宁（Thomas Manning）在西藏的见闻。全书分二部分，第一部分为1774年乔治・波格尔出访西藏记事，共19章。除了对西藏的概述及介绍与其贸易和谈判外，波格尔还介绍了他骑马从班禅喇嘛南木林行宫到扎什伦布寺，会见了班禅喇嘛，访问了西藏的一个乡间宅第，以及从西藏返回孟加拉的行程。第二部分为托马斯・曼宁1811—1812年拉萨之行纪实，共9章，具体介绍了拉萨的情况、拜见达赖喇嘛的过程、西藏暴乱事件的叙述及归途中的散记。本书对西藏的地理、风土人情、政教关系有较为详细的描述。

本书附10幅有关人物、建筑等方面的插图和1幅《西藏样本图》、1幅《结构图》、1幅《喜马拉雅和西藏图》、1幅《波格尔和曼宁赴藏路线图》。

173-Martin R-915.1/M365

Martin, Robert Montgomery, 1803?-1868.

China : political, commercial, and social : in an official report to Her Majesty's government / by R. Montgomery Martin.--London : James Madden, 1847.

2 v. : front., fold. maps, fold. tab. ; 23 cm.

1. China. I. Title.

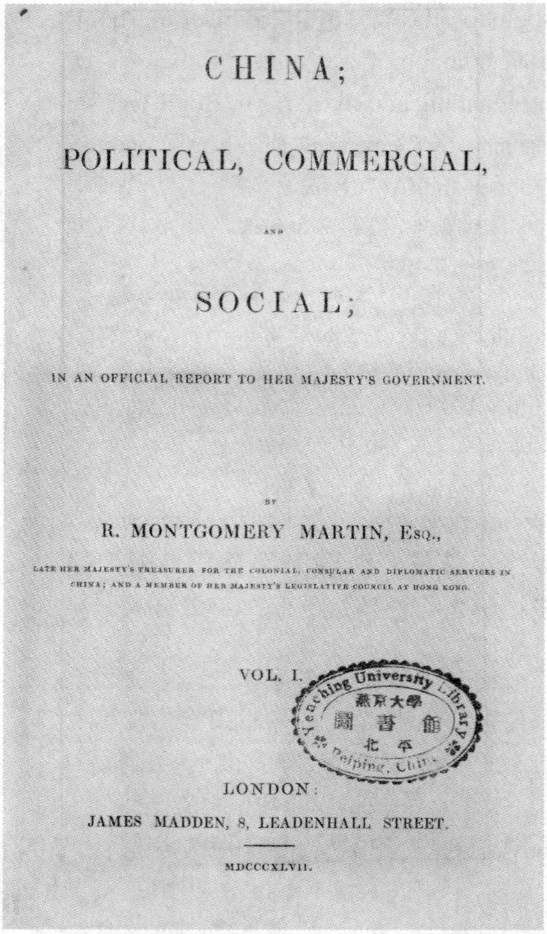
CHINA;

POLITICAL, COMMERCIAL,

AND

SOCIAL;

IN AN OFFICIAL REPORT TO HER MAJESTY'S GOVERNMENT.

BY

R. MONTGOMERY MARTIN, Esq.,

LATE HER MAJESTY'S TREASURER FOR THE COLONIAL, CONSULAR AND DIPLOMATIC SERVICES IN CHINA; AND A MEMBER OF HER MAJESTY'S LEGISLATIVE COUNCIL AT HONG KONG.

VOL. I.

LONDON:

JAMES MADDEN, 8, LEADENHALL STREET.

MDCCCXLVII.

173-Martin R-915.1/M365

[英国] 罗伯特・蒙高马利・马丁

致女王陛下的正式报告：中国的政治、商业与社会

（英文，1847）

1847年伦敦英文版，2卷，"燕京大学图书馆"藏书章，"燕京大学图书馆"藏书票。

罗伯特・蒙高马利・马丁，曾任职于香港库政司司长。关于中国的著作除本书外还有：《1832年大不列颠与中华帝国的关系》（*British Relations with the Chinese Empire in 1832*.1832）、《对国会中国贸易证据的分析》（*Analysis of Parliamentary Evidence on China Trade*. 1832）、《〈圣经〉中译研究》（*Analysis of the Bible, two Editions and a translation into Chinese*）等。

本书写于1847年英国撤离舟山之前，马丁认为英国的外交政策需要修改，因此他把自己在过去3年中的思考写成报告，并毫不耽搁地回到英国呈给女王。马丁在献辞中着重提到了两个方面：第一，英国的外交政策；第二，基督教在中国的地位。他指出，中国现在已经与西半球的英、法、俄三大国建立了密切联系，这三个国家分别代表了三种政治类型和三种宗教形式，只有大不列颠，才能对中国施加长久的的影响，并形成以和平友好为基础、以公正为原则的中英关系。

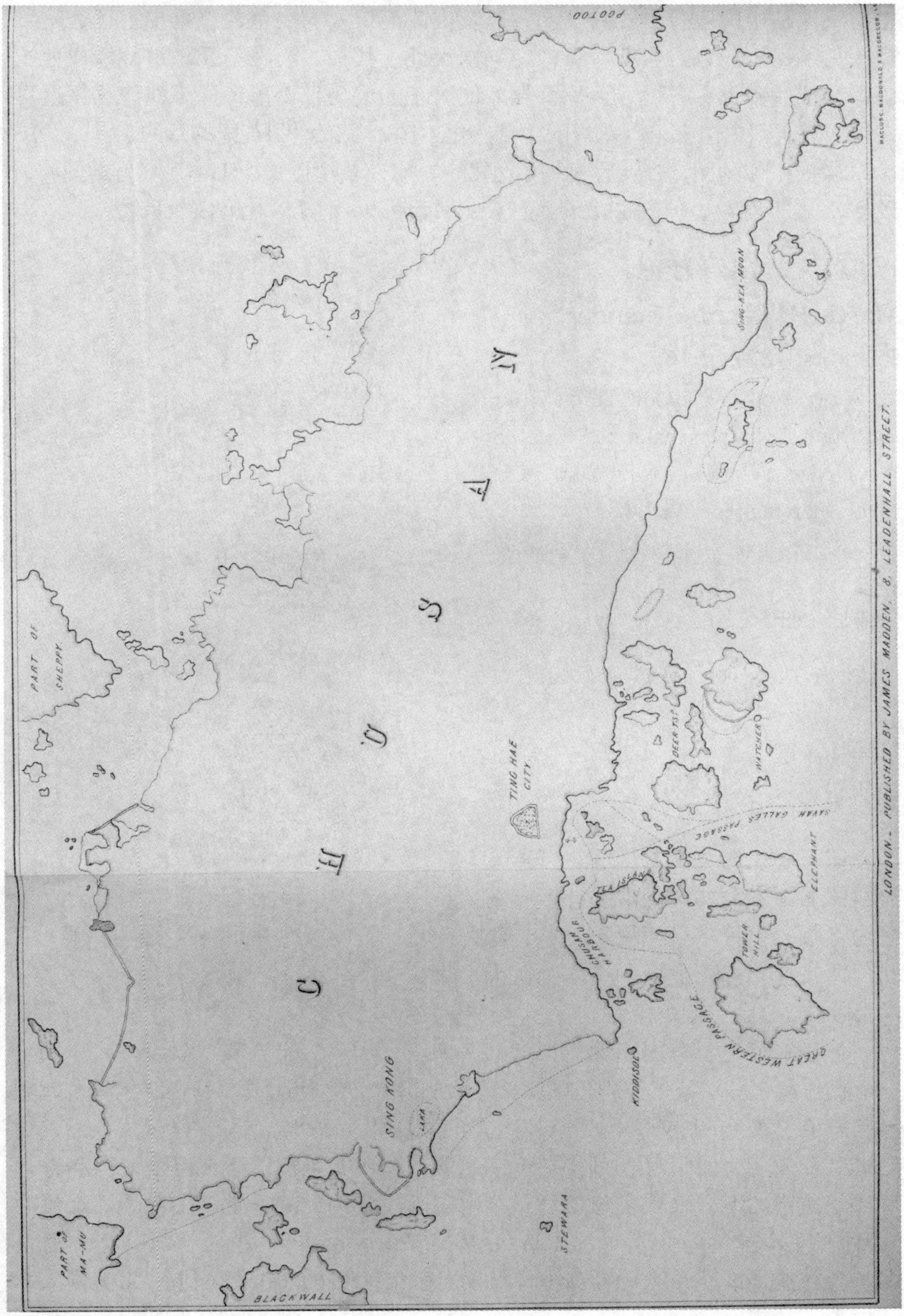

173T-Martin R-915.1/M365 舟山地图

但是英国在中国进行的鸦片贸易，以及因此而引发的战争，严重损害了这一可能。马丁指出，只有当基督新教在异国大地上扎根，当《圣经》被翻译成他国语言，传播到世界各地，大不列颠才能真正的成为日不落帝国。他建议派遣更多的传教士到中国来，以基督的力量感化中国，从而达到英国的目的。

本书附3幅地图，分别是《中国地图》、《舟山地图》、《日本和朝鲜地图》，以及2张表即数字中国和茶的数量统计表。书后附30多则媒体对此书的评论。

174-Martin W-915.1/M363

Martin, William Alexander Parsons, 1827-1916.

A cycle of Cathay, or, China, South and North : with personal reminiscences / by W.A.P. Martin.--2nd ed.--New York ; Chicago : Fleming H. Revell, 1897.

464 p. : ill., front., ill., port., 1 fold. map ; 21 cm.

Includes index.

1. China--Description and travel. I. Title.

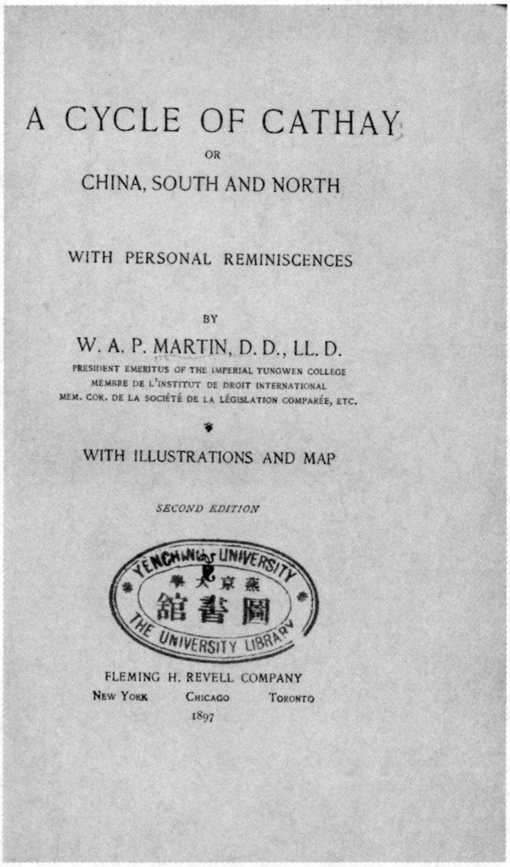
A CYCLE OF CATHAY
OR
CHINA, SOUTH AND NORTH
WITH PERSONAL REMINISCENCES
BY
W. A. P. MARTIN, D. D., LL. D.
PRESIDENT EMERITUS OF THE IMPERIAL TUNGWEN COLLEGE
MEMBRE DE L'INSTITUT DE DROIT INTERNATIONAL
MEM. COR. DE LA SOCIÉTÉ DE LA LÉGISLATION COMPARÉE, ETC.
WITH ILLUSTRATIONS AND MAP
SECOND EDITION

FLEMING H. REVELL COMPANY
NEW YORK CHICAGO TORONTO
1897

174-Martin W-915.1/M363

[美国] 丁韪良

花甲记忆（英文，1897）

1897年纽约英文第二版，“燕京大学图书馆”藏书章。本书1896年在纽约首版。中译本《花甲记忆》，沈弘、恽文捷、郝田虎译，广西师范大学出版社，2004年。

丁韪良出生于美国印地安那州的一个牧师家庭。1805年作为美国北长老会的海外传教使团成员到宁波传教。1869年辞去了在教会的职务，出任京师同文馆总教习。1898年京师大学堂成立后，被光绪皇帝任命为西学总教习，授予二品顶戴。1902年被管学大臣张百熙辞退。1916年逝于北京。他曾参与1858年《中美天津条约》的签定，还曾翻译惠顿的《万国公法》(*Henry Wheaton：Elements of International Law*)。除本书外，曾主编《尚贤堂月报》，这是清末外国传教士在北京创办的中文报刊，由美国人李佳白(Gilbert Reid)倡设的尚贤堂印行，第三期起更名“新学月报”。另著有《中国的觉醒》（*The Awakening of China*. 1907）、《中国传奇和诗歌》（*China Legends and Other Poems*. 1894）、《翰林文选—中国的历史、哲学和宗教》(*Hanlin papers. Second series, Essays on the history, philosophy, and religion of the Chinese*. 1894)、《中国知识》(*The lore of Cathay, or, The intellect of China*.1901)、《北京围城》(*The siege in Peking : China against the world*.1900)等。

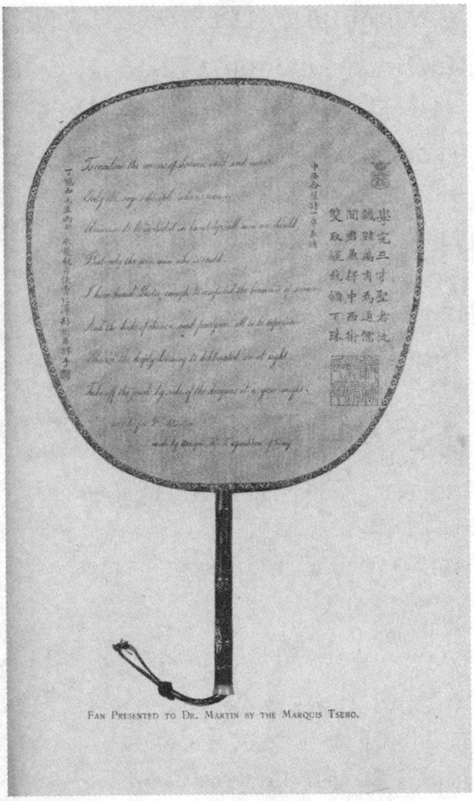

174T-Martin W-915.1/M363
曾纪泽赠给丁韪良的扇面

本书集自传和游记为一体，主要记叙了作者来华47年的生活，向西方读者介绍了自鸦片战争以来到著述本书时大约一个甲子60年的时间里中国的社会百态，对义和团和八国联军入侵、清政府的腐败和落后，尤其是丧权辱国的外交，以及民众的迷信和愚昧都有不少描绘。全书分为两个部分，第一部分是介绍作者在中国南方主要是在宁波的生活。在宁波他开始学习汉语，逐步能阅读中国经典，最后能用中文写作用来宣教的《天道溯源》。他还创办了两所走读的男塾，既用来办现代教育，同时也宣教。他还担任了1858年《天津条约》和1859年大沽口谈判的翻译。1863年他翻译的惠顿的《万国公法》得到了恭亲王的支持，以政 府公费出版。第二部分是在北方的生活。1864年，作者移居北京，计划办一所走读学校，后未成功。后来就任同文馆的英文教习，1869年被聘为总教习。在任期间，组织编写了国际公法、经济学、化学、格物学、自然地理、历史、英法法典、生理学、药物学等多种西学教材。第二部分中还有和恭亲王、李鸿章、李善兰等的交往记录。另外书中也有广州、厦门、福州、宁波、浙江、北京、河南犹太人居住地等地的印象记。

本书附71幅插图和照片，其中插图为中国艺术家的作品，照片均为约翰·汤姆森所摄。

175-Martini-910.51/M366

Martini, Martino, 1614-1661.

Novus atlas sinensis : das ist ausführliche Beschreibung des grossen Reichs Sina / P. Martin Martinivm.-- [Amsterdam : J. Blaeu, 1655]

6 p.l., 177, [19], xiii, 40 p., [17] double plates : double maps ; 52 cm.

Privileges dated "Viennae, 7 Januarii, 1655."

"De regno Catayo additamentvm. Iacobvs Golivs." (xiip)

"De bello tartarico historia" (33 p.) at end.

Pub. as v.6 of W. and J. Blaeu's Tooneel des aerdriicx.

German.

1. China--Description and travel. I. Blaeu, Joan, 1596-1673. II. Golius, Jacobus, 1596-1667. De regno Catayo additamentvm. 1655. III. Martini, Martino, 1614-1661. De bello tartarico historia. 1655. IV. Title.

175-Martini-910.51/M366

[意大利] 卫匡国

中国新图（德文，1655）

1655年阿姆斯特丹德文版，“燕京大学图书馆”藏书章。

卫匡国为意大利籍耶稣会士，1643年来华，曾在杭州、蓝溪、分水、绍兴、金华、宁波传教，并游历过南京、北京、山西、福建、江西、广东等地。曾去罗马参加关于中国的礼仪之争，同多明我派辩论多时，最后以他的见解获胜。卫匡国1657年逝于杭州。除本书外，还著有《鞑靼战记》（*Bellum Tartaricum or the Conquest of the Great and most Renowned Empire of China*. 1655）、《历史初编十卷》（*Sinicae historiae decas prima res à gentis origine ad Christum natum in extrema*

Asia, sive Magno Sinarum Imperio gestas complexa.1659）等。

本书有拉丁文和德文序文两种，分别由费尔尼南多斯·科姆·柯蒂斯（Ferninandus Comes Curtius）和约翰尼斯·布劳（Johannes Blaeu）撰写，正文是德文。主体部分由总论和分省介绍两大部分组成。开篇是总论部分，描述中国的概况。首先从介绍中国的各种名称入手，接着描述中国的饮食结构、畜牧业、矿产、泉货、人口及城镇的数量。他还记述了中国的艺术、科学技术、医学。此后，转入描述中国的人文精神和文化气质。在这部分，他首先记述了中国的宗教。认为中国是一个多元宗教、多元教派的国家。他叙述了中国的伦理美德和风俗，认为中国人从本性上就推崇伦理，能够忍辱负重、孝敬父母、尊师重道。接着描述了中国的服饰、城市建筑、军事、河流、计时法、纪年法、度量衡、汉语言文字及发音方法。他认为中国的城市面貌大同小异，有几乎同样的城墙、城门、钟鼓楼、庙宇。他用比较多的笔墨描述了中国军队的建制、隶属、军费来源，其中提及皇朝官僚体制中的六部制。他描述了长城及其建设年代、建设者。还以表格的形式记述了中国各省包括江宁、杭州、湖广、山东、山西、河南、四川、福建、广东、广西、陕西、江西、云南、贵州到首都北京的距离及各省之间的距离。

总论部分结束后，本书逐一描述中国各省之情形，从北京（包括直隶）开始，然后依次是山西、陕西、山东、河南、四川、湖广、江西、江南、浙江、福建、广东、广西、贵州、云南、辽东。除辽东之外，每一省份都配有地图一幅，并且在图中注明经纬度。对于每一省份所属的重要县、镇、大小城市也有相当细致的描述。另附有一个各省所属县市的长宽测绘数据表、《中国全图》、上述15省地图、《日本地图》共17幅。

本书还附独立成篇的《鞑靼战记》。《鞑靼战记》记载鞑靼（即清）入土中原的经过，并简要记载了清人的风俗习惯。它记录了明清战乱之际耶稣会士和中国基督教皈依者的活动情况及在战乱中各地传教士的遭遇；证实了如孙元化、霍式耜、丁魁楚、庞天寿等明末政坛上重要人物的基督教徒身份。书中对李自成进京、崇祯帝自杀及吴三桂在父亲被李自成挟为人质后仍然率领清兵入关等，都有细致的描述，是反映明清嬗替之际最早的历史记载之一，曾被称为“17世纪的中国现代史”。

最后，还附一个作者从阿姆斯特丹到达布鲁塞尔之后在收到名为Francisco Brancato的来函时写的附录。

Meadows, Thomas Taylor.

Desultory notes on the government and people of China, and on the Chinese language : illustrated with a sketch of the province of Kwang-Tûng, shewing its division into departments and districts / by Thomas Taylor Meadows.--London : W.H. Allen and Co., 1847.

xvi, 250 p., [7] leaves of plates : col. ill., fold. map ; 22 cm.

1. Chinese language. 2. China--Social life and customs. 3. China--Politics and government. I. Title.

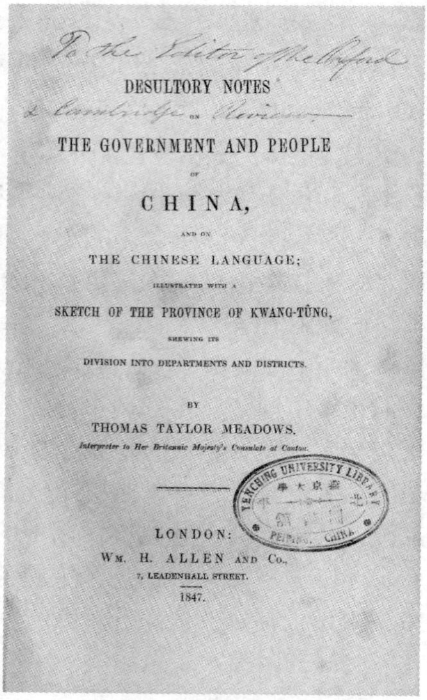
DESULTORY NOTES
ON
THE GOVERNMENT AND PEOPLE
OF
CHINA,
AND ON
THE CHINESE LANGUAGE;
ILLUSTRATED WITH A
SKETCH OF THE PROVINCE OF KWANG-TÛNG,
SHEWING ITS
DIVISION INTO DEPARTMENTS AND DISTRICTS.
BY
THOMAS TAYLOR MEADOWS,
Interpreter to Her Britannic Majesty's Consulate at Canton.

LONDON:
WM. H. ALLEN AND Co.,
7, LEADENHALL STREET.
1847.

176-Meadows-915.1/M461

[英国] 密迪乐

关于中国政府和人民及中国语言等杂录

（英文，1847）

1847年伦敦英文版，“燕京大学图书馆”藏书章。

密迪乐1843年来华，任英国驻广州领事馆翻译。1852年任上海总领事馆翻译。1854年随英使赴天京访问太平天国领导人。1857年任驻宁波领事。除本书外，著有《中国人及其叛乱》（*The Chinese and Their Rebellions, Viewed in Connection with Their National Philosophy, Ethics, Legislation and Administration*. 1856）等。

本书从英国对中国及中国人的最初认识写起，介绍了中国商业书面用语，学习中国语言的困难及中国口语的拼写、发音、语调等情况，又记述了广东省、中国政府及官员、普通中国人的道德行为等内容。书中体现了作者称赞科举制度的观点。密迪乐是最为持久并几乎是狂热地鼓吹实行中国科举制度者，他坚持认为中华帝国之所以长治久安，其原因仅仅是也完全是因为它有个

176T-Meadows-915.1/M461
二品官员服

只提拔德才兼备者的好政府。他强烈呼吁建立起向全体英国臣民开放的竞争性的考试制度，从而提高英国行政官员的水平并促进大英帝国的团结。

本书附4幅有关二品、四品、六品官员的人物插图和1幅《广东省区域图》，另有1张地名表和1张官职表。

177-Medhurst 1-915.1/M468a

Medhurst, Walter Henry, 1796-1857.

China; its state and prospects, with especial reference to the spread of the gospel; containing allusions to the antiquity, extent, population, civilization, literature, and religion of the Chinese. By W. H. Medhurst ...--Boston, Crocker & Brewster, 1838.

xv, [2], 14-472 p. front. (fold. map) plates. 20 cm.

1. Missions--China. 2. China--Description and travel. I. Title.

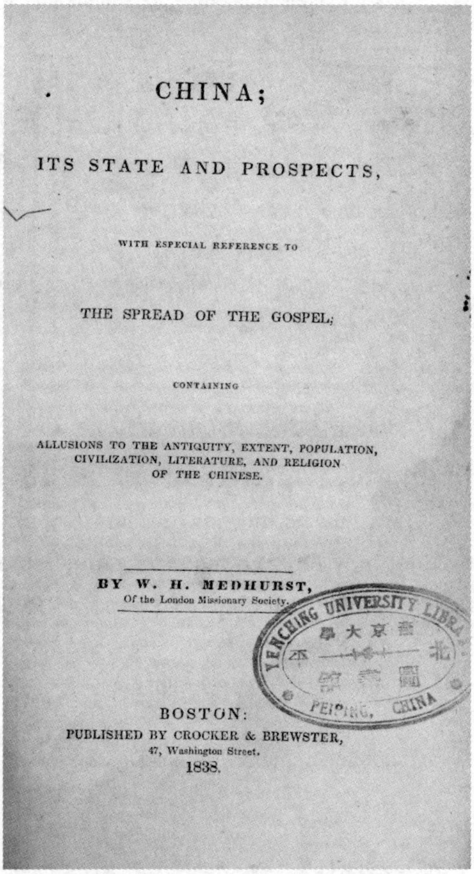

177-Medhurst 1-915.1/M468a

[英国] 麦都思

中国现状和传教展望（英文，1838）

1838年波士顿英文版，“燕京大学图书馆”藏书章。另有1个复本。

麦都思是英国伦敦会最早来华的传教者之一。1817年在马六甲管理伦敦会设立的印刷馆。1835年抵上海。在上海设立了中国第一个近代印刷所——墨海书馆（London Missionary Society Mission Press）。麦氏通汉文，著作较多：中文59种，马来文6种，英文27种，其中有《英汉字典》(*English and Chinese Dictionary*. 1847—1848)、《上海及其近郊概述》(*General Description of Shanghai and Its Environs, Extracted from Native Authorities*. 1850)、《中国内地一瞥——在丝茶产区的一次旅行所见》（参见178-Medhurst 2-915.11/M469）等。1904年伦敦会为纪念他特在上海设麦伦书院(Medhurst College)。

本书主要描述了19世纪早期中国的现状并分析了福音传播方面的情况。本书共22章，正文首先介绍了中国朝代和疆域、人口、文明、政府、法律、语言文学及宗教等方面的内容，然后用大量篇幅记述了天主教和新教在中国及马六甲、八达维亚等地传播的情况，最后记叙了作者自广东出发沿东北海岸线经过广州—福州—上海—浙江—江苏—山东等地调查传教情况的旅行。本书前半部分的中国情况介绍为其在书结尾处陈述福音传播在中国的必要性和艰巨性做了铺垫，作者因此呼吁教会在中国乃至亚洲地区应当有更巨大的投入。

本书附7幅有关执刑审判、牧师、寺庙、堡垒等内容的插图。

177T-Medhurst 1-915.1/M468a 牧师寺庙图

178-Medhurst 2-915.11/M469

Medhurst, Walter Henry, 1796-1857.

A Glance at the interior of China : obtained during a journey through the silk and green tea countries / by W.H. Medhurst.--London : John Snow, Paternoster Row, 1850.

192 p. : ill., 3 pl. (7 fold.), 2 fold. maps ; 22 cm.

1. Sericulture--China. 2. China--Description & travel. I. Title.

[英国] 麦都思

中国内地一瞥：在丝茶产区的一次旅行所见

（英文，1850）

1850年伦敦英文版，“北京大学图书馆藏印”章。

本书的主要内容是1845年3月27—5月14日间麦都思在江浙等地旅行的所见所闻。麦都思

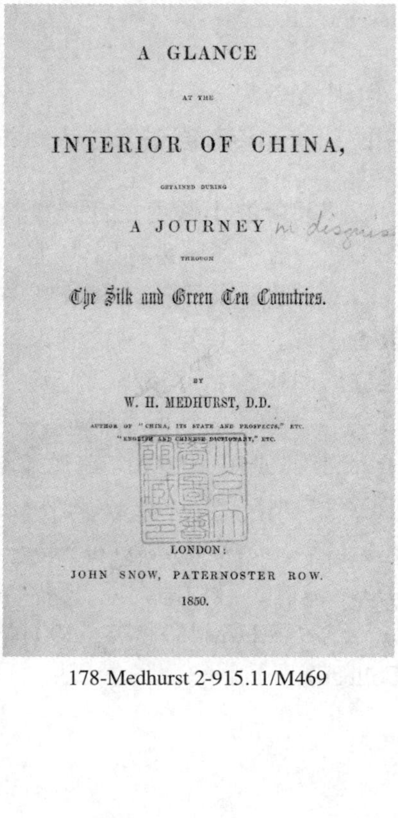
A GLANCE
AT THE
INTERIOR OF CHINA,
OBTAINED DURING
A JOURNEY
THROUGH
The Silk and Green Tea Countries.
BY
W. H. MEDHURST, D.D.
AUTHOR OF "CHINA, ITS STATE AND PROSPECTS," ETC.
"ENGLISH AND CHINESE DICTIONARY," ETC.
LONDON:
JOHN SNOW, PATERNOSTER ROW.
1850.

178-Medhurst 2-915.11/M469

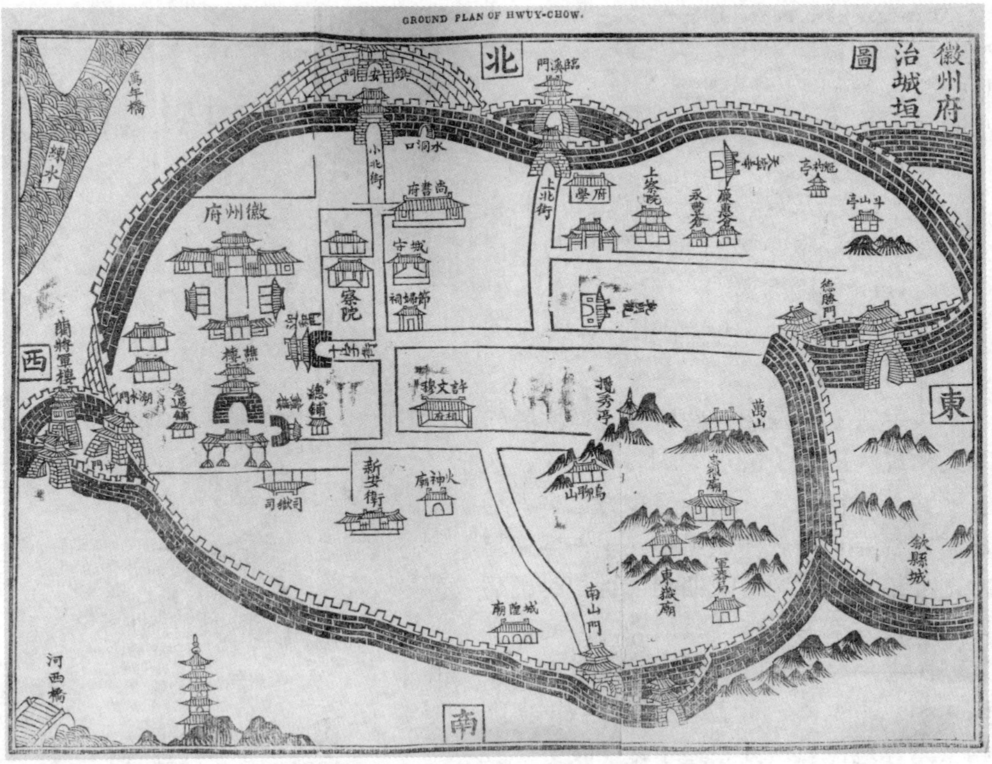

178T-Medhurst 2-915.11/M469 徽州府治城垣图

写作此书的目的是为进入中国的外国人提供一个参考指南，所以开篇首先详细介绍了中国的服装及饮食礼仪，还有旅馆、茶馆、道路交通、语言等各种注意事项，然后才逐日记述旅行的见闻，对各地的历史与地理着墨尤多。麦都思从上海出发，沿途经过湖州、广德州、景德镇、安庆、芜湖、婺源等地，主要考察桑树的栽培技术、养蚕和制丝技术，对缫丝的工具与方法有详细的介绍，并附有图例。

本书附约13幅插图，包括《青浦县治图》、《丝车床总图》、《做丝手式》、《浙江全图》、《徽州府治城垣》、《婺源县治城垣图》等。

179-Meynard-282.5/M577

Meynard, Andre-Marie，1824-1904.

Missions dominicaines dans l'extrême orient / par R.P. Fr. André-Marie.--Lyon ; Paris : Librairie Chrétienne de Bauchu, 1865.

2 v., [1] fold. leaf of plates : map ; 18 cm.

French.

1. Missions--East Asia. I. Title.

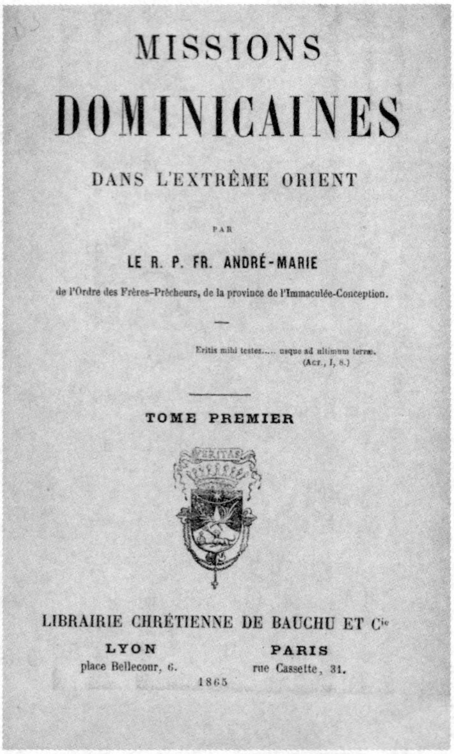
MISSIONS

DOMINICAINES

DANS L'EXTRÊME ORIENT

PAR

LE R. P. FR. ANDRÉ-MARIE

de l'Ordre des Frères-Prêcheurs, de la province de l'Immaculée-Conception.

Eritis mihi testes..... usque ad ultimum terræ.
(Act., I, 8.)

TOME PREMIER

LIBRAIRIE CHRÉTIENNE DE BAUCHU ET Cie

LYON place Bellecour, 6. PARIS rue Cassette, 31.

1865

179-Meynard-282.5/M577

[法国] 安德烈-马里·梅纳尔

多明我会在远东的传教（法文，1865）

1865年巴黎法文版，2卷，“燕京大学图书馆”藏书章（钢印），“教堂区（paroisse）”藏书票。

安德烈-马里·梅纳尔是多明我会会士。

本书第一卷叙述一些传教士遵照教廷和乌尔班八世（Urbain VIII）的教谕，在多明我会的指导下开始学习东方语言，后被派到东方来传教。该卷中几乎一半的篇幅是介绍从16世纪中晚期到18世纪时葡萄牙等国传教士的在华传教活动，以高奇神父（Ange Cocchi）和黎玉范神父（Jean-Baptiste Morales）为首，主要在我国澳门和台湾等地传教。并叙述了多明我会传教士在当时中华帝国的藩属国越南东京地区的活动，以及他们在民间遭受的冷遇和曾遭遇的官府关押。此外，该卷中对多明我会在菲律宾和日本两国的传教情况也各用一章作了介绍。第二卷详细记述了在越南阮朝后期，即1838—1863年，嘉隆（Gia-Long）、明命（Minh-Menh）、绍治（Thieu-Tri）和嗣德（Tu-Duc）四位君王统治时期，在东京地区发生的一些传教士不幸殉教的案例。在明命时期官府对传教士的仇视尤为严重，格里高利十六世（Gregoire XVI）就是在这一时期来到东京的，但是他的到来并未使多明我会在越南的传教活动有大的改观，特吕克（Truc）等传教士依然难逃被关押和被处死的命运。

本书第一卷附1幅《多明我会在远东传教路线图》，图中有红线勾勒的线路。第二卷附1857年7月—1861年11月间四任负责越南地区传教的多明我会主教的亲笔签名的印刷版。

180-Miller-915/M887

Miller, Gerard Fridrikh, 1705-1783.

Voyages et découvertes faites par les Russes le long des côtes de la mer glaciale &

sur l'océan oriental, tant vers le Japon que vers l'Amérique : on y a joint L'histoire du fleuve Amur et des pays adjacens, depuis la conquête des Russes : avec la nouvelle carte qui présente ces découvertes & le cours de l'Amur, dressée sur des mémoires authentiques, publiée par l'Académie des sciences de St. Pétersbourg, & corrigée en dernier lieu / ouvrages traduits de l'allemand de Mr. G.P. Muller, par C.G.F. Dumas.--Amsterdam : Chez Marc-Michel Rey, 1766.

2v., [1] folded leaf of plates : fold. map ; 18 cm.

Translation of two parts of the author's Sammlung russischer Geschichte, 1732-1764.

Advertisements on p. [1-3] at end of v. 2.

Includes indexes.

French.

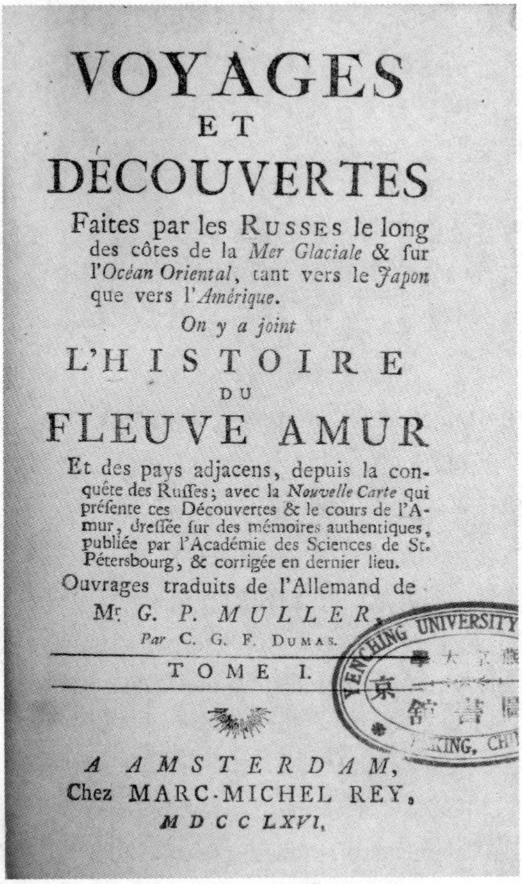
VOYAGES
ET
DÉCOUVERTES
Faites par les RUSSES le long des côtes de la *Mer Glaciale* & ſur l'*Océan Oriental*, tant vers le *Japon* que vers l'*Amérique*.
On y a joint
L'HISTOIRE
DU
FLEUVE AMUR
Et des pays adjacens, depuis la conquête des Ruſſes; avec la *Nouvelle Carte* qui préſente ces Découvertes & le cours de l'Amur, dreſſée ſur des mémoires authentiques, publiée par l'Académie des Sciences de St. Pétersbourg, & corrigée en dernier lieu.
Ouvrages traduits de l'Allemand de Mr. G. P. MULLER,
Par C. G. F. DUMAS.
TOME I.
A AMSTERDAM,
Chez MARC-MICHEL REY,
MDCCLXVI.

1. Discoveries in geography--Russian. 2. Northeast Passage. 3. Northwest coast of North America--Discovery and exploration. 4. Amur River Valley (China and Russia)--Description and travel. I. Dumas, Charles Guillaume Frederic, ca. 1725-1780. II. Miller, Gerard Fridrikh, 1705-1783. Histoire du fleuve Amur et des pays adjacens, depuis la conquête des Russes. III. Title. IV. Histoire du fleuve Amur et des pays adjacens, depuis la conquête des Russes.

[俄国] 格哈德·弗里德里希·米勒

俄国人沿北冰洋，以及沿东方海洋到日本、美国的旅行与发现（法文，1766）

1766年阿姆斯特丹法文版，2卷，“燕京大学图书馆”藏书章，“燕京大学图书馆”藏书票。

本书由俄国格哈德·弗里德里希·米勒著，由瑞士夏尔·纪尧姆·弗雷德里克·迪马（Charles Guillaume Frédéric Dumas）译自德文。格哈德·弗里德里希·米勒是历史学家、旅行家，重点研究亚洲历史，曾收集大量关于西伯利亚的史料。夏尔·纪尧姆·弗雷德里克·迪马出生于德国的海尔布隆，后定居于荷兰，是《科学与艺术丛书》的主要撰稿人，另有译作多部。

本书是作者在圣彼得堡写成的。第一卷的主要内容为俄罗斯人沿北冰洋的旅行发现、日本及美国的游历等，是为俄罗斯圣彼得堡科学院绘制出版的地图而作的解释说明。此外正文前有《致彼得大帝》、《译者前言》等内容。第二卷主要内容为俄罗斯占领黑龙江及其周边地区之后的关于这一河流及周边的历史，正文前有《作者前言》，书后附全书内容索引。

本书正文后附《俄罗斯航船发现未知的北美洲新图》。

181-Ming-chiao-chung-jen 1.1-893.1/
H199wE

Ming-chiao-chung-jen (名教中人), pseud.

[Hao qiu zhuan (好逑传). English]

Hau Kiou choaan : or, The pleasing history / a translation from the Chinese language ; to which are added, I. The argument or story of a Chinese play, II. A collection of Chinese proverbs, and III. Fragments of Chinese poetry ; with notes.--London : Printed for R. and J. Dodsley, 1761.

4 v. : fold. ill. ; 16 cm.

1. Proverbs,Chinese. 2. Chinese poetry--Translations into English. 3. English poetry--Translations into Chinese. I. Percy, Thomas, 1729-1811. II. Wilkinson, James, d. 1736, III. Dodsley, Robert, 1703-1764. Iv. Dodsley, James, 1724-1797. V. Title. VI. Title: Hau Kiou...

[中国]名教中人
好逑传（英文，1761）

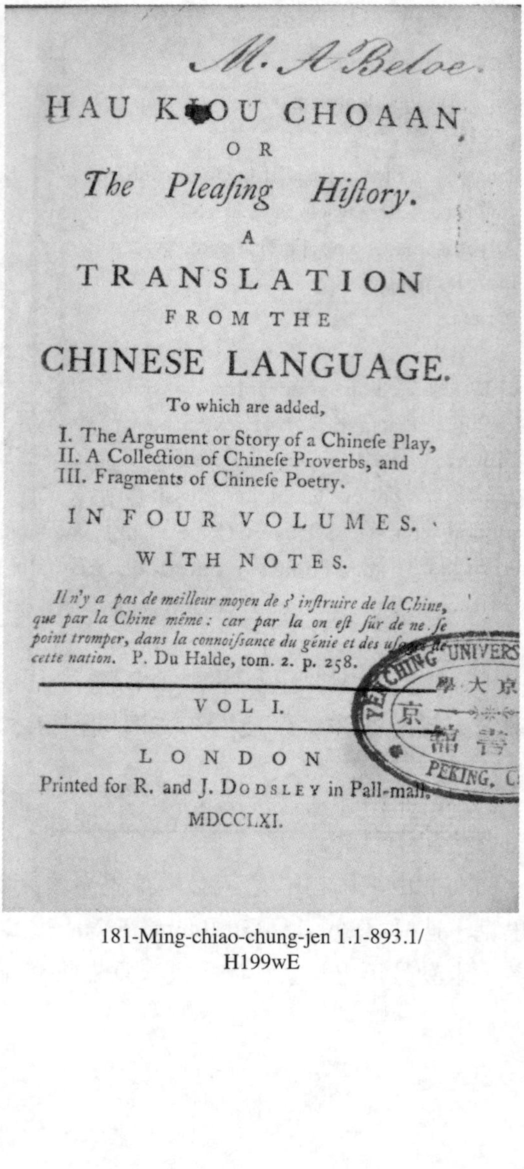
HAU KIOU CHOAAN,
OR
The Pleasing History.
A
TRANSLATION
FROM THE
CHINESE LANGUAGE.
To which are added,
I. The Argument or Story of a Chinese Play,
II. A Collection of Chinese Proverbs, and
III. Fragments of Chinese Poetry.
IN FOUR VOLUMES.
WITH NOTES.
Il n'y a pas de meilleur moyen de s' instruire de la Chine, que par la Chine même: car par la on est sûr de ne se point tromper, dans la connoissance du génie et des usages de cette nation. P. Du Halde, tom. 2. p. 258.
VOL I.
LONDON
Printed for R. and J. DODSLEY in Pall-mall.
MDCCLXI.

181-Ming-chiao-chung-jen 1.1-893.1/
H199wE

182-Ming-chiao-chung-jen 1.2-893.1/H199w

Ming-chiao-chung-jen (名教中人), pseud.

[Hao qiu zhuan (好逑传). French]

Hau kiou choaan : histoire chinoise / traduite de l'anglais par M***.--Lyon : B. Duplain, 1766.

4 v. : fold. ill. ; 18 cm.

French.

1. Chinese literature--Translations into French. I. M. E. (Marc Eidous) II. Title. III. Title: Hau kiou…

[中国]名教中人

好逑传（法文，1766）

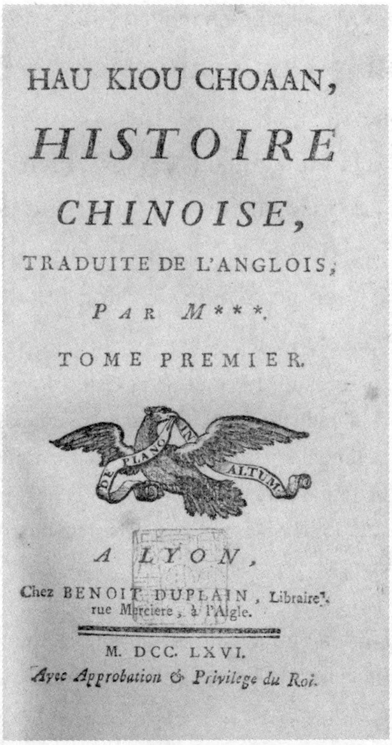
HAU KIOU CHOAAN, HISTOIRE CHINOISE, TRADUITE DE L'ANGLOIS; PAR M***. TOME PREMIER.

A LYON, Chez BENOIT DUPLAIN, Libraire, rue Merciere, à l'Aigle.

M. DCC. LXVI. Avec Approbation & Privilege du Roi.

182-Ming-chiao-chung-jen 1.2-893.1/H199w

183-Ming-chiao-chung-jen 1.3-893.1/H199d

Ming-chiao-chung-jen (名教中人), pseud.

[Hao qiu zhuan (好逑传). English]

The fortunate union : a romance / translated from the Chinese original, with notes and illustrations, to which is added, a Chinese tragedy, by John Francis Davis.--London : Printed from the Oriental Translation Fund, and sold by J. Murray, 1829.

2 v. : facsim., maps ; 23 cm. -- (Oriental Translation Fund, London. Publications ; 6)

Frontispiece to v.1 is a "fac-simile of the title page to Ha-ougewchuen, or the Fortunate union."

"The sorrows of Han [Han gong qiu]: a Chinese tragedy" (v. 2, p. [213]-243)

1. Chinese literature--Translations into English. I. Davis, John Francis, Sir, 1795-1890. II.Title. III. Title: Fortunate union. IV. Seri.

[中国]名教中人

好逑传（英文，1829）

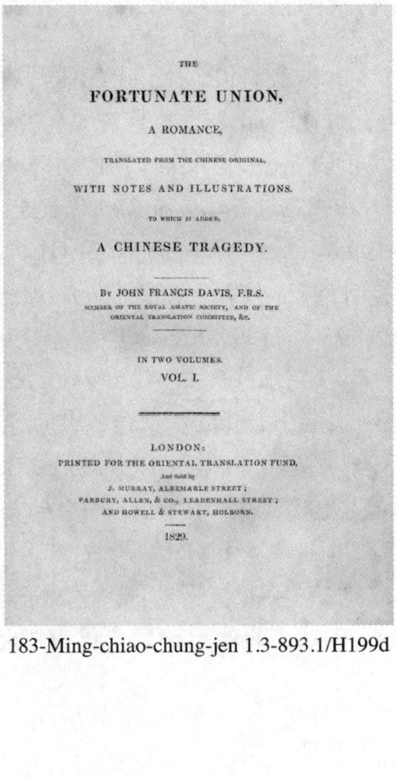
THE FORTUNATE UNION, A ROMANCE, TRANSLATED FROM THE CHINESE ORIGINAL, WITH NOTES AND ILLUSTRATIONS. TO WHICH IS ADDED, A CHINESE TRAGEDY. BY JOHN FRANCIS DAVIS, F.R.S. IN TWO VOLUMES. VOL. I. LONDON: PRINTED FOR THE ORIENTAL TRANSLATION FUND, 1829.

183-Ming-chiao-chung-jen 1.3-893.1/H199d

Ming-chiao-chung-jen (名教中人), pseud.

[Hao qiu zhuan(好逑传). French]

La brise au clair de lune : "Le deuxième livre de génie" / roman chinois traduit par George Soulie de Morant.--Paris : B. Grasset, 1925.

364 p. : ill. ; 19 cm. -- (Les Cahiers verts ; 57)

"Ma traduction est ... la première faite directement du chinois en francais, avec tous les poèmes. Les illustrations sont reproduites de celles que dessina au XVIe siècle Tsiou Yng (Che-tcheou)"--Introd.

French.

1. Chinese literature--Translations into French. I. Soulie, Charle George, 1878- II. Title: La brise...

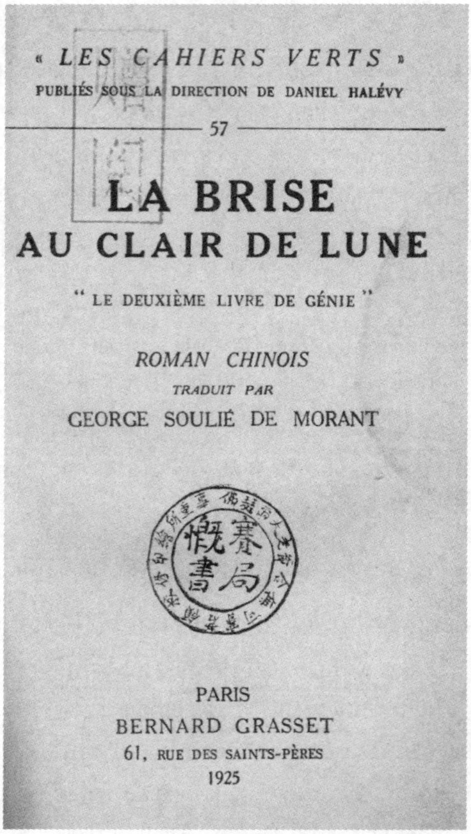

184-Ming-chiao-chung-jen 1.4-I214.2/M663RF

[中国]名教中人

好逑传（法文，1925）

本馆藏4种译本。《好逑传》成书于明末清初时期，作者署名“名教中人”。此书最早的外文译本是英国人托马斯·帕西（Thomas Percy）1761年伦敦英译本，题为《好逑传》或《愉快的故事》（*Hau Kiou Choaan or The Pleasing History*）（181-Ming-chiao-chung-jen 1.1-893.1/H199WE），“燕京大学图书馆”藏书章。1766年马克·埃杜(Marc Eidous)译里昂法译版，4卷，（*Hau kiou choaan : histoire chinoise*，182-Ming-chiao-chung-jen 1.2-893.1/H199w），“国立北京大学藏书”。1829年由德庇时翻译的伦敦英译本（*Hao ch' iu chuan: The Fortunate Union : a Romance*, 183-Ming-chiao -chung-jen 1.3-893.1/H199d），2卷，“燕京大学图书馆”藏书章（钢印）。1925年夏尔·乔治·苏利耶译(Charle George Soulie) 的巴黎法文版（184-Ming-chiao-chung-jen 1.4- I214.2/M663/RF），“北京大学图书馆”藏书章（钢印）。

本书讲述了这样一个故事：一位好色的过公子图谋强娶才女水冰心，不料此女却被侠客铁中玉救下。过公子寻机报复，下毒加害铁中玉。水冰心义无反顾地将危在旦夕的侠士接到自己家中救治。铁中玉功成名就后两人准备完婚，不料又遭过家诬陷。最后，皇后验明水冰心的清白，于是皇帝下旨允其完婚，同时惩办了恶人。该书在西方非常流行，成为西方人认识东方的窗口，是西人了解中国文化的启蒙读物。大文学家歌德(Johann Wolfgang von Goethe，1749—1832)亦对此书赞赏有嘉。托马斯・杰斐逊（Thomas Jefferson，1743—1826)也曾向其友人推荐此书。德庇时是英国皇家亚洲协会（The Royal Asiatic Society）会员和英国东方文献翻译学会(the oriental translation committee)会员，有着较高的汉学造诣和翻译水平。他的译本完善了之前译本的不足之处，对一些汉语词汇的理解比较到位，代表了当时西方汉学界对此书翻译的较高水平。

185-Miscellany-951/M681

Miscellany, or, Companion to the Shanghai almanac for 1857.--Shanghai : N.-C. Herald Office, [185-?]

1 v. ; 24 cm.

1. Almanacs, Chinese. I. Companion to the shanghai almanac for 1857.

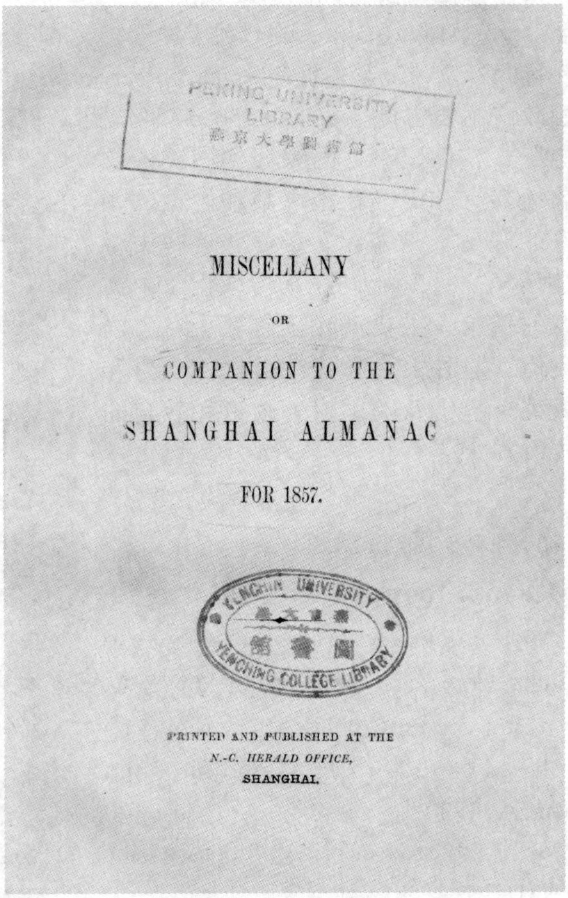

185-Miscellany-951/M681

上海杂志（1857年）

（英文，185-?）

1857年上海字林洋行(North-China Herald Office)首版，“燕京大学图书馆”藏书章，“哈佛大学燕京学社图书馆”藏书票。

上海字林洋行于1852年出版《上海年鉴和贸易指南》(*Shanghai Almanac and Commercial Guide*)，此后从1853年到1856年连续4年出版《上海年鉴和杂志》(*Shanghai Almanac and Miscellany*)（另一说1860、1861、1863年也有出版，但现存仅为1853—1857年间的）。而该社仅在1857年出版《杂志》的单行本。字林洋行的《上海年鉴》系列年刊仅在哈佛大学、斯坦福大学、剑桥大学和日本财团法人东洋文库等地有藏。

1857年的《上海杂志》开篇以摘要形式对1856年《京报》（*Peking Gazettes*）所载要闻作了回顾。其他二十多篇选文则包括“忆罗马天主教主教孟振生（Joseph-Martial Mouly）对中华帝国的访问”，“郭保德（R. H. Cobbold）游记（1855年10至1855年12月）”，威妥玛（T. F. Wade）的“中国历史上民变概述”及其附注，祎理哲（R. Q. Way）的“福州府和宁波之游”、“洞庭西山林屋洞”，艾约瑟（Joseph Edkins）的“中国的星象崇拜”、“道家早期的炼金术”、“关帝和战神”，丁韪良的“中华帝国内部敌对势力的现状和未来”、“天平天国在安徽和江西的统治”、“1388年蒙古溃败中的满洲命运”，玛高温（D.J. Macgowan）的“关于中国起义的历史”、“关于黄河干涸问题的认识和疑问”及“《遐迩贯珍》（*Chinese Serial*）中的几篇文章”。另外还有“清帝国政府主要官员”、“1853—1854年间太平天国内讧杂记”、“中俄条约之历史”、“俄国事务附议”、“美国首席检察官和美国在土耳其和中国的领事的意见”等编译文章等。这些文章是1855—1856年间在华传教士重要文章的摘录，主要反映了传教士对中国政治、对外关系和传统文化的观察和研究，也涉及美国对外政策和教会的传教方针。

M'Leod, John, 1777?-1820.

Voyage of His Majesty's ship Alceste, to China, Corea, and the island of Lewchew: with an account of her shipwreck / by John M'Leod.--3rd ed.--London : John Murray, 1820.

339 p., [7] leaves of plates : ill. (some col.), map, port. ; 23 cm.

1.Alceste (Ship) 2. Voyages and travels. 3. China--Description and travel. 4. Korea--Description

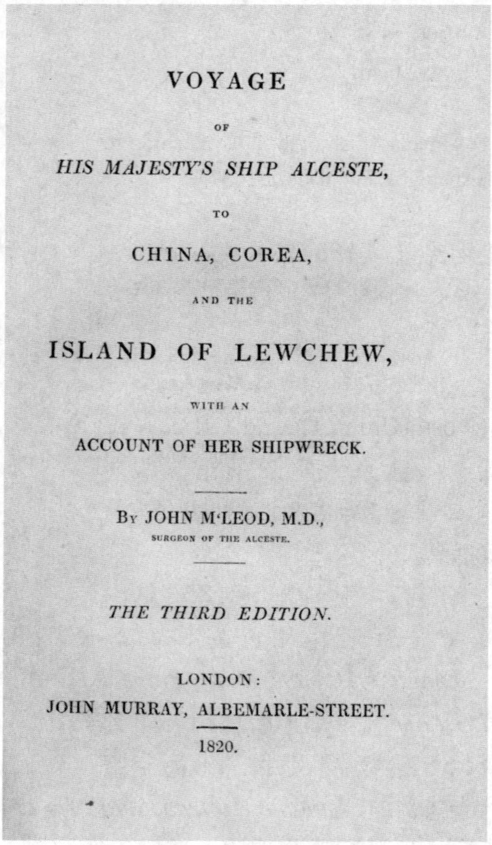
VOYAGE
OF
HIS MAJESTY'S SHIP ALCESTE,
TO
CHINA, COREA,
AND THE
ISLAND OF LEWCHEW,
WITH AN
ACCOUNT OF HER SHIPWRECK.

BY JOHN M·LEOD, M.D.,
SURGEON OF THE ALCESTE.

THE THIRD EDITION.

LONDON:
JOHN MURRAY, ALBEMARLE-STREET.
1820.

186-M’ Leod-915.1/M225

and travel. 5. Ryukyu Islands--Description and travel. I. Title.

[英国] 约翰・麦克劳德
中国、韩国和琉球岛之行（英文，1820）

1820年伦敦英文第三版，"燕京大学图书馆"藏书章（钢印）。

约翰・麦克劳德是英国皇家海军随军外科医生、医学博士。1816年随阿美士德爵士（Lord Amherst）率领的使华团访华。

本书主要记述了作者随阿美士德爵士率领的使华团前往中国、韩国和中国琉球岛的航行经历，并描述了回程时船只失事过程。1816年，以阿美士德勋爵士为正使、埃利斯（Henry Ellis）及英国东印度公司在广州的特别委员会主席小斯当东爵士（Sir George Thomas Staunton）为副使的英国使团在马噶尔尼使团使华20年后再次使华。他们出使的任务主要是敦请清朝废除公行制，多开商埠及进行自由贸易。此外，他们还打算向清朝解释英国对尼泊尔的军事行动。阿美士德爵士在1816年2月从英国南部斯皮特黑德（Spithead）出发，7月初抵达广州后，继续向天津进发。但由于中英双方就觐见清帝的礼仪问题出现分歧，阿美士德使团未能入京，滞留于京师附近的通州。最后嘉庆帝以为英使傲慢，取消陛见并下令驱逐使团离京。使团沿大运河南下，最后经由广州于1817年1月28日在澳门登船返国。阿美士德使团离开中国后曾到访马尼拉，其后因为船只遇险触礁沉没，辗转流落到巴达维亚，期间受到马来亚一带的海盗袭击。安顿好后阿美士德使团继续启程返国，中途到访圣赫勒拿岛，阿美士德爵士曾与遭放逐的拿破仑（Napoléon Bonaparte，1769—1821）进行过数次面谈。

本书附6幅人物和风景的插图，1幅《黄河及东海地图》。

Moges, marquis de (Alfred)

Souvenirs d'une ambassade en Chine et au Japon : en 1857 et 1858 / par Le Mis de Moges.--Paris : Librairie de L. Hachette et Cie, 1860.

350 p. ; 18 cm.

French.

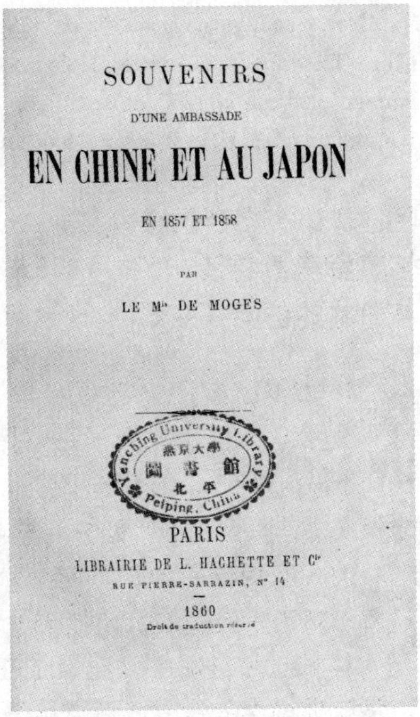

187-Moges 1.1-915/M724F

1. Gros, Jean Baptiste Louis, baron, 1793-1870. 2. China--Description and travel. 3. China--History--Foreign intervention, 1857-1861. 4. Japan--Description and travel. I. Title.

[法国] 德·摩西侯爵

忆葛罗男爵特使1857—1858年对中国和日本的访问（法文，1860）

188-Moges 1.2-915/M724

Moges, marquis de (Alfred)

[Souvenirs d'une ambassade en Chine et au Japon en 1857 et 1858. English]

Recollections of Baron Gros's embassy to China and Japan in 1857-58 / by the Marquis de Moges.--London : Richard Griffin and Co., 1860.

viii, 368 p. : front. ill. ; 19 cm.

Translation of: Souvenirs d'une ambassade en Chine et au Japon en 1857 et 1858.

1. Gros, Jean Baptiste Louis, baron, 1793-1870. 2. China--Description and travel. 3. China--History--Foreign intervention, 1857-1861. 4. Japan--Description and travel. I. Title. II. Title: Recollections of ...

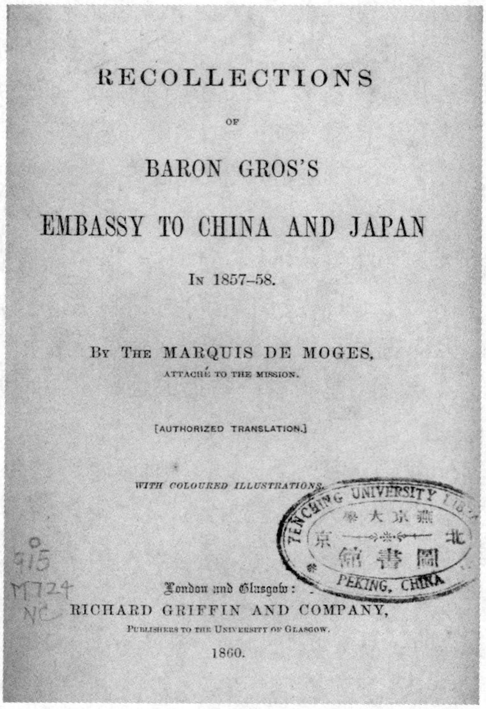

188-Moges 1.2-915/M724

[法国] 德·摩西侯爵

忆葛罗男爵特使1857—1858年对中国和日本的访问（英文，1860）

1860年巴黎法文首版（187-Moges 1.1-915/M724F），“燕京大学图书馆”藏书章，“燕京大学图书馆哈佛燕京学社”藏书票。1860年伦敦英译首版（188-Moges 1.2-915/M724），“燕京大学图书馆”藏书章，“燕京大学图书馆”藏书票。另有1个复本。

德·摩西侯爵，1857年到1858年葛罗（Baron Jean Baptiste Louis Gros, 1793—1870）使团的特使随员，葛罗公使秘书。

本书以时间顺序，记录了在“亚罗号事件”发生后，葛罗使团在1857年到1858年期间奉命到中日两国从事外交交涉的情况。这一时期的中国正值第二次鸦片战争期间，日本则刚被美国佩里舰队叩关。本书同时包括了作者对于刚被西方坚船利炮打开国门的中日两国社会的观察，主要篇幅集中于第二次鸦片战争期间的中国，涉及一系列军事和外交事件，例如额尔金的活动，广州、澳门、上海等地的地方社会和英法的进攻和占领，以及《天津条约》的签订。对日的外交活动只集中在后三章，介绍了葛罗1858年9月赴日并于10月签署第一个法日商贸条约的情况，也涉及对江户、长崎等地社会的观察。

1860年英文版附插图4幅，关于中国的2幅为《外国大使在天津的住所》和《上海海关》。

189-Möllendorff 1-495.2/M736

Möllendorff, Paul Georg von, 1848-1901.

A Manchu grammar : with analysed texts / by P.G. von Möllendorff.--Shanghai : Printed at American Presbyterian Mission Press, 1892.

52 p. ; 28 cm.

1.Manchu language--Grammar. I. Title.

[德国] 穆麟德

满文文法（英文，1892）

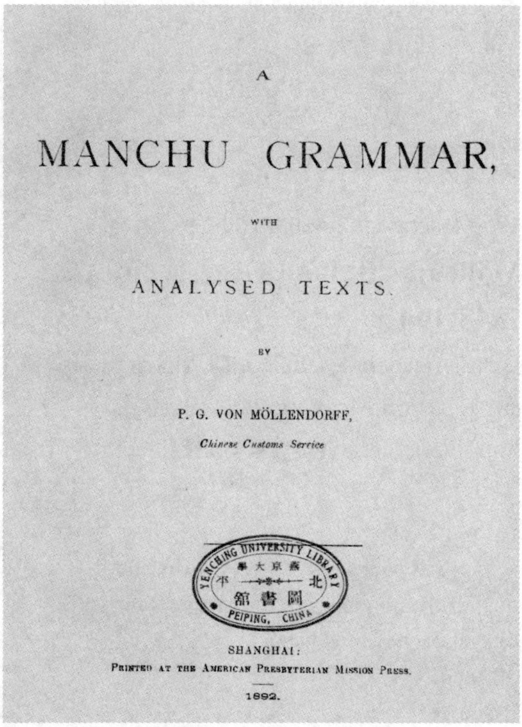

189-Möllendorff 1-495.2/M736

1892年上海英文版，“燕京大学图书馆”藏书章。

穆麟德（又译穆麟德夫），19世纪末的普鲁士贵族出身的德国外交家，曾受聘于李鸿章为清廷的外交顾问。后随军去了朝鲜，曾任朝鲜的外交顾问。曾担任宁波海关专员，因而对宁波方言极为熟悉，著有多种有关中国语言的书，堪称是汉语学家.。除本书外，还著有《中国方言的分类》(参见190-Möllendorff 2-456/M736)、《宁波方言便览》（参见191-Möllendorff 3-495.17242/M736b），另有《中国家法》（*Das Chinesische Familienrecht*.1895）等。

作者认为，本书是第一本用英文解释满语文法的书。本书共分3大部分：语音、语源（词汇）和句法。第一部分除了提供一个字母表外，还详细介绍了满语字母的发音以及元音之间的和谐关系，举例说明了双元音和三元音，还讨论了在词汇中元音读音的弱化和介词的读音规律等。第二部分共分8节，分别讲述了名词和形容词、代词、数词、动词、副词、后置词、连接词、感叹词九类词，着重讲解了名词和形容词的复数和格的变化，以及动词的时态和语态等变化。第三部分共分3节，第一节篇幅最大，先叙述了词序在句子中的重要性，如宾语在动词之前等，然后列举一段学满语的两位外国人之间的对话，附有英满文对照，并有罗马拼音对满文词汇的转写与解释。第二节是词缀和术语的索引。第三节是欧洲人研习满语的主要文献列表。本书的重要意义还在于作者首次采用了罗马字母转写法。

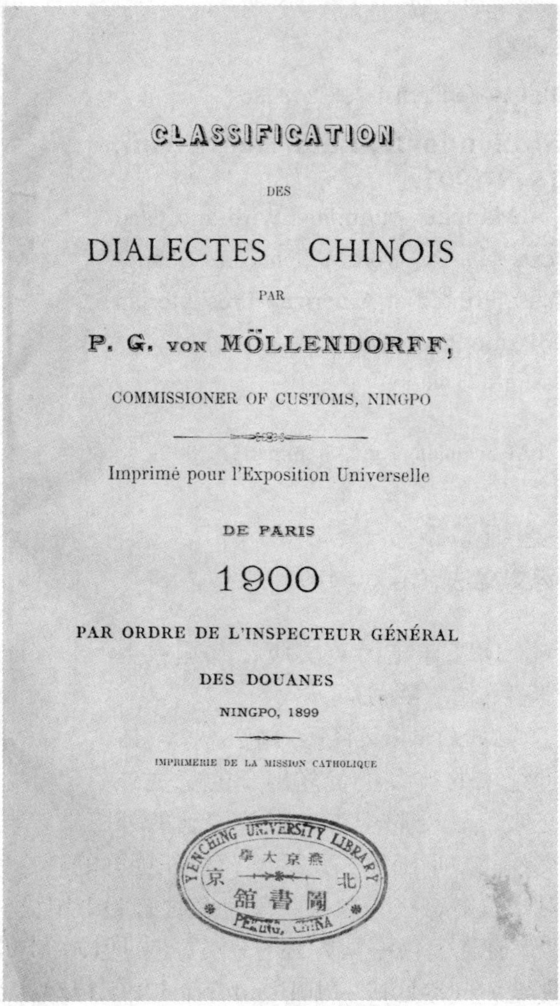
CLASSIFICATION

DES

DIALECTES CHINOIS

PAR

P. G. VON MÖLLENDORFF,

COMMISSIONER OF CUSTOMS, NINGPO

Imprimé pour l'Exposition Universelle

DE PARIS

1900

PAR ORDRE DE L'INSPECTEUR GÉNÉRAL

DES DOUANES

NINGPO, 1899

IMPRIMERIE DE LA MISSION CATHOLIQUE

190-Möllendorff 2-456/M736

190-Möllendorff 2-456/M736

Möllendorff, Paul Georg von, 1848-1901.

Classification des dialectes Chinois / par P.G. von Möllendorff.--[Paris] : Imprimerie de la Mission Catholique, [1899]

34 p. ; 26 cm.

"Imprimé pour l'Exposition Universelle de Paris 1900 par ordre de l'inspecteur général des douanes, Ningpo, 1899."

French.

1. Chinese language--Dialects. I. Title.

[德国] 穆麟德

中国方言的分类（法文，1899）

1900年巴黎法文版，“燕京大学图书馆”藏书章，“燕京大学图书馆哈佛燕京学社”藏书票。本书受命于宁波海关总督1899年在宁波出版，一年后在法国巴黎出版。

本书分两部分：第一部分先简单描述了中国的地理环境和民族构成，然后将汉语方言分成四大类：广东方言、闽南话（广东东部、福建、台湾和浙江南部）、吴音（浙江和江苏两省，特别是温州和宁波一带）和官话（又按地域分北、中、西）。第二部分以陶渊明的《归去来辞》为例，先引用中文全文，并有法文译文对照，后面是以北京、南京、湖北、杭州、扬州、徽州、苏州、上海、宁波、金华、温州、福州、厦门、汕头、客家、广州共十六种地方方言诵读该篇散文的读音记录。

191-Möllendorff 2-495.17242/M736b

Möllendorff, Paul Georg von, 1848-1901.

The Ningpo syllabary / by P.G. von Möllendorff.--Shanghai : American Presbyterian Mission Press, 1901.

xi, 241 p. ; 23 cm.

1. Chinese language--Dialects. 2. Ning-bo shih (China) 3. Shaoxing (China) 4. Taicang zhou (China) I. Title.

[德国] 穆麟德

宁波方言便览

（英文，1901）

1910年上海英文版，“燕京大学图书馆”藏书章。

本书由谢泼德（G. W. Sheppard, b. 1891）根据穆麟德存世的部分手稿在徐学傅的帮助下编辑而成。本书共分三大部分：句子、惯用语和附录。均为

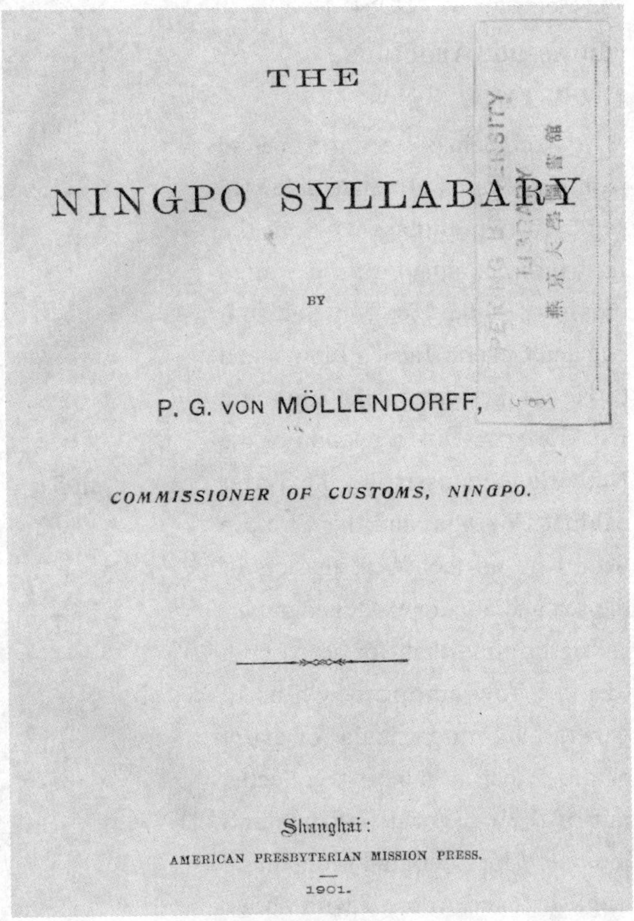

191-Möllendorff 2-495.17242/M736b

汉英对照，外加宁波方言的罗马拼音转写。在导言中作者简单介绍了宁波所处的地理环境、当时的官制，又举例说明了宁波方言与官话发音的区别。穆麟德写本书意在编写宁波方言课本以系统地讲授宁波方言。第一部分由四十课组成，每课选取二三十个句子，涉及官民生活和社交等方面。在第二部分中，穆麟德分二十九节列举了六七百个惯用语句子，内容更加庞杂，涉及到生活的方方面面，如量词和地名等；这一部分与第一部分不同的是，每节后还有一定数量的生词，便于初学者学习、记忆。第三部分是一些附录，精选了中西文学的经典（如从《圣经·新约》和《三国志》中选取一些篇章）、中国谚语、海关术语、宗教术语和协商机构的术语等。

192-Montanus-915.1/Og4

Montanus, Arnoldus, 1625?-1683.

Atlas chinensis : being a second part of a relation of remarkable passages in two embassies from the East-India company of the United provinces, to the Vice-Roy Singlamong and General Taising Lipovi, and to Konchi, emperor of China and East-Tartary ; with a relation of the Netherlanders assisting the Tartar against Coxinga, and the Chinese fleet, who till then were masters of the sea and a more exact geographical description than formerly, both of the whole empire of China in general, and in particular of every of the fifteen provinces ; collected out of their several writings and journals / by Arnoldus Montanus ; English'd, and Adorn'd with above

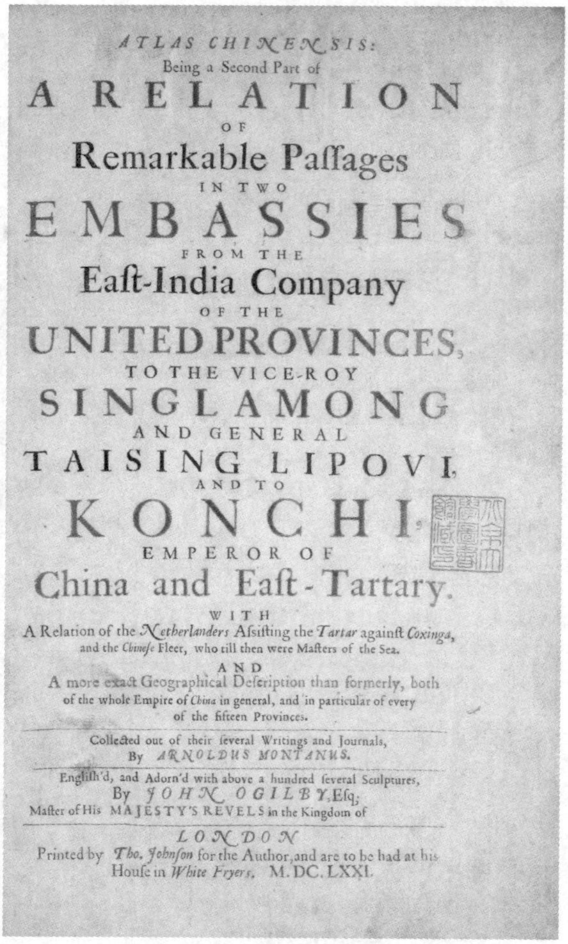
ATLAS CHINENSIS:
Being a Second Part of
A RELATION
OF
Remarkable Paſſages
IN TWO
EMBASSIES
FROM THE
Eaſt-India Company
OF THE
UNITED PROVINCES,
TO THE VICE-ROY
SINGLAMONG
AND GENERAL
TAISING LIPOVI,
AND TO
KONCHI,
EMPEROR OF
China and Eaſt-Tartary.
WITH
A Relation of the Netherlanders Aſsiſting the Tartar againſt Coxinga, and the Chineſe Fleet, who till then were Maſters of the Sea.
AND
A more exact Geographical Deſcription than formerly, both of the whole Empire of China in general, and in particular of every of the fifteen Provinces.
Collected out of their ſeveral Writings and Journals,
By ARNOLDUS MONTANUS.
Engliſh'd, and Adorn'd with above a hundred ſeveral Sculptures,
By JOHN OGILBY, Eſq;
Maſter of His MAJESTY'S REVELS in the Kingdom of
LONDON
Printed by Tho. Johnſon for the Author, and are to be had at his Houſe in White Fryers. M. DC. LXXI.

192-Montanus-915.1/Og4

a hundred several sculptures, by John Ogilby, esq.--London : Printed by T. Johnson for the author [i.e. Ogilby], 1671.

723 p., 27 leaves of plates : ill. (part fold.), double maps ; 42 cm.

Half-title, engr.: The second & third embassie to ye. empire of Taysing or China ... 1671.

Numerous errors in paging.

Running title, p. 2-633: Several embassies to the emperor of China; p. 634-723: A late description of the empire of China.

Also issued to accompany Nieuhof's "An embassy from the East-India company ... The 2d ed." London, 1673. cf. Brit. mus. Cat. (under Nieuhof) and Dict. nat. biog. (under Ogilby)

1. China--History--Qing dynasty, 1644-1912. 2. China--Description and travel. I. Ogilby, John, 1600-1676. II. Johnson, Thomas, fl. 1642-1677. III. Title.

[荷兰] 阿诺尔德斯·蒙塔努斯

中国图景（英文，1671）

1671年伦敦英文首版，“北京大学图书馆藏印”章。另有1个复本。

阿诺尔德斯·蒙塔努斯是荷兰传教士，曾编纂并出版多种游记及旅行记。另著有《日本图景》（*Atlas Japannensis*. 1670）。

本书分4个部分。第一部分：第二次使华。本部分简要回顾了欧洲人有史以来使华的情况，主要提及顺治十二年（1655）东印度公司总督约翰·马绥克(Gouverneur-General John Maetzuiker)派遣使臣侯叶尔（Pieter de Goyer）和凯塞尔（Jacob Keizer）及随员16人到北京求通自由贸易，以及康熙二年（1663）东印度公司派遣诺贝尔（Constantine Nobel）和范甘贝（John Van Campen）率领数人到福建求通贸易。第二部分：第二次使华续篇。主要介绍了1662—1664年在博特(Balthasar Bort)的指挥下，东印度公司的夹板船多次帮助清朝水师攻剿郑芝龙和郑成功父子军队的情况。其中穿插对金门、厦门和澳门等地历史和民俗的介绍。第三部分：第三次使华。主要介绍1666年6月3日由范浩（Peter Van Hoorn）和诺贝尔率领的第三次访华团队，经福建、浙江、广东、江南到北京的旅途记事。其中还汇编了来华传教士关于中国饮食娱乐、婚葬、服装、兵器、政治、法律、货币、计时法、艺术和科学等的介绍。第四部分：中国述论。这部分也是来华传教士著作的汇编。主要是有关中国总体情况及15个省情况的介绍。与卫匡国《中国新图》(参见 175-Martini- 910.51/M366)等类似。一般认为，本书编纂者借鉴了尼霍夫的《荷使初访中国记》（参见203-Nieuhof 1.1-915.1/N559f）和奥菲特·达贝尔（Olfert Dapper）的《东印度公司在大清帝国沿海和内地的重要活动》(*Gedenkwaerdig bedryf der Nederlandsche Oost-Indische Maetschappye, op de kuste en in het*

Keizerrijk van Taising of Sina)等，因此一些内容和图片与此两部书有相似之处。

本书附40幅中国地图、中国城市景象等整幅插图。另有很多关于中国民俗等的小插图。第23页上的台湾土著猎人头的图画，据说15世纪就流传于西方。

192T-Montanus-915.1/Og4 中国地图

Montigny, C. de.

Manuel du négociant français en Chine : ou, Commerce de la Chine considéré au point de vue français / par M.C. de Montigny.--[S. l. : s.n.], 1846.

p. [187]-502, [2] fold. leaves of plates : fold. ill. ; 27 cm.

"Chine--Faits commerciaux, no. 10."

French.

1. France--Commerce--China--Handbooks, manuals, etc. I. Title.

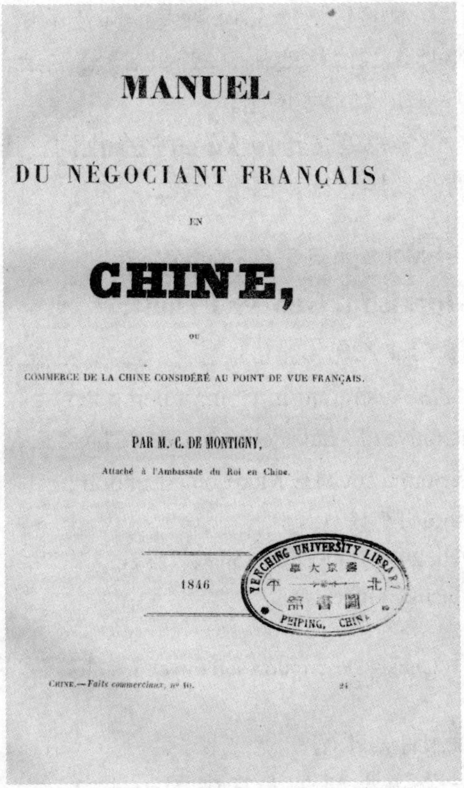

MANUEL

DU NÉGOCIANT FRANÇAIS

EN

CHINE,

OU

COMMERCE DE LA CHINE CONSIDÉRÉ AU POINT DE VUE FRANÇAIS.

PAR M. C. DE MONTIGNY,

Attaché à l'Ambassade du Roi en Chine.

1846

YENCHING UNIVERSITY LIBRARY

PEIPING, CHINA

CHINE.—Faits commerciaux, nº 10.

193-Montigny-382.0951/M767

[法国]夏尔·德蒙蒂尼

《法国批发商在华指南》（第二部分）

（法文，1846）

1846年法文首版（法国农业商业部出版发行），“燕京大学图书馆”藏书章，“哈佛燕京学社”藏书票。

夏尔·德蒙蒂尼，曾任“希腊独立运动支持者”第一军团上尉，1843年作为主事随拉萼尼出使中国，1848年因本书的功绩被任命为法国驻上海首任领事，从上海道台麟桂手中得到了后来的法租界。1853年6月10日回国休假。1855年10月任一等领事，并以全权代表身份出使暹罗（今泰国）。1857年6月14日回任上海。1858年9月升头等总领事，驻上海。1859年6月调任驻广州总领事。1862年8月退休回国。

本书副标题为“法国视角中的中国商业”。作者在1843年随拉萼尼出使中国期间，旅及澳门广州等地。在本馆所藏该书的第二部分中，作者详细考察了中国的航海业，各港口的现状和使用情况，介绍了英国商人鸦片战争后在通商的五口岸(广州、厦门、福州、宁波、上海)所获权利，以翔实的数据描述了中国国门开放后的进出口贸易，特别介绍了中国进出口贸易中广为通用的专业术语，广州市场1845年进出口产品的名目和价格变化，交易中常用的粤语英语词汇。同时还涉及中国银钱、重量、度量单位，战争时期的保险代理商名录、中国商业行会、中国的邮政服务等具体细节。

本书包括近30份图表，涉及中国当时进出口物品价格、广州市场进口物品1845年的价格变化、战时保险商名录、税率等多项内容。另有2幅地图，分别是广州和澳门城市地图。

本书写成于两次鸦片战争期间，作者通过大量的图表保存了不少当时商业活动的具体数据，值得一观。

194-Morrison G-915.1/M834/1895

Morrison, George Ernest, 1862-1920.

An Australian in China : being the narrative of a quiet journey across China to Burma / by G.E. Morrison.--London : Horace Cox, 1895.

xii, 299 p. : ill., 2 fold. maps ; 23 cm.
Includes index.

1. China--Description and travel. I. Title.

[英国]莫理循

一个澳大利亚人在中国——中国至缅甸安全旅行记

（英文，1895）

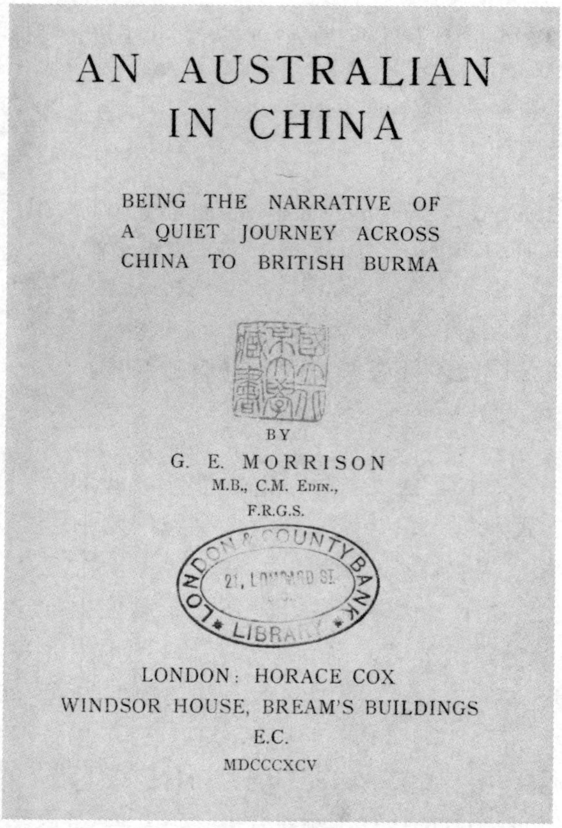

194-Morrison G-915.1/M834/1895

1895年伦敦英文版，“国立北京大学藏书”章，“London & County Bank Library”章。本书为莫理循1894年游历中国西南地区的游记，是作者一生唯一正式出版的著作。该书中译本有两种，一为《中国风情》，张皓译、范立云、蔡雪梅校译，国际文化出版公司，1998年；一为《一个澳大利亚人在中国》(书中增加了莫理循1910年游历中国西北地区内容)，窦坤译，福建教育出版社，2007年。

莫理循是英国人，出生于澳大利亚，英国爱丁堡大学医学博士，著名中国问题专家。1893年来华，1897年受聘担任英国《泰晤士报》驻北京通讯记者。1912年起担任袁世凯政府及北洋政府顾问直至去世。莫理循在华20余年，深深地介入了中国的政治、社会，身后留下大量的文件、日记、书信、图片资料，是研究中国近代史的宝贵资料。

本书为莫理循1894年游历中国西南地区的游记。该书记录了作者1894年2月至6月从上海溯长江而上，经汉口穿越四川、云南至缅甸的游历过程。全书23章，介绍莫理循旅途见闻，记录了中国西南地区地理、风俗、宗教、政治、经济状况。特别是影响清末中国两大社会现象的鸦片和西方传教活动贯穿全书，对鸦片和西方传教活动虽有所辩护，但也指出其对于中国社会的危害。此外，书中也对诸如贞节牌坊、凌迟刑罚、庙戏等有生动描述，对于清朝官场腐败和对人民的剥削也有所揭露。书中文字反映了19世纪末西方人对于中国的一种认识，也是对鸦片战争50年后来华西方人对中国西南著述比较全面的总结和介绍。此书于1895年出版后在西方社会产生不小影响，《泰晤士报》即聘请莫理循担任驻远东通讯记者，1897年后为驻北京通讯记者。

194T-Morrison G-915.1/M834-1895 莫理循在中国西部

本书附2幅地图，一为《重庆府地图》，一为《莫理循游历路线图》。29张有关中国地理、建筑、社会、风俗、人物等照片。

195-Morrison R 1-495.1/M833

Morrison, Robert, 1782-1834.

A dictionary of the Chinese language = 五车韵府 : in three parts / by the Rev. Robert Morrison.--Macao : Printed at the Honorable East India Company's Press, by P.P. Thoms ; 1815-23.

3 v. in 6 ; 23-30 cm.

At head of title: 字典.

pt. 1. Chinese and English arranged according to the radicals -- pt. 2. Chinese and English arranged alphabetically -- pt. 3. English and Chinese.

1. Chinese language--Dictionaries--English. 2. English language--Dictionaries--Chinese. I. Title.

[英国] 马礼逊

中国语文字典（英文，1815-1823）

1815—1823年澳门英文首版，“燕京大学图书馆”藏书章，“燕京大学图书馆哈佛燕京学社”藏书票。本书分为3部，共计6卷，第一部3卷，中文书名为《字典》；第二部2卷，中文书名为《五车韵府》；第三部1卷，无中文书名。另有2个不完整复本，均为燕京大学旧藏。

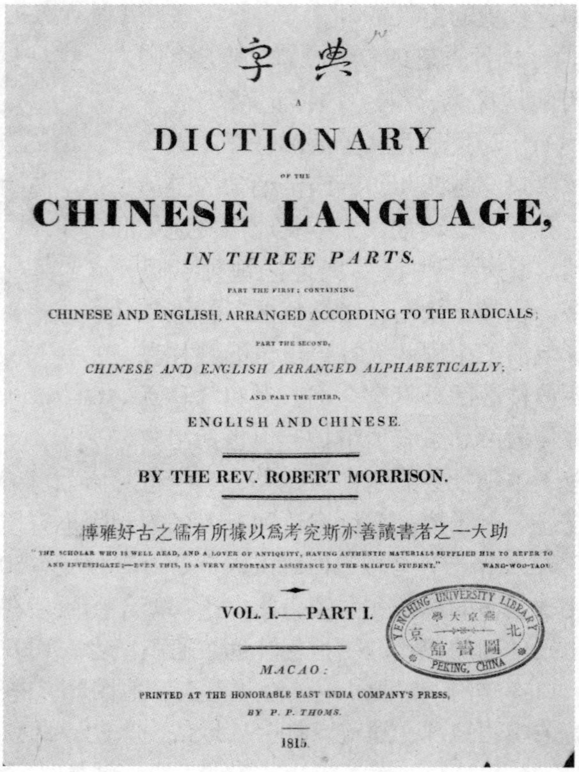
字典

A

DICTIONARY

OF THE

CHINESE LANGUAGE,

IN THREE PARTS.

PART THE FIRST; CONTAINING

CHINESE AND ENGLISH, ARRANGED ACCORDING TO THE RADICALS;

PART THE SECOND,

CHINESE AND ENGLISH ARRANGED ALPHABETICALLY;

AND PART THE THIRD,

ENGLISH AND CHINESE.

BY THE REV. ROBERT MORRISON.

博雅好古之儒有所據以爲考究斯亦善讀書者之一大助

"THE SCHOLAR WHO IS WELL READ, AND A LOVER OF ANTIQUITY, HAVING AUTHENTIC MATERIALS SUPPLIED HIM TO REFER TO AND INVESTIGATE;—EVEN THIS, IS A VERY IMPORTANT ASSISTANCE TO THE SKILFUL STUDENT." WANG-WOO-TAOU.

VOL. I.—PART I.

MACAO:

PRINTED AT THE HONORABLE EAST INDIA COMPANY'S PRESS,

BY P. P. THOMS.

1815.

195-Morrison R 1-495.1/M833

马礼逊是英国伦敦会传教士。1807年到达广州，是基督新教来华传教的开山祖。因当时清廷禁止外人传教，他不得不先辗转广州、澳门之间学习语言，继而于1809年到英国东印度公司广州办事处任汉文翻译。他是比较系统地将中国经典翻译成英文的第一人。1812年马礼逊翻译出版了中国的《三字经》（*The Three-Character Classic*）、《大学》（*The Great Science*）、《三教源流》（*Account of FOE*）、《太上老君》（*Account of the Sect TAO-SZU*）等。1815年在米怜（William Milne, 1785—1822）的协助下，于马六甲创办了《察世俗每月统计传》（*Chinese Monthly Magazine*），这是近代以来以中国人为对象的第一份中文期刊，揭开了中国期刊史的序幕。1816年随阿美士德勋爵到北京，任汉文正使。1818年马礼逊在澳门创办“英华书院”（Anglo-Chinese College），该校是近代传教士开办的第一所中文学校。1832年，马礼逊又和美国传教士裨治文（Elijah Coleman Bridgman, 1801—1861）合作编辑英文《中国丛报》。他在中国境内首次把《圣经》全译为中文，1823年在马六甲出版。除本书外，他还著有不少汉语学习方面的书籍：《汉语语法》(*A Grammar of the Chinese Language*. 1815)、《中国大观》（参见197-Morrison R 3-951/M834）、《中文会话及凡例》（参见196-Morrison R 2-495.182/D541）和《广东省土话字汇》(*A Vocabulary of the Canton Dialect*. 1828) 等。1824年马氏被选为英国皇家学会会员。1833年英国驻华商务监督署成立，任汉文正使兼翻译。其妻编有《马礼逊的生平与事功》(参见198-Morrison R 4-B979.9561/ M834 m)。作为一个传教士，他在开创译经、编字典、办刊物、设学校、开医馆、印刷出版等方面都有首创之功，是开创近代中西文化交流的先驱。

本书为最早的汉英—英汉词典，其中第一、二部为汉英字典，第一部按照部首排列，第二部按发音排列，第三部为英汉词典。

第一部《字典》的编排内容主要包括每个字的读音、篆书和草书形式，字义，常用词组、用法和例句，如"来"字下给出了"往来"、"自远方来"、"来历"等词组、用法，并引用了《礼记》中"礼尚往来，往而不来非礼也"为例句。这种编写方法使第一卷的编写就费时4年，之后作者不得不改变计划，先出第二部《五车韵府》，以翻译词义为主要内容，以应急需。而其后编写的《字典》的第二、三卷基本上只解释字义，内容较第一卷大大简化。《五车韵府》第一卷附有约翰·里夫斯应作者之邀编写的《中国星宿名称表》。第二卷全部为附录，有本部所收汉字部首、疑难检字表，英文索引，汉字楷、行、草、隶、篆、金文字体对照表。

第三部英汉词典主要编排内容包括英文单词对应的汉字词，以及汉语例句，并注明读音，给出英文解释。一般每个单词都给出丰富的对应汉字词，如"die"一词下给出了"死、卒、亡、没、去世、过世、过了、弃世、归阴"9种中文对应字词。

《中国语文字典》在编纂过程中参考了《康熙字典》、《艺文备览》和一位陈姓中国学者的手稿。本书出版后，在欧洲流传甚广，受到好评。法国著名汉学家雷慕沙称本书"与其他字典相比，具有无可比拟的优点"。同时，作为中英字典的嚆矢，本书对后来传教士编写的此类词典影响很大。

本书除了对汉语的解释举例，还对所涉及的中国历史文化进行了广泛的解释，内容包括宗教、礼仪风俗、历史人物、教育科举、天文、音乐、戏剧等，因此具有百科全书性质，对于了解当时中国的方方面面具有很高的参考价值。此外，作为最早的汉英—英汉词典，本书对两种语言初期接触的情况有所反映，为相关研究提供了重要史料和语料。

值得一提的是，本书的出版得到英国东印度公司的资助，共印刷了750部，其中650部送给编著者。

196-Morrison R 2-495.182/D541

Morrison, Robert, 1782-1834.

Dialogues and detached sentences in the Chinese language with a free and verbal translation in English : collected from various sources : designed as an initiatory work for the use of students of Chinese.--Macao : printed at the Honorable East India Com-

pany's Press, by P.P. Thoms, 1816.
viii, 262 p. ; 26 cm.

1. Chinese language--Conversation and phrase books. I. Bannerman, James. II. East India Company. III. Title.

[英国] 马礼逊
中文会话及凡例（英文，1816）

1816年澳门英文首版，“燕京大学图书馆”藏书章，“燕京大学图书馆”藏书票。

本书一向被认为是西方人学习汉语的权威教材。其权威性直到法国法兰西学院第一任汉学教授、版本学家雷慕沙的语法著作问世才被超越。书中共有31个主题的对话练习，附汉语原文、罗马拼音和英文释义。另附中国度量单位、时间表达等。该书存世甚少，原因是英国阿美士德勋爵特使1817年率使华团回国返航途中，“Alceste”号船舰失事，船上新刊行的马氏著作的很大部分也随之被毁或遗失。

197-Morrison R 3-951/M834

Morrison, Robert, 1782-1834.

A view of China for philological purposes : containing a sketch of Chinese chronology, geography, government, religion & customs, designed for the use of persons who study the Chinese language / by R. Morrison.--Macao, [China] : Printed at the Honorable the East India Company's Press by P.P. Thoms ; published and sold by Black, Parbury, and Allen, 1817.

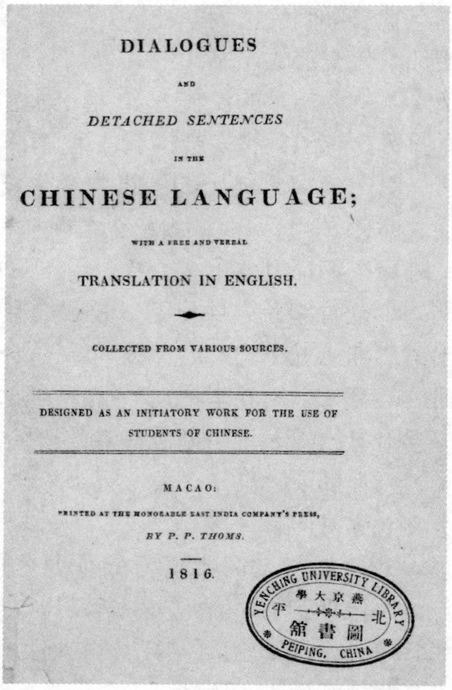
DIALOGUES
AND
DETACHED SENTENCES
IN THE
CHINESE LANGUAGE;
WITH A FREE AND VERBAL
TRANSLATION IN ENGLISH.
COLLECTED FROM VARIOUS SOURCES.
DESIGNED AS AN INITIATORY WORK FOR THE USE OF STUDENTS OF CHINESE.
MACAO:
PRINTED AT THE HONORABLE EAST INDIA COMPANY'S PRESS,
BY P. P. THOMS.
1816.

196-Morrison R 2-495.182/D541

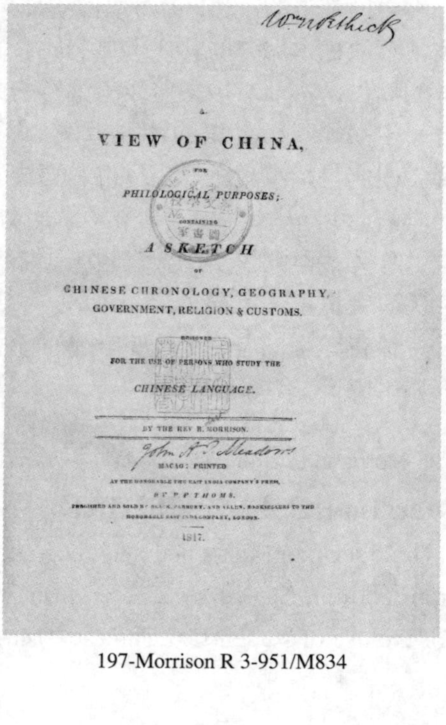
A
VIEW OF CHINA,
FOR
PHILOLOGICAL PURPOSES;
CONTAINING
A SKETCH
OF
CHINESE CHRONOLOGY, GEOGRAPHY, GOVERNMENT, RELIGION & CUSTOMS.
DESIGNED
FOR THE USE OF PERSONS WHO STUDY THE
CHINESE LANGUAGE.
BY THE REV R. MORRISON.
MACAO: PRINTED
1817.

197-Morrison R 3-951/M834

vi, 141 p. ; 29 cm.
Includes index.

1. Chinese philology. 2. China. 3. China--History--Chronology. I. Title.

[英国] 马礼逊
中国大观（英文，1817）

1817年澳门英文版，“国立北京大学藏书”章和“北京汇文学校图书室”藏书章。另有1个复本。

马礼逊应东印度公司之请写了这本简易的中国概况介绍，供学习中文的人参考。书中简要地介绍了中国的历史、列出了中国各个历史朝代年表，概要地介绍了中国地理、政府机构、节气计时、风俗习惯及宗教神学等方面的内容。书中所提及的中国人名、地名及所有有关中国的名词都用中文和罗马拼音标注，并附英文注释。本书是汉语学习类著作的最初尝试。

198-Morrison R 4-B979.9561/M834m

Morrison, Robert, 1782-1834.

Memoirs of the life and labours of Robert Morrison, D.D. / compiled by his widow ; with critical notices of his Chinese works, by Samuel Kidd, and an appendix containing original documents.--London : Longman, Orme, Brown, Green, and Longmans, 1839.

2 v. ; 23 cm.

1. Morrison, Robert, 1782-1834. 2. Missionaries--Great Britain--Biography. 3. Mission--China. I. Morrison, Mary M. II. Kidd, Samuel. III. Title.

[英国] 马礼逊
马礼逊的生平与事功（英文，1839）

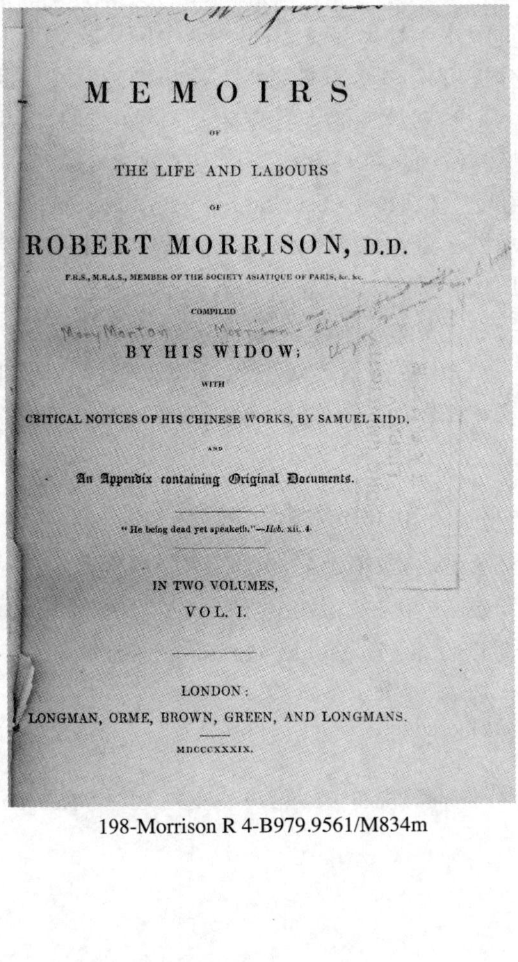

MEMOIRS
OF
THE LIFE AND LABOURS
OF
ROBERT MORRISON, D.D.
F.R.S., M.R.A.S., MEMBER OF THE SOCIETY ASIATIQUE OF PARIS, &c. &c.
COMPILED
BY HIS WIDOW;
WITH
CRITICAL NOTICES OF HIS CHINESE WORKS, BY SAMUEL KIDD,
AND
An Appendix containing Original Documents.
"He being dead yet speaketh."—Heb. xii. 4.
IN TWO VOLUMES,
VOL. I.
LONDON:
LONGMAN, ORME, BROWN, GREEN, AND LONGMANS.
MDCCCXXXIX.

198-Morrison R 4-B979.9561/M834m

1839年伦敦英文首版，2卷，有“J. W. Bashford 1913”的题签，“燕京大学图书馆”藏书章。

本书由马礼逊的第二任妻子伊莱扎·阿姆斯特朗·马礼逊（Eliza Armstrong Morrison）编纂。伊莱扎1824年在英国与马礼逊结婚，之后随马礼逊到澳门，1832年因健康原因回英国。

马礼逊逝世后，伊莱扎参考大量马礼逊的日记、往来书信、文章，以及他的朋友的回忆等资料编写成此书，引用文字占绝大部分篇幅，编者的文字只是起到说明连缀的作用。马礼逊是第一个来华的基督新教传教士，来华的主要任务是掌握中文和翻译圣经。本书以丰富的第一手资料叙述了马礼逊的生平和贡献，包括早年的勤奋好学，对宗教的虔诚；在霍克斯顿学院（Hoxton Academy）的表现，选择传教作为一生志向；1807年启程到中国，1834年在广州去世，除1824—1826年回英国居住两年外，其他25年主要往返于澳门和广州之间，学习汉语，编纂《中国语文字典》，将圣经译为中文，撰写中文语法，编写中英对照对话，并担任东印度公司广州办事处的汉文翻译，参与同中国政府的交涉。此外，马礼逊还于1816年以中文秘书和翻译的身份随英国使节阿美士德勋爵到北京，参与1822年英国水手在零丁洋打死一名中国人案的谈判，提议并支持米怜在马六甲创建传教分支机构和英华书院，以及印刷传教宣传品的印刷所。

本书收录的大量原始资料涉及当时的传教史以及重要人物、事件，具有重要参考价值。如马礼逊与英国伦敦会（London Missionary Society）、英国与国外圣经学会（The British and Foreign Bible Society）等机构的大量往来书信，与乔治·托马斯·斯当东、米怜等人的很多往来书信，马礼逊为英华大学制定的规章制度，1812年清廷禁教圣谕，1813年天理教起义，马礼逊1816年随阿美士德勋爵到北京的沿途见闻，1816年嘉庆帝给英王的信等。

本书有8篇附录，包括1822年马礼逊对英国水手的演讲，关于“教堂”一词的解释，以及塞缪尔·基德（Samuel Kidd）对马礼逊主要著述的评论等。

199-Moule-915.1/M861n

Moule, Arthur Evans, 1836-1918.

New China and old : personal recollections and observations of thirty years / by the Ven. Arthur E. Moule.--London : Seeley and Co., Limited, 1891.

xii, 312 p. : incl. front., ill. ; 21 cm.

Includes index.

1. China--Social life and customs. 2. China--Religion. I. Title.

[英国] 慕雅德

新旧中国（英文，1891）

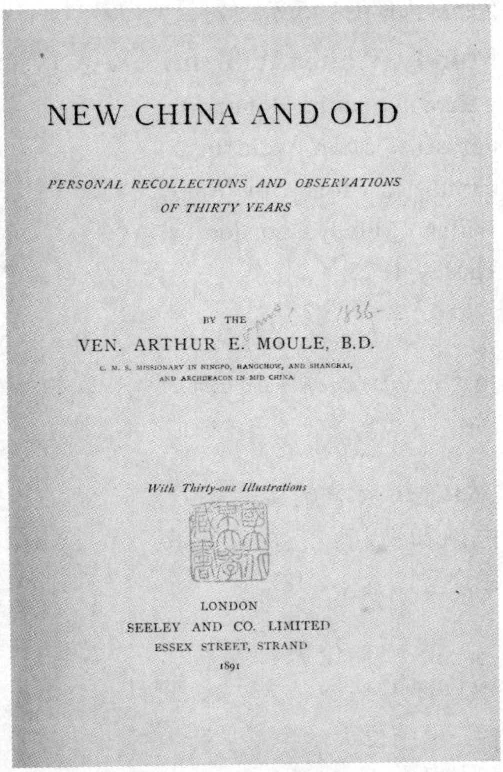
NEW CHINA AND OLD

PERSONAL RECOLLECTIONS AND OBSERVATIONS OF THIRTY YEARS

BY THE

VEN. ARTHUR E. MOULE, B.D.

C. M. S. MISSIONARY IN NINGPO, HANGCHOW, AND SHANGHAI, AND ARCHDEACON IN MID CHINA

With Thirty-one Illustrations

LONDON

SEELEY AND CO. LIMITED

ESSEX STREET, STRAND

1891

199-Moule-915.1/M861n

1891年伦敦英文版，“国立北京大学藏书”章。

慕氏一家在教会史上颇负盛名。慕雅德的父亲慕亨利（Rev. Henry Moule）是英国著名牧师。慕亨利的三个儿子都毕业于剑桥大学，而且三人都追随父亲成为牧师。慕雅德的兄长慕稼裂（George Moule）是英行教会（Church Mission Society）的传教士，1858年来华，先在宁波工作，1864年到杭州。慕雅德于1861年来华，在宁波传教，1876年调杭州。除本书外，慕雅德还著有《在中国的五十年》(*Half a Century In China.* 1912）。

本书是作者来华30年的回忆录。本书结合他在中国宁波、杭州、上海等地的生活、见闻和思考，意在广泛地介绍中国政治、城市、乡村生活、官员府第和百姓民居、哲学、文学、教育和宗教及在华传教使团等内容。作者认为，中国与其近邻日本不同，日本已经觉醒了，而中国正如曾纪泽的“先睡后醒论”，还没有觉醒，但是就要觉醒了，因为清政府在西方的影响下，逐步进行了一些改革，例如倡导海军建设、铁路建设和其他实业等，古老的大清帝国还是透出了新风气。这就是他在中国30年的经历中得出的结论。

本书附31幅有关中国风情民俗的插图。

199T-Moule-915.1/M861n 宁波运河寺庙

Mundy, Walter William.

Canton and the Bogue : the narrative of an eventful six months in China / by Walter William Mundy.--London : S. Tinsley, 1875.

261 p. ; 20 cm.

1. China--Description and travel. I. Title.

200-Mundy-915.1321/M923

[英国] 沃尔特·威廉·芒迪

广州和虎门：在中国的多事之秋（英文，1875）

1875年伦敦英文版，“燕京大学图书馆”藏书章，“哈佛大学燕京学社”藏书票。

沃尔特·威廉·芒迪为英国商人。

本书详细描写了作者1874年在中国广州、虎门、香港一带的经历。他于同年3月从法国马赛启程，途经埃及苏伊士、也门亚丁、斯里兰卡加勒、新加坡、越南西贡、中国香港而抵达中国广州，后因在“火花”号（Spark）事件中受重伤而被迫回国。作者写此书的主要出发点是希望帮助西方人了解中国人的国民品格。书中对中国历史作了简要介绍，对英国与中国人接触中的问题作了自己的评价。其大量笔墨用于描述香港和广州的地方社会，例如民居、宗教仪式、晚餐和茶叶。同时，作为英轮“火花”号事件中的唯一外国乘客，该书引用了作者刊载于《泰晤士报》上的亲历记，详细描述了他从广州到澳门旅途中被劫持6小时的情况，并在其后附上了作者对这次事件的评价和对英国政府的建议。此外，作者还描述了1874年大台风的情况和人们的反应，称中国为野蛮不开化的国度，但作者也试图理解自然灾害和中国人敬神思想之间的关系。

201-Murray-915/M963

Murray, Hugh,
1779-1846.

Historical account of discoveries and travels in Asia : from the earliest ages to the present time / by Hugh Murray.--Edinburgh : Printed for A. Constable and Co., 1820.

3 v. : fold. maps ; 23 cm.

1. Discoveries in geography. 2. Asia--Description and travel. 3. Asia--Historical geography. I. Title.

[英国] 慕瑞

游历和发现亚洲的历史记录

（英文，1820）

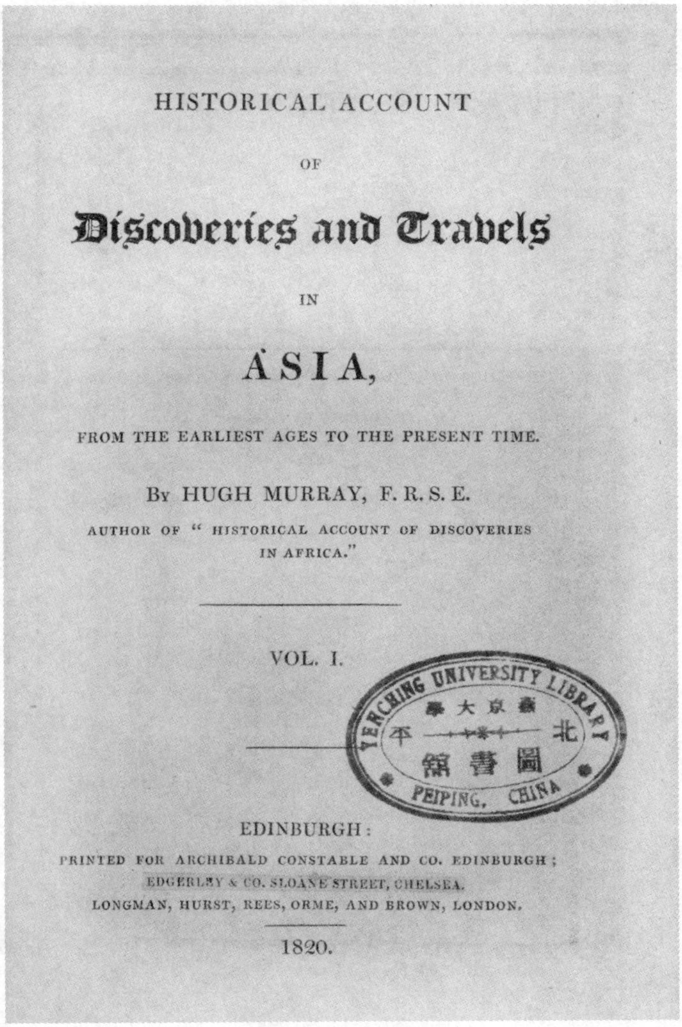
HISTORICAL ACCOUNT
OF
Discoveries and Travels
IN
ASIA,
FROM THE EARLIEST AGES TO THE PRESENT TIME.
BY HUGH MURRAY, F. R. S. E.
AUTHOR OF "HISTORICAL ACCOUNT OF DISCOVERIES IN AFRICA."
VOL. I.
YENCHING UNIVERSITY LIBRARY
燕京大學
北平
圖書館
PEIPING, CHINA
EDINBURGH:
PRINTED FOR ARCHIBALD CONSTABLE AND CO. EDINBURGH;
EDGERLEY & CO. SLOANE STREET, CHELSEA.
LONGMAN, HURST, REES, ORME, AND BROWN, LONDON.
1820.

201-Murray-915/M963

1820年爱丁堡英文首版，3卷，“燕京大学图书馆”藏书章，“燕京大学图书馆哈佛大学燕京学社”藏书票。

慕瑞是历史学家和地理学家。其最重要的著作是1834年出版的《世界地理大全》（*The Encyclopedia of Geography*），此书部分章节于1841年由林则徐组织人编译为《四洲志》。

本书包括5部分，集中收集了西方人对亚洲地理探索的历史资料，始于希罗多德（Herodotus）和亚历山大（Alexander），止于伊万诺维奇·沙金（Iwanowitch Schangin）、西弗斯（Sievers）和吉奥尔基（F.G. Giorgi）。本书并不是西方人发现亚洲的详细编年史，作者选择了其中较为重要的旅行纪录加以编辑和分析。第一卷第一部分为整体介绍和分析，其余各卷按区域介绍，依次从南亚、西亚、东亚到北亚，其中中国和日本部分被集中编在第三卷第五部分“东亚”。此外，在第一卷第一部分中关于马可·波罗的章节也涉及了中国的内容。

本书附4幅亚洲全图、西亚等地图。

N

Neumann, Karl Friedrich.
1793?-1870.

Ostasiatische Geschichte : vom ersten chinesischen Krieg bis zu den Verträgen in Peking (1840-1860) / von Karl Friedrich Neumann.--Leipzig : Verlag von Wilhelm Engelmann, 1861.

xx, 532 p. ; 20 cm.
Includes index.
German.

1. China--History--War of 1840-1842. I. Title.

Ostasiatische Geschichte

vom

ersten chinesischen Krieg

bis zu den Verträgen in Peking.

(1840—1860.)

Von

Karl Friedrich Neumann.

Leipzig,

Verlag von Wilhelm Engelmann.

1861.

202-Neumann-951.4151/N397

[德国] 卡尔·弗里德里希·内曼

自第一次鸦片战争到《北京条约》签订时期的东亚历史：1840—1860

（德文，1861）

1861年在莱比锡出版的德文首版，“北京大学图书馆藏印”章。另有1个复本。

卡尔·弗里德里希·内曼，德国汉学家，曾在巴黎学习汉语。1829年来华，办了一所拥有1.2万册珍贵书籍和手抄本的图书馆。1831年将大批汉文书籍运回德国，赠给慕尼黑皇家图书馆，同年任慕尼黑大学汉文和亚美尼亚文教授。除本书外，著有《汉语和亚美尼亚语译文》（参见293--Tranlations-915.1/ N469）、《英中战争的历史》(*Geschichite des Englisch-Chinesischen Krieges*. 1855)。

本书共48个部分，在世界的视角下从地理位置、经济贸易、文化传统、国内政策等方面详细介绍了1840年至1860年中国战争的起因和影响。内容涉及：中国人和中国文化的传播，中西贸易往来和鸦片交易，中英之间的敌对情绪，林则徐在广东的禁烟运动，鸦片战争的三次海战及英军占领定海和宁波的情况，京杭大运河及其意义，割让香港的条款及其他条约，中国的秘密组织如天地会，太平天国起义，中俄条约划定的新边界，中美、中法、中英条约的签订，《天津条约》签订后的中国社会情况，以及八国联军火烧圆明园的情况等。

203-Nieuhof 1.1-915.1/N559f

Nieuhof, Johannes, 1618-1672.

L'ambassade de la Compagnie orientale des Provinces Vnies vers l'Emperevr de la Chine : ou Grand Cam de Tartarie, faite par les sievrs Pierre de Goyer, & Iacob de Keyser / illustrée d'une très exacte description des villes, bourgs, villages, ports de mers, & autres Lieux plus considérables de la Chine: enrichie d'un grand nombre de tailles douces ; le tout recveilly par Jean Nievhoff ; mis en François ... par Jean Le Carpentier.--Leyde : [Jacob de Meurs] & se vend à Paris, chez Thomas Iolly, 1665.

[18], 290, [2], 134 p. : ill. (some fold.), fold. map ; 37 cm.

Title in red and black ; head and tail pieces, initials.

Added illus. t.p. has imprint: Leyde, pour Iacob de Meurs, 1665.

French.

1. China--Description and travel. I. Goyer, Pieter de, fl. 1655. II. Keizer, Jacob de, fl. 1655. III. Nederlandsche Oost-Indische Compagnie. IV. Title.

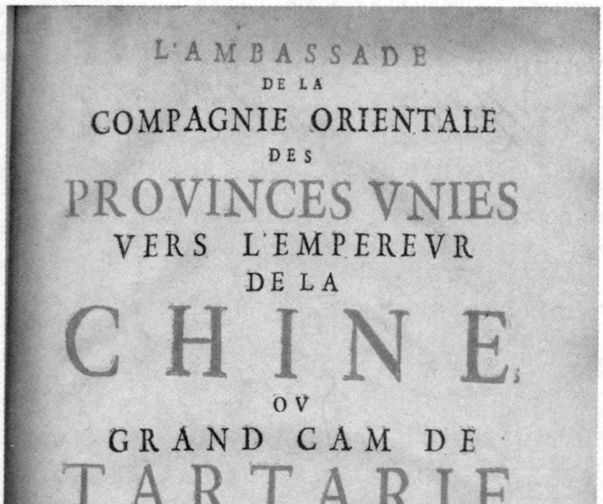
L'AMBASSADE
DE LA
COMPAGNIE ORIENTALE
DES
PROVINCES VNIES
VERS L'EMPEREVR
DE LA
CHINE,
OV
GRAND CAM DE
TARTARIE,
FAITE PAR LES SIEVRS
PIERRE DE GOYER, & IACOB DE KEYSER;
Illustrée d'vne tres-exacte Description des Villes, Bourgs, Villages, Ports de Mers, & autres Lieux plus considerables de la CHINE:
Enrichie d'vn grand nombre de Tailles douces.
LE TOVT RECVEILLY PAR
Mr IEAN NIEVHOFF;
M^re d'Hostel de l'Ambassade, à present Gouuerneur en Coylan:
MIS EN FRANÇOIS,
Orné, & assorty de mille belles Particularitez tant Morales que Politiques, par
IEAN LE CARPENTIER, Historiographe.
A Leyde, & se vend
A PARIS,
Chez THOMAS IOLLY, Libraire Iuré, au Palais en la Salle des Merciers, au coin de la Galerie des Prisonniers, à la Palme & aux Armes d'Hollande.
M. DC. LXV.

203-Nieuhof 1.1-915.1/N559f

[德国] 约翰 · 尼霍夫

荷使初访中国记（荷兰东印度公司出使中国大鞑靼可汗皇帝）（法文，1665）

203T-Nieuhof 1.1-915.1/N559f 南京街道

204-Nieuhof 1.2-915.1/N559

Nieuhof, Johannes, 1618-1672.

Legatio batavica ad magnum Tartariae chamum Sungteium, modernum Sinae imperatorem : historiarum narratione, quae legatis in provinciis Quantung, Kiangsi, Nanking, Xantung, Peking, & aula imperatoria ab anno 1655 ad annum 1657 obtigerunt, ut & ardua Sinensium in bello tartarico fortuna, provinciarum accurata geographia, urbium delineatione, nec non artis & naturae miraculis ex animalium, vegetabilium, mineralium genere per centum & quinquaginta aeneas figuras passim illustrata & conscripta vernacule / per Joannem Nieuhovium ; Latinitate donata per Georgium Hornium.--Amstelodami : Apud J. Meursium, 1668.

184, 172 p., [35] fold. leaves of plates : ill (some fold.), ports., fold. map ; 32 cm.

Added t.-p., engr.

Includes index.

Latin.

1. China--Description and travel. I. Horn, Georg, 1620-1670. II. Goyer, Pieter de. III. Keizer, Jacob de. IV. Nederlandsche Oost-Indische Compagnie. V. Title.

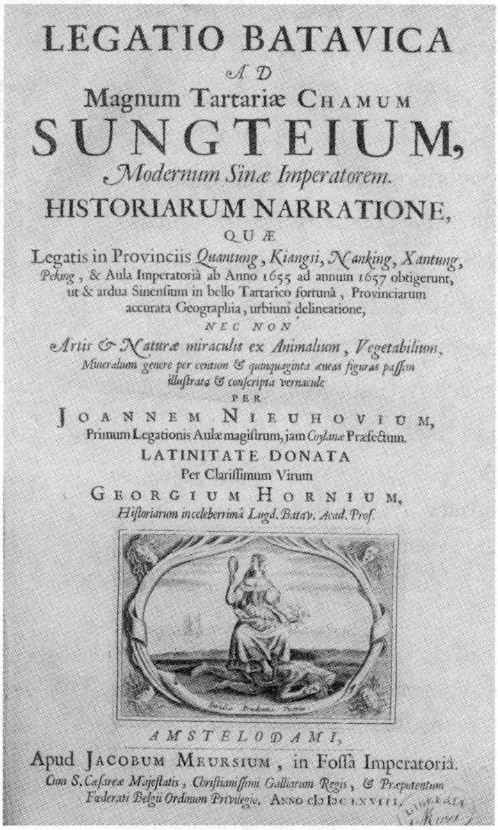

LEGATIO BATAVICA
AD
Magnum Tartariæ CHAMUM
SUNGTEIUM,
Modernum Sinæ Imperatorem.
HISTORIARUM NARRATIONE,
QUÆ
Legatis in Provinciis *Quantung*, *Kiangsi*, *Nanking*, *Xantung*, *Peking*, & Aula Imperatoriâ ab Anno 1655 ad annum 1657 obtigerunt, ut & ardua Sinensium in bello Tartarico fortunâ, Provinciarum accurata Geographia, urbium delineatione,
NEC NON
Artis & Naturæ miraculis ex Animalium, Vegetabilium, Mineralium genere per centum & quinquaginta æneas figuras passim illustrata & conscripta vernacule
PER
JOANNEM NIEUHOVIUM,
Primum Legationis Aulæ magistrum, jam *Coylanæ* Præfectum.
LATINITATE DONATA
Per Clarissimum Virum
GEORGIUM HORNIUM,
Historiarum inceleberrimâ Lugd. Batav. Acad. Prof.

AMSTELODAMI,
Apud JACOBUM MEURSIUM, in Fossâ Imperatoriâ.
Cum S. Cæsareæ Majestatis, Christianissimi Galliarum Regis, & Præpotentum Fœderati Belgii Ordinum Privilegio. ANNO CIƆ IƆ C LXVIII.

204-Nieuhof 1.2-915.1/N559

[德国] 约翰 · 尼霍夫

荷使初访中国记（荷兰东印度公司出使中国大鞑靼可汗皇帝）

（拉丁文，1668）

205-Nieuhof 1.3-915.1/N559e

Nieuhof, Johannes, 1618-1672.

[Gezantschap der Neerlandtsche Oost-Indische Compagnie aan den grooten Tartarischen Cham, den tegenwoordigen Keizer van China. English]

An embassy from the East-India Company of the United provinces, to the Grand Tartar Cham, emperour of China : delivered by their excellcies Peter de Goyer, and Jacob de Keyzer, at his Imperial City of Peking / wherein the cities, towns, villages, ports, rivers, &c. in their passages from Canton to Peking, are ingeniously described by John Nieuhoff ; also an epistle of Father John Adams their antagonist, concerning the whole negotiation ; with an appendix of several remarks taken out of Father Athanasius Kircher ; Englished and set forth with their several sculptures, by John Ogilby.--London : Printed by John Macock for the Author, 1669.

327 [i.e. 307], 18, 106 p., [13] leaves of plates : ill., double map, ports. ; 39 cm.

Added engraved t.p.

Errors in paging: 185-204 omitted in numbering.

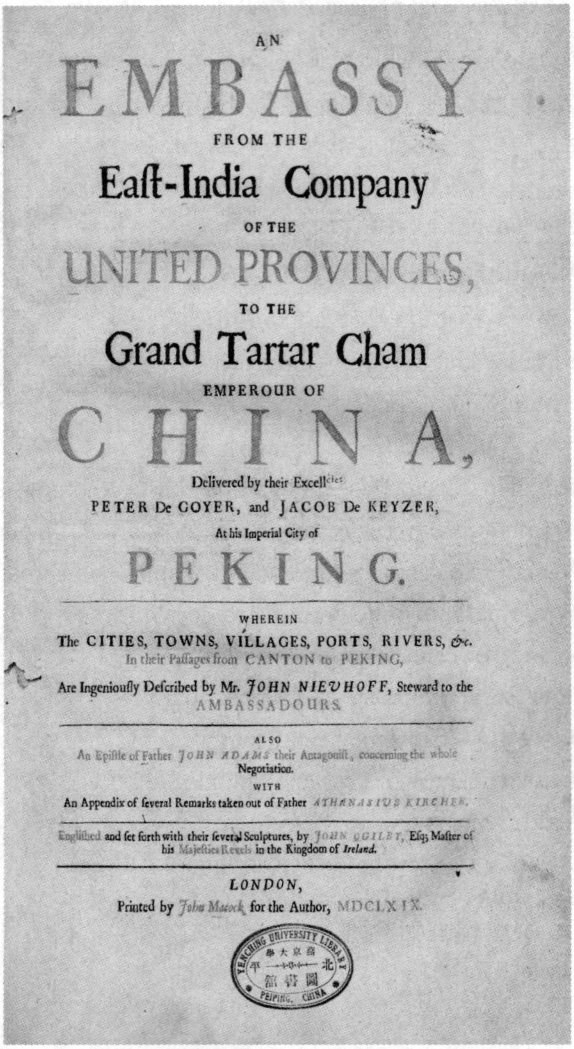
AN
EMBASSY
FROM THE
Eaſt-India Company
OF THE
UNITED PROVINCES,
TO THE
Grand Tartar Cham
EMPEROUR OF
CHINA,
Delivered by their Excellcies
PETER De GOYER, and JACOB De KEYZER,
At his Imperial City of
PEKING.
WHEREIN
The CITIES, TOWNS, VILLAGES, PORTS, RIVERS, &c.
In their Paſſages from CANTON to PEKING,
Are Ingeniouſly Deſcribed by Mr. JOHN NIEUHOFF, Steward to the AMBASSADOURS.
ALSO
An Epiſtle of Father JOHN ADAMS their Antagoniſt, concerning the whole Negotiation.
WITH
An Appendix of ſeveral Remarks taken out of Father ATHANASIUS KIRCHER.
Engliſhed and ſet forth with their ſeveral Sculptures, by JOHN OGILBY, Eſq; Maſter of his Majeſties Revels in the Kingdom of Ireland.
LONDON,
Printed by John Macock for the Author, MDCLXIX.

205-Nieuhof 1.3-915.1/N559e

1. China--Description and travel. 2. China--History--Early works to 1800. 3. China--Politics and government--Early works to 1800. I. Goyer, Pieter de. II. Keizer, Jacob de. III. Kircher, Athanasius, 1602-1680. China monumentis qua sacris qua profanis. English. IV. Schall von Bell, Johann Adam, 1592?-1666. V. Ogilby, John, 1600-1676. VI. Nederlandsche Oost-Indische Compagnie. VII. Title. VIII. Title: Embassy from...

[德国] 约翰·尼霍夫

荷使初访中国记（荷兰东印度公司出使中国大鞑靼可汗皇帝）（英文，1669）

本书1665年在荷兰阿姆斯特丹出版荷兰文首版，同年在莱顿出版法文首版，1665年在阿姆斯特丹出版德文版。本馆藏3种版本：1665年巴黎法文版（203-Nieuhof 1.1-915.1/N559f），“北京大学图书”章；1668年的阿姆斯特丹拉丁文版（204-Nieuhof 1.2-915.1/N559），“燕京大学图书馆”藏书章（钢印）；1669年伦敦英文首版（205-Nieuhof 1.3-915.1/N559e），“燕京大学图书馆”藏书章。各版本之间由于译者和编者的不同，内容也不尽相同。本书主体部分的中译可参见厦门大学出版社1989年出版的包乐史、庄国土著《〈荷使初访中国记〉研究》中的相关章节。

约翰·尼霍夫是一名出生于德国的探险家、旅行家，一生都在异国漂泊，本书的主体部分是其兄亨利·尼霍夫（Henri Neieuhof）根据约翰·尼霍夫留给他的笔记资料等整理编纂而成。

1602年，荷兰成立了东印度公司，以发展远东贸易，开拓殖民地。顺治十三年（1656）六月，荷兰使团到达北京并觐见顺治皇帝，德国耶稣会士、顺治帝任命的钦天监监正汤若望担任了这次会见的翻译，但这次外交访问并未达到自由贸易的目的。然而，尼霍夫作为这个访华使团的成员，在中国境内两年多的旅行中，不仅详尽地记录了所见所闻，而且绘制了多幅中国风景和人物图画。他的中国图文记录被认为是继马可·波罗游记之后，第一部真实可信、且在西方广为流传的中国目击报道，开拓了一个研究中国的新阶段，是欧洲关于中国形象的起源之一。

本书法文版共2部分，第一部分为尼霍夫的游记，记述使团经过广东、江西、南京、山东、北京的见闻；第二部分为关于中国的概况介绍，包括政府、官员、语言文字、科学、哲学、建筑、印刷、绘画、音乐、风俗习惯、葬礼、墓地、服饰、恶习、宗教、寺庙、宝塔、城楼、宫殿、货币、植物、动物、帝王及其世系、战争等类目。附有关于人物、城市、民俗、动植物，以及地图等插图约80幅。英文本主体除了尼霍夫的游记外还包括对东印度公司和中国的关系的描述，对中国15个省份地理位置、主要城镇、物产等的介绍，附约80幅描绘中国各地风景等的铜板画，另有1幅《中国地图》。英文版另附耶稣会士John Adams对荷使访华的评述，以及欧洲17世纪著名学者、耶稣会士基歇尔（Athanasius Kircher）附有多幅插图的关于中国历史介绍和中国的旅行记，其中部分内容与他的《中国图说》（参见143-Kircher-915.1/K632）有相同之处。

206-Norbert-B979.9546/B434n3

Norbert de Bar-le-Duc, Father, 1697-1769.

Mémoires historiques présentes en 1744 au souverain pontife, Benoit XIV : sur les missions des pères Jésuites aux Indes Orientales, ou l'on voit leur constante opiniâtreté à défendre & à pratiquer les rits idolâtres & superstitieux du Malabar ... avec un détail de ce qui s'est passe depuis que cet ouvrage a été mis au jour, & que la Constitution du même Pontife contre ces rits a été publiée dans l'Église / par le R.P. Norbert.--3e ed. / corrigée & considérablement augmentée & enrichie de plusieurs planches.--Besancon : J.P. Le Fevre, 1747-1751.

2v. : ill., fold. map ; 26 cm.

French.

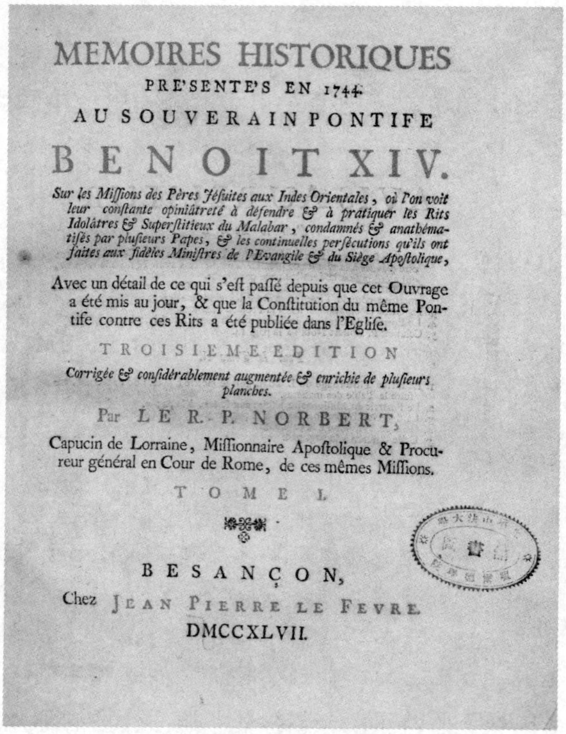

MEMOIRES HISTORIQUES
PRE'SENTE'S EN 1744
AU SOUVERAIN PONTIFE
BENOIT XIV.
Sur les Missions des Pères Jésuites aux Indes Orientales, où l'on voit leur constante opiniâtreté à défendre & à pratiquer les Rits Idolâtres & Superstitieux du Malabar, condamnés & anathématisés par plusieurs Papes, & les continuelles persécutions qu'ils ont faites aux fidèles Ministres de l'Evangile & du Siège Apostolique,
Avec un détail de ce qui s'est passé depuis que cet Ouvrage a été mis au jour, & que la Constitution du même Pontife contre ces Rits a été publiée dans l'Eglise.
TROISIEME EDITION
Corrigée & considérablement augmentée & enrichie de plusieurs planches.
Par LE R. P. NORBERT,
Capucin de Lorraine, Missionnaire Apostolique & Procureur général en Cour de Rome, de ces mêmes Missions.
TOME I.
BESANÇON,
Chez JEAN PIERRE LE FEVRE.
DMCCXLVII.

206-Norbert-B979.9546/B434n3

1. Benedict XIV, Pope, 1675-1758. 2. Jesuits--India. 3. Jesuits--China. 4. Malabar rites. I. Benedict XIV, Pope, 1675-1758. II. Title.

[法国] 诺贝尔神父

1744年呈交给教皇伯努瓦十四世的关于耶稣会士在东印度传教的历史回忆录

（法文，1747—1751）

1747—1751年贝桑松法文第三版，较第一版作了修正和补充，并增加了一些插图，2卷，“北平中法大学服尔德学院”藏书章，“Maurice Adam”藏书票。本书1744年首版。

诺贝尔神父，原名皮埃尔·屈雷尔·帕里佐，法国传教士，洛林嘉布遣会修士，曾任教廷委派传教士，罗马教廷财务长。

礼仪之争除了发生在中国，还发生在印度马拉加尔，争论的双方主要为耶稣会士与嘉布遣会士。被教皇派往中国的特使铎罗主教（Charles Thomas Maillard de Tournon）离开中国后到达马拉加尔，对马拉加尔的礼仪进行了抨击，发布了教令。本书主要内容为铎罗发布教令前后耶稣会士与嘉布遣会士、铎罗、以及从中国到印度本地治里的刘应（Claude de Visdelou）之间就当地礼仪是否偶像崇拜和迷信，以及是否遵行铎罗发布的教令的争论和交涉，罗马教廷、当地政府和法国政府也卷入其内。此外还包括教皇伯努瓦十三世（Benoit XIII）和教皇克雷芒十二世（Clement XII）对东印度等地传教人员发布的敕书，以及刘应去世后耶稣会士和嘉布遣会士针对为刘应写的悼词的争论等。

本书与中国有关的主要内容为：教皇克雷芒十一世决定再派特使嘉乐主教（Giovanni Ambroyis Mezzabarba）到中国；嘉乐主教到达澳门后，对澳门主教和在华耶稣会会长进行了贬责；耶稣会士与使团和其他教派的交涉冲突；耶稣会士利国安（P. Laureati）谴责铎罗在华期间的行为，使团多次觐见清帝，就礼仪问题进行交涉；使团最后离京，返回澳门的过程等。

本书附7幅铎罗、耶稣会士、印度神像等插图，1幅地图。

206T-Norbert-B979.9546/B434n3 铎罗像

O

Ogilvie, Charles.

The life of Moses Chiu / by Charles L. Ogilvie.--Shanghai : Christian Literature Society, 1916.

122, iii, ii, ii p. : ill., ports. ; 19 cm.

1. Chiu, Moses, 1879-1914. 2. Missions--China. I. Christian Literature Society. II. Title.

[美国] 欧格非

周慕西（英文，1916）

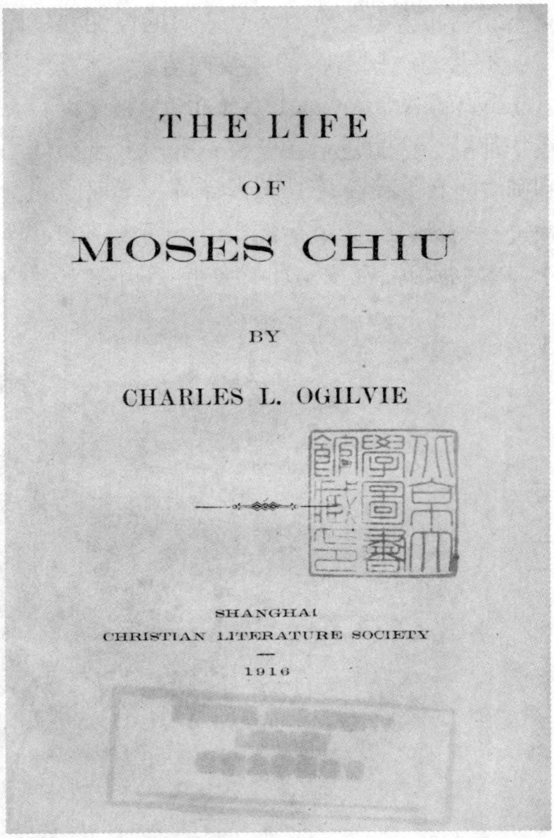

207-Ogilvie-B979.92/C449o

1916年上海英文版，“燕京大学图书馆”藏书章，“北京大学图书馆藏印”章。

作者欧格非是周慕西的好友，同为基督教教友。欧格非也是汉学家，著有《伊斯兰汉文及汉阿文分类书目》（*Charles L.Oglivie and S. M. Zwemer. A classified Biliography of books On Islam in Chinese and Chinese-Arabic*. 1907）等。

周慕西，1879年生于厦门鼓浪屿的一个基督教家庭。由于有两个哥哥均夭折，他的母亲因此发誓如果再有一个儿子，一定让他侍奉上帝。母亲为他取名慕西（摩西），希望慕西象《圣经》中的摩西一样，能够做个领袖，启蒙民众，走向上帝所指引的道路。

13岁时，为了他能得到更好的教育，父母送他去福州的美国教会学校鹤龄书院念书。在这个教会学校里，他逐步坚定了做一名神职人员的决心。1901年，到英国约克郡学院布莱福特分院学习神学，3年后毕业又去德国柏林大学学习哲学，1910年获得博士学位，是首批在德国获得博士学位的中国人之一。1911年春，应北京大学的聘请，回国任北大哲学系教授。时任校长的严复很快又聘请他为预科部主任。他擅长历史比较语言学，哲学、神学，懂英语、德语、拉丁语、希腊语和希伯来语。他还是全国基督教男青年会的委员，北京分会的主席，曾作为全国基督教教育委员会的委员出席了1913年在上海召开的全国传教士大会。他在一次返乡时染上了疟疾并时常反复，久治不愈。1914年4月去英国治疗，7月在英国不治去世。

207T-Ogilvie-B979.92/C449o 周慕西像

周慕西遗留下的约2000册的书籍，多是哲学和神学书籍，其中部分可能是英国约克郡学院布莱福特分院院长以前赠送给周慕西的，由周夫人全部捐赠给北京大学图书馆。

袁世凯曾颁予周慕西四等嘉禾章以表彰他为人师表的业绩。

本书附10幅周慕西的生活照片及有关资料照片。

208-Ohsson-951.517/Oh6a

Ohsson, Constantin d', baron, 1779-1851.

Histoire des Mongols : depuis Tchinguiz-Khan jusqu'à Timour Bey ou Tamerlan / par m. le baron C. D'Ohsson.--Amsterdam : Les Feres Van Cleef, 1834-1835.

4 v. : 1 fold. map, fold. geneal. tables ; 20 cm.

Vol 1: Avec une carte de l'Asie au XIII siècle.

Vols 1 and 2 are 2d edition. The 1st edition was published in Paris in 1824.

Add. t.p. also in Chinese: 蒙古全史.

French.

1. Mongols--History. 2. Asia--History. I. Title.

[瑞典] 多桑

从成吉思汗到帖木儿（法文，1834—1835）

阿姆斯特丹法文版，4卷。1-3卷出版于1834年，第四卷出版于1835年，“北京大学图书馆藏印”章。另有1个复本。本书有冯承钧译本《多桑蒙古史》，商务印书馆1936年出版。

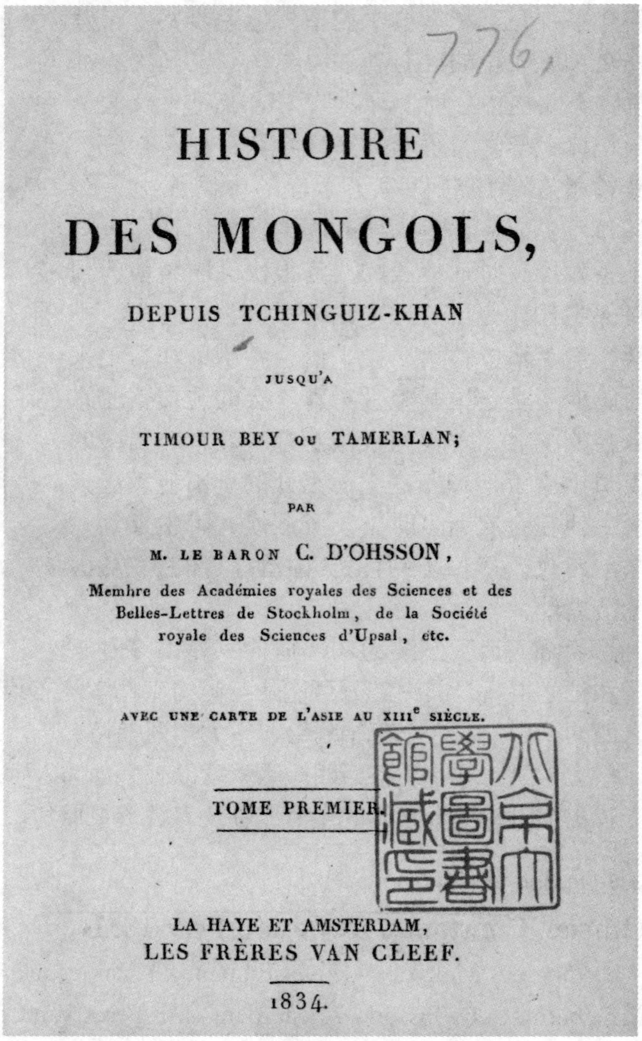

HISTOIRE

DES MONGOLS,

DEPUIS TCHINGUIZ-KHAN

JUSQU'A

TIMOUR BEY OU TAMERLAN;

PAR

M. LE BARON C. D'OHSSON,

Memhre des Académies royales des Sciences et des Belles-Lettres de Stockholm, de la Société royale des Sciences d'Upsal, etc.

AVEC UNE CARTE DE L'ASIE AU XIIIe SIÈCLE.

TOME PREMIER.

LA HAYE ET AMSTERDAM,
LES FRÈRES VAN CLEEF.

1834.

多桑，瑞典外交家和东方学家。曾在欧洲多国担任大使，迷恋东方学，后成为一流的伊朗学家，瑞典皇家科学院会员，影响最大的著述为《蒙古史》。

作者为编写本书搜集了大量的波斯文、土耳其文、阿拉伯文、格鲁吉亚文、德文和波兰文相关资料，包括一些孤本。作者在并中指出，所参考的最重要的史料是波斯和阿拉伯史学家的著述，并有21种主要参考资料的介绍。

本书第一、二卷主要叙述蒙古从成吉思汗到窝阔台汗国，然后建立元朝，直到元顺帝时元朝灭亡的历史。主要内容有：成吉思汗征战历史，成吉思汗死后，从拖雷监国，窝阔台初政，到蒙古攻打南宋的史事，忽必烈灭南宋，东征日本，元朝疆土及国情介绍，以及帖木儿继位直到元朝灭亡的历史。附自成吉思汗始祖到成吉思汗之子世系表，东方基督教徒关于成吉思汗的传说，成吉思汗到元顺帝世系表等。第三、四卷主要叙述钦察汗国、察合台汗国、伊尔汗国其他三汗国的兴亡史，附三汗国世系表。

本书由于参考了大量罕见而可靠的资料，成为西方蒙古史名著，曾有学者评价此书说：“在汉学家著作中，再没有谁的著作可以与多桑的书哪怕大体上相提并论。”

本书附单册13世纪亚洲地图。

209-Oliphant-951.4162/OL3

Oliphant, Laurence, 1829-1888.

Narrative of the Earl of Elgin's mission to China and Japan in the years 1857, '58, '59 / by Laurence Oliphant ; with illustrations from original drawings & photographs.--2nd ed.--Edinburgh ; London : W. Blackwood, 1860.

2 v. : front., ill., plates (part col.), fold. maps ; 23 cm.

1. Elgin, James Bruce, Earl of, 1811-1863. 2. China--History--Foreign intervention, 1857-1861. 3. China--Description and travel. 4. Japan--Description and travel. 5. Great Britain--Foreign relations--Japan. 6. Japan--Foreign relations--Great Britain. I. Title.

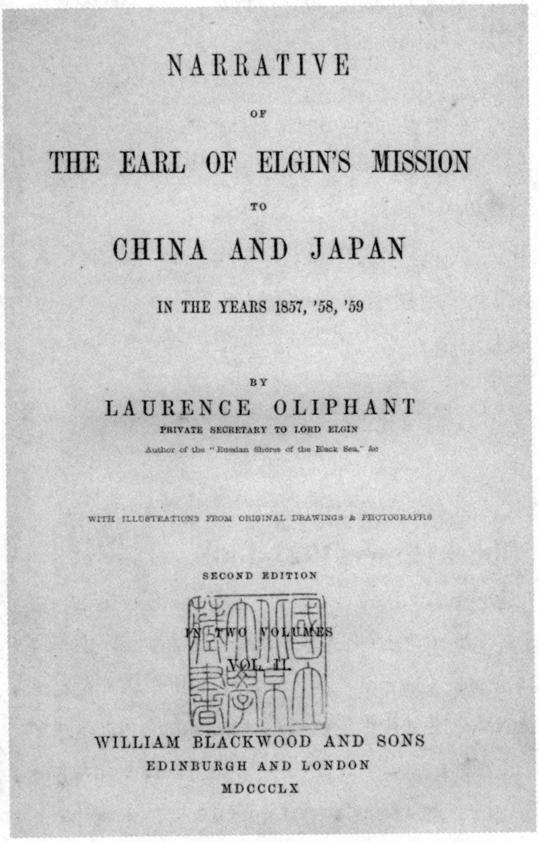

209-Oliphant951.4162/OL3

[英国]俄理范

1857，1858，1859年间额尔金勋爵出使中国和日本纪事（英文，1860）

爱丁堡和伦敦1860年第二版，2卷，“国立北京大学藏书”章。本书1859年于英国爱丁堡及伦敦首次出版。

俄理范（又译劳伦斯·奥利芬特），英国随军记者，小说家。1857—1859年间随额尔金勋爵（James Bruce Earl of Elgin, 1811—1863）来华，任其私人秘书。

本书系有关额尔金在1857年至1859年间出使中国、日本的军事、外交活动记录。1856年英国借口亚罗号事件，联合法国发动第二次侵华鸦片战争。1857年6月，额尔金作为英国全权代表率领军队抵达香港。该书全面记录英国发动这场战争的原因、过程及额尔金所进行的诸多活动，包括攻占广州城、建立傀儡政权、进攻大沽炮台、天津谈判及迫使清政府签订不平等条约等事件。另外，还叙述额尔金沿长江考察《天津条约》规定开放口岸（镇江、南京、九江、汉口）、访问太平天国控制区等的过程。此外，书中还叙述额尔金赴日本换约的过程。

本书附17幅涉及中国的图片，包括《1857年英法联军占领广州图》、《清朝官吏》、长江沿岸城市《武昌图》，以及长江（汉口至南京）、天津白河等地地图。本书对于研究第二次鸦片战争颇有参考价值。

209T-Oliphant951.4162/OL3 普陀观音庙

210-Osbeck-915/Os2

Osbeck, Peter, 1723-1805.

[Dagbok ofver en ostindisk resa. English]

A voyage to China and the East Indies / by Peter Osbeck ; together with a voyage to Suratte, by Olof Toreen and an account of the Chinese husbandry, by Captain Charles Gustavus Eckeberg ; translated from the German, by John Reinhold Forster, F.A.S. ; to which are added, a faunula and flora sinensis.--London : B. White, 1771.

2 v. : ill. ; 21 cm.

Includes index.

1. Voyages and travels--Early works to 1800. 2. Natural history--China. 3. China--Description and travel--Early works to 1800. I. Toren, Olof, d. 1753. II. Ekeberg, Karl Gustaf, 1716-1784. III. Forster, Johann Reinhold, 1729-1798. IV. Title. V. Title: Voyage to...

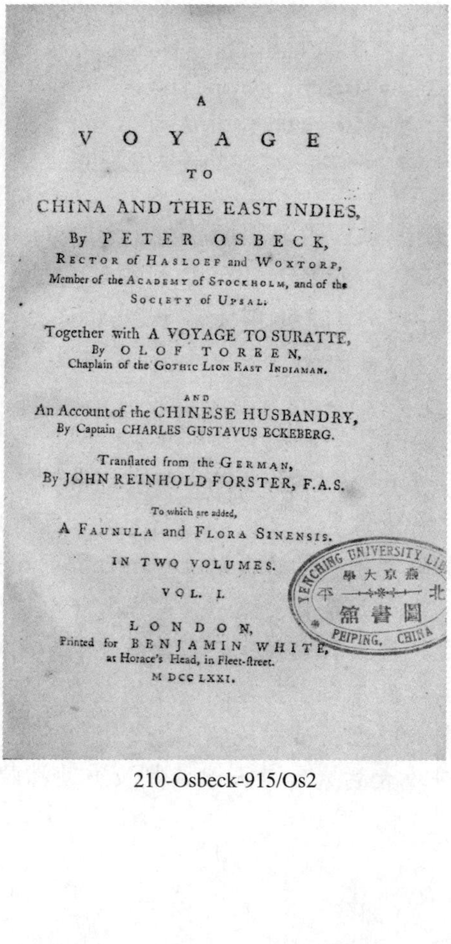
A
VOYAGE
TO
CHINA AND THE EAST INDIES,
By PETER OSBECK,
Rector of Hasloef and Woxtorp,
Member of the Academy of Stockholm, and of the Society of Upsal.
Together with A VOYAGE TO SURATTE,
By OLOF TOREEN,
Chaplain of the Gothic Lion East Indiaman.
AND
An Account of the CHINESE HUSBANDRY,
By Captain CHARLES GUSTAVUS ECKEBERG.
Tranflated from the German,
By JOHN REINHOLD FORSTER, F.A.S.
To which are added,
A Faunula and Flora Sinensis.
IN TWO VOLUMES.
VOL. I.
LONDON,
Printed for BENJAMIN WHITE,
at Horace's Head, in Fleet-ftreet.
M DCC LXXI.

210-Osbeck-915/Os2

[瑞典] 彼得·奥斯贝克

中国和东印度旅行记（英文，1771）

1771年伦敦英文首版，由德文版翻译而成，2卷，“燕京大学图书馆”藏书章。本书1757年以瑞典语首版于斯德哥尔摩，1765年以德语首版于罗斯托克。

作者曾为瑞典著名博物学家林奈的学生。

本书是作者受聘于瑞典东印度公司，作为随船牧师访问中国的见闻录。书中记录了作者沿途在自然历史方面的观察和发现。也包括了对中国社会和风土人情方面的体察。本书还附另二位东印度公司随船牧师的记录：一是奥罗夫·托仁（Olof Toreen）的苏拉特(Suratte)旅行记，二是查尔斯·埃克伯格（Charles Gustavus Eckeberg）关于中国农耕和家畜家禽渔业的简要描述。在德文原版之外，英文首版还加上了中国动物和植物分类表。

本书附13幅铜板画，内容多是中国植物标本。

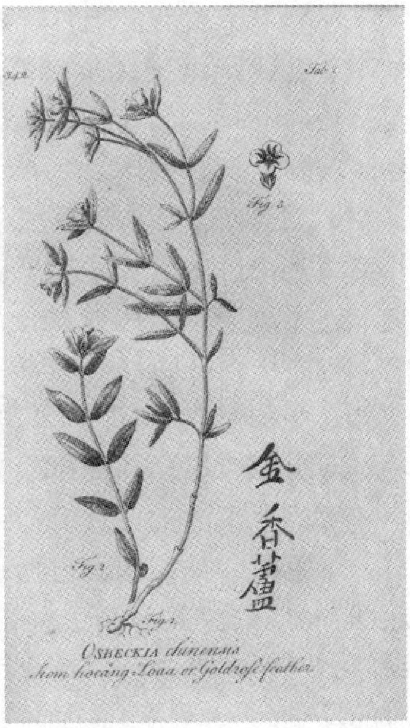

210T-Osbeck-915/Os2 金香芦

211-Ouchterlony-951.036/Ou2

Ouchterlony, John.

The Chinese war : an account of all the operations of the British forces from the commencement to the treaty of Nanking / by Lieutenant John Ouchterlony ; with fifty-three illus., from original drawings by the author.--London : Saunders and Otley, 1844.

xx, 522 p. : ill., maps, plans ; 22 cm.

1. China--History--Opium War, 1840-1842. I. Title.

[英国]奥赛隆尼

对华战争记：战争开始到南京条约签订期间英国军队的行动（英文，1844）

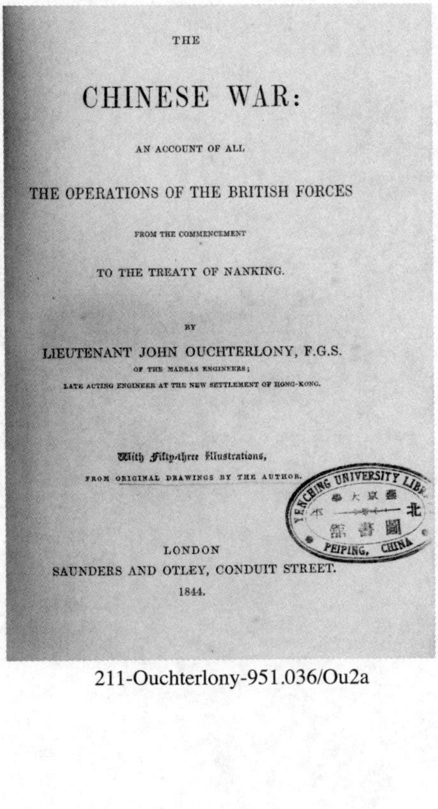

THE

CHINESE WAR:

AN ACCOUNT OF ALL

THE OPERATIONS OF THE BRITISH FORCES

FROM THE COMMENCEMENT

TO THE TREATY OF NANKING.

BY

LIEUTENANT JOHN OUCHTERLONY, F.G.S.

OF THE MADRAS ENGINEERS;

LATE ACTING ENGINEER AT THE NEW SETTLEMENT OF HONG-KONG.

With Fifty-three Illustrations,

FROM ORIGINAL DRAWINGS BY THE AUTHOR.

LONDON

SAUNDERS AND OTLEY, CONDUIT STREET.

1844.

211-Ouchterlony-951.036/Ou2a

1844年伦敦英文版，“燕京大学图书馆”藏书章。另有1个复本。

奥赛隆尼（又译奥赫特洛尼），英国士兵，曾在印度的马德拉斯和中国服役。1841—1842年随英国远征军在中国服役，参与了鸦片战争，此书记述的是亲身经历。

本书共40章。作者首先回顾了鸦片引入中国、中国禁止鸦片、中英双方发生冲突、英国国内对鸦片的反应以及1841年远征军的起航，然后按照时间顺序，详细记述了英国军队在中国的军事活动，如在舟山打响第一枪，占领镇海，炮击厦门、攻占上海、镇江、南京等，直至条约签订；还记述了英军与中国官员的外交交涉、中国民众对英国军队的观感及英国在华商人与英军的联系等内容。本书对中英双方军事活动的描述最为详细，是研究鸦片战争史必不可少的参考资料，书中英军的军事活动与政策、中英双方的军力对比等内容常为研究者引用。

本书附53幅插图，包括香港、澳门、舟山、镇海、吴淞等的素描图以及多幅地图，如《厦门略图》、《1842年战争略图》、《1842年5月18日英军进攻乍浦图》、《鸦片战争英军进攻镇江图》、《镇江府和南京相对位置图》等，都是作者的原创。

211T-Ouchterlony-951.036/Ou2a 香港

P

212-Palafox-951.4/P172

Palafox y Mendoza, Juan de, 1600-1659.

[Historia de la conquista de la China. English]

The history of the conquest of China by the Tartars : together with an account of several remarkable things, concerning the religion, manners, and customes of both nations, but especially of the latter / first writ in Spanish, by senor Palafox, bishop of Osma, and vice-roy of Mexico and now rendred English.--London : Printed by W. Godbid, 1671.

588 p. ; 18 cm.

Translated from Colle's French version. cf. Advertisement.

1. China--History--Tatar conquest, 1643-1644. I. Title. II. Title : History of...

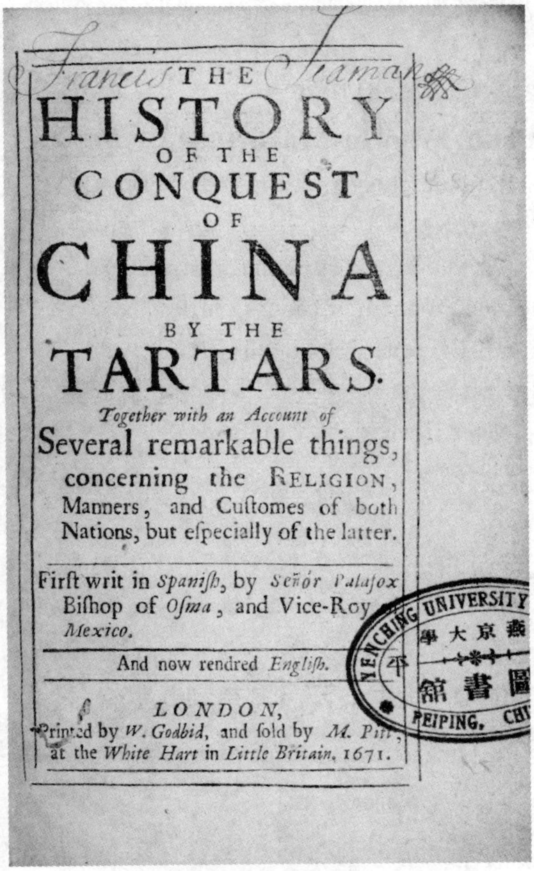

212-Palafox-951.4/P172

[西班牙] 帕拉福斯－门多萨

鞑靼人征服中国史（英文，1671）

1671年伦敦英文首版，“燕京大学图书馆”藏书章。本书1670年在巴黎首版。帕拉福斯－门多萨，西班牙天主教加尔默罗会白衣修士，后成为墨西哥普埃布拉的主教，还曾担任过5个月的此地区的西班牙总督，为墨西哥历史上最重要的西班牙人之一。

本书根据帕拉福斯－门多萨去世后遗留后世的手稿编辑而成。作者在墨西哥时收集了一些来自菲律宾的关于鞑靼人征服明朝的信息，这些信息可能来自西班牙派往亚洲的传教士，帕拉福斯－门多萨的关于鞑靼和明朝的手稿就是据此写成。作者试图在描述清征服明朝的过程中，介绍中国的宗教习俗尤其满族的习俗等，但由于作者并未到过中国，收集的又非第一手资料，所以书中的一些信息不甚准确。

213-Pallu-282.51/P179

Pallu, Francois, 1626-1684.

Relation abregée des missions et des voyages des evesques françois : envoyez aus royaumes de la Chine, Cochinchine, Tonquin & Siam / par François Pallv, Evesque d'Heliopolis.--Paris : D. Bechet, 1668.

148 p. ; 18 cm.

French.

1. Missions--East Asia. 2. East Asia--Description and travel. I. Title.

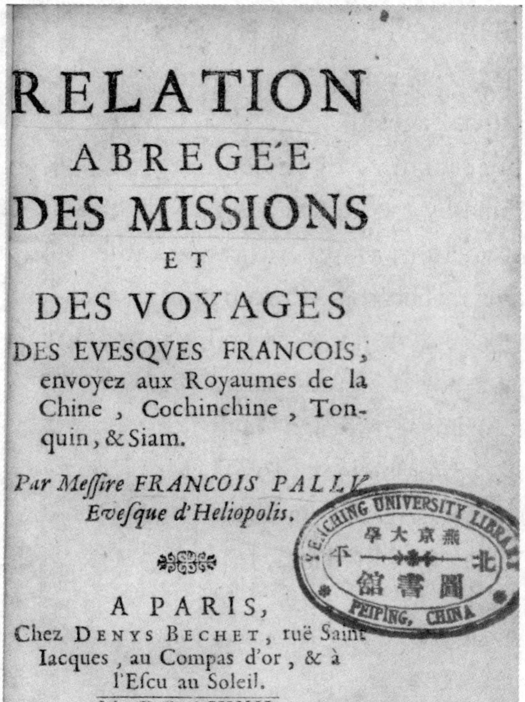
RELATION
ABREGEE
DES MISSIONS
ET
DES VOYAGES
DES EVESQVES FRANCOIS, envoyez aux Royaumes de la Chine, Cochinchine, Tonquin, & Siam.
Par Messire FRANCOIS PALLV Evesque d'Heliopolis.
A PARIS,
Chez DENYS BECHET, ruë Saint Iacques, au Compas d'or, & à l'Escu au Soleil.
M. DC. LXVIII.
Avec Privilege du Roy, & Approbation.

213-Pallu-282.51/P179

[法国] 方济各

赴中国、交趾支那、东京和暹罗传教旅行概述(法文，1668)

1668年巴黎法文版，“燕京大学图书馆”藏书章和“燕京大学图书馆”藏书票。

方济各，法国巴黎外方传教会创始人之一，1658—1684年任开罗虚衔主教，1659—1680年任越南东京王国西部教区名誉主教，1680—1684年任福建教区名誉主教。

本书正文前有方济各写给法国总主教、主教和教士的信。本书讲述了方济各

1662年从马赛乘船出发，途经阿勒颇、幼发拉底河、波斯、印度、穿越戈尔康德、经过孟加拉湾，到达暹罗，然后介绍了暹罗的传教情况，以及东京王国对传教的迫害。作者1665年离开暹罗，穿越孟加拉湾，经圣乔治港、阿勒颇、亚历山大等地回到罗马，受到教皇克雷芒九世（Clement IX）的接见，后回法国。书中还大量引述了白列特主教（Evesque de Beryte）1666年10月自暹罗给作者的信，同时指出外方传教会进行传教活动所需的四个方面的支持。

本书与中国有关的内容：书中提到，作者到达暹罗前不久，在当地传教的白列特主教曾试图乘船到广州，但经过30天的暴风雨和雷雨之后，被迫返回暹罗，作者指出，即使白列特主教如愿到达中国，也不能免受当时清朝政策的严厉限制，因为当时的清朝皇帝实行海禁，不接待外国船只，不允许外国人居留和与内地交流；作者在回罗马途中，遇到在中国传教14年的圣方济各会的西班牙传教士；作者引述的一封书信指出，从澳门来的书信和旅客透露的信息说，在中国的25个或者30个修会会士被召到北京，1665年发布了针对他们的放逐令，信中还说为了传教，雇用了一个广东人，此人还会说闽南语和官话。

214-Pallu B-951.4162/R279

Pallu de la Barrière, Leopold Augustin Charles, 1828-1891.

Relation de l'expédition de Chine en 1860 / rédigée par le lieutenant de vaisseau Pallu d'après les documents officiels ; avec l'autorisation de S. Exc. M. le Comte P. de Chasseloup-Laubat, Ministre de la Marine et des Colonies.--Paris : Imprimerie Impériale, 1863.

235 [i.e. 236] p. ; 30 cm.

French.

1. China--History--Foreign intervention, 1857-1861. I. Pallu de la Barrière, Leopold Augustin Charles, 1828-1891. II. Chasseloup-Laubat, Prosper de, 1805-1873. III. Title.

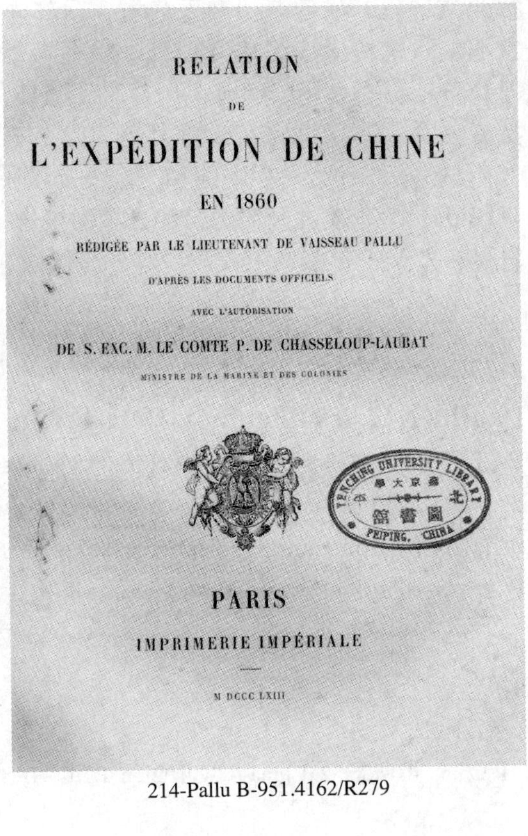

214-Pallu B-951.4162/R279

[法国] 巴律

1860年中国远征记（法文，1863）

1863年巴黎法文版，“燕京大学图书馆”章，“哈佛燕京学社”藏书票。

本书系经法国海军及殖民地部部长德·沙斯鲁·罗拔伯爵（M. Le comte P. De Chasseloup-Laubat）允许，根据官方档案材料编辑而成。

巴律为法国海军上将，曾远征中国和越南。1882—1884年任法国驻新喀里多尼亚总督。

本书记述了第二次鸦片战争期间英法于1860年发动大规模战争，并迫使清政府签订《北京条约》的经过，主要内容包括：战前英法联军的准备，参战法国海军的组成，法国租用的商船名单，法国汽船、帆船等载运表，参战英国海军组成，英国租用的商船名单，英法陆海军离开欧洲；英法舰队到达中国，占领舟山，后法军攻占烟台，英军占大连湾，英法联军到达白河口；8月1日陆战队在北塘镇登陆，联军攻占新河、塘沽、大沽炮台，8月26、27日，联军司令和英法专使到达天津；英法联军帮助攻打进攻上海的太平军；桂良到天津议和，英法联军往北京进犯，清廷派怡亲王载垣、兵部尚书穆荫到通州议和，联军与清军在唐家湾、八里桥激战，10月13日，联军勒令恭亲王打开安定门，北京城陷落。10月18日，英军火烧圆明园，10月24、25日，恭亲王奕䜣分别与英法签订条约。英法专使和联军指挥官在天津会商，撤出军队，战争结束。附录有法国海军少将夏尔纳（Charner）在中国和交趾支那统帅的主要舰船清单，英国海军少将霍普（Hope）关于攻占大沽炮台和天津的报告，以及法国专使葛罗（Baron Gros）致桂良、恭亲王，恭亲王致葛罗等外交信函。

Pauthier, G. (Guillaume), 1801-1873.

Chine, ou, Description historique : géographique et littéraire de ce vaste empire, d'après des documents chinois. première partie, comprenant un résumé de l'histoire et de la civilisation chinoises depuis les temps les plus anciens jusqu'à nos jours / par M.G. Pauthier.--Paris : Firmin-Didot frères, 1837.

493 p., 72 plates : ill., fold. map ; 23 cm. -- (L'univers. Histoire et description de tous les peuples ; [t. 5 ; Asie, t. 1])

French.

1. China--History. 2. China--Civilization. I.Title. II. Title: Description historique. III. Ser.

[法国] 波蒂埃

中国图识（法文，1837）

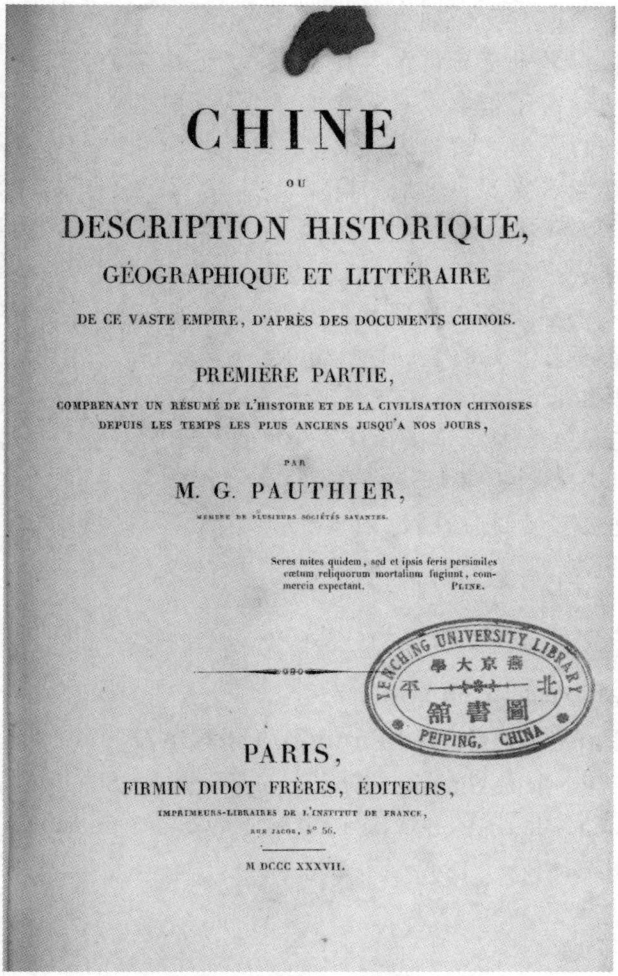
CHINE

OU

DESCRIPTION HISTORIQUE,

GÉOGRAPHIQUE ET LITTÉRAIRE

DE CE VASTE EMPIRE, D'APRÈS DES DOCUMENTS CHINOIS.

PREMIÈRE PARTIE,

COMPRENANT UN RÉSUMÉ DE L'HISTOIRE ET DE LA CIVILISATION CHINOISES DEPUIS LES TEMPS LES PLUS ANCIENS JUSQU'A NOS JOURS,

PAR

M. G. PAUTHIER,

MEMBRE DE PLUSIEURS SOCIÉTÉS SAVANTES.

Seres mites quidem, sed et ipsis feris persimiles cœtum reliquorum mortalium fugiunt, commercia expectant. PLINE.

PARIS,

FIRMIN DIDOT FRÈRES, ÉDITEURS,

IMPRIMEURS-LIBRAIRES DE L'INSTITUT DE FRANCE,

RUE JACOB, N° 56.

M DCCC XXXVII.

215-Pauthier 1-951-P288c

1837年巴黎法文首版，“燕京大学图书馆”藏书章。另有1个复本。1841年在意大利威尼斯出版意大利文首版，1845年在西班牙巴塞罗那出版西班牙文首版。

波蒂埃，汉学家，师从雷慕沙，巴黎亚细亚学会（Société Asiatique de Paris）及法国东方协会（Société Orientale de France）成员。本书还有续编《中国图识（二）》（参见217-Pauthier 3-951/P288ch）。另编有《东方圣经》（*Les livres sacrés de l'orient comprenant le Chou-king ou le Livre par excellence, les Sse-chou ou les Quatre livres moraux de Confucius et de ses disciples, les Lois de Manou, premier legislateur de l'Inde, le Koran de Mahomet*.1841），译有《道德经》（*Le Tao-Te-King, ou le Livre révéré de la Raison Suprême et de la Vertu*. 1838），另著有《为汉语的论辩：对儒莲的最后回应》（参见216-Pauthier 2-915.1/P287）等。

本书属“世界诸民史志”（*L' Univers, ou Histoire et Description de tous les peuples, de leurs religions, moeurs, coutumes, etc*.1837—1853）系列。内容为自古迄今的中国历史、文明概要，下设细目400余条，如地理类有高山地区、低地地区、雪山名录等；历史类自盘古、伏羲、神农、黄帝、尧、舜、禹、夏朝，直至清朝道光帝，自夏迄清凡22朝，每条所记多为各朝重要人、事，据历朝时序以述，并无分类。就内容而言，涉及政治、哲学、科学、艺术、文学、军事、外交等诸多方面，如哲学类条目有老子及其哲学、孔子传、孟子哲学、（宋代）新哲学学说、哲人及著名注家朱熹等。书后附有中国对外关系史、中国历代年表（前2637—1821）。本书参用了来华耶稣会士冯秉正、赫苍璧（Julien-Placide Hervieu）、宋君荣、钱德明等人的译作。

本书附1幅《中国地图》，72幅插图，如《万里长城》、《伏羲》、《谏鼓谤木》等。

215T-Pauthier 1-951/P288c 谏鼓谤木

216-Pauthier 2-915.1/P287

Pauthier, G. (Guillaume), 1801-1873.

Vindiciae Sinicae : dernière rèponse à M. Stanislas Julien, suivie d'un parallele de sa nouvelle traduction de Lao-Tseu avec une traduction prècèdente / par G. Pauthier.-- Paris : [s.n.], 1842.

vii, 110 p. ; 25 cm.

French.

1. Julien, Stanislas, 1797-1873. Exercices pratiques d'analyse, de syntaxe et de lexigraphie chinoise. 2. Chinese language--Syntax. 3. Chinese language--Lexicography. I. Title.

[法国] 波蒂埃

为汉语的论辩：对儒莲的最后回应（法文，1842）

1842年巴黎法文版，“燕京大学图书馆”藏书章，“燕京大学图书馆哈佛燕京学社”藏书票。

波蒂埃与当时另外一位著名的法国汉学家儒莲(Stanislas Julien)师出同门，都是法国著名汉学家雷慕沙的弟子，但两人颇为不和。波蒂埃在本书前言中历数两人的过节：1834年波蒂埃向免费出版委员会提交了一份《道德经》的拉丁、法文译稿，申请出版，被儒莲拒绝，但儒莲自己的《道德经》译本在1841年获得免费出版；1836年，波蒂埃分别在巴黎、伦敦的《亚细亚学报》上翻译发表中国元代学者马端临关于锡兰、天竺的概述，同年儒莲在《亚细亚学报》上针对上述翻译发表了长达20多页的批评文字；1839年至1840年，波蒂埃在《亚细亚学报》上发表了《古今图书集成·边裔典·天竺部汇考》的译文（参见076-Examen- 951/P288），1841年儒莲在同一学报上发表了长达156页的批评文章《对波蒂埃译〈古今图书集成·边裔典·天竺部汇考〉之〈天竺部总论〉的批评研究》（参见136-Julien 1-458.3/J944）。针对上述这些批评，波蒂埃在1841年8、9月份的《亚细亚学报》上作了第一次总的回应，6个月之后，儒莲进行反击，

VINDICIÆ SINICÆ.

DERNIÈRE

RÉPONSE

A

M. STANISLAS JULIEN;

SUIVIE D'UN

PARALLÈLE DE SA NOUVELLE TRADUCTION DE LAO-TSEU

AVEC UNE TRADUCTION PRÉCÉDENTE,

PAR G. PAUTHIER.

其事好還 LAO-TSEU, 30e Ch.

Quod ore prodit ad os revertitur. *Prov.*

PARIS.

1842.

216-Pauthier 2-915.1-p287

出版了长达266页的册子《汉语分析、句法与词典学之实际运用》（*Exercices pratiques d'analyse, de syntaxe, et de lexigraphie chinoise*.1842），本书是对此的最后回应。本书分2个部分，第一部分为波蒂埃对儒莲历次批评的回应，他自比虽遭奥林庇斯（Olympius）诋毁而声名愈佳的古罗马哲学家柏罗丁(Plotin)。对于儒莲的批评，他认为在内容和形式方面都粗俗不堪，目的不在于提出问题，发现错误，而只是为了找出对手的错误，从来不承认自己的错误。第二部分波蒂埃用暗喻的修辞法将儒莲比作《罗马帝国衰亡史》的第三卷中狡诈多端的人物奥林庇斯（Olympius），并为其以文字画像。此外，波蒂埃在这一部分还拟写了奥林庇斯的独白。最后，附录了他和儒莲各自对《老子》的一段法文译文，以便读者对照。书中夹杂着的中文，均有法文音译和法语译文。

217-Pauthier 3-951/P288ch

Pauthier, G. (Guillaume), 1801-1873.

Chine moderne, ou, Description historique : géographique et littéraire de ce vaste empire, d'après des documents Chinois.--Paris : Firmin Didot frères, 1853.

675 p., [17] leaves of plates : ill. (1 fold.) ; 21 cm.--(L'univers. Histoire et description de tous les peuples ; [t. 5 ; Asie, t. 10])

pt. 1. Géographie, organisation politique et administrative de la Chine, langues, philosophie / par M.G. Pauthier -- pt. 2. Arts, littérature, moeurs, agriculture, histoire naturelle, industrie, etc. / par M. Bazin.

French.

1. China. I. Bazin, M. II. Title. III. Title : Description historique. IV. Ser.

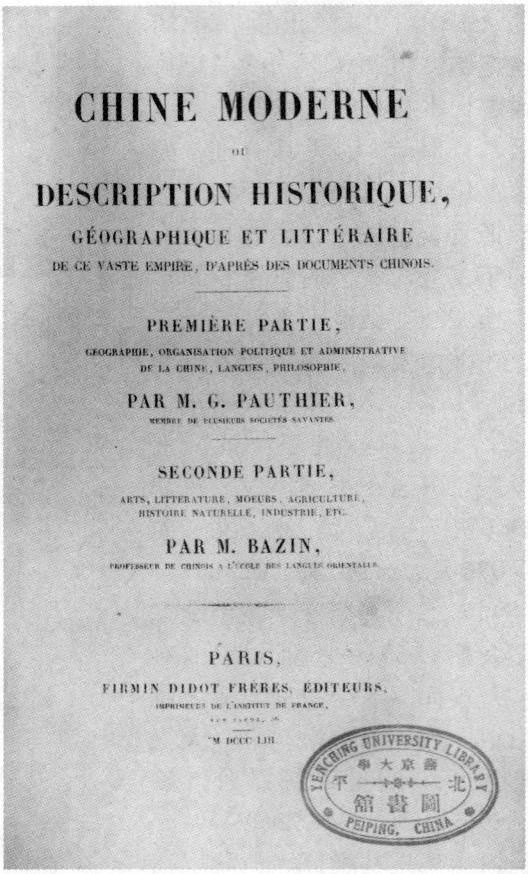
CHINE MODERNE

OU

DESCRIPTION HISTORIQUE,

GÉOGRAPHIQUE ET LITTÉRAIRE

DE CE VASTE EMPIRE, D'APRÈS DES DOCUMENTS CHINOIS.

PREMIÈRE PARTIE,

GÉOGRAPHIE, ORGANISATION POLITIQUE ET ADMINISTRATIVE DE LA CHINE, LANGUES, PHILOSOPHIE,

PAR M. G. PAUTHIER,

MEMBRE DE PLUSIEURS SOCIÉTÉS SAVANTES.

SECONDE PARTIE,

ARTS, LITTÉRATURE, MOEURS, AGRICULTURE, HISTOIRE NATURELLE, INDUSTRIE, ETC.

PAR M. BAZIN,

PROFESSEUR DE CHINOIS A L'ÉCOLE DES LANGUES ORIENTALES.

PARIS,

FIRMIN DIDOT FRÈRES, ÉDITEURS,

IMPRIMEURS DE L'INSTITUT DE FRANCE,

M DCCC LIII.

217-Pauthier 3-951/P288ch

[法国] 波蒂埃、巴赞

中国图识（二）（法文，1853）

1853年巴黎法文首版，“燕京大学图书馆”藏书章。本书为波蒂埃著《中国图识》（*Chine ou Description historique, géographique et littéraire de ce vaste empire, d' après des documents chinois*）一书的续作，同属“世界诸民史志”系列。本书为波蒂埃与巴赞合著。

巴赞，原名安东尼·巴赞 (Antoine Bazin,1799—1862)，汉学家，师从儒莲（Stanislas Julien, 1797—1873），东方语言学校（École des Langues Orientales）汉语教授，巴黎亚细亚学会成员。除本书外，还著有《官话语法》（*Grammaire mandarine, ou Principes généraux de la langue chinoise parlée*. 1856），译有《中国戏剧：元代戏剧选》（*Théâtre chinois ou Choix de pièces de théâtre composées sous les Empereurs Mongols*. 1838）等。

本书分为2部分，第一部分由波蒂埃编撰，下设前言、北京志、18省行政区划、南京志、中华帝国的属地、中国政治行政组织、中国语言、中国哲学等章。

217T-Pauthier 3-951/P288ch 皇帝公耕图

第二部分由巴赞编撰，共9章，分为艺术、文学及风俗，现代文学，自然史，农业，园艺，工业，节日，游戏，关于中国作品目录（1477—1852）。其中，“艺术、文学及风俗”一章介绍中国戏剧，在总述（包括起源、艺术史略、语言、演员、元代重要作家名录、分类等）之后，设历史剧、性格喜剧、家庭剧、公案剧等七类，介绍剧目37种，并附节译。“现代文学”一章介绍中国小说，设两等，第一等为《三国志》、《好逑传》等“十才子书”，第二等为《金瓶梅》等长短篇小说，并附节译。

本书附17幅插图，其中1幅为《北京地图》，另有《皇宫外观图》、《内城城门内观图》等。

218-Pauw-915.1/P288

Pauw, Cornelius, 1739-1799.

Recherches philosophiques sur les Egyptiens et les Chinois / par Mr. de P*** .--Amsterdam ; Leyde : Chez Barth. Vlam, J. Murray, 1773.

2 v. : fold. map ; 18 cm.

French.

1. Egypt--Civilization. 2. China--Civilization. I. Title.

[尼德兰] 德保

关于埃及人和中国人的哲学研究

（法文，1773）

阿姆斯特丹和莱顿1773年首版，2卷，"燕京大学图书馆"藏书章。

德保，尼德兰哲学家，地理学家。曾与同时代的启蒙思想家如伏尔泰等书信来往，对启蒙思想很熟知，生前被认为是关于北美大陆最著名的学者，曾撰文反驳中国是古埃及殖民地的流行观点。还写有《关于美洲人的哲学研究》（*Recherches philosophiques sur les Américains, ou Mémoires intéressants pour servir à l' Histoire de l' Espèce Humaine. Avec une Dissertation sur l' Amérique & les Américains*.1771）和《关于希腊人的哲学研究》（*Recherches philosophiques sur les Grecs*. 1787—1788）等著作。

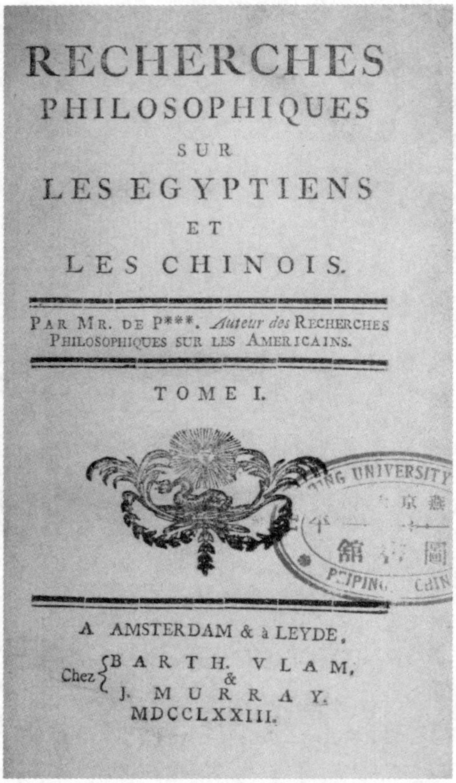

218-Pauw-915.1/P288

作者在开篇指出，本书主要在于探讨古代埃及人与当时中国人的异同。本书分2卷10篇，主要内容为：引言；埃及和中国妇女的地位，人口状况；埃及人的饮食制度，中国人的饮食方式；埃及人、中国人以及一般东方人的绘画和雕刻；埃及的玻璃制造和中国的陶瓷制造状况及评述；埃及人和中国人的建筑状况评述；埃及人的宗教；中国人的宗教；埃及人的政府；中国人的政府评述。本书通过比较中国和埃及两种古老的文明，对中国的形象提出质疑，并把当时欧洲盛行的中国崇拜看作进步和思想自由的桎梏，在西方影响很大。

本书附1幅《古埃及长城图》。

219-Perry-915.2/P429

Perry, Matthew Calbraith, 1794-1858.

Narrative of the expedition of an American squadron to the China seas and Japan, performed in the years 1852, 1853 and 1854 : under the command of Commodore M.C. Perry, United States Navy, by order of the government of the United States / compiled from the original notes and journals of Commodore Perry and his officers, at his request, and under his supervision, by Francis L. Hawks ; with numerous illustrations.--Washington : A.O.P. Nicholson, 1856.

2v. : ill. (part col.), ports., maps (some fold.), facsims. (some fold.) ; 30 cm.

Includes index.

1. United States Naval Expedition to Japan (1852-1854) 2. Japan--Description and travel. 3. United States--Foreign relations--Japan. 4. Japan--Foreign relations--United States. I. Hawks, Francis L. (Francis Lister), 1798-1866. II. Jones, George, 1800-1870. III. United States. Navy Dept. IV. Title.

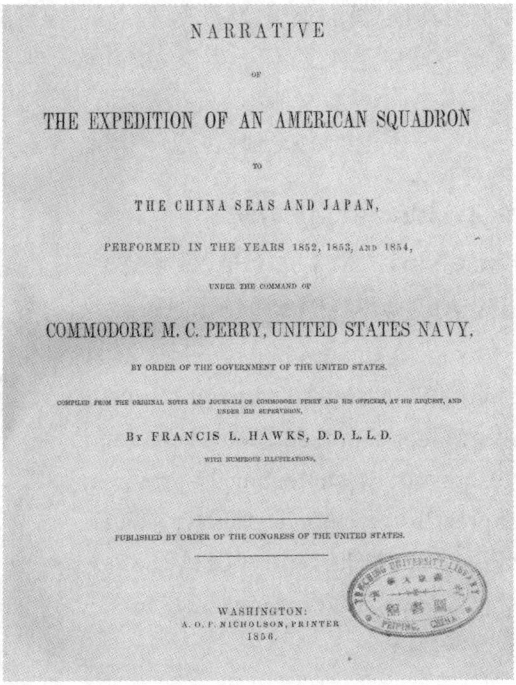
NARRATIVE

OF

THE EXPEDITION OF AN AMERICAN SQUADRON

TO

THE CHINA SEAS AND JAPAN,

PERFORMED IN THE YEARS 1852, 1853, AND 1854,

UNDER THE COMMAND OF

COMMODORE M. C. PERRY, UNITED STATES NAVY,

BY ORDER OF THE GOVERNMENT OF THE UNITED STATES.

COMPILED FROM THE ORIGINAL NOTES AND JOURNALS OF COMMODORE PERRY AND HIS OFFICERS, AT HIS REQUEST, AND UNDER HIS SUPERVISION,

BY FRANCIS L. HAWKS, D. D. L. L. D.

WITH NUMEROUS ILLUSTRATIONS.

PUBLISHED BY ORDER OF THE CONGRESS OF THE UNITED STATES.

WASHINGTON:
A. O. P. NICHOLSON, PRINTER.
1856.

219-Perry-915.2/P429

[美国]马修·卡尔布雷思·佩里

美国海军舰队中国沿海及日本考察记（英文，1856）

1856年华盛顿英文首版，2卷，“燕京大学图书馆”藏书章。

马修·卡尔布雷思·佩里(又译培里)，美国海军准将，出生于海军世家。1852—1854年间受美国政府之命率领东印度舰队到中国沿海和日本进行考察、探险活动，曾到过澳门、香港、上海等地。1854年迫使日本签定不平等条约，开放口岸。

219T-Perry-915.2/P429 广州鱼市

本书主要记述佩里率领美国东印度舰队于1852至1854年间在中国东南沿海、日本的军事考察、探险活动历程。本书虽主要叙述佩里如何用武力迫使日本签定不平等条约、开放下田和箱馆（函馆）两个港口等过程，也涉及一些早期美国对华政策内容。如佩里主张占领台湾、舟山群岛等观点，对美国以后对华政策影响深远。本书对于研究早期中美关系有一定参考价值。

本书附89幅平版画，76幅雕版画，部分为中国社会生活图片，如《广州鱼市》、《香港的中国剃头匠》、《香港景图》、《广州旧街景》等。

220-Piasetskii-915.1/P573F

Piasetskii，P. IA. (Pavel IAovlevich), 1843-1919

Voyage à travers la Mongolie et la Chine / P. Piassetsky ; traduit du russe avec l'autorisation de l'auteur par Aug. Kuscinski ; et contenant 90 gravures d'après les croquis de l'auteur et une carte.--Paris : Hachette et Cie., 1883.

5 p. l., 563 p. : ill., port., maps ; 28 cm.
French.

1. China--Description and travel. 2. Mongolia--Description and travel. I. Kuscinski, Aug. II. Title.

[俄国] 皮亚赛特斯基
穿越蒙古和中国的旅行
（法文，1883）

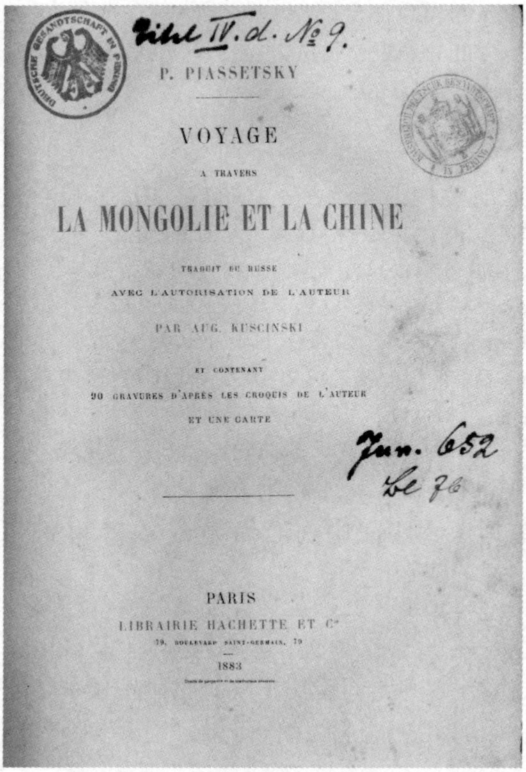

220-Piasetskii-915.1/P573F

1883年巴黎法文版，“德意志帝国驻北京公使馆”藏书章、“德国驻北京公使馆”藏书章。本书1880年俄文首版书名为《1874—1875中国之行——穿越西伯利亚、中国东部和西北部》[*Путешествие поКитаюв 1874–1875 годах（Через Сибирь, Восточный и Северо-западный Китай*）]，一经出版即在欧洲引起轰动。由库斯辛斯基（Aug. Kuscinski）译为法语。1884年在伦敦出版英译本首版，题为《俄国旅行者们在蒙古与中国》。

皮亚赛特斯基，俄国贵族，作家、艺术家、旅行家和医生。1843年生于奥廖尔（Orel），中学毕业后进入莫斯科皇家学院医学系学习，1871年起在彼得堡军医部工作，业余时间在俄国艺术科学院学习。1874—1875受邀随俄国大尉索斯诺夫斯基（Uyli Sosnovsky）率领的中国考察团来到中国，并在这次旅行中画了许多以中国风光为素材的画，采集了许多矿物标本。除本书外，他还出版了《关于中国的医疗卫生条件》（*О санитарных условиях и медицине в Китае*.1876）以及画册《从中国中部到西西伯利亚》（*От середины Китая до Западной Сибири*.1876）。1919年在彼得格勒去世。

本书记叙了作者随探险队队长索斯诺夫斯基深入中国腹地的漫长探险历程。此行的目的除进行科学考察之外，还担负着沙皇交给他们的收集中华帝国情报的使命。全书共分15章，主要内容为：探险队从莫斯科出发经恰克图进入蒙古，经长城到达张家口，然后到达北京；在北京及周围游历，由白河到天津，拜会直隶总督李鸿章；从天津乘轮船经烟台到上海，两江总督曾国荃接见并宴请，在上海关于兵工厂、收容所、中医、传教等方面的见闻；从上海到汉口，居留两个月，在汉口关于街道、官员、物产等方面的见闻；离开汉口，由汉江到樊城、老河口，关于汉江淘金的见闻；继续沿江西行，到达郧阳府、紫阳县等地；继续沿汉江西行，到汉中府，汉中府见闻；离开汉中府，经沔县到秦州，离开秦州，经伏羌县、宁远县、巩昌府到达兰州；兰州黄河桥、水车、监狱等见闻，左宗棠宴请，为左宗棠画像；离开兰州，所见西部长城，经凉州府、永昌县、甘州、肃州，到达嘉峪关；继续西行，到安西州，穿越戈壁到达哈密；离开哈密，到达天山、古城；穿越沙漠，到达斋桑。

本书附90幅根据作者速写绘制而成的沿途所见城市、风景、人物等版画，另有1幅地图，为作者1874—1875年间从俄国来到中国途经各省的路线图。

Han-Keou. — Cortège accompagnant un mandarin dans ses visites.

220T-Piasetskii-915.1/P573F 汉口官员出行

221-Pinkerton-910.4/P655

Pinkerton, John, 1758-1826.

A general collection of the best and most interesting voyages and travels in all parts of the world : many of which are now first translated into English, digested on a new plan / by John Pinkerton ; illustrated with plates.--London : Longman, Hurst, Rees, and Orme, 1808-1814.

17 v. : ill., fold. maps ; 28 cm.

"Catalogue of books of voyages and travels" (v. 17, p. [1]-255)

1. Voyages and travels. 2. Voyages and travels--Bibliography. I. Joseph Meredith Toner Collection (Library of Congress) II. Title.

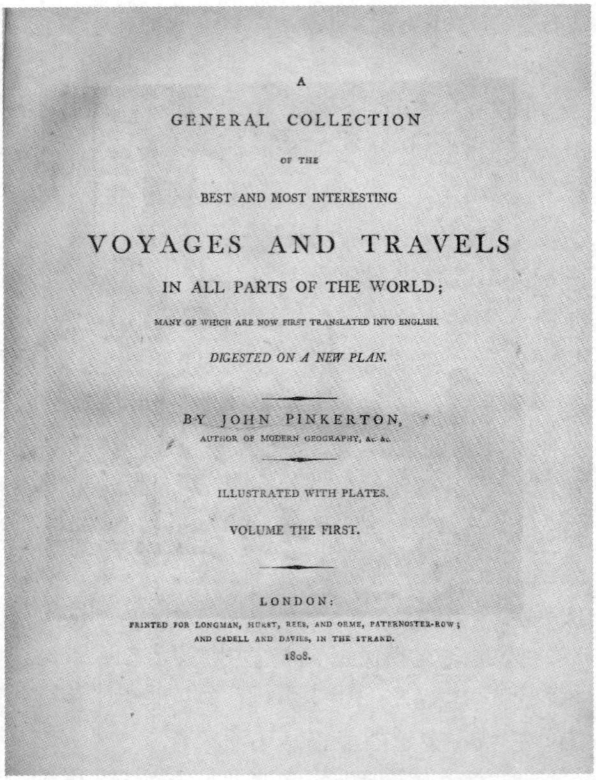
A
GENERAL COLLECTION
OF THE
BEST AND MOST INTERESTING
VOYAGES AND TRAVELS
IN ALL PARTS OF THE WORLD;
MANY OF WHICH ARE NOW FIRST TRANSLATED INTO ENGLISH.
DIGESTED ON A NEW PLAN.
BY JOHN PINKERTON,
AUTHOR OF MODERN GEOGRAPHY, &c. &c.
ILLUSTRATED WITH PLATES.
VOLUME THE FIRST.
LONDON:
PRINTED FOR LONGMAN, HURST, REES, AND ORME, PATERNOSTER-ROW;
AND CADELL AND DAVIES, IN THE STRAND.
1808.

221-Pinkerton-910.4/P655

[英国] 约翰·平克顿

世界各地游记集（英文，1808—1814）

1808年至1814年间陆续出版伦敦英文首版，“燕京大学图书馆”藏书章。

约翰·平克顿出生于苏格兰爱丁堡，英国的古文物研究专家、作家、钱币收藏家，早期鼓吹雅利安种族优越论的代表人物。这种种族偏见使他不能站在一个客观的立场对历史进行解读，因此他的一些著作和观点常受到后人诟病。

本书共17卷，收集了很多知名旅行家、探险家在世界各地的游记，是一本百科全书式的地理游记总汇，涵盖了当时人类文明的各个地区，包括欧洲、亚洲、非洲、南北美洲、大洋洲的主要国家。本书从第七卷到第十卷是关于亚洲的游记，其中第七卷是在中国、日本和朝鲜等地的游记以及对中国西藏地区的描述。在第七卷中，编者收录了很多早期来华旅行家、探险家、传教士的游记，其中包括犹太旅行家本杰明(Benjamin, of Tudela)、意大利旅行家马可·波罗、荷兰人尼霍夫等人的游记。他们的游记从不同的侧面全景式地展示了中国的自然地理、社会文化、政治制度、宗教、生活习俗、物产资源、社会生产、文学艺术等方面的

221T-Pinkerton-910.4/P655 宁波河边景色

情况。书中收录的主要是西方探险家和旅行家的游记，因此集中反映了西方人的文化观念和对世界的看法。书的最后一卷还有重要旅行类书籍和游记的目录。

本书附201幅世界各地风景、民俗等铜板插图，其中第七卷附13幅中国各地风景铜版插图。

222-Pinto-915/P658v

Pinto, Fernão Mendes.

[Peregrinação.English]

The voyages and adventures of Ferdinand Mendez Pinto : the Portuguese / done into English by Henry Cogan ; with an introduction by Arminius Vambery.--An abridged and ill. ed.--London : T.F. Unwin, 1891.

xxxii, 464 p., [6] leaves of plates : ill. (partly fold.), fold. map ; 22 cm.

1. Voyages and travels--Early works to 1800. 2. Asia--Description and travel--Early works to 1800. I. Cogan, Henry. II. Vambery, Arminius. III. Title. IV. Title: Voyages...

[葡萄牙] 平托

平托历险记（英文，1891）

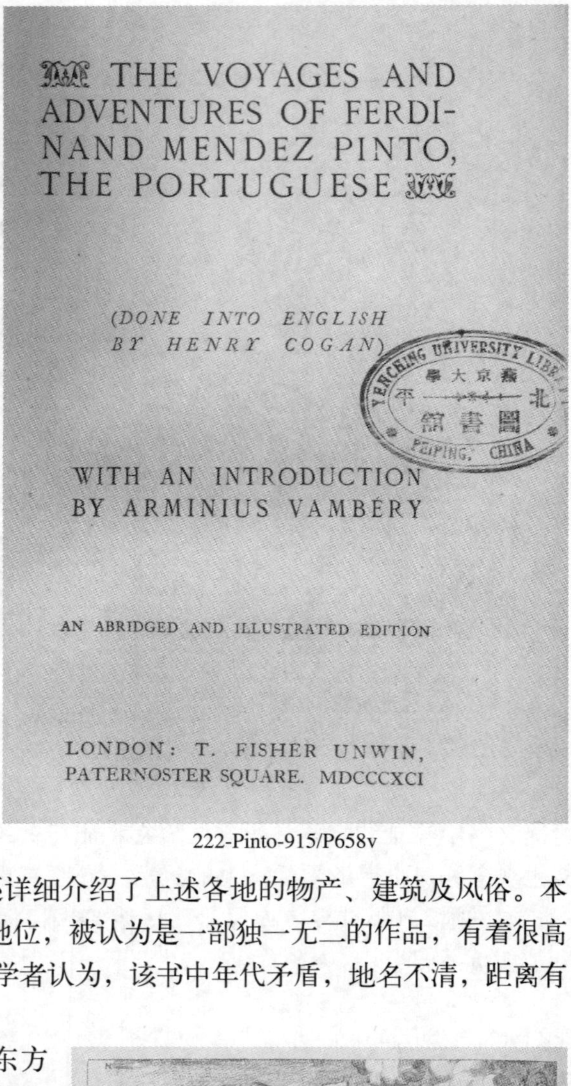
THE VOYAGES AND ADVENTURES OF FERDINAND MENDEZ PINTO, THE PORTUGUESE

(DONE INTO ENGLISH BY HENRY COGAN)

WITH AN INTRODUCTION BY ARMINIUS VAMBÉRY

AN ABRIDGED AND ILLUSTRATED EDITION

LONDON: T. FISHER UNWIN, PATERNOSTER SQUARE. MDCCCXCI

222-Pinto-915/P658v

1891年伦敦英译本，“燕京大学图书馆”藏书章。原作葡萄牙语1614年出版。本书系据1663年的英译本删节而成。主要删除了一些冗长的东方人的言论以及一些不太生动的章节。删节处在书中特别注明。

平托一生颇有传奇色彩。1537年怀着探险的梦想去了印度，直到1558年才返回葡萄牙，21年中游遍亚洲各国。他做过商人、海盗及葡萄牙驻东方的官员。1554年加入耶稣会。但在两年后退出并返国。

本书为作者东方之行的见闻录。14章—39章集中叙述了中国见闻，尤其是南京、北京、宁波、广东等地经济繁荣、人民安居乐业、社会安定等情况。作者还详细介绍了上述各地的物产、建筑及风俗。本书在葡萄牙文学史上占有突出的地位，被认为是一部独一无二的作品，有着很高的文学、历史和思想意义。但也有学者认为，该书中年代矛盾，地名不清，距离有误，在内容上有夸大不实的情况。

本书附6幅反映海上旅行和东方风俗的插图，如《前往中国的爪洼之船》、《骑大象的交趾支那国王》等。

222T-Pinto-915/P658v 中国和爪哇之舟

223-Polo-915/P766p

Polo, Marco, 1254-1323?

I viaggi di Marco Polo Veneziano / tradotti per la prima volta dall' originale francese di Rustichello da Pisa e corredati d'illustrazioni e di documenti da Vincenzo Lazari ; pubblicati per cura di Lodovico Pasini.--Venezia : [Tipi di P. Naratovich], 1847.

lxiv, 484 p., [1] fold. leaf of plates : fold. map ; 23 cm.

Italian.

1. Voyages and travels. 2. Asia--Description and travel. I. Lazari, Vincenzio. II. Pasini, Lodovico, 1804-1870. III. Title.

I VIAGGI

DI

MARCO POLO

VENEZIANO

TRADOTTI PER LA PRIMA VOLTA DALL'ORIGINALE FRANCESE

DI RUSTICIANO DI PISA

E CORREDATI D'ILLUSTRAZIONI E DI DOCUMENTI

DA VINCENZO LAZARI

PUBBLICATI PER CURA

DI LODOVICO PASINI

MEMBRO EFF. E SEGRETARIO DELL'I. R. ISTITUTO VENETO.

孛

羅

VENEZIA

MDCCCXLVII.

Yenching University Library 燕京大學圖書館 北平 Peiping

223-Polo-915/P766p

[意大利] 马可·波罗

威尼斯人马可·波罗游记

（意大利文，1847）

1847年威尼斯意大利文首版，由拉扎里（Vincenzo Lazari）提供插图和文献，意大利威内托皇家学院（I.R.Istituto Veneto）会员和秘书帕西尼（Ludovico Pasini）主编出版，“燕京大学图书馆”藏书章。扉页有中文“孛罗”两字。本书初稿是威尼斯方言，鲁斯蒂克洛曾将其翻译成法国北方的奥依语。1847年的意大利文版中，译者声称首次从法文版译成意大利文。该书主要根据巴黎国立图书馆贝尔纳法文抄本（codice di Berna，B.N.fr.1116）编译而成。初稿系法文，由马可·波罗口授，鲁斯蒂恰诺（Rustichello da Pisa）记述。原稿已经散佚，以抄本传流于世。抄本被译为拉丁文、意大利各方言和欧洲其他文字。

马可·波罗，意大利商人和旅行家。1254年生于意大利威尼斯一个商人家庭。据其游记所载，18岁即随父（Niccolò）、叔（Matteo）经巴勒斯坦、波斯（现伊朗）和中亚地区来到元朝的大都（今北京），觐见元朝皇帝忽必烈（1274）。其后17年间在元朝做官，遍游中国和周边各地，1292年从泉州出发，途经波斯的伊尔汗国返回欧洲（1295）。1295年，两大海上强国威尼斯（Venezia）与热那亚（Genova）发生海战，马可·波罗参战。1298年在库尔佐拉（Kurzuola）战役中为热那亚人所俘，在狱中，波罗向比萨的鲁斯蒂恰诺（多次改写英国亚瑟王传奇故事）口述个人旅行故事。鲁氏将口述内容用法文记下，撰成《世界述奇》（*Livre des merveilles du monde*）一书。意大利文译本名称《百万》（*Il Milione*），得自波罗家族的绰号（Emilione）。1324年，马可·波罗逝于威尼斯。

书前附有帕西尼的前言和拉扎里的长篇序言（达52页），简述蒙古兴起、成吉思汗远征，其子孙入主中原的史事。此外介绍马可·波罗及其父、叔穿越欧亚大陆到中国游历的过程，详细列出了《马可·波罗游记》的各种版本及其影响，有一定学术参考价值。本书分2大部分：正文和评论。正文分3部分，前置导言和简介，简要叙述马可·波罗父亲和叔父第一次、二次旅行（马可参加了第二次旅行）。正文第一部分介绍中亚地区。第二部分为“契丹和蛮子国”，即13世纪后期蒙宋对峙的中国。在这一部分中，详细描述忽必烈的丰功伟绩；对蒙古军队、汉八里（即北京）、皇宫宴会、节日、官阶服饰、皇族狩猎、纸币、长江、卢沟桥、西藏有详细描述，也包括扬州、杭州等南宋城市及其商业的描述。第三部分介绍了印度和发生在西亚的鞑靼战争。评论部分灵活多变：分别纠正前面正文三个部分中出现的错误、解释文中出现的特殊词汇、引用证明文献等，不拘一格。最后，书末附载详尽的附录：波罗家族族谱；波罗家族的历史证据（1280、1300、1323年）；伯尔尼（Berne）抄本的尾注；皮皮诺（Pipino）拉丁文译本序言；保罗·托斯卡内利（Paolo Toscanelli）致哥伦布的信件；欧洲各图书馆藏游记抄本、刊本书目和提要；全书索引。

本书末附马可·波罗所游历和描述地区地图。

Power, W. Tyrone (William Tyrone), b. 1819.

Recollections of a three years' residence in China : including peregrinations in Spain, Morocco, Egypt, India, Australia, and New-Zealand / by W. Tyrone Power.--London : R. Bentley, 1853.

xv, 380 p., [1] leaf of plates : col. ill. ; 21 cm.

1. Voyages and travels. 2. China--Description and travel. I. Title.

[英国] 威廉·泰·鲍尔

在华三年，及西班牙、摩洛哥、埃及、印度、澳大利亚和新西兰游历记

（英文，1853）

1853年伦敦英文版，“燕京大学图书馆”藏书章。

威廉·泰荣·鲍尔，英国军官，出生于爱尔兰，曾在中国、新西兰、南非、克里米亚和加拿大服役，1846年到达新西兰，1849年出版《新西兰素描》（*Sketches in New Zealand*）一书。

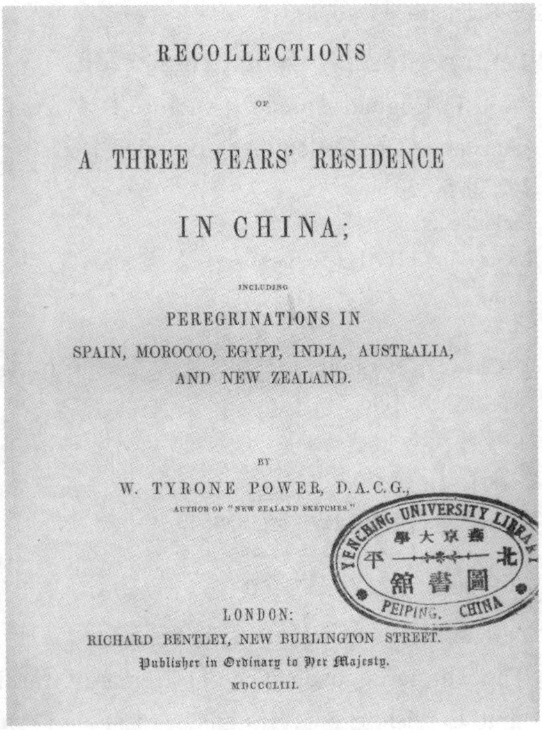

RECOLLECTIONS

OF

A THREE YEARS' RESIDENCE

IN CHINA;

INCLUDING

PEREGRINATIONS IN

SPAIN, MOROCCO, EGYPT, INDIA, AUSTRALIA, AND NEW ZEALAND.

BY

W. TYRONE POWER, D.A.C.G.,

AUTHOR OF "NEW ZEALAND SKETCHES."

LONDON:

RICHARD BENTLEY, NEW BURLINGTON STREET.

Publisher in Ordinary to Her Majesty.

MDCCCLIII.

224-Power-915.1/P871

本书是作者在英国军队服役间游历世界的回忆录，共33章，涉及摩洛哥、西班牙、非洲、新加坡、中国等国家和地区，其中第十至第二十七章记述了作者在中国香港、厦门、福建、广东、舟山、宁波等地的所见所闻，既包括海上的见闻，如运载鸦片的船与鸦片贸易、舢板船（junk）与帆船（clipper）的竞争、海上贸易的冒险与利益、中国海员的宗教崇拜；也记述了作者在内陆各地的观察，如福建人民的风俗习惯和外表、茶贸易，厦门的三合会、戏剧、天后宫，舟山的土地种植与物产、气候以及人口、绿茶贸易等，以及宁波的寺庙、佛教庆典等宗教活动。

本书主要依靠作者的回忆，且因写于战争期间，缺乏参考文献，或许会有一些错误。

本书附1幅彩图，名为《泊厦门》。

224T-Power-915.1/P871 泊厦门

225-Premare 1.1-457/P916

Premare, Joseph Henri, 1666-1736.

Notitia linguae sinicae / Auctore P. Premare.--Malaccae : Cura Collegii Anglo-Sinici, 1831.

262, 28 p. ; 30 cm.

Includes index.

Indexed by J.P. Abel-Remusat.

Latin.

1. Chinese language--Grammar. I. Remusat, Abel, 1788-1832. II. Title.

[法国] 马若瑟

中国语文札记（拉丁文，1831）

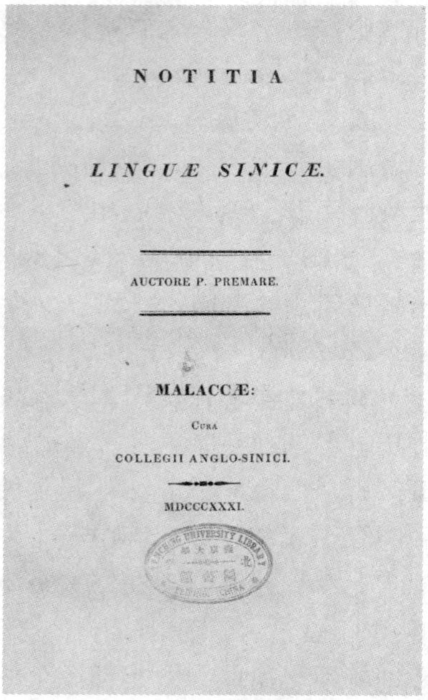
NOTITIA

LINGUÆ SINICÆ.

AUCTORE P. PREMARE.

MALACCÆ:

CURA

COLLEGII ANGLO-SINICI.

MDCCCXXXI.

225-Premare 1.1-457/P916

226-Premare 1.2-457/P916b

Premare, Joseph Henri, 1666-1736.

The Notitia linguae sinicae of Premare / translated into English by J.G. Bridgman. --Canton : Printed at the Office of Chinese Repository, 1847.

xxxv, 26-328 p. ; 20 cm.

1. Chinese language--Grammar. 2. Chinese literature. I. Bridgman, J. G. II. Title.

[法国] 马若瑟

中国语文札记（英文，1847）

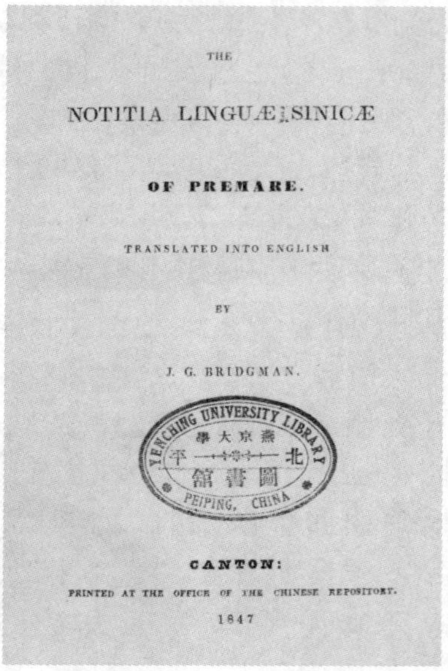
THE

NOTITIA LINGUÆ SINICÆ

OF PREMARE.

TRANSLATED INTO ENGLISH

BY

J. G. BRIDGMAN.

CANTON:

PRINTED AT THE OFFICE OF THE CHINESE REPOSITORY.

1847

226-Premare 1.2-457/P916b

1831年马六甲拉丁文首版（225-Premare 1.1-457/P916），“燕京大学图书馆”藏书章。本书为拉丁文写成的中文教材，是西方人对汉语的性质和结构所作的第一部专著，但一直未刊布，直到1831年才出版，本馆另藏1847年的广州英译本（226-Premare 1.2-457/P916b）。

马若瑟，1698年来华，曾在江西传教25年，后又赴广州和澳门，精通中文。除本书外，还著有《中国古书中基督教教义之遗迹》（*Vestiges des principaux dogmes chrétiens, tirés des anciens livres chinois, avec reproduction des texts chinois*. 1878）等，并曾把《赵氏孤儿》译成法文。

本书导言部分介绍中文书籍、字典、文字、发音、声调、及构词法。正文分为2大部分。第一部分讲解中文语法、发音、名词、动词，一些词类的使用方法、中文中的各类小品词、疑问代词。第二部分主要讲修辞方法、中文表述方法、如何使用比喻，如何使用比较级等。书中并不大量解释语法，而是直接以例句讲授中文。每一例句都首先用受广东话影响的注音符号标明读法，然后是中文汉字构成的句子，最后是拉丁文释义。

227-Preussische-915/P928

Preussische Expedition nach Ost-Asien (1860-1862)

Die Preussische expedition nach Ost-Asien : nach amtlichen quellen.--Berlin : Koniglichen Geheimen Ober-hofbuch-druckerei (R. v. Decker), 1864-1866.

2 v., [24] leaves of plates : ill., fold. maps ; 25 cm.

German.

1. East Asia--Description and travel. I. Title.

[德国] 东亚探险队

普鲁士在东亚的探险——根据官方的信息源（德文，1864—1866）

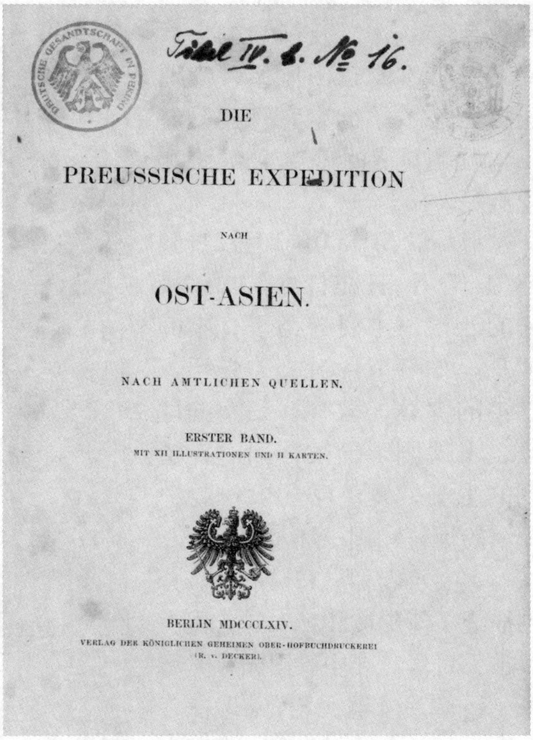
DIE

PREUSSISCHE EXPEDITION

NACH

OST-ASIEN.

NACH AMTLICHEN QUELLEN.

ERSTER BAND.

MIT XII ILLUSTRATIONEN UND II KARTEN.

BERLIN MDCCCLXIV.

VERLAG DER KÖNIGLICHEN GEHEIMEN OBER-HOFBUCHDRUCKEREI

(R. v. DECKER).

227-Preussische-915/P928

1864—1866年柏林德文版，2卷，第一卷1864年出版，第二卷1866年出版，“德意志帝国驻北京公使馆”藏书章，“德国驻北京公使馆”藏书章。本馆另有1个第一卷复本。

世界贸易蓬勃发展，殖民政策带来巨大利益，欧洲对中国产品需求增加，使普鲁士政府关注德国在东亚地区的贸易。本书根据普鲁士政府1859年派出的东亚探险队的经历、经验和成绩编撰而成，系《普鲁士在东亚的探险》丛书之第一部分。整部《普鲁士在东亚的探险》分为三个既相互补充，又自成体系的部分，即本书《普鲁士在东亚的探险——根据官方的信息源》这一总括部分、“派驻公使馆的专家报道”这一科学考察部分（此部分未单独出版发行）以及《日本、中国、暹罗的风景》这一东亚国家的系列描述部分（参见306-Werner-915/W495）。

第一卷分为2部分，第一部分主要介绍日本的地理位置和特点，神话和历史，政治体制，民族特性，日本的教育，外交，与中国的贸易。第二部分详细记录了从1860年8月2日到达新加坡后的生活，又从新加坡由水路于10月2日到达日本江户及在当地的经历和见闻：例如，在新加坡受到的接待，岛屿的特点，气候环境，城市的风景，饮食，中国戏曲，吸食鸦片、监牢等，到日本江户途中各种航海经验，以及江户的房屋家具，日本的货币体系，商业区的街道，丝绸生意，武器装备，鞋帽等各种商店，纸张和瓷器等。

第二卷为1860年10月2日到1861年3月2日在日本江户、横滨的游记。主要介绍了日本的节日，如灯节；对神的崇拜，日本的佛教，教育，妇女的地位，木偶剧，气候，四季，植物的生长，夏冬季的农作物，横滨的烟花和周围环境等。

本书每卷各附12幅图片，分别描绘了新加坡和日本的宫殿、城市、村落、寺庙等田园风光和风土人情。上册另附2幅地图，分别为《日本地图》和《东亚沿海地图》。

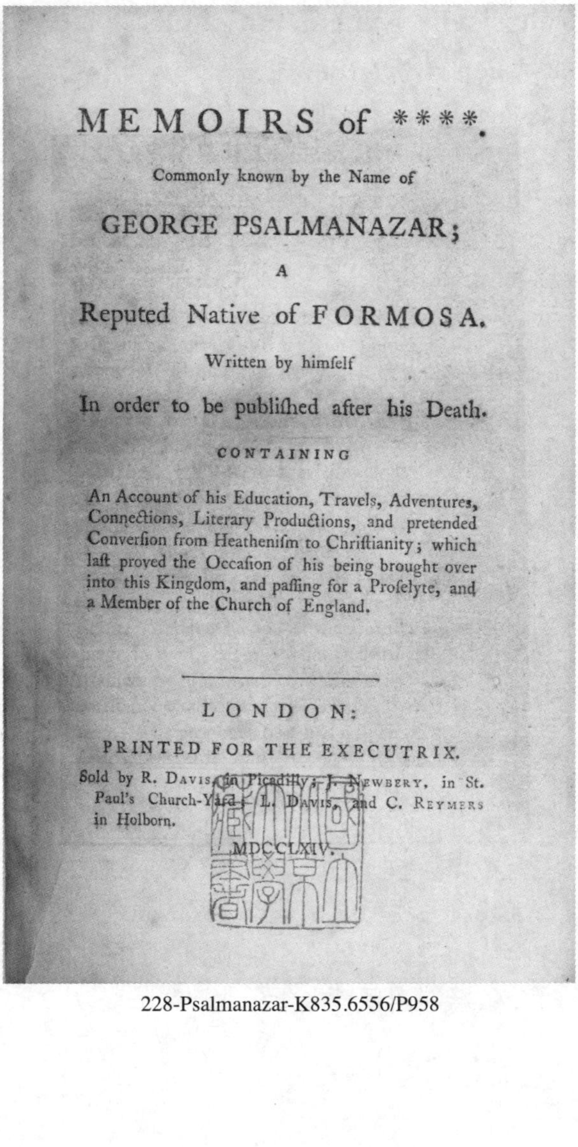
MEMOIRS of ****.
Commonly known by the Name of
GEORGE PSALMANAZAR;
A
Reputed Native of FORMOSA.
Written by himself
In order to be published after his Death.
CONTAINING
An Account of his Education, Travels, Adventures, Connections, Literary Productions, and pretended Conversion from Heathenism to Christianity; which last proved the Occasion of his being brought over into this Kingdom, and passing for a Proselyte, and a Member of the Church of England.

LONDON:
PRINTED FOR THE EXECUTRIX.
Sold by R. Davis, in Piccadilly; J. Newbery, in St. Paul's Church-Yard; L. Davis, and C. Reymers in Holborn.
MDCCLXIV.

228-Psalmanazar-K835.6556/P958

228-Psalmanazar-K835.6556/P958

Psalmanazar, George, 1679?-1763.

Memoirs of **** : commonly known by the name of George

Psalmanazar ; a reputed native of Formosa / written by himself in order to be published after his death ; containing an account of his education, travels, adventures, connections, literary productions, and pretended conversion from heathenism to Christianity; which last proved the occasion of his being brought over into this kingdom, and passing for a proselyte, and a member of the Church of England.--London : Printed for the executrix ; sold by R. Davis, 1764.

ii, 364 p., [1] leaf of plates : port. ; 20 cm.

1. Psalmanazar, George, 1679?-1763. I. Father of Candor. enquiry into the doctrine, lately propagated, concerning libels, warrants, and the seizure of papers. II. Title. III. An enquiry into the doctrine, lately propagated, concerning libels, warrants, and the seizure of papers.

[法国] 乔治・普萨尔马纳扎

著名的台湾本地人乔治・普萨尔马纳扎回忆录（英文，1764）

1764年伦敦英文首版，“国立北京大学藏书”章。

乔治・普萨尔马纳扎是一名伪作者或文学造假者，真实姓名无人知晓。他出生于法国，并在法国受教育，具有非凡的语言才能。他曾在欧洲伪装成一个皈依基督的日本人。1702年，曾被一位名叫William Innes的英国军中教士识破，但这位教士仍把他作为一名台湾本土人送到英国，以显示他的传教业绩。18世纪初，他在英国成功地伪装成一个台湾本土人。1703年，在伦敦出版了一本书*An Historical and Geographical Description of Formosa* (1704)，对台湾的历史和地理做了引人入胜的描述，全面地介绍了台湾的习俗、庙宇、住房、城堡、葬仪、船舶、钱币、语言、和字母等等，满足了当时欧洲公众对遥远亚洲的好奇。这本书很快就被再版并被翻成法、荷、德文字出版。他伪造的台湾语言甚至让一些语言学家信以为真，甚至指导牛津的学生应用它。1706年被公众识破后写了此书，坦白了他上述的生平和文学行骗行径。

Q

229-Qianlong-891.1/C434

Qianlong, Emperor of China (乾隆皇帝), 1711-1799.

Éloge de la ville de Moukden et de ses environs / poème composé par Kien-Long, empereur de la Chine & de la Tartarie, actuellement régnant ; accompagné de notes curieuses sur la géographie, sur l'histoire naturelle de la Tartarie orientale, & sur les anciens usages des Chinois ; composées par les èditeurs chinois & tartares ; on y a joint une pièce de vers sur le thé, composè par le même empereur ; traduit en françois par le P. Amiot et publié par M. DeGuignes.--Paris : N.M. Tilliard, 1770.

xxiv, xxxviii, 381 p. ; 20 cm.

French and Italian.

1. Shenyang (Liaoning Sheng, China)--Description and travel--Poetry. I. Amiot, Joseph Marie, 1718-1793. II. Guignes, Joseph de, 1721-1800. III. Title.

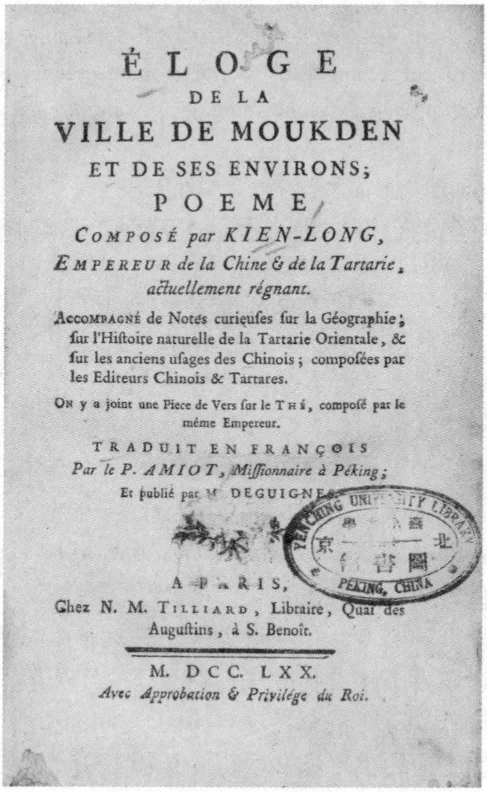

ÉLOGE
DE LA
VILLE DE MOUKDEN
ET DE SES ENVIRONS;
POEME
Composé par KIEN-LONG,
Empereur de la Chine & de la Tartarie, actuellement régnant.
Accompagné de Notes curieuſes ſur la Géographie; ſur l'Hiſtoire naturelle de la Tartarie Orientale, & ſur les anciens uſages des Chinois; compoſées par les Editeurs Chinois & Tartares.
On y a joint une Piece de Vers ſur le Thé, compoſé par le même Empereur.
TRADUIT EN FRANÇOIS
Par le P. AMIOT, *Miſſionnaire à Péking;*
Et publié par M. DEGUIGNES.
A PARIS,
Chez N. M. Tilliard, Libraire, Quai des Auguſtins, à S. Benoît.
M. DCC. LXX.
Avec Approbation & Privilége du Roi.

229-Qianlong-891.1/C434

[中国]乾隆

乾隆御制盛京赋（法文和意大利文，1770）

1770年巴黎法文首版，“燕京大学图书馆”藏书章，“燕京大学图书馆哈佛燕京学社”藏书票。

译者钱德明，参见005-Amiot 1-915.1/M519。

乾隆八年（1743）乾隆帝奉皇太后之命，到盛京谒祭祖陵，并写成《御制盛京赋》。本赋含序、赋、颂三部分，约5000字，追述满族起源，列祖列宗创建的伟业，表达自己对满族人居住地景观的喜爱，赞扬了盛京的辉煌。伏尔泰看到本赋法文版后，作《致中国皇帝》一诗，写道："伟大的皇帝，你的诗美，思想充满善意。"本书正文前有告读者、译者序、满汉文版编者的话，乾隆帝关于出版此赋的圣旨。赋后附关于汉字各种字体起源的文章，关于此赋的注释说明，乾隆帝的咏茶诗的拼音全文及法文意译，最后附内容索引。

R

230-Réflexions-K892.22/R259

Réflexions sur les cultes de la Chine : avec la réponse à ces réflexions / l'un & l'autre en Italien, & traduit en Francois.--[S.l. : s.n.], 1710.

194 p. ; 26 cm.

French and Italian.

1. Rites and ceremonies--China.

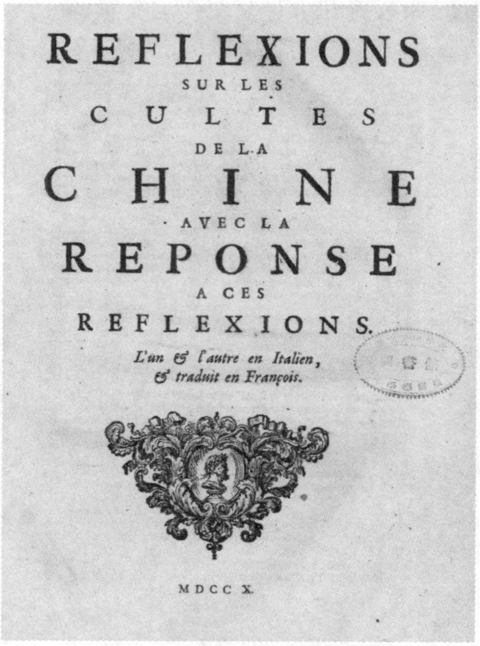

230-Réflexions-K892.22/R259

对中国崇拜的思考，及对这些思考的回应（法文和意大利文，1710）

1710年法文和意大利文版，出版地不详，“北平中法大学服尔德学院”藏书章，“Maurice Adam”藏书票两种，另有“M. A. G. du Plossis”藏书票。

本书属于与“礼仪之争”有关的文献之一。前言中说有人匿名写成《对于中国祭礼之争的思考》（*Réflexions sur les cultes controversez à la Chine*）的“诽谤性”文字，于是有对此的回应。本书主要分为两部分：第一部分主要内容为“对中国出现的纠纷的思考”，实际上即对礼仪之争的思考；第二部分为对此思考的回应。双方争论的主要问题有：中国礼仪是否适当，是否与宗教信仰一致；中国祭祀礼仪是否迷信和偶像崇拜；中国人祭祀的天是否为有形之天；中国祭祀仪式是否是世俗和无害的；教皇亚历山大七世(Alexander Ⅶ, 在位时间1655—1667)和克雷芒十一世关于礼仪之争的命令；在罗马，不懂汉语的教皇和主教能对礼仪之争做出正确裁判。本书在编排上采用法文、意大利文并列对照的形式。

231-Renneville 1.1-910.4/R295

Renneville, Constantin de, ca. 1650-1723.

[Recueil des voyages qui ont servi a l'establissement et aux progrez de la Compagnie des Indes orientales. English]

A collection of voyages undertaken by the Dutch East India Company : for the improvement of trade and navigation : containing an account of several attempts to find out the North-East Paffage, and their discoveries in the East-Indies, and the South Seas : together with an historical introduction, giving an account of the rise, establishment and progress of that great body / translated into English, and illustrated with several charts.--London : Printed for W. Freeman, 1703

336 p., [10] leaves of plates : maps (some fold.) ; 20 cm.

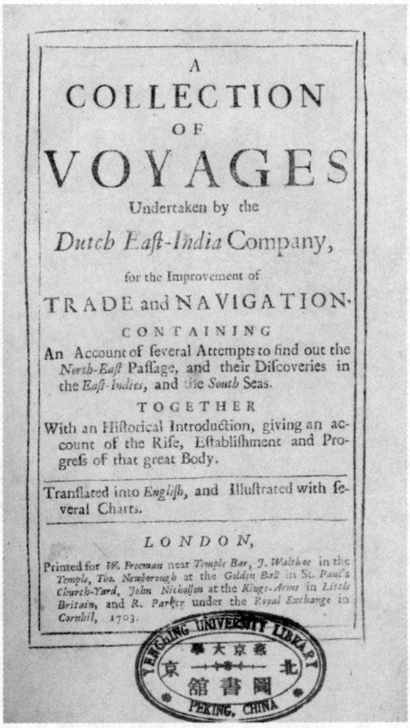
A
COLLECTION
OF
VOYAGES
Undertaken by the
Dutch East-India Company,
for the Improvement of
TRADE and NAVIGATION.
CONTAINING
An Account of ſeveral Attempts to find out the *North-East* Paſſage, and their Diſcoveries in the *East-Indies*, and the *South* Seas.
TOGETHER
With an Hiſtorical Introduction, giving an account of the Riſe, Eſtabliſhment and Progreſs of that great Body.
Tranſlated into *Engliſh*, and Illuſtrated with ſeveral Charts.
LONDON,
Printed for *W. Freeman* near *Temple Bar*, *J. Walthoe* in the *Temple*, *Tho. Newborough* at the *Golden Ball* in St. *Paul's Church-Yard*, *John Nicholson* at the *Kings-Arms* in *Little Britain*, and *R. Parker* under the *Royal Exchange* in *Cornhil*, 1703.

231-Renneville 1.1-910.4/R295

1.Nederlandsche Oost-Indische Compagnie--Early works to 1800. 2. Discoveries in geography--Dutch--Early works to 1800. 3. Voyages and travels--Early works to 1800. I. Freeman, William. II. Title. III. Title :collection of... IV. Voyages by the Dutch East-India Company. V. Dutch E. India voyages. VII. Dutch East India voyages.

[法国] 康斯坦丁・德勒内维尔

荷属东印度公司的旅程（英文，1703）

232-Renneville 1.2-915/R245

Renneville, Constantin de, ca. 1650-1723.

Recueil des voiages qui ont servi à l'établissement & aux progrès de la Compagnie des Indes Orientales : formée dans les Provinces-Unies des Païs-Bas.--2e ed. revue, & augmentée de plusieurs pièces curieuses.--Amsterdam : J.F. Bernard, 1725.

7 v. : ill. (partly fold.), fold. maps ; 17 cm.

Vols. 1-5, each in 2 pts., paged continuously ; the second parts are of a different edition ("2. ed. reveue par l'autheur") with imprint: Amsterdam, E. Roger, 1710, v. 2-5, 1716.

French.

1. Nederlandsche Oost-Indische Compagnie. 2. Voyages and travels--Early works to 1800. I. Renneville, Rene Augustin Constantin de, 1677-1723. II. Title.

[法国] 康斯坦丁·德勒内维尔

荷属东印度公司的旅程 （法文，1725）

1725年阿姆斯特丹法文第二版（232-Renneville 1.2-915/R245），7卷，“燕京大学图书馆”藏书章，“燕京大学图书馆哈佛燕京学社”藏书票。另有根据早期法文版本翻译而成的1703年伦敦英文版（231-Renneville 1.1-910.4/R295），“燕京大学图书馆”藏书章。

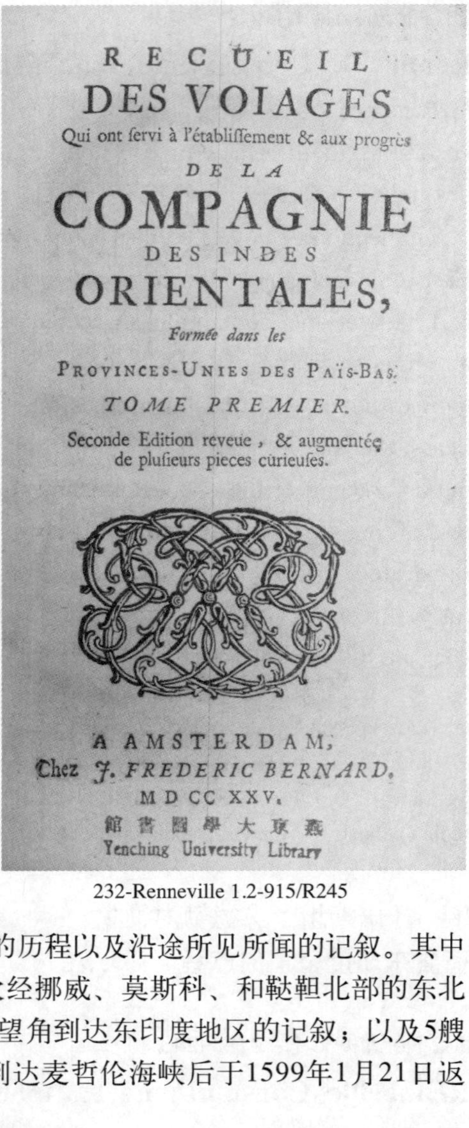

232-Renneville 1.2-915/R245

作者为法国作家，1699年因为信仰新教而离开法国到荷兰。三年之后重返法国，但因为作诗反对路易十四（Louis XIV）而入巴士底狱11年。出狱后赴英国，另著有《巴士底故事》（*Souvenirs d'un prisonnier de la Bastille*）等书。

本书1703年英文版汇集了荷属东印度公司在16世纪末数次在海上探险，寻找到中国和东印度地区的东北和南线通路的历程以及沿途所见所闻的记叙。其中包括最主要的于1594、1595、1596年三次经挪威、莫斯科、和鞑靼北部的东北线尝试；1595、1598两次向南绕过非洲好望角到达东印度地区的记叙；以及5艘鹿特丹船1598年6月27日从鹿特丹出发，到达麦哲伦海峡后于1599年1月21日返回，1600年7月13日到达荷兰的全程记录。

英文版附10幅地图，分别是：《新地岛和路姆海湾》、《新地岛和喀拉海峡》、《斯匹次卑尔根岛》、《新地岛附近的航线》、《非洲东南部及沿海》、《马达加斯加岛》、《印度尼西亚大巽他群岛和巽他海峡》、《印度尼西亚巴厘岛》、《圣赫勒那岛》、《毛里求斯岛》。

本书1725年法文7卷版内容更加详尽。关于中国的内容在第五卷后半部，题为“被忽略的台湾，或中国人从荷兰人手中收复台湾”。该部分全面介绍了郑成功收复台湾的经过，对荷兰方的各种情况记载尤详。书中叙述了范德兰（Jean van der Laan）率十二艘船组成的增援舰队到台湾，但后来认为郑成功不会攻打台湾，1661年2月便带两艘船和他带来的军官离开台湾，返回巴达维亚。1661年4月31日郑成功率军25000人攻打台湾。巴达维亚当局派卡宇（Caeuw）率舰队到台湾增援，郑成功与增援舰队的海战。1662年初，经过交战和五天谈判，荷军被迫投降。

法文版附69幅插图，主要为地图，此外还包括航海、城池等内容。

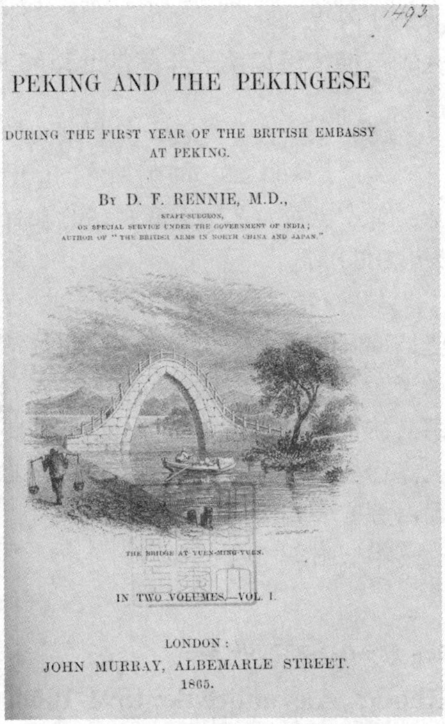
PEKING AND THE PEKINGESE

DURING THE FIRST YEAR OF THE BRITISH EMBASSY AT PEKING.

BY D. F. RENNIE, M.D.,
STAFF-SURGEON,
ON SPECIAL SERVICE UNDER THE GOVERNMENT OF INDIA;
AUTHOR OF "THE BRITISH ARMS IN NORTH CHINA AND JAPAN."

THE BRIDGE AT YUEN-MING-YUEN.

IN TWO VOLUMES.—VOL. I.

LONDON:
JOHN MURRAY, ALBEMARLE STREET.
1865.

233-Rennie-915.111/R295

Rennie, David Field, d. 1868.

Peking and the Pekingese during the first year of the British embassy at Peking / by D.F. Rennie.--London : John Murray, 1865.

2 v. : fronts., ill. ; 20 cm.

1. Beijing (China)--Description and travel. 2. China--Social life and customs. I. Title.

233T-Rennie-915.111/R295 中国长城

[英国] 芮尼

驻华英使馆设馆第一年间的北京和北京人（英文，1865）

1865年伦敦英文版，“北京大学图书馆藏书”章。另有1个复本。

芮尼，1860年随英国侵略军进北京，1861年北京英国公使馆建立，任使馆医师。著作另有《英国军队在华北和日本》(*The British Ar/ms in North China and Japan*. 1860)等。

本书2卷。作者用日记体形式记述了第二次鸦片战争之后英国在北京建立公使馆期间的所见所闻。第二次鸦片结束以后，清朝政府和英、法、美、俄签订了《天津条约》，条约中的一些条款涉及外国人迁入东交民巷。1861年3月英、法国公使正式入住东交民巷。本书主要记叙了英法公使馆尤其是英国公使馆人员从天津迁往北京一路的观感，也有对北京城和北京人的介绍以及北京的社会生活和习俗等方面的情况。

本书附22幅有关建筑、人物、风景等方面的插图和1幅《北京市郊地图》。

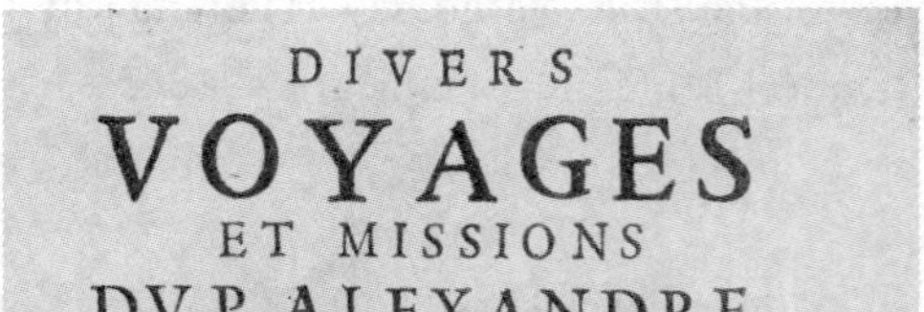
DIVERS
VOYAGES
ET MISSIONS
DV P. ALEXANDRE
DE RHODES
En la Chine, & autres Royaumes
de l'Orient,
Auec ſon retour en Europe par la Perſe & l'Armenie.
LE TOVT DIVISE' EN TROIS PARTIES.
A PARIS,
Chez SEBASTIEN CRAMOISY, Imprimeur ordinaire du Roy & de la Reyne. ET GABRIEL CRAMOISY. ruë S. Iaques aux Cicognes.
M. DC. LIII.
AVEC PRIVILEGE DV ROY.

234-Rhodes-282.5/R346

234-Rhodes-282.5/R346

Rhodes, Alexandre de, 1591-1660.

Divers voyages et missions du P. Alexandre de Rhodes en la Chine, & autres royaumes de l'Orient : auec son retour en Europe par la Perse & l'Arménie / Le tout divise en trois parties.--Paris : Cramoisy, 1653.

276, 82 p., [1] fold. leaf of plates : fold. map ; 23 cm.

French.

1. Jesuits--Vietnam, Southern. 2. Voyages and travels. 3. China--Description and travel. I. Title.

[法国] 罗历山

亚历山大·德罗德神父在中国和其他东方王国的旅行和传教（法文，1653）

1653年经法国国王路易十四特许在

巴黎出版的法文首版，“燕京大学图书馆”藏书章，“燕京大学图书馆”藏书票。本书1966年被译为英文，书名为《越南的罗德：亚历山大·德罗德神父在中国和其他东方王国的旅行和传教》（*Rhodes of Viet Nam: The Travels and Missions of Father Alexander de Rhodes in China and Other Kingdoms of the Orient*）。

罗历山，法国耶稣会士。1612年加入耶稣会，1619年到印度支那传教，1630年被驱逐。后来到澳门，任哲学教授10年，1640年回到南部越南，直到1646年被永久驱逐。在返回欧洲的途中，因在爪哇传教，被当地统治者囚禁，1649年返回罗马。回到欧洲后，向梵蒂冈当局呼吁，在越南摆脱葡萄牙统治，建立传教团。梵蒂冈当局最终派他到波斯传教，1660年在波斯去世。罗历山以编著《越南-拉丁-葡萄牙语辞典》（*Vietnamese - Latin - Portuguese Dictionary*.1651）闻名，他还完善了越南文的罗马化书写体。

本书是作者旅行传道30余年的记录。正文前有写给法国宫廷的一封信。正文分为3部分：第一部分15章，主要内容：作者从罗马出发，到达马六甲，居留九个月，然后到达中国；对中国的一些基本介绍，如中国的富庶，茶在中国普遍饮用，中国人的宗教与服饰，在澳门居住一年的经历。第二部分52章，主要记述交趾支那传教情况，以及罗历山在东京王国传教经历，中间曾三次到中国。第三部分19章，主要记述从澳门出发返回罗马沿途的经历和见闻。

本书正文前有1幅安南、北圻、交趾支那地图。

235-Ricci-915.1/R359

Ricci, Matteo, 1552-1610.

[De Christiana expeditione apud Sinas suscepta ab Societate Jesu. French]

Histoire de l'expédition chréstienne au royaume de la Chine : entreprinse par les pères de la Compagnie de Jésus, comprinse en cinq livres, èsquels est traicté fort exactement et fidèlement des moeurs, loix, & coustumes du pays, & des commencemens très difficiles de l'église naissante en ce royaume / tirée des mémoires du R.P. Matthieu Ricci, de la compagnie de Jésus, par le R.P. Nicolas Trigault et nouvellement traduite en françois par D.F. de Riquebourg-Trigault.--Lille : P. de Rache, 1617.

559, [5] p. ; 20 cm.

French.

1. Jesuits--China. 2. China. I. Trigault, Nicolas, 1577-1628. II. Riquebourg-Trigault, David Floritius. III. Rache, P. de. IV. Title. V. Title: Histoire de...

[意大利] 利玛窦

基督教远征中国记

（法文，1617）

1617年里尔法文版，“北京大学图书馆藏书”章。本书1615年以拉丁文本出版，法文版初版于1616年，另有德文、西班牙文、英文等多种译本。中文有何高济等的译本，题为《利玛窦中国札记》，中华书局1983年出版。

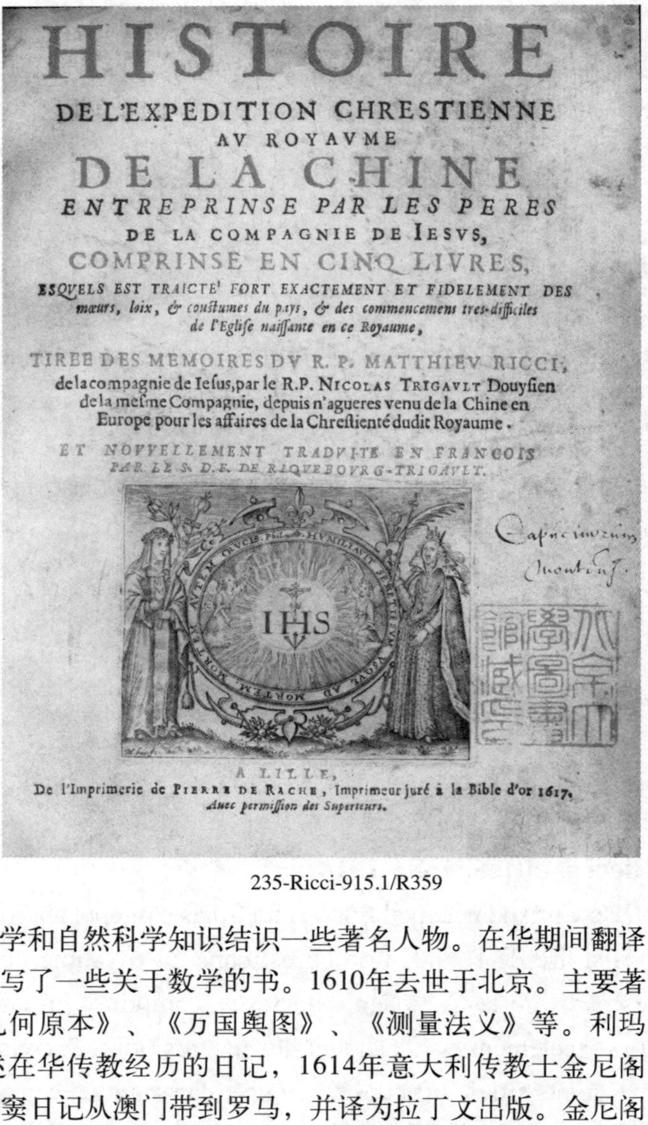
HISTOIRE
DE L'EXPEDITION CHRESTIENNE
AV ROYAVME
DE LA CHINE
ENTREPRINSE PAR LES PERES
DE LA COMPAGNIE DE IESVS,
COMPRINSE EN CINQ LIVRES,
ESQVELS EST TRAICTÉ FORT EXACTEMENT ET FIDELEMENT DES
mœurs, loix, & coustumes du pays, & des commencemens tres-difficiles
de l'Eglise naissante en ce Royaume,
TIREE DES MEMOIRES DV R. P. MATTHIEV RICCI,
de la compagnie de Iesus, par le R.P. NICOLAS TRIGAVLT Douysien
de la mesme Compagnie, depuis n'agueres venu de la Chine en
Europe pour les affaires de la Chrestienté dudit Royaume.
ET NOVVELLEMENT TRADVITE EN FRANCOIS
PAR LE S. D.F. DE RIQVEBOVRG-TRIGAVLT.

A LILLE,
De l'Imprimerie de PIERRE DE RACHE, Imprimeur juré à la Bible d'or 1617.
Auec permission des Superieurs.

利玛窦，意大利传教士，17岁到罗马学习法律，1571年入耶稣会，1577年参加耶稣会印度传教团，1582年到达澳门。此后在中国学习中文，两度北上，试图觐见万历帝，没有成功。但第二次北上后被准许留居北京，在士大夫中间传教，利用数学和自然科学知识结识一些著名人物。在华期间翻译了不少西方科学著作，也撰写了一些关于数学的书。1610年去世于北京。主要著译有：《畸人十规》、《几何原本》、《万国舆图》、《测量法义》等。利玛窦晚年用意大利语写成记述在华传教经历的日记，1614年意大利传教士金尼阁（Nicolas Trigault）将利玛窦日记从澳门带到罗马，并译为拉丁文出版。金尼阁除翻译日记外，还增加了关于传教史和利玛窦本人的一些内容。金尼阁是比利时耶稣会士，1611年来华，最初在南京，后到杭州、北京，1614年被作为代表派回罗马，途中将利玛窦的日记整理翻译为拉丁文。1618年率领22名传教士来华，其中有汤若望、罗雅各等人。1628年去世于杭州。著有《西儒耳目资》(*A Help to Western Scholars*)等书。

本书第一卷为关于中国的概述，包括名称版图、物产、机械工艺、人文科学、自然科学、政府机构、风俗习惯、礼仪礼节、宗教派别等；第二至五卷记述传教士，主要是利玛窦本人在中国的传教经历以及见闻。利玛窦日记的一个重要贡献是指出契丹就是中国的另一个名字，而不是欧洲自马可·波罗以来认为的另一个国家。本书对于明代中西交通史、耶稣会入华传教史，以及明史，都具有珍贵的史料参考价值。

236-Ripa 1.1-282.51/R48

Ripa, Matteo. 1682-1746.

Storia della fondazione della Congregazione e del Collegio de' cinesi, sotto il titolo della sagra famiglia di G.C. / scritta dallo stesso fondatore Matteo Ripa e de' viaggi da lui fatti.--Napoli : Tip. Manfredi, 1832.

3 v. : port. ; 22 cm.

t. 1. Dalla sua vocazione sino allo stabilimento della scuola a Pekin -- t. 2. Dallo stabilimento della scuola in Pekin fino alla solenne apertura di questa congregazione e del collegio in Napoli -- t. 3. Il quale contiene quel che avvenne dopo la solenne apertura della fondazione fino agli ultimi anni, in cui potei notare queste memorie.

Italian.

1. Ripa, Matteo. 2. Istituto universitario orientale (Naples, Italy) 3. Missionaries--China--Biography. 4. Missionaries--Italy--Biography. 5. China--Description and travel. I. Title.

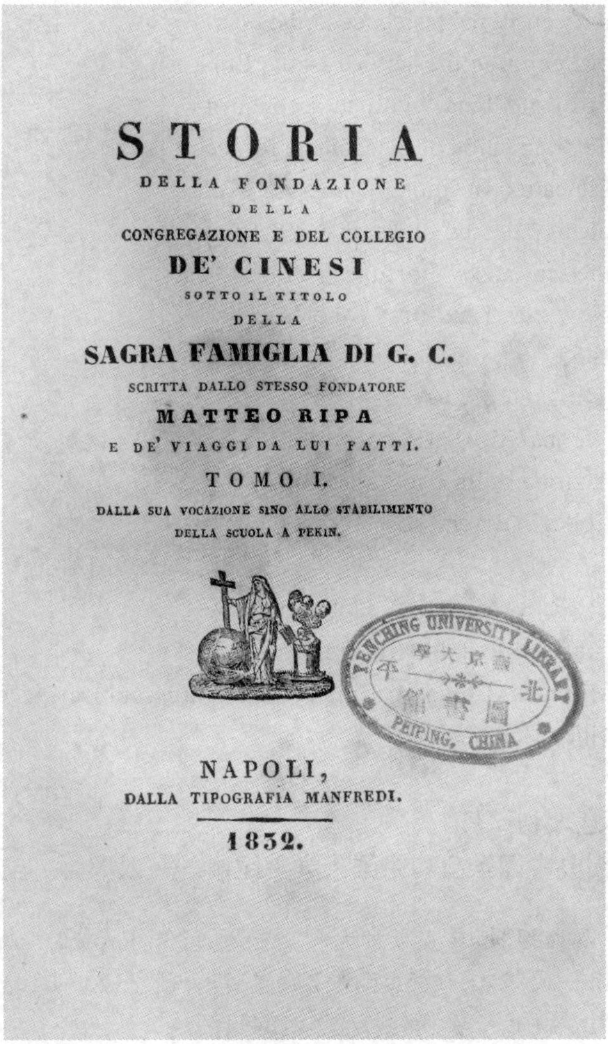

STORIA
DELLA FONDAZIONE
DELLA
CONGREGAZIONE E DEL COLLEGIO
DE' CINESI
SOTTO IL TITOLO
DELLA
SAGRA FAMIGLIA DI G. C.
SCRITTA DALLO STESSO FONDATORE
MATTEO RIPA
E DE' VIAGGI DA LUI FATTI.
TOMO I.
DALLA SUA VOCAZIONE SINO ALLO STABILIMENTO
DELLA SCUOLA A PEKIN.

NAPOLI,
DALLA TIPOGRAFIA MANFREDI.
1832.

[意大利] 马国贤

236-Ripa 1.1-282.51/R48

创办中国圣会和中国人学院纪事——以耶稣“圣家会”的名义

（意大利文，1832）

237-Ripa 1.2-915.1/R48

Ripa, Matteo. 1682-1746.

[Storia della fondazione della congregazione e del Collegio de' cinesi. English. Selections]

Memoirs of Father Ripa : during thirteen years' residence at the court of Peking in the service of the Emperor of China : with an account of the foundation of the College for the Education of Young Chinese at Naples / selected and translated from the Italian by Fortunato Prandi.--New ed.--London : John Murray, 1855.

viii, 160 p. ; 19 cm.

Translation of: Storia della fondazione della congregazione e del Collegio de' cinesi.

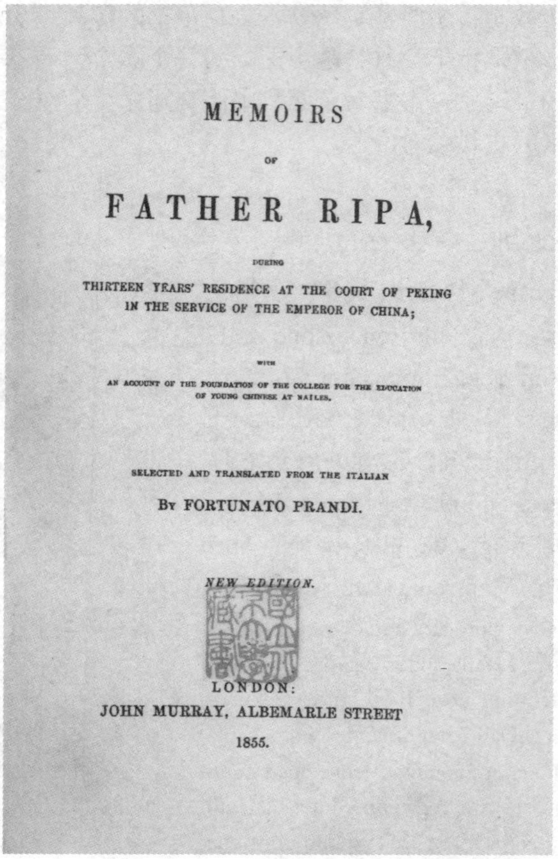

MEMOIRS

OF

FATHER RIPA,

DURING

THIRTEEN YEARS' RESIDENCE AT THE COURT OF PEKING
IN THE SERVICE OF THE EMPEROR OF CHINA;

WITH

AN ACCOUNT OF THE FOUNDATION OF THE COLLEGE FOR THE EDUCATION
OF YOUNG CHINESE AT NAPLES.

SELECTED AND TRANSLATED FROM THE ITALIAN
BY FORTUNATO PRANDI.

NEW EDITION.

LONDON:
JOHN MURRAY, ALBEMARLE STREET
1855.

237-Ripa 1.2-915.1/R48

1. Ripa, Matteo. 2. Istituto universitario orientale (Naples, Italy). 3. Missions--China. 4. China--Description and travel. I. Prandi, Fortunato. II. Title. III. Title: Memoirs of...

[意大利] 马国贤

创办中国圣会和中国人学院纪事——以耶稣“圣家会”的名义（英文，1855）

1832年拿波利意大利文首版（236-Ripa 1.1-282.51/R48），“燕京大学图书馆”藏书章。1855年伦敦英文节本再版（237-Ripa 1.2-915.1/R48），“国立北京大学藏书”章。本书系作者的回忆录。

原书部头庞大，不便流传。流传最广的是1844年由伦敦默里（John Murray）出版公司出版的福尔图纳托·普兰迪（Fortunato Prandi）节译的英文本。该节本重点选取马国贤在华经历部分加以翻译（尤其第一卷），冠上新名称《马国贤神甫客居北京宫廷为中国皇帝效力十三年回忆录》（*Memoirs of Father Ripa: During Thirteen Years Residence at the Court of Peking in the Service of the Emperor of China*）。本书是19世纪欧洲广为流行的汉学名著之一，至今仍被欧美各大学列为学习中国历史的基本参考书。英文节译本已由李天纲翻译，以《清廷十三年——马国贤在华回忆录》为题出版（上海古籍出版社，2006年）。国内尚无意大利文全译本。

马国贤，意大利人，生于今坎帕尼亚大区埃博利（Eboli）。马国贤年轻时认识了"虔劳会"（Congregazione dei Pii Operai）的安东尼·德·托雷斯神父（Antonio de Torres），报名加入其创办的"贞洁圣母修会"（Congregazione di S.Maria della Purità）。其时发生中西"礼仪之争"，罗马教宗派遣铎罗主教为特使来华处理此事。为了给铎罗主教举行授冠仪式，马国贤等四人前往中国，于1710年到达澳门。铎罗主教向清廷推荐马国贤，马遂于1711年进京，以画师和雕刻师身份留居宫廷。1719年，马国贤在京建立一所学校，培养中国传教士，是为"中国人学院"的前身，后习称"中国学院"。1722年接教廷命令返回欧洲，1724年携带5名中国学生登船起航。马国贤在拿波利举办他的"学院"，1725年获教宗承认，随后亦获政府承认，1732年开学。不过，当时"学院"名"亚洲学院"（Collegio Asiatico），因为培养中国和印度的传教士。后来屡经变迁，发展为今天的国际汉学研究重镇"拿波利东方研究院"。

本书意大利文版共3卷。第一卷32章，主要为马国贤早期经历。从他接受神召开始，直到在京建立学校和准备创立一个新修会（"圣家会"）。该卷详述其求学经历；受命前往中国为铎罗主教举行授冠仪式；自伦敦出发，途经好望角、孟加拉、菲律宾群岛、马尼拉、最终抵达澳门的艰辛历程，适时穿插所经地区风土民情；与铎罗主教见面；入京受到康熙帝接见；陪同皇帝出游畅春园，奉命绘制鞑靼地图；雕刻铜版热河行宫图；为学院的第一批新生施洗等。第二卷25章，主要记述中国学院和圣家会的建立。始于北京建校，终于中国学院和圣家会在拿波利正式开张。具体详细记录办学的种种困难、修会得不到教宗承认的诸般苦恼、为生活费四下奔走的历历艰辛，终获承认后的万分喜悦；其间穿插莫斯科公使访华事件、作者在热河行宫中的生活、携中国师生5人从广州返航欧洲的过程。第三卷22章，主要记述修会正式成立后数年间所历诸事。历述办学的困难、中国传教士途经热那亚、加迪斯自意大利返回中国传教的经历等。其间详细描述中国教徒的学习、教会对他们进行的考察、返回中国旅途中的艰险、以及乔万尼·殷（Giovanni In）在教难中殉教的事迹，中国学院发展的艰辛等。最后一章为马国贤的去世，由同修会的纳尔迪（don Carlo Nardi）记叙。

本书附作者画像和勘误表。

Riviere, Henri, 1864-1951.

La céramique dans l'art d'Extrême-Orient / par Henri Rivière ; recueil de cent soixante-deux pièces reproduites en couleurs d'après les originaux choisis dans les musées et dans les collections françaises et étrangères ; préface de Charles Vignier.--Paris : A. Lévy, 1923.

2 v. : mounted col. ill. ; 27 x 39 cm.

Each plate accompanied by leaf with descriptive letterpress.

Plates matted in heavy paper.

Issued in portfolio.

"Il a été tiré de cet ouvrage trois cents exemplaires, sur papier de Rives, numérotes a la press. Exemplaire no. 126."

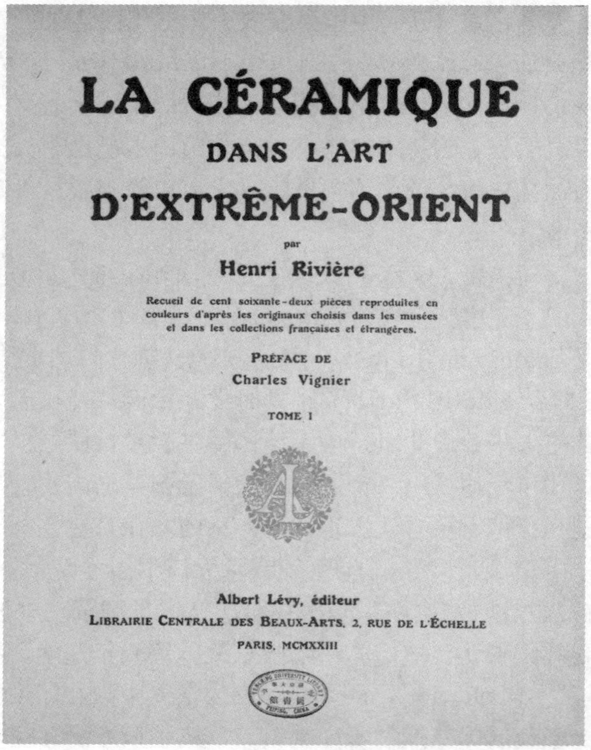
LA CÉRAMIQUE
DANS L'ART
D'EXTRÊME-ORIENT
par
Henri Rivière
Recueil de cent soixante-deux pièces reproduites en couleurs d'après les originaux choisis dans les musées et dans les collections françaises et étrangères.
PRÉFACE DE
Charles Vignier
TOME I
Albert Lévy, éditeur
LIBRAIRIE CENTRALE DES BEAUX-ARTS, 2, RUE DE L'ÉCHELLE
PARIS, MCMXXIII

238-Riviere-738.51/R526

"De la céramique comme mode d'expression de l'art chinois" (signed: Charles Vignier) (v. 1, p. [1]-15)

French.

1. Pottery, Asian. I. Vignier, Charles, b. 1863. I. Title.

[法国] 亨利・里维埃

远东的陶瓷艺术（法文，1923）

1923年巴黎法文版，2卷，其中共有170幅东方陶瓷作品的彩色照片，“燕京大学图书馆”藏书章。

亨利・里维埃，法国著名画家、摄影家。19世纪80年代曾为一些杂志，如《现代生活》（*La Vie Moderne*）和《黑猫》

238T-Riviere-738.51/R526 唐代彩陶

（*Chat Noir*）等刊物制作插图。里维埃对摄影的兴趣始于19世纪80年代中期，拍摄的照片与晚年的绘画风格相近，多为对日常生活的写实之作，避免刻意的艺术造型。他在水彩画、彩色木刻和版画方面也颇有造诣。

本书中的陶瓷图片为彩色照片，每册50页，每页有1至6张不等。此外，目录和书目后各附有一张关于陶瓷的彩色照片。本书有夏尔·维尼埃（Charles Vignier）写的序言：《作为中国艺术表现形式的陶瓷》，序言中有关于陶瓷的彩色照片12张。照片上的瓷器既有单色或彩釉烧制的瓷瓶、瓷杯、瓷碗或瓷香炉等一般家用器皿，也有极具艺术装饰性的彩釉陶瓷人物造型，姿态不凡，栩栩如生。第一卷中辑录70张图片，是根据博物馆及其他个人收藏的陶瓷器原件拍摄的，其中包括作者的个人藏品。每张照片标有陶瓷藏品的高度、直径、烧制工艺和收藏者的姓名等。该卷中收集的瓷器大多产于汉、唐、宋三个朝代，少数产于汉代之前或元代，其中一件唐代瓷葫芦收藏于卢浮宫。第二卷中辑录了86张图片，其中25张图片是中国彩釉陶瓷、6张图片为朝鲜彩釉陶瓷，1张为菲律宾陶瓷，54张图片是日本的陶瓷。中国的彩陶图片中除1件（彩釉瓷盆）产于明代和6件出自元朝外，其他多出自宋代，其中一件宋代彩釉瓷瓶藏于卢浮宫。中国的瓷器中不仅有仿花鸟禽兽和人物造型的珍品，更多的是在瓷器表层饰以彩绘或浮雕，图案精美，令人叹为观止。朝鲜与日本的瓷器从色泽和造型上均逊于中国的瓷器。

239-Rocher-915.134/R585

Rocher, Emile, 1846-.

La province chinoise du Yun-nan / par Emile Rocher.--Paris : E. Leroux, 1879-1880.

2 v., [8] leaves of plates : ill. (some fold.), fold. maps ; 28 cm.

French.

1. Yunnan Sheng (China)--Description and travel. 2. Yunnan Sheng (China)--

239-Rocher-915.134/R585

History. I. Title.

[法国] 弥乐石

中国云南省志（法文，1879—1880）

1879—1880年巴黎法文首版，2卷，“燕京大学图书馆”藏书章，“哈佛燕京学社”藏书票。题签为：献给中国皇家海关总税务司罗伯特·赫德先生。另有1个复本，“德意志帝国驻北京公使馆”藏书章，“德国驻北京公使馆”藏书章。

弥乐石，法国工程师。1865年到云南，曾参与岑毓英镇压回民起义。1886年被中国海关总税务司赫德任命为蒙自首任税务司，后任法国驻蒙自领事。1898年改任法国资本家驻滇代表。本书由曾觉之译成中文，被白寿彝先生编入《回族人物志》（宁夏人民出版社，2000年），中文名为《清季云南回民起义始末》。

1869年前后，云南省政府因受到穆斯林叛乱的威胁，希望寻找一条快捷的途径，从欧洲运入足够的军火，之后当地的叛乱使得这一计划变得更为紧迫。作者因为参与了这一计划，因而获得了许多平时不易见到的资料，依据这些材料及亲身经历写作了此书。本书主要内容包括：1. 从汉口到云南府的路线，包括他们所跨越的省份及云南北部的情况；2. 云南省自纳入中国版图以来的历史（作者称之为“被征服以来的历史”）；3. 整个南方的生产、商业及一般状况；4. 当地所居住的各民族的情况；5. 对穆斯林叛乱的历史性概括；6. 当地矿产开采冶炼情况以及商贸路线。

第一卷附根据最新地图及可靠资讯修正过的云南地图，第二卷末尾附《云南省1871—1873年疫病传播路线以及波及范围图》、《大理府地图》。书后列有汉法对照的云南省各城市列表。此外，题名页印有云南回民起义领袖杜文秀章“总统兵马大元帅杜”。

240-Rochhill-915.1/R591

Rockhill, William Woodville, 1854-1914.

The land of the lamas : notes of a journey through China, Mongolia and Tibet / by William Woodville Rockhill.--New York : The Century Co., 1891.

viii, 399 p. : front., ill., 2 maps ; 24 cm.

Includes index.

1. China--Description and travel. 2. Tibet (China)--Description and travel. 3. Mongolia--Description and travel. I. Title.

[美国] 柔克义

喇嘛之国：穿越中国蒙古和西藏的旅行记（英文，1891）

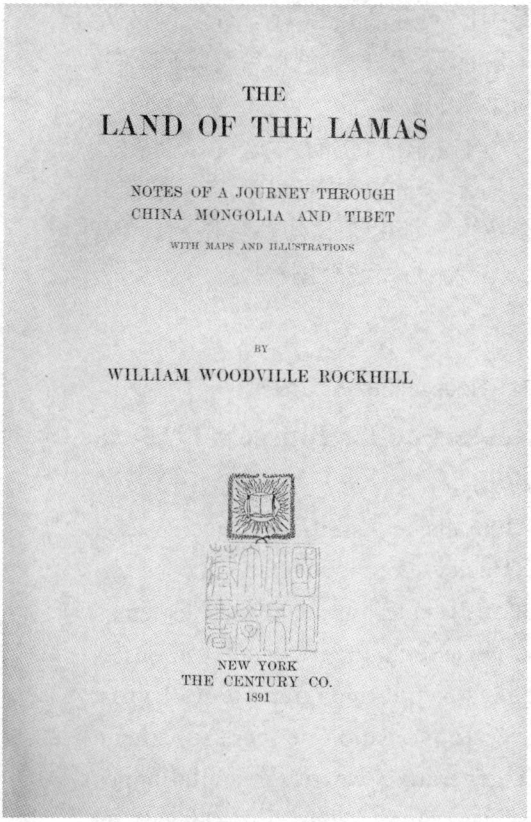
THE

LAND OF THE LAMAS

NOTES OF A JOURNEY THROUGH

CHINA MONGOLIA AND TIBET

WITH MAPS AND ILLUSTRATIONS

BY

WILLIAM WOODVILLE ROCKHILL

NEW YORK

THE CENTURY CO.

1891

240-Rochhill-915.1/R591

1891年纽约英文首版，“国立北京大学藏书”章。另有1个复本。

柔克义，美国外交官、汉学家。1884年来华，任北京美国公使馆二等参赞，1885—1888年任头等参赞。1886—1887年兼驻朝鲜汉城代办。1888—1889及1891—1892年两次到蒙古、西藏探险考察。1901年代表美国签订《辛丑条约》。1905年再度来华，继康格（E. H. Conger）为公使。1914年被袁世凯聘为私人顾问。早年曾从事东方文化研究，以西藏为主攻方向。著作有《释迦牟尼的生平及其教派的早期历史》(*The Life of Buddha and the Early History of His Order*. 1884)；《1891—1892年蒙藏旅行日记》(*Diary of a Journey through Mongolia and Tibet in 1891 and 1892*. 1894)；《藏族人类学笔记》(*Notes on the Ethnology of Tibet*. 1895)等，编有《中朝约章》(*Treaties and Conventions Concerning China and Korea*. 1894-1904)，另外曾译赵汝适《诸蕃志》为英文，名为：*Chau Ju-kua: His Work on the Chinese and Arab Trade in the Twelfth and Thirteenth Centuries*. 1912。

本书详细讲述了作者中国藏区之行的经历，尽管此次入藏没有到达拉萨，但还是给他留下了难忘的印象。1888年底，柔克义离开北京，先后经山西太原、西安府、兰州府至西宁。1889年2月抵达青海塔尔寺，后继续南行，途经青海湖、柴达木，抵达黄河源头，试图前往拉萨，但由于种种原因，在距离拉萨 400 英里的地方折向藏东，经玉树、德格、格达抵达打箭炉(四川康定)，数日后离开打箭炉，从雅安、重庆东行，到达宜昌，最后返回上海。此行历时半年多，行程4900余英里。在这部游记中，柔克义记述了他沿途了解到的藏族习俗，叙述了清代发生在西藏的一些重大历史事件。柔克义及其著作促进了美国藏学研究的发展，他对中国西藏的认识对当时美国政界了解西藏及日后美国在西藏问题上所采取的立场都产生了重要影响。

本书附61幅有关建筑、人物、器具等方面的插图和1幅《青海湖、柴达木、西藏东探险路线图》，1幅《作者旅行路线草图》。

CHINESE PILGRIM ON THE ROAD TO LH'ASA.

240T-Rochhill-915.1/R591 拉萨路上求拜者

241-Roussel-282.51/J499

Roussel de La Tour, ca. 1710-ca. 1798.

Extraits des assertions dangereuses et pernicieuses en tout genre : que les soi-disans jésuites ont, dans tous les temps & persévéramment, soutenues, enseignées & publiées dans leurs livres, avec l'approbation de leurs supérieurs & généraux : vérifiés & collationnés par les commissaires du Parlement, en exécution de l'Arrêté de la Cour du 31 août 1761, & Arrêt du septembre suivant, sur les livres, thèses, cahiers composés, dictés & publiés par les soi-disans jésuites, & autres actes authentiques / déposés au Greffe de la Cour par arrêts des 3 septembre 1761, 5, 17, 18, 26 février & 5 mars 1762.--Paris : Chez Pierre-Guillaume Simon, Imprimeur du Parlement, 1762.

viii, 542 p. ; 26 cm.

Compiled by Roussel de La Tour, with assistance from Abbes Minard et Cl.-P. Goujet. Cf. Barbier, v. 2, 404.

Reprinted in 1826 with the title "Resumé de la doctrine des jésuites, ou, Extraits des assertions dangereuses ..." Cf. Barbier, v. 2, 404.

Errata on verso of last leaf; recto is blank.

French and Latin.

1. Jesuits--France--Controversial literature--Early works to 1800. I. Minard, Louis-Guillaume, 1725-1798. II. Goujet, Claude-Pierre, 1697-1767. III. France. Parlement (Paris) IV. Title.

[法国] 鲁塞尔·德拉图尔

耶稣会士各种危险和有害言论选（法文和拉丁文，1762）

1762年巴黎法文和拉丁文首版，“燕京大学图书馆”藏书章，“燕京大学图书馆”藏书票。

本书编者鲁塞尔·德拉图尔，巴黎高等法院推事，审计庭审查官。

本书收录的是法国最高法院根据1761年相关法令对耶稣会士出版物进行检查审核后整理的耶稣会士有害言论集。耶稣会士因在传教过程中对当地的礼仪采取容忍态度而与其他教派发生“礼仪之争”，在中国礼仪之争问题上，罗马教皇多次宣布中国祭祖祀孔为异端，后于1755年解散耶稣会。

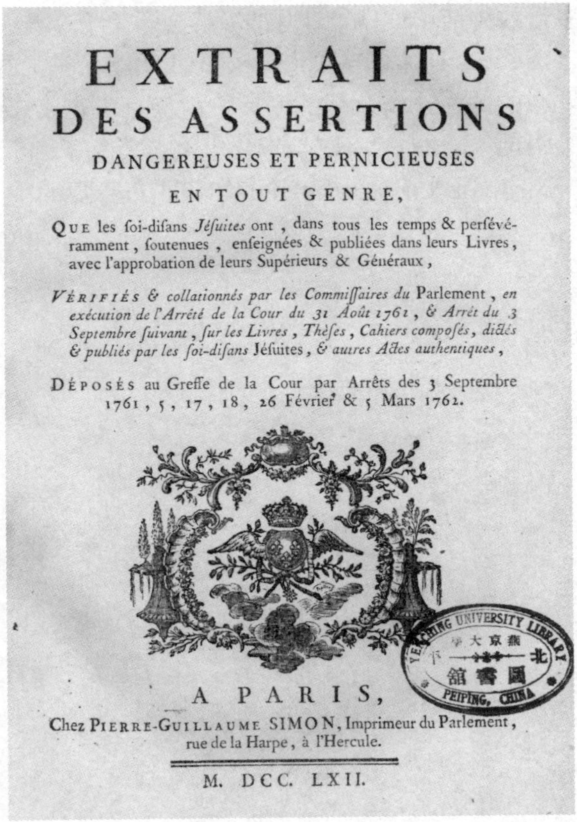

EXTRAITS
DES ASSERTIONS
DANGEREUSES ET PERNICIEUSES
EN TOUT GENRE,

QUE les soi-disans *Jésuites* ont, dans tous les temps & persévéramment, soutenues, enseignées & publiées dans leurs Livres, avec l'approbation de leurs Supérieurs & Généraux,

VÉRIFIÉS & collationnés par les Commissaires du Parlement, *en exécution de l'Arrêté de la Cour du 31 Août 1761, & Arrêt du 3 Septembre suivant, sur les Livres, Thèses, Cahiers composés, dictés & publiés par les soi-disans* Jésuites, *& autres Actes authentiques*,

DÉPOSÉS au Greffe de la Cour par Arrêts des 3 Septembre 1761, 5, 17, 18, 26 Février & 5 Mars 1762.

A PARIS,
Chez PIERRE-GUILLAUME SIMON, Imprimeur du Parlement, rue de la Harpe, à l'Hercule.

M. DCC. LXII.

241-Roussel-282.51/J499

本书正文为拉丁文法文对照，按主题分为18篇，与中国礼仪之争有关的是第十篇“偶像崇拜”中关于中国的部分。此部分的前言主要概述了礼仪之争的主要内容和过程，正文汇集了有关中国礼仪之争的主要文献，所选编的主要内容包括：《在华多明我会传教士辩护书》（*Apologie des dominicains missionnaires de la Chine*）一书中多明我会对耶稣会郭弼恩神父解释的回应，以及耶稣会士卫匡国（Martino Martini, 1614—1661）对1645年多明我会黎玉范神父对耶稣会指责的辩护；福建宗座代牧主教颜当1693年发布的禁止所在教区中国教徒实行中国礼仪的禁令，以及当年颜当给教皇的信；李明《中国近事报道》中对中国人祭祖祀孔的解释；《在华多明我会传教士辩护书》第十五章中多明我会针对卫匡国关于中国人祭祖祀孔辩护的反驳；教皇克雷芒十一世1704年、1710年两次发布的禁止中国信徒祭祖祀孔的圣谕；教皇特使铎罗1707年在南京发布的致在华传教士关于禁止教徒祭祖祀孔的公函，以及耶稣会士针对此写给教皇的申诉书；1710年10月教皇命人写给耶稣会会长的信函；教皇在1711年10月红衣主教会上宣布铎罗特使去世的讲话；1711年11月耶稣会会长关于全会服从教皇命令的郑重声明；茹旺思（Jouvenci）神父在耶稣会史中重申李明神父的主张；教皇克雷芒十一世1715年发布的关于礼仪之争的谕旨；教皇克雷芒十二世1735年发布的敕书；教皇本笃十四世（Benedict XIV）1742年重申禁令等。

本书正文前有所引言论的作者目录表以及最高法院相关文件，正文后附勘误表。

S

242-Saint-Maurice-355/Et14

Saint-Maurice de Saint-Leu, de, 1743-1803.

État actuel de l'art et de la science militaire à la Chine : tiré des livres militaires des Chinois, avec diverses observations sur l'étendue & les bornes des connoissances militaires chez les Européens.--A Londres ; et se trouve à Paris : Chez Didot l'aîné, Libraire-Imprimeur, rue Pavée, près du quai de Augustins, 1773.

288 p., [9] folded leaves of plates : ill. ; 17 cm.

By Saint-Maurice de Saint-Leu and J. Fr. Maxime Chastenet de Puysegur, revised by F. Fr. d'Espie.--cf. Catalogue général de la Bibliothèque nationale.

French.

1. Military art and science--China--Early works to 1800. 2. China--History, Military--Early works to 1800. I. Puysegur, Francois-Jacques-Maximilien de Chastenet, marquis de, 1716-1782. II. Espie, Felix Francois, comte d', 1708-1792. III. Presbyterian Church in the U.S.A. Board of Foreign Missions. IV. Title.

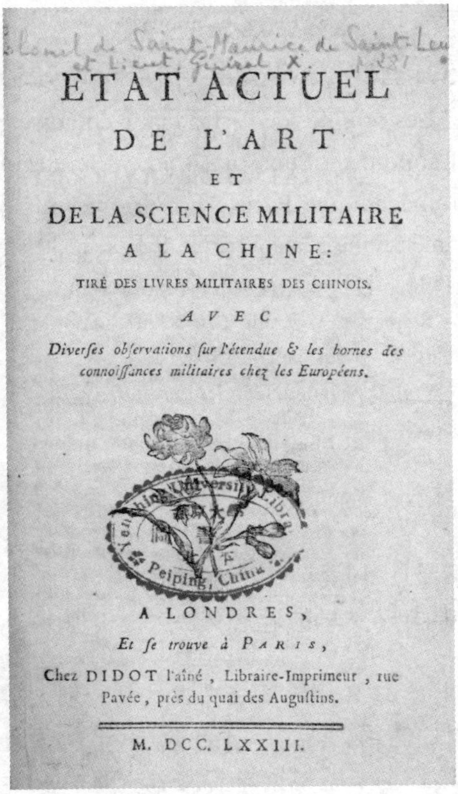
ETAT ACTUEL
DE L'ART
ET
DE LA SCIENCE MILITAIRE
A LA CHINE:
TIRÉ DES LIVRES MILITAIRES DES CHINOIS.
AVEC
Diverſes obſervations ſur l'étendue & les bornes des connoiſſances militaires chez les Européens.
A LONDRES,
Et ſe trouve à PARIS,
Chez DIDOT l'aîné, Libraire-Imprimeur, rue Pavée, près du quai des Auguſtins.
M. DCC. LXXIII.

242-Saint-Maurice-355-Et14

[法国] 圣-莫里斯·德·圣-洛

中国兵法与军事科学现状（法文，1773）

1773年伦敦和巴黎法文版，“燕京大学图书馆”藏书章，“燕京大学图书馆哈佛燕京学社”藏书票。

圣-莫里斯·德圣-洛，1765年开始为《公民大事记》撰稿。

本书是对中国兵法和军事思想的介绍，主要内容包括：雍正帝对军队的指令概述，中国兵法基本思想，钱德明对兵书的翻译，《孙子》、《吴子》、《司马法》、《六韬》选译选介，中国军队的演练和阵法。书末附有：皮塞居（Puységur）侯爵写给夸尼（Coigny）伯爵的关于军队阵列等内容的书信；战术问题；本书内容索引等。

本书附9幅关于阵列和扎营的插图。

243-Saussure-520.9/Sa87

Saussure, Leopold de, 1866-1925.

Les origines de l'astronomie chinoise /par Léopold de Saussure.--Nouvelle ed. photomécanique. Paris : Librarie orientale et américaine Maisonneuve frères, 1930.

594, [4] p. : ill. ; 25 cm.

"Reproduction photomécanique posthume d'articles parus dans le T'oung pao."

"Preface" signed: Gabriel Ferrand.

French.

1. Astronomy, Chinese. I. Title.

[瑞士] 利奥波德·索叙尔

中国天文学的起源（法文，1930）

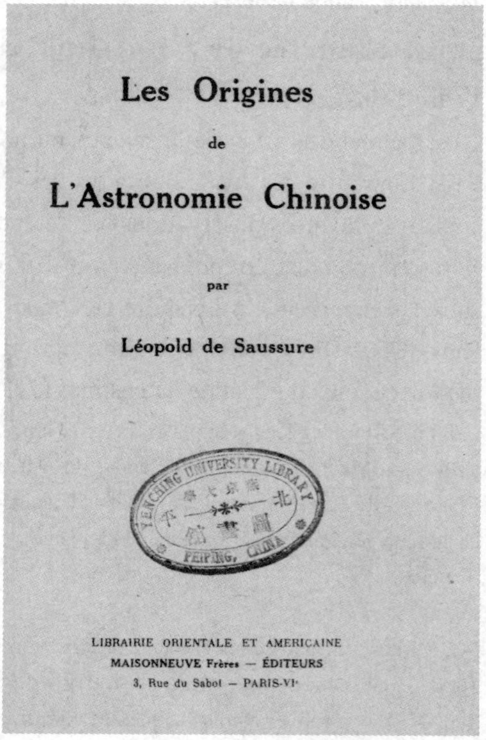

243-Saussure-520.9/Sa87

1930年巴黎法文版，“燕京大学图书馆”藏书章，“哈佛燕京学社”藏书票。本书系根据作者发表于著名汉学杂志《通报》（*T' oung pao*）中的中国天文学相关文章汇编整理而成，书中内容此前曾陆续以报刊合订本形式出版过。

利奥波德·索叙尔，汉学家。1866年出生于日内瓦，1885年成为海军军官。1887年曾在东方语言学校学习，1888至1891年驻扎远东，开始对东方产生兴趣。在《通报》上发表过许多与中国相关的研究文章，如《中国历史年表与周朝的崛起》（*La chronologie chinoise et l' avènement des Tcheou*.1924.）、《昆仑诸山名称的词源研究》（*Étymologie du nom des monts K' ouen Louen*.1921）、《十二生肖与中国人宇宙观的符号体系》（*Le cycle des 12 animaux et le symbolisme cos-*

mologique des Chinois.1920.）等等。

本书系根据作者1907至1924年间发表在《通报》第8—23期上的系列文章汇集而成。他借鉴并发展了皮西厄神父（P. Puiseux）、宋君荣神父以及毕欧等天文学家的研究成果，系统介绍了中国古代天文学的相关知识，包括《尧典》、星宿的起源、东南西北中五宫、五行及其衍生物、十二地支、十二属相、摄提的规律、两极古星（天一、太一）和黄道带等。作者指出中国很早就形成了自己独特的天文学体系，该体系比迦勒底-希腊的更为精确。并认为中国天文学体系受到印度、伊朗的很大影响。

本书附大量图表，包括《十二星宿图》、部分《中国天体图》、《天干地支与行星、纪年的关系表》、《属相与八卦的关系图》等。

244-Scarth-915.1/Sca78

Scarth, John

Twelve years in China : the people, the rebels, and the mandarins / by a British resident ; with illustrations.--Edinburgh : T. Constable and Co., 1860.

xviii, 328 p., [12] leaves of plates : ill. (some col.), fold. map ; 19 cm.

1. China--Description and travel. 2. China--History--Taiping Rebellion, 1850-1864. 3. China--History--Foreign intervention, 1857-1861. I. Title.

[英国] 斯卡思

在华十二年见闻（英文，1860）

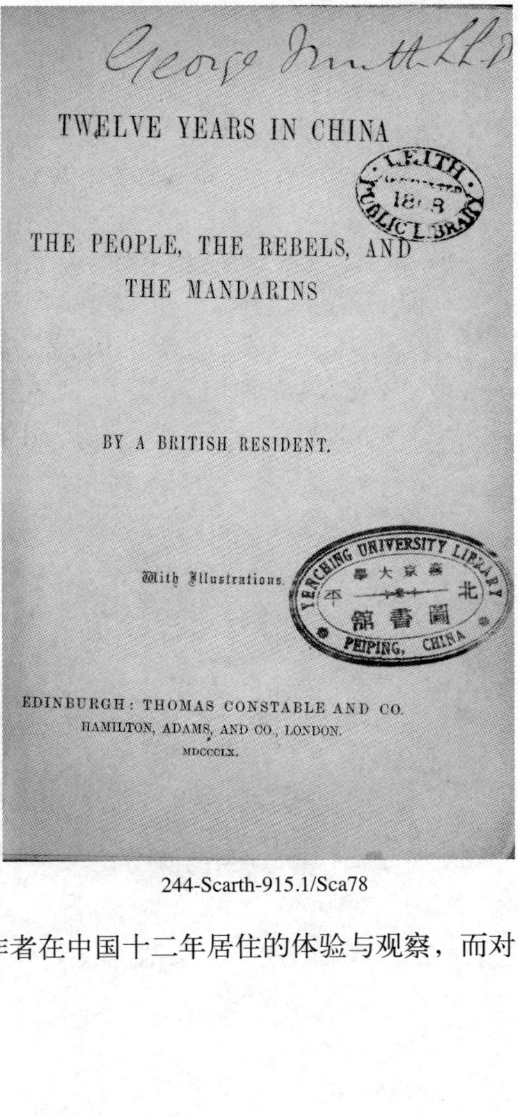
TWELVE YEARS IN CHINA

THE PEOPLE, THE REBELS, AND THE MANDARINS

BY A BRITISH RESIDENT.

With Illustrations.

EDINBURGH: THOMAS CONSTABLE AND CO.
HAMILTON, ADAMS, AND CO., LONDON.
MDCCCLX.

244-Scarth-915.1/Sca78

1860年爱丁堡英文版，“燕京大学图书馆”藏书章，“Leith Public Library”藏书章。

斯卡思，英国商人，1847—1859年间在中国经商。本书一方面介绍了关于中国人的各种知识，一方面也对中英关系发表了评论，前者主要源于作者在中国十二年居住的体验与观察，而对公共事务的评论，作者自称“尽量利用最可靠的信息”。

本书写于1860年，共26章。其时中英之间关系紧张，再次交战似乎不可避免。作者认为，英国政府对华事务决策的正确性很可怀疑。政府官员的大部分时间用在研究往昔的经典和官方文件，他们的信息来源单一，并且因为提供信息者往往同时在清政府内供职，因此并不公正。他指出，1847—1859年中国发生了两次叛乱，这两次叛乱影响深远，西方却给予很少关注。在书中，作者花了很大篇幅介绍遍布中国的这两次叛乱，认为清政府已经很虚弱，很难同时承受内部叛乱和外国入侵的双重灾难，建议英国政府放弃这个一直在支持的政府。作者对清统治者抱批评态度，对中国人民则颇表同情，认为中国人民应该得到更好的统治者，而此书的目的之一，即以新的眼光（商人的眼光）构画一副新的中国画像，希望读者读完此书，能将眼光从统治者的所作所为移开，把中国作为一个民族来看待。

在本书之前，已经有许多人介绍过中国与中国人民，如德庇时、福钧、柯克（George Wingrove Cooke）、密迪乐等。作者指出，他们中的大多数具有官方立场，日常交往在外国人的圈子中，很少能与当地中国人交流，少数著作来自于传教士，他们虽可深入人民群众，但是只关注福音传播。而作者作为一个商人，为了商业利益，到过许多的乡村，与许多的中国人交往，对中国社会的方方面面都感同身受。作为第一本由商人撰写的介绍中国的著作，本书自也有不可忽视的价值。

本书附13幅平版画，包括《纺纱（浙江）》，《福州地势图》，《汕头》、《澳门地方的服装样式》以及《抬轿苦力》、《儿童》、《上海的叛乱者》、广东士兵等各类人物的服装样式等；15幅雕版画，有《香港附近的服装式样》、《中国的犁、桨》等，这些插图来自于作者多次旅行所作的人物素描。

244T-Scarth-915.1/Sca78 汕头人服饰

245-Schall 1.1-282.51/Sch15f

Schall von Bell, Johann Adam, 1592?-1666.

Historica relatio de ortu et progressu fidei orthodoxae in regno chinensi : per missionarios Societatis Jesu ab anno 1581. usque ad annum 1669. Novissimè collecta ex literis eorundem patrum Societatis Jesu / praecipue R. P. Joannis Adami Schall ; editio altera, & aucta, geographica regni chinensis descriptione ; compendiosa narration de statu missionis chinensis ; prodigiis, quae in ultima persecutione contigerunt ; & indice Sumptibus Joan. Conradi Emmrich, civis & bibliopolae.--Ratisbonae : typis Augusti Hanckwitz, anno 1672.

393, [29] p., [2] leaves of plates : ill., fold. map ; 16 cm.

First edition, 1665, published under title: Historica narratio de initio et progressu missionis Societatis Jesu spud Chinenses. cf. Streit, Robert. Bibliotheca missionum. v. 5: 2323.

Includes index.

Latin.

1. Jesuits--Missions. 2. Missions--China. I. Intorcetta, Prospero, 1626-1696. II.Title.

[德国] 汤若望

1581—1669年耶稣会传教士在华正统信徒之兴起和发展史报告（拉丁文，1672）

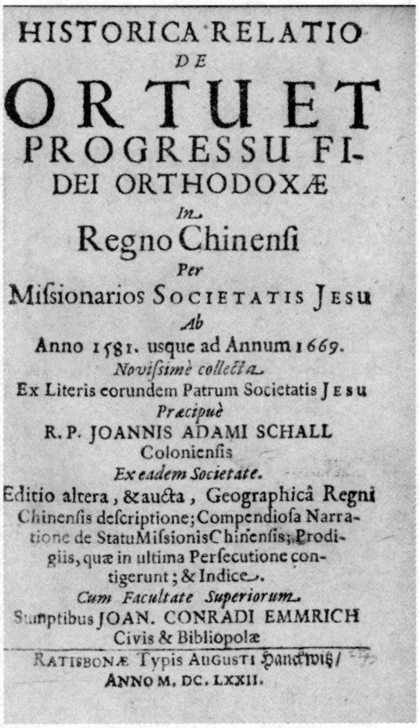

245-Schall 1.1-282.51/Sch15f

245T-Schall 1.1-282.51/Sch15f 汤若望像

246-Schall 1.2-282.51/Sch15

Schall von Bell, Johann Adam, 1592?-1666.

[Historica relatio de ortu et progressu fidei orthodoxae in regno chinensi. German]

Geschichte der chinesischen Mission : unter der Leitung des Pater Johann Adam Schall, Priesters aus der Gesellschaft Jesu / aus dem Lateinischen iibersetzt und mit anmerkungen begleitet von Ig. Sch. von Mannsegg.-- Wien : Mechitaristen-Congregations-Buchhandlung, 1834.

461 p. ; 19 cm.
German.

1. Jesuits. 2. Missions--China. I. Mannsegg, Ig. Sch. von. II. Title. III. Historica…

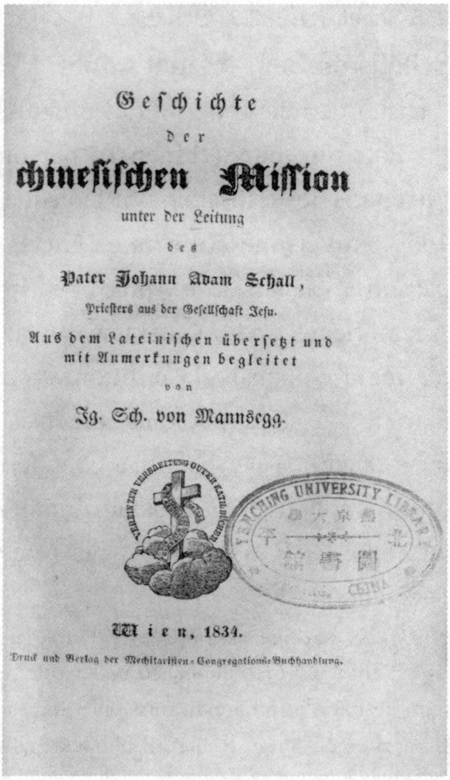

246-Schall 1.2-282.51/Sch15

[德国] 汤若望

1581—1669年耶稣会传教士在华正统信徒之兴起和发展史报告（德文，1834）

1672年雷根斯堡拉丁文版（245-schall1.1-282.5/Sch15f），"国立北京大学藏书"章，"国立北京大学图书馆"登录章，"L. Pastor"藏书票。本书1665年在维也纳以拉丁文首版。1834年由拉丁语本译成德文并由曼泽格(Jg. Sch. von Mannsegg)加注的维也纳德文译本（246-Schall 1.2-282.51/Sch15），"燕京大学图书馆"藏书章。

汤若望，字道未，德国耶稣会传教士，科学家。1622年来华传教，在中国生活了44年后在北京去世，是著名的耶稣会来华传教士，为中国带来新的天文历法，纠正了中国传统历法中的谬误。他热爱中国文化，结交儒家传统士大夫，也不免卷入明末清初社会政治动荡之中。生前用中文著有多部介绍西方天文学和数学的著作，如《古月食考》(*Erörterung über die Finsternisse vom Altertum bis zur Gegenwart*. 1633)、《崇祯历书》(*Mathematisch-astronomische Schriften*.1634)和《浑天仪说》(*Abhandlung über die Konstruktion des Himmels- und Erdglobus*.1636)。他的14部四开本著作当时收藏于罗马教廷图书馆。

本书并非汤若望一人所著，而是从他与友人和其他传教士的往来信件中选辑而成。

本书拉丁文版共分25章。第一章首叙耶稣会在中国传教工作之肇始。第二章叙述耶稣会士对于中国天文历法的改革。第三章叙述耶稣会士借助天文历法的工作而立足于中国的过程。第四章不无自豪地描述他们为中国带来的天文历法的计算方法。从第五章始，描述他们将基督宗教的信仰在中国传布的情形。第六章叙述皇帝对于耶稣会士们的天文学方法深表赞许。其后则记录满族对于明帝国的攻略，以及清王朝的建立和对中国的统治，清朝皇帝对于天文学的兴趣和研讨。汤若望借助这样的机缘进行传教工作，并且为皇帝提供十分清晰的天文学资料。虽然汤若望借助俗世的自然科学工作来传播基督宗教的正统信仰，但他依然认为，正信之所以能够流布中国，是因为上帝的意旨在帮助他进行宣教，以至于大清皇帝也赞同基督宗教、并且协助推动传教事务的开展。之后，汤若望还描述了教堂的建立和众多中国信徒虔诚而忠贞的信仰，男童们和其他信徒们的美德。他随后又记述了欧洲天文历法的先进性、清初皇位的传承、中国人传统的宇宙观等。书后附有耶稣会在华会士名册、工作所年表等。

1834年的德文译本以《中国天主教传教史》为名，分23个部分记载了耶稣会在中国传播天主教的过程。主要内容与拉丁文本相同。

Schlegel, Gustaaf, 1840-1903.

[Hua jian ji (花笺记). Dutch]

Hoa Tsien Ki of geschiedenis van het gebloemde briefpapier : Chinesche roman, uit den Oorspronkelijken text vertaald ; Thian Ti Hwui : the Hung-league or Heaven-Earth-league ; Iets over de prostitutie in China / door G. Schlegel.-- Batavia : Lange & Co., 1865-1866.

viii, 101, xl, 253, 25 p., 16 fold. leaves of plates : fold. ill. ; 28 cm. -- (Verhandelingen van het Bataviaasch genootschap van Kunsten en Wetenschappen ; deel 32)

Dutch.

1. Chinese literature--Translations into Dutch. I. Schlegel, Gustaaf, 1840-1903. Thian Ti Hwui : the Hung-league or Heaven-Earth-league. II. Schlegel, Gustaaf, 1840-1903. Iets over de prostitutie in China. III. Title. IV. Title: Hoa Tsien... V. Thian Ti Hwui: the Hung-league or Heaven-Earth-league. VI. Iets over de prostitutie in China. VII. Ser.

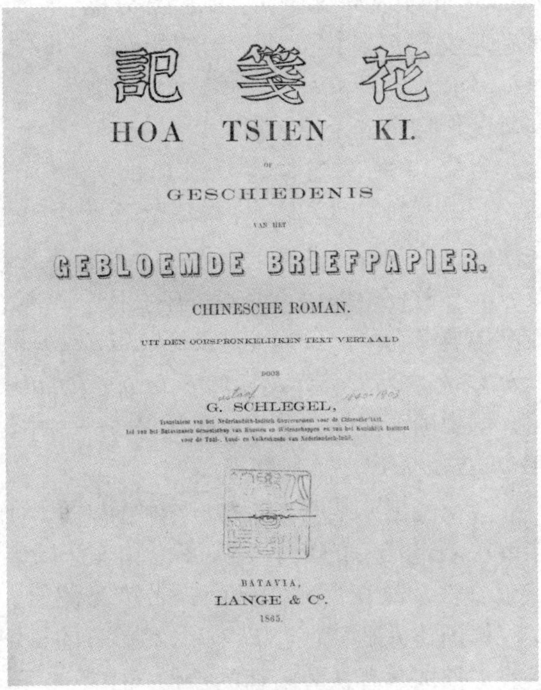
記 箋 花

HOA TSIEN KI.

OF

GESCHIEDENIS

VAN HET

GEBLOEMDE BRIEFPAPIER.

CHINESCHE ROMAN.

UIT DEN OORSPRONKELIJKEN TEXT VERTAALD

DOOR

G. SCHLEGEL,

BATAVIA,

LANGE & C°.

1865.

247-Schlegel 1-366/Sch36

[荷兰] 古斯塔夫・施古德

花笺记（荷兰文，1865—1866）

247T-Schlegel 1-366/Sch36 洪花亭

巴达维亚荷兰文版，是《荷兰民俗学研究》（*Verhandelingen van het Bataviaasch genootschap van Kunsten en Wetenschappen ; deel 32*）1866年第三十二卷，“北京大学图书馆藏书”章。本书共3部分，一是中国的小说《花笺记》的荷兰文译本，完成于1865年；第二部分是题为《“天地会”或者“洪门”》（*Thian Ti Hwui: the Hung-league or Heaven-Earth-league*）的英文研究著作；第三部分也是荷兰文研究著作《论中国的娼妓》（*Iets over de prostitutie in China*）。后两部著作均完成于1866年。

古斯塔夫・施古德（又译薛力赫），9岁学习汉语，17岁来华留学，在澳门、广州等地为荷兰东印度公司服务三年多。返国后于1876年被任命为荷兰莱顿大学首任中国语言文学讲座教授。除本书外，施古德还编有首部闽南语注音荷汉字典《荷华文语类参》(*Nederlandisch—Chineesch Woordenboek met de Transcriptie der Chineesch Karakters in het Tsiang—Tsui Dialect*.1886—1890)4卷，撰写了介绍中国天文学的著作《星辰考源——中国天文志》(*Stng Chin Knao Youen, Wranographic chinoise*. 1875)。

《花笺记》是明末清初广东弹词木鱼歌作品，全称《第八才子书花笺记》，作者佚名，描写的是书生梁亦沧和表妹杨瑶仙之间的爱情婚姻故事。由于杂用广东方言，故在广东、闽南一带广为流传。1824年译成英文 ，1836年译成德文。德国诗人歌德在1827年2月2、3日的日记中曾记述他读英译本《花笺记》的感想。德国学者认为歌德的诗作《中德四季晨昏杂咏》（*Chine-sischrdeutsche Jahre-und Tageszeiten*）14首，很可能是受《花笺记》的影响而写成的。

有关中国民间秘密社会的专著《“天地会”或“洪门”：中国人与荷属东印度公司华人中的秘密社会》，不仅研究中国的天地会，而且也涉及中国周边国家的天地会组织。本著作首先研究了天地会的理论基础，“天”和“地”这两个汉字及其作为基本概念的主要含义，探讨了天地会经常引用的八卦理论。在长达40页的总论性研究中，作者追溯了关于天地会的研究史，考察了他所收集的有关天地会的基本资料，介绍了在中国已经习以为常的诸如上帝、天、老天、皇天、理、太极和气等儒家及道家基本哲学和宗教概念；探讨了河洛之学、祭祀礼仪，考察了中国传统的阴阳四时、日月星辰流转不息的宇宙观；同时也阐释了仁、义、礼、智、信等中国传统儒家伦理。在作者看来，这些基本哲学、宗教学概念无不涉及天地会的教义学说，是中国人所推崇的基本信条，因而在广义上也是天地会所遵循的准则。

作者还具体地探讨了民间秘密社会天地会的历史，它的兴起及在各地的发展，指出其反清复明的结社目的；认为其起源近乎不可考，但是似乎可以追溯到三国时期刘、关、张的结义，佛教对于天地会的形成也有影响，此外晚清时期洪秀全的拜上帝会的一些主张，也对当时的天地会有影响。之后，作者对天地会作了具体的描述，探讨了“金兰”的含义及其对天地会的重要性，介绍了天地会的秘传切口、入会的秘密仪式、会员经常佩戴的护身符和秘符。作者还考察了天地会的组织形式、管理方式、新成员的招收程序、组织内部的规则条例。作者将天地会的秘传暗语、手势分为11大类加以研究，例如器物暗语、问答暗语、茶杯暗语、酒杯按语、饭桌暗语、烟草暗语等。这一部分的最后附21幅关于天地会标志等的插图。

本书第三部分是用荷兰文写成的研究著作《论中国的娼妓》。这是一篇20页的论文。具体内容参见248-Schlegel 2-176.5/Sch36。

248-Schlegel 2-176.5/Sch36

Schlegel, Gustaaf, 1840-1903.

Histoire de la prostitution en Chine / traduite fidèlement du hollandais par le Docteur Schlegel.--Rouen : J. Lemonnyer, 1880.

46 p. ; 19 cm. -- (Curiosites bibliographiques)
Translation of: Iets over de prostitutie in China.
French.

1. Prostitution--China. I. Title. II. Ser.

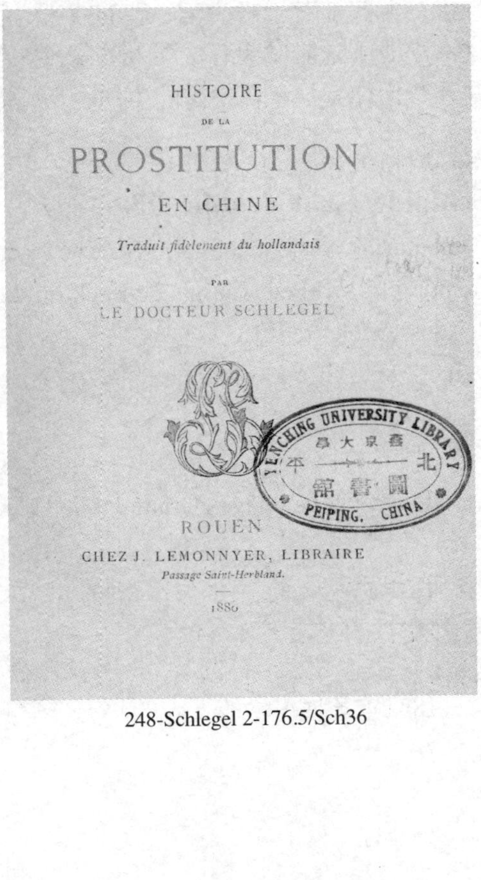

248-Schlegel 2-176.5/Sch36

[荷兰] 古斯塔夫・施古德

中国娼妓考（法文，1880）

1880年鲁昂法译首版，由作者本人译出，“燕京大学图书馆”藏书章。本书原用荷兰语写成，刊行于1866年（*Lets over de prostitutie in China*），参见247-Schlegel 1-366/Sch36。

本书致力于填补此前西方汉学研究中的一个重要空白，探讨了中国文学作品中有关妓院的描述（对妓院的称谓等）、对妓女的描写（对妓女的称谓、妓女的从良等）。讨论了妓院的形成史、男性狎妓的历史、具体的过程、有可能产生的疾病等。研讨了春宫词、春宫画和春宫像。

作者还从道德伦理的角度来描述和分析娼妓这一社会现象在中国的现状和历史。施古德开篇即强调中国娼妓的特殊性，它不同于西方和印度社会中的医院娼妓、宗教娼妓和政治娼妓，呈现为更加世俗化的状态，并且居于律法不及的灰色地带。作者描述了花船妓寮特别是广东一地的建筑格局、运作方式、经营规模，青楼女子的培养过程、日常生活及其悲惨命运，甚至详尽到男女交谈时所使用的不同手势及其象征意义。在忠实地介绍这一社会文化现象的同时，作者着力强调了娼妓对于中国社会道德风尚的影响，与其紧密相关的吸毒犯罪等种种社会不良现象，尤其是对于青少年心智的戕害，特别是对女性的漠视。尽管因篇幅所限，这本小册子未能对此有更深入的探讨，然而作为西人研究中国娼妓的早期著作，并且基于作者早年在中国的生活经历，本书仍然值得一读。

249-Schmidt 1-494.205/Sch54

Schmidt, Isaak Jakob, 1779-1847.

Grammatik der mongolischen Sprache / verfasst von I.J. Schmidt ; Mit einer Tafel in steindruck.--St.-Petersburg : Gedruckt in der Buchdruckerei der Kaiserlichen Akademie der wissenschaften, 1831.

xii, 179 p. : ill. ; 27 cm.

German.

1. Mongolian language--Grammar. I. Title.

[俄国] 伊萨克・雅各布・希密特

蒙古文法（德文，1831）

1831年圣彼得堡德文版，“大学堂藏书楼之章”。

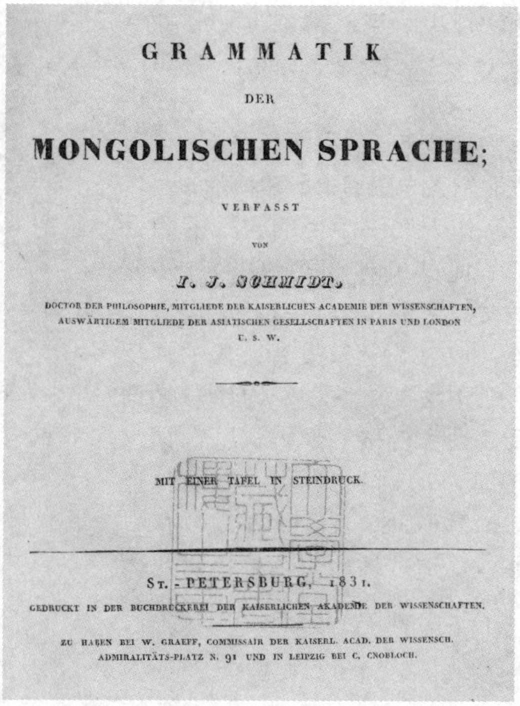

249-Schmidt 1-494.205/Sch54

伊萨克·雅各布·希密特，传教士、《圣经》译者，现代蒙古学、西藏学和佛学奠基人之一。随父到俄国从商，入俄国国籍。经商工作给了他接触、了解蒙古部族生活的机会。学习蒙文、历史及宗教。受俄国圣经学会之托，将《新约圣经》译成蒙文。此外还著有《藏文文法》（参见250-Schmidt 2-495.45/Sch54）、《藏-德字典》（*Tibetisch-deutsches wörterbuch, nebst deutschem wortregister*），并翻译了大量蒙、藏文作品、佛学作品。被沙皇颁予弗拉基米尔勋章，任命为皇帝的枢密院成员、科学院管理委员会成员。

作者认为，学习和研究蒙古语，不仅有益于俄国的贸易和工业，而且有益于俄国与蒙古的政治联系和利益。本书的目的，是引导初学者入门，让他们了解蒙古文的结构及特点，为以后更深入掌握这门语言奠定基础。主要内容包括：1. 文字与发音、单词的重读；2. 词类：名词及变格、形容词、代词、数词、动词、人称—动词的时态与表达方式 、 时态与表达方式的惯用法、动词的变化与变位、派生词、后置介词、副词、连词、感叹词；3. 句法：词的支配关系、句子的构成、阅读练习；4. 补充与更正。

本书部分内容至今仍被西方人学习蒙文采用。

250-Schmidt 2-495.45/Sch54

Schmidt, Isaak Jakob, 1779-1847.

Grammatik der tibetischen Sprache / verfasst von I.J. Schmidt ; Herausgegeben von der kaiserlichen Akademie der Wissenschaften.--St. Petersburg : W. Graff, 1839.

xv, 318, [2] p. ; 27 cm.

German.

1. Tibetan language--Grammar. I. Akademiia nauk SSSR. II. Title.

[俄国] 伊萨克·雅各布·希密特

藏文文法（德文，1839）

1839年圣彼得堡德文版。“国立北京大学图书馆”藏书章。

作者在书中说明，本书的目的是促进在俄国开始学习、研究藏文。主要内容可以分成三个部分：1. 字母及其发音、语助词及其惯用法；2. 词类：冠词、名词及其性和变格、形容词、数词、代词、动词、副词、介词、连词、感叹词；3. 句法。另有附录，包括会话惯用语、语言及阅读练习、缩略词、同义词、副词目录。

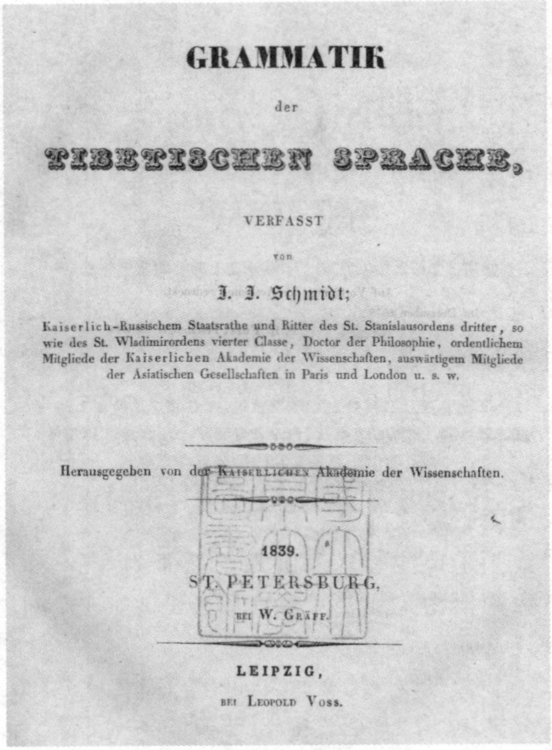

250-Schmidt 2-495.45/Sch54

251-Schott-457/Sch67

Schott, Wilhelm, 1807-1889.

Chinesische Sprachlehre : zum Gebrauche bei Vorlesungen und zur Selbstunterweisung / von Wilhelm Schott.--Berlin : F. Dummler, 1857.

169 p. ; 26 cm.

German.

1. Chinese language--Grammar. I. Title.

[德国] 威廉·肖特

汉语语法（德文，1857）

1857年柏林德文版，“燕京大学图书馆”藏书章。

威廉·肖特，德国东方学者、汉学家，曾在柏林大学学习各种东亚语言。1833年就已在大学开设汉语和中国哲学讲座，并于1838年获美因兹大学非教席教授职位，教授土耳其语、波斯语、汉语、满洲语、蒙古语、藏语、日语等。一生著述颇丰，研究涉及东亚各语种语言、文化和文学领域。与中国相关的书籍有《蒙古人和鞑靼人最古老的报道》（*Älteste Nachrichten von Mongolen und*

Tataren.1846）；《谈亚洲高原和中国的佛教》(*Über den Buddhismus in Hochasien und in China"*. 1846)；《中国文学简述》(*Entwurf einer Beschreibung der chinesischen Litteratur*. 1854)；《谈中国诗学》(*Über die chinesische Verskunst*. 1857)；《中国佛教文学》(*Zur Litteratur des chinesischen Buddhismus*. 1874)；《维吾尔人问题》(*Zur Uigurenfrage*. 1874—1875)。

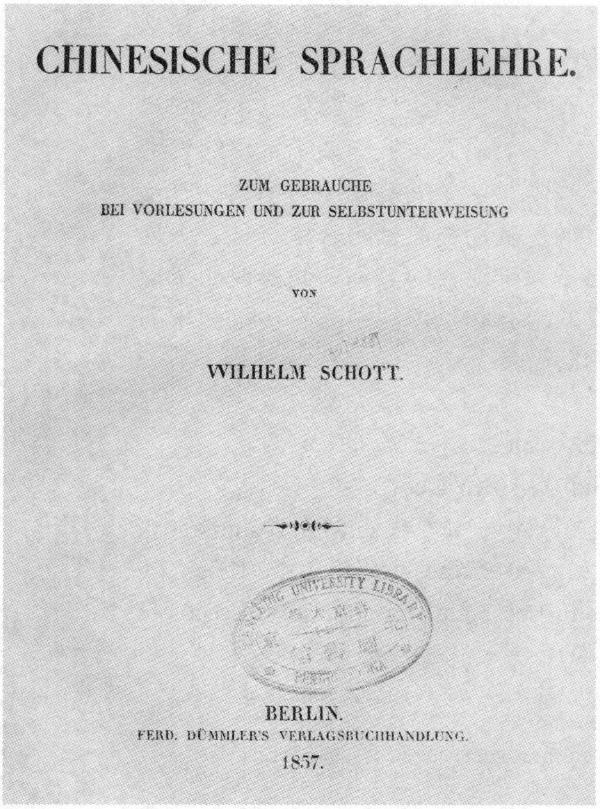
CHINESISCHE SPRACHLEHRE.

ZUM GEBRAUCHE
BEI VORLESUNGEN UND ZUR SELBSTUNTERWEISUNG

VON

WILHELM SCHOTT.

BERLIN.
FERD. DÜMMLER'S VERLAGSBUCHHANDLUNG.
1857.

251-Schott-457/Sch67

本书是作者用于课堂教学和自学用教科书，不分章节，从汉字和词语两大部分讲述了汉语语法。在序言中简要介绍了汉语和中国文学的独立地位及对周边各民族语言和文学的影响，并对方言，如以闽南话和粤语为主的南方方言、中北部地区的官话作了简要介绍。本书第一部分汉字篇，详细讲解了汉字的读音规则和汉字的发展演化。如汉语起源、音素组成及发音规则，演示了汉字的四声及其意义变化，说明汉字是由具有意义的基础汉字组成；举例说明了汉字最初的简单粗略的图形构成，部分汉字在后来的演化过程中失去了原有的形状；汉字构成中独体字的意义以及汉字如何通过偏旁部首的组合形成合体字，同音异形字以及汉字的书写形式，如最初的篆书、隶书到后来用于印刷术的楷书和草书；汉字的书写规范和标点符号的应用；汉语词典单字条目的排列顺序及按笔画排列的214个部首目录的介绍等。第二部分词语篇中详细说明了各种代词、动词、名词、副词、数词等用法。如人称代词、指示代词、疑问代词；字词之间的关系是同位或所属关系等，以及各句子部分之间的关系；联动式词组、名词和动词的连接、副词和其他词语的连接；叠用词组；如何用助词来判断句子和句子之间的关系，如举例说明了助词“之”、“者”、“所”、“以”，条件助词“如”、“则”、“然后”、“即”、“必”、“乃”，程度副词“宁”、“更”、

"愈"、"尚"等在连接句子中起到的各种功能。在专有名词方面，分别解释了"姓"、"名"、"字"的意义；在数词方面就列举了常用的表示"整体"、"大多数"的字词，以及数词、量词和数量的表示方式，并列出了天干地支的名称，简要说明了干支的组合和功用。书后附按笔画排列的助词表。

252-Scott-951.4151/Sco84

Scott, John Lee.

Narrative of a recent imprisonment in China after the wreck of the Kite / by John Lee Scott.--London : W.H. Dalton, 1841.

xi, 131 p., [4] leaves of plates : ill. ; 18 cm.

1. China--Social life and customs. I. Title.

[英国] 约翰·李·斯各特

"风筝"号失事后监禁在中国的日子

(英文，1841)

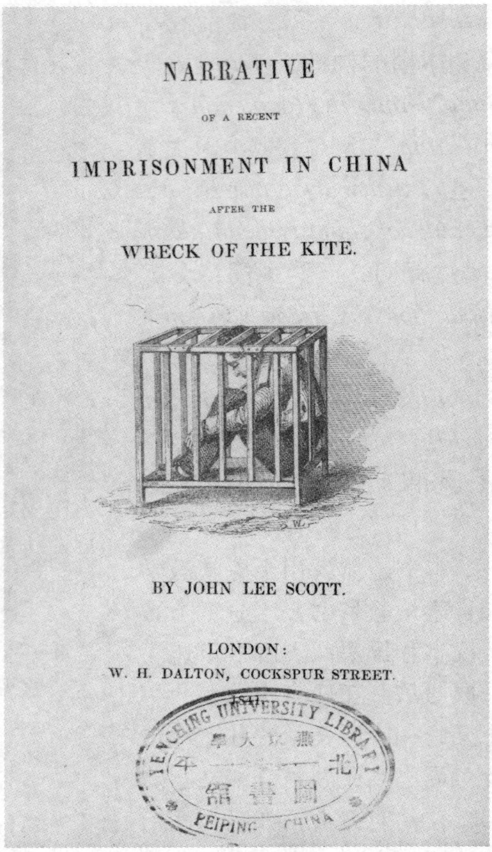

252-Scott-951.4151/Sco84

252T-Scott-951.4151/Sco84 牢笼中的囚犯

1841年伦敦英文版，"燕京大学图书馆"藏书章。

约翰·李·斯各特为英国商人，水手。

1839年7月，作者所在的商船"风筝"号突然被英国军队征用，为英国军队运送物资到中国舟山，但在去舟山途中失事，被民众发现后将作者等人交给中国军队监禁，后经交涉后安全回到英国。本书描述了在长达5个月的监禁和迁移中的经历和感受，包括把他们关在笼子里游街的屈辱感受以及对怜悯他们的中国人的感激等等。

253-Semedo 1.1-951/Se53i

Semedo, Alvaro, 1585-1658.

Relatione della grande monarchia della Cina / del P. Alvaro Semedo Portughese.--Romae : Sumptibus H. Scheus, 1643.

309 p., [1] leaf of plates : ill. ; 21 cm.

Includes index.

Italian.

1. Catholic Church--China. 2. China--History--960-1644. I. Title.

[葡萄牙] 曾德昭

大中国志（意大利文，1643）

253-Semedo 1.1-951/Se53i

253T-Semedo 1.1-951/Se53i 人物

254-Semedo 1.2-951/Se53e

Semedo, Alvaro, 1585-1658.

The history of that great and renowned monarchy of China : wherein all the particular provinces are accurately described: as also the dispositions, manners, learning, lawes, militia, government, and religion of the people, together with the traffick and commodities of that countrey / lately written in Italian by F. Alvarez Semedo ; now put into English by a person of quality, and illustrated with several mapps and figures ; to which is added the history of the late invasion, and conquest of that flourishing kingdom by the Tartars ; with an exact account of the other affairs of China, till these present times.--London : Printed by E. Tyler for I. Crook, 1655.

304 p., [2] leaves of plates : port., fold. map ; 29 cm.

The history of the invasion by the Tartars, p. [251]-304, has special t.-p.: Bellum tartaricum, or, The conquest of the great and most renovvned empire of China, by the invasion of the Tartars ... Written originally in Latine by

Martin Martinius ... London, Printed for J. Crook, 1655.

1. Catholic Church--China. 2. China--History--To 1643. I. Title.

[葡萄牙] 曾德昭

大中国志（英文，1655）

255-Semedo 1.3-951/Se53F

Semedo, Alvaro, 1585-1658.

Histoire universelle de la Chine / par Alvarez Semedo, Portugais ; avec l'Histoire de la guerre des Tartares, contenant les revolutions arriuées en ce grand royaume, depuis quarante ans: par le p. Martin Martini ; traduites nouvellement en françois.--Lyon : H. Prost, 1667.

458 p. ; 22 cm.
French.

1. Catholic Church--China. 2. China--History--Early to 1643. I. Martini, Martino, 1614-1661. Histoire de la guerre des Tartares. II. Title. III. Histoire de la guerre des Tartares.

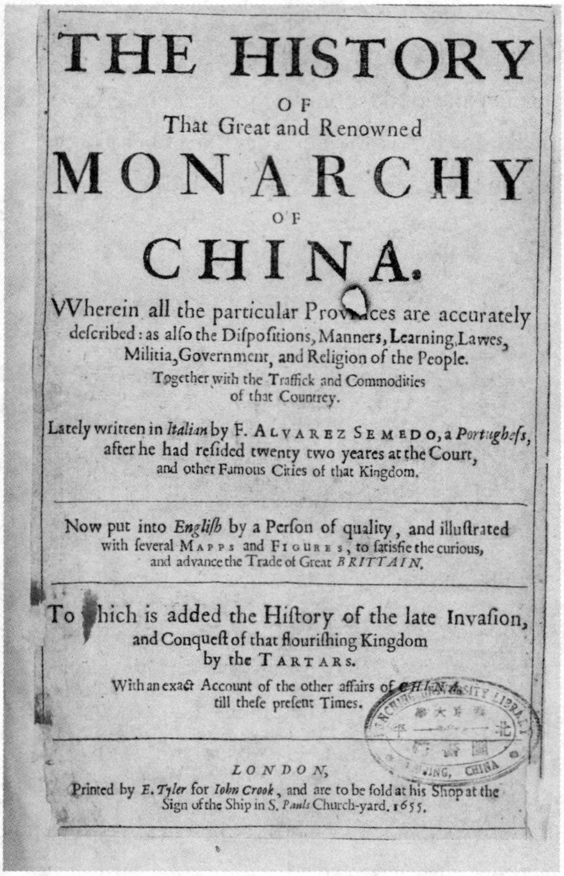
THE HISTORY OF That Great and Renowned MONARCHY OF CHINA.

Wherein all the particular Provinces are accurately described: as also the Dispositions, Manners, Learning, Lawes, Militia, Government, and Religion of the People. Together with the Traffick and Commodities of that Countrey.

Lately written in Italian by F. ALVAREZ SEMEDO, a Portughess, after he had resided twenty two yeares at the Court, and other Famous Cities of that Kingdom.

Now put into English by a Person of quality, and illustrated with several MAPPS and FIGURES, to satisfie the curious, and advance the Trade of Great BRITTAIN.

To which is added the History of the late Invasion, and Conquest of that flourishing Kingdom by the TARTARS.

With an exact Account of the other affairs of CHINA, till these present Times.

LONDON,
Printed by E. Tyler for John Crook, and are to be sold at his Shop at the Sign of the Ship in S. Pauls Church-yard. 1655.

254-Semedo 1.2-951/Se53e

[葡萄牙] 曾德昭

大中国志（法文，1667）

1643年罗马意大利文版（253-Semedo 1.1-951/Se53i），1655年伦敦英译本首版（254-Semedo 1.2-951/Se53e）和1667年里昂法译版（255-Semedo 1.3-951/Se53F），均有"燕京大学图书馆"藏书章。

本书原为葡萄牙文，题为《中国及其邻国传教报告》（*Relação da propagação da fé no regno da China e outros adjacentes*），成稿于1637年，1640年携往葡萄牙，未获刊行。初版于1642年用卡斯蒂莱文（西班牙文的一种）出版，接着在1643、1653、1667和1678年出版意大利文版，1645、1667年出版法文本，1665年出版英文本。1731年，葡萄牙出版了简本。三个世纪后，1956年经当代葡萄牙最著名汉学家之一路易斯·贡萨加·戈梅斯（Luis Gonzaga Gomes）的干预和努力，才在澳门出版了《大中国志》的第一个葡萄牙文全本。1643年意大利文本实是第一个外文全译本，版本价值显而易见。该书中译本由何高济先生据英文本转译，更名为《大中国志》（上海古籍出版社出版，1998年）。

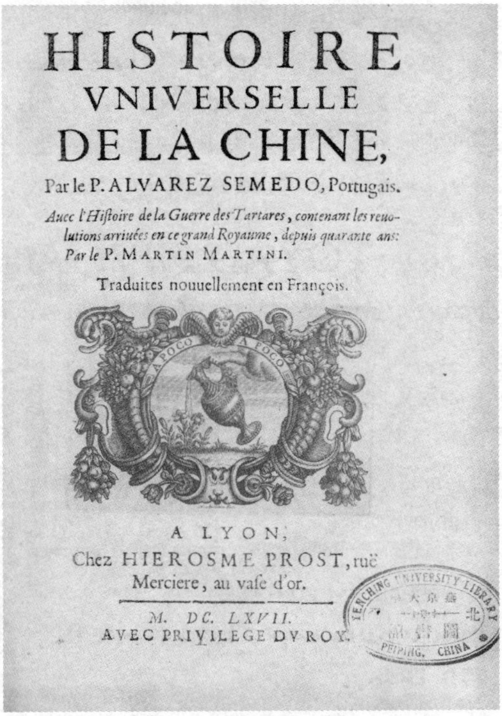
HISTOIRE
VNIVERSELLE
DE LA CHINE,
Par le P. ALVAREZ SEMEDO, Portugais.
Auec l'Histoire de la Guerre des Tartares, contenant les reuolutions arriuées en ce grand Royaume, depuis quarante ans:
Par le P. MARTIN MARTINI.
Traduites nouuellement en François.

A LYON,
Chez HIEROSME PROST, ruë Merciere, au vase d'or.
M. DC. LXVII.
AVEC PRIVILEGE DV ROY.

255-Semedo 1.3-951-Se53f

曾德昭，字继元，原名谢务禄，葡萄牙人，生于现波塔莱格雷大区。1602年入耶稣会，1613年奉命至南京传教。南京沈潅教案后易名曾德昭，方得重回内地传教。1625年，西安附近出土《大秦景教流行中国碑》，三年后德昭见到此碑，属目睹该碑最早的欧洲人。《大中国志》是德昭最重要的著作，也是西方汉学名著，在欧洲颇有影响。英译本云：“他的辛勤撰述，已被译成多种他国文字，且为若干作家引用，在欧洲诸国深受欢迎。”曾氏还撰有《字考》（*Tse K' ao*）一书，可视为最早的葡中、中葡辞典，惜未完成。1658年殁于广州。

本书意大利文版共分两大部分，均分设章目。第一部分31章，据作者多年见闻记述中国物产和文明，可谓琳琅满目。分别讲述中国南北各省概况；中国人的性情、才智和嗜好；服饰；语言文字；教育、书写、科举考试和科举称号的授予方式；中国书籍和学术；第十一章专门介绍中国的科学和“七艺”（arti liberali，即欧洲中世纪确立的语法、修辞、逻辑、算术、几何、天文、音乐等七门学科）；第十二章专门介绍中国礼仪；宴会；赌博；婚姻；丧葬；教派；迷信和祭祀；军队和武器；鞑靼与中国之战；皇帝、皇后和太监；皇帝的婚姻；中国贵人；中国政府和官员；十三省政府；官员徽号；监狱、审判、刑法；中国境内的摩尔人、犹太人等民族；基督教在华传播史和《大秦景教流行中国碑》考释。第二部分13章，记载当时基督教在中国传播状况，勾勒清晰有致。包括在华传播福音的开端；神父们到达南京之前的进展和所受的迫害；神父们入北京前所历诸事；神父们进入并定居北京；韶州、南昌、南京之进展和利玛窦神父的过世；皇帝赐利公葬地和南京教案前传之进展；南京教案；神父遭迫害和放逐；劫后余生；南京第二次教案；神父们奉命赴朝；最后一章讲述大学士李之藻生平。本书是研究晚明清初中国历史和中西交通史的重要参考资料，有的中国学者径直冠上《中国通史》之名。书后附大事索引表，以字母顺序排列。此外，书前附1幅作者画像。

本书英文和法文版还附有卫匡国的《鞑靼战记》（Martin Martinius: *Bellum Tartaricum or the Conquest of the Great and most Renowned Empire of China*），关于其内容，参见175-Martini -910.51/M366。

英文版《大中国志》附1幅《中国分省地图》及1幅《中国官吏夫妇的画像》。《鞑靼战记》附1幅《中国东部和中部的分省地图》，还有1幅《西部鞑靼王的画像》。

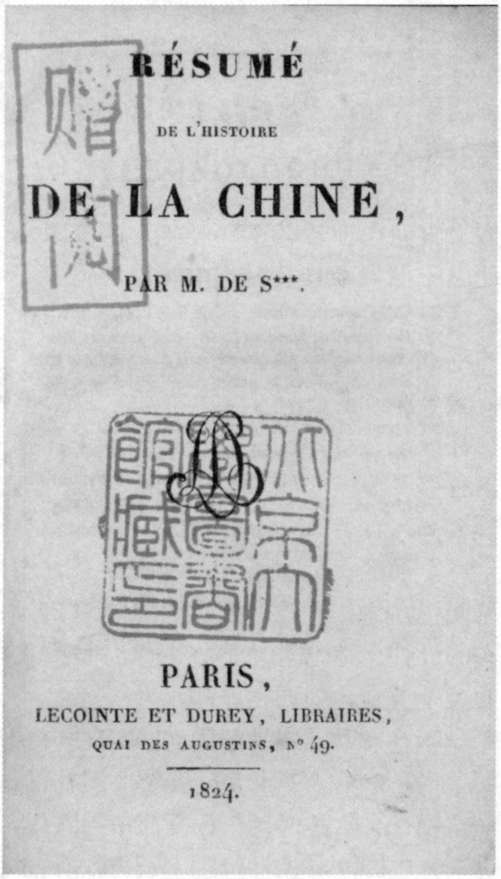

256-Senancour-K20/R313

256-Senancour-K20/R313

Senancour, Etienne Pivert de, 1770-1846.

Résumé de l'histoire de la Chine / par M. de S***.--Paris : Lecointe et Durey, 1824.

ix, 360 p. ; 15 cm.
French.

1. China--History. I. Title.

[法国] 艾蒂安・皮韦尔・塞南古

中国历史概要（法文，1824）

1824年巴黎法文版，袖珍本便携书（15cm），“北京大学图书馆藏印”章。

艾蒂安・皮韦尔・塞南古，法国19世纪浪漫主义小说家，因浪漫主义书信体小说《欧伯曼》（*Oberman*）而出名，受到乔治桑等著名作家的好评，另外著有喜剧、小说和文学评论等。

本书将整个中国历史分为四个历史阶段分别叙述。第一个历史阶段为远古时代，即近七个世纪中神农到黄帝九个帝王的历史。第二个历史阶段长达二十个世纪，由夏商周秦四个早期王朝组成。第三个历史阶段跨越近十五个世纪，其中包括近四年的无政府时期，讲述的朝代包括西汉、东汉、晋、南朝、隋、唐、五代和宋代。最后一个历史阶段只包括元、明、清三个朝代。

作者本着较客观的态度评价了中国在历史上的国际地位，认为中国是个强国，其道德规范是世界上独一无二的。他对中国的政治制度和文化也表现了一定程度的崇敬，书中强调中国皇帝能做到御门听政，以及中国知识分子的灵魂是自由的和虔诚的等内容。这本书受到17、18世纪时欧洲大陆中国热的影响，如作者引用了比利时传教士柏应理（Philippe Couplet）和法国传教士冯秉正等收集的第一手资料，前者译有拉丁语版的《中国哲学家孔子》（*Confucius Sinarum philosophus*.1687），后者在中国生活长达45年之久，根据《通鉴纲目》翻译了十二卷本《中国通史》（参见170-Mailla-951/M282）。

257-Serrano-282.51/Se69

Serrano, Francisco, 1695-1749.

La christiandad de Fogan : en la provincia de Fokien en el imperio de China, cruelmente perseguida del impio Cheu-Hio-Kien, virrey de dicha provincia ... / escrita en la cárcel por Francisco Serrano.--Barcelona : En la Imprenta de los Herederos de Bartholome : María Angela Giralt, 1750.

67 p. ; 20 cm.
Spanish.

1. Sanz, Pedro, d. 1747. 2. Christian martyrs--China. 3. Religious tolerance--China. I. Title.

[西班牙] 弗朗西斯科·塞拉诺

福安教案录（西班牙文，1750）

1750年巴塞罗那西班牙文版，全名为《福安教案录：中华大帝国福建省巡抚周学健残酷迫害基督教信徒——弗朗西斯科·塞拉诺写于狱中》，“燕京大学图书馆”藏书章。

弗朗西斯科·塞拉诺，即圣德方济神父，1695年生于西班牙安达卢西亚地区的格拉纳达，1747年因福安教案殉难。他资质聪颖，早年便有修道的愿望。17岁时进入格拉纳达十字圣架道明会院。在德行和学问两方面有很高的造诣，晋铎后在当地的会院任教授，名声颇佳。但是他希望参加远东传教事业，后获准前往东方。1725年7月到达墨西哥，1727年4月到达马尼拉，稍后转道广东来到福建。

1746年福建教案发生后，与白多禄主教（Pedro Sanz,1680—1747）、费若望（Jannes Alcobel, ?—1749）、施方济（Francesco Díaz del Rincón, 1713—1749）及华雅敬（Joachim Royo, 1691—1749）等神父先后被捕入狱。在狱中开始撰写福安教案报告，并在白多禄死后被任命为主教。本书除了该报告之外，还包括一章附录，收录了塞拉诺及其他传教士的信件。

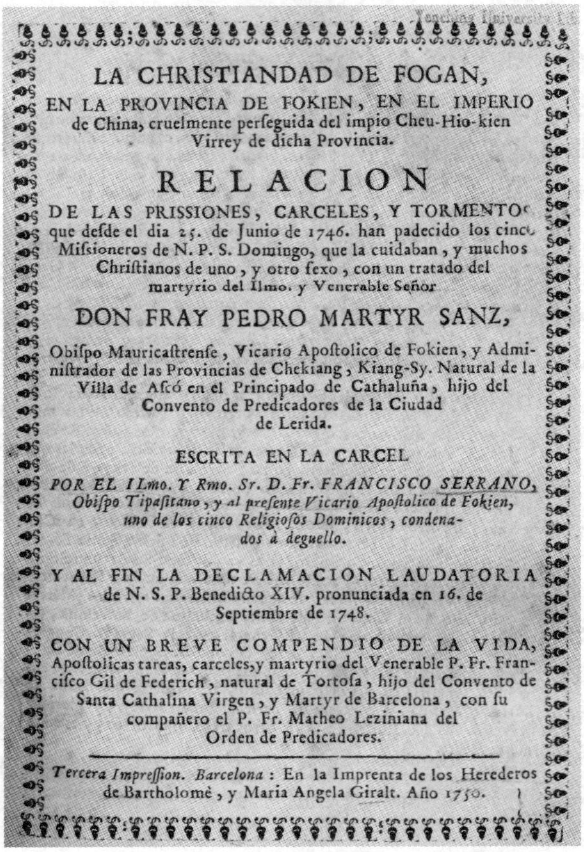

LA CHRISTIANDAD DE FOGAN,
EN LA PROVINCIA DE FOKIEN, EN EL IMPERIO de China, cruelmente perſeguida del impio Cheu-Hio-kien Virrey de dicha Provincia.

RELACION
DE LAS PRISSIONES, CARCELES, Y TORMENTOS que deſde el dia 25. de Junio de 1746. han padecido los cinco Miſsioneros de N. P. S. Domingo, que la cuidaban, y muchos Chriſtianos de uno, y otro ſexo, con un tratado del martyrio del Ilmo. y Venerable Señor

DON FRAY PEDRO MARTYR SANZ,
Obiſpo Mauricaſtrenſe, Vicario Apoſtolico de Fokien, y Adminiſtrador de las Provincias de Chekiang, Kiang-Sy. Natural de la Villa de Aſcó en el Principado de Cathaluña, hijo del Convento de Predicadores de la Ciudad de Lerida.

ESCRITA EN LA CARCEL
POR EL ILmo. Y Rmo. Sr. D. Fr. FRANCISCO SERRANO, Obiſpo Tipaſitano, y al preſente Vicario Apoſtolico de Fokien, uno de los cinco Religioſos Dominicos, condenados à deguello.

Y AL FIN LA DECLAMACION LAUDATORIA de N. S. P. Benedicto XIV. pronunciada en 16. de Septiembre de 1748.

CON UN BREVE COMPENDIO DE LA VIDA, Apoſtolicas tareas, carceles, y martyrio del Venerable P. Fr. Franciſco Gil de Federich, natural de Tortoſa, hijo del Convento de Santa Cathalina Virgen, y Martyr de Barcelona, con ſu compañero el P. Fr. Matheo Leziniana del Orden de Predicadores.

Tercera Impreſſion. Barcelona: En la Imprenta de los Herederos de Bartholomè, y Maria Angela Giralt. Año 1750.

257-Serrano-282.51/Se69

雍正元年（1723），由于福建福安发现西洋人传教，引起官员的忧虑，上报朝廷，雍正下达了禁止传教的命令，只允许传教士居留广东、澳门两地。福安一地关闭了大量的教堂，驱逐了很多传教士。乾隆即位之后，虽然继承了康熙晚年的禁教政策，严禁天主教在中国的传播，但是仍然有西方传教士不顾清廷禁令，潜入内地秘密从事传教活动。由于福安县信奉天主教的人一向众多，因此地方官对于当地可能发生的传教、信教之事格外警惕。乾隆十一年（1746），地方官发现福安县穆阳村一带有传教士传教，立即向福建巡抚周学健报告。周学健开始加紧缉拿传教士，共有白多禄等五位主教被捕，福建特大教案就此爆发。后来在周学健的坚持下，主教白多禄被处以极刑，其他四位神父判处斩监候，1749年秋后处斩。当时案件由福安蔓延至省城，又由福建扩及全国，再由大陆延至澳门，进而牵动葡萄牙政府和罗马天主教会。该事件对中国、中国澳门地区与葡萄牙及天主教会的关系产生了重大影响。

塞拉诺在狱中书写的这份报告后来呈交给梵蒂冈。在报告中他详细描述了福建教案的发生过程，包括当地教堂被查封、官兵的搜查、教民和神父的被捕，指出天主教传教事业在当地遭受到沉重的打击。除此之外，他还记载了巡抚周学健的冷酷无情、对天主教的极度仇恨，以及他们五位神父在狱中遭受残酷刑罚的情景。塞拉诺还描叙了白多禄的殉教过程，记载了主教圣尸显灵的情景。本书对全面了解福建教案是一份不可多得的历史资料。

258-Serry-282.51/Se68

Serry, Giacomo Giacinto, 1659-1738.

Contra-risposte, o siano esami di tutte le scritture pubblicate dai protettori de riti condannati della Cina : intorno ad un fatto accaduto in Scio nell'anno 1694 e riferito come di passaggio in aggiunta alla seconda edizione della Difesa del giudizio formato dalla Santa Sede Appostolica.--In Torino : Battista Fontana Libraro, [1710?]

207 p. ; 16 cm.
"Errori" (p. 206)
Attributed by Melzi to J.H. Serry.
Italian.

1. Catholic Church--China. 2. Jesuits--Missions--China. 3. Chinese rites. I. Title.

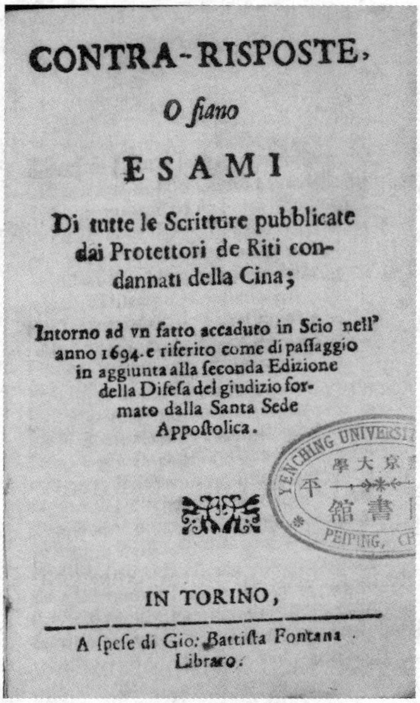

258-Serry-282.51/Se68

[意大利] 贾科莫・贾钦托・塞里

对中国一切有罪礼仪之维护者出版物的反驳或检视——以1694年希俄斯岛事件为中心兼论《捍卫教廷裁决》一书第二版（意大利文，1710?）

1710年都灵意大利文版，“燕京大学图书馆”藏书章，最早成书和出版时间不详。这是1710年2月之后作者对自己以前所著《捍卫教廷裁决》一书第二版的补充论述，揭示了天主教会内部在中西“礼仪”问题上的矛盾冲突，是研究该问题的第一手材料。

贾科莫・贾钦托・塞里，多明我修会会士。生于法国，逝于帕多瓦。曾担任教廷禁书目录部顾问和帕多瓦大学神学教授，著有神学著作多种。在本书之前，著有《捍卫教廷关于中国礼仪问题所作（1704年11月20日）并由铎罗主教在南京公布之裁决（1707年2月7日）》（*Difesa del giudizio formato dalla S. Sede Apostolica, nel dì 20. Novembre 1704. E pubblicato in Nankino dal card. di Tournon, alli 7. Febbraio 1707 intorno a' riti, e cerimonie cinesi*）一书，1709年在都灵出版。该书旨

在驳斥那些在“礼仪之争”中没有执行教宗十一世1704上谕（即《祭祖禁令》）的耶稣会士，以维护教廷正统观点，统一教会认识。

大约在1710年，塞里又撰新书即本书，继续驳斥耶稣会士的观点，找到了一个新论据——希腊希俄斯岛（Chios）事件——来论证教会的观点。该书分为正文四个部分和附录。第一部分叙述希俄斯岛事件。原来，信奉东正教的希腊妇女，为了同当地信奉伊斯兰教的土耳其人结婚而改变了信仰，这一行为得到了当地耶稣会士的默许，他们还为这些妇女秘密施行弃教仪式。接下来的两部分正文，是对这些耶稣会士的事后声明的驳斥和检视。第二部分是对已经回到威尼斯的耶稣会士们声明的检视。第三部分是对一份证据的审查。第四部分是对另一份公开声明的审查。这份声明是耶稣会士在全体骑士阶层和贵族面前所作的、对自己亵渎宗教和教会指控的辩护。另有骑士阶层的质疑共12条。本书末附铎罗主教从南京致北京宫中耶稣会首领的信（译自拉丁文，信件落款为1707年1月18日，南京），以及铎罗从澳门致其弟铎罗侯爵（Marchese di Tournon）的信。

259-Shanghai E-951.417/Sh18

Shanghai Evening Courier.

The Tientsin massacre : being documents published in the Shanghai Evening Courier, from June 16th, to 23rd August, 1870 ; with an introductory narrative.--[Shanghai] : Shanghai Evening Courier Office, [18--?]

1 v. (various pagings) ; 23 cm.

Cover title.

1. Tianjin Massacre, Tianjin, China, 1870. I. Title.

通闻晚报馆

天津惨案：《通闻晚报》文献辑（1870年6月16日—8月23日）

（英文，18--?）

上海英文版，“燕京大学图书馆”藏书章，“燕京大学图书馆”藏书票。

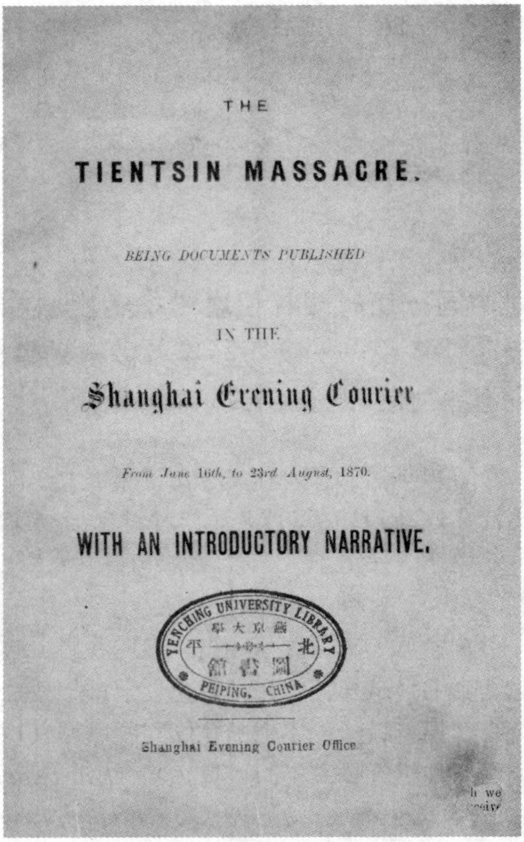

259-Shanghai E-951.417/Sh18

1860年英法联军强迫清政府签订《北京条约》后，法国天主教传教士在天津望海楼设立教堂，吸收恶棍入教，拐骗人口，强占民地，激起民愤。1870年6月21日天津人民因育婴堂虐死婴儿数十名，聚众到教堂说理。法国领事丰大业（Henry Fontanier）在与中国官员的交涉中两次向中国官员开枪并击伤一名随从，致使围观的中国百姓激于众忿，将该领事群殴致死，并焚毁教堂等处房屋，从而酿成巨案，引发了中外纠纷。本书即是1870年天津教案的文献选辑，总共有69个文件，选自上海的《通闻晚报》（*Shanghai Evening Courier*），内有一导读，出版地、出版时间皆不详。

《通闻晚报》，又译《晋源报》、《通闻西报》、《上海差报》。1868年出版，是当时上海唯一的英文晚报。1875年被《晚报》合并，改称《上海差报与中国钞报》，1890年停刊。该报重视对中国新闻的调查报告，聘用了一批优秀的记者，在中国各大城市均派驻通讯员，建立了一个较为完善的通讯报道网。因此《通闻晚报》的报道既新又快，且来源广泛，史料价值很高。本书选录的69份文件，有的是《通闻晚报》在各地的通讯员的报道，有的是读者来信，有的是各界人士的私人通讯，包括传教士与中国绅士，还有地方官员的布告（如崇厚、天津知县刘杰等），以及政府公报中的相关消息等，所有这些或者以英文书写，或者译成英文，翔实记录了中国社会在天津教案发生前后的反应，具有较高的史料价值。

260-Shanghai M-333.0951/Sh18

Shanghai Municipal Council.

The Shanghai land regulations : (original and present codes) and sundry documents relating thereto ; Land regulations and bye-laws for the foreign settlements of Shanghai, North of the Yang-King-Pang ; Municipal council, Shanghai : special report on the delimitation of the boundaries of Hongkew or the American settlement at Shanghai. --Shanghai : Printed at the "North-China Herald" Office, 1868-1893.

1 v. (various pagings) ; 20 cm.

Includes index.

"Published by order of the municipal council for 1861 and reprinted, with an index, by order of the municipal council of 1868-69."

English and Chinese.

1. Land tenure--China--Shanghai--Law. I. Title. II. Land regulations and bye-laws for the foreign settlements of Shanghai, North of the Yang-King-Pang. III. Municipal council, Shanghai: special report on the delimitation of the boundaries of Hongkew or the American settlement at Shanghai.

上海市政委员会

上海土地章程（英文和中文，1868—1893）

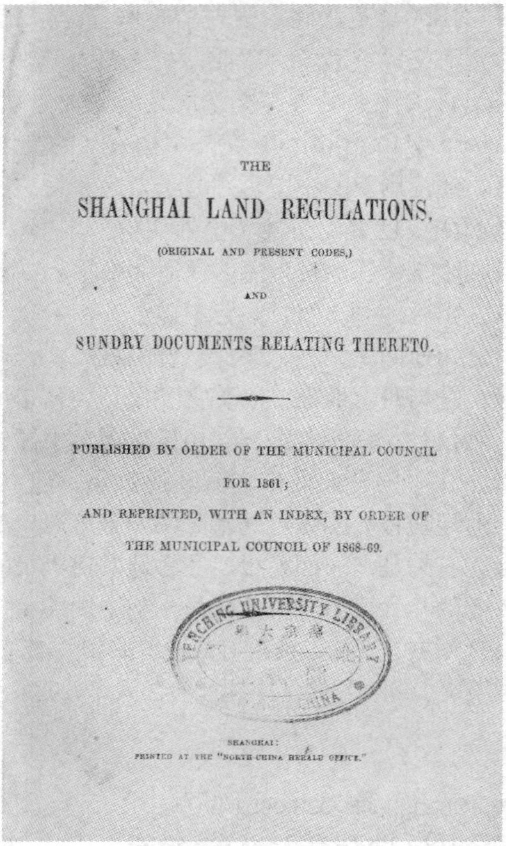
THE

SHANGHAI LAND REGULATIONS,

(ORIGINAL AND PRESENT CODES,)

AND

SUNDRY DOCUMENTS RELATING THERETO.

PUBLISHED BY ORDER OF THE MUNICIPAL COUNCIL

FOR 1861;

AND REPRINTED, WITH AN INDEX, BY ORDER OF

THE MUNICIPAL COUNCIL OF 1868-69.

SHANGHAI:

PRINTED AT THE "NORTH-CHINA HERALD OFFICE."

260-Shanghai M-333.0951/Sh18

1868—1893年由上海市政委员会出版英文版，并附有中文，“燕京大学图书馆”藏书章。

本书介绍了《上海土地章程》最初制定的条款和当时增改的法令，以及与此章程相关的各种会议和文件。具体内容包括《上海土地章程》最初议定的23条条款，当时新增改的14条法令及与之相关的会议和文件，另外还有详细的中英文本的《上海洋泾浜北首租界章程》，《新定虹口租界章程》、《虹口美租界界定的重要报告》等。《上海土地章程》是近代中国第一个关于开辟租界(上海英租界)的中英地方协定。由清政府上海道台宫慕久与英国驻沪领事巴富尔（Sir George Balfour）商定后陆续公布，并于1845年抄送英国领事。双方磋商议定洋泾浜以北，李家厂以南地基租给英商建房居住。这个章程既确定了外侨和华民之间的具体租地办法、租地范围、手续、费率及其他有关事项，又规定了界内的一些城市建设、市政管理的基本原则和应行措施。它标志着近代上海主权开始沦丧，但同时也标志着上海对外大开放和城市现代化的一个历史性的起点。此外，这个章程更深广的意义还在于，经过之后多次修改、补充，它不仅成了上海公共租界的根本法，而且因为这个租界是外国在华建立的最重要基地，该章程曾被广泛运用，成为全国各地租界辟设和制定制度的基础和依据，在近代中国历史上有重要的地位。

261-Shijing-181.22/F586saL

Shi jing (诗经). Latin. 1830.

Confucii Chi-king, sive, Liber carminum / ex Latina P. Lacharme interpretatione ; edidit Julius Mohl.--Stuttgartiae ; Tubingae : Sumptibus J.G. Cottae, 1830.

xxii, xiv, 322 p. ; 19 cm.

Includes index.

Pars 1. Koue-fong dicta, sive, In variis Sinae regnis decantatae cantilenae -- pars 2. Dicta Siao-ya, (quod rectum est sed inferiore ordine) -- pars 3. Dicta Ta-ya, sive, Magnum rectum (quod rectum est superiore ordine) -- pars 4. Dicta Song, sive, Parentales cantus -- Notae in librum Chi-king.

Latin.

1. Chinese poetry--Translations into Latin. I. Confucius. II. Lacharme, Alexandre de, 1695-1767. III. Mohl, Julius, 1800-1876. IV. J.G. Cotta'sche Buchhandlung. V. Title: Confucii Chi-king...

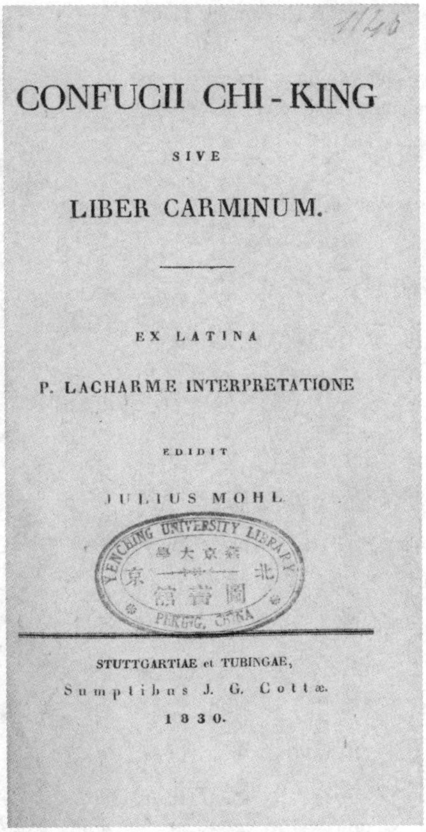

261-Shijing-181.22/F586saL

诗经（拉丁文，1830）

1830年斯图加特和图宾根拉丁文译本，由孙璋（Alexandre de la Charme，1695—1767）翻译，朱利叶斯·莫尔（Julius Mohl，1800—1876）编辑，“燕京大学图书馆”藏书章，“燕京大学图书馆哈佛燕京学社”藏书票。

孙璋，法国耶稣会士，1695年生，1728年来华，在华39年，始终留居北京。1767年卒。孙璋精研满、汉两种语言，中俄交涉时曾担任译员。

编者在前言中简述孔子编订《诗经》的始末以及《诗经》在中国传统文化中的地位，并举出1830年以前欧洲人对《诗经》部分篇章的零星翻译。编者特意说明，孙璋是唯一将《诗经》全书译成拉丁文的人。根据编者的说法，孙璋从1733年开始翻译《诗经》，何时完成全部译文已不可考。莫尔系根据译者的手稿编订成书，编者前言作于1829年12月。全书按风、雅、颂的顺序将《诗经》全部译为拉丁文，220页以后是对各诗作的拉丁文简要注释。

262-Sirén 1-915.111/Si77w

Sirén, Osvald, 1879-1966.

The walls and gates of Peking / cresearches and impressions by Osvald Sirén ; illustrated with 109 photogravures after photographs by the author and fifty architectural drawings made by Chinese artists.--London : John Lane, 1924.

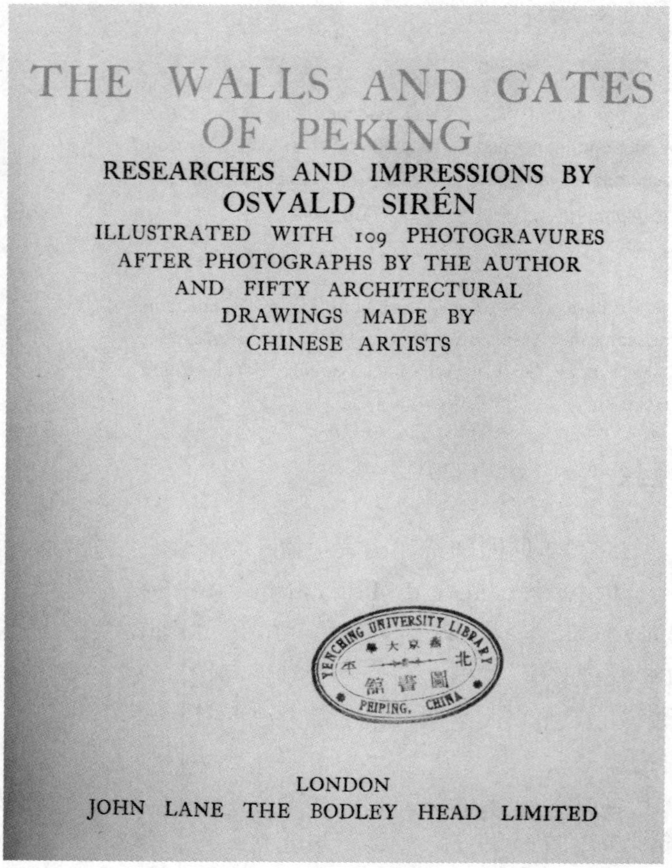

THE WALLS AND GATES OF PEKING

RESEARCHES AND IMPRESSIONS BY

OSVALD SIRÉN

ILLUSTRATED WITH 109 PHOTOGRAVURES AFTER PHOTOGRAPHS BY THE AUTHOR AND FIFTY ARCHITECTURAL DRAWINGS MADE BY CHINESE ARTISTS

LONDON

JOHN LANE THE BODLEY HEAD LIMITED

262-Sirén 1-915.111/Si77w

xvii, 239 p. : ill., maps, plans ; 33 cm.

"This edition is limited to eight hundred copies for sale, of which this is no. 16."

1. Walls--China--Beijing. I. Title.

[瑞典] 喜仁龙

北京的城墙和城门

（英文，1924）

1924年伦敦英文首版，限量收藏版，“燕京大学图书馆”藏书章、“燕京大学图书馆哈佛燕京学社”藏书票，收藏编号为220。另有2个复本：“北京大学图书馆藏印”章，收藏编号为16；“国立北京大学图书馆”藏书章、“国立北京大学”藏书章，收藏编号为240。本书中文译本1985年由北京燕山出版社出版。

喜仁龙，瑞典美术史学家，1879年生于芬兰，赫尔辛基大学毕业，曾任瑞典斯德哥尔摩国家博物馆助理、斯德哥尔摩大学美术史教授，曾在美国耶鲁大学、哈佛大学和日本讲学。1920—1956年间曾先后五次访问中国。1930年当选为芬兰科学院院士。早期研究西洋美术史，1918年在日本讲学和1920年旅居中国时，开始密切关注东方美术，对中国古代艺术十分热爱，并进行了深入研究。这方面主要著作除本书外，还有：《中国雕塑》（参见263-Sirén 2-730.51/Si77）、《美国藏品中的中国绘画》（参见264-Sirén 3-750.51/Si77c）、《中国早期绘画史》（参见265-Sirén 4-750.51/Si77he）、《中国明清绘画史》（参见266-Sirén 5-750.51/Si77h）、《中国花园》（参见267-Sirén 6-712/Si77）、《中国绘画：大师和原理》（参见268-Sirén 7-712/Si77）等。

作者在序中指出，本书的撰写动机源于北京城门的美和它在点缀中国首都胜景方面所起的特殊作用。作者对北京城门进行了几个月的考察研究，本书的史料主要来自于地方志和城墙城门上的碑记印文。全书共分8部分：一、概述中国北方城市的外观、建筑、住宅、街道、店铺、牌楼、钟楼和鼓楼、宝塔、全景感受等；二、根据《顺天府志》、《日下旧闻考》和贝勒（E.Bretschneider, 1833—1901）的相关研究，概述北京城从古城蓟到元大都的历史；三、明代北京内城的扩建，对内城城墙高度和厚度的测量，内城城墙外壁和顶部情况；四、对北京内城墙内侧壁分南城墙、东城墙、北城墙、西城墙四部分加以详细分段介绍；五、对东南西北方向的北京内城墙外壁分别加以介绍，主要介绍了墩台；六、北京外城城墙的长度、高度和厚度，内侧壁、外侧壁情况；七、北京内城九门的总体介绍，对每座城门的详细介绍；八、对外城七门的具体介绍。

本书附109幅北京城墙和城门，以及西安城墙和城门，青州的城墙和街道，潍县街道照片，以北京城墙城门为主；此外有中国艺术家绘制的北京城门城墙建筑图，另有1幅北京城略图。

263-Sirén 2-730.51/Si77

Sirén, Osvald, 1879-1966.

Chinese sculpture from the fifth to the fourteenth century : over 900 specimens in stone, bronze, lacquer and wood, principally from northern China, with descriptions and an introductory essay / by Osvald Sirén.--London : E. Benn, 1925.

4 v., 623 plates : ill. ; 33 cm.

v. 1. Text -- v. 2-4. Plates.

1. Sculpture, Chinese. I. Title.

[瑞典] 喜仁龙

中国雕塑（英文，1925）

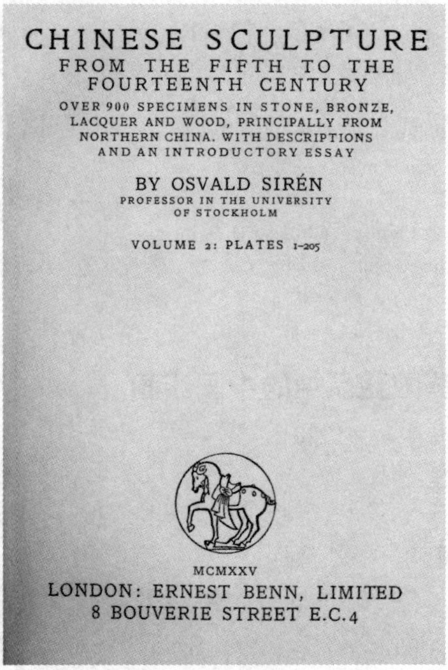
CHINESE SCULPTURE
FROM THE FIFTH TO THE FOURTEENTH CENTURY
OVER 900 SPECIMENS IN STONE, BRONZE, LACQUER AND WOOD, PRINCIPALLY FROM NORTHERN CHINA. WITH DESCRIPTIONS AND AN INTRODUCTORY ESSAY
BY OSVALD SIRÉN
PROFESSOR IN THE UNIVERSITY OF STOCKHOLM
VOLUME 2: PLATES 1-205
MCMXXV
LONDON: ERNEST BENN, LIMITED
8 BOUVERIE STREET E.C.4

263-Sirén 2-730.51/Si77

1925年伦敦英文首版，“燕京大学图书馆”藏书章（钢印）。

作者在序中指出，本书通过大量有代表性的材料来展示中国5到14世纪雕塑的风格和历史发展，为西方人提供从历史和宗教方面了解中国雕塑的新视角。本书第一卷为文字，分为雕塑特性介绍和图片说明两部分。前者将中国5到14世纪雕塑风格的发展演变分为原始期、转变期、成熟期、衰落和重新发展期四个阶段加以介绍；后者为本书雕塑图片的简短说明，包括类型、图案构成、位置、年代等。第二至四卷为本书主体，包括623处雕塑照片，以佛教雕塑为主，或为单幅，或为反映不同局部或不同角度的多幅照片，主要由作者拍摄，少部分来自博物馆、私人收藏者。图片按历史朝代排列，包括西秦、南宋、南齐、南梁、北魏、西魏、东魏、北齐、北周、隋、唐、五代、辽、金、宋、元，对于不确定历史年代的，按照风格排列。每个历史朝代之下，再按照地域排列，对于流散到西方国家的雕塑，主要根据风格和材料来判断原来所在地域。

264-Sirén 3-750.51/Si77c

Sirén, Osvald, 1879-1966.

Chinese paintings in American collections / by Osvald Sirén.--Paris ; Brussels : G. van Oest, 1928.

109 p., 200 plates : ill. ; 44 x 33 cm.--(Annales du Musee Guimet. Bibliotheque d'art. Nouvelle serie ; 2)

Issued in portfolio.

1. Painting, Chinese. 2. Painting--United States. I. Title.

[瑞典] 喜仁龙

美国藏品中的中国绘画

（英文，1928）

1928年巴黎和布鲁塞尔英文首版，“燕京大学图书馆”藏书章（钢印）。

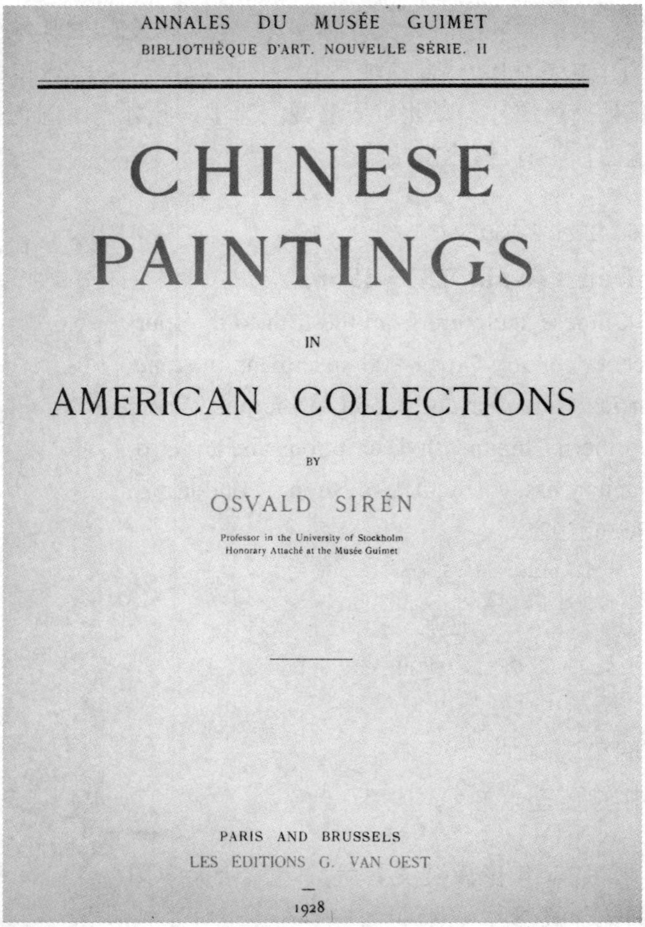

264-Sirén 3-750.51/Si77c

本书由文字和图片两部分组成。文字部分包括导言和图片介绍。作者在导言中指出，美国一些博物馆在中国和日本早期绘画收藏方面比欧洲要丰富得多，本书所介绍的中国绘画主要来自波士顿艺术博物馆（Museum of Fine Arts in

Boston）和华盛顿弗里尔美术馆（Freer Gallery of Art）的收藏，此外还有来自纽约大都会博物馆(The Metropolitan Museum of Art, New York)以及私人的收藏。作者介绍了波士顿艺术博物馆中国和日本艺术部收藏并来源——三位在日本多年的波士顿收藏者的收藏、收藏的主要内容和特色，介绍了中国和日本艺术部早期两位主任芬诺洛萨（Fenollosa）和冈仓（Okakura）在该部发展过程中所起的重要作用，以及冈仓对中国绘画藏品的看法和对中国绘画的鉴定。导言也介绍了弗里尔美术馆收藏的唯一并来源——查尔斯・L.・弗里尔(Charles L. Freer)的收藏生涯，讲述了弗里尔在京都和北京收购绘画的趣闻轶事，描述了他在北京琉璃厂购买绘画的过程，评价了弗里尔作为中国绘画收藏家和鉴赏家的地位和他的藏品在当时的意义，并说明弗里尔去世后，他的藏品经鉴定，多数绘画的年代没有弗里尔认为的那么早，绘画作者也存在问题。

本书文字的第二部分是关于本书绘画图片的介绍，内容包括绘画的年代、作者、装裱形式、题款、印鉴、鉴赏家的评语等。

本书图片部分包括200幅黑白印刷的中国古代绘画。作者在导言中指出，本书所介绍的中国古代绘画以宋元明时期为主，也有年代更早或清代的。绘画按照年代排列，导言中还介绍了判定绘画年代的标准。

265-Sirén 4-750.51/Si77he

Sirén, Osvald, 1879-1966.

A history of early Chinese painting / by Osvald Sirén.--London : Medici Society, [1933]

2 v., 226 plates : ill. ; 33 cm.

"Of this edition ... 525 only have been printed of which 500 are for sale ..."

v. 1. From the Han to the beginning of the Sung period -- v. 2. From the Sung to the end of the Yuan dynasty.

1. Painting--China--History. 2. Painting, Chinese. I. Title.

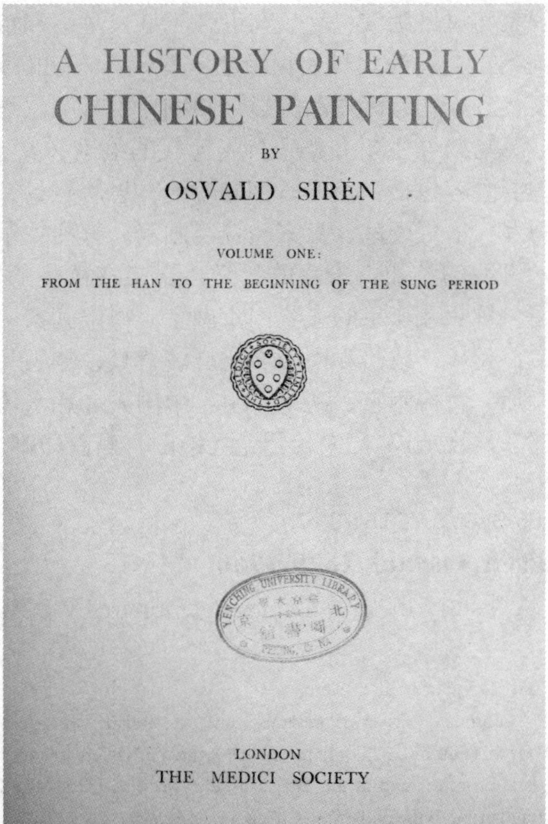

265-Sirén 4-750.51/Si77he

[瑞典] 喜仁龙

中国早期绘画史（英文，1933）

1933年伦敦英文首版，2卷，“燕京大学图书馆”藏书章，“燕京大学图书馆哈佛燕京学社”藏书票。

本书主要介绍了中国汉代到元代的绘画作品，每卷采取前文后图的编排形式。

本书前言指出，本书比之前的西方相关著作为读者提供了更为大量的关于所讨论的画家和时代的原始信息，并在可能的情况下将之与艺术作品结合起来。

第一卷主要介绍汉代到宋初的绘画。文字部分有导言和7章正文，主要内容包括：汉代的壁画、石碑画、砖画等，以及中国早期绘画特征；三国到六朝时期，佛教给绘画带来的新的灵感，顾恺之等名画家，敦煌早期绘画，谢赫的绘画理论；作为绘画过渡时期的隋代的政治、宗教背景和著名画家；初唐的宗教绘画和著名画家；作为艺术和诗歌黄金时期的中唐，吴道子与王维，动物画家、肖像画家与风俗画家；晚唐与五代时期：政治和宗教背景，五代时的艺术中心，僧侣画家、花鸟画家与人物画家；五代与宋初的风景画家。图片部分，共收录100幅汉代到宋初绘画作品，黑白印刷。

第二卷主要介绍宋代到元代的绘画。文字部分有3章正文和两个索引。正文主要内容包括：北宋时期的政治、思想背景，作为画家和评论家的宋徽宗，文人画家、僧侣画家，皇家画院及画家，郭熙关于山水画的论述；南宋时期，作为艺术之城的杭州，朱熹的哲学，聚集在杭州的北宋皇家画院画家，马、夏派山水画，杭州和燕京的人物山水画家，禅宗画家，龙、鱼画家，葡藤、梅花、水仙画家；元代，政治和中西文化交流背景，复古与传统主义者，宗教绘画，著名山水大师，竹梅画家。两个索引：中国人名和术语索引，外国人名和术语索引。图片部分，收录126幅宋代到元代绘画，黑白印刷。

266-Sirén 5-750.51/Si77h

Sirén, Osvald, 1879-1966.

A history of later Chinese painting / by Osvald Sirén.--London : Medici Society, 1938.

2 v., 242 plates : ill. ; 33 cm.

"A continuation to...two previous volumes, published in 1933 under the title A history of early Chinese painting."

"Of this edition...525 only have been printed of which 500 are for sale...number 114."

v. 1. From the end of the Yuan period to the end of the Wan li reign, c.1350-1620 -- v. 2. From the end of the Ming period to the end of the Ch'ien lung reign, c.1620-1796.

1. Painting--China--History. I. Title.

[瑞典] 喜仁龙

中国明清绘画史（英文，1938）

1938年伦敦英文首版，2卷，“燕京大学图书馆”藏书章，“燕京大学图书馆哈佛燕京学社”藏书票。

本书为作者《中国早期绘画史》的续篇，主要介绍了中国明清两代的绘画，每卷采取前文后图的编排形式。

本书前言中指出，如果要理解画家的绘画，必须了解他在文字中表达的思想和理论。因此作者在介绍画家及其作品时，尽量选择画家的一些相关文字翻译出来。作者对历史背景的介绍，不局限于少数杰出大师和他们的追随者，而是注意揭示艺术演进总体潮流中的各种活动，并凸现短暂兴盛的地方学派的特性和相对重要性。

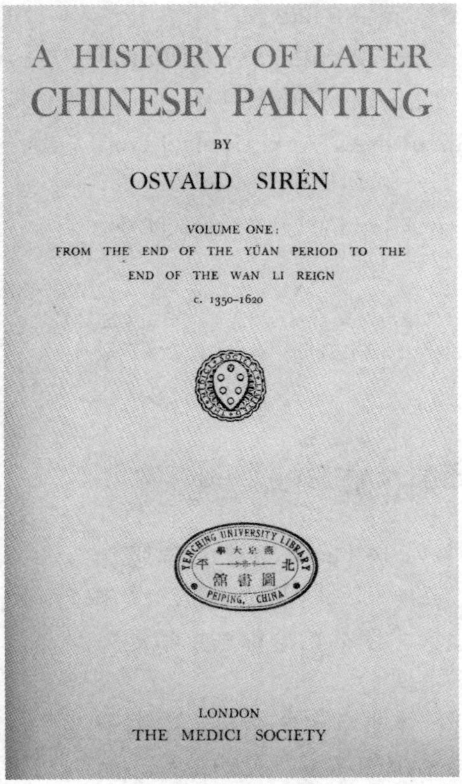
A HISTORY OF LATER
CHINESE PAINTING
BY
OSVALD SIRÉN
VOLUME ONE:
FROM THE END OF THE YÜAN PERIOD TO THE
END OF THE WAN LI REIGN
c. 1350–1620

LONDON
THE MEDICI SOCIETY

第一卷主要介绍元末到明万历朝（1350—1620）的绘画。文字部分共5章，主要内容包括：元末画家与他们的后继者；明初帝王与宫廷画家、风景与竹画家；浙派主要画家及其追随者，花鸟画家与浙派晚期追随者；吴派主要代表画家及其追随者，吴派花鸟画家；董其昌与他的朋友——松江画派。正文后附中国、日本复制出版的中国绘画集书目，以及明代主要画家及作品列表。列表按照画家英文译名的顺序排列，每位画家给出其中文名字、字号，籍贯、生活年代、主要绘画类型，然后列出他们的作品，以及在复制画册中的收录情况。图片部分，共收录124幅元末至明万历年间绘画作品，黑白印刷。

第二卷主要介绍明末到清乾隆朝（1620—1796）的绘画。文字部分共10章，主要内容包括：明末各地的风景画家；明末人物、花鸟、竹画家；《十竹斋画谱》评论；清代早期宫廷画家，欧洲绘画的影响；明朝遗民画家；清代著名僧侣画家；娄东画派及其后继者；西部与其他花鸟动物画家；扬州八怪；乾隆末年及以后活跃的画家等。正文最后附清代主要画家及作品列表，形式与第一卷相同。此外还附中文人名、术语索引。图片部分，收录118幅明末到清乾隆年间绘画，黑白印刷。

Sirén, Osvald, 1879-1966.

Gardens of China / by Osvald Sirén.--New York : Ronald Press Co., c1949.

xiv, 141 p., [219] p. of plates : ill. (part col.) ; 32 cm.

1. Landscape gardening--China. 2. Gardens--China. I. Title.

GARDENS OF CHINA

by OSVALD SIRÉN

formerly of THE UNIVERSITY OF STOCKHOLM, THE NATIONAL MUSEUM IN STOCKHOLM

author of A HISTORY OF EARLY CHINESE ART, THE WALLS AND GATES OF PEKING, A HISTORY OF EARLY CHINESE PAINTING, A HISTORY OF LATER CHINESE PAINTING, THE CHINESE ON THE ART OF PAINTING, ETC.

THE RONALD PRESS COMPANY · NEW YORK

267T-Sirén 6-712/Si77

[瑞典] 喜仁龙

中国花园（英文，1949）

1949年纽约英文首版，"燕京大学图书馆"章、"燕京大学图书馆哈佛燕京学社"藏书票。

本书前言中指出，本书不是系统的初步研究的结果，而仅是作者早年海外游历的粗略记忆，以及在北京和苏州花园中漫步所获得的大致印象。在这些当中，最突出的不是花园的各种正式元素，而是它们作为整体的印象。为撰写本书，作者主要参考了明末造园专家计成的著作《园冶》，并从其他中文图书中参考了一些绘图和历史数据，同时也参考了西方图书中的相关研究成果。

本书文字分为10章2部分。第一部分介绍中国花园的一般基本特征和布局，山水奇石和花草树木在花园中的重要性和作用，亭阁、回廊、围墙、曲径等花园建筑元素设计。作者还翻译了《园冶》等中国古代图书的相关内容供读者参考。第二部分，作者首先根据历史资料和中国古人著述，撰写了"文学和绘画中的花园"作为导言，并介绍了日本的一些较早期花园，作为中国花园艺术发展历史的概括。随后介绍了杭州的灵隐寺、黄龙寺，苏州的拙政园、狮子林、留园、网师园、怡园、沧浪亭，北京的成王府遗迹和恭王府等私人花园，中海、南海、北海、圆明园、颐和园、玉泉山等皇家花园。

本书文字后附208幅作者所拍摄的苏州、北京花园照片以及中国古代花园图片；10幅莲花、荔枝、罂粟等中国古代彩色花木插图，60余幅花园全景、花园布局、奇石、栏杆样式、门窗样式等插图；题名页前有1幅彩色假山花园图。

267T-Siren 6-712/Si77 恭王府花园

Sirén, Osvald, 1879-1966.

Chinese painting : leading masters and principles / Osvald Sirén.--London : Lund Humphries ; New York : Ronald Press, c1956-c1958.

7 v. : ill. (some col.) ; 29 cm.

"Annotated lists of paintings and reproductions of paintings by Chinese artists": 95 p. at end of v. 2.

pt. 1. The first millennium: v. 1. Early Chinese painting. v. 2. The Sung period. v. 3. Plates -- pt. 2. The later centuries: v. 4. The Yuan and early Ming masters. v. 5. The later Ming and leading Ch'ing masters. v. 6. Plates. v. 7. Annotated lists of paintings and reproductions of paintings by Chinese artists.

1. Painting--China--History. 2. Painting, Chinese. 3. Painters--China. I. Title.

Osvald Sirén

Chinese Painting

LEADING MASTERS AND PRINCIPLES

PART I

The First Millennium

VOLUME I

EARLY CHINESE PAINTING

LUND HUMPHRIES, LONDON

THE RONALD PRESS COMPANY, NEW YORK

268-Sirén 7-759.951/Si77

[瑞典] 喜仁龙

中国绘画：大师和原理

（英文，c1956-c1958）

1956—1958年纽约英文版，“北京大学图书馆藏印”章。

本书共7卷，分为2部分，以中国一千年来和近百年两个时间段来介绍我国绘画内容，记述了中国各个历史朝代的绘画情况及绘画大师。第一卷概括地介绍了战国、汉代、六朝、隋代、唐朝和五代等中国早期绘画情况；第二卷主要介绍了宋朝年间的中国绘画内容；第三卷展示了一千年来中国一些具有代表性的绘画作品，共372幅；第四卷主要介绍了我国元代和明代早期的绘画大师，其中包括赵孟頫、王蒙、沈周、陈淳等画家；第五卷主要介绍了明代晚期和清朝年间的中国著名画家，包括仇英、王时敏、王原祁、黄慎等；第六卷展示了近百年间中国一些具有代表性的绘画作品共464幅；第七卷列出了附有注释的元明清时期中国画家作品表。西方对中国美术史的系统研究一般以本书为标志。

268T-Sirén 7-759.951/Si77 王羲之书法

269-Sirr-915.1/Si79

Sirr, Henry Charles, 1807-1872.

China and the Chinese : their religion, character, customs, and manufacturers : the evils arising from the opium trade : with a glance at our religious, moral, political and commercial intercourse with the country / by Henry Charles Sirr.--London : W.S. Orr & Co., 1849.

2 v. : col. fronts. ill. ; 24 cm.

Half-title: Chinese researches, anecdotes, and reflections, commercial and political.

1. Opium trade. 2. Chinese. 3. China--Commerce. I. Title.

[英国] 瑟尔

中国和中国人 （英文，1849）

1849年伦敦英文版，2卷，“国立北京大学藏书”章。

瑟尔（又译赛尔），英国律师。

本书的撰写始于1846年，大约有50页的篇幅曾经陆续同名发表在《都柏林大学杂志》（*Dublin University Magazine*）上。全书共25章，是较早的一部对中国进行系统研究的著作。本书主要内容，一方面是对中国社会的研究，涉及到许多方面，从地域上看，有香港、广东、澳门、厦门、福州、宁波、上海、舟山等地，从主题上看，则包括了中国国民的性格、教育、宗教、医术、商业贸易等等；另一方面，本书也包含了对中英关系的反思。书中有相当多的篇幅是关于鸦片贸易的，作者认为这一令人憎恶的贸易最终必将会被证明是有害于英国在华商人的。为了证明作者的观点并非“和寡”，书中引用了许多当时人的言论。另外，对英国在华的殖民地点，作者也发表了看法，认为香港肮脏且贫瘠，而舟山既富饶又有益健康，对于英国的政治与商业利益而言，其地理位置也是最合宜的，因此作者大力鼓吹、呼吁英国政府应当取得舟山作为英国的殖民地。

除了尽可能多地为广大读者提供客观的信息外，作者还努力使文章富有趣味，通俗易懂。

本书附2幅彩图，分别是《满清官员居室内图》、《受差遣的小吏》。

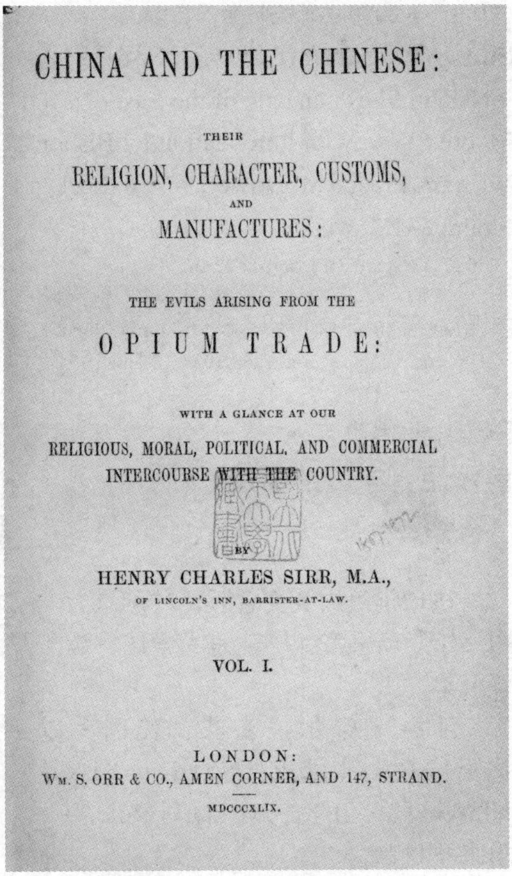

CHINA AND THE CHINESE:

THEIR

RELIGION, CHARACTER, CUSTOMS,

AND

MANUFACTURES:

THE EVILS ARISING FROM THE

OPIUM TRADE:

WITH A GLANCE AT OUR

RELIGIOUS, MORAL, POLITICAL, AND COMMERCIAL INTERCOURSE WITH THE COUNTRY.

BY

HENRY CHARLES SIRR, M.A.,

OF LINCOLN'S INN, BARRISTER-AT-LAW.

VOL. I.

LONDON:

Wm. S. ORR & CO., AMEN CORNER, AND 147, STRAND.

MDCCCXLIX.

269-Sirr-915.1/Si79

269T-Sirr-915.1/Si79 某官员客厅

270-Sites-B979.9712/Si86s

Sites, Mrs. Sarah (Moore), 1838-1912.

Nathan Sites : an epic of the East / by S. Moore Sites ; with introduction by Bishop William Fraser McDowell.--New York : Fleming H. Revell, c1912.

256 p. : ill. (part. col.), ports. ; 22 cm.

1. Sites, Nathan, 1830-1895. 2. Missions--China. I. McDowell, William Fraser, 1858-1937. II. Title.

[美国] 薛承恩夫人

薛承恩：东方的事迹

（英文，1912）

1912年纽约英文首版，“燕京大学图书馆”藏书章，“燕京大学图书馆”藏书票。

沙拉·摩尔·塞茨，美国美以美会传教士薛承恩(Nathan Sites, 1830—1895)的夫人。曾与薛承恩一起来华传教。

薛承恩，毕业于美国俄亥俄州的卫斯理大学（Ohio Wesleyan University），1861年抵达中国福州传教，1895年病逝于福州，是在华基督教会自立的倡导者之一。曾发展和培养多位华人基督徒领袖，例如谢锡恩和黄乃裳。在身为福州地方士绅、革命党人和基督徒的黄乃裳的帮助下，曾翻译《圣经图说》(*Bible Illustrated*)、《天文图说》(*Elementary Principles of Astronomy*)、《卫斯理传》(*The Life of the Rev. John Wesley 1703—1791*)等书。本书主要记录了薛承恩在福州的传教事业和传教生活，也包含对福州和福州人的地方文化、风俗的描绘。

NATHAN SITES

AN EPIC OF THE EAST

BY

S. MOORE SITES

With Introduction by

BISHOP WILLIAM FRASER McDOWELL

Of The Methodist Episcopal Church

YENCHING UNIVERSITY LIBRARY 燕京大學 北平 圖書館 PEIPING, CHINA

NEW YORK CHICAGO TORONTO

Fleming H. Revell Company

LONDON AND EDINBURGH

270-Sites-B979.9712/Si86s

Blossoms from the Kindergarten.

270T-Sites-B979.9712/Si86s 挑小孩的妇女

本书附12幅彩色插图和34幅黑白插图，主要反映薛承恩传教生活和福州的景象等。

271-Smith A 1-915.1/Sm51.2

Smith, Arthur Henderson , 1845-1932.

Chinese characteristics / by Arthur H. Smith.--2nd ed., rev., with ill.--New York ; Chicago : Fleming H. Revell Company, c1894.

342 p. : ill., plates ; 21 cm.
Includes index.

1. National characteristics, Chinese. 2. China--Social life and customs. I. Title.

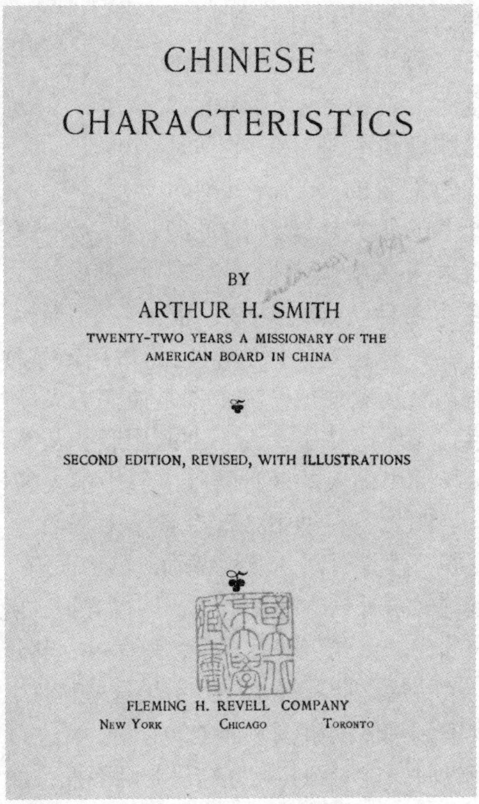

271-Smith A 1-915.1/Sm51.2

[美国] 明恩溥

中国人的素质（英文，1894）

1894年纽约和芝加哥英文版，“国立北京大学藏书”章。另有2个复本。还有1900年及1906年的英文版各一。本书中译本乐爱国、张华玉译，1998年由学苑出版社　出版。

明恩溥，美国公理会传教士，1872年来华，先后居住于天津、山东等地，兼任《字林西报》(*North-China Daily News*)通讯员，在华生活近50年。著有多种关于中国的书籍，如：《中国的文明》(*Chinese Civilization*. 1885)、《中国人的素质》（*Chinese Characteristics*.1892）、《中国乡村生活》（参见272-Smith A 2-321.251/Sm51）、《中国的社会进步》(*The Uplift of China*. 1906)、《基督教之王：对中国概括性的研究》(*Rex Christus：an Outline Study of China*. 1903)、《今日的中国和美国》(*China and American Today*. 1907)、《汉语谚语俗语集》(*Proverbs and Common Sayings from the Chinese*. 1902)、《动乱中的中国》(*China in Convulsion*. 1901)等。

19世纪以来，西方学者、传教士、商人、旅行家、外交官甚至侵略军等各色人等，都对中国人的性格特点作过形形色色的描述和评价。如果说18世纪西方

A CHINESE BARBER.

271T-Smith A 1-915.1/Sm51.2 街头理发师

此类的著述中赞美和批评并存的话，那么19世纪以来的描述和评价则多为善意或恶意的批评，其中不乏言辞激烈、观点偏激的看法。在这些批评性的描述和评价著述中，本书是较为重要的一部。目前对此书的研究认为，19世纪西方人在中国人身上观察到的各种特点，复杂、混乱，甚至相互矛盾，它们的作用不是使西方视野中中国人的性格形象越来越清晰，而是越来越模糊；不是使西方人能够轻松地把握中国人的性格，而是越来越感到无所适从了，而本书的出版，从某种意义上结束了这种难堪的局面。在书中概括的中国人的26种特征中，中国人的性格形象似乎清晰了，可以把握了。

明恩溥在书中分26个章节逐一描述了中国人爱面子、节俭、勤劳刻苦、讲究礼貌、漠视时间、漠视精确、易于误解、拐弯抹角、顺而不聪、思绪含混、不紧不慢、轻视外族、缺乏公心、因循守旧、随遇而安、顽强生存、善于忍耐、知足、孝悌为先、仁爱、缺乏同情、好争斗、株连守法、相互猜疑、缺乏诚心、多元信仰等26个特性。明恩溥不仅列举出这些特性，并且以其在中国22年的传教士生活经历中观察到具体的事例来详细的分析，增加了说明力；尤其难能可贵的是，在分析一种特性时，能看到其相互转化的两面性，加深了读者认识问题的深度。

明恩溥在书中的描述不无善意，并力图公允，但他传教士的出发点和西方中心主义的标尺在评价和论述中仍显而易见。

272-Smith A 2-321.251/Sm51

Smith, Arthur Henderson , 1845-1932.

Village life in China : a study in sociology / by Arthur H. Smith.--New York : Fleming H. Revell Company, 1899.

360 p. : ill. ; 21 cm.

1. Villages. 2. China--Social life and customs. I. Title.

[美国] 明恩溥

中国乡村生活（英文，1899）

1899年纽约英文版，“燕京大学图书馆”藏书章。本书中文版1998年由时事出版社出版，另有2006年中华书局版。

《中国乡村生活》称得上是一部社会调查研究专著，具有完整的结构、系统的观点和思想。全书分为前言、正文和结论三部分。前言部分简洁明确地表达了明恩溥撰写此书的指导思想和目的及作者个人的立场，即本书的关键是分析中国村落社会生活的缺陷以及寻找填补这些缺陷的办法。正文部分用大量篇幅对中国的乡村生活进行全面地介绍和详细地叙述，共分为 26个方面，包括：中国乡村、乡村结构、乡村名称、乡村道路、乡村渡口、乡村水井、乡村商店、乡村戏剧、乡村学堂和游方书生、中国科举制度及教育改革、乡村庙宇和宗教团体、宗教仪式的协作、市场及集会的协作、协作的贷款团体、乡村和城市的求雨、乡村狩猎、乡村婚礼和葬礼、乡村新年、乡村地痞、乡村头面人物、乡村男孩和成年男子、乡村女孩和成年妇女、乡村生活的单调和贫乏、中国家庭不牢靠的平衡、家庭的不稳定性等。作者认为中国乡村社会生活的缺陷是整体性的、严重的，同时又是显而易见的，对这些问题的解决或许有多种进步的力量能够获得不同程度的成功，但基督教是解决和克服中国村落社会生活弊端的唯一选择，它能够对中国人的品质和国民生活产生重要的影响。

本书附31幅有关中国乡村日常生活场景的插图。

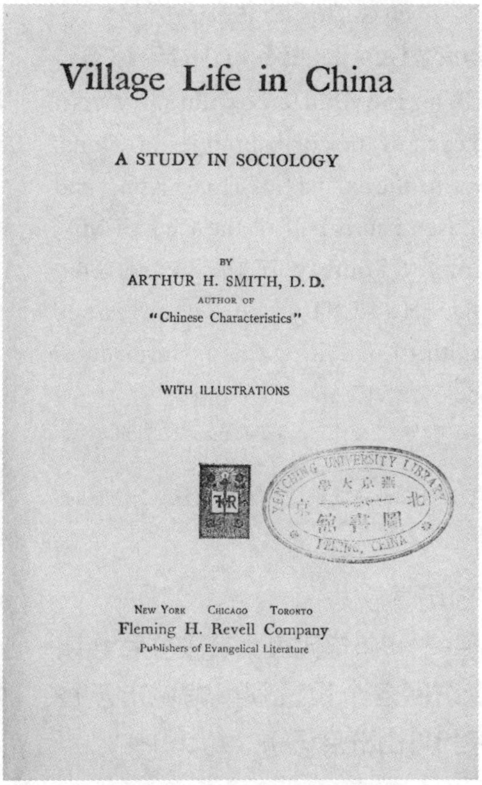

272-Smith A 2-321.251/Sm51

272T-Smith A 2-321.251/Sm51 中国村民

273-Smith G-915.1/Sm57

Smith, George, Bishop, 1815-1871.

A narrative of an exploratory visit to each of the consular cities of China, and to the islands of Hong Kong and Chusan : in behalf of the Church Missionary Society, in the years 1844, 1845, 1846 / by the Rev. George Smith.--London : Seeley, Burnside & Seeley, 1847.

iv, 532 p. : front., ill., double maps ; 23 cm.

1. Missions--China. 2. China--Description and travel. I. Title.

A NARRATIVE
OF AN
EXPLORATORY VISIT
TO EACH OF THE
CONSULAR CITIES OF CHINA,
AND TO THE
ISLANDS OF HONG KONG AND CHUSAN,
IN BEHALF OF THE
Church Missionary Society,
IN THE YEARS 1844, 1845, 1846.
BY THE
REV. GEORGE SMITH, M.A.,
OF MAGDALEN HALL, OXFORD,
AND LATE MISSIONARY IN CHINA.
LONDON:
SEELEY, BURNSIDE, & SEELEY, FLEET STREET;
HATCHARD & SON, PICCADILLY;
J. NISBET AND CO., BERNERS STREET.
MDCCCXLVII.

273-Smith G-915.1/Sm57

[英国] 施美夫

1844—1846年代表大英安立甘会调查访问各个设置领事馆城市及香港和舟山群岛记事（英文，1847）

1847年伦敦英文版，"国立北京大学藏书"章。另有1个复本。本书中文版题名为《五口通商城市游记》，2007年由北京图书馆出版社出版。

施美夫（又译成四美），英国安立甘会教士。1844年到香港为安立甘会调查情况，是英国教会向中国派遣的最早的两名传教士之一，1846年返回英国。1849年又以香港维多利亚主教的身份率领一批英国教士来华。1855—1856年返英，后又来华，1860年离开上海，赴日本、美国和英国等国，1861年回到香港。著作有《开封府的犹太人》(*The Jews at Kae-Fung-Foo: Being a Narrative of a Mission of Enquiry to the Jewish Synagogue on Behalf of the London Society for Promoting Christianity among the Jews*.1851)。

本书记述了作者于1844年来华后，在广州、上海、宁波、舟山、福州、厦门、香港等地的考察情况。施美夫此次考察的目的是勘察地形、收集统计资料，以便对中国社会、政治及伦理道德各个方面作一正确评估，为英国教会其他传教士铺平道路。诚如作者所言："无论事物看上去与传教活动纪事有无多大关联，只要有助于透视华人风俗与特性，皆非无足轻重或不合时宜，均应素心选录，以期拓展救世主之王国。”我们可以在书中看到五口通商城市当年的实际情况。

本书附12幅有关风景、生活场景等方面的铜版插图和1幅《中国地图》。

273T-Smith G-915.1/Sm57 澳门

274-Sonnerat-915/So59

Sonnerat, Pierre, 1748-1814.

Voyage aux Indes Orientales et à la Chine : fait par ordre du roi, depuis 1774 jusqu'en 1781 : dans lequel on traite des moeurs de la religion, des sciences & des arts des Indiens, des Chinois, des Pégouins & des Madégasses; suivi d'observations sur le cap de Bonne-Espérance, les isles de France & de Bourbon, les Maldives, Ceylan, Malacca, les Philippines & les Moluques, & de recherches sur l'histoire naturelle de ces pays / par M. Sonnerat.--Paris : L'Auteur, 1782.

2 v. : ill. ; 27 cm.

French.

1. Natural history--China--Early works to 1800. 2. Natural history--East Indies--Early works to 1800. 3. China--Description and travel--Early works to 1800. 4. East Indies--Description and travel--Early works to 1800. I. Title.

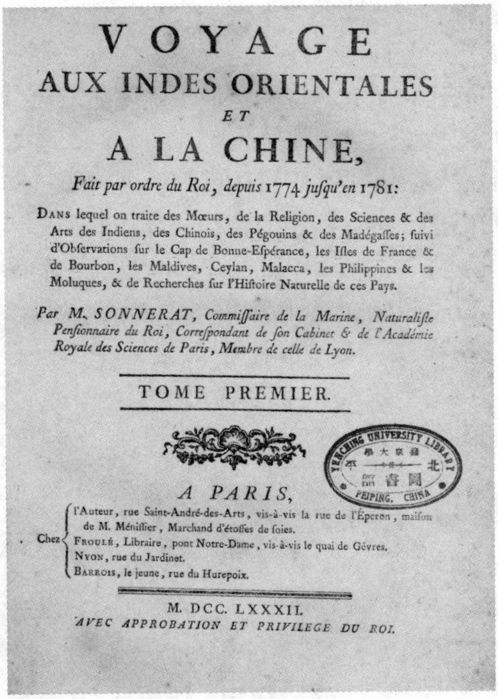

VOYAGE
AUX INDES ORIENTALES
ET
A LA CHINE,
Fait par ordre du Roi, depuis 1774 jusqu'en 1781:

DANS lequel on traite des Mœurs, de la Religion, des Sciences & des Arts des Indiens, des Chinois, des Pégouins & des Madégasses; suivi d'Observations sur le Cap de Bonne-Espérance, les Isles de France & de Bourbon, les Maldives, Ceylan, Malacca, les Philippines & les Moluques, & de Recherches sur l'Histoire Naturelle de ces Pays.

Par M. SONNERAT, Commissaire de la Marine, Naturaliste Pensionnaire du Roi, Correspondant de son Cabinet & de l'Académie Royale des Sciences de Paris, Membre de celle de Lyon.

TOME PREMIER.

A PARIS,

Chez l'Auteur, rue Saint-André-des-Arts, vis-à-vis la rue de l'Éperon, maison de M. Ménissier, Marchand d'étoffes de soies.
FROULÉ, Libraire, pont Notre-Dame, vis-à-vis le quai de Gêvres.
NYON, rue du Jardinet.
BARROIS, le jeune, rue du Hurepoix.

M. DCC. LXXXII.
AVEC APPROBATION ET PRIVILEGE DU ROI.

274-Sonnerat-915/So59

[法国] 皮埃尔·索纳拉

1774—1781年奉国王之命赴印度和中国旅行记（法文，1782）

1782年巴黎法文版，2卷，“燕京大学图书馆”藏书章，“燕京大学图书馆哈佛燕京学社”藏书票。

皮埃尔·索纳拉，法国博物学家和探险家，曾任海军军需官、王家博物学家、巴黎科学院通讯会员，里昂科学院成员。

本书第一卷主要介绍了印度的地理、种姓制度、奥义传教仪式、婚姻、葬礼、工艺美术和简单的机器和工具、医药、天文、语言和文字、寓言，以及包括教义、祭祀、经典、寺庙、节日等内容的印度宗教。

第二卷首先是关于中国的介绍，主要内容为：葡萄牙商船1518年首次抵达广州，租借澳门，欧洲各国商船在广州从事贸易情况；广州城地理、官员、街道、建筑概况；中国官员出行情形，官场礼仪和等级。本部分主要在于将中国文化习俗与印度、欧洲相比，攻击或揭示其落后或弊端，包括对妇女生命的轻视，妇女裹脚，卖婴弃婴，皇帝的无上权力，中国人在绘画、雕塑、几何学和建筑学、天文历法、地理、航海，音乐、纺织、钟表制作、文学艺术等方面的不发达，对孔子著作和儒家学说的贬低，中国人习武但不善战等。此外还介绍了中国人对数字九的极度崇拜，服饰发型礼节习俗，官员品级在服饰上的体现，殡葬仪式，货币形式等，并提及李自成推翻明朝，吴三桂引清兵入关，顺治帝入主中原等明末清初史事。本卷其他内容：马达加斯加岛、法兰西岛和波旁岛、好望角、锡兰岛、马尔代夫、马六甲、菲律宾和马鲁古群岛等地考察介绍；马鲁古群岛旅行日记；作者对所经过各地的四足动物、鸟类、植物等的博物学研究。本卷后附内容索引。

本书附130余幅与叙述内容相关的插图，包括地图、人物、民俗、神灵、寺庙、动物、植物等，关于中国的有3幅：《广州街道图》，《官员出行图》，《出殡图》。

274T-Sonnerat-915/So59 出殡图

Staunton, George Leonard, Sir, 1737-1801.

An authentic account of an embassy from the King of Great Britain to the Emperor of China : including cursory observations made, and information obtained in travelling through that ancient empire, and a small part of Chinese Tartary / together with a relation of the voyage undertaken on the occasion of His Majesty's ship the Lion, and the ship Hindostan, in the East India company's service, to the Yellow Sea and Gulf of Pekin; as well as of their return to Europe. Taken chiefly from the papers of His Excellency the Earl of Macartney, Sir Erasmus Gower, and of other gentlemen in the several departments of the embassy, by Sir George Staunton.--London : G. Nicol, 1797.

3 v. : 3 fold. maps ; 22 cm.

1. Voyages and travels. 2. China--Description and travel. 3. Great Britain--Foreign relations--China. 4. China--Foreign relations--Great Britain. I. Macartney, George Macartney, Earl, 1737-1806. II. Gower, Erasmus, Sir, 1742-1814. III. Title.

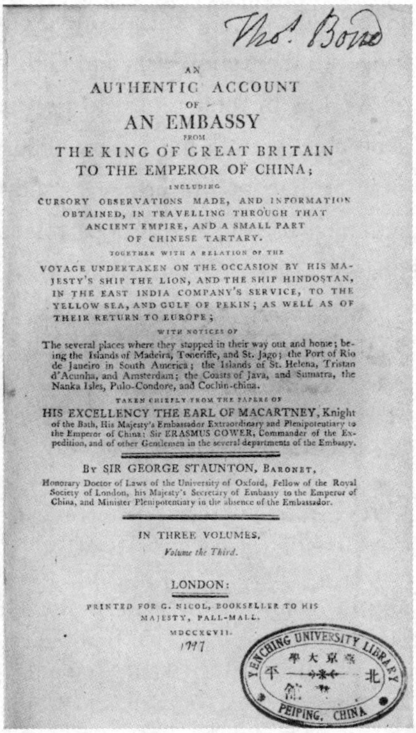
Thos. Bond

AN
AUTHENTIC ACCOUNT
OF
AN EMBASSY
FROM
THE KING OF GREAT BRITAIN
TO THE EMPEROR OF CHINA;
INCLUDING
CURSORY OBSERVATIONS MADE, AND INFORMATION OBTAINED, IN TRAVELLING THROUGH THAT ANCIENT EMPIRE, AND A SMALL PART OF CHINESE TARTARY.
TOGETHER WITH A RELATION OF THE
VOYAGE UNDERTAKEN ON THE OCCASION BY HIS MAJESTY'S SHIP THE LION, AND THE SHIP HINDOSTAN, IN THE EAST INDIA COMPANY'S SERVICE, TO THE YELLOW SEA, AND GULF OF PEKIN; AS WELL AS OF THEIR RETURN TO EUROPE;
WITH NOTICES OF
The several places where they stopped in their way out and home; being the Islands of Madeira, Teneriffe, and St. Jago; the Port of Rio de Janeiro in South America; the Islands of St. Helena, Tristan d'Acunha, and Amsterdam; the Coasts of Java, and Sumatra, the Nanka Isles, Pulo-Condore, and Cochin-china.
TAKEN CHIEFLY FROM THE PAPERS OF
HIS EXCELLENCY THE EARL OF MACARTNEY, Knight of the Bath, His Majesty's Embassador Extraordinary and Plenipotentiary to the Emperor of China; Sir ERASMUS GOWER, Commander of the Expedition, and of other Gentlemen in the several departments of the Embassy.

BY SIR GEORGE STAUNTON, BARONET,
Honorary Doctor of Laws of the University of Oxford, Fellow of the Royal Society of London, his Majesty's Secretary of Embassy to the Emperor of China, and Minister Plenipotentiary in the absence of the Embassador.

IN THREE VOLUMES.
Volume the Third.

LONDON:
PRINTED FOR G. NICOL, BOOKSELLER TO HIS MAJESTY, PALL-MALL.
MDCCXCVII.
1797

275-Staunton G L 1.1-915.1/St29

275T-Staunton G L 1.1-915.1/St29 乾隆帝像

[英国] 乔治·李纳德·斯当东

英使谒见乾隆纪实（英文，1797）

Staunton, George Leonard, Sir, 1737-1801.

An authentic account of an embassy from the King of Great Britain to the Emperor of China : including cursory observations made, and information obtained in traveling through that ancient empire, and a small port of Chinese Tartary ; together with a relation of the voyage undertaken on the occasion of His Majesty's ship the Lion, and the ship Hindostan, in the East India company's service, to the Yellow sea, and Gulf of Pekin ; as well as of their return to Europe ; with Taken chiefly from the papers of His Excellency the Earl of Macartney ... and of other gentlemen in the several departments of the embassy / by Sir George Staunton.--London : G. Nicol, 1797.

2 v. : ill., ports. ; 29 cm. + atlas of 44 plates (part fold., incl. maps and plans, 56 x 42 cm.)

Atlas in Geography and Map Division. DLC

Title page of atlas in ms.; dated 1796.

1. Voyages and travels--Early works to 1800. 2. China--Description and travel--Early works to 1800. 3. Great Britain--Foreign relations--China--Early works to 1800. 4. China--Foreign relations--Great Britain--Early works to 1800. I. Macartney, George Macartney, Earl, 1737-1806. II. Gower, Erasmus, Sir, 1742-1814. III. Nicol, G. (George) IV. Title.

[英国] 乔治·李纳德·斯当东

英使谒见乾隆纪实（英文，1797）

277-Staunton G L 1.3-915.1/St29h

Staunton, George Leonard, Sir, 1737-1801.

An historical account of the embassy to the emperor of China, undertaken by order of the king of Great Britain : including the manners and customs of the inhabitants, and preceded by an account of the causes of the embassy and voyage to China / abridged principally from the papers of earl Macartney, as compiled by Sir George Staunton.--London : Printed to John Stockdale, 1797.

x xv, 475 p. : ill. ; 22 cm.

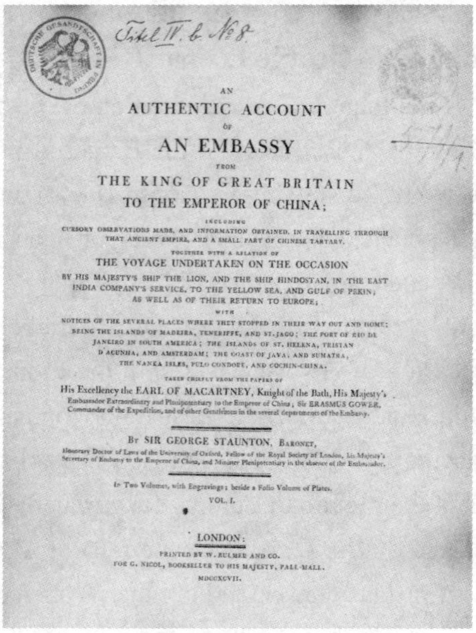

276-Staunton G L 1.2-915.1/St29b

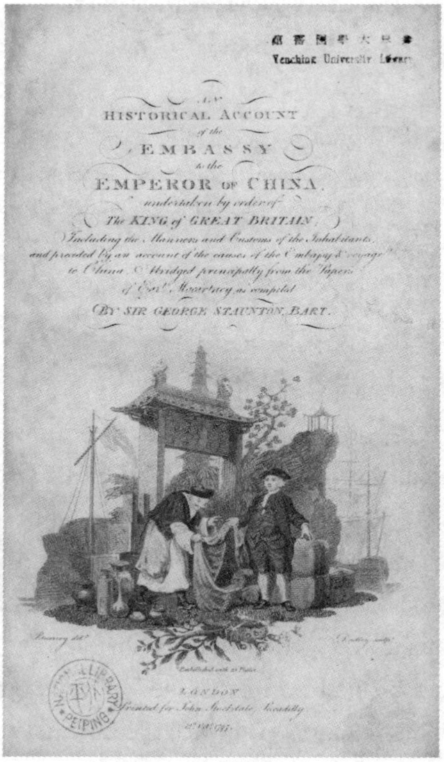

277-Staunton G L 1.3-915.1-St29h

1. Voyages and travels. 2. China--Description and travel. 3. Great Britain-- Foreign relations--China. 4. China--Foreign relations--Great Britain. I. Title.

[英国] 乔治・李纳德・斯当东

英使谒见乾隆纪实（英文，1797）

278-Staunton G L 1.4-915.1/St29.2

Staunton, George Leonard, Sir, 1737-1801.

An authentic account of an embassy from the King of Great Britain to the Emperor of China : including cursory observations made, and information obtained, in travelling through that ancient empire, and a small part of Chinese Tartary : together with a relation of the voyage undertaken on the occasion by His Majesty's ship the Lion and the ship Hindostan, in the East India Company's service, to the Yellow Sea, and Gulf of Pekin, as well as of their return to Europe ... : taken chiefly from the papers of His Excellency the Earl of Macartney ... Sir Erasmus Gower ... and of other gentlemen in the several departments of the embassy / by Sir George Staunton, Baronet.--The second edition, corrected.--London : Printed by W. Bulmer and Co. for G. Nicol, bookseller to His Majesty, Pall-Mall, 1798.

2 v. : ill., ports. ; 30 cm.

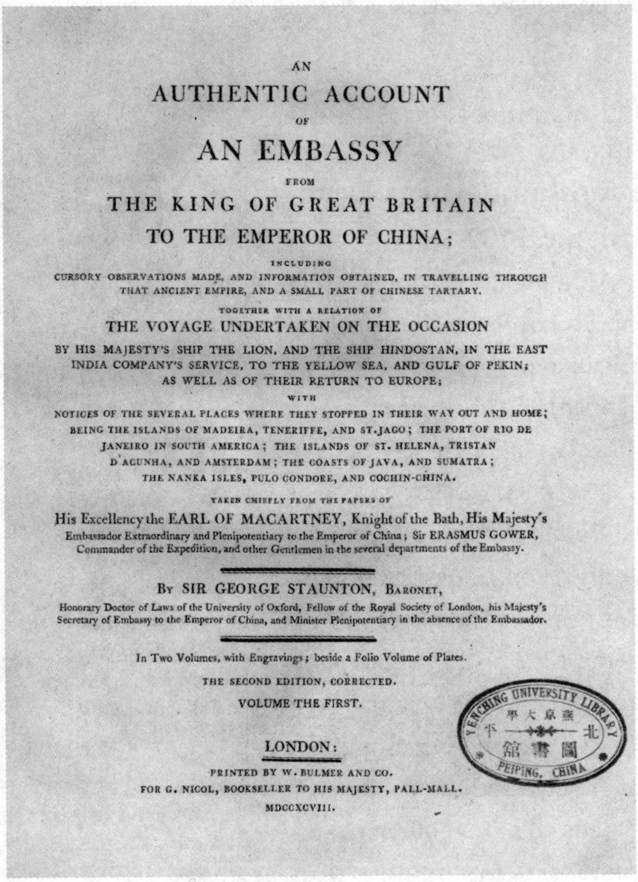

AN
AUTHENTIC ACCOUNT
OF
AN EMBASSY
FROM
THE KING OF GREAT BRITAIN
TO THE EMPEROR OF CHINA;
INCLUDING
CURSORY OBSERVATIONS MADE, AND INFORMATION OBTAINED, IN TRAVELLING THROUGH THAT ANCIENT EMPIRE, AND A SMALL PART OF CHINESE TARTARY.
TOGETHER WITH A RELATION OF
THE VOYAGE UNDERTAKEN ON THE OCCASION
BY HIS MAJESTY'S SHIP THE LION, AND THE SHIP HINDOSTAN, IN THE EAST INDIA COMPANY'S SERVICE, TO THE YELLOW SEA, AND GULF OF PEKIN; AS WELL AS OF THEIR RETURN TO EUROPE;
WITH
NOTICES OF THE SEVERAL PLACES WHERE THEY STOPPED IN THEIR WAY OUT AND HOME; BEING THE ISLANDS OF MADEIRA, TENERIFFE, AND ST. JAGO; THE PORT OF RIO DE JANEIRO IN SOUTH AMERICA; THE ISLANDS OF ST. HELENA, TRISTAN D'ACUNHA, AND AMSTERDAM; THE COASTS OF JAVA, AND SUMATRA; THE NANKA ISLES, PULO CONDORE, AND COCHIN-CHINA.
TAKEN CHIEFLY FROM THE PAPERS OF
His Excellency the EARL OF MACARTNEY, Knight of the Bath, His Majesty's Embassador Extraordinary and Plenipotentiary to the Emperor of China; Sir ERASMUS GOWER, Commander of the Expedition, and other Gentlemen in the several departments of the Embassy.

BY SIR GEORGE STAUNTON, BARONET,
Honorary Doctor of Laws of the University of Oxford, Fellow of the Royal Society of London, his Majesty's Secretary of Embassy to the Emperor of China, and Minister Plenipotentiary in the absence of the Embassador.

In Two Volumes, with Engravings; beside a Folio Volume of Plates.
THE SECOND EDITION, CORRECTED.
VOLUME THE FIRST.

LONDON:
PRINTED BY W. BULMER AND CO.
FOR G. NICOL, BOOKSELLER TO HIS MAJESTY, PALL-MALL.
MDCCXCVIII.

278-Staunton G L 1.4-915.1/St29.2

1. Voyages and travels--Early works to 1800. 2. China--Description and travel--Early works to 1800. 3. Great Britain--Foreign relations--China--Early works to 1800. 4. China--Foreign relations--Great Britain--Early works to 1800. I. Macartney, George Macartney, Earl, 1737-1806. II. Gower, Erasmus, Sir, 1742-1814. III. Bulmer, William, 1757-1830. IV. Nicol, G. (George) V. Title.

[英国] 乔治·李纳德·斯当东

英使谒见乾隆纪实（英文，1798）

279-Staunton G L 1.5-915.1/St29g

Staunton, George Leonard, Sir, 1737-1801.

[An authentic account of an embassy from the King of Great Britain to the Emperor of China. German]

Des Grafen Macartney Gesandschaftsreise nach China : welche er auf Befehl des jetzt regierenden Konigs von Grossbritannien, George des Dritten, in den Jahren 1792 bis 1794 unternommen hat ; nebst Nachrichten über China und einen kleinen Theil der chinesischen Tartarey u. / aus den Tagebüchern des Ambassadeurs und der vorneymsten Personen seines Gefolges zusammengetragen und herausgegeben von Sir George Staunton.--Berlin : Haude und Spener, 1798-1800.

3 v. : ill. ; 12 cm.

German.

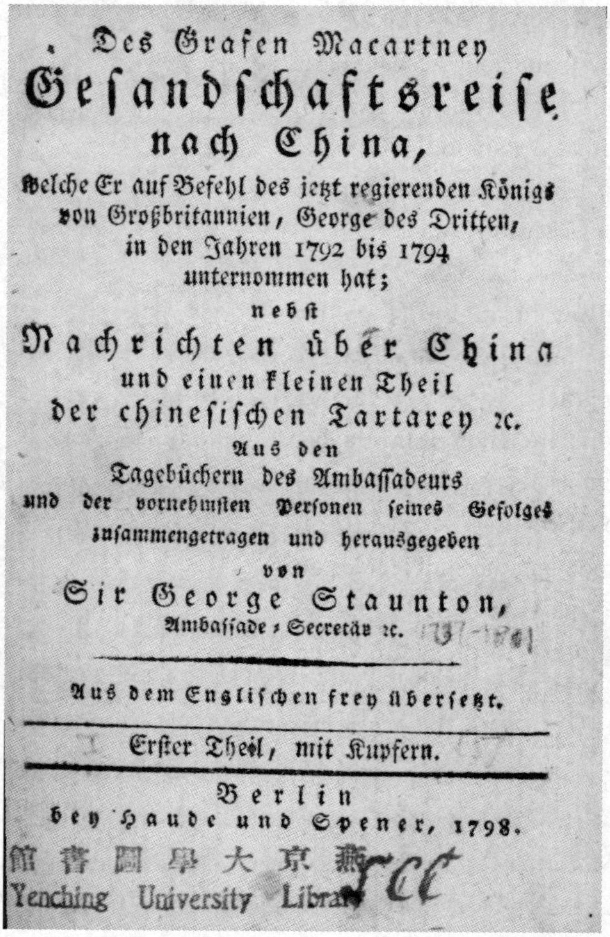
Des Grafen Macartney
Gesandschaftsreise
nach China,
welche Er auf Befehl des jetzt regierenden Königs
von Großbritannien, George des Dritten,
in den Jahren 1792 bis 1794
unternommen hat;
nebst
Nachrichten über China
und einen kleinen Theil
der chinesischen Tartarey ꝛc.
Aus den
Tagebüchern des Ambassadeurs
und der vornehmsten Personen seines Gefolges
zusammengetragen und herausgegeben
von
Sir George Staunton,
Ambassade-Secretär ꝛc. 1737-1801
Aus dem Englischen frey übersetzt.
Erster Theil, mit Kupfern.
Berlin
bey Haude und Spener, 1798.

279-Staunton G L 1.5-915.1/St29g

1. Voyages and travels. 2. China--Description and travel. 3. Great Britain--Foreign relations--China. 4. China--Foreign relations--Great Britain.I. Staunton, George, Sir, 1737-1801. II. Title. III. Title: Grafen macartney…

[英国] 乔治・李纳德・斯当东

英使谒见乾隆纪实（德文，1798—1800）

280-Staunton G L 1.6-915.1/St29a

Staunton, George Leonard, Sir, 1737-1801.

An authentic account of an embassy from the King of Great Britain to the Emperor of China : ... taken chiefly from the papers of His Excellency the Earl of Macartney ... Sir Erasmus Gower ... and of other gentlemen in the several departments of the embassy / by Sir George Staunton.--Philadelphia : Printed for R. Campbell, by J. Bioren, 1799.

2 v. : ill. ; 22 cm.

Also published under title: An historical account of the embassy to the emperor of China ... London, 1797.

1.Voyages and travels. 2.China--Description and travel. 3.Great Britain--Foreign relations--China. 4. China--Foreign relations--Great Britain. I. Macartney, George Macartney, Earl, 1737-1806. II. Gower, Erasmus, Sir, 1742-1814. III. Historical account of the embassy to the emperor of China. IV. Title.

AN
AUTHENTIC ACCOUNT
OF
AN EMBASSY
FROM
The King of Great Britain
TO THE
Emperor of China;
INCLUDING
Cursory Observations made, and Information obtained, in Travelling through that Ancient Empire and a small Part of Chinese Tartary.
TOGETHER WITH A RELATION OF THE
Voyage undertaken on the Occasion by his Majesty's Ship the Lion, and the Ship Hindostan in the East India Company's Service, to the Yellow Sea, and Gulf of Pekin; as well as of their return to Europe;
WITH NOTICES OF
The several places where they stopped in their way out and home; being the Islands of Madeira, Teneriffe, and St. Jago; the Port of Rio de Janeiro in South America; the Islands of St. Helena, Tristan d'Acunha, and Amsterdam; the Coast of Java, and Sumatra, the Nanka Isles, Pulo-Condore, and Cochin-China.
TAKEN CHIEFLY FROM THE PAPERS OF
HIS EXCELLENCEY THE EARL OF MACARTNEY, Knight of the Bath, His Majesty's Embassador Extraordinary and Plenipotentiary to the Emperor of China; Sir ERASMUS GOWER, Commander of the Expedition, and of other Gentlemen in the several departments of the Embassy.
BY SIR GEORGE STAUNTON, BARONET.
Honorary Doctor of Laws of the University of Oxford, Fellow of the Royal Society of London, his Majesty's Secretary of Embassy to the Emperor of China, and Minister Plenipotentiary in the absence of the Embassador.
IN TWO VOLUMES.
VOL. I.
Philadelphia:
PRINTED FOR ROBERT CAMPBELL, BY JOHN BIOREN.
1799.

280-Staunton G L 1.6-915.1/St29a

[英国] 乔治・李纳德・斯当东

英使谒见乾隆纪实（英文，1799）

281-Staunton G L 1.7-915.1/M118

Staunton, George Leonard, Sir, 1737-1801.

Voyage dans l'intérieur de la Chine, et en tartarie, fait dans les années 1792, 1793 et 1794 / par Lord Macartney ; traduit de l'anglais, avec des notes par J. Castera.--Roisieme ed.--Paris : Chez F. Buisson, 1804.

xxxxi plates : chiefly ill., fold. maps ; 29 cm.-- (Collection de planches et cartes)

French.

1. China--Description and travel--Early works to 1800. I. Castera, J. II. Title. III. Ser.

[英国] 乔治・李纳德・斯当东

英使谒见乾隆纪实

（法文，1804）

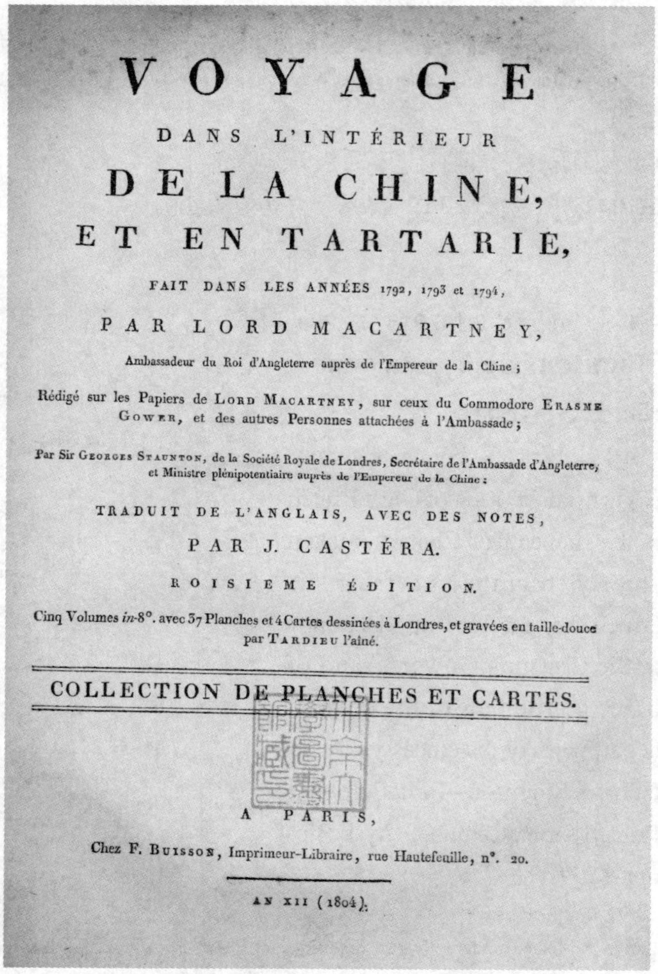

VOYAGE
DANS L'INTÉRIEUR
DE LA CHINE,
ET EN TARTARIE,
FAIT DANS LES ANNÉES 1792, 1793 et 1794,
PAR LORD MACARTNEY,
Ambassadeur du Roi d'Angleterre auprès de l'Empereur de la Chine ;
Rédigé sur les Papiers de Lord Macartney, sur ceux du Commodore Erasme Gower, et des autres Personnes attachées à l'Ambassade ;
Par Sir Georges Staunton, de la Société Royale de Londres, Secrétaire de l'Ambassade d'Angleterre, et Ministre plénipotentiaire auprès de l'Empereur de la Chine :
TRADUIT DE L'ANGLAIS, AVEC DES NOTES,
PAR J. CASTÉRA.
ROISIEME ÉDITION.
Cinq Volumes *in*-8°. avec 37 Planches et 4 Cartes dessinées à Londres, et gravées en taille-douce par Tardieu l'aîné.
COLLECTION DE PLANCHES ET CARTES.
A PARIS,
Chez F. Buisson, Imprimeur-Libraire, rue Hautefeuille, n°. 20.
AN XII (1804).

281-Staunton G L 1.7-915.1/M118

1797年伦敦G. Nicol首版3卷本(22cm；275-Staunton G L 1.1-915.1/st29)，“燕京大学图书馆”藏书章。1797年伦敦G. Nicol2卷本（29cm；276-Staunton G L 1.2-915.1/st29b），“德意志驻北京公使馆”藏书章，“德国驻北京公使馆”藏书章，配有独立成册的图册 (56x42cm；915.1/st29atlas)。1797年伦敦John Stockdale单卷本(22cm；277-Staunton G L 1.3-915.1/st29h)，“燕京大学图书馆”藏书章，“Peiping National Library ”藏书章。1798年伦敦G. Nicol2卷本（30cm；278-Staunton G L 1.4-915.1/st29.2），“燕京大学图书馆”藏书章。1798—1800年柏林德文3卷袖珍本（12cm；279-Staunton G L 1.5-915.1/st29g），“燕京大学图书馆”藏书章，“燕京大学图书馆”藏书票。1799年美国费城2卷本(22cm；280-Staunton

G L 1.6-915.1/st29a)，“燕京大学图书馆”藏书章。1804年巴黎法文译5卷本（281-Staunton G L 1.7-915.1/M118），本馆所藏仅为第四卷（插图、地图卷），“北京大学图书馆藏印”章。

1963 年商务印书馆出版了叶笃义依据1799 年的费城版翻译的《英使谒见乾隆纪实》，1994年香港三联出版社再版。

关于马噶尔尼使华的其他著述，比较重要的有：第一大副爱尼斯·安德逊的《英使访华录》（参见008-Anderson-915.1/An23）；使团总管约翰·巴罗的《中国游记》（参见020-Barrow 1.1-915.1/B279t）； 特使马噶尔尼的《马噶尔尼关于中国之行的日记及观察记》（*An Embassy to China. Being the Journal Kept by Lord Macartney during his embassy to the Emperor Ch’ien-lung1793—1794 & Lord Macartney’s Observations on China*.1962）。

乔治·李纳德·斯当东，习称乔治·斯当东，马嘎尔尼来华使团的副使。1792年，英国政府派马噶尔尼勋爵率使团访问中国，参加乾隆皇帝八十三寿辰的典礼，并与清政府商谈对华贸易。使团由英国出发后经巴达维亚，1793年5月到达中国海域，沿中国东南海岸到达天津，再经通州到北京，在驻地安顿后又去热河谒见乾隆皇帝。返回北京一月后离京，从运河经山东、江苏、浙江、江西、广东到澳门，年底返回英国。使团在华共204天，但未达成预期目的。

本书详尽地记录了马嘎尔尼来华使团派遣的原因，使团的准备工作，使团从英国启航至到达中国前经过南欧、非洲沿岸、大西洋和太平洋岛屿等地区的航海过程以及沿途见闻，到达中国后使团在中国的全程活动，包括使团与清政府的外交往来以及作者对当时中国政治、文化、历史、地理、生活方式和社会习俗的记录和感想。本书各种版本均有附录，计10个统计表，分别是：1．长城以内中国本部的人口和面积统计表。2．中国本部各省上缴北京国库的款项统计表。3．主要文官职别、数目和薪俸表。4．主要武官职别、书目和薪俸表，5．英国及其他欧洲各国同中国的贸易。6．由外国船从中国输出到欧洲的茶叶数额统计。7．1776年以来由英国船和外国船从中国运出的茶叶数量一览表。8．1775—1795每年由东印度公司输出到中国的货物和金银数量表。9．1776年以来每年由中国回欧洲的船只及吨位表。10．交易法实行前后东印度公司茶叶消费者利益比较。

1797年伦敦G. Nicol2卷本附反映中国风土人情的铜版画，其中包括1幅乾隆画像和马噶尔尼画像，还有中国妇女的缠足图、中国罗盘、水车和植物等图画。另配有独立成册的图册（915.1/st29atlas），共有44幅图，其中包括9幅地图及35幅中国风景和军事城堡、兵器、动物等图画。

Staunton, George Thomas, Sir, 1781-1859.

Miscellaneous notices relating to China and our commercial intercourse with that country : including a few translations from the Chinese language / by Sir George Thomas Staunton.--2nd ed. / enl. in 1822, and accompanied, in 1850, by introductory observations on the events which have affected our Chinese commerce during that interval.--London : J. Murray, 1822-1850.

50, 432 p. ; 23 cm.

1. China--Politics and government. 2. China--Commerce--Great Britain. 3. Great Britain--Commerce--China. I. Title.

[英国] 乔治·多马·斯当东

中国和中英商业关系杂评

(英文，1822—1850)

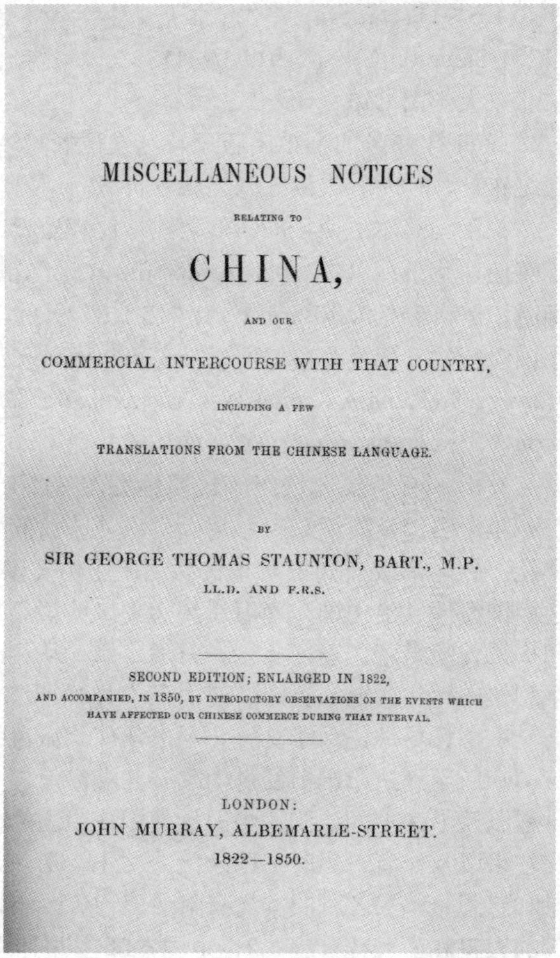

MISCELLANEOUS NOTICES
RELATING TO
CHINA,
AND OUR
COMMERCIAL INTERCOURSE WITH THAT COUNTRY,
INCLUDING A FEW
TRANSLATIONS FROM THE CHINESE LANGUAGE.
BY
SIR GEORGE THOMAS STAUNTON, BART., M.P.
LL.D. AND F.R.S.

SECOND EDITION; ENLARGED IN 1822,
AND ACCOMPANIED, IN 1850, BY INTRODUCTORY OBSERVATIONS ON THE EVENTS WHICH HAVE AFFECTED OUR CHINESE COMMERCE DURING THAT INTERVAL.

LONDON:
JOHN MURRAY, ALBEMARLE-STREET.
1822—1850.

282-Staunton G T 1-382.0951/St29

1822—1850年伦敦英文第二版，“燕京大学图书馆”藏书章（钢印）。

乔治·多马·斯当东，习称多马·斯当东，1792年12岁时随马噶尔尼使团来华，其父乔治·李纳德·斯当东（参见275-Staunton G L 1.1-915.1/St29）是使团副使。1798年进入东印度公司广州分行任书记,1816年任行长，同年随阿美士德勋爵专使来到北京，充副使。1823年创立亚洲文会(The Royal Asiatic Society)，捐赠中国书籍三千卷。除本书外，著作有：《中英关系评议及改善方案》(*Remarks on the British Relations with China and the Proposed Plan for Improving Them*. 1836)；《阿美士德勋爵使华记》（*Notes of Proceedings and Occurrences during the British Embassy to Pekin in 1816*. 1824）、《对华商务观察报告》（*Observations on Our Chinese Commerce*. 1850）、《乔治·多马·斯当东回忆录》（参见

283-Staunton G T 2-K835.617/St29）等，译著有《大清律例》(参见050-Da-349.51/St29)和《异域录》(*Narrative of the Chinese Embassy to The Khan of the Tourgouth Tartars in the Years 1712.13.14 and 15*. 1821)。

本书由2部分组成。第一部分(1—16章)是关于中国文化习俗的介绍和评论，包括雍正皇帝圣旨的部分翻译、中国人中盛行的猜拳游戏、《东华录》节选翻译、在华天主教使团及北京东堂、南堂、西堂和北堂的介绍、关于澳门的介绍、1789年清朝政府给俄国政府的急件的译文、钱德明满汉词典内容目录等。第二部分(17—24章)是关于中国商业和中英贸易的介绍和评论，其中介绍了中英间贸易的历史往来、在华的英国工厂和近期使团、中国贸易状况特点等。多马·斯当东多年从事中国事务，对中国各方面的情况非常了解。在英国议会讨论有关与中国开战的议案时，他毫不犹豫地投了赞成票。他的理由是：“中国听不懂自由贸易的语言，只听得懂炮舰的语言。”是对华采取强硬态度的代表。

283-Staunton G T 2-K835.617/St29

Staunton, George Thomas, Sir, 1781-1859.

Memoirs of the chief incidents of the public life of Sir George Thomas Staunton, Bart., hon. D.C.L. of Oxford : one of the King's commissioners to the Court of Pekin, and afterwards for some time member of Parliament for South Hampshire, and for the Borough of Portsmouth ; printed for private circulation.--London : L. Booth, 1856.

vii, 232 p., [1] leaf of plates : port. ; 23 cm.

1. Great Britain--Politics and government--19th century. I. Barrow, John, 1808-1898. II. Barrow, John, Sir, 1764-1848. III. Trimen, Andrew. IV. Title.

[英国] 乔治·多马·斯当东

乔治·多马·斯当东回忆录

（英文，1856）

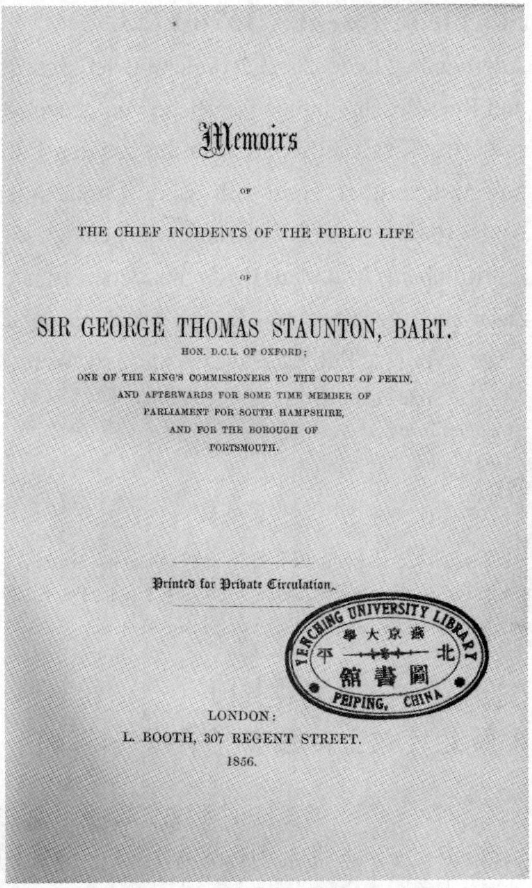
Memoirs

OF

THE CHIEF INCIDENTS OF THE PUBLIC LIFE

OF

SIR GEORGE THOMAS STAUNTON, BART.

HON. D.C.L. OF OXFORD;

ONE OF THE KING'S COMMISSIONERS TO THE COURT OF PEKIN, AND AFTERWARDS FOR SOME TIME MEMBER OF PARLIAMENT FOR SOUTH HAMPSHIRE, AND FOR THE BOROUGH OF PORTSMOUTH.

Printed for Private Circulation.

LONDON:
L. BOOTH, 307 REGENT STREET.
1856.

283-Staunton G T 2-K835.617/St29

1856年伦敦英文版，“燕京大学图书馆”藏书章。

本书是作者的回忆录。斯当东从自己的生平和教育开始讲述，以时间为序，记录了1781至1845年间他所经历的事情以及在华从事的一些重要活动。作者充阿美士德使团副使再次访华时，中英双方因为觐见礼仪问题没有达成一致意见，清政府强令英国使团出境。后来，小斯当东成为英国下议院的议员后，多次提出用武力打开中国大门。

本书附1幅《多马·斯当东》画像插图。

284-Stöcklein-282.5/L569G
多马·斯当东

284-Stöcklein-282.5/L569G

Stöcklein, Joseph, 1676-1733.

Allerhand so Lehr- als Geist-reiche Brief, Schriften und Reis-Beschreibungen : welche von denen Missionariis der Gesellschaft Jesu aus beyden Indien und andern über Meer gelegenen Landern, seit Anno 1642. biss 1726. in Europa angelangt seynd / Jetzt zum erstenmal theils aus handschriftlichen Urkunden, theils aus denen französischen Lettres edifiantes verteutscht und zusammen getragen von Joseph Stocklein, gedachter Societat Jesu Priester.--Augspurg ; Gratz : Verlegts Philips, Martins, und Joh. Weith seel. Erben, 1726-1755.

4 v. : ill., fold. maps ; 34 cm.
Includes index.
Title varies.
German.

1. Jesuits--Correspondence. 2. Jesuits--Missions--History--Sources. 3. Missions--East Asia. 4. Voyages and travels. 5. East Asia--Description and travel. I. Probst, Peter, 1699-1750. II. Neue Welt-Bott, mit allerhand Nachrichten dern Missionariorum Soc[ietatis] Jesu. III. Title.

[德国] 约瑟·施特克莱因

耶稣会传教士传教志（1642—1726）（德文，1726—1755）

1726—1755年奥格斯堡德文首版，原文以德文哥特体印刷，“北京大学图书馆藏印”章。本书系由作者据耶稣会传教士在1642年至1726年间在印度和其他国家传教时寄回欧洲的信件、游记和收藏汇编而成，其中部分内容原为法文，在本书中译成德语后首次发表。

Allerhand
So Lehr- als Geist-reiche
Brief/ Schrifften
und
Reis-Beschreibungen/
Welche von denen
MISSIONARIIS
der Gesellschafft JEsu
Aus
Beyden Indien/
und andern
Uber Meer gelegenen Ländern/
Seit Anno 1642. biß 1726. in EUROPA angelangt seynd.
Jetzt zum erstenmal
Theils aus Handschrifftlichen Urkunden/
theils aus denen Französischen Lettres Edifiantes
verteutscht und zusammen getragen
Von
JOSEPHO STÖCKLEIN, gedachter Gesellschafft JEsu
Priestern.
Fünffter Theil
Von Anno 1704. biß 1711.
Cum Privilegio Cæsareo & Superiorum Approbatione.
Augspurg und Grätz/
Verlegts Philipp/ Martin/ und Johann Veith seel. Erben/ 1726.

284-Stocklein-282.5/L569G

施特克莱因，1700年成为耶稣会会士，所著《新世界之舟》（*Der Neue Welt-Bott*），为研究耶稣会传教史的宝贵资料。在生命的最后六年里，他开始在格拉茨（Graz）天主教国外传教团图书馆出版德国第一份传教杂志，即本书，总共40期，他自己编辑出版了24期，其由另外三名传教士完成。

本馆收藏有5—11期，17—20期，29—32期，装订成四卷。

本书主要记录了耶稣会教士在各地传教中遇到的困难、遭到的迫害、传教成果、为当地社会作出的贡献，为传教奉献生命的传教士和作出突出贡献的传教士的生平事迹，其中也不乏对当地的社会状况、风景和特殊风俗习惯等的描述。

第一卷为第5到第8期，第5和第7期为1726年出版，第6期和第8期为1728年出版，信件编号从97到217。本卷有大量关于中国的记载，如：对中国海员迷信的描述；六个传教士在1688年被派往北京皇宫，帮助以和平方式解决了中国和莫斯科之间的战争，皇帝为了奖赏这些传教士，使基督信仰在全国得到庇护；皇帝从耶稣传教士那里学习到欧洲的科学，并允许在皇宫内建一座教堂；中国基督教徒之间的不和；新教徒的洗礼；皇帝与基督教传教士的关系和变化等。

第二卷为第9到第11期，1727年出版，信件编号为218-285。主要讲述埃及和亚美尼亚、波斯、叙利亚的社会、风俗、风景、教堂状况和信教的情况。

第三卷为第17期到第20期，1732年出版，信件编号为378-422。主要讲述了鞑靼、波斯和以色列的传教情况，内有中国皇帝选后仪式和皇帝为了祈求粮食丰收在初春亲自耕犁的仪式。

第四卷为第29期到32期，1755年出版，信件编号为556-639。本卷不仅对南美、北美、菲律宾岛屿、印度、蒙古、马都拉（madura）马拉巴(malabar)的传教活动作了记录，而且还描绘了中国政治、生活的许多方面，如中国皇帝在执政时的一些惯例：颁布命令、授予荣誉、惩罚等。另有珍珠制作工艺，修复瓷器的工具和方法，藤编椅的上色，铜质器皿的修复，长时间燃烧的灯或蜡烛的制作，中医的诊脉及医药，一些植物以及它们的果实和根如何用作药材，以及捕鱼方式、种植水稻、月蚀等。

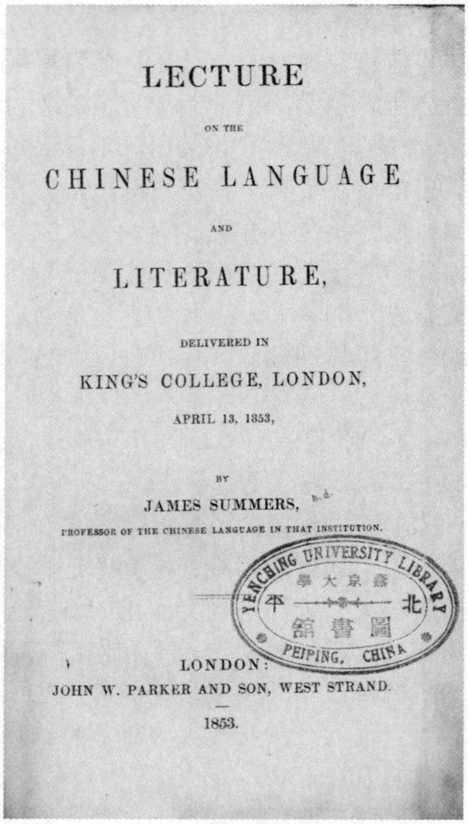

LECTURE

ON THE

CHINESE LANGUAGE

AND

LITERATURE,

DELIVERED IN

KING'S COLLEGE, LONDON,

APRIL 13, 1853,

BY

JAMES SUMMERS,

PROFESSOR OF THE CHINESE LANGUAGE IN THAT INSTITUTION.

LONDON:

JOHN W. PARKER AND SON, WEST STRAND.

1853.

285-Summers 1-459/Su64

Summers, James.

Lecture on the Chinese language and literature : delivered in King's College, London, April 13, 1853 / by James Summers.--London : John W. Parker and Son, 1853.

38 p., 7 plates : fold. ill., facsims. (1 fold.) ; 19 cm.

1. Chinese literature--History and criticism. I. Title.

[英国] 詹姆斯·萨默斯

中国语言与文学讲义（英文，1853）

1853年伦敦英文版，“燕京大学图书馆”藏书章。

詹姆斯·萨默斯，1848年来华。1852年任伦敦大学King's Collgege中文教授,1853年曾把圣经翻译成中国上海方言并出版。另著有《汉语手册》（参见286-Summers 2-457/Su64）。

本书主要介绍了1853年4月13日作者詹姆斯·萨默斯在伦敦大学国王学院所作的关于中国语言和文学的讲座文字稿。

本书附8幅有关中国文字的插图。

285T-Summers 1-459/Su64 苍颉见文字

286-Summers 2-457/Su64

Summers, James.

A handbook of the Chinese language : parts I and II, grammar and chrestomathy, prepared with a view to initiate the student of Chinese in the rudiments of this language, and to supply materials for his early studies / by James Summers.--Oxford : University Press, 1863.

xxx, 231, 105, 34 p. : ill. ; 25 cm.
Includes index.

1. Chinese language--Grammar. 2. Chinese language--Readers. I. Title.

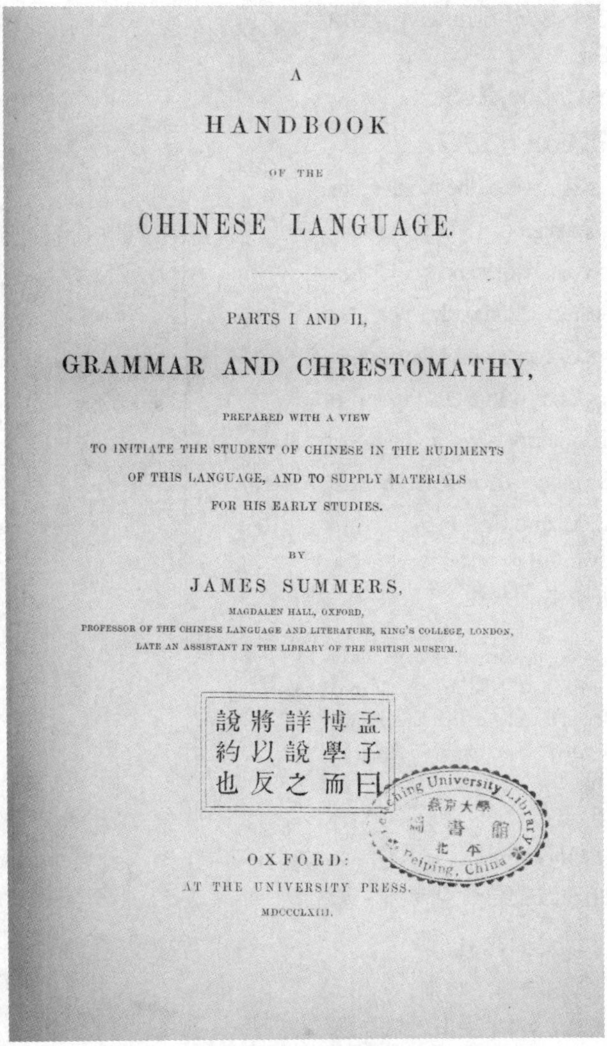
A

HANDBOOK

OF THE

CHINESE LANGUAGE.

PARTS I AND II,

GRAMMAR AND CHRESTOMATHY,

PREPARED WITH A VIEW
TO INITIATE THE STUDENT OF CHINESE IN THE RUDIMENTS
OF THIS LANGUAGE, AND TO SUPPLY MATERIALS
FOR HIS EARLY STUDIES.

BY

JAMES SUMMERS,

MAGDALEN HALL, OXFORD,
PROFESSOR OF THE CHINESE LANGUAGE AND LITERATURE, KING'S COLLEGE, LONDON,
LATE AN ASSISTANT IN THE LIBRARY OF THE BRITISH MUSEUM.

孟子曰博學而詳說之將以反說約也

Yenching University Library 燕京大學 圖書館 北平 Peiping, China

OXFORD:
AT THE UNIVERSITY PRESS.
MDCCCLXIII.

286-Summers 2-457/Su64

[英国] 詹姆斯・萨莫斯

汉语手册（英文，1863）

1863年牛津英文版，“燕京大学图书馆”藏书章，“哈佛燕京学社”藏书票。

本书是萨莫斯为英国及欧洲的汉语专业学生而著，共分两大部分：汉语语法和汉语名家文选。汉语语法部分由2章和附录组成，在第一章中，萨莫斯从语源学的角度介绍了汉语语音和字符的特点，包括汉语特有的声调，该章第二节详细分析了汉语的词类。第二章是句法部分，先介绍了汉语句子的简单构成，又系统地将汉语的句型分类讲解。附录有汉语中对仗、重复的例子、百家姓、朝代列表和一些方言比较等。本书的第二大部分首先简述了四书五经的内容，接着细将中国文献分为15个类别，涉及人文地理，还涉及了数学、天文和百科全书及编纂等方面。最后不仅有英文对汉语文献的音译和英译，并附汉语繁体字的《书经》、《论语》、《孟子》和《三国志》等作品的节选。

287-Swinhoe-951.4162/Sw64

Swinhoe, Robert, 1835 or 6-1877.

Narrative of the North China campaign of 1860 : containing personal experiences of Chinese character, and of the moral and social condition of the country; together with a description of the interior of Pekin / by Robert Swinhoe.--London : Smith, Elder and Co., 1861.

viii, 391 p., [6] leaves of plates : ill., port. ; 23 cm.

1. China--History--Foreign intervention, 1857-1861. 2. China--Social life and customs. 3. Beijing (China)--Description and travel. I. Title.

[英国]郇和

1860年华北战役纪事

（英文，1861）

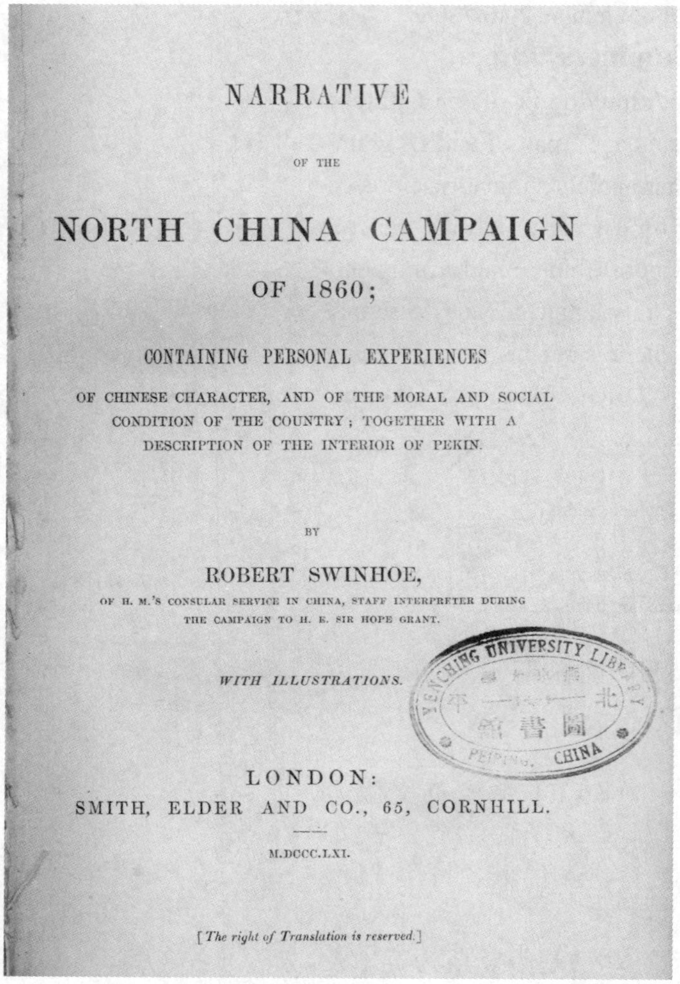

NARRATIVE

OF THE

NORTH CHINA CAMPAIGN

OF 1860;

CONTAINING PERSONAL EXPERIENCES

OF CHINESE CHARACTER, AND OF THE MORAL AND SOCIAL CONDITION OF THE COUNTRY; TOGETHER WITH A DESCRIPTION OF THE INTERIOR OF PEKIN.

BY

ROBERT SWINHOE,

OF H. M.'S CONSULAR SERVICE IN CHINA, STAFF INTERPRETER DURING THE CAMPAIGN TO H. E. SIR HOPE GRANT.

WITH ILLUSTRATIONS.

LONDON:

SMITH, ELDER AND CO., 65, CORNHILL.

M.DCCC.LXI.

[The right of Translation is reserved.]

287-Swinhoe-951.4162/Sw64

1861年伦敦英文版，“燕京大学图书馆”藏书章。除本书外，作者关于中国的其他著作有：《扬子江上的特殊使命》（*Special Mission up the Yang-tsze-kiang*. 1870）、《在中国和日本居住的绣眼鸟科的种类：附有对一个新种的描述》(*On the Species of Zosterops inhabiting China and Japan, with the Description of a new Species*)等。

郇和（又译施文贺、士委诺），英国人，出生于印度加尔各答。1854年进英国驻华领事界，同年来到香港。曾在厦门、打狗（今台湾高雄）、宁波、烟台等地领事馆工作，后曾参加英国第二次侵华鸦片战争。1873年因病返回伦敦休养，1877年病逝。他对中国鸟类颇有研究，写过不少论文，曾经发布了世界上最早的系统的中国鸟类名录和中国台湾鸟类名录。现在台湾记录的鸟种中，有超过三分之一是郇和首先报道的。

本书是作者参加1860年英法联军进攻北京之役的记述。他作为英国侵华远征军随军翻译，参与英国远征军自香港至北京的侵略行动，对英法联军特别是英国军队侵占中国城镇的战斗经过、抢掠财物活动有较为全面的记述，对于清政府、英法联军彼此策略、《北京条约》谈判及迫使清政府签订不平等条约等也有不少叙述。其中，作者在他的随军日记中详细地记述了英法联军对圆明园的劫掠、破坏，这段日记是研究圆明园历史的重要史料。

本书附6幅图片，如《恭亲王奕䜣肖像》、《大沽炮台清军士兵作战图》、《失陷后大沽炮台景象》、《白河防御图》、《安定门画》等。本书对研究第二次鸦片战争颇有参考价值。

287T-Swinhoe-951.4162/Sw64 安定门

T

288-Tachard 1.1-915.93/T116

Tachard, Guy, 1651-1712.

Voyage de Siam : des pères jésuites / envoyez par le roy aux Indes & a la Chine ; avec leurs observations astronomiques, et leurs remarques de physique, de géographie, d'hydrographie, & d'histoire.--Paris : Chez A. Seneuze et D. Horthemels, 1686.

424, [8] p., [15] leaves of plates : ill. (some fold.), maps ; 26 cm.

French.

1. Natural history--Thailand. 2. Missions--Thailand. 3. Thailand--Description and travel. 4. Cape of Good Hope (South Africa)--Description and travel. 5. Java(Indonesia)--Description and travel. I. Title.

[法国] 居伊・塔夏尔

奉国王派遣到印度和中国的耶稣会士暹罗旅行记（法文，1686）

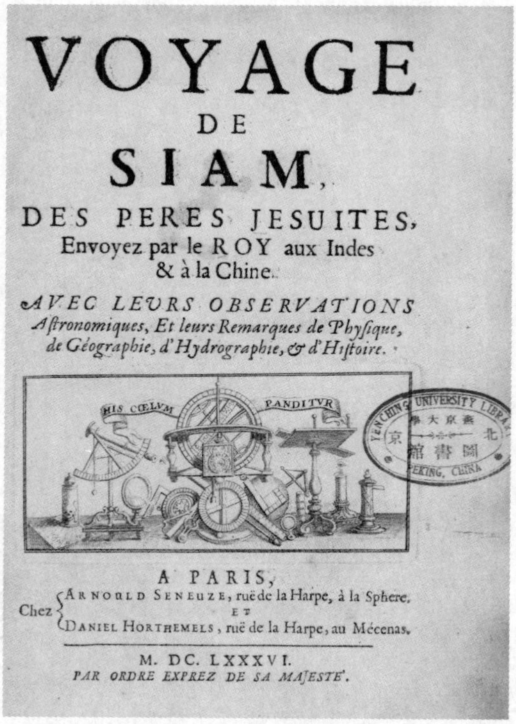

288-Tachard 1.1-915.93/T116

289-Tachard 1.2-915.93/T116e

Tachard, Guy, 1651-1712.

[Voyage de Siam, des peres jesuites. English]

A relation of the voyage to Siam : performed by six Jesuits, sent by the French king, to the Indies and China, in the year, 1685 : with their astrological observations, and their remarks of natural philosophy, geography, hydrography, and history / published in the original, by the express orders of His Most Christian Majesty and now made English, and illustrated with sculptures.--London : Printed by T.B. for J. Robinson and a

Churchil, 1688.

298 (i.e. 308), [12] p., [26] leaves of plates : ill. (some fold.), fold. maps ; 19 cm.

Added t.p., engr.: The voyage of Siam.

1. Natural history--Thailand. 2. Missions--Thailand. 3. Voyages and travels--Early works to 1800. 4. Thailand--Description and travel. 5. Cape of Good Hope (South Africa)--Description and travel. 6. Java (Indonesia)--Description and travel. 7. Thailand. I.Title. II.Title: Relation of...

[法国] 居伊・塔夏尔

奉国王派遣到印度和中国的耶稣会士暹罗旅行记（英文，1688）

1686年巴黎法文首版（288-Tachard 1.1-915.93/T116），“燕京大学图书馆”藏书章，“燕京大学图书馆哈佛燕京学社”藏书票。1688年伦敦英译本（289-Tachard 1.2-915. 93/T116e）。

居伊・塔夏尔，法国耶稣会士，1685年受法国国王路易十四派遣与洪若翰、张诚、白晋、李明、刘应一行六人以法国“国王数学家”的身份前往中国，途径暹罗时塔夏尔应暹罗王要求留在那里，其余五人于1687年到达中国。1687年，法国国王路易十四再次派遣塔夏尔去暹罗。作者另著有《塔夏尔神父与耶稣会士受法王派遣第二次到暹罗旅行记》（参见290-Tachard 2-915.93/T116a）。

本书包括塔夏尔与其它五位到中国的耶稣会士从法国到暹罗的沿途见闻，以及塔夏尔留在暹罗和返回法国的见闻记录。全书共分6部分：1. 从法国布雷斯特港出发到好望角的旅行；2. 从好望角到爪哇岛；3. 从爪哇岛到暹罗；4. 从暹罗海岸到暹罗和罗斛国的城市；5. 自暹罗返回法国的旅行；6. 暹罗人的道德与宗教。

本书附10余幅地图和人物、动物插图，书末附内容索引。

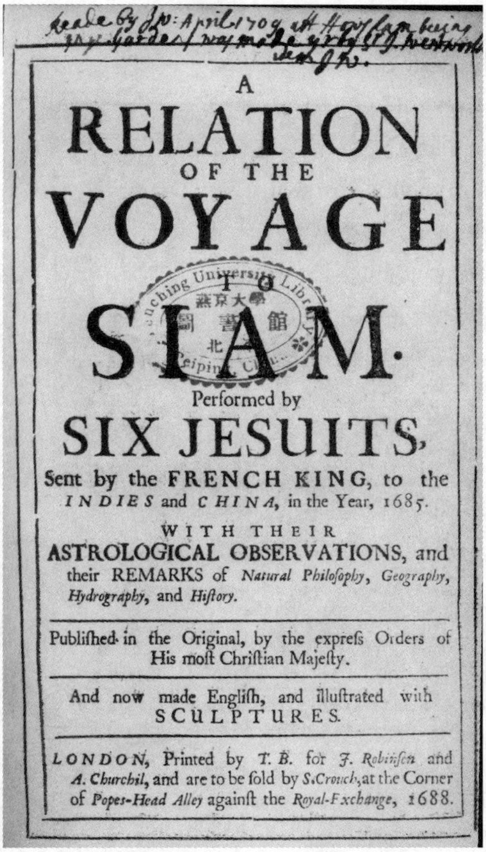
A
RELATION
OF THE
VOYAGE
TO
SIAM.
Performed by
SIX JESUITS,
Sent by the FRENCH KING, to the INDIES and CHINA, in the Year, 1685.
WITH THEIR
ASTROLOGICAL OBSERVATIONS, and their REMARKS of Natural Philosophy, Geography, Hydrography, and History.
Published in the Original, by the express Orders of His most Christian Majesty.
And now made English, and illustrated with SCULPTURES.
LONDON, Printed by T. B. for J. Robinson and A. Churchil, and are to be sold by S. Crouch, at the Corner of Popes-Head Alley against the Royal-Exchange, 1688.

289-Tachard 1.2-915.93/T116e

290-Tachard 2-915.93/T116a

Tachard, Guy, 1651-1712.

Second voyage du père Tachard et des Jésuites envoyez par le roy au royaume de Siam : contenant diverses remarques d'histoire, de physique, de géographie, & d'astronomie.--Paris: Chez D. Horthemels, 1689.

[8], 416, [12] p., [6] fold. leaves of plates ; ill. ; 26 cm.

Engravings drawn by [C.] Vermeulen.

Continuation of: Voyage de Siam des peres Jesuites.

French.

1. Jesuits--Missions--Thailand. 2. Natural history--Thailand. 3. Voyages and travels. 4. Thailand--Description and travel. I. Vermeulen, C. II. Tachard, Guy, 1651-1712. Voyage de Siam des père Jésuites. III. Title. IV. Voyage de Siam Second.

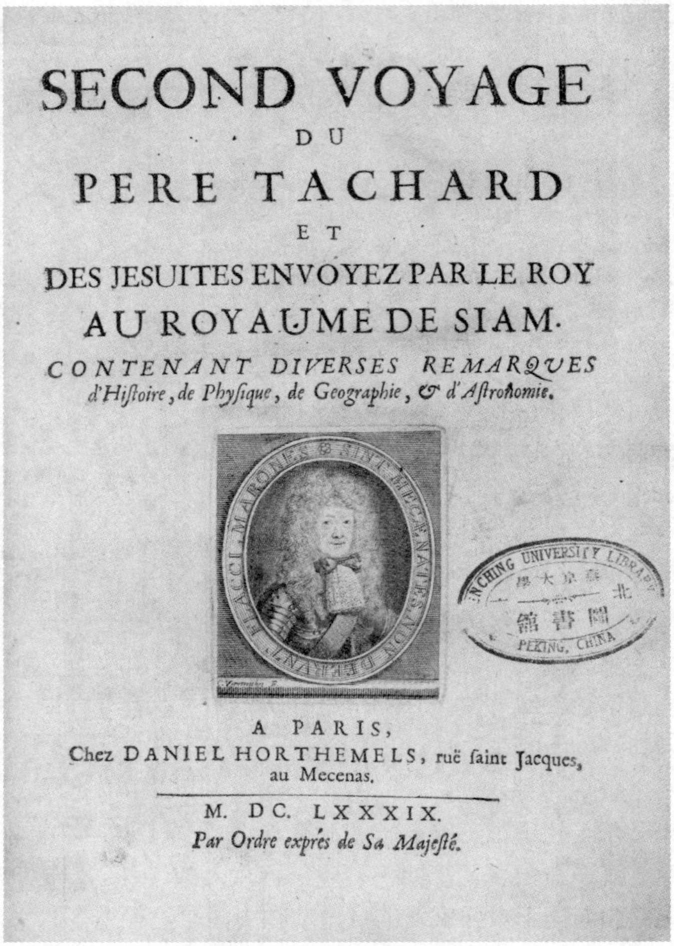
SECOND VOYAGE
DU
PERE TACHARD
ET
DES JESUITES ENVOYEZ PAR LE ROY
AU ROYAUME DE SIAM.
CONTENANT DIVERSES REMARQUES
d'Histoire, de Physique, de Geographie, & d'Astronomie.

A PARIS,
Chez DANIEL HORTHEMELS, ruë saint Jacques, au Mecenas.
M. DC. LXXXIX.
Par Ordre exprés de Sa Majesté.

290-Tachard 2-915.93/T116a

[法国] 居伊・塔夏尔

塔夏尔神父与耶稣会士受法王派遣第二次到暹罗旅行记（法文，1689）

1689年巴黎法文首版，“燕京大学图书馆”藏书章，“燕京大学图书馆哈佛燕京学社”藏书票。

1687年，法国国王路易十四再次派遣塔夏尔去暹罗，与他同行的有14位耶稣会士数学家。本书为此次去暹罗的旅行记录，分为8部分：1. 从法国出发到好望角的旅行经历；2. 好望角见闻，从好望角到爪哇岛；3. 从万丹到暹罗沿途见闻；4. 暹罗见闻，离开暹罗，途经商达邦等地的旅行；5. 法国使团在暹罗的活动、暹罗的语言、大象、丰特奈尔神父（P. de Fonteney）关于在暹罗经历的书信；6. 暹罗的树木、藤黄、鸟类、动物；7. 返回欧洲，滞留果阿，航船遇险，陆上艰难行进31天，好望角滞留四个月，经巴达维亚回国；8. 海上航行、回到法国，与暹罗使者到罗马觐见教皇英诺森十一世。

需要说明的是，本书正文前有评述欧洲百年以来有关中国言论的前言，关于中国内容的目录，以及勘误表，均与本书内容无关，应为其他图书内容误入本书。

本书附 6幅人物和动物插图。

291-Thomson 1-915.1/T384

Thomson, J. (John), 1837-1921.

The straits of Malacca, Indo-China and China, or, Ten years' travels, adventures and residence abroad / by J. Thomson ; illustrated with upwards of sixty wood engravings by J.D. Cooper from the author's own sketches and photographs.--London : Sampson Low, Marston, Low, & Searle, 1875.

xv, 546 p. : ill., 25 pl. (incl. front.), 3 maps, plan ; 22 cm.

1. China--Description and travel. 2. Indo-china--Description and travel. 3. Malacca, Strait of. I. Cooper, J. D. II. Title.

[英国] 约翰・汤姆森

马六甲海峡、印度支那与中国：十年海外旅居历险记

（英文，1875）

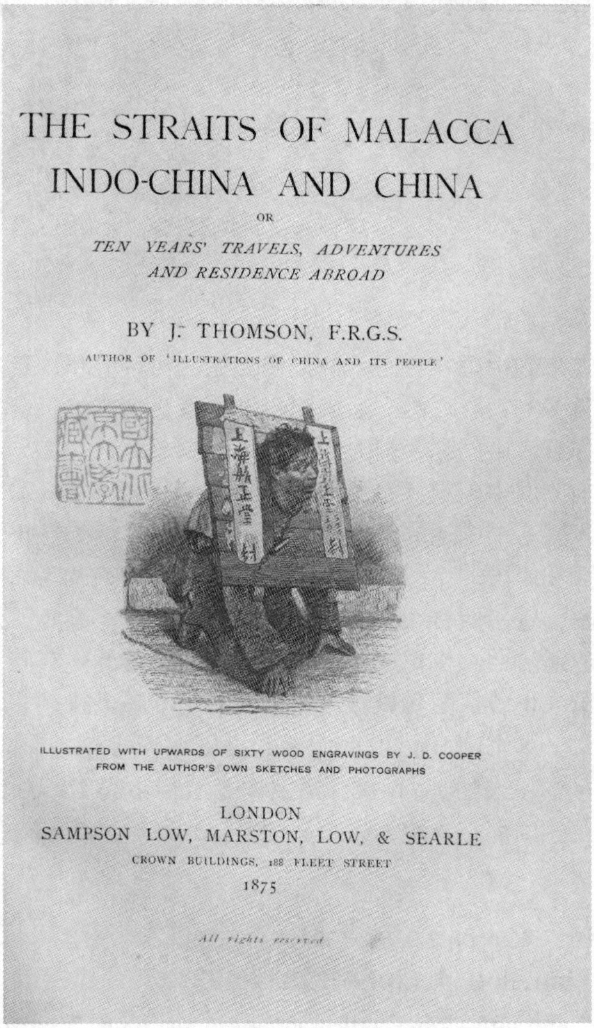
THE STRAITS OF MALACCA
INDO-CHINA AND CHINA
OR
TEN YEARS' TRAVELS, ADVENTURES AND RESIDENCE ABROAD
BY J. THOMSON, F.R.G.S.
AUTHOR OF 'ILLUSTRATIONS OF CHINA AND ITS PEOPLE'
ILLUSTRATED WITH UPWARDS OF SIXTY WOOD ENGRAVINGS BY J. D. COOPER
FROM THE AUTHOR'S OWN SKETCHES AND PHOTOGRAPHS
LONDON
SAMPSON LOW, MARSTON, LOW, & SEARLE
CROWN BUILDINGS, 188 FLEET STREET
1875
All rights reserved

291-Thomson 1-915.1/T384

1875年伦敦英文版，“国立北京大学藏书”章。另有1个复本。本书法文版1877年在法国首版，中文版2006年在台北出版。

汤姆森是传教士，同时也是英国著名摄影家、皇家地理学会成员。1868年作

WAN-SHOW-SHAN

291T-Thomson 1-915.1/T384 万寿山图

者来到中国，在香港开设照相馆，历时五年，足迹遍布中国大陆各地，拍摄了非常多的精彩作品。后来至台湾，在台湾高雄、台南与邻近村庄进行摄影之旅。著作有《中国和中国人图鉴》（*Illustrations of China & Its People*. 1873），《镜头前的旧中国》（参见292-Thomson 2-915.1/T384t）等。

本书描述的是作者十年海外旅居生活的经历，共14章，具体描述了他在东南亚和中国的生活与所见所闻。作者足迹遍及马六甲海峡、马来西亚、泰国、柬埔寨、越南西贡，中国的香港、广州、台湾高雄、烟台等。在本书结尾作者写道，他通过照相机记录了清代中国人的悲惨的生存状况。对比他的祖国，他认为，英国人也曾贫困和愚昧，但中国的贫困和愚昧是非常深重的。

本书附60幅根据作者的摄影原作或绘画制作的木版画插图，内容有建筑、风景、人物等。另有1幅《作者旅行路线图》，1幅《印度支那城市截图》，1幅《泰国那空寺院内外平面图》，1幅《台湾西南部地图》。

292-Thomson 2-915.1/T384t

Thomson, J. (John), 1837-1921.

Through China with a camera / by John Thomson.--London : Harper & Brothers, 1899.

xv, 269 p. : ill. ; 21 cm.

"With 114 illustrations."

1. China--Description and travel. I. Title.

[英国] 约翰・汤姆森

镜头前的旧中国（英文，1899）

1899年伦敦英文版，“燕京大学图书馆”藏书章。本书中译本，2001年由中国摄影出版社出版。

本书主要介绍了作者清末民初时在中国的旅行经历及所拍摄的比较珍贵的照片。一百多年前作者从中国香港出发，经过广州、澳门、汕头、潮州、厦门、台湾、福州、上海、宁波、南京，后北上天津和北京，到过长城等许多名胜风景区，领略了中国的风光，展示出一个多世纪前沉睡的中国及生活在那个时代社会最底层的中国人的状况。全书共10章，既记录了汤姆森与清政界要员的官方会见，又为我们讲述了许多民间传说，内容涉及中国政治、民俗风情等方面。本书作为一本摄影家的游记，无论是文字还是照片，对于我们从侧面了解一百多年前的中国历史和文化，都具有一定的参考价值。

本书附113幅有关人物、建筑、风景、风情民俗等方面的插图及1幅《中日地图》。

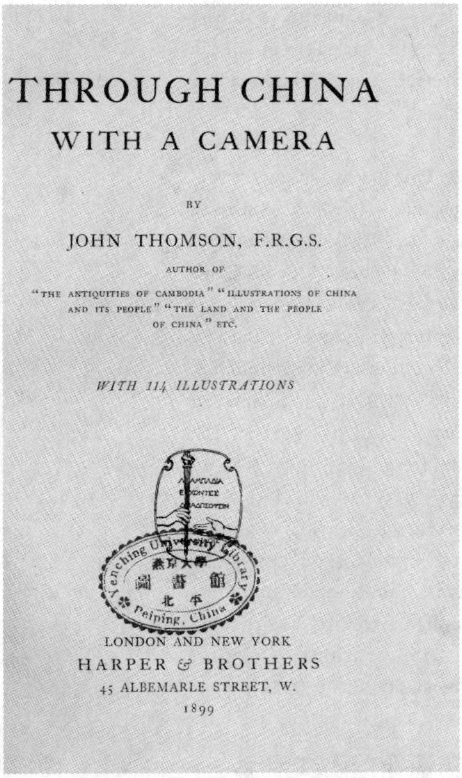

THROUGH CHINA

WITH A CAMERA

BY

JOHN THOMSON, F.R.G.S.

AUTHOR OF

"THE ANTIQUITIES OF CAMBODIA" "ILLUSTRATIONS OF CHINA AND ITS PEOPLE" "THE LAND AND THE PEOPLE OF CHINA" ETC.

WITH 114 ILLUSTRATIONS

LONDON AND NEW YORK

HARPER & BROTHERS

45 ALBEMARLE STREET, W.

1899

292-Thomson 2-915.1/T384t

292T-Thomson 2-915.1/T384t
国立北京大学

293-Tranlations-915.1/N469

Translations from the Chinese and Armenian / with notes and illustrations by Charles Fried. Neumann.--London : Printed for the Oriental Translation Fund and sold by J. Murray, 1831.

xlvii, 128, 152, 110 p. ; 23 cm.

Each work has special t.p

1. History of the pirates who infested the China Sea from 1807 to 1810 / Yusan, Yung-lun -- 2. The catechism of the shamans, or, The laws and regulations of the priesthood of Buddha in China / Chu-

hung -- 3. Chronicle of the Armenian kingdom in Cilicia during the time of the Crusades / Vahram.

1. Oriental literature--Translations into English. 2. Armenian literature--Translations into English. 3. Pirates. 4. South China Sea. 5. Cilicia--History--Armenian Kingdom, 1080-1375. I. Neumann, Karl Friedrich, 1793?-1870. II. Yuan, Yonglun. Jing hai fen ji. English. III. Zhuhong, 1535-1615. Sha mi lu yi yao lue. English. IV. Vahram Rabowni, Vardapet, 13th cent. Chronicle of the Armenian kingdom in Cilicia during the time of the Crusades. V. ([Publications / Oriental Translation Fund ; v. 18])

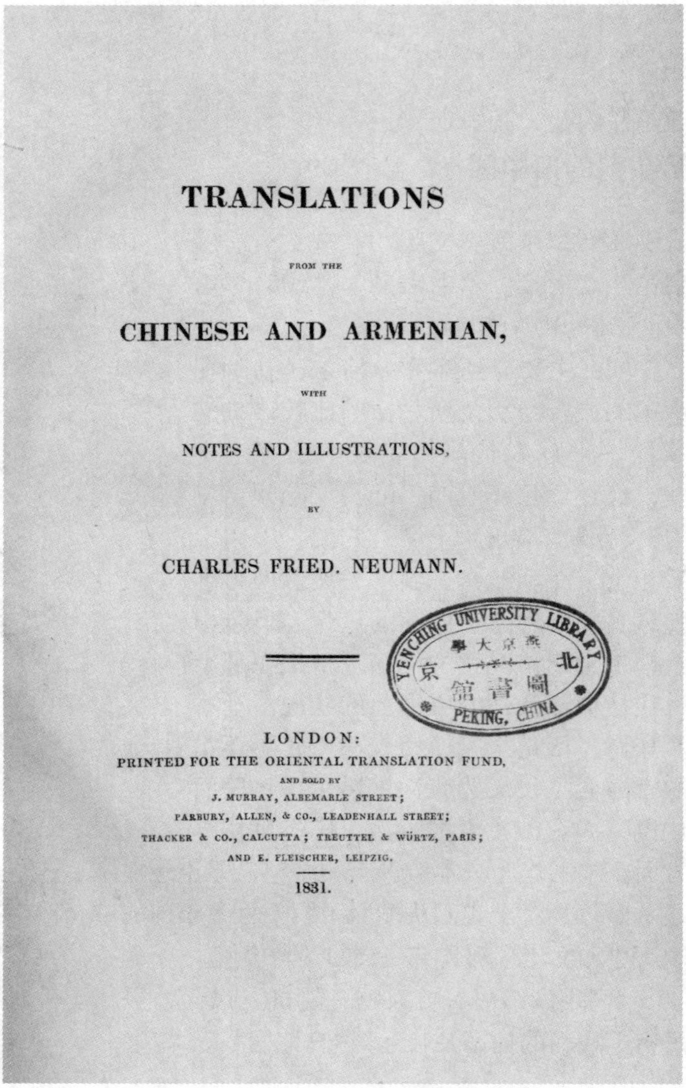
TRANSLATIONS

FROM THE

CHINESE AND ARMENIAN,

WITH

NOTES AND ILLUSTRATIONS,

BY

CHARLES FRIED. NEUMANN.

LONDON:
PRINTED FOR THE ORIENTAL TRANSLATION FUND,
AND SOLD BY
J. MURRAY, ALBEMARLE STREET;
PARBURY, ALLEN, & CO., LEADENHALL STREET;
THACKER & CO., CALCUTTA; TREUTTEL & WÜRTZ, PARIS;
AND E. FLEISCHER, LEIPZIG.

1831.

293-Tranlations-915.1/N469

汉语和亚美尼亚语译文（英文，1831）

1831年伦敦英文版，“燕京大学图书馆”藏书章。

本书主要介绍了两本汉语著作和一本亚美尼亚语著作的英译本内容及译者评注。编译者内曼（Karl Friedrich Neumann，1793?—1870），参见202-Neumann-951.4151/N397。

译作一是中国海盗史，系《靖海氛记》的英译本；译作二是《沙弥律仪要略》英译本，主要介绍沙弥十戒和二十四门威仪；译作三是亚美尼亚王国西里西亚王朝编年史，主要介绍了十字军东征时期亚美尼亚王国西里西亚王朝的历史及译者的注释。

294-Tronson-915/T753

Tronson, John M.

Personal narrative of a voyage to Japan, Kamtschatka, Siberia, Tartary, and various parts of coast of China : in H.M.S. Barracouta / by J.M. Tronson ; with charts and views.--London : Smith, Elder & Co., 1859.

xiii, 414 p., [15] leaves of plates : ill., fold. maps ; 22 cm.

1. Barracouta (Ship) 2. East Asia--Description and travel. I. Title.

[英国] 约翰·特朗森

前往日本、堪察加、西伯利亚、鞑靼及中国沿海的航行记述（英文，1859）

1859年伦敦英文版。“燕京大学图书馆”藏书章（钢印）。

作者曾在1854、1855和1856年随英国船舰巴瑞科特（Barracouta）号到中国、日本等地。

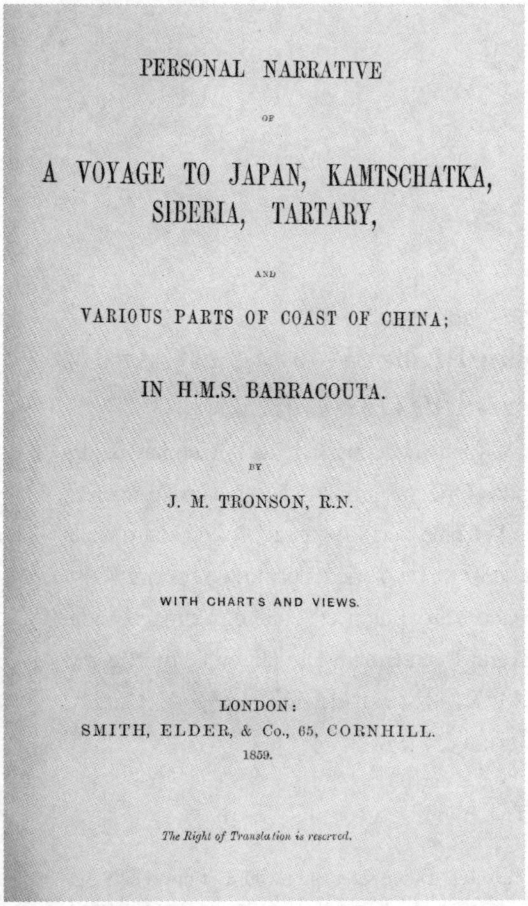

PERSONAL NARRATIVE

OF

A VOYAGE TO JAPAN, KAMTSCHATKA,
SIBERIA, TARTARY,

AND

VARIOUS PARTS OF COAST OF CHINA;

IN H.M.S. BARRACOUTA.

BY

J. M. TRONSON, R.N.

WITH CHARTS AND VIEWS.

LONDON:
SMITH, ELDER, & Co., 65, CORNHILL.
1859.

The Right of Translation is reserved.

294-Tronson-915/T753

作者按照时间的先后顺序，叙述了自己1854—1856年乘船前往日本岛屿、堪察加、西伯利亚及中国沿海各地的航行经历，记录了旅行中自己感兴趣的各种事情。其中关于中国沿海的描述中，介绍了作者航行经过的上海、宁波、香港等沿海城市的情况，内容涉及了当时的中国贸易、中国人、农作物、宗教、习俗等许多方面。

本书附10幅有关风景等方面的插图和1幅《航行路线图》，1幅《长崎海港图》，1幅《阿穆尔河入口图》，1幅《鞑靼海岸线图》及1幅《西摩港口图》。

V

295-Van 1.1-915.1/V274f

Van Braam Houckgeest, Andre Everard, 1739-1801.

Voyage de l'ambassade de la Compagnie des Indes Orientales hollandaises, vers l'empereur de la Chine : en 1794 et 1795 ; où se trouve la description de plusieurs parties de cet empire inconnues aux Européens / tiré du journal d'André Everard van-Braam Houckgeest ; publié par M.L.E. Moreau de Saint-Méry.--Paris : Garnery, 1798.

2 v. ; 21 cm.

French.

1. China--Description and travel. I. Moreau de Saint-Méry, M. L. E. (Mederic Louis Elie), 1750-1819. II. Salvandy, M. de. III. Nederlandsche Oost-Indische Compagnie. IV. Title.

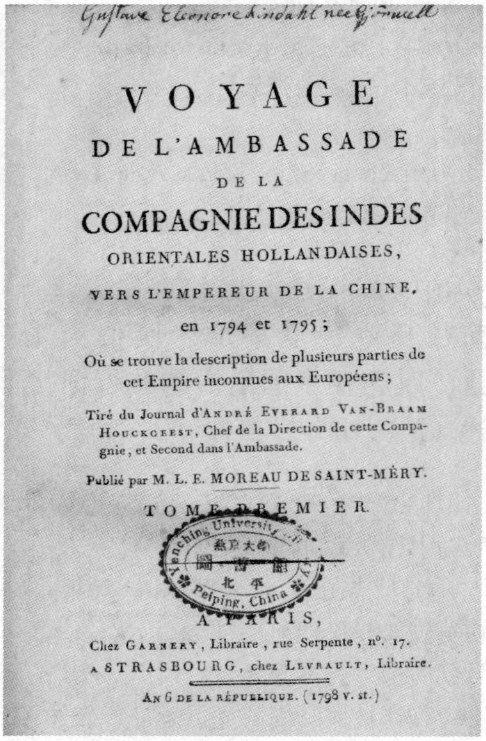

VOYAGE
DE L'AMBASSADE
DE LA
COMPAGNIE DES INDES
ORIENTALES HOLLANDAISES,
VERS L'EMPEREUR DE LA CHINE,
en 1794 et 1795;
Où se trouve la description de plusieurs parties de cet Empire inconnues aux Européens;
Tiré du Journal d'André Everard Van-Braam Houckgeest, Chef de la Direction de cette Compagnie, et Second dans l'Ambassade.
Publié par M. L. E. MOREAU DE SAINT-MÉRY.
TOME PREMIER.
A PARIS,
Chez Garnery, Libraire, rue Serpente, n°. 17.
A STRASBOURG, chez Levrault, Libraire.
An 6 de la République. (1798 v. st.)

295-Van 1.1-915.1-V274f

[荷兰] 范罢览

1794至1795年荷兰、东印度公司向中华帝国朝廷派赴使节纪实（法文，1798）

296-Van 1.2-915.1/V274

Van Braam Houckgeest, Andre Everard, 1739-1801.

[Voyage de l'ambassade de la Compagnie des Indes Orientales hollandaises, vers l'empereur de la Chine : en 1794 et 1795. English]

An authentic account of the embassy of the Dutch East-India company to the court of the emperor of China in the years 1794 and 1795 : (subsequent to that of the Earl of Macartney.), containing a description of several parts of the Chinese empire, unknown to Europeans /taken from the journal of Andre Everard van Braam ; translated from the original of M.L.E. Moreau de Saint-Mery.--London : Printed for R. Phillips, 1798.

2 v. : fold. map ; 22 cm.

1. China--Description and travel. I. Moreau de Saint-Mery, M. L. E. (Mederic Louis Elie), 1750-1819. II. Nederlandsche Oost-Indische Compagnie. III. Title. IV. Title: authentic account…

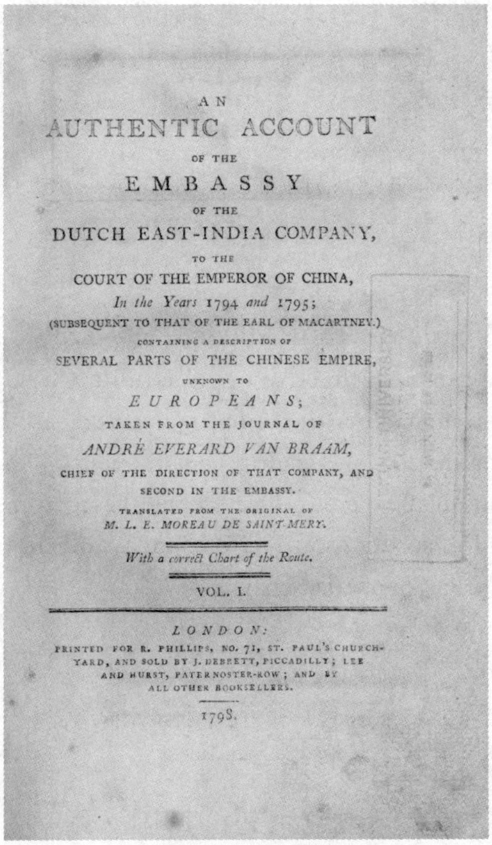
AN
AUTHENTIC ACCOUNT
OF THE
EMBASSY
OF THE
DUTCH EAST-INDIA COMPANY,
TO THE
COURT OF THE EMPEROR OF CHINA,
In the Years 1794 *and* 1795;
(SUBSEQUENT TO THAT OF THE EARL OF MACARTNEY.)
CONTAINING A DESCRIPTION OF
SEVERAL PARTS OF THE CHINESE EMPIRE,
UNKNOWN TO
EUROPEANS;
TAKEN FROM THE JOURNAL OF
ANDRÉ EVERARD VAN BRAAM,
CHIEF OF THE DIRECTION OF THAT COMPANY, AND
SECOND IN THE EMBASSY.
TRANSLATED FROM THE ORIGINAL OF
M. L. E. MOREAU DE SAINT-MERY.
With a correct Chart of the Route.
VOL. I.
LONDON:
PRINTED FOR R. PHILLIPS, NO. 71, ST. PAUL'S CHURCH-YARD, AND SOLD BY J. DEBRETT, PICCADILLY; LEE AND HURST, PATERNOSTER-ROW; AND BY ALL OTHER BOOKSELLERS.
1798.

296-Van 1.2-915.1/V274

[荷兰] 范罢览

1794至1795年荷兰、东印度公司向中华帝国朝廷派赴使节纪实（英文，1798）

1798年巴黎法文版（295-Van 1.1-915.1/V274f），2卷，“燕京大学图书馆”藏书章，“燕京大学图书馆哈佛燕京学社”藏书票。本书法文首版1797—1798年出版于费城。1798年译自法文版的伦敦版英文本（296-Van 1.2-915.1/V274），2卷，“燕京大学图书馆”藏书章。“J. W. Bashford”签名。

范罢览（又译范百兰），1758—1773年任荷兰东印度公司三等贸易官员，从事对华贸易；后到美国，1784年因经营商业失败，返回荷兰。1790年来华，任荷兰驻广州商馆馆长。1794年任荷兰东印度公司使华团副使，前往北京觐见乾隆皇帝。1796年到美国费城，后移居阿姆斯特丹，在该地逝世。

荷兰在清代曾6次遣使访华。乾隆五十九年（1794），荷兰遣正使德胜（Isaac Titsingh）、副使范罢览、包括法国著名汉学家小德经在内的两名翻译，及随行人员共26人，来华为乾隆帝庆贺八十五寿辰。此次来华在京居留40日，乾隆帝并赐宴于紫光阁。本书以旅行日志的形式，详尽地记录了使团1794 年 11 月 22 日从广州出发，由陆路途经江西、浙江、江南、直隶，于1795年 1 月抵达北京觐见乾隆帝，并于同年 5 月初返抵广州的经过和所见所闻。本书正文前有作者写给美国总统乔治・华盛顿的献词，书末有关于一些中文字和本书内容的注释，并有作者1795年离华返国时带回的1800多幅中国画的介绍，包括风景、建筑、风俗习惯、音乐、船舶、鱼、鸟、昆虫、花卉、植物等类别。本书对于了解18世纪末中国的社会政治状况具有一定参考价值，可与马嘎尔尼使团诸人的回忆录相对照。

本书附1幅使团《广州-北京-广州的路线图》。

297-Viani-282.51/V655

Viani, Sostegno Maria, 1690-1739.

Storia delle cose operate nella China da monsignor gio: ambrogio mezzabarba patriarca d'alessandria, legato appostolico in quell'impero, e ultimamente vescovo di lodi, scritta / dal Padre Viani.--Venezia : Nella Stamperia Fenziana, 1760.

xvi, 188 p. ; 17 cm.
Italian.

1. Viani, Sostegno, 1690 (ca)-1739--Biography. 2. Rites and ceremonies--China. I. Title.

[意大利] 索斯泰尼奥·马里亚·维亚尼神父

维亚尼日记（意大利文，1760）

STORIA
DELLE COSE OPERATE
NELLA CHINA
DA MONSIGNOR
GIO: AMBROGIO
MEZZABARBA,
PATRIARCA D' ALESSANDRIA,
Legato Appostolico in quell' Impero,
e ultimamente
VESCOVO DI LODI,
SCRITTA
DAL PADRE VIANI
DEI SERVI DI MARIA
Confessore del Prelato suddetto, e suo Compagno nella prefata Legazione.
Yenching University Library
IN VENEZIA, MDCCLX.
NELLA STAMPERIA FENZIANA,
Con facoltà dei Superiori, e Privilegio.

297-Viani-282.51/V655

意大利文第三版，“燕京大学图书馆”藏书章。本书意大利文首版1739年在巴黎出版；次年在德国科隆出版第二版；第三版在威尼斯发行。由于作者亲身经历其记载的中国之行，因此该书是研究中国康熙时代“礼仪之争”的第一手文献，有重要学术价值。罗光先生在所著《教廷与中国使节史》一书中，多次引用该书中材料。

维亚尼，1709年入教，“圣母马利亚修会”成员，也是随同嘉乐主教访华神父之一。嘉乐主教作为教宗特使，继铎罗主教之后来华，旨在平息“礼仪之争”。维亚尼神父是他的随行忏悔神父，于1720—1721年在中国停留。其他著作不详。

本书副标题为《使团中国日志》（*Giornale della Legazione della China*），以日记形式记录教宗特使团的第二次访华过程。叙述的主要是教宗特使、意大利亚历山大主教嘉乐的在华活动。始于1720年的9月23日（使团1720年3月25日从里斯本出发，9月22日抵达澳门海外），止于1721年的12月10日，主要涉及愈演愈烈的“礼仪之争”。其中，日记详细记述了1720年9月27日，访华团抵达澳门后，嘉乐主教和耶稣会中国区副区长穆若瑟（Giuseppe Monteiro）之间的会面，以及穆若瑟对指责其亵渎教会的辩解；1720年12月康熙派遣四大臣接见使节团，12月28日在畅春园亲自接见使节团诸事。同时，还全文记录了进入中国后，中国官员对其提出的问题，以及嘉乐主教的回答等。书中还全文收录了教宗关于中国礼仪的两个法令。

298-Villermaules-282.51/An31

Villermaules, Michel, 1672-1757.

Anecdotes sur l'état de la religion dans la Chine.--Paris : Aux depens de la Societe, 1733-

v. ; 18 cm.

Vol. 5 bound with the editor's Reponse a la lettre du P. de Goville, ancien missionnaire de la Chine, adressée aux RR. PP. jésuits. Paris, 1736.

t. 1. Relation de M. le cardinal de Tournon, patriarche d'Antioche, visiteur apostolique; avec pouvoir legat à latere à la Chine, ecrite par liu-même -- t. 2. Diverses pieces, de M. le cardinal de Tournon, ecrites & envoyées à Rome par lui- même -- t. 3. 1. ptie. L'histoire des superstitions des Malabares. 2. ptie. Ce qui s'est passé à Rome & à la Chine au sujet des idolatries chinoises, depuis la mort de M. le cardinal de Tournon, jusqu' à la legation de M. de Mezzabarba -- t. 4. Le journal de monseigneur Charles Ambroise de Mezzabarba. Pièces qui ont rapport au présent journal. Remarques d'un missionaire sur le journal précédent. Relation de la prison de Monsieur Pedrini -- t. 5. Suites de la legation de M. de Mezzabarba -- t. 6. Le mémorial du R.P. Mi-

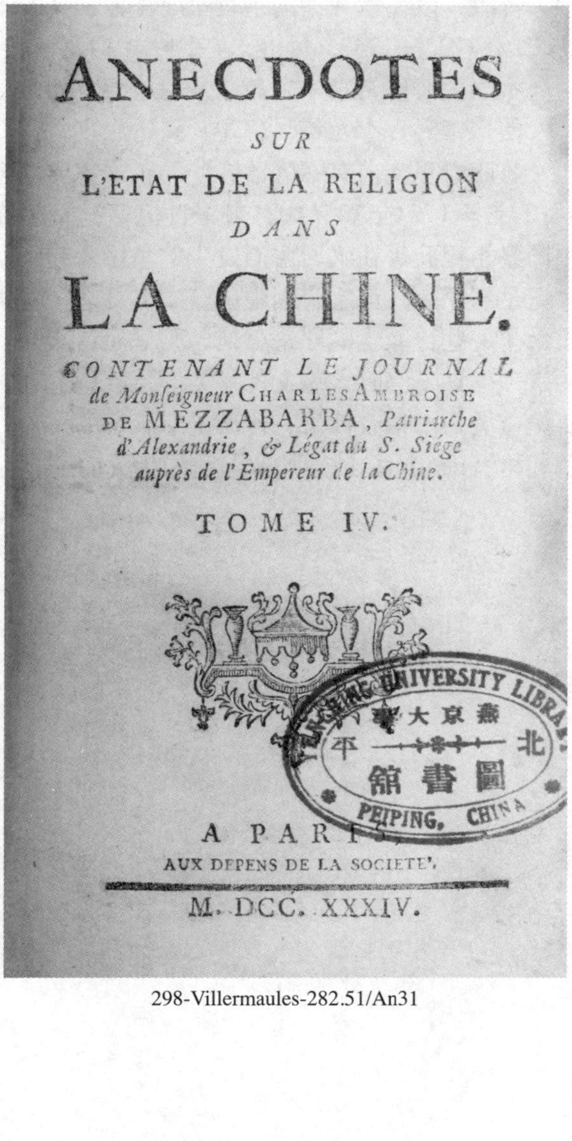

298-Villermaules-282.51/An31

chel-Ange Tambourin, & sa soumission au Pape. Tables des matières contenues dans les six volumes d'anecdotes. French.

1. Jesuits--Missions. 2. Catholic Church--China. 3. Missions--China. 4. Chinese rites. I. Title.

[瑞士] 米克尔·维莱莫莱斯

中国宗教状况轶事（法文，1733）

1733—1742年巴黎法文首版7卷中的第四卷，出版于1734年，“燕京大学图书馆”藏书章，“燕京大学图书馆”藏书票。

米克尔·维莱莫莱斯，生于瑞士，圣稣尔比斯会士，冉森教派教徒，曾到加拿大传教，以编辑《中国宗教状况轶事》（*Anecdotes sur l'éat de la religion dans la Chine*.1733—1742）闻名，在该书中对耶稣会士颇有指责。

本卷主要作者嘉乐主教，是清康熙年间教皇为宣布对中国礼仪禁令所派第二位特使，康熙五十九年（1720）到达北京。

第四卷正文前有《告读者》，正文主要内容为罗马教皇特使嘉乐主教1720年9月24日至1721年12月10日来华日记。礼仪之争是在华传教士之间关于如何对待中国祭祖祀孔等礼仪习俗而发生的争论，起于明末，清康熙年间争论再度激烈。日记是嘉乐为礼仪之争到中国宣布罗马教皇对中国礼仪禁令的有关活动记录，还收录了一些传教士的往来书信，嘉乐写给康熙帝的信，嘉乐宣布对中国礼仪妥协的八项准许，当时宗教文件摘要等。日记之外，本卷正文还包括三部分内容：与日记有关的书信及评价；传教士对日记的评论；意大利传教士、康熙帝宫廷乐师德理格（Pedrini）被康熙帝逮捕的相关情况。

W

299-Wade 1-456.11/W119

Wade, T. F. (Thomas Francis), 1818-1895.

The hsin ching lu, or, Book of experiments : being the first of a series of contributions to the study of Chinese / by Thomas Francis Wade.--Hong Kong : [s.n.], 1859.

3 v. ; 34 cm.

Includes index.

Transliteration of Chinese character at head of title: Hsin-chin lu. - Volume 2 lacks titlepage. - Titlepage of volume 3 reads:- The Peking syllabary, being a collection of the characters representing the dialect of Peking; arranged after a new orthography in syllabic classes, according to the four tones; designed to accompany the hsin ching lu, or book of experiments, ... - Volume 2 contains the Chinese text which is described in volume 1 and reads from back to front.

1. Chinese language--Syllabication. 2. Chinese language--Dialects--China--Beijing. I. Wade, T. F. (Thomas Francis), 1818-1895. Peking syllabary. II. Title. III. The Peking syllabary: being a collection of the characters representing the dialect of Peking : arranged after a new orthography in syllabic classes according to the four tones : designed to accompany The hsin ching lu, or, Book of experiments.

[英国] 威妥玛

寻津录（英文，1859）

錄 津 尋

THE

HSIN CHING LU,

OR,

BOOK OF EXPERIMENTS;

BEING

THE FIRST OF A SERIES

OF

CONTRIBUTIONS TO THE STUDY OF CHINESE.

BY

THOMAS FRANCIS WADE,

CHINESE SECRETARY.

泰山不讓土壤河海不擇細流

Li Szŭ, B.C. 231.

HONGKONG.

MDCCCLIX.

299-Wade 1-456.11/W119

1859年香港英文版，3卷，“燕京大学图书馆”藏书章。

威妥玛是英国外交官、汉学家，参加过1840—1842年的鸦片战争。1847年任驻华汉文副使，1853年任驻上海副领事，1855-1871年任使馆汉文正使，1871—1882年任公使。1876年的《烟台条约》就是他和李鸿章签订的。除本书外，著作有《平仄编》（参见：300-Wade 2-458.3/W119ya）、《文件自迩集》（参见：301-Wade 3-458.3/W119）、《语言自迩集》（参见：302-Wade 4-458.3/W119y）等。为了便于外国人学习汉语，他于1868年发明了汉字的罗马拼音方法，称为“威妥玛式拼音”，威妥玛式拼音在国内外影响很大，很多中国地名和人名以及商标名都采用了这种拼写方式。1958年，我国现代汉语拼音方案颁布后，部分老字号、驰名品牌仍沿用威妥玛式拼音。

本书第一、二卷分别以英文和中文介绍了天类、圣谕广训和北京方言音调等内容，第三卷列出了北京话音节表。《寻津录》是供在华外国人(主要是使用英语的人)学习和掌握汉语、汉字而使用的书籍，此书开拓了学习北京方言的简易途径。威妥玛确信北京话已成为新的标准官话，汉语教学必须以北京话为对象。在1847—1855年的八年间，他反复研究表音法，到1859年终于在中国老师的帮助下编制出版了附有北京话音节表的《寻津录》。威妥玛使用他根据北京语音制定的拉丁字母拼音方案给汉字注音，这个方案以后被普遍用来拼写中国的人名、地名等，一般称为威妥玛式拼音，威妥玛在汉语语言研究上的成就为西方汉学界所公认。

300-Wade 2-458.3/W119ya

Wade, T. F. (Thomas Francis), 1818-1895.

Ping-tsê pien : a new edition of the Peking syllabary, designed to accompany the colloquial series of the Tz ŭ erh chi ; being a revised collection of the characters representing the dialect spoken at the court of Peking, and in the metropolitan prefecture of Shun-t'ien fu, arranged in the order of their syllables and tones ; with an appendix / [Thomas Francis Wade].--[London : Trubner, 1867]

126, 35 p. ; 29 cm.

1. Chinese language--Readers. 2. Chinese language--

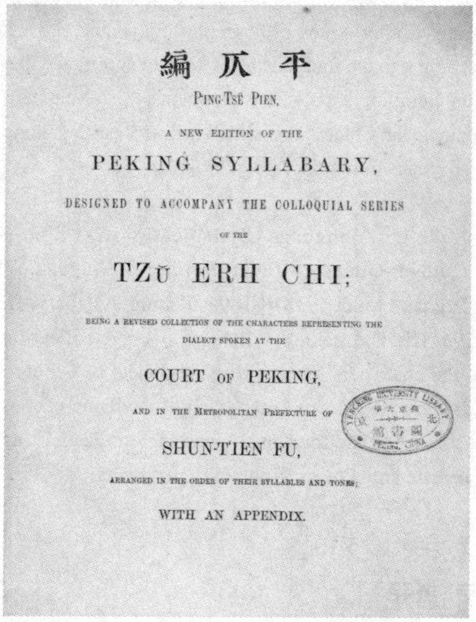

300-Wade 2-458.3/W119ya

Style. I. Title.

[英国] 威妥玛

平仄编（英文，1867）

1867年伦敦英文版，“燕京大学图书馆”藏书章。

本书是威妥玛《语言自迩集》的配套书籍，是北京音节表新编版本。本书收集了具有代表性的北京方言发音，正文中按照英文字母顺序排列了420个汉字的音节和四声，文后附汉字和发音及声调对照表。

Wade, T. F. (Thomas Francis), 1818-1895.

Wên-chien tz ŭ -erh chi : a series of papers selected as specimens of documentary Chinese, designed to assist students of the language as written by the officials of China, in sixteen parts, with key / by Thomas Francis Wade.--London : Trubner & Co., 1867.

xii, 455 p. ; 30 cm.

1. Chinese language--Readers. 2. Chinese language--Style. I. Title.

301-Wade 3-458.3/W119

[英国] 威妥玛

文件自迩集（英文，1867）

1867年伦敦英文版，“燕京大学图书馆”藏书章。

本书是公文汉语文件选集，供学习中国官方文牍语专用,共十六部分，收集了清代乾隆至道光朝的各种公文、诉状、信函、差票、甘结、契约、银票、公牍、榜文、奏折等150件，并相应作出了中英文对照和文句解说。入选的150个文件，几乎涵盖了当时司法活动的各个领域，而且所选文件注重细节，特别是对民间习俗与民事活动的一些具体现象进行了分类收集，是西方人了解中国传统司法活动系统而又详细的资料。

302-Wade 4-458.3/W119y

Wade, T. F. (Thomas Francis), 1818-1895.

Yü-yen tz ŭ -erh chi : a progressive course designed to assist the student of colloquial Chinese, as spoken in the capital and the metropolitan department ; in eight parts ; with key syllabary, and writing exercises / by Thomas Francis Wade.--London : Trubner & Co., 1867.

2 v. ; 30 cm.

Vol. 2: Key.

The key has separate t.p.: Key to the Tzu-erh chi. Colloquial series ...

The writing exercises have separate t.-p. ... Han tzu hsi hsieh fa, a set of writing exercises ... to accompany the Colloquial series of the Tzu erh chi.

The syllabary has half-title (only): ... P'ing-tse pien, a new edition of the Peking syllabary, designed to accompany the Colloquial series of the Tzu erh chi ...

集邇自言語

YÜ-YEN TZŬ-ERH CHI,

A PROGRESSIVE COURSE

DESIGNED TO ASSIST THE STUDENT OF

COLLOQUIAL CHINESE,

AS SPOKEN IN THE CAPITAL AND THE METROPOLITAN DEPARTMENT;

In Eight Parts;

WITH KEY, SYLLABARY, AND WRITING EXERCISES;

BY

THOMAS FRANCIS WADE C.B.

SECRETARY TO H.B.M. LEGATION AT PEKING.

LONDON:

TRÜBNER & CO., 60, PATERNOSTER ROW.

MDCCCLXVII.

302-Wade 4-458.3/W119y

pt. I. Pronunciation -- pt. II. The radicals -- pt. III. San yu chang, The forty exercies -- pt. IV. Wen ta chang, The ten dialogues -- pt. V. Hsu san yu, The eighteen sections -- pt. VI. T'an lun p'ien, The hundred lessons -- pt. VII. Lien-hsi yen shan p'ing tse pien, The tone exercises -- pt. VIII. Yen y=u li luo, The chapter on the parts of speech -- Appendices, containing all the characters in pt. III, IV, V, VI, and VII.

1. Chinese language--Conversation and phrase books. 2. Chinese language--Readers. 3. Chinese language--Dialects--China--Beijing. I. Title. II. Key to the Tzu-erh chi.

[英国] 威妥玛

语言自迩集（英文，1867）

1867年伦敦英文首版，2卷，“燕京大学图书馆”藏书章，另有1个复本。1886年第二版的3卷本，且有1个复本。本书中文译本，2002年由北京大学出版社出版。

本书系统地记录了19世纪中期北京官话音系，是当时一部权威性的北京话课本。本书介绍了汉字、语音、语汇、语法等内容，并附有大量的例句、对话、短文以及有关文化习俗的说明，文中1500多条注释提供了丰富的语言、社会和文化背景知识。《语言自迩集》的重要价值除了在北京话和普通话历史乃至中国语言学史上的开拓意义外，还在于它是一部注重现代汉语口语教学并用拉丁字母注音的对外汉语教材的开先河之作，为研究汉语史、北京话史及对外汉语教学史提供了丰富的资料。

303-Watters 1-181.2111/W344

Watters, Thomas, 1840-1901.

Lao-Tzu : a study in Chinese philosophy / by T. Watters.--Hongkong : Printed at the "China mail" Office ; London : Williams & Norgate, 1870.

114 p. ; 21 cm.

1. Laozi (老子), 6th cent. B.C. 2. Laozi (老子), 6th cent. B.C. Dao de jing. I. Title.

303-Watters 1-181.2111/W344

[英国] 托马斯·瓦特斯

老子：中国哲学研究（英文，1870）

1870年伦敦英文版。"燕京大学图书馆"藏书章。

瓦特斯是英国驻中国领事官、汉学家，1863年来华。1865年任台湾府领事馆副翻译、代理领事，1887年调任代理驻朝鲜总领事。1891—1893年任福州领事，为伦敦皇家亚洲学会的会员。他研究佛学，曾把玄奘的《大唐西域记》翻译成英文(On Yuan Chwang' s Travels in India， A.D.629-645. 1904)；还著有《汉语论集》(Essays on the Chinese Language. 1889)；《现代中国日常生活的故事》(Stories of Everyday Life in Modern China. 1896);《孔庙碑匾指南》(参见304-Watters 2-181.2311/W344)等。

本书曾在The Chinese Recorder and Missionary Journal杂志中刊登过，主要分为引言、老子生平、道德经译介、老子学说的概观、宇宙观、政治理想、伦理观、道学和儒学、结论。作者认为，老子是中国历史及哲学史上最杰出的人物之一，应当把老子的学说提升到哲学史的高度来研究。

304-Watters 2-181.2311/W344

Watters, Thomas, 1840-1901.

A guide to the tablets in a temple of Confucius / by T. Watters.--Shanghai, China : America Presbyterian Mission Press, 1879.

xx, 259 p. ; 25 cm.

1. Confucius and Confucianism. I. Title.

[英国] 托马斯·瓦特斯

孔庙碑匾指南（英文，1879）

1879年上海英文版，“燕京大学图书馆”藏书章。

本书主要介绍了孔庙碑匾上记载的人物。本书首先在引言中介绍了孔庙的结构、史略和祭孔等内容，正文具体介绍了碑匾上记载的相关人物生平，其中包括“四配”，即：复圣颜子、宗圣曾子、述圣子思子、亚圣孟子；“十二哲”，即：子骞、冉耕、冉雍、宰予、子贡、冉求、子路、子游、子夏、子张、子若、朱熹；“七十九先贤”，即：子产、伯玉、子邱、子思、子容、子长、子木等；“六十五先儒”，即：公羊高、应邵、高堂生、子国、杜子春等，崇圣祠中的“正祀五位”，即：肇圣王木金父公、裕圣王祈父公、诒圣王防叔公、昌圣王伯夏公、启圣王叔梁公；“先贤四氏”，即：颜氏、曾氏、孔氏、孙氏；“先儒五氏”，即：周氏、张氏、程氏、朱氏、蔡氏。

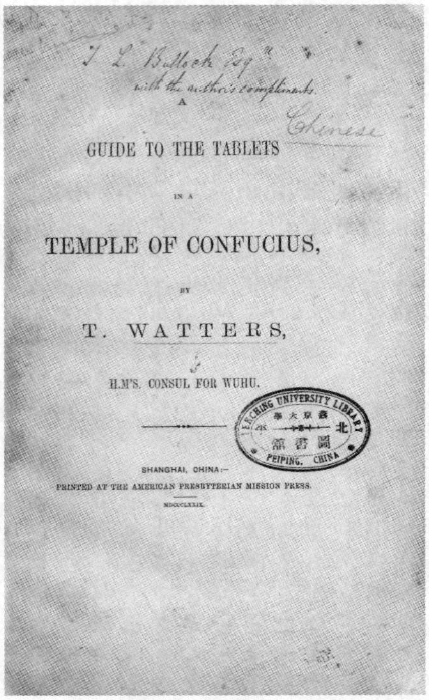

304-Watters 2-181.2311/W344

305-Webb-452/W382

Webb, John, 1611-1672.

An historical essay : endeavoring a probability that the language of the empire of China is the primitive language / by John Webb.-- London : Printed for N. Brook, 1669.

212 p., [1] fold. leaf of plates : fold. map ; 17 cm.

1. Chinese language. I. Title.

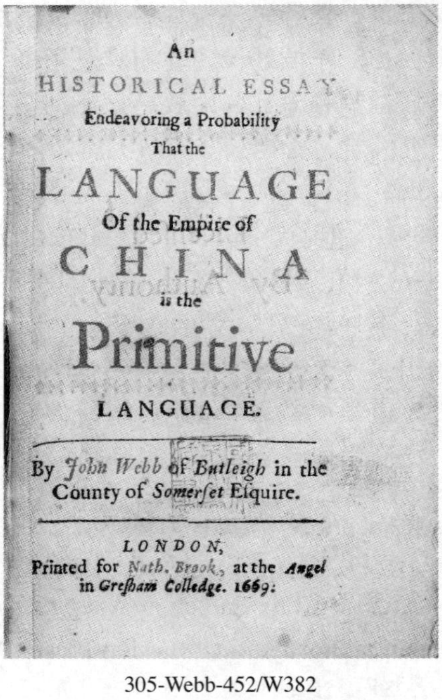

305-Webb-452/W382

[英国] 约翰·韦布

论中国语言是人类最初的语言（英文，1669）

1669年伦敦英文首版，“国立北京大学藏书”章。

韦布是英国建筑设计师，同时也致力于学术研究。

本书借鉴了早期到中国的西方传教士的观点，对中国人的起源、中国语言起源和发展的历史做了探讨。作者认为，中国人是诺亚的子孙，在《圣经》所记载的大洪水之后几经辗转到了中国，尧帝即诺亚，他的儿子舜带领人们居住在中国及东方，所以中国语言是人类最初的语言。中国语言在公元前3000年即产生了，中国字有12万之多。

本书附1幅《中国地图》。

306-Werner-915/W495

Werner, Reinhold von, 1825-1909.

Die Preussische Expedition nach China, Japan und Siam in den Jahren 1860, 1861 und 1862 / Reisebriefe von Reinhold Werner.--2. Aufl.--Leipzig : F.A. Brockhaus, 1873.

xxi, 551 p., [6] leaves of plates : ill., fold. map ; 21 cm.

German.

1. China--Description and travel. 2. Japan--Description and travel. 3. Thailand--Description and travel. I. Werner, Reinhold von, 1825—1909. II. Title.

[德国] 维尔纳

普鲁士在日本、中国、暹罗的探险（德文，1873）

1873年莱比锡出版的第二版，“燕京大学图书馆”章，

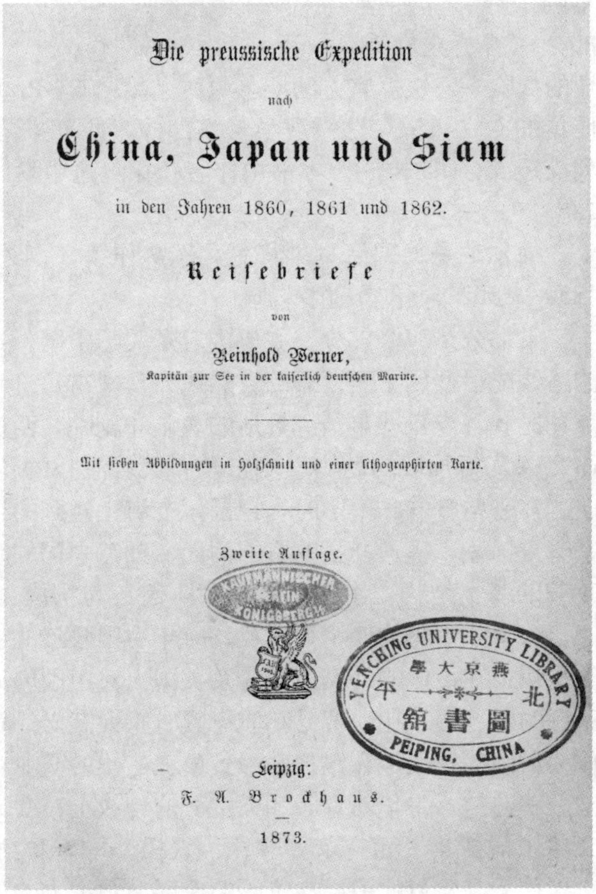

306-Werner-915/w495

306T-Werner-915/W495 上海郊区农庄

“柏林柯尼斯堡商会”章。本书根据普鲁士政府1859年派出的东亚探险队的经历、经验和成绩编撰而成，系《普鲁士在东亚的探险》丛书的第三部分。整部《普鲁士在东亚的探险的》分为三个既相互补充，又自成体系的部分，即总括部分《普鲁士在东亚的探险——根据官方的信息源》（参见227-Preussische-915/P928）、“派驻公使馆的专家报道”这一科学考察部分（此部未单独出版发行）及东亚国家的系列描述部分(即本书)。本书由作者在探险途中发回德国的报道集合而成，首版于1863年。

维尔纳是德国海军副将军和军队作家，作为运输船Elbe号的指挥官参加了1859—1862年间的东亚探险。

本书分为37个部分，主要内容是关于中国、日本和暹罗的风土人情。按航行的路线先后介绍了西班牙的自然风光、城市建筑和经济特点，如马德里的自然特点和民族，港口城市圣克鲁斯的教堂和剧院；西班牙兰萨罗特岛的农业，火山灰田，以及新加坡的岛屿、城市和多民族混合的特点，印度教信徒和中国人的寺庙。在驶向日本和中国时，记录了在海上碰到的台风、中国南海岸的特点等。本书着重描述了中国社会的方方面面，如在中国的政治、军事和刑法方面提及中国政府的基本结构、中国军队和军队装备与构成、清政府的官制和科举制度、刑法、公堂和囚犯的处境，以及1861年中国政治的变革和咸丰皇帝的死及太平天国的反叛；在中国的外交方面提及英国人对中国内战的态度，1861年普鲁士和中国签订的对德国工业、贸易和航海具有重大意义的贸易协定；在经贸方面提及香港作为英国的殖民地和银行中心景象、广州的商业；在宗教信仰方面提及中国人的宗教和迷信、来华基督教和天主教的传教士；在风俗习惯、伦理、种族特点方面介绍了如新年、元宵节，葬礼、娱乐，求亲和结婚，中国的姨太太，妻子与丈夫、孩子与父母的关系，离婚的原因，中国人的形象和身体特征，妇女的裹脚，服饰、家庭生活、烹饪术和多种多样的食品；在农业方面介绍了肥料、大米棉花的种植；在工艺制作中介绍了丝绸制造、织造和刺绣、瓷器厂、木材和金属加工及中国的医术。

除中国外，还介绍了日本和暹罗的社会政治经济生活。

本书附7幅风景人物图，有关中国的图画有《上海郊区的农庄》、《中国的商人和他的女儿》、《上海的茶园》等。另有1幅东亚地图。

307-Western-891.1/W528

Weston, Stephen, 1747-1830.

A Chinese poem, in scribed on porcelain : in the thirty-third year of the cycle, A.D. 1776, with a double translation and notes / by S. Weston.--London : C. Baldwin, 1816.

14 p. ; 19 cm.

1. Porcelain, Chinese--Ming-Qing dynasties, 1368-1912. 2. Chinese poetry--Translations into English. I. Title.

[英国] 斯蒂芬・韦斯顿

瓷杯上的中国诗歌

（英文，1816）

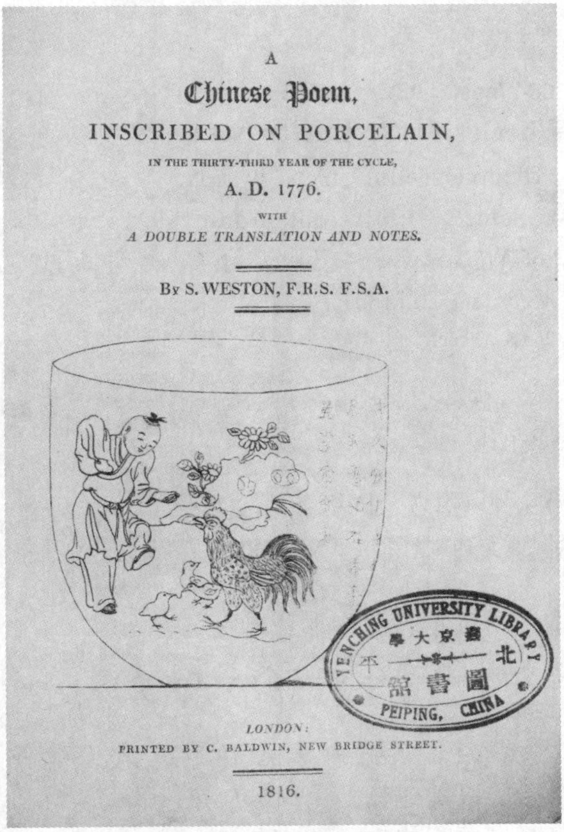

307-Western-891.1/W528

1816年英国伦敦英文首版，“燕京大学图书馆”藏书章。

韦斯顿是一位旅行家、语言学家和古文物研究者，一生中翻译了大量的有关东方文字的书籍，出版了50余部关于古文物学、语言学及神学著作。除本书外，韦斯顿较为著名的关于中国的著述和译作还有《从一个中国花瓶的图画上透视东方文学》（*Fragments of Oriental Literature with an Outline of a Painting on a Curious China Vase*. 1807）、《范鳅儿双镜重圆》（*Fan-Hy-cheu : a tale, in Chinese and English / with notes and a short grammar of the Chinese language*. 1814）。

本书翻译了乾隆年间御窑鸡缸杯上印制的一首御笔诗。鸡缸杯的上品是明成化斗彩鸡缸杯，康熙、乾隆等朝都有仿制品，作者所见的鸡缸杯于杯壁一侧刻有乾隆御题《咏鸡缸杯诗》。这首诗作于乾隆四十一年（1776），在诗中乾隆帝对于瓷器的鉴赏历史和宫廷斗鸡活动进行了一番评论，并站在君王的角度思考收藏古物的意义，反思唐明皇声色犬马的糜烂生活，阐明他本人玩物而不丧志的立场。译者对诗文进行了逐句翻译，并逐字配以英文音译和释义。译者认为此诗行文的艺术性较为一般、内容简约平实，但可以从中获取一些关于中国文化的信息。译者在翻译此诗时咨询了中国学者对诗文的理解，所以译文和注释的内容比较准确。

308-Wheeler-951.41/W565

Wheeler, L. N. (Lucius N.)

The foreigner in China / by L.N. Wheeler ; with introduction by Prof. W.C. Sawyer. --Chicago : S.C. Griggs and Co., 1881.

268 p. ; 20 cm.

1. Missions--China. 2. China. I. Sawyer, W. C. II. Title.

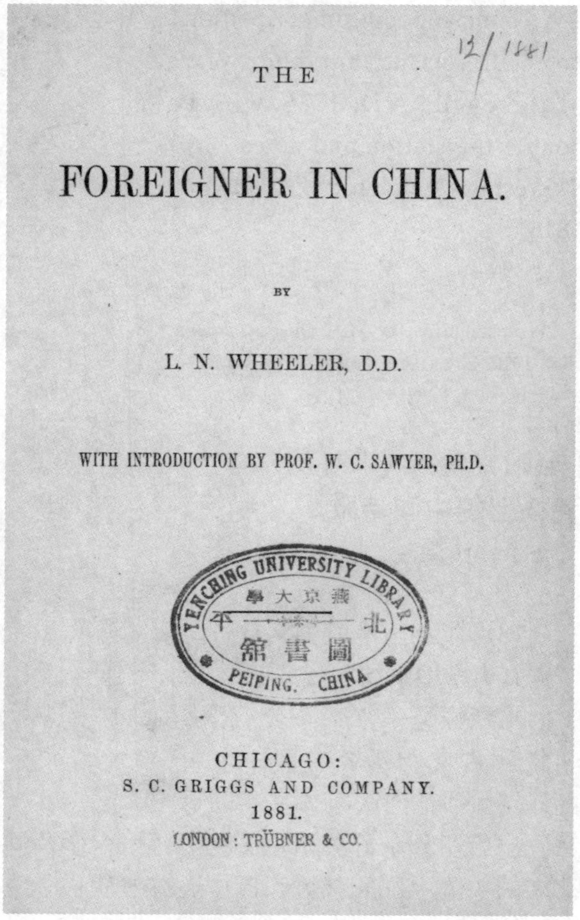

308-Wheeler-951.41/W565

[英国]卢西恩·内森·惠勒

外国人在中国（英文，1881）

1881年美国芝加哥出版英文本，“燕京大学图书馆”藏书章。

卢西恩·内森·惠勒是美国美以美会教士。1866年来华，在福州传教，1867年创办《教务杂志》（*The Missionary Recorder*）。1870年裴氏调往北京美以美会，1873年回美国。1881年再度来华，在重庆传教，3年后返美。1890年又以美国圣经会代理人资格 来华。

本书除序言外共14章，按时间顺序介绍了中国与西方的交流，其特点是略远详近，近代部分占了绝大部分的篇幅。在第一、二、三、四章中作者首先介绍了中国的早期历史，然后从东西比较的角度回顾了中西间的文化交流与外交交涉；第五、六、七、八章是关于鸦片战争的源起、后果及之后中西方的敌对；第九、十、十一、十二章介绍了天主教和基督教在中国的传教活动；第十三章介绍了外国人在太平天国运动中的活动；最后一章以“西洋人在东方”为题，总结了外国人在中国的活动。由于作者在华时间很长，对中国的语言与文字都很熟悉，所以对中国的历史和现实及进入中国的各方势力都有研究，从中西、古今比较的角度研究近代中国，不仅在当时极具开创性，即使在现在也仍有参考价值。

309-White-915.97/W584

White, John, 1782-1840.

History of a voyage to the China Sea / by John White.--2nd ed.--Boston : Wells and Lilly, 1826.

ix, 372 p., [6] leaves of plates : ill., fold. map ; 24 cm.

1. China Sea. 2. Vietnam, Southern--Description and travel. 3. Philippines--Description and travel. I. Title.

[美国] 约翰・怀特

中国海航行史（英文，1826）

1826年英文第二版，“燕京大学图书馆”藏书章，“John White ”签名。

怀特为美国海军少校。

本书共21章，具体介绍了作者1819年从美国塞勒姆出发，途经圣萨尔瓦多、巴达维亚、巴林冯、昆仑岛、柬埔寨、头顿、甲米地、马尼拉，经中国海返回头顿、在西贡停留4个月，然后于1820年返回美国的经历，记录了航行旅程中发生的事情，描述了巴达维亚、巴林冯、交趾支那、菲律宾、马尼拉、西贡等地方的相关情况及所见所闻。书中比较多地介绍了交趾支那的历史、地理、宗教、风俗、人口、服饰礼仪等方面的情况。

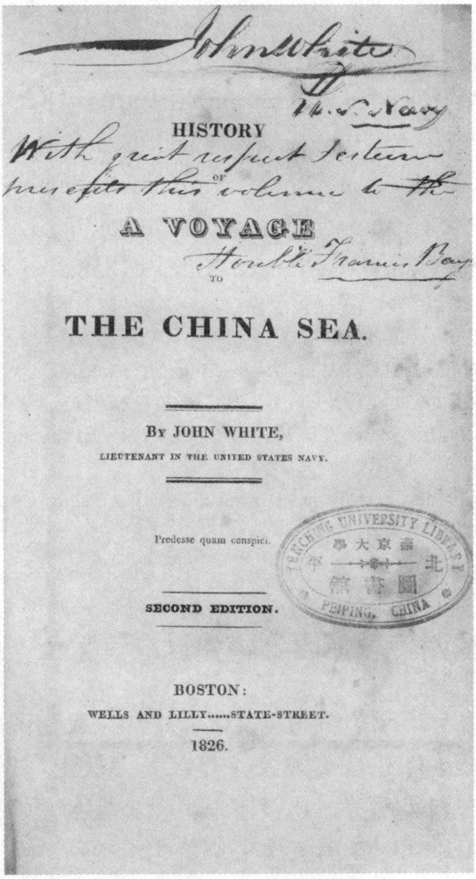

309-White-915.97/W584

本书与中国有关的内容：华人在交趾支那从事的职业，既包括屠夫、裁缝、货郎等低级职业，也包括开银行、货币兑换等较高地位职业；当地从中国进口的日用品等；在交趾支那的中国商户和他们经营的商品类别，经营规模等；1804年两艘来自澳门的英国船只被偷窃的事情。

本书末附25个汉语字词的中国和交趾支那发音以及含义，整个航海过程的气象和温度观测日志等。书中附4幅有关海上商人等方面的插图和1幅河流图。

309T-White-915.97/W584 南北省商人

310-Wiley-266.51/W648

Wiley，I. W. (Isaac William), 1825-1884.

The Mission cemetery and the fallen missionaries of Fuh Chau, China : with an introductory notice of Fuh Chau and its missions / edited by I.W. Wiley.-- New York : Carlton & Porter, c1858.

374 p. : ill., ports. ; 19 cm.

The editor: Introductory notice of Fuh Chau -- Mrs. Jane Isabel White -- C.C. Baldin: Rev. William L. Richards -- W. H. Collins: Rev. Judson D. Collins -- A.H. Doolittle: Mrs. Frances J. Wiley -- D.D. Lore: Mrs. Anna M. Wentworth -- The editor: Mrs. Sophia A.H. Doolittle -- Rev. Seneca Cummings -- Mrs. Ellen C. Colder.

1. Missions--China--Fuzhou Shi (Fujian Sheng) 2. Missionaries--Biography. I. Wiley, I. W. (Isaac William), 1825-1884. II. Title.

[美国] 怀礼

福州传教使团公墓和已故传教士（英文，1858）

1858年纽约英文版，“燕京大学图书馆”藏书章。

怀礼是美国人，美以美会教士，1852年来华，在福州以其医术佐其传教。1854年返美。1877年以美以美会会督资格再度来华，创立美以美会正式年会后回美。1884年第三次来华，逝于福州。

本书记述了福州传教使团公墓及在福州已故的传教士，并且概要地介绍了福州和当时传教使团的相关情况。书中具体介绍了8名在福州已故传教士的生平及在华经历，分别是美以美会传教士协会简·伊莎贝尔·怀特夫人（Mrs. Jane Isabel White）、公理会差会(又名美部会)威廉·理查牧师(Rev, William L. Richards)、福州美以美会柯林斯牧师(Rev. Judson D. Collins)、福州美以美会弗朗西斯・威利夫人（Mrs. Frances J. Wiley）、福州美以美会安娜・威沃斯夫人(Mrs. Anna M. Wentworth)、公理会差会索菲娅・杜特丽尔女士(Mrs, Sophia A. H. Doolittle)、公理会差会塞涅卡・卡明斯牧师(Rev. Seneca Cummings)、福州美以美会埃伦・科尔德夫人(Mrs. Ellen C. Colder)。

本书附9幅插图，其中2幅福州风景图和7幅上述传教士人物图。

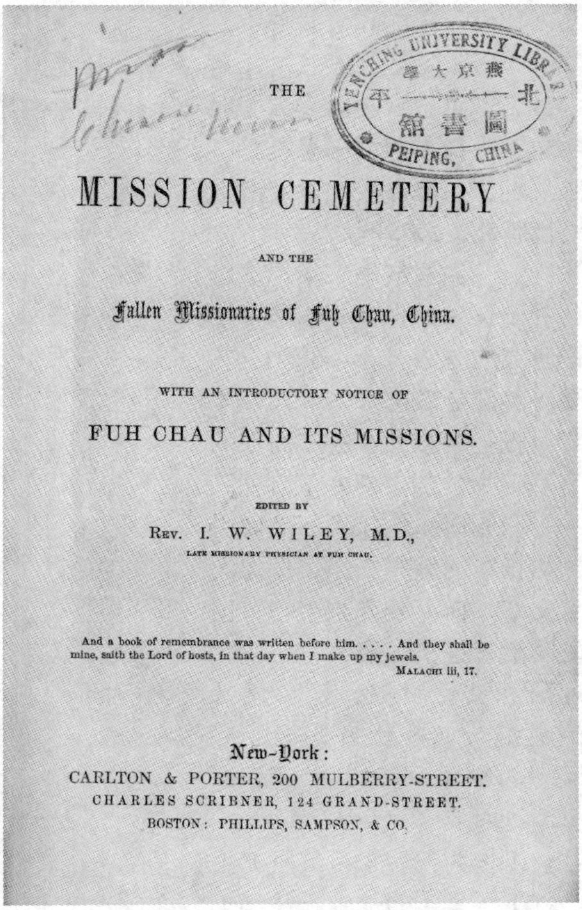

THE

MISSION CEMETERY

AND THE

Fallen Missionaries of Fuh Chau, China.

WITH AN INTRODUCTORY NOTICE OF

FUH CHAU AND ITS MISSIONS.

EDITED BY

Rev. I. W. WILEY, M.D.,

LATE MISSIONARY PHYSICIAN AT FUH CHAU.

And a book of remembrance was written before him. . . . . And they shall be mine, saith the Lord of hosts, in that day when I make up my jewels.

MALACHI iii, 17.

New-York:

CARLTON & PORTER, 200 MULBERRY-STREET.

CHARLES SCRIBNER, 124 GRAND-STREET.

BOSTON: PHILLIPS, SAMPSON, & CO.

310-Wiley-266.51/W648

311-Williams-951/W675

Williams, S. Wells (Samuel Wells), 1812-1884.

The Middle kingdom : a survey of the geography, government, education, social life, arts, religion, &c., of the Chinese empire and its inhabitants / by S. Wells Williams.--New York ; London : Wiley & Putnam, 1848.

2 v. : ill., ports., fold. maps ; 21 cm.
Added t.-p., engraved.
Includes index.

1.China. I.Title

[美国] 卫三畏

中国总论（英文，1848）

310T-Wiley-266.51/W648 福州使团公墓

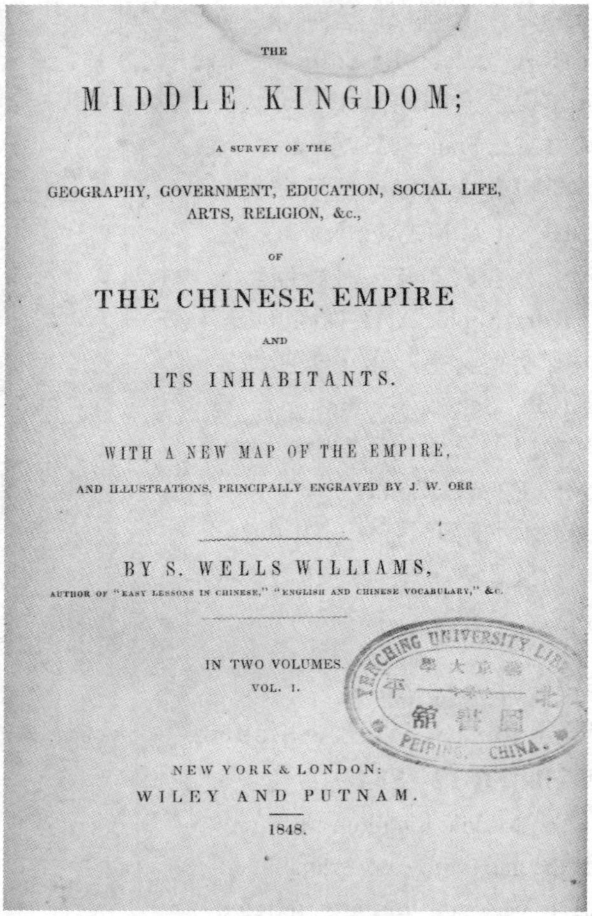
THE

MIDDLE KINGDOM;

A SURVEY OF THE

GEOGRAPHY, GOVERNMENT, EDUCATION, SOCIAL LIFE, ARTS, RELIGION, &c.,

OF

THE CHINESE EMPIRE

AND

ITS INHABITANTS.

WITH A NEW MAP OF THE EMPIRE,

AND ILLUSTRATIONS, PRINCIPALLY ENGRAVED BY J. W. ORR

BY S. WELLS WILLIAMS,

AUTHOR OF "EASY LESSONS IN CHINESE," "ENGLISH AND CHINESE VOCABULARY," &c.

IN TWO VOLUMES.

VOL. I.

NEW YORK & LONDON:

WILEY AND PUTNAM.

1848.

311-Williams-951/W675

1848年纽约和伦敦首版，2卷，“燕京大学图书馆”藏书章，“燕京大学图书馆”藏书票。中译本《中国总论》，陈俱翻译、陈绛校阅，上海古籍出版社，2005年。

卫三畏是最早来华的美国传教士之一，也是美国早期汉学研究的先驱者。1832年卫三畏受美部会派遣来华，1833年10月抵达广州，在欧美商人的资助下为美部会创办了海外第一个印刷所。他还参与了《中国丛报》的编辑工作，撰写大量文章，向海外介绍中华帝国的政治、经济、军事、历史、地理和文化习俗，还协助裨治文编著《广州方言撮要》(*Tonic Dictionary of the Chinese Language of Canton Dialect*)，这些工作为他后来系统研究汉学打下了坚实的基础。1856年辞去教会职务，任美国驻华公使馆头等参赞兼翻译。1858年随美国公使列卫廉赴天津与中国全权代表订立《天津条约》。1856—1876年20年间，七次代理馆务。1877年辞职回美，任耶鲁大学汉文教授。卫三畏长期生活在中国，他的经历使他对中国问题有比较全面的了解，曾先后出版过十多部关于中国的书籍，内容涉及政治、经济、历史、文学、文字等诸多领域，如《简易汉语课程》(*Easy Lessons in China*. 1842)、《官方方言中的英汉用词》(*An English and Chinese Vocabulary in the Court Direct*. 1844)、《中国地志》(*A Chinese Topography*. 1844)、《中国商业指南》(*A Chinese Commercial Guide*. 1844)、《英华分韵撮要》（*Tonic Dictionary of the Chinese Language of Canton Dialect*. 1856）、《汉英拼音字典》（*A Syllable Dictionary of the Chinese Language*. 1874）、《我们同中华帝国的关系》（*Our Relations with the Chinese Empire*. 1877）等。

本书是作者撰写的一部全面介绍中国历史文化和晚清社会的名著。他写此书的目的之一是要在西方读者中“为中国人民及其文明洗刷掉如此经常地加予他们的那些独特的几乎无可名状的可笑印象”，客观地评价中国文明，将它“放在适当的位置”。但他也指出了当时中国社会的种种落后和愚昧。尽可能客观地评价中华文明的成就和落后之处，是他为本书确定的目标。全书分上下两册，23章，对中国的自然地理、行政区划、人口民族、各地物产、法律政府、语言文字、历史文化、衣食住行、社会生活、工艺美术、科学技术、对外交往等，作了全方位的研究，是一部有关中国的百科全书。同时本书还对发生在近代的两次鸦片战争作了叙述和评论，其视角与材料都比较新。尽管其中不乏可以商讨处，但其力求客观的科学态度还是可取的。

311T-Williams-951/W675 广州街道

本书把中国作为一种纯粹的文化来进行综合的研究，是标志美国汉学开端的里程碑，该书与他所编《汉英拼音字典》过去一直是外国人研究中国的必备之书。在此之前已经有一些介绍中国的书，如门多萨的《中华大帝国史》（参见097-Gonzalez-951/M523a）、杜赫德的《中华帝国全志》》（参见067-Du Halde 1.1-951.1/D88a）及德庇时的《中华帝国及其居民概论》（参见 053-Davis 1.1-915.1/D294b）等。本书出版之后，正是后来居上，无论在广度还是在深度上，都全面超过了此前的同类著作。

本书附39幅插图，大都系西方学者、旅行家所绘，包括地图、街道、石拱桥、顶戴花翎、家畜、官员乘轿、独轮车、处罚犯人、街头理发等，生动地反映了当时社会生活的许多方面。对历史研究者来说，是不可替代的珍贵资料。另附索引。

312-Williamson-915.1/W676

Williamson, Isabelle.

Old highways in China / by Isabelle Williamson.--London : The Religious Tract Society, 1884.

227 p. : ill., 1 fold. map ; 19 cm.

1. Women--China. 2. Missions--China. 3. China--Social life and customs. 4. China--Description and travel. I. Title.

[英国] 韦廉臣夫人

中国的古老驿路（英文，1884）

伦敦圣教书会（The Religious Tract Society）1884年英文首版，"国立北京大学藏书"章，"Yenching School of China Studies Library"章，"North China Union Language School Library"章。

韦廉臣夫人是英国苏格兰圣公会的妇女宣教协会传教士，曾参与编纂音乐教科书《声乐和器乐》。她和丈夫韦廉臣（Alexander Williamson，1829—1890）是最早到烟台、济南一带传教的西方传教士。在华北的辗转传教中，他们以步行和骑马为主。本书即记载了他们的沿途经历。

本书集中描述了华北尤其是山东地区的语言、习惯、妇女、习俗、土地等方面的情况，以及作者19世纪60、70年代在济南府、泰山、曲阜、烟台和北京之间旅行的情况。在记录1882年的旅行时，她还详细描述了山东东

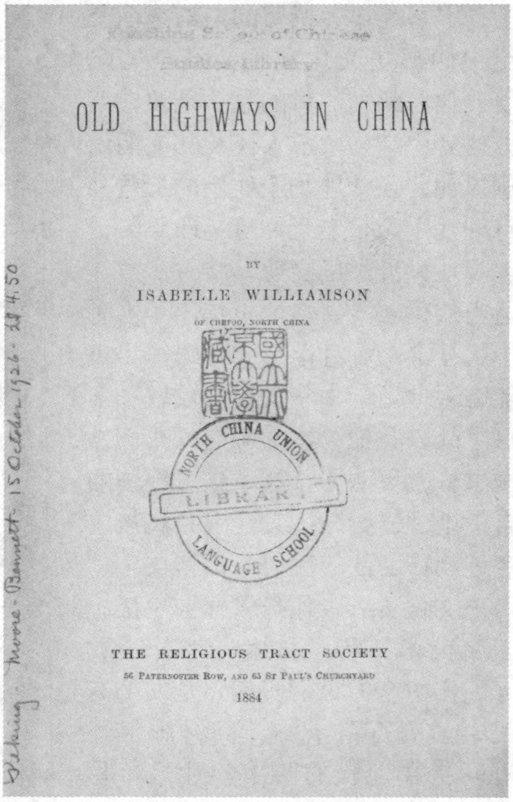
OLD HIGHWAYS IN CHINA

BY

ISABELLE WILLIAMSON

OF CHEFOO, NORTH CHINA

NORTH CHINA UNION LIBRARY LANGUAGE SCHOOL

THE RELIGIOUS TRACT SOCIETY

56 PATERNOSTER ROW, AND 65 ST PAUL'S CHURCHYARD

1884

312-Williamson-915.1/W676

312T-Williamson-915.1/W676 带帆独轮车

部的驿路和小道。

在本书中，作者尤其希望唤起读者对中国妇女的关注。作者认为，中国妇女与世界其他国家的妇女一样，她们在智力和行动能力上都不亚于男子。而从数量上看，中国和印度的妇女人数加起来占世界妇女总人数近一半的数量，如果她们能大批皈依基督教，就可利用其在家庭中的影响促进中国男性的皈依。作者由此强调了妇女宣教会工作的重要性。

本书附18幅插图，描绘了从中国官员到士兵、农民、商人、妇女的社会阶层，以及包括庙宇、乐器、集市、牛棚在内的日常生活景观，并附1幅直隶和山东驿路交通图。

313-Wolff-181.1/W832

Wolff, Christian, Freiherr von, 1679-1754.

[Oratio de Sinarum philosophia practica]

Christiani Wolfii ... Oratio de Sinarum philosophia practica in solemni Panegyri recitata : cum in ipso Academiae Halensis natali XXVIII. d. XII. Julii A.O.R. 1721, fasces prorectorales successori traderet, notis uberioribus illustrata.–Francofurti ad Moenum : Apud Joh. B. Andreae & Henr. Hort., 1726.

112 p. ; 20 cm.

Latin.

1. Ethics--China--Early works to 1800. 2. Philosophy, Chinese--Early works to 1800. I. Miscellaneous Pamphlet Collection (Library of Congress) II. Title. III. Title: Christiani Wolfii...

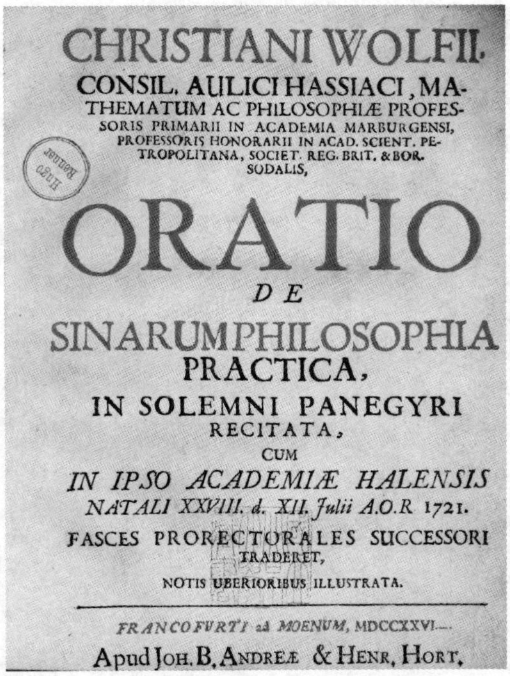

313-Wolff-181.1/W832

[德国] 沃尔夫

论中国实践哲学（拉丁文，1726）

1726拉丁文首版，“国立北京大学藏书”章，“Hugo Renner”的私章。本书名亦可以翻译为《中国实践哲学讲稿》。本书正文简短，注释丰富，根据作者在哈雷大学的演讲写成。完稿于1721年，前言写于1726年，并于同年出版。

沃尔夫是莱布尼茨和康德（Immanuel Kant, 1724—1804）之间最著名的哲学家。主要著作有《关于人类理智能力的理性思想》（*Vernünfftige Gedancken von den Kräfften des menschlichen Verstandes*. 1712）、《关于上帝、世界及人的灵魂的理性思想》（*Vernünfftige Gedancken von Gott, der Welt und der Seele des Menschen*. 1719）等。

作者独辟蹊径，试图以数学、物理学和心理学等方法、从微观和宏观的层面，探讨哲学、形上学、本体论和自然神学。作者首先追溯中国上古史，认为中国是古老的民族，公元前2952年伏羲氏建立了中华帝国，并且认为中国的编年历史从三皇五帝直到其生活的时代都连续而从未中断过。沃尔夫引用从中文翻译成拉丁文的《中国皇朝史》（*Tabula Chronologcia Monarchiae Sinicae*），认为中国是哲学家统治的国度，君主们都研究哲学，伏羲就是第一个哲学家，夏商周三代的统治者也都是哲学家。孔子参与了中国宗法伦理教条的建立，这不仅是中国古典时代的基础，而且也是存在于当今（作者的时代）的权威。作者看到，基督的言行是基督宗教世界的行为规范，是来自上帝的；而孔子（儒家）的教条则更多的具有宿命论的色彩。无论如何，中国有"敬天"的思想。之所以中国人强调并且追求伦理美德，是因为这样能够祛除谬误进行思维。中国古代文化与基督教神学本质是一致的。

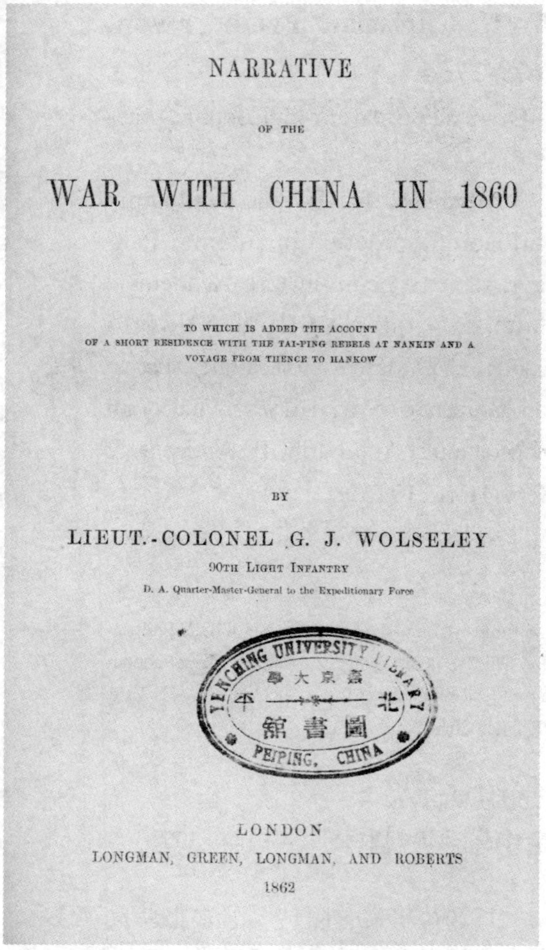

314-Wolseley-951.4162/W837

314-Wolseley-951.4162/W837

Wolseley, Garnet Wolseley, Viscount, 1833-1913.

Narrative of the war with China

in 1860 : to which is added the account of a short residence with the Tai-ping rebels at Nankin and a voyage from thence to Hankow / by Lieut.-Colonel G.J. Wolseley.--London : Longman, Green, Longman, and Roberts, 1862.

xiv, 415 p., [1] leaf of plates : port. ; 22 cm.

1. China--History--Foreign intervention, 1857-1861. 2. China--Description and travel. I. Title.

314T-Wolseley-951.4162/W837
英国海军将领贺布肖像

[英国]吴士礼

1860年对华作战纪事（英文，1862）

1862年英国伦敦英文版，“燕京大学图书馆”藏书章。

吴士礼是英国军官，出生于爱尔兰，1857年随英国侵华远征军来华，中途参与镇压印度人民大起义。1860年任英军司令克灵顿（Sir. James Hope Grant, 1808—1875）的军需处长助理，参与英法联军进攻北京之役，之后曾赴上海、南京、汉口等地游历。曾历任英属非洲各殖民地军政要职，1894年曾担任英军陆军元帅，1913年病死于法国。

本书记述了有关作者参与英国发动侵略中国的第二次鸦片战争期间的经历。主要分两部分，一为1860年作者随英法联军从香港到北京侵略中国各地的经历，如对舟山的占领、进攻大沽炮台，以及从天津到北京间历次战斗，英法联军劫掠圆明园等，作者对所到达的中国各地皆有详细描述。二为作者在1861年2、3月间沿长江自上海至汉口等地所进行的一次私人旅行。他曾到太平天国首都天京访问，考察太平天国制度、社会状况，主张帮助清政府镇压太平天国。本书对于研究第二次鸦片战争及有关太平天国革命运动有一定史料价值。

本书附1幅英国海军将领贺布肖像画。

315-Wundersamen-951/W961

Die Wundersamen Begebenheiten des Mandarinen Fum Hoam, oder, Seltsame Chinesische Geschichte : aus dem Frantzösischen übersetzt und mit Kupffern gezieret --Leipzig : Bey Moritz George Weidmann, 1727.

2 v. in 1 : ill. ; 17 cm.

German.

1. French literature--Translations into German.

满大人冯煌奇遇记（德文，1727）

1727年莱比锡德文版，“北京大学图书馆”藏书章。

本书是从法文翻译成德文的小说《满大人冯煌奇遇记》，另作《中国奇异故事》。分为两大部分。第一部分将冯煌的故事分为20个晚上来叙述。第二部分的故事从第二十三天开始，持续到第四十六天。故事的开场有一个总的场景，也就是位于黑海和土库曼（Turconmanien）之间的车臣国（Georgien）的国王马雷卡尔法（Malekalfalem）等人讲述自己的故事，然后故事转入第一个晚上。各个人物讲述自己所经历的离奇故事。满大人冯煌以倾听的角色出场。之后的各个晚上，故事在继续，不同的人物登场。故事要么发生在天堂，要么发生在奇境之中，人物有时进入狗的躯体。其间，冯煌和形形色色的故事主角接触（如印第安人或者其他现实、非现实国度的人物），倾听他们的故事，并且向中国皇帝转述听来的故事，自己也经历奇妙或尴尬的时刻。

本书附7幅故事场景插图。

Die
Wundersamen
Begebenheiten
Des
MANDARINEN
FUM HOAM
Oder:
Seltsame
Chinesische
Geschichte
Aus
Dem Frantzösischen übersetzt/
Und
Mit Kupffern gezieret,
Erster Theil.
Leipzig/
Bey Moritz George Weidmann 1727.

315-Wundersamen-951/W961

315T-Wundersamen-951/W961 故事场景

316-Wylie-266.51/W977

Wylie, A. (Alexander), 1815-1887.

Memorials of Protestant missionaries to the Chinese : giving a list of their publications, and obituary notices of the deceased, with copious indexes.--Shanghae : American Presbyterian Mission Press, 1867.

vi, 331 p. ; 24 cm.

Includes indexes.

1. Missionaries--Biobibliography. 2. Missions--China. 3. Protestant churches--Missions. I. Title.

[英国] 伟烈亚力

在华新教传教士纪念录

（英文，1867）

1867年上海英文版，“燕京大学图书馆”藏书章。本书1967年由台北成文出版社再版。

伟烈亚力（又译作卫礼），英国传教士、汉学家，研究中国科学史的先驱者之一。1847年来华，在上海为伦敦布道会负责印刷圣经的工作。1861年起为大英圣书公会驻华代理人，曾任上海《教务杂志》编辑数年。伟烈亚力学识渊博，著作极多，除一些关于科学的著述外，还有关于景教碑的研究。关于中国的译著有《满蒙语文典》（*Manchou-Tartar Grammar*. 1855）、《中国研究录》（*Chinese Researches.* 1897）、《中国文献记略》（*Notes on Chinese Literature*.1867）、《匈奴中国交涉史》（*History of the Heung-noo in Their Relations with China*. 1874）等。

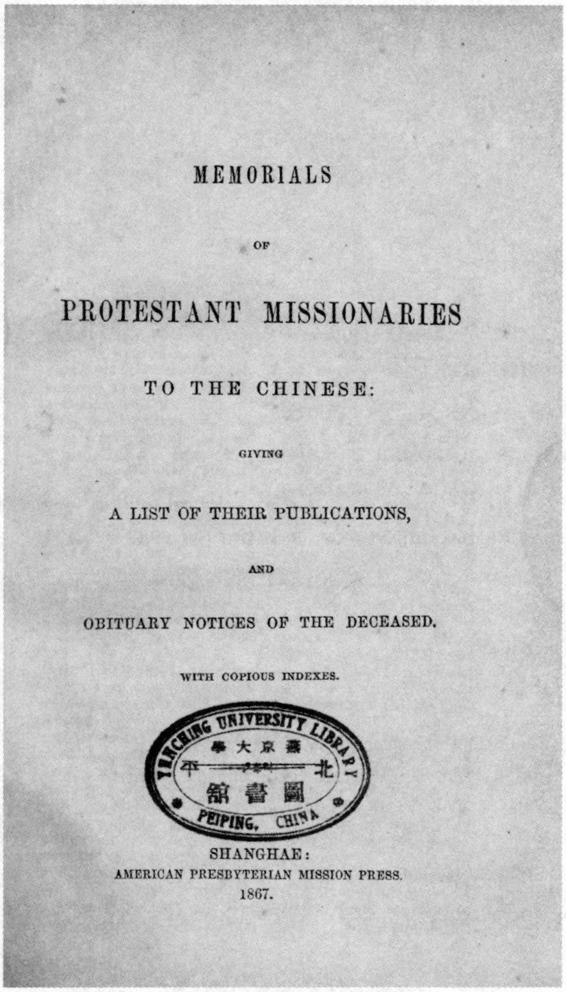
MEMORIALS

OF

PROTESTANT MISSIONARIES

TO THE CHINESE:

GIVING

A LIST OF THEIR PUBLICATIONS,

AND

OBITUARY NOTICES OF THE DECEASED.

WITH COPIOUS INDEXES.

SHANGHAE:

AMERICAN PRESBYTERIAN MISSION PRESS.

1867.

316-Wylie-266.51/W977

本书提供了一份回顾在华338位新教传教士生平的翔实资料，介绍了这些传教士在中国的传教工作及他们所出版的书籍。到19世纪50年代末，新教传教士至少出版了266种汉语书籍，其中253种是用官话写的，其余是用南方方言写的。到1867年，已经出版了777本新教徒的著作，其中187本是用方言写的。到1867年为止，在已经出版的777种著作中，有474种是宣扬宗教的书籍，它们分别是圣经、教义问答录、道德箴言录、神学论文集的各种摘录本。这些著作的出版，从另一个侧面反映了西方传教士的汉学研究成就和他们布道的工作业绩。

X

317-Xuanzang-915.4/Y9j

Xuanzang (玄奘), ca. 596-664.

Mémoires sur les contrées occidentales / traduits du sanscrit en chinois, en l'an 648, par Hiouen-thsang, et du chinois en français par m. Stanislas Julien.--Paris : L'Imprimerie impériale, 1857-1858.

2 v. : fold. maps ; 23 cm.--(Voyages des pèlerins bouddhistes ; 2-3)

French.

1. Buddha (The concept) 2. Asia, Central--Historical geography. 3.India--Historical geography. I. Julien, Stanislas, 1797-1873. II. Title. III. Ser.

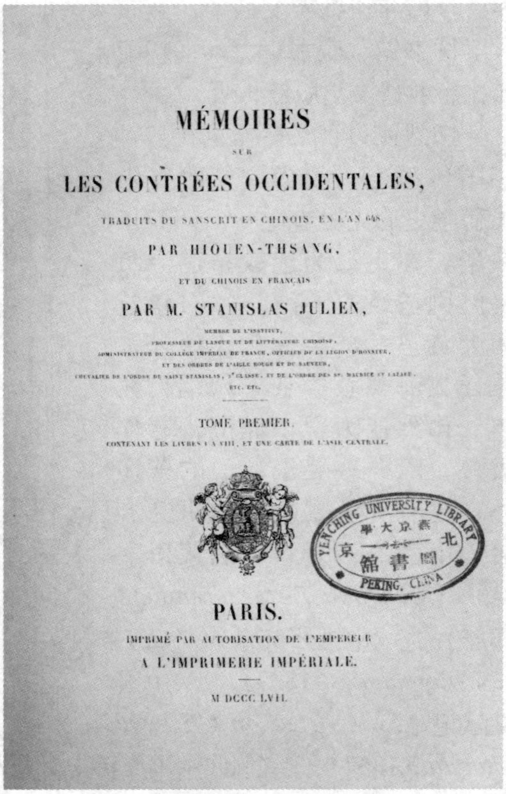

317-Xuanzhuang-915.4/Y9j

[中国]玄奘

大唐西域记（法文，1857—1858）

1857—1858年巴黎法文首版，2卷，法国皇家印刷厂印制，第一卷有“燕京大学图书馆”藏书章，“哈佛燕京学社”藏书票；第二卷有“北京大学图书馆”藏书章。本书系由法国汉学家儒莲根据唐代玄奘口述、辨机笔录的《大唐西域记》一书译成。

儒莲，参见136-Julien 1-458.3/J944。

本书2卷分别被列为“佛教徒游记系列”的第二、第三种，该系列第一种是《玄奘传》（*Histoire de la vie de Hiouen-Thsang et de ses voyages dans l’Inde*，即《大慈恩寺三藏法师传》的节译本，法文首版1853年出版）。本书是对其师雷慕沙翻译《佛国记》（*Relation des royaumes bouddhiques de Fahien*，1836）工作的延续，儒莲在前言中称尚有将其他游记纳入此系列的计划。

本书第一卷含《大唐西域记》卷一至卷八，附1幅《中亚地图》；第二卷含《大唐西域记》卷九至卷十二，附1幅日本绘制的《中亚及古代印度地图》，并由圣·马丁（Vivien de Saint-Martin）为此图作注。

Y

318-Yi 1.1-181.22/Y54m

Yi jing (易经). English.

A translation of the Confucian [Yih king] : or the "Classic of change", with notes and appendix / by the Rev. Canon McClatchie.--Shanghai : American Presbyterian Mission Press ; London : Trubner & Co., 1876.

xiii, xvii, 455 p. : ill. ; 23 cm.

1. Yi jing (易经) 2. Divination--China. I. McClatchie, Thomas Russell Hillier, d 1886. II. Title :Translation of...

易经（英文，1876）

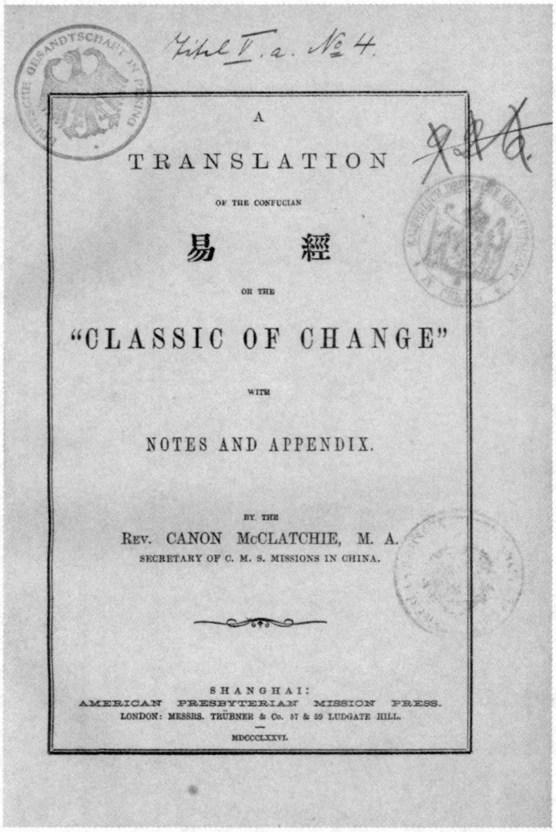

318-Yi 1.1-181.22/Y54m

319-Yi 1.2-181.22/F586yr

Yi jing (易经). Latin.

Y-king, antiquissimus Sinarum liber quem ex latina interpretatione : P. Regis aliorumque ex Soc. Jesu p.p. / editit Julius Mohl.--Stuttgartiae ; Tubingae : J.G. Cottae, 1834-1839.

2 v., 4 fold. paltes : fold. ill. ; 21 cm.

Latin.

1. Yi jing (易经) 2. Divination--China. I. Regis, Jean Baptiste, 1664-1738. II. Mohl, Julius, 1800-1876. III. Title : Y-king...

易经（拉丁文，1834—1839）

《易经》1834年斯图加特和图宾根拉丁文译本（319-Yi 1.2-181.22/

F586yr），“燕京大学图书馆”藏书章。1876年伦敦英文译本（319-Yi 1.1-181.22/Y54m），“德国驻京公使馆”章，“德意志帝国驻北京公使馆”章。

《易经》的拉丁文译本，2卷，1834年出版第一卷，1839年出版第二卷。编者在前言中说明，译者是三位法国耶稣会士：冯秉正、汤尚贤（Pierre de Tartre, 1669—1724）和雷孝思。雷孝思利用冯秉正的部分译文，并用满文译本对照，又参照汤尚贤的解释，对于这个译本实际上贡献最大。雷孝思，号永维，法国耶稣会士，1698年来华。1708年同白晋等奉康熙命测制全国地图，即后来的《皇舆全览图》。朱利叶斯·莫尔是法国著名汉学家，本书的编辑，还曾编辑出版《诗经》等。

编者在前言中说明《易经》在中国典籍中年代最古，并简述从伏羲开始，历经文王、周公和孔子的不断编订，《易经》方形成今日的本子。编者以《易经》为中国文化的基础，称中国一切学问从哲学、宇宙论一直到政治哲学均源自《易经》。全书分为三部分。第一部分译者解释《易经》与儒家其他经书的关系。第二部分将《易经》64卦、卦辞和爻辞全部译成拉丁文，并附有详细解说。这些解释杂引《易经》各种古注。第三部分（下卷318页以下）是对《系辞》的翻译，同样附有译者的解说。据编者称，本书第一部分完成于1708年，第二部分完成于1722年7月27日，而第三部分完成于1723年10月25日。编者利用3个抄本编辑全书，前言中另附雷孝思的一封法文书信。编者前言作于1829年10月。

1876年英文版由麦格基（Thomas Russell Hillier McClatchie, d. 1886）翻译。麦格基是英国圣公会传教士。1844年来华，在上海从盲人中开始他的传教工作，首批信徒皆为盲人。麦氏所译是《易经》的第一个英译本。该书主要对《易经》的内容进行了翻译，并附有作者的注解。由于书中杜撰成分过大，曾遭到西方汉学家的批评。

本书附7幅有关节气、天干等方面的插图。

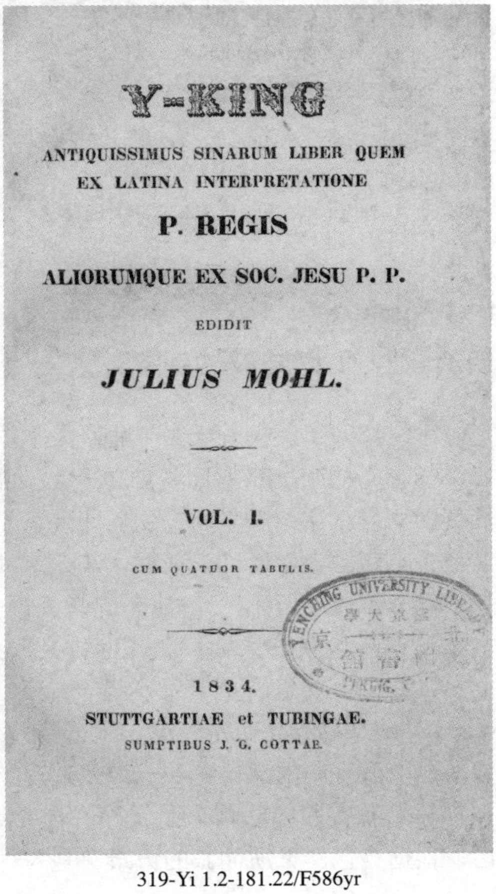

319-Yi 1.2-181.22/F586yr

Yijing (义净)，635-713.

[Nan hai ji gui nei fa zhuan (南海寄规内法传). English]

A record of the Buddhist religion as practised in India and the Malay Archipelago (A.D. 671-695) / by I-tsing ; translated by J. Takakusu ; with a letter from F. Max Müller.- -Oxford : Clarendon Press, 1896.

lxiv, 240 p., [1] folded leaf of plates : map ; 23 cm.

Translation of: Nan hai ji gui nei fa zhuan.

Half-title: Buddhist practices in India.

Caption title: A record of Buddhist practices sent home from the Southern Sea.

1. Buddhism--India. 2. Buddhism--Malay Archipelago. 3. India--Religion. 4. Malay Archipelago--Religion. I. Title. II. Title: Record of...

A RECORD

OF

THE BUDDHIST RELIGION

AS PRACTISED IN

INDIA AND THE MALAY ARCHIPELAGO

(A.D. 671–695)

BY I-TSING

TRANSLATED BY J. TAKAKUSU, B.A., PH.D.

WITH A LETTER FROM THE RIGHT HON. PROFESSOR F. MAX MÜLLER

WITH A MAP

Oxford

AT THE CLARENDON PRESS

1896

320-Yijing- B945/Y54

[中国]义净

南海寄归内法传（英文，1896）

牛津1896年英文首版，“北京大学图书馆”藏书章。

译者高楠顺次郎是日本梵文学家、佛学家。1890年留学英国，入牛津大学师从英国语言学家缪勒学习梵文、印度哲学、比较宗教学等。1897年回到日本，先后任东京帝国大学讲师、教授，兼东京外国语学校校长并创建武藏野女子学院。1930年任东京大学校长。他在佛学上最重要的贡献是编纂《大正新修大藏经》（与渡边海旭联合主编）和《南传大藏经》。其他著作还包括《大日本佛教全书》（与南条文雄、望月信亨等合编）、《佛教哲学概要》（英文）（*The Essentials of Buddhist Philosophy*）、《释尊的生活》、《佛教的真髓》等。主要译著是《南海寄归内法传》和《观无量寿经》(*Amit ā yurdhy ā na-s ū tra*)。

《南海寄归内法传》是义净在游历印度与南海（今东南亚地区）二十余年后，根据自己所见所闻做的记录，是一部有关古代印度、东南亚及中国佛教史的名著。全书4卷，为了解7世纪印度佛教僧伽内部的宗教生活提供了详细信息。

本书分为马克斯·缪勒致高楠的信、简要介绍和正文。早在高楠之前，《南海寄归内法传》已引起不少西方和日本学者的重视，陆续有节译本出版，而高楠顺次郎首次将全书译成英文。作者可能受其师缪勒影响，对书中披露的关于印度和南海的信息持怀疑态度。该译文中的缺陷在中国学者王邦维的《南海寄归内法传校注》中得到了修正。

本书前附1幅义净前往印度和远东地区的旅行地图。

321-Yvan-915.1321/Y93

Yvan, Melchior, 1803-1873.

Canton, un coin du Céleste Empire / par M. Yvan.--Paris : Michel Levy, 1857.

231 p. ; 13 cm.--(Collection Hetzel & Levy)
French.

1. Guangzhou (China)--Description and travel. I. Title. II. Ser.

[法国] 梅尔基奥尔·伊望

广东，天朝一角（法文，1857）

巴黎法文第二版，“燕京大学图书馆”藏书章，“哈佛燕京学社”藏书票。本书1856年在德国莱比锡出版法语首版。

梅尔基奥尔·伊望于1843—1846年到中国和马来半岛。曾参与《新闻报》（*Le Presse*）和《通报》（*Le Bulletin*）的编辑和撰文。后入殖民部供职。著有《中国的暴动：从发端到攻陷南京》（*L' Insurrection en Chine depuis son origine jusqu' à la prise de Nankin*.1853），此书1854年分别被译为德文与葡萄牙文。另有《从法国到中国》

321-Yvan-915.1321/Y93

（*De France en Chine*.1855）、《书信集：有关中药》（*Lettre sur la Pharmacie en Chine, Paris*. 1847）。

本书开篇处作者写道，由于中法之间和约的关系，法国使节与两广总督间相互熟悉起来，于是两广总督耆英将他在广东的一处住所借给他们使用。因而，使节团一行也就住进了广州。接着便记述了作者在广州的见闻，主要内容包括：快艇上见到的中国各种人的服饰，快艇的划行方式，关于黄埔、珠江；与广州居民接触，关于豆腐，德记行店铺；广州概况，十三行，商行的建筑布局；广州的街道、建筑、店铺；德记行主人的生活状况，与作者的交谈；广州人粗暴、愚蠢、不合逻辑的事例；广州城船只集中部分，某小资产者生活状况，广州的花船；广州白天夜间的不同景象；德记行主人在十八铺住宅的详细介绍；德记行主人的妻妾女儿，广州的教育科举等。

Z

322-Zhang-951.39/C434

Zhang, Tingyu (张廷玉), 1672-1755.

[Tong jian gang mu san bian (通鉴纲目三编). French.]

Histoire de la dynastie des Ming / composée par l'Empereur Khian-Loung ; traduite du chinois par l'Abbé Delamarre ; pouvant servir de supplément à l'Histoire générale de la Chine du P. de Mailla.--Paris : B. Duprat, 1865-

v. ; 27 cm.
French.

1. China--History--Ming dynasty, 1368-1644--Chronology. I. Qianlong, Emperor of China, 1711-1799. II. Delamarre, Louis Charles., 1810-1863. III. Mailla, Joseph-Anne-Marie de Moyriac de, 1669-1748. IV. Title. V. title: Histoire de....

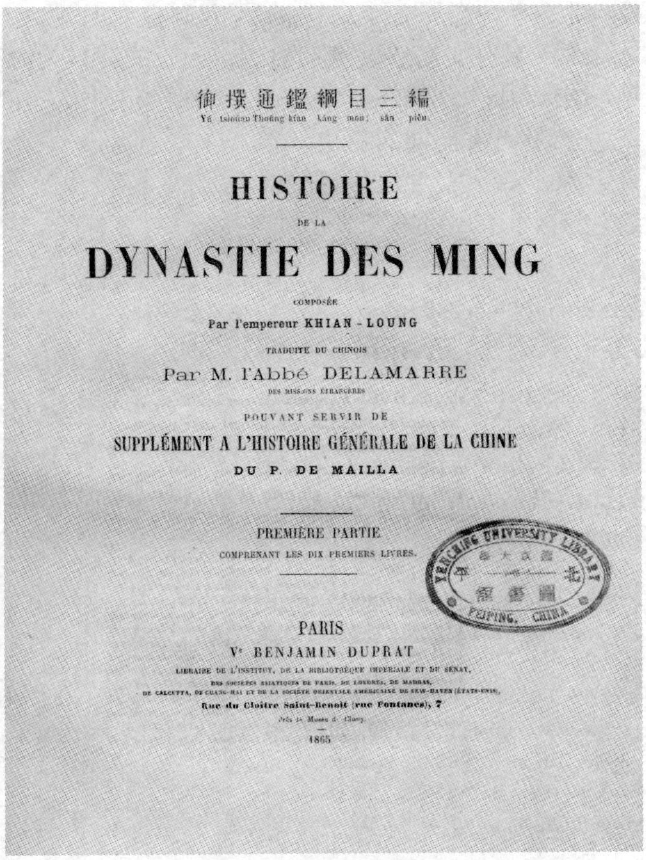

御撰通鑑綱目三編
Yü tsioùan Thoûng kian kàng mou; sân pièn.

HISTOIRE
DE LA
DYNASTIE DES MING
COMPOSÉE
Par l'empereur KHIAN-LOUNG
TRADUITE DU CHINOIS
Par M. l'Abbé DELAMARRE
DES MISSIONS ÉTRANGÈRES
POUVANT SERVIR DE
SUPPLÉMENT A L'HISTOIRE GÉNÉRALE DE LA CHINE
DU P. DE MAILLA

PREMIÈRE PARTIE
COMPRENANT LES DIX PREMIERS LIVRES.

PARIS
Ve BENJAMIN DUPRAT
LIBRAIRE DE L'INSTITUT, DE LA BIBLIOTHÈQUE IMPÉRIALE ET DU SÉNAT,
DES SOCIÉTÉS ASIATIQUES DE PARIS, DE LONDRES, DE MADRAS,
DE CALCUTTA, DE CHANG-HAI ET DE LA SOCIÉTÉ ORIENTALE AMÉRICAINE DE NEW-HAVEN (ÉTATS-UNIS),
Rue du Cloître Saint-Benoît (rue Fontanes), 7
Près le Musée de Cluny.
1865

322-Zhang-951.39/C434

[中国]张廷玉

御撰通鉴纲目三编（明朝的历史）（法文，1865）

1865年巴黎法文首版，“燕京大学图书馆”藏书章，“哈佛燕京学社”藏书票。本书系依据清朝大学士张廷玉奉敕撰《御撰通鉴纲目三编》翻译而成，书中将中文作者标为乾隆。

本书译者艾嘉略（Louis Charles Delamarre, 1810—1863），巴黎外方传教会教士，1810年生于法国鲁昂。1835年来到中国传教，在四川生活了28年。曾编撰过一部中文字典，并一度将手稿交给当时的法国驻华领事达百理（P. Dabrid de Thiersant）。1860年他离开四川，为法国特使葛罗担任中文翻译，参与了英法联军远征的全过程以及中法《北京条约》的签订。1863年，重庆教案发生后，他出发赴北京欲与当局交涉，中途死于汉口。

本书是在艾嘉略去世后被编辑出版的，作为对冯秉正的《中国通史》（参见170-Mailla-951/M282）的补充。本册为全书第一部分，包含了原作的前十卷，叙述了明朝前半期的历史。前言中称，如果本书出版后受欢迎，将会继续出版第二部分。

323-Zhou-394.4/C457a

Zhou li (周礼). French.

Le Tcheou-li, ou, Rites des Tcheou / traduit pour la première fois du chinois par feu Edouard Biot.--Paris : Imprimerie nationale, 1851.

3 v. : ill. (1 fold.), fold. map ; 22 cm.

Vol 2 edited after the translator's death by Stanislas Julien and J.B. Biot. cf. v. 1, Avertissement.

Vol. 3: Table analytique.

"La rédaction de ces règlements est attribuée, par une tradition constante, à Tcheou-kong, frére de Wou-wang, le chef de la [dynastie des Tcheou]"--v. 1, p. 4.

French.

1. Etiquette--China. 2. Rites and ceremonies--China. 3. China--Social life and customs. I. Biot, Edouard Constant, 1803-1850. II. Julien, Stanislas, 1797-1873. III. Biot, Jean-Baptiste, 1774-1862. IV. Title: Le Tcheou-li...

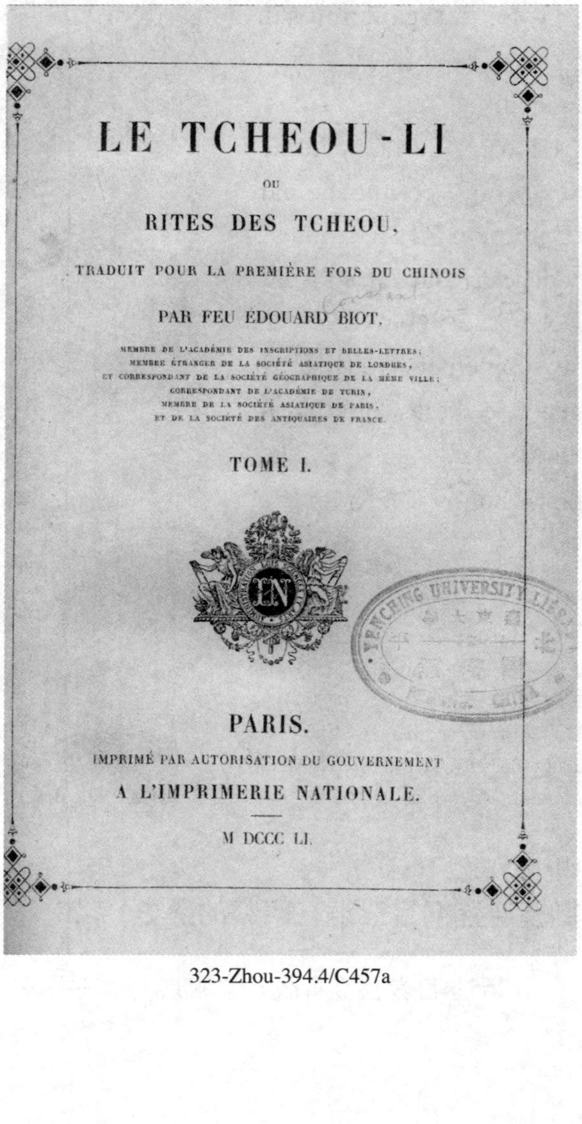

LE TCHEOU-LI

OU

RITES DES TCHEOU,

TRADUIT POUR LA PREMIÈRE FOIS DU CHINOIS

PAR FEU EDOUARD BIOT,

MEMBRE DE L'ACADÉMIE DES INSCRIPTIONS ET BELLES-LETTRES;
MEMBRE ÉTRANGER DE LA SOCIÉTÉ ASIATIQUE DE LONDRES,
ET CORRESPONDANT DE LA SOCIÉTÉ GÉOGRAPHIQUE DE LA MÊME VILLE;
CORRESPONDANT DE L'ACADÉMIE DE TURIN,
MEMBRE DE LA SOCIÉTÉ ASIATIQUE DE PARIS,
ET DE LA SOCIÉTÉ DES ANTIQUAIRES DE FRANCE.

TOME I.

PARIS.

IMPRIMÉ PAR AUTORISATION DU GOUVERNEMENT

A L'IMPRIMERIE NATIONALE.

M DCCC LI.

323-Zhou-394.4/C457a

周礼（法文，1851）

1851年法文版，“燕京大学图书馆”藏书章。本书1975年由台北成文出版社重印。

译者毕欧，参见032-Biot-370.951/B524。

本书是《周礼》的法译本，共3卷。《周礼》是儒家经典，成书在战国时期，是一部通过官制来表达治国方案的著作，内容极为丰富，许多制度仅见于此书，堪称上古文化史宝库。法国汉学家毕欧由于对工艺学十分有兴趣，从而注意到《周礼·考工记》，并着手对《周礼》进行翻译，译稿在他去世后，在其父亲老毕欧（Jean-Baptiste Biot）和老师儒莲的帮助下得以出版，成为至今仅有的《周礼》译本。本书译文质量十分高，享有被列入巴黎国家印刷局再版目录的荣誉。

俄语

324-Ewen-915.154084/K11

Атлас к путешествию на Амуре, совершенному от Сибирского отдела Императорского русского географического общества. -- [Б. м. : б. и., 18--].
37 отд. л. : ил. ; 55 с.

I. Императорское русское географическое общество. Сибирский отдел.

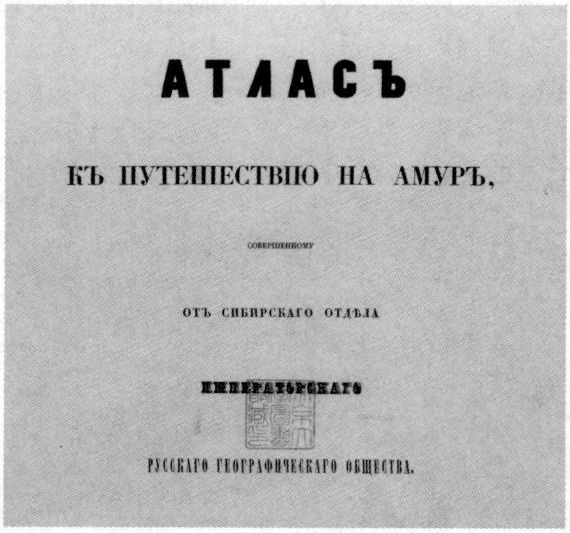

АТЛАСЪ

КЪ ПУТЕШЕСТВІЮ НА АМУРЪ,

СОВЕРШЕННОМУ

ОТЪ СИБИРСКАГО ОТДѢЛА

ИМПЕРАТОРСКАГО

РУССКАГО ГЕОГРАФИЧЕСКАГО ОБЩЕСТВА.

324-Ewen-915.1-154084/K11

黑龙江旅游画册（俄文，18--）

手绘本，“北京大学图书馆”藏书章。无作者署名，亦无作画年代，估计为19世纪下半叶所作。

本书共有图画33幅：17幅民俗风景画；8幅新品种植物写生画,并附有拉丁文植物名称（如：无柄西风芹sessiliflorum,茶条槭Acer Ginnal）；6幅狩猎和生活用品静物素描及2幅地图。风景画作有：黑龙江景色、黑龙江渡口、松花江畔的居民、得列村庄附近的黑龙江、蒙古之渡船、冬季的蒙古木屋、蒙古木屋的居民、蒙古陵墓、蒙古萨满法师墓、军港风景、黑龙江沿岸的居民等。2幅地图为：1.俄国在黑龙江左岸雅克萨城寨(今黑龙江左岸阿尔巴津*Албазин*)军事点，及黑龙江右岸清军的驻扎点示意图，两军以宽500米的黑龙江隔水相望；2. 位于黑龙

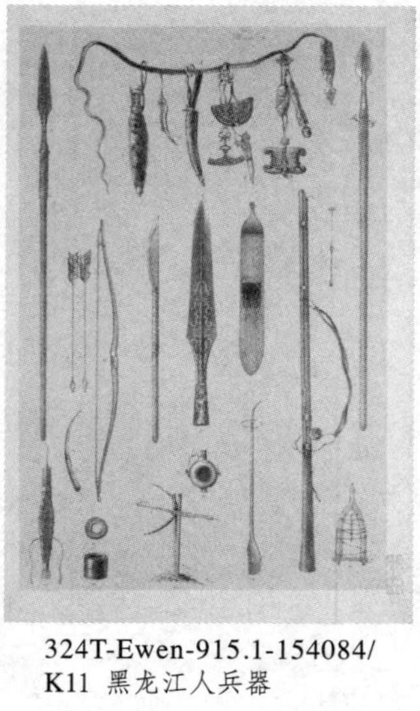

324T-Ewen-915.1-154084/K11 黑龙江人兵器

江沿岸瑷珲（*Айгунь*）城的平面图。本画册写生、素描画形象动人，反映了清代哈尔滨地区的一些人文地理特色，为社会学、民俗学、民族学、地质学提供了宝贵的资料。此外还值得一提的是该画册中所绘制的一些奇花异草，均为只在我国黑龙江地区才会生长的特有植物，为植物学研究提供了有价值的资料。

325- Ewen 1.1-K928.9/T412

Егор Федорович Тимковский, 1790-1875.

Путешествие в Китай через Монголию, в 1820 и 1821 годах : с картою, чертежами и рисунками. -- СПб. : В Тип. Мед. департамента М-ва врутренних дел. 1824.

2 ч. : ил. ; 24 см.

Печатано по Высочайшему повелению, иждивением казны.

Ч. 1. Переезд до Пекина. -- Ч. 2. Пребывание в Пекине

I. Переезд до Пекина. II. Пребывание в Пекине.

[俄罗斯] 叶戈尔·费奥多罗维 奇·季姆科夫斯基

经蒙古至中国旅行记（1820—1821）（俄文，1824）

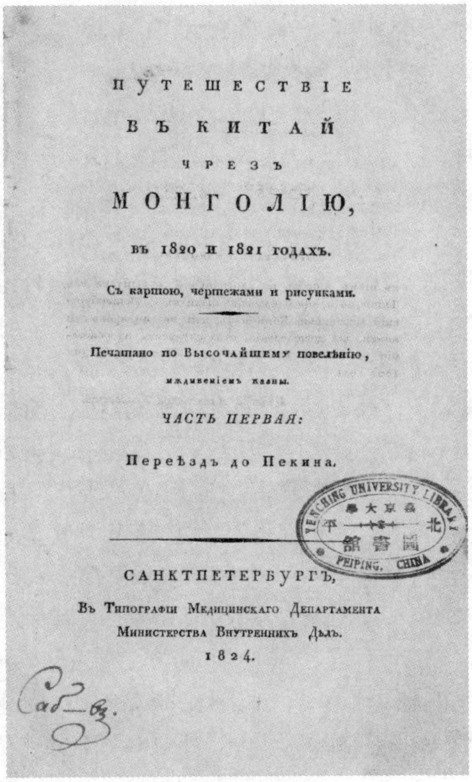

ПУТЕШЕСТВІЕ
ВЪ КИТАЙ
ЧРЕЗЪ
МОНГОЛІЮ,
въ 1820 и 1821 годахъ.
Съ картою, чертежами и рисунками.
Печатано по Высочайшему повелѣнію,
иждивеніемъ казны.
ЧАСТЬ ПЕРВАЯ:
Переѣздъ до Пекина.

САНКТПЕТЕРБУРГЪ,
Въ Типографіи Медицинскаго Департамента
Министерства Внутреннихъ Дѣлъ.
1824.

325- Ewen 1.1-K928.9/T412

326-Ewen 1.2-915.1/T483

Егор Федорович Тимковский, 1790-1875.

Voyage a Peking, a travers la Mongolie, en 1820 et 1821 / par M.F. Timkovskii ; tr. du Russe par m. N******** ; revu par ... J.-B. Eyries ; publié, avec des corrections et des notes, par M.J. Klaproth.--Paris : Dondey-Dupre pére et Fils, 1827.

2 v. : ill., map, plans ; 21 cm.

Includes index.

French.

1. Mongolia--Description and travel. 2. China--Description and travel. I. Klaproth, Julius von, 1783-1835. II. Eyries, Jean Baptiste Benoit. I. Title.

[俄罗斯] 叶戈尔·费奥多罗维奇·季姆科夫斯基

经蒙古至中国旅行记（1820—1821）（法文，1827）

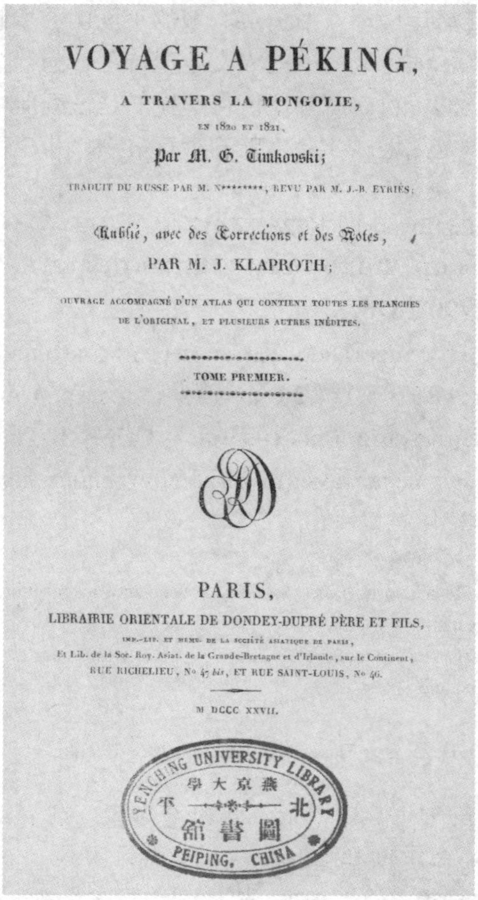

VOYAGE A PÉKING,

A TRAVERS LA MONGOLIE,

EN 1820 ET 1821,

Par M. G. Timkovski;

TRADUIT DU RUSSE PAR M. N********, REVU PAR M. J.-B. EYRIÈS;

Publié, avec des Corrections et des Notes,

PAR M. J. KLAPROTH;

OUVRAGE ACCOMPAGNÉ D'UN ATLAS QUI CONTIENT TOUTES LES PLANCHES DE L'ORIGINAL, ET PLUSIEURS AUTRES INÉDITES.

TOME PREMIER.

PARIS,

LIBRAIRIE ORIENTALE DE DONDEY-DUPRÉ PÈRE ET FILS,

IMP.-LIB. ET MEMB. DE LA SOCIÉTÉ ASIATIQUE DE PARIS,

Et Lib. de la Soc. Roy. Asiat. de la Grande-Bretagne et d'Irlande, sur le Continent,

RUE RICHELIEU, No 47 bis, ET RUE SAINT-LOUIS, No 46.

M DCCC XXVII.

326-Ewen 1.2-915.1/T483

1824年圣彼得堡俄文首版（325-Ewen 1.1-K928.9/T412），2卷，“燕京大学图书馆”藏书章。1827年巴黎法文译2卷本（326-Ewen 1.2-915.1/T483），“燕京大学图书馆”藏书章。

叶戈尔·费奥多罗维奇·季姆科夫斯基，出生于波尔塔瓦省佐洛托诺什县叶戈尔-吉姆科夫申纳村（今乌克兰契尔卡塞州），1811年毕业于莫斯科大学。1820—1821年任第十届传教士团监督官，负责搜集中国地图，了解中国地理情况，还搜集蒙古法典用以管理新入版图吉尔吉斯及厄鲁特人之参考。其他著述有：《回忆录》（*Киевская старина*. 1894, Т .44, *стр*.36-381）；《特别报告》（手稿，其中称满族官员已不熟悉满语，1894 г .138*л*.,*АВПР*）；《中俄关系史略》（手稿，1848，210*л*.,*ОР ГПБ*）等。

本书第一卷：北京之行（*Часть первая:Переезд до Пекина*）。本卷交代了俄国传教士团赴中国的缘由、目的；叙述了传教士团离开俄境先抵达蒙古库伦(*Урги*)、然后到达蒙古南部喀尔喀部(*Халха*)边界，最后抵达张家口(*Халган*)，再由此地前往北京的旅程。第二卷：游览北京（*Часть вторая:Пребывание в Пекине*）。主要介绍了俄东正教传教士团到达北京之后观光游览的所见所闻。第二卷共分5章。第一章叙述了一些欧洲人关于中国的概念；第二章主要是作者1820年12月的游记，主要记述了传教士团在北京城的所见所闻：北京街、北京当铺、大清皇帝出行天坛的祭祀仪式、处决罪犯的行刑日、北京的天文馆和科学院、嘉庆皇帝驾崩及其遗孀；第三章描述了所经之地沙洲、敦煌、哈密、吐鲁番、库车、阿克苏、喀什等地，叙述了当的气候、土质、物产、风俗习惯；第四章记叙了清代名臣和珅的沉浮，清朝的军事训练及军费开支，参观法国修道院、京郊黄寺；第五章主要叙述了北京顺天府城名之由来，北京的地理面积、居民人口、街道民宅、北京的城门，并把紫禁城与俄克里姆林宫进行比较，最后谈到了北京的民俗，小吃及文化娱乐。

1715—1956年间俄国共派遣20届传教士团赴中国传播东正教。1715年5月1日康熙大帝准许俄国第一届东正教传教士团赴华传教，共11人，驻罗刹庙，自称其组织为“中国东正教会北京东正教总会”，定期定额轮换，至1956年历经20届。

327-Ewen- K951.22/O-611

Описание Амурской области : (с картой) / сост. Г. Е. Грум-Гржимайло ; под ред. П. П. Семенова. -- СПб. : Типо-литогр. и переплетная С. М.

639 с. : ил. ,карт. ; 25 см.

По поручению министра финансов

I. Грум-Гржимайло, Г. Е. II. Семенов, П. П.

阿穆尔州（海兰泡）巡礼

（俄文，1894）

1894年彼得堡俄文首版，“燕京大学图书馆”藏书章。

本书概述了阿穆尔州的历史变迁、地质地理特点、气候条件以及动植物界状况。阿穆尔河流域是满-通古斯民族的摇篮，渤海国、契丹国、女真部、满洲诸国均在此地形成。书中还论述了俄罗斯人在阿穆尔河流域的出现，阿穆尔州的汉族、满族、达斡尔等族居民的生活状况，阿穆尔州的俄罗斯居民的农业经济情况及非农业的俄罗斯居民所从事的工商业贸易情况。本书列表统计了清朝1860—1888年的农产品价格，并谈到了《天津条约》、《北京条约》等的签订。本书最后按照

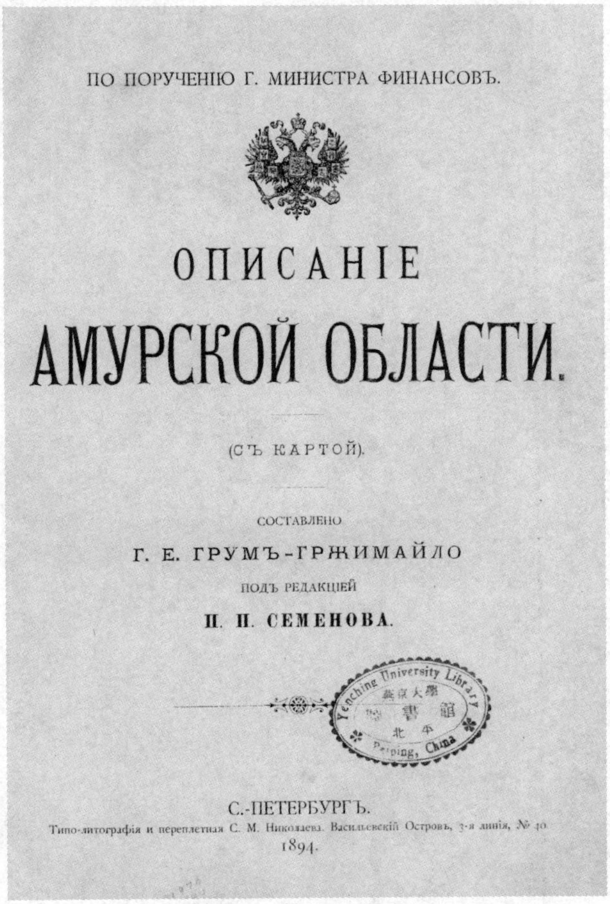
ПО ПОРУЧЕНІЮ Г. МИНИСТРА ФИНАНСОВЪ.

ОПИСАНІЕ АМУРСКОЙ ОБЛАСТИ.

(СЪ КАРТОЙ).

СОСТАВЛЕНО Г. Е. ГРУМЪ-ГРЖИМАЙЛО

ПОДЪ РЕДАКЦІЕЙ П. П. СЕМЕНОВА.

С.-ПЕТЕРБУРГЪ.

Типо-литографія и переплетная С. М. Николаева. Васильевскій Островъ, 3-я линія, № 40.

1894.

327-Ewen- K951.22/O-611

字母顺序排列出所涉及的地质、地理专用名称，并附一张本书勘误表，还绘有1幅《阿穆尔州地图》。

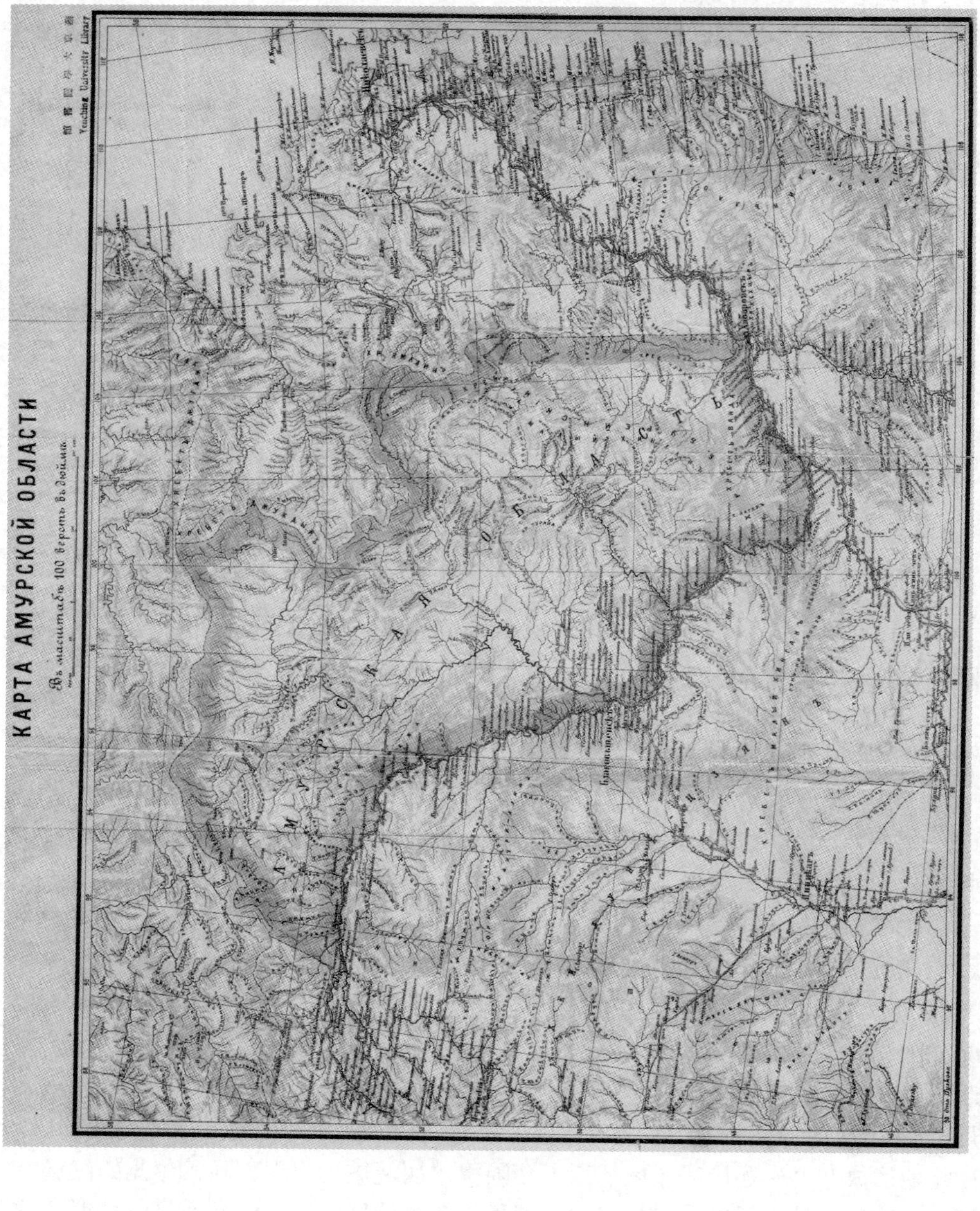

327T-Ewen- K951.22/O-611 阿穆尔州（海兰泡）地图

Потаниный, Г. Н., 1835-1920

Очерки Северо-Западной Монголии : Результаты путешествия, исполненного в 1876-1877 годах по поручению Императорского русского географического общества членом-сотрудником оного Потаниным.--СПб. : Тип. В. Безобразова и Комп. ; 1881.

1 т. ; ил. 24 см.

С картою и 4 таблицами рисунков.

Вып. 1. Дневник путешествия и материалы для физической географии и топографии С. З. Монголии. -- Вып. 2. Материалы этнографические, с 26-ью таблицами рисунков.

I. Дневник путешествия и материалы для физической географии и топографии С. З. Монголии. II. Материалы этнографические, с 26-ью таблицами рисунков.

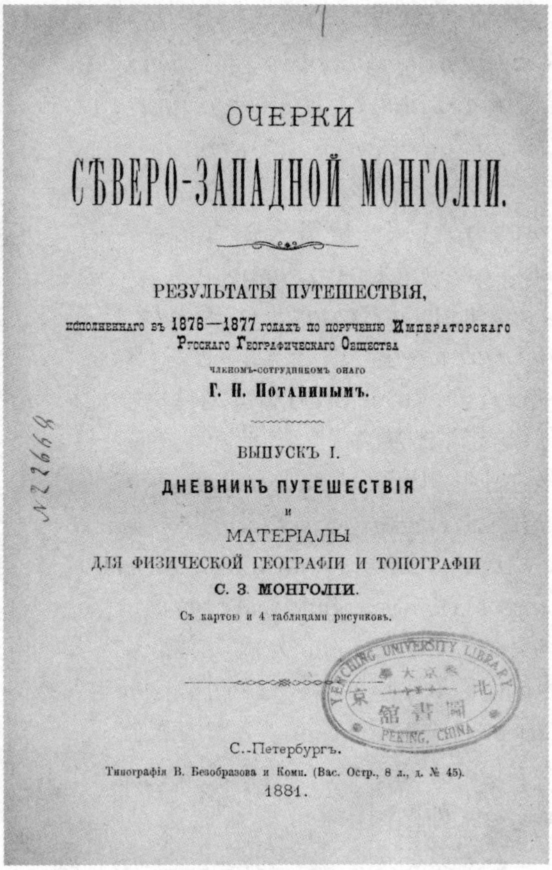
ОЧЕРКИ

СѢВЕРО-ЗАПАДНОЙ МОНГОЛІИ.

РЕЗУЛЬТАТЫ ПУТЕШЕСТВІЯ,

исполненнаго въ 1876—1877 годахъ по порученію Императорскаго Русскаго Географическаго Общества членомъ-сотрудникомъ онаго

Г. Н. Потанинымъ.

ВЫПУСКЪ I.

ДНЕВНИКЪ ПУТЕШЕСТВІЯ

и

МАТЕРІАЛЫ

ДЛЯ ФИЗИЧЕСКОЙ ГЕОГРАФІИ И ТОПОГРАФІИ

С. З. МОНГОЛІИ.

Съ картою и 4 таблицами рисунковъ.

С.-Петербургъ.

Типографія В. Безобразова и Комп. (Вас. Остр., 8 л., д. № 45).

1881.

[俄罗斯] 巴塔宁

受俄国地理学会之托于1876—1877年在西北蒙考察记实（俄文，1881）

1881年彼得堡俄文首版，“燕京大学图书馆”藏书章。

本书两卷合一。第一卷分2部分。第一部分主要以日记的形式记述了作者于1876年7月20日从斋桑湖出发到科布多，从科布多到哈密，从乌里雅苏台城到库苏古尔泊，从库苏古尔泊到乌兰固木，从乌兰固木到科布多，再从科布多出发于12月17日到达库沙嘎齐西北蒙古的所见所闻，记述了作者所到之处的地理、山川、河流及地形特征以及民族学方面的材料。此外还收录了6篇论文：拉法伊洛夫(П. А. Рафаилов)《从乌兰固木到库沙嘎齐》(*Маршрут поручика П. А. Рафаилова от Улангома до Кошагача)*，莎尔果尔斯特(К. В. Шарнгорст)《蒙古气压高度的测量结果》(*Результаты барометрических определений высот в Монголии*)，别廖佐夫斯基(М. Березовский)《1776—1777年巴塔宁在西北蒙古探险中所搜集的禽类统计表》(*Список птиц коллекции, собранной экспедицией Г. Н. Потанина в Северо-западную Монголию с 1776—77 годов*)，瓦格涅尔(А. Ф. Вагнер)《拉法伊洛夫在西北蒙古的天文学测量》(*Астрономические определения г. Рафаилова в Западной Монголии*)，玛杜索夫斯基(З. Матусовский)《从科布多到乌里雅苏台再到北方的米努辛斯克城的道路之地形测绘图》(*Топографические заметки о дороге, ведущей из города Кобдо в г. Уляссутай и оттуда на север в Минусинский край*)，拉法伊洛夫(П. А. Рафаилов)编《西北蒙古地图地名索引》(Указатель к карте Северо-зап. Монголии)。本卷最后附本书地名索引，4幅有关西北蒙古的地质特点的图画。

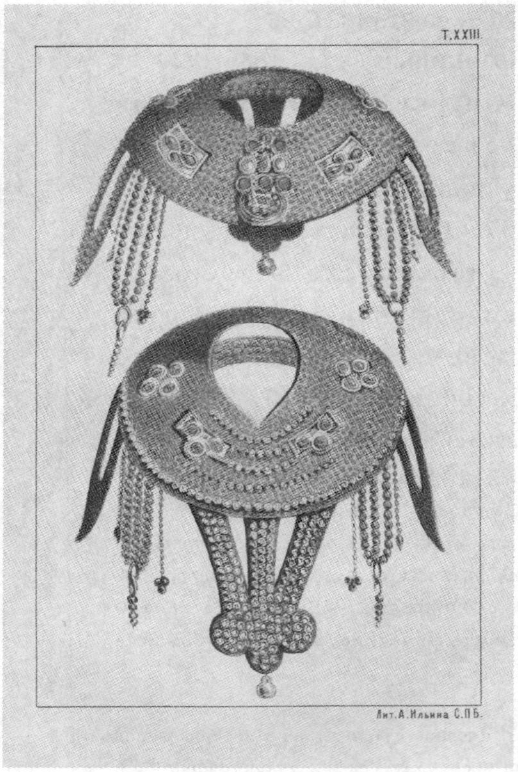

328T-Ewen-915.183/O-95 蒙古披肩

本书第二部分主要为西北蒙古的民族学资料，分5个部分。第一部分介绍居住在西北蒙古的部落民族，突厥部落中的柯尔克孜、乌梁海、哈密回鹘；蒙古部落，东蒙古喀尔喀、西蒙古杜尔伯特、和硕特、土尔扈特、乌梁海等。第二部分介绍西北蒙古的古代碑铭：在大颜果勒泊湖附近发现了用石头组成的圆周，周长约有500步，还有人物石刻及其他碑铭。第三部分介绍宗教习俗、生活环境、社会习惯、家族生活等内容。宗教方面谈到了佛教、萨满教及其他迷信活动，接着谈了生活习俗，包括服装、饮食、蒙古毡房和器具、婚礼、娱乐游戏等。第四部分介绍了手指的名称与咒语，星座、天象及相关迷信，还有本地植物、动物名称表。第五部分介绍了蒙古的神话与传说。本书第二卷末附25幅图画，大多是石雕、石刻，此外还有精美的彩色蒙古披肩及帽子的图画。另附1幅西北蒙古的大地图，在该图的西北上角有一个名叫苏吉的湖， 1909年芬兰学者兰司铁在蒙古苏吉发现了一个碑铭，称作《苏吉碑》，同年兰氏又在蒙古希乃乌苏发现了《回纥英武威远毗伽可汗碑》（又称《磨延啜碑》），兰氏对此二碑进行了研究、翻译，从此拉开了蒙古碑铭文献研究的序幕。

329-Ewen-341.251/C23

Сборник договоров России с Китаем, 1689-1881 гг. : Издание Министерства иностранных дел. – СПб. : М-во иностранных дел, 1889.
270 с. ; 28 см.

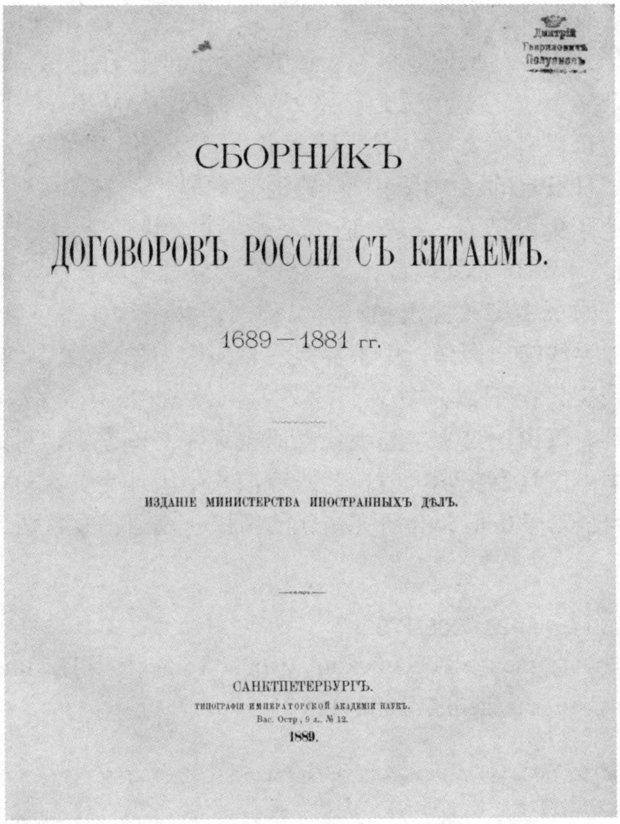
СБОРНИКЪ

ДОГОВОРОВЪ РОССИИ СЪ КИТАЕМЪ.

1689—1881 гг.

ИЗДАНІЕ МИНИСТЕРСТВА ИНОСТРАННЫХЪ ДѢЛЪ.

САНКТПЕТЕРБУРГЪ.
ТИПОГРАФІЯ ИМПЕРАТОРСКОЙ АКАДЕМІИ НАУКЪ.
Вас. Остр., 9 л., № 12.
1889.

329-Ewen-341.251/C23

俄中条约集（1689—1881）（俄文，1889）

1889年在俄国圣彼得堡俄文首版，“北京大学图书馆”藏书章。并有“赠给尊敬的北京大学，C.格虚沙尼茶教授(С.Гесущаницай)，1953年9月8日于北京”的题签。

本书收录了1689—1881年间中俄两国签订的11个条约，包括：康熙二十八年（1689）七月二十四日，俄历1689年8月27日，由清政府全权使臣索额图和俄全权使臣戈洛文(Ф. А. Головин)于尼布楚代表各方签订《尼布楚条约》，该条约有俄文、满文、拉丁文三种文字；1727年（雍正五年）8月20日签订的《布连斯奇条约》，该条约有俄文、满文、蒙文、拉丁文四种文字；1727年10月12日互换关于划定中俄边界的文书、会谈记录，有俄文、满文、蒙文三种文字；1727年10月21日签订的《恰克图条约》，该条约有俄文、满文、拉丁文三种文字；1768年《恰克图条约补充条款》，该条约有俄文、满文两种文字；1851年8 月6 日(俄历7 月25日)科凡勒夫斯基代表俄国、奕山代表中国签订的《固勒扎条约》(“固勒扎”维吾尔语，即为伊犁，此条约又名《中俄伊犁塔尔巴哈台通商章程》)，条约规定开放伊犁和塔尔巴哈台进行中俄免税贸易，该条约有俄文、拉丁文、满文三种文字；1858年（咸丰八年），俄东西伯利亚总督穆拉维约夫、中方代表奕山于5月16日签订的《瑷珲条约》，该条约有俄文、拉丁文、满文、蒙古文四种文字；1858年6月1日(咸丰八年) 俄驻华公使普提雅廷与清朝钦差大臣桂良、花沙纳在天津签订的《天津条约》，该条约有俄文、拉丁文、满文、汉文四种文字；1860年11月2日（咸丰十年）俄国驻华公使伊格那替业福与大清钦差大臣奕䜣在北京签订的《北京条约》，该条约有俄文、拉丁文、汉文三种文字；1862年2月20日签订的《中俄陆路通商章程》，该章程有俄文和中文两种文字；同治八年（1869）三月十六日，俄历1869年4月15日签定的《中俄改订陆路通商章程》，该章程规定了大小俄商可以随意在蒙古地区免税经商，该章程有俄文、中文两种文字；光绪七年（1881）正月二十六日，1881年2月24日，大清钦差大臣曾纪泽抵达圣彼得堡，与沙俄代表谈判，签订的《中俄改订条约》，又称《伊犁条约》，该条约规定自乌孜别里山口起,俄国界线转向西南，中国界线一直向南，帕米尔西北部被划入俄国版图，该条约有俄文、拉丁文、中文三种文字。本书中的俄语语言文字与现代俄语有一定的差别，汉语语言文字与现代汉语也存在一些差别，可以做多种语言的比较研究，本书不仅具有史学价值，为研究清代中俄外交关系史提供了丰富的史料，同时也具有语言学价值，为研究清代的俄语、满语、蒙古语、汉语提供了珍贵的资料。

330-Ewen-281.906/T782

Труды членов Российской духовной миссии в Пекине.--СПб. : В Тип. Штаба воен.-учеб. заведений, 1852- [18--].

т. ; 24 см.

Т. 1. 1852. 489 с. ; 24 см. -- Т. 2. 1853. 488 с. ; 24 см. -- Т. 3. 1857 с. 473 с. : ил. ; 25 см. -- Т. 4. 1866. 460 с. : ил.

俄国东正教驻北京布道团成员著作集（俄文，1852- [18--]）

1852—1866年圣彼得堡首版本，“燕京大学图书馆”藏书章。“北京大学图书馆”藏书章。本书4卷，分别于1852年、1853年、1857年、1866年在俄国圣彼得堡首次印刷出版。

第一卷共收录了5篇论文，有高尔斯基(В. Горский)的《满族祖先的早期民宅》(*Начало и первые дела Маньчжурского дома*)和《满清帝国和满族的起源》(*О происхождении родоначальника ныне царствующей в Китае Династии Цин и имени народа Маньчжу.*)；扎哈罗夫的(И. Захаров)《中国人口历史概观》(*Историческое обозрение народонаселения Китая*)；果什凯维奇(И. Гошкевич)的《中国人的墨、香粉和胭脂的制作方法》(*Способ приготовления туши, белил и румян у Китайцев*)；巴拉第(О. Палладий)的《佛陀生活记》(*Жизнеописание Будды*)。第二卷共收录了6篇论文，有扎哈罗夫的《中国的土地所有制》(*Поземельная собственность в Китае*)；巴拉第的《古代佛教史纲》(*Исторический очерк древнего Буддизма*)；果什凯维奇的《中国的算盘》(*О

Китайских счетах)；古利(О. Гурий)的《中国佛教徒的许愿和祝福仪式》(*Обеты Буддистов и обряд возложения их у Китайцев*)；医学博士塔塔利诺夫(А. Татаринов)的《中医》(*Китайская медицина*)；伊拉利昂的(О. Иларион)《中国与吐蕃关系史》(*Очерк истории сношений Китая с Тибетом*)。第三卷共收录了13篇论文，有赫拉鲍维茨基(М. Храповицкий)的《明朝衰落大事记》(*События при падении Минской династии*)；茨维特科夫(П. Цветков)的《中国的制盐业》(*Замечания о соляном производстве в Китае*)；果什凯维奇的《山药的栽培》(*О разведении шань-яо (dioscoraca alata'l)(картофель)*)；塔塔利诺夫的《御用香米》(*Императорское или благовонное пшено(скороспелое)*、《中国手术麻醉药物与水疗法》(*Замечания об употреблении болеутолительных средств при операциях и о водолечении(Гидропатия) в Китае*)；茨维特科夫的《中国人关于长崎的记述》(*Записки китайца о Нангасаки*)，《中国的基督教》(*О христианстве в Китае*)，《7世纪的景教文献》(*Несторианский памятник VII века*)，《中国人的家庭礼俗》(*Домашние обряды китайцев*)；巴拉第的《天津和

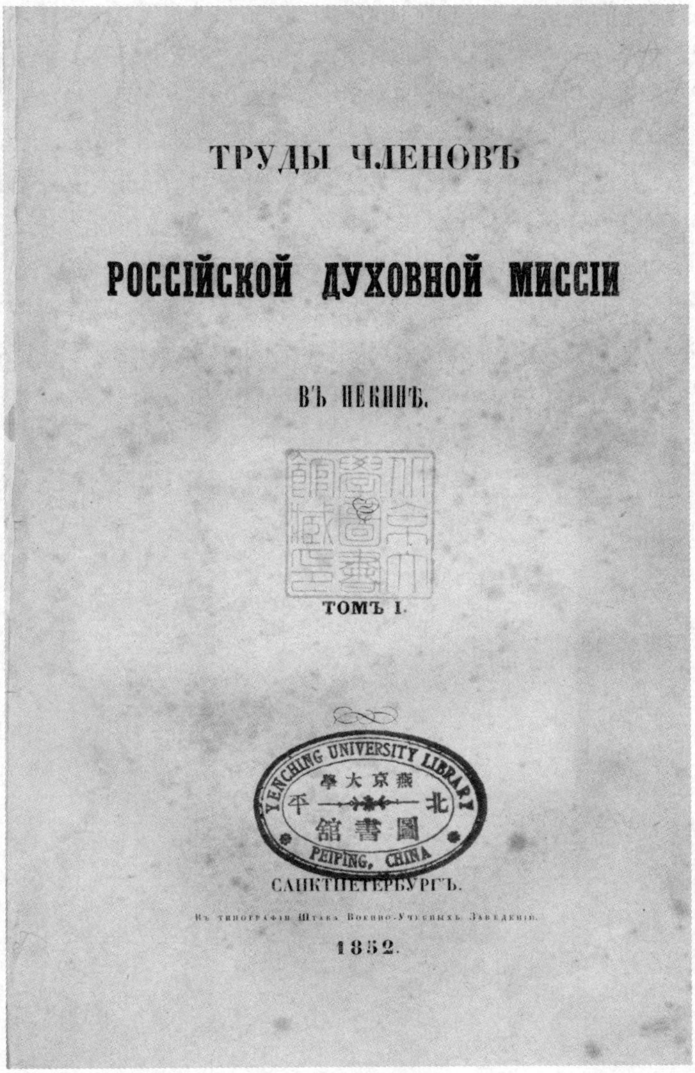

上海之间的海上交通》(*Морское сообщение между Тянь-цзинем и Шан-хаем*)；果什凯维奇：《话说香港》(*Хонкон*)，《话说养蚕技术》(*О шелководстве*)；茨维特阔夫的《道教的派别》(*О секте даосов*)；耶芙拉姆彼伊(О. Евлампий)的《关于中国纸币的报告》》(*Доклад комитета об ассигнациях*)。第四卷收录了3篇论文，有巴拉第的《古代蒙古成吉思汗传说》(*Старинное Монгольское сказание о Чингисхане*)，本传说译自中文，并附有成吉思汗家族表；《长春真人西游记》(*Си ю цзи или описание путешествия на Запад*)，译自中文，附有注释，内容包括：1.译者的话，2.出版说明，3.关于长春真人西游记中文作者丘处机的弟子李志常，4.附录，5.注释，6.蒙古西北和西部领土地图；巴拉第的《中国的伊斯兰教徒》(*О Магометанах в Китае*)。

题名索引

A

B

C

D

E

F

G

H

I

J

L

M

N

O

P

R

S

T

V

W

Y

Z

俄文题名索引

主题索引

A

B

C

D

E

F

G

H

I

J

K

L

M

N

O

P

R

S

T

U

V

W

Y

Z

后　记

在琳琅满架的西文珍本之间，嗅着空气中淡淡的樟木沉香，翻阅着旧象牙色的书页，不禁沉醉其间了……

历史就是过去与现实之间不断的对话。在整理和研读这些珍本的过程中，我们与著者对话，与珍本收藏者对话，与北大燕大校史对话。通过这些对话，我们与历史之间建立了一种新的联系，有了新的感悟。

改革开放以来，越来越多的学者认识到汉学研究早已不是中国学者自己独享的专利，它已成为一门世界性的学问。域外汉学研究的存在日益揭示出了中国文化的世界性意义。数百年以来，外部世界对中国的研究不仅从来没有中断过，而且其研究的丰富性与多样性与日俱增。经年累月，这些研究成果已经成为一个巨大的宝库。我们所做的工作就是揭示这一宝库的基础性资料工作，这本书就是这一工作的初步总结。虽然这一工作尚属起步阶段，有待进一步完善，但我们相信，这一工作无论是在补充中文文献的意义上，还是在与之相互参见的意义上，或多或少地都将有助于我们更加全面地认识我们自己的历史。

衷心感谢燕京大学校友、北京大学历史系张广达教授为本书撰写的精彩序言；感谢北京大学图书馆的前任馆长戴龙基教授、现任馆长朱强教授，没有你们的大力支持和帮助，本书是不可能完成的；感谢各位编委会成员，你们为珍本的研读和揭示付出了艰辛劳动；感谢各位审稿老师，你们精心的修改为本书增色不少，你们为本书提出的宝贵意见和建议保证了本书的质量。尤其要感谢的是我的同事邹新明和张丽静，你们为完成这一项目付出了巨大努力，事无巨细地分担了我的工作压力；感谢编目专家沈正华老师在编目数据和编排体例上的悉心指导和帮助，感谢特藏部殷莉、吴政同、徐惠玲、邹明、周永喜、陈秀玲对这一工作一贯的支持和鼓励。

另外，奥地利维也纳大学图书馆的Maja Fuches女士为德国珍本做了前期的整理工作；罗马大学东方学院Federico Masini教授和Luisa Maria Paternico博士帮助核实意大利文珍本的版本情况，也在此一并感谢。

最后，我还要感谢这项工作。与其说这项工作需要我，不如说我更需要它。因为它让我全身心地投入其间，努力在日益喧腾的环境中保持一份求真向学之心。

张红扬

二零零八年十二月

于北大燕园百年书城317室